종교에 대한 여덟 가지 이론들

종교에 대한 여덟 가지 이론들

지은이/ 대니얼 팰스
옮긴이/ 조병련 & 전중현
펴낸이/ 홍인식
초판 1쇄 펴낸날/ 2013년 5월 15일
초판 3쇄 펴낸날/ 2021년 1월 25일
펴낸곳/ 한국기독교연구소
등록번호/ 제8-195호(1996년 9월 3일)
경기도 고양시 일산구 고봉로 32-9, 양우 331호 (우 10364)
전화 031-929-5731, 5732(Fax)
E-mail: honestjesus@hanmail.net
Homepage: http://www.historicaljesus.co.kr.
표지 디자인 / 정희수
인쇄처/ 조명문화사 (전화 498-3018)
보급처/ 하늘유통 (전화 031-947-7777, Fax 031-947-9753)

Eight Theories of Religion, 2nd Edition by Daniel L. Pals
Copyright ⓒ 2006 by Oxford University Press, Inc.
All rights reserved. Korean Translation copyright ⓒ 2012 by Korean Institute of the Christian Studies. The Korean translation right arranged with Oxford University Press through EYA (Eric Yang Agency). Printed in Seoul, Korea.
이 책의 한국어판 저작권은 EYA를 통한 Oxford University Press사와의 독점계약으로 한국어 판권을 한국기독교연구소가 소유합니다. 저작권법에 따라 국내에서 보호받는 저작물이므로 무단전재와 무단복제를 금합니다.

국립중앙도서관 출판시도서목록(CIP)

종교에 대한 여덟 가지 이론들 / 지은이: 대니얼 팰스 ;
옮긴이: 조병련, 전중현. -- 고양 : 한국기독교연구소, 2013 p. ; cm
원제: Eight theories of religion
원저자명: Daniel L. Pals
영어 원작을 한국어로 번역
종교론[宗敎論]
201-KDC5
200.1-DDC21 CIP2013004826

ISBN 978-89-97339-09-9 93200
값 20,000원

종교에 대한 여덟 가지 이론들

대니얼 팰스 지음

조병련 · 전중현 공역

한국기독교연구소

EIGHT THEORIES OF RELIGION

SECOND EDITION

Daniel L. Pals

University of Miami

New York Oxford, OXFORD UNIVERSITY PRESS, 2006.

Korean Translation

by

Walter & Grace Chun

Korean Institute of the Christian Studies

목 차

한국의 독자들에게 __ 7

서문 __ 11

서론 __ 15

1장. 정령숭배와 주술 __ 39
　　　- 타일러와 프레이저

2장. 종교와 인격 __ 99
　　　- 지그문트 프로이트

3장. 사회의 신성함 __ 155
　　　- 에밀 뒤르켐

4장. 소외로서의 종교 __ 211
　　　- 카를 마르크스

5장. 사회적 행동의 원천 __ 263
　　　- 막스 베버

6장. 성스러움의 실재 __ 337
　　　- 미르체아 엘리아데

7장. 사회의 "마음 구성" __ 399
　　　- 에반스-프리차드

8장. 문화체계로서의 종교 __ 453
　　　- 클리퍼드 기어츠

9장. 결론 __ 507

한국의 독자들에게

《종교에 대한 여덟 가지 이론들》이 한국어로 완전히 번역되어, 한국의 독자들에게 쉽게 읽힐 수 있게 된 것에 대해 진심으로 환영하며 또한 개인적으로 영예롭게 생각합니다. 일흔 살이 넘으신 전중현 박사님과 조병련 교수님이 정성을 기울여 책을 번역해주신 것에 대해 매우 감사하게 생각합니다. 또한 문장을 최대한 쉽게 다듬느라 수고하신 김준우 박사님께도 감사를 드립니다. 번역은 매우 어려운 작업이지만, 특별히 이 책처럼 추상적이며 일반적인 이론들을 다룰 뿐 아니라, 서로 매우 다른 사상가들을 각각 정리하고 비교하고 평가하는 책인 경우에는 더욱 어려운 작업이기에, 독자들이 이 책을 통해 깨달음을 얻게 되는 것이 그분들의 수고에 대한 보상이 되리라 기대합니다.

옥스퍼드대학교 출판사에서 2006년에 출판된 이 책은 본래 내가 1996년에 펴낸 초판을 확대 개정한 책입니다. 초판이 출판된 이후 거의 20년 동안, 특히 개정판이 나온 이후로, 이 책은 종교학을 배우는 학생들과 학자들에게 계속해서 유용한 책으로 인정받았습니다. 이 책을 처음 쓸 때, 나는 일반 독자들과 학부생들에게 가장 도움이 될 것이라고 기대했었습니다. 이 책의 중요한 목적은 종교에 대한 고전적

이론들에 대해 익숙하지 않은 독자들에게 그 이론들을 소개하는 것이었습니다. 그런 점에서 이 책은 대체적으로 성공했습니다. 그러나 미국의 대학들에서 이 책이 대학원 과정에서도 사용된다는 것을 알게 되어 놀랐습니다. 물론 대학원생들은 미래에 전문 학자들로 성장할 사람들입니다. 그들의 연구와 가르침을 통해, 새로운 학자들 세대가 또 다시 그 고전적 이론가들과 씨름을 하게 될 것입니다. 고전적 이론가들은 종교가 인간의 삶, 사회, 역사 속에서 수행하는 역할에 대한 현대의 논쟁을 위해 너무나 많은 기초를 놓은 분들이기 때문입니다. 만일에 이 책이 이런 세대 간 전수과정에서 도움을 줄 수 있게 되어, 다음 세대의 학자들, 신자들, 사려 깊은 독자들로 하여금 고전적 이론가들이 제기했던 근본적인 질문들에 대해 그 대답을 모색할 수 있게 한다면, 이 책의 처음 목적 이상을 달성하게 되는 것입니다. 이 책이 영어권 학계에서 그런 목적을 달성한 정도로, 한국의 학생들에게도 비슷한 도움을 줄 수 있기를 간절히 바랍니다.

여기서 분명히 인정할 점은 이 책에서 다룬 이론가들이 모두 서양 출신의 학자들이라는 점입니다. 오늘날의 전 지구적 관점에서 볼 때, 유럽과 미국 출신 학자들의 이론들은 그 지역과 문화에 의해 형성된 이론인 것으로 보입니다. 그 이론가들이 사용한 언어는 주로 영어, 프랑스어, 독일어입니다. 그들은 유럽과 미국의 대학들과 사상들이라는 맥락 속에서 자신들의 이론을 전개했습니다. 그들이 속한 문명의 근본적인 사상과 실천은 주로 그리스도교를 통해 형성된 것들입니다. 결과적으로, 그들이 부족의 문화들을 연구하고, 심지어 아시아 원주민들의 종교들을 연구할 때조차도, 그들은 무엇보다도 서양문명의 생각들과 질문들을 마음에 품고 연구했습니다. 또한 그들은 세속주의적인 태도가 서양의 지적인 풍토와 대학의 문화를 사로잡기 시작할 때,

자신들의 이론들을 발표했던 학자들입니다. 실제로, 타일러와 프레이저, 마르크스, 프로이트, 뒤르켐은 모두 이처럼 새로운 반(反)종교적이며 반 그리스도교적인 시대적 풍조의 제일 앞에서 열정적으로 논리를 전개했던 사람들입니다. 막스 베버와 같은 학자들은 비록 그들처럼 공격적이지는 않았지만, 그의 이론에도 한계는 있습니다. 그러나 그들은 서양 종교로서의 그리스도교의 주장들에 대해서는 의심하기 시작했던 반면에, 서양의 과학적 및 문화적 우월성에 대해서는 조금도 의심하지 않았습니다. 이런 점에서, 그들은 자기 시대의 한계를 벗어나지 못한 이론가들로 볼 수 있을 것입니다. 그들은 유럽문명이 세계의 모든 국가들을 지배할 운명이며, 심지어 전쟁들 속에서도, 서양이 산업, 기술, 무역, 정보, 의술에서 앞서 나간 것이 서양문화를 근대성의 상징으로 만들었으며 또한 지적인 발전의 세계적 선봉에 서도록 만들었다고 확신했습니다.

그러나 오늘날에는 서양의 이런 자기이해는 근본적으로 변했습니다. 매우 빠른 속도로, 또한 기운을 북돋우면서 동시에 경각심을 불러일으키면서, 진정으로 전 지구적인 공동체가 등장했기 때문입니다. 산업은 계속해서 값싼 노동력이 있는 지역으로 이동하고 있으며, 시장은 국제적인 시장이 되었고, 핵기술에서부터 나노 기술까지 모든 기술은 이제 세계 전역으로 빠르게 확산되고 있습니다. 특히 아이폰 시대에는 매우 간편하게 장거리 통신이 일반화되어 마치 이웃집과 대화를 나누는 것과 같은 시대가 되었습니다. 이처럼 진정한 의미의 지구촌 시대에, 가치의 문제와 신학자 폴 틸리히가 말한 "궁극적 관심"의 문제는 더 이상 문화적인 고립 속에서 다룰 수 없게 되었습니다. 지구 자체가 교실이 되었기 때문입니다.

분명히 한국의 독자들은 이 책을 통해 종교에 관한 사상들과 논증들을 새롭게 만나는 데 도움을 받을 수 있을 것입니다. 또한 고전적 이론가들이 종교, 사회, 가치들을 이해하기 위해 수고한 노력들이 현대세계에 끼친 지대한 영향을 배울 수 있을 것입니다. 그러나 한국의 학자들과 신자들이 자신들의 관점에서 그 이론들에 대해 분석하고 비판하는 것을 통해 서양에 살고 있는 우리들 역시 배울 수 있게 되기를 기대합니다. 이런 점에서, 한국의 학자들, 지성인들, 특히 그리스도인들은 자신들의 삶 속에서 한국의 고유한 전통문화와 가치들과 서양의 지배적인 신앙을 뒤섞어 조화를 찾은 분들이기에, 그런 고전적 이론들에 대해 비판할 수 있는 독특한 위치를 차지하고 있는 셈입니다. 뿐만 아니라 불교, 유교, 그리고 그밖에 다른 아시아 전통종교의 독자들 역시 자신들의 관점에서 마찬가지로 비판을 할 수 있을 것입니다.

번역은 양방향으로 가는 길을 열어줍니다. 만일에 이 책의 번역을 통해 한국의 독자들이 고전적 형태의 종교이론들에 대해 더욱 잘 깨닫게 되는 "배움의 기회"를 마련해준다면, 분명히 유익한 일입니다. 그러나 만일에 이 책이 또한 대화로 초대하는 책이 된다면, 한국의 문화, 전통, 가치의 관점에서 고전적 종교이론들에 대해 새롭게 평가하고 비판하는 "가르침의 기회"를 마련할 수 있다고 보아, 더욱 유익한 일이 되리라고 생각합니다. 이 책이 그런 대화를 더욱 촉진시키는 데 이바지하게 되기를 진심으로 바랍니다.

대니얼 팰스
마이애미대학교
플로리다 주, 코랄 게이블스

서문

《종교에 대한 일곱 가지 이론들》(Seven Theories of Religion)이 처음 출판된 후, 이 책은 종교를 설명하고 이해하려는 현대적인 노력을 논의하는 책들 중에서 유용한 역할을 감당해 왔다. 이 책의 본래 목표는 전문가들이 아닌 독자들에게 종교에 대한 해석의 일반적 패턴들을 제공하는 것만이 아니라, 이 책에 수록된 이론가들을 중심으로 그들이 제시하는 증거를 검토하고, 그들의 논증을 추적하며, 그들이 기대하는 종교의 과제와 업적을 비교 평가함으로써, 종교에 대한 지적인 해명의 전후관계를 제시하는 데 있다. 고전적 이론들에 초점을 맞추었는데, 주로 지난 세기에 거론된 이론들의 장점과 역사적인 영향으로 본 이론들의 순서에 따랐다. 대다수 독자들의 반응으로 판단할 때, 이런 접근방식은 대학의 강의실에서 특히 학생들과 교수들에게 도움이 되었다. 그래서 편집자의 권유에 따라 원본을 개선하기로 했다.

이 책이 필요상 새로운 제목(《종교에 대한 여덟 가지 이론들》)으로 나왔지만, 이 책은 《종교에 대한 일곱 가지 이론들》의 개정판으로서, 이 책의 전체적인 질을 높이기 위해서 개정했으며 또한 확장했다. 이 개정판은 원본의 논의 순서를 따랐지만, 1) 서론을 다시 썼으며, 2) 독일의 이론가 막스 베버의 논증을 새로운 장(章)으로 추가했으며, 3) 이전의 분석과 비교에서 베버를 포함하기 위해 관련된 부분을 개정했으며, 4) 이 전통적인 접근방식을 배경으로, 최근의 연구 경향을 추적하기 위해 결론을 개정하고 확대했다. 비판적인 독자들의 지적에 따라 몇 가지 사소한 설명들도 덧붙였다.

여덟 명의 이론가들 중에 새로운 순서로 다섯 번째가 된 막스 베버를 추가한 것에 대해 간략한 설명을 하겠다. 그의 독창성과 역사적 중요성에도 불구하고 베버는 《종교에 대한 일곱 가지 이론들》에서 제외되었다. 그 이유는 단지 그 책의 목적이 순수 이론적인 즉 관념적인 유형의 고전 이론들을 제시하는 데 있었기 때문이다. (이런 근본 이유를 베버 자신은 분명히 고맙게 생각했을 것이다.) 《종교에 대한 일곱 가지 이론들》은 논쟁을 불러일으키거나 조장하는 잠재성 때문에, 복합적인 다차원적 구성에 의존하는 설명에 중점을 두기보다는, 마치 프로이트의 경우 모든 종교가 신경증(노이로제)에 환원한다는 주장처럼, 단 하나의 일관된 이론을 뒷받침하는 설명에 중점을 두었다. 베버의 주장은 현저하게 다차원적인 구성방식이기에 제외되었던 것이다. 그러나 시간이 가면서 생각 있는 독자들이 여기에 다른 의견을 보였다. 이들의 주장은 일관성이 완전성을 희생하면서 이루어져서는 안 된다는 것이다. "종교의 이론" 분야를 정의한 이론가들을 중심으로 한 이 연구에서, 베버를 뺀 것은 그냥 지나쳐 버릴 수 없는 결점이었다. 사회이론에서의 그의 선구적인 노력은 특히 종교에 관한 그의 연구 내용과 여기 열거한 다른 이론가들의 연구를 어떤 방법으로 적절히 조화시키든 간에, 그로 하여금 고전 이론가들의 대열에 당연히 서게 한다. 이것을 재고하여 베버를 포함시켰는데, 독자들은 그의 학문적 동료들과 더불어 새로운 깨달음을 얻게 되기를 바란다.

본래 《종교에 대한 일곱 가지 이론들》은 결론에서 그 이론가들 사이에 몇 가지 구조적으로 비교되는 점들을 제시했는데, 이제 베버를 그 순서에 넣기 위해 결론을 다시 썼다. 종교 이론에서 최근의 변동을 추적하기 위해 결론을 확장시킨 것은 편집부장 로버트 밀러 씨와 옥스퍼드대학교 출판사의 독자들이 제안한 것이다. 결론의 첫 머리에서 나는 그들의 조언을 따랐다. 결론에서 나는 이들 고전적인 해석자들이 다룬 주제들이 어떻게 오늘날 논의와 검토의 중심이 되는 문제들, 서로 다른 이론들, 새로운 질문들로 발전했는지를 보여주려고 했다. 마지막으로 학술적 인용을 효과적으로 소개하기 위해, 초판에서 미주(endnotes)로 붙였던 것들을 대폭 삭제하거나 요약했는데, 그것은 이론들을 설명하는 데 절대적으로 필요한 것이 아니라고 판단했기 때문이다.

초판에 못지않게 재판 출판에서도 여러 손길의 도움을 받은 것은 말할 필요도 없다. 20년 이상 마이애미대학교 종교학과의 사려 깊은 동료들이 조성한 배움과 가르침에 헌신하는 참된 분위기에서 나는 많은 것을 얻었다. 지난 8년간 종교학과 구성원들은, 교수진의 사명을 진작시키고 그로 인해 당연히 최대의 성과를 끌어내는 현명하고 인내심 있는 지도력을 지닌 학과장 스티픈 샙(Stephen Sapp) 교수로부터 많은 혜택을 누렸다. 이러한 대학의 배경 속에서 오랜 동료이고 친구인 데이비드 킹(David King) 교수에게 특별히 감사하는데, 그는 새 자료를 자세히 읽고 타당한 질문, 적절한 해명과 건설적인 비판으로 개선해 주었다. 내 조카인 덴버신학교의 데렉 브라워(Derek John Brouwer)도 마찬가지로 원고를 자세히 읽어 주었다. 이 두 사람은 분명 그들의 수고가 크게 도움이 된 것을 안다. 로버트 밀러(Robert Miller) 씨에게도 감사하는데, 그는 편집자이면서 끈기와 인내로 훌륭한 저술상의 조언을 계속해 주었다. 그에게 특히 감사하고 또한 출판과정에서 때마다 도움을 준 옥스퍼드대학교 출판사(Oxford University Press)의 노련한 전문 직원 모두에게 감사한다. 에밀리 보이그트(Emily Voigt), 새라 칼라비(Sarah Calabi)와 셀레스테 알렉산더(Celeste Alexander)와 그 외에도 많은 분들이다.

개인적으로, 아내 필리스(Phyllis)와 딸 캐서린(Katherine)은 내 생애에서 행복의 소중한 존재임을 안다. 《종교에 대한 일곱 가지 이론들》은 그들에게 헌정했는데, 그들의 열렬한 동의로 이 책은 나의 선친을 기억하며 헌정한다. 선친은 오로지 세 아들을 위한 희생에서, 그리고 온당한 보상이나 합당한 인정을 기대하지 않는 순수한 근면의 도덕관념에서 평생의 어려움을 조용히 감당한 분이다. 선친은 잊을 수 없는 존재이기에 잃을 수 없는 보배이다.

서론

1870년 겨울인 2월 어느 날, 풍채가 좋은 중년의 독일 학자가 런던의 유명한 왕립학술협회 무대에 강연을 하기 위해 올라섰다. 당시에 독일 교수들은 깊은 학문으로 명성이 높았고, 이 분도 비록 거의 영국인이 다 되기는 했지만, 역시 예외는 아니었다. 그의 이름은 프리드리히 막스 뮐러(Friedrich Max Müller)였다. 그는 젊은 시절 처음 영국에 와서 옥스퍼드와 인연을 맺게 되는데, 그의 계획은 인도에서 신성시하는 지혜의 책 베다(Vedas)의 고대 본문을 연구하려는 것이었다. 그는 곧 정착해서 품위 있는 영국 여인과 결혼하고, 이 대학에서 교수직을 얻었다. 그는 고대 힌두교에 대한 해박한 지식으로 격찬을 받았으며, 또 영어 작문에 능숙하여, 당시 빅토리아 시대(빅토리아 여왕이 통치하던 1837-1901년의 기간으로 대영제국의 절정기였다. - 옮긴이)의 호기심에 찬 독자들 사이에 널리 매력을 끌었던 언어와 신화에 대한 인기 있는 글을 쓰는 데 놀라운 재능을 발휘했다. 그러나 이번 기회에 그는 다른 주제를 내놓았는데, 그가 소위 말하는 '종교과학'(science of religion)이라는 것을 설득시키려는 것이었다.

두 단어가 합쳐진 이 용어는 말할 나위 없이 뮐러의 청중들 가운데 일부에게는 극히 당혹스런 것이었다. 실상 뮐러는, 찰스 다윈의 《종의 기원》(1859)과 그 책의 자연선택에 의한다는 놀라운 진화론에 대해 열띤 논쟁으로 주목을 끌었던 십 년이 끝나갈 시점에서 연설하고 있었다. 빅토리아 시대(엄격하고 편협적인 특징 - 옮긴이) 사람들은 과학이 종교와 서로 적대적인 입장이라는 것을 수없이 많이 들어왔기 때문에, '종교과학'이라는 말은 하나의 기묘한 복합어로 들렸을 것이다. 도대체 어떻게 오래된 신앙의 확실성이, 실험에 따라 수정을 거듭하는 변화무쌍한 과학과 조화될 수 있는가? 어떻게 이 양극의 체계가, 분명히 숙적(宿敵)인 이 둘이, 상대편을 파괴하지 않고 조화할 수 있는가? 이것은 이해할 만한 관심사였는데, 뮐러는 종교와 과학이 만날 수 있고, 종교에 대한 진지한 과학적 연구가 그 논쟁에서 쌍방에게 기여할 점이 많다고 확신했다. 그의 강연은 시리즈의 첫 번째로서 후에 《종교과학 서론》(*Introduction to the Science of Religion*, 1873)으로 출판되었는데, 바로 그 요점을 입증하기 위한 것이었다. 그는 시인 괴테가 인간의 언어에 관해 한 말, 즉 "하나를 아는 사람은 아무것도 모르는 사람이다"[1]라는 말이 종교에도 적용될 수 있다고 관중들에게 상기시켰다. 그렇다면 지금이 바로 이처럼 종교라는 오래된 주제를 새롭게 객관적으로 볼 때라고 했다. 자신의 종교만이 옳고 다른 종교는 틀렸다고 주장한 신학자들과는 달리, 자기편 입장을 버리고, 때와 장소를 막론한 모든 종교들에서 일률적으로 찾아볼 수 있는 요소와 양상과 원칙을 찾아볼 시기가 왔다는 것이다. 마치 생물학자나 화학자가

---

[1] F. Max Müller, *Lectures on the Science of Religion* (New York: Charles Scribner's and Company, 1872), p. 11. 이것은 또한 *Introduction to the Science of Religion*이라는 제목으로 출판되었다. 뮐러의 흥미 있는 생애에 관해서는 Nirad Chaudhuri, *Scholar Extraordinary: The Life of Professor the Rt. Hon. Hriedrich Max Müeller* (London: Chatto & Windus, 1974)를 보라.

자연의 운행을 설명하는 것처럼, 유능한 과학자가 풍습, 제의(rituals), 믿음(beliefs) 등 종교의 여러 사실들을 세계 전역에서 수집하여 서로 비교하고 설명하는 이론을 제시하는 과정에서 많은 소득이 있을 것이라고 했다.

분명히 모든 사람들, 특히 학자들 사이에서도 많은 종교들을 연구하는 것의 가치에 대해 모두가 동의했던 것은 아니다. 독일에서는 당시 중요한 교회사가 하르낙(Adolf von Harnack)이 그리스도교만이 중요하고, 다른 종교는 그렇지 않다고 주장했다. 그는 뮐러의 견해를 반박하면서, "누구든 그리스도교를 모르는 사람은 아무것도 모른다. 그리스도교와 그 역사를 아는 사람은 모든 것을 다 안다"고 주장했다.[2] 그는 경멸조로 덧붙여, 인도사람이나 중국사람, 심지어 흑인이나 파푸아 사람에게 의지하는 것은 무익한 일이라고 했다. 그리스도교 문화만이 지속성이 예정된 유일한 것이었다. 하르낙은 유난히 과격했지만, 그의 견해 자체는 유별난 것이 아니었다. 유럽 전역에 걸쳐 신학자들과 역사가들 간에는, 서양의 영적인 중추를 형성한 그리스도교의 숭고한 원리가 인간의 도덕적이고 문화적인 성취에서 극치를 표현한다는 것이 일반적 여론이었다. 다른 종교에서 무엇인가 중대한 것을 배울 수 있다고 상상하는 것은 열등한 자가 우월한 자를 가르칠 수 있다고 생각하는 것이었다. 그러나 이와 같은 반론에 대해 뮐러는 실망하지 않았다. 뮐러는 진지한 연구를 해보면, 어떤 심오한 영적 통찰력들은 먼 인도와 중국의 현자들과 교회의 성자들과 순교자들을 연결시켜 줄 것이라고 전적으로 확신했다.

---

2) Helwig Schmidt-Glintzer, "The Economic Ethics of the World Religions," in Harmut Lehman and Guenther Roth, *Weber's Protestant Ethic: Origins, Evidence, and Contexts* (Cambridge: Cambridge University Press, 1993), p. 350에서 재인용.

고대 이론들

뮐러의 프로그램은 당시 어떤 사람들에게는 환영받지 못했으며, 또 다른 사람들에게는 새로운 것이었지만, 그 강연에서 그가 주장한 원리들은 사실 매우 오래된 것이었다. 종교가 무엇이고, 왜 서로 다른 사람들이 현재 그들의 종교를 실천하는가 하는 질문은 인류 자체만큼이나 오래전으로 거슬러 올라가는 질문임에는 의심의 여지가 없다. 가장 초기의 이론들은 첫 여행자가 자신의 종족이나 마을을 벗어나서 자신의 이웃사람들이 다른 이름으로 부르는 다른 신을 섬기는 것을 발견했을 때부터 생겨났을 것이다. 역사가 헤로도투스(Herodotus, 기원전 484-424년)가 이집트에서 알게 된 아몬(Amon)과 호루스(Horus) 신이, 자신이 태어난 그리스의 제우스(Zeus)와 아폴로(Apollo) 신에 해당한다고 설명했을 때, 사실상 그는 종교에 대한 일반이론(general theory)의 시작을 제시한 것이다. 또한 저술가 유헤메루스(Euhemerus, 기원전 330-260년)가 신들이란 단지 역사 가운데서 특출한 인물들이 죽은 후에 숭배받기 시작한 것이라고 주장한 것도 마찬가지였다. 로마의 키케로(Cicero)에 의하면, 스토아 철학자 크리시푸스(Chrysippus, 기원전 280-206년)는 여행 중에 만난 많은 부족과 인종의 풍습과 신앙을 철저하게 체계적으로 연구한 학자였다. 어떤 스토아 철학자들은 신들이 하늘과 바다와 또는 그밖에 자연계의 강력한 힘을 인격화한 것이라 설명했다. 종교에 대한 사실들을 검토한 이들 관찰자들은 매우 창의적으로 어떻게 종교가 지금의 상태에 이르게 되었는가를 설명하려고 노력했다.[3]

---

3) 현대 종교 이론의 고대 선구자에 관해서는 Eric J. Sharpe, *Comparative Religion: A History* (New York: Charles Scribner's Sons, 1975), pp. 1-7을 보라.

유대교와 그리스도교

　이런 사상가들은 여러 신을 숭상하던 고대 그리스와 로마의 고전문화 속에서 살던 사람들로서, 한 신을 다른 신과 비교하거나 연결해보려는 생각은 자연스러운 습관이었다. 그러나 유대교와 그리스도교는 사물을 보는 관점이 달랐다. 이사야 등 이스라엘의 여러 예언자(預言者, prophets)들은 우리의 관심 혹은 헌신에 대해 각기 다르지만 동등한 요구를 하는, 여러 종류의 신들과 제의를 전혀 인정하지 않았다. 이들에게는 오로지 한 분인 참된 하느님, 계약(언약)의 주(the Lord of the covenant)로서 아브라함과 이삭과 야곱에게 나타났고, 시나이 산에서 모세에게 계명을 준 하느님뿐이었다. 이 하느님만이 실재하며, 다른 모든 신들은 인간의 상상력이 만들어낸 허상에 불과하기 때문에, 비교하거나 설명해야 할 종교가 거의 없었다. 이스라엘 백성들은 자신들을 선택하고 직접 말씀해주신 야훼(Yahweh) 신을 의지하면 될 뿐이고, 다른 나라 사람들은 무지와 악함으로 눈이 어두워져 우상을 숭배한다고 믿었다. 그 후 유대교에서 비롯된 그리스도교는 이사야의 이러한 견해를 그대로 받아들였다. 초대교회의 사도들과 신학자들은 하느님이 예수 그리스도라는 인간을 통해서 자신을 나타냈다고 보았다. 예수를 믿는 자들은 진리를 발견하지만, 그를 믿지 않는 자들은 사탄의 희생자들로 간주되고, 그 영혼들은 지옥에서 영원한 고통을 받게 된다고 보았다. 그리스도교가 고대세계에 전파되고 후에 유럽 사람들을 개종시키면서, 이 견해가 서구문화를 지배해왔다. 물론 다소 예외가 없었던 것은 아니지만, 이런 압도적인 태도는 십자군 원정 시대에 이슬람교와 크게 투쟁한 데서 잘 나타났다. 그리스도교 신자는 빛의 자녀로서 어두움의 자녀들과 투쟁하라는 명령을 받았다. 하느님의 계시의 아름다움과 진리로 그리스도교세계(Christendom)의 신앙을 설명했던 반면에, 사탄의 음모로 적의 타락을 설명했다.[4]

로마제국이 그리스도교 제국이 된 이후 거의 천 년 동안, 교회의 신조 바깥에 있는 종교들에 대한 이런 전투적인 견해는 거의 변하지 않았다. 그러나 1500년경에 이르러 획기적인 세계탐험과 개신교 종교개혁의 시기가 도래하면서, 새로운 관점이 싹트기 시작했다. 탐험가, 상인, 선교사와 모험가들이 신세계와 동양을 항해하면서, 유대인도 아니고 무슬림도 아닌 외국인들과 직접 접촉하게 되었는데, 그리스도교 신자들은 유대교가 단지 그리스도교의 전 단계였고, 이슬람교는 그리스도교의 왜곡이라고 쉽게 배척했었다. 선교사들은 그들 탐험가들과 정복자들과 함께 여행하면서 이 싸움에서 선도적인 역할을 했다. 이들의 목표는 '이방민족들'을 그리스도와 교회로 끌어들이는 것으로서, 분명히 많은 사람들을 개종시켰지만, 그 과정에서 뜻밖의 일도 생겼다. 예수회 신부 마테오 리치(Matteo Ricci, 1552-1610)가 중국 황제의 궁전에 머물렀을 때, 그 선교사 자신이 거의 개종자가 되었다. 그는 중국인들이 예술과 윤리와 문학으로 참된 문화를 지녔다는 것을 발견했다. 그들의 방식은 합리적이었고, 그들은 그들의 모세인 고대의 교사 공자의 감명 깊은 도덕의 지혜를 따르고 있었다. 또 다른 예수회 신부 로버트 디 노빌리(Robert di Nobili, 1577-1656)는 인도에서 비슷한 경험을 했다. 인도의 영적 지혜가 그의 상상력을 사로잡았는데, 그는 인도의 경전을 열심히 공부해서 '백인 브라만'으로 알려졌다. 또 다른 선교사들도 신대륙에서 전도하면서 아메리카 '인디언' 부족들 가운데서 최고신(Supreme Being)을 발견했다. 이런 보고들이 유럽으로

---

4) Sharp, *Comparative Religion*, pp. 7-13.

스며들자, 생각이 있는 이들 가운데서 그런 사람들을 악마의 제자들로 정죄하는 것이 옳지 않고 잘못된 것이라는 생각이 들었다. 중국의 유교인들은 그리스도를 모르지만, 자신들을 인도해줄 성경이 없이도 관대한 풍습과 숭고한 도덕의 문화를 산출했다. 만일에 그리스도교의 사도들이 방문했다면 그들도 역시 경탄했을 것이다.

    이런 접촉이 있던 바로 그 시기에, 예수가 세웠다는 그리스도교 문명은 피비린내 나는 난폭한 혼란에 빠져 있었다. 독일에서 마르틴 루터(Martin Luther)와 스위스와 프랑스에서는 변호사 장 칼뱅(John Calvin)이 선도한 북유럽의 새로운 개신교 운동은 교회의 권력에 도전하고, 성경의 진리에 대한 교회의 해석을 거부했다. 탐험가들이 여행하는 동안, 그들의 모국은 대체로 박해와 전쟁의 불길에 휩싸여 있었다. 사나운 신학 논쟁으로 인해 처음에는 가톨릭과 개신교 사이에 공동체가 갈라지고, 후에는 한때 통일되어 있었던 그리스도교세계에서 나타나기 시작한 수십 개, 수백 개의 종교집단들이 갈갈이 찢겨졌다. 16세기와 17세기를 사로잡고 있었던 교회의 충돌과 정치적 투쟁의 광풍 한복판에서, 양편 모두의 생각이 있는 신자들은 자신들만이 하느님의 최종적 진리를 소유하고 있다는 것에 대해 점점 더 확신을 갖지 못하게 되었다. 지역에 따라 백 년 이상 계속된 치명적이며 파괴적인 종교전쟁들로 인해, 사람들은 반대편 사람들을 고문하고 처형할 작정을 하면서도 자신들이 하느님의 뜻을 실행한다고 확신하는 종파들에서는 종교적 진리를 찾을 수 없다고 믿게 되었다. 분명히 종교의 진리는 교회의 불화를 넘어서, 화형과 고문을 넘어서 찾아야 한다고 사람들은 말했다. 분명히 유럽의 신앙은 순수하고 공통된 형태를 찾을 수 있었으며, 믿음과 가치들의 더욱 보편적인 구조를 발견할 수 있었다.[5]

계몽주의와 자연종교

이처럼 유혈이 낭자한 시대를 배경으로 해서, 18세기 계몽주의 사상가들은 위대한 탐구를 시작하여, 전 인류가 공유하는 순수한 고대의 '자연종교'(natural religion) 개념을 주장하게 되었다. 이 자연종교가 일반적으로 불리는 이신론(理神論, deism)의 근본 신조를 형성했다. 그 시대의 가장 논리정연하고 유명한 이들이 참여했는데, 영국의 존 톨랜드(John Toland), 매튜 틴달(Matthew Tindal) 같은 철학자, 미국 식민지 시대의 토마스 제퍼슨(Thomas Jefferson)과 벤 프랑클린(Ben Franklin) 같은 정치인, 프랑스의 훌륭한 문인 데니스 디드로(Denis Diderot)와 위대한 볼테르(Voltaire), 또한 독일의 극작가 곳톨드 레싱(Gotthold Lessing), 철학자 임마누엘 칸트(Immanuel Kant) 등이다. 이들 거의 모두가 보편적인 자연종교라는 개념에 찬성했다. 이 개념은, 세상을 만들어 자연 그 자체의 법에 맡긴 창조주 하느님에 대한 믿음, 자연법에 병행하는 인간 행위를 인도하는 도덕률, 선에 대한 내생의 인과응보와 악에 대한 징벌의 약속을 포함했다. 이신론자들에게는 이처럼 우아하게 단순한 신조가 최초 인간의 믿음이었으며, 전 인류의 일반 철학이었다. 인류의 최상의 소망은 이 본래의 신조를 회복하여, 그리스도교인, 유대교인, 무슬림, 힌두교인, 유교도 등, 모든 사람들이 자신들의 창조주 신 아래서 모두가 우주의 형제자매로서 그 신조대로 사는 것이었다.

관용을 진작하는 훌륭한 노력들과 더불어, 인류의 본래적인 자연

---

5) 유럽의 종교전쟁들과 신학적 평가를 개입하지 않고 비교적으로 종교를 설명하려는 노력 사이의 연관성에 관해서는 J. Samuel Preus, *Explaining Religion: Criticism and Theory from Bodin to Freud* (New Haven: CT: Yale University Press, 1987, pp. 3-20를 보라.

종교에 대한 이신론자의 개념은 모든 갈등과 혼동 속의 다양한 종교 형태를 설명하는 새로운 방법의 문을 열었다. 여러 그리스도교 종파의 믿음, 아메리카 인디언들의 제의(rituals), 중국인들의 조상숭배 의례(rites), 힌두교 성현의 가르침이 서로 어떻게 다르든 간에, 모두가 결국 최초 인간의 자연종교에서 그 기원을 찾을 수 있다고 보았고, 다시 그 지혜는 현대의 변형된 형태로 점차 변화되고 분산되면서 발전했다. 특히 중국이 이 점에서 증거가 되었다. 즉 1700년대에 동양에서 상선이 정기적으로 서양에 도착하면서 각종 중국풍에 매혹되었는데, 직물, 향료, 자기제품, 차, 가구 등이 분명히 성경의 도움없이 성취한 중국의 정중함, 우아함, 번영과 종교적 경건의 증거를 보여주었다. 이러한 품위, 특히 유교의 윤리가 자연종교의 미덕을 드러냈다.

현대의 이론들

물론 이신론의 의제(agenda)에는 다른 측면도 있었다. 즉 자연종교를 찬미하는 것은 또한 계시종교를 비난하는 것인데, 이신론자들의 판단으로는 계시종교가 성직자들과 신학자들의 왜곡된 공작에 불과하다는 것이었다. 대체로 이신론자들이 보는 그리스도교 교회는 무지와 미신, 계시와 예식, 기적과 고백, 성례와 성인들, 그리고 아무도 이해할 수 없는 언어로 된 성스러운 의례와 본문들 팔아먹는 소매상인들로 가득 차 있었다. 반면에 자연종교는, 하느님에 의해 교회에 직접 계시되고, 나머지 인류에게는 보류된 일련의 진리가 절대로 아니었다. 참 종교는 자연적이며 원초적인(primeval) 것으로서, 교회와 교리와 성직자들에 의해 타락하기 오래 전에 하나의 보편적 인류의 신앙이었다. 그것은 초자연적(supernatural)이기보다는 자연적이었기 때문에, 종교도 합리적으로 설명될 수 있는데, 마치 수학자 뉴턴에 의해 증명된 운동과 인력의 법칙이 창조자의 손에 의해 세상 속에 주입되었다는 것과 마찬가지였다.[6]

이신론자들은 합리성을 존중하지만, 종교에 생명을 주는 깊은 감정이나, 다양한 문화형태의 풍요한 역사와 자원에 대한 매혹을 전혀 높이 평가하지 않았다. 이런 태도는 전통적인 헌신을 종교의 핵심으로 보는 이들을 깊이 소외시켰다. 경건한 가톨릭 신자들과 경건주의자들이라고 불리는 열렬한 개신교인들과 존 웨슬리와 같은 부흥사들은 냉정한 두뇌의 합리적인 종교보다는 마음의 종교를 찬양함으로써, 이신론의 프로그램에 대해 항거했다. 감정에 대한 이들의 존중은 종교에 대한 낭만주의적 작가들과 학자들과 시인들이 공감하여, 이신론자들이 경멸하는 교회와 성당에 대한 찬미, 예전과 의식의 탁월한 미, 성례와 기도의 힘 등, 전체 종교적 신앙 특히 그리스도교 신앙의 풍요하고 찬란한 역사를 높이 평가했다. 이들은 종교의 역사적 형태와 제도는 종교정신의 적이 아니라 보호자로서, 종교의 횃불을 유지한다고 주장했다. 이런 낭만적 반응에 대한 강조는 아마도 프랑스 역사소설가 샤또브리앙 자작(Vicomte de Chateaubriand)의 《그리스도교의 특성》(*The Genius of Christianity*, 1802)에서 가장 잘 드러났을 것인데, 이 책은 가톨릭교회의 아름다움과 역사를 찬미하고 있다.

이런 두 가지 역사적 흐름, 즉 계몽주의적 이신론의 차가운 흐름과 종교적 낭만주의의 따뜻한 흐름이, 막스 뮐러와 그의 동료들의 정신 속에서 합류되었다. 사상가로서 뮐러는 사실상 이신론자였다. 그

---

[6] 계몽주의 시대의 초기 이신론과 후기 회의론에 관해서는 Preus의 *Explaining Religion*, pp. 23-39, 84-103에 있는 Herbert of Cherbury와 David Hume에 관한 논의를 보라.

는 독일 계몽주의의 대변자인 철학자 임마누엘 칸트에 의존했다. 칸트는 종교를 이신론의 두 가지 기본 신조를 중심으로 생각했는데, 하느님에 대한 믿음과 "내면의 도덕법"(the moral law within)이 그것이다. 그러나 성격상 뮐러는 낭만주의자였다. 그가 젊었을 때, 샤또브리앙 자작은 노년이었는데, 그는 프랑스 가톨릭 신자가 아니라 독일의 개신교 신자였지만, 똑같은 신비주의적인 정신에 깊이 영향을 받았고, 자연의 아름다움 속에서든 혹은 인류의 영적인 추구 가운데서든, 신적인 현존(the presence of the divine)을 분별하고 그에 맞추어 살려고 했다. 자연이나 역사 속 어디에서든 신적인 존재의 단서가 보인다면 찾을 준비가 되어 있었다.

이처럼 이신론과 낭만주의라는 대조적인 관점들이 뒤섞여 있는 현실은 뮐러를 비롯한 학자들에게 모든 종교를 연구할 동기와 이유를 제공했다. 이들은 어디서나 종교의 근본 충동이나 원인을 발견할 수 있다고 믿었고, 또한 주로 역사적 연구방법을 사용했다. 이들은 부단하고 부지런한 조사를 통해 시간을 거슬러 올라가 인류 최초의 종교에 대한 생각과 관습들을 찾아내고, 그 다음 단계로서 오늘에 이르기까지의 그 진전과 향상을 조사하려 했다. 뮐러와 그 동료들은 이 일을 해낼 수 있을 뿐 아니라, 이신론자들이 상상했던 것 이상으로 잘 해낼 수 있다고 믿었는데, 그 중요한 이유는 고고학, 역사, 언어, 신화 연구에서의 커다란 진전뿐만 아니라 새로 개척된 민족학과 인류학 때문이었다.[7] 뮐러 자신은 힌두교 베다(Vedas)와 신화에 대한 지식 이외에도

---

7) 빅토리아 시대 중기에 인류학의 등장에 관해서는 Richard M. Dorson, *The British Folklorists: A History* (Chicago: University of Chicago Press, 1968), Paul Bohannan, *Social Anthropology* (New York: Holt, Rinehart & Winston, 1969), pp. 311-15, J. W. Burrow, *Evolution and Society* (Cambridge: Cambridge University Press, 1970)와 George W. Stocking, Jr., *Victorian Anthropology* (New York: Free

비교 문헌학, 즉 언어학 분야에서 유럽의 권위자들 가운데 한 사람이었다. 그가 편집한 힌두교 베다(Hindu Vedas)는 인류의 가장 오래된 종교문헌으로 당시에 알려져 있었다. 19세기 초에 고고학자들은 인간 문화의 초기 단계에 관해 중요한 발견을 했으며, 역사가들은 고전문서를 연구하는 새로운 비판적 방법을 개척했으며, 민속학자들은 유럽 농부들의 풍습과 설화에 관해 자료를 수집하고 있었고, 처음 인류학자들은 현대 세상에 아직 남아 있는 명백히 원시적인 사람들의 사회를 관찰한 이들의 보고서들에 의존하기 시작했다. 여기에 덧붙여, 이제는 모방할 수 있는 매우 성공적인 자연과학의 방법이 있었다. 즉 종교의 기원과 발전을 단지 추측하거나, 몇몇 이신론자들처럼 공자의 저술을 아는 것이 중국 종교의 전부를 아는 것이라고 순진하게 추정하는 대신에, 이제는 연구자들이 세계 종교들의 광범위한 사례에서 제의, 신앙, 풍습 같은 사실들을 체계적으로 수집할 수 있게 되었다. 그들은 이런 자료들을 가지고 정확하게 분류하여 어떻게 그런 일이 생겨났으며 또한 무슨 목적에 이바지 했는가를 설명하는 일반적 원칙, 다시 말해서 과학적 "발전의 법칙"을 추론할 수 있었다.

    1800년대 중반에 이르러, 그 당시 주로 프랑스, 독일, 영국의 학자들로 구성된 작은 집단은 이제 종교의 시작에 관한 근거 없는 견해를 뒤로 하고, 대신에 과학의 권위를 주장할 수 있을 정도로 종교의 기원에 관한 조직적인 이론을 만들 수 있는 방법과 재료 두 가지를 모두 가지고 있다고 생각했다. 뮐러의 강연에서만이 아니라 그 시대의 다른 저작들에서도, 우리는 당시 착수한 연구에 관한 낙관과 정열과 확신을 볼 수가 있다. 이들의 목표는 또 다른 추측이나 공론이 아니고, 증거에 기초한 이론을 세우는 것이었다. 종교학자들 역시 물리학자들

Press, 1987)를 보라.

처럼 견고한 사실들을 기초로 작업해서, 치밀하게 검사하고 교정하고 개선할 수 있는 일반론(generalizations)을 구성하려 했다. 어느 모로 보나 이 과학적 방법은 개인의 종교 서약과는 별도로 적용할 수 있는 더 큰 장점을 가졌다. 뮐러는 매우 경건하며 거의 감정적인 그리스도교 신자로서, 자신의 신앙의 진리는 과학 때문에 두려워할 것이 없고 오히려 다른 종교와의 맥락 속에서 설명한다면 더 밝게 돋보이리라 믿었다. 우리가 곧 논의하게 될 에드워드 버넷 타일러는 뮐러의 동시대인이며 비판자로서 반대 입장을 취했는데, 그는 뮐러의 과학적 탐구가 불가지론적인(agnostic) 종교 회의주의에 대한 그 자신의 개인적 입장을 뒷받침했다고 생각했다. 그러나 두 사람 모두가 종교 이론이 객관적 사실들이라는 공동 근거에서 발전될 수 있다고 믿었는데, 객관적 사실들이 모든 이론들에 대한 증거로써 뒷받침하고, 진리의 최종 평가를 제공하기 때문이다. 두 사람은 또한 그 성격상 포괄적이며 일반적인 이론에 도달할 수 있다고 믿었다. 두 사람은 과학과 자신들이 다룰 수 있는 사실들에 대해서 확신했기 때문에, 종교의 전체 현상을 설명할 수 있다고 주저 없이 주장했는데, 단지 한 예전이나 한 믿음, 한 장소와 한 시기의 종교가 아닌 세계 전역에서 일어난 종교 현상의 기원과 발전과 다양성을 설명할 수 있다고 주장했다. 이 대담한 야심을 진술하면서, 그들은 나중에 20세기의 주요 이론가들(이 책에서 주로 논의한)이 다루어야 할 필요가 있는 문제들을 제시했다.[8]

우리가 현재의 시점에서 되돌아 볼 때, 모든 종교에 대한 하나의 이론을 형성하려는 이 희망이 당시로서는 얼마나 놀라운 야심이었는

---

[8] 인류학과 그 밖의 다른 연구조사의 도움으로 종교 이론을 개발한 초기 노력에 관해서는 Brian Morris, *Anthropological Studies of Religion* (Cambridge: Cambridge University Press, 1987), pp. 91-105를 보라.

가에 대해 놀라게 된다. 오늘날의 신중한 관찰자는 훨씬 더 조심하려는 경향이 있다. 그동안 감명 깊은 책들이 저술되었는데, 단지 한 종교의 믿음 하나에 대해서나, 혹은 한 종교의 특정 관습이나 예전 등 한 가지 양상을 다른 종교에서의 비슷한 것과 비교 설명한 책들이다. 그렇지만 언젠가 모든, 아니면 대부분의 종교 행위를 설명하는 광범위한 모형이나 일반적 원칙을 발견하려는 희망을 쉽게 포기했던 것은 아니다. 앞으로 밝혀지겠지만, 20세기 몇몇 중요한 이론가들이 바로 이 똑같은 희망에 의해 자극을 받았는데, 그것은 이해할 만한 이유들 때문이었다. 물리학자들은 아인슈타인의 통일장(統一場) 이론을 포기하지 않았는데, 그것을 발견하는 일이 상상했던 것보다 훨씬 어려운 것임이 증명되었다. 마찬가지로 종교학자들 역시 많은 난관들에도 불구하고, 서로 다른 많은 현상들을 하나의 일관되며 광범위하게 해명하는 모형이 될 수 있는 과학적인 일반이론을 세우려는 희망을 갖고 고무되어 왔다. 더구나 종교현상들에 대한 설명은 반드시 유용성이라는 가치를 지닐 필요가 있는 것은 아니다. 다른 분야들에 대한 탐구와 마찬가지로, 종교에서도 독창적 이론은 설령 실패한다 해도, 새로운 탐구를 유도하거나, 새로운 이해를 증진시키는 방식으로 문제들을 재구성한다. 그러므로 종교학자들이 말한 대부분이 틀린 것으로 판명된다 할지라도, 이 책에 나오는 이론가들은 여전히 우리의 시간과 관심을 받을 가치가 있는데, 그들의 사상과 해석이 종교의 영역을 넘어 우리의 문학, 철학, 역사, 정치, 예술, 심리학 등 실로 현대 문화의 거의 모든 영역에 침투되어 영향을 미치고 있기 때문이다.

이와 관련해서, 오늘날에는 일반적 지식에 속한 것으로 간주되는 사상의 원천과 그 첫 주창자가 얼마나 잘 감추어져 있는가에 주목하는 것은 흥미 있는 일이다. 종교를 영들에 대한 미신적 신앙이라고 무심히 말하는 많은 이들이, 지금 100년이 넘은 《원시문화》(*Primitive Culture*)에서 타일러(E. B. Tylor)가 설명한 유명한 정령숭배(animism) 이론을 근본적으로 반복하는 것에 불과하다는 것을 도대체 몇 사람이나 깨닫고 있겠는가? 이들이 오늘날 그 저자의 이름이나 한때 존경받던 그의 책제목을 알겠는가? 과학이 종교를 대체한다고 주장하는 사람들 중에 과연 누가, 20세기 초에 그 논제(thesis)를 이미 그의 불후의 작품 《황금가지》(*Golden Bough*)의 중심에서 다룬 제임스 프레이저(James Frazer)의 명성을 기억할 수 있을까? 종교에 호기심을 가진 일반 독자들 중에 얼마나 많은 이가 미국 내의 종교 연구에서 지난 40년 동안 크게 영향을 미친, 특이한 이름의 미르체아 엘리아데(Mircea Eliade)와 그의 도발적인 이론을 상기하겠는가? 최근 합리성과 상대주의에 관한 철학적 논쟁에서 인류학자 에반스-프리차드(Evans-Prichard)의 연구가 기여한 역할을 얼마나 알고 있는가? 매일의 대화에서 쉽게 개신교의 노동관을 인용하는 사람들이 이 말을 처음 정의내린 독일의 사회학자 막스 베버(Max Weber)를 쉽게 알 수 있겠는가? 특히 마르크스와 프로이트와 같이 우리 시대의 위대한 급진적 사상가들과 연관된 견해들은 물론 잘 알려져 있지만, 유감스럽게도 모호하거나 단편적이거나 왜곡되어 있다. 그 결과로 인해 그런 이론들에 관한 현재의 논쟁 대부분이, 그들 속에서 발견될 가정과 근거와 논리에 대해 매우 분명하고 정확한 파악을 하지 못한 채 진행되고 있다. 이런 검토가 주는 하나의 공헌은, 이런 주제에 대해 비교적 새로운 독자들에게 똑같은 과오를 피하도록 도우려는 데 있다.

여덟 가지 이론들

다음 장들에서는 19세기에 처음으로 진지한 학자들이 종교에 대한 과학적 연구방법을 상상하기 시작한 이래로 제시된, 가장 중요한 여덟 가지 종교 이론을 검토할 것이다. 각각의 경우 그 이론의 주요 대변자의 생애와 배경을 다루고, 그 다음에는 중심 되는 저술들 속에 나타난 핵심 사상을 다루고, 마지막에는 다른 이론들과 비교해서 뚜렷한 특징들을 소개하고, 비판자들이 제기한 주요 반론들을 수록했다.

선택의 원칙

이 목적을 위해 선택할 수 있는 많은 이론들 가운데서, 이 책은 종교뿐 아니라 20세기의 전체 지성적 문화를 형성하는 데 영향을 미친 여덟 가지 이론을 택했다. 각 이론의 대변자로 선택된 이들은 (1) 타일러와 제임스 프레이저, (2) 지그문트 프로이트, (3) 에밀 뒤르켐, (4) 카를 마르크스, (5) 막스 베버, (6) 미르체아 엘리아데, (7) 에반스-프리차드, (8) 클리퍼드 기어츠다. 명민한 독자들은 이 명단에서 스위스 심리학자 카를 융을 비롯해서 막스 뮐러 등 몇 명의 매우 중요한 학자들이 빠져 있다는 것을 즉시 알아챌 것이다. 이처럼 많은 학자들이 빠진 것은 쉽게 정당화할 수 없겠으며, 사실 다른 저자는 다르게 선택했을 것이다. 그러나 이 선택에는 근본적 이유가 있다. 막스 뮐러가 종교과학이라는 개념을 고무한 점에서 중요하지만 그가 빠진 것은, 종교가 자연숭배에서 기원했다는 그의 이론 대부분이 그의 시대에 거부당했으며 또한 그 이후에도 그 영향이 제한되었기 때문이다.

또한 제7장에서 간략하게 살펴볼 영향력 있는 프랑스 철학자 뤼씨엥 레비-브륄(Lucien Lévy-Bruhl)도 여기에 포함시켜야 한다고 주장할 이들이 있을 텐데, 레비-브륄 역시 그의 견해가 시간이 지나면서 크게 변했으며, 더욱이 그의 주요 논점을 에반스-프리차드가 또한 다루었는데, 그는 부족들 사이에 가서 실제 현지조사를 통해 레비-브륄의 입장을 뒷받침했다는 장점 때문에, 두 사람 중에 후자를 선택한 것이 우리의 목적에 적합한 것 같다. 카를 융의 경우도 어느 정도 마찬가지다. 융이 종교에 대해 예민하고 호의적이며 짜임새 있는 연구를 했고, 그의 심리학 연구에 종교적 재료를 폭넓게 사용했다는 것은 잘 알려져 있다. 그러나 바로 그 때문에 그는 우리가 프로이트에게서 볼 수 있는 것처럼 심리학의 기능주의적 해석에 대한 일관적인 주장이 덜하다. 이 분야에 그가 미친 영향이 크기는 했지만 광범위하지는 못했으므로, 프로이트를 선택하는 것이 더 낫다고 본다. 끝으로 물론 어느 책이나 제한이 있고, 저자가 선택한 것은 일부 독자들에게 오히려 임의적이며 빈틈이 있어 보이게 마련이다. 중요한 것은 이 고전적인 이론가들이 제공하는 모델이 분명히 전부는 아니지만, 가장 영향력 있는 종교의 해석으로서 지난 세기를 통해 어떻게 영향을 남겼는가를 파악하는 것이다.

용어 정의

먼저 이 책에서 가장 기본적인 두 용어인 '종교'와 '이론'에 관해 말해둘 필요가 있다. 대부분의 사람들은 비록 처음으로 이 주제에 접하게 됐다 하더라도, '종교'란 말이 무엇을 뜻하는지에 대해 어느 정도의 생각을 가지고 있다. 사람들은 아마도 하느님 혹은 신들, 초자연적인 영, 또는 내세(afterlife)에 대한 믿음을 생각할 것이다. 혹은 힌두교, 그리스도교, 불교, 유대교나 이슬람교 같은 세계의 위대한 종교들 가운데 하나를 지적할 것이다. 사람들은 또한 '이론'이 무엇인지에 대해서도, 아마 보편적인 견해를 가지고 있을 것이다. 이론이라는 말을 과학과 관련해서 자주 들었기 때문에, 이론이란 처음에는 이해하지 못한 어떤 것을 설명하려는 시도로서, '왜'라는 일반적 질문에 대답해주는 일종의 해명이라고 생각한다. 우리 대부분은 상대성 원리를 이해하지 못한다고 서슴없이 인정하지만, 여하간 그 원리가 전에는 누구도 상상하지 못했던 공간과 시간의 관계를 설명해주는 것이라는 점은 알고 있다. 처음 시작하면서, 우리는 '종교'와 '이론'에 대해 이처럼 일상적인 이해를 넘어설 필요는 없다. 이 책의 출발점으로서만이 아니라 앞으로 전개해 나갈 때 지침으로서 이 용어들은 절대로 필요한 용어들이다. 동시에 이 책에서 우리가 다루는 이론가들은 종교 문제를 심각하게 다루면서, 이러한 상식적 설명에 만족하지 않았다는 점에 대해서도 유념할 필요가 있다.

'종교'라는 용어를 정의할 때, "하느님 혹은 신들에 대한 믿음"이라고 정의하는 것은 너무 특수하며 너무 신학적인 정의라고 생각하는 사람들이 있다. 왜냐하면 불교도들은 하느님을 예배하지 않으며, 유대교인들은 자신들의 믿음이 주로 관념의 문제라기보다는 행실의 문제라고 여기기 때문이다. 분명히 종교 영역에 속하는 이런 경우들을 수용하기 위해, 우리는 뒤르켐과 엘리아데가 선택한 길을 따라, 종교를 규정하는 본질적 요소로 '성스러움'(the sacred)과 같은 광범위한 개념을 선호할 수 있다. 이런 이론가들은 불교인들이 하느님을 믿지 않지만, 그래도 성스러움에 대한 의식을 갖고 있다는 것을 안다. 그러기에 이런 이론가들은 단지 한 장소나 한 시대나 한 형태의 전통보다 세계의 모든 종교의 전통과 내력을 고려할 때, '성스러움'이라는 추상적 용어가 "하느님 혹은 신들에 대한 믿음"보다 더 적합하다고 본다. 또 어떤 이론가들은 상식적 접근과 매우 비슷한 **실체주의적**(substantive, 본질주의essentialist라고도 한다 - 옮긴이) 정의를 강력히 선호한다. 이들은 종교적인 사람들이 헌신하며 중요하다고 보는 믿음이나 생각의 관점에서 종교를 정의한다. 다른 이론가들은 이런 방법이 너무 제한되어 있다고 보아서 대신에 더 **기능주의적**(functional) 정의를 제시한다. 이들은 종교의 내용이나 사상을 제쳐놓고, 종교를 단지 인간의 삶 속에서 어떻게 작용하는가 하는 관점에서 정의한다. 이들은 종교가 개인에게 심리적으로, 혹은 집단에게 사회적으로 무슨 기능을 발휘하는가를 알려고 한다. 사람들의 믿음이나 실천의 **구체적인 내용이 무엇이든 간에** 그것에 대한 관심보다는, 개인에게 위안과 행복의 느낌을 가져다주거나 집단을 위한 지원을 제공하는 것에 관심을 갖는 경향이 있다. 종교를 정의하는 문제는 종교를 설명하는 문제와 밀접하게 연관되어 있으며, 또한 종교를 정의하는 문제는 언뜻 상식적으로 생각하기보다 훨씬 더 어렵다는 것을 유념할 필요가 있다.

'이론'도 마찬가지다. 언뜻 보기에, 종교에 대한 설명이라는 개념은 이해하기가 어렵지 않지만, 역시 실제로 설명하는 작업에 더 깊이 들어가면 갈수록 더 복잡해진다. 간단히 두 가지 실례가 이 문제를 설명해줄 수 있겠다. 첫째로 그 '기원'을 밝힘으로써 종교를 설명하려는 이론가는 기원이라는 말로 여러 가지를 뜻할 수 있다. 즉 종교의 **역사 이전의**(prehistorical) 기원 — 역사가 시작될 때, 어떻게 첫 인류가 종교를 갖게 되었는가에 대한 설명; 종교의 **심리적인**(psychological) 혹은 **사회적**(social) 기원 — 인간 역사의 어느 때에 어떻게 종교가 어떤 집단이나 개인의 필요에 응해서 생겨나는가에 대한 설명; 종교의 **지적**

인(intellectual) 기원 — 한 시기에, 혹은 언제나, 세상에 관해 파악된 어떤 진리가 어떻게 사람들로 하여금 특정한 종교적 주장을 믿게 하였는가에 대한 설명; 혹은 종교의 **역사적인**(historical) 기원 — 과거의 특정한 때와 장소에서, 어느 예언자적 인물이나 특별한 사건의 결과가 어떻게 종교를 만들어내고, 그 특수한 성격이나 형태를 이루게 하였는가에 대한 설명 등이다. 이론을 기술하고 또한 평가할 때 모두, 그 이론이 어떤 종류의 기원을 추구하며, 또한 한 종류의 기원이 다른 종류의 기원들과 어떤 관계가 있는가를 아는 것이 중요하다.

두 번째 문제는 이미 암시된 것으로서, 종교에 대한 이론들은 그 정의들에 못지않게, 그 성격상 실체주의적 혹은 기능주의적이다. 실체주의적인 접근방법을 주장하는 이론가들은, 사람을 인도하고 영감(靈感)을 주는 사상이라는 관점에서 종교를 지적으로 설명하려고 하며, 인간의 의도, 감정, 행위를 강조한다. 이들은 사람들이 종교적인 이유가, 특정한 사상이 참되고 가치 있다고 깊이 감명을 받아, 자신들의 삶을 구성하는 데 그런 사상을 따라야 한다고 느끼기 때문이라고 주장한다. 인간의 생각과 감정의 이런 역할을 강조하는 이론가들은 때로 그들의 접근방법이 설명적이라기보다는 해석적이라는 평을 듣는다. 이들은 종교가 사람들에 의해 채택되고 또한 인간에게 의미를 주는 것에 대한 것으로서, 따라서 인간의 의도를 고려하는 해석이 종교를 가장 잘 설명한다고 주장한다. 결국 종교는 인간의 생각과 목적의 산물이라는 것이다. 해석적 이론가들은 '설명'을 거부하는 경향이 있는데, 설명은 어떤 사물에 관한 것이지, 인격에 관한 것이 아니기 때문이다. 설명은 인간적으로 의미 있는 목적보다는 오로지 비인격적인 과정에 호소한다고 본다. 이와 대조적으로, 기능주의적인 이론가들은 매우 의견이 다르다. 이들은 물론 설명이 물리적 대상과 자연과정 같은 사물에 대하여 유용한 것이지만, 사람을 이해하는 데도 역시 유용하다고 생각한다. 기능주의적인 이론가들은 종교인들의 의식적 생각의 저변이나 배후에서 더 심오하고 숨겨진 것을 찾아보려고 노력한다. 이들은 사회구조나 혹은 인식되지 못한 심리적 압력이 종교적 행위의 진정한 원인이라고 본다. 이런 압력, 즉 제어하기 어려운 힘─개인적인 것이든, 사회적인 것이든, 심지어 생물학적인 것이든─이 종교의 진정한 원천이라고 주장한다. 종교인들 자신이 자기들의 행동을 좌우한다고 생각하는 것이 아니라는 말이다. 앞으로 우리가 논의하는 중에, 어느 정도 상세히 이러한 차이를 추적할 수 있겠다.[9] 그러나 우선 이런 설명들은 종교에 대한 정의에서만 아니라 종교에 대한 이론들에서도 표면상 단순해 보이는 것들이 흔히 매우 복잡한 것을 감추고 있다는 사실을 경고한다는 점이다.

앞으로 나올 장들에서, 우리는 종교에 대한 이론가들의 정의뿐만 아니라 그들의 설명에도 주의해야 하는데, 각각의 경우에 그 이론가의 종교에 대한 정의와 설명이 서로 어떻게 연결되는가를 주목할 필요가 있다. 그러는 가운데, 각각의 이론가들이 종교를 이해하려 할 때, 어떻게 그리고 왜, 분명한 것과 보이지 않는 것, 표면적인 것과 심층적인 것 모두를 함께 고려하게 되었는가가 분명해질 것이다. 이 이론들을 연대와 개념의 순서로 배열했는데, 이것은 사고의 경향을 보이려는 의도에서다. 우선 타일러와 프레이저의 고전적인 주지주의(intellectualist) 이론에서 시작해서, 설명적(explanatory) 접근방법으로

---

[9] 이런 구분의 가장 중요하고 도전적인 분석은 Robert A. Segal의 두 편의 예리한 소론에서 볼 수 있는데, *Religion and the Social Sciences: Essays on the Confrontation* (Atlanta: Scholars Press, 1989)과 *Explaining and Interpreting Religion: Essays on the Issue* (New York: Peter Lang Publishing, 1992)에서 볼 수 있다.

옮겨서 프로이트, 뒤르켐, 마르크스를 통해 각각 심리적, 사회적, 경제적인 기능주의의 연장선을 추구할 것이다. 그 다음에는 보통 이런 '환원주의'(reductionism)라 불리는 과격한 형태의 설명적 접근방법에 반대하여, 적합한 이견을 표시한 베버와, 더 강력한 항의를 제기한 엘리아데를 살펴볼 것이다. 그리고 해석적인 것과 설명적인 것의 분열을 극복하려는 시도로 보이는 에반스-프리차드와 기어츠의 최근 이론으로 끝마칠 것이다. 결론에서는 이런 고전적 이론들을 받아들이게 된 이래로, 그 이론가들의 간격 사이에 일어난 문제를 간략하게 검토하고, 마지막으로 서로를 비교하며 분석하는 최종 질문을 제기할 것이다.

보다 자세한 연구를 위한 추천 도서들

Chaudhuri, Nirad C. *Scholar Extraordinary: The Life of Professor the Rt. Hon. Friedrich Max Müller*. London: Chatto & Windus, 1974. Müller의 자세한 생애 연구와 이론의 고찰.

Eliade, Mircea, Editor in Chief. *The Macmillan Encyclopedia of Religion*. New York: Macmillan, 1987. 영문으로 된 현재 가장 유용하고 개괄적인 종교에 관한 참고서적.

Evans-Pritchard, E. E. *Theories of Primitive Religion*. Oxford, England: Clarendon Press, 1965. (김두진 역, 《원시종교론》, 탐구당, 1985). 종교에 대한 설명에서의 몇몇 고전적 접근에 대한 간략하고 날카로운 분석.

Fitzerald, Timothy. *The Ideology of Religious Studies*. New York: Oxford University Press, 2000. '종교'라는 용어를 정의하기가 불가능해서, 그 개념에 의존한 설명이 무의미하고 쓸모가 없다는 근

거에서 종교연구에 대한 논쟁의 여지가 있는 비판.

Harrison, Peter. *"Religion" and the Religions in the English Enlightenment.* Cambridge, England: Cambridge University Press, 1990. 영국에서 개화기의 사상가들과 생각이 어떻게 종교의 과학적 연구 태동에 기여했는가 보여주는 유익한 역사적 연구.

Kunin, Seth. *Religion: The Modern Theories.* Baltimore: The Johns Hopkins University Press, 2003. 지난 세기에 있었던 종교 설명의 모든 시도에 대한 교훈적이며 간결한 관찰. 이 책에서 언급되지 않은 이론가들에 대한 간단한 토의에 특히 도움이 된다.

Masuzawa, Tomoko. *In Search of Dreamtime: The Quest for the Origin of Religion.* Chicago: University of Chicago Press, 1993. 종교의 역사적 기원에서 초기 진화론 이론가들의 예민한 관심 이면의 가설을 검토한 독창적이지만 어려운 책.

McCutcheon, Russell T. *Manufacturing Religion: The Discourse on Sui Generis Religion and the Politics of Nostalgia.* New York: Oxford University Press, 1997. 이 책을 포함하여 미국 대학의 종교연구에서 수행한 비슷한 연구를 포함해서 종교연구의 최근 접근에 대한 도발적인 비판.

Morris, Brian. *Anthropological Studies of Religion.* Cambridge, England: Cambridge University Press, 1987. 19세기와 20세기 종교의 과학적인 이론에 관한 총괄적인 조사.

Preus, J. Samuel. *Explaining Religion: Criticism and Theory from Bodin to Freud.* New Haven: Yale University Press, 1987. 주로 지난 3세기 동안 종교에 관한 견해의 역사를 추구한 것으로, 근대 이론가들이 높이 평가하는 연구.

Segal, Robert A. *Religion and the Social Sciences: Essays on the Confrontation.* Brown Studies in Religion, no. 8. Atlanta, Georgia: Scholars Press, 1989. 개인적으로 종교에 공감하는 이들의 이론과 사회과학의 비판적 설명방법 사이의 불가피한 충돌

을 인정하며 예리하게 분석한 최근 이론가의 신랄한 논문들.

Sharpe, Eric J. *Comparative Religion: A History.* New York: Charles Scribner's Sons, 1975. (윤이흠·윤원철 역, 《종교학: 그 연구의 역사》, 한울아카데미, 2012). 종교의 이론과 이론가들에 대한 광범위한 개관. 이 분야의 소개와 이 분야의 주요 인물의 간략한 생애와 사상을 이해하는 데 도움이 된다.

1장

정령숭배와 주술

에드워드 버넷 타일러와 제임스 조지 프레이저

> 세상을 다스리는 힘들이 의식적이고 인격적인가, 아니면 무의식적이고 비인격적인가? 종교는 초인적 세력들을 달래는 것으로서 전자임을 가정한다... 종교는 주술뿐 아니라 과학과도 근본적으로 대립하는데, 과학은 자연의 운행이 인격적 존재의 감정이나 변덕에 의해 결정되는 것이 아니라 기계적으로 작용하는 불변의 법칙에 의해 결정된다고 본다.
>
> - 제임스 프레이저, 《황금가지》 [1]

우리의 탐구는 한 사람이 아니라 두 명의 이론가에서 시작하는데, 그들의 저술은 서로 관련되어 있으며 생각이 매우 비슷한 이들이기 때문이다. 첫 번째 사람 에드워드 버넷 타일러(Edward Burnett Tylor, 1832-1917)는 독학을 한 영국 사람으로서, 대학에는 가지 못했으나 여행과 독자적인 연구로 정령숭배(animism) 이론에 도달했다. 그는 정령숭배가 종교 시작의 열쇠라고 보았다. 두 번째 사람 제임스 조지 프레이저(James George Frazer, 1854-1941)는 내향적 학자형의 스코틀랜드

---

1) 축약판 p. 51. 아래 주 21을 보라.

사람으로, 타일러와는 달리 케임브리지 대학의 책으로 둘러싸인 아파트에서 거의 전 생애를 보냈다. 프레이저는 타일러의 정령숭배라기보다는, 소위 종교의 '주술'(magic)이론이라 불리는 것과 흔히 연관된다. 그러나 프레이저는 사실 타일러의 제자로서, 자기 스승의 주요 착상과 방법을 곧장 받아들이고 여기에 자신의 새로운 생각을 덧붙였다. 앞으로의 논의에서 보겠지만, 이 두 이론은 매우 밀접하게 연관되어 있어서, 동일한 관점의 전기 형태와 후기 형태로서 보는 것이 더욱 나을 것이다. 타일러가 보다 독창적인 사상가였을 것이지만, 프레이저는 더욱 큰 명성과 영향력을 지니고 있다.

에드워드 버넷 타일러

에드워드 버넷 타일러의 첫 관심은 종교가 아니라, 인간 문화나 사회기관을 연구하는 것이었다. 사실 어떤 이들은 그를 영국과 북미에서 지금 시행되고 있는 과학으로서의 문화인류학, 혹은 사회인류학의 창시자로 본다. 그는 1832년에 런던의 한 놋쇠공장을 소유한 부유한 퀘이커 가정에 태어났다.2) 퀘이커 교도들은 원래 극단적이며 거의 광신적인 영국 개신교 집단으로서, 검소하고 멋없는 옷을 입었으며 개인의 "내적인 빛"(inner light)이라는 영감(靈感) 속에 살았다. 그러다 1800년대에 이르러서는 대부분 유별난 옷을 벗어버리고 사회적으로

---

2) 타일러의 유일한 상세한 전기는 R. R. Marett, *Tylor* (London: Chapman and Hall, 1936)이다. Andrew Lang이 타일러의 75세 생일 축하로 준비한 그의 생애와 업적에 대한 짧은 평론이 있는데, 랑은 스스로를 타일러의 학도라기보다는 동료이며 친구로 생각했다. "Edward Burnett Tylor," in *Anthropological Essays Presented to Edward Burnett Tylor* (Oxford: Clarendon Press, 1907), pp. 1-15를 보라.

존경을 받으며, 매우 자유주의적이며 심지어는 무종교적인 견해로까지 나아갔다. 이런 견해가 타일러의 저서 전체에 걸쳐 그리스도교, 특히 가톨릭의 전통적인 신앙과 실천의 모든 형태에 대한 강한 혐오감으로 분명히 나타나고 있다.

타일러가 젊었을 때 그의 부모 모두 세상을 떠났기 때문에, 그는 가업의 경영을 돕기 시작했는데, 곧 그 자신이 결핵증상으로 건강이 나빠졌다. 따뜻한 기후에서 지내라는 권고를 따라 중앙아메리카로 여행하기로 작정하고 1855년 23세의 젊은 나이로 집을 떠났다. 아메리카에서의 이 경험이 그의 생애에서 결정적 요인으로 작용하여, 생소한 문화들을 연구하는 것에 깊은 관심을 갖게 되었다. 여행하면서 그가 본 사람들의 습관과 믿음을 잘 기록해 두었고, 영국에 돌아와 자기 연구 결과를 《아나후악: 멕시코와 멕시코인, 고대와 현대》(*Anahuac: Or Mexico and the Mexicans, Ancient and Modern*, 1861)라는 제목으로 출판했다. 여행 중에 퀘이커 고고학자 헨리 크리스티(Henry Christy)도 만났는데, 이 학자가 선사시대 연구에도 깊은 관심을 갖게 해 주었다. 타일러는 다시는 여행하지 않았지만, 고고학 발견에서 알려진 선사시대이든 혹은 현재 부족사회이든 간에, '원시적' 조건에서 살았던 모든 사람들의 습관과 믿음을 연구하기 시작했다. 곧 두 번째 책 《인류 초기 역사와 문명 발달의 연구》(*Researches into the Early History of Mankind and the Development of Civilization*, 1865)를 출판했다. 그 후 6년 간 이 주제들에 대해 더욱 많은 연구를 한 후, 《원시문화》(*Primitive Culture*, 1871)를 출판했는데, 두 권으로 된 이 책은 방대한 연구로서, 그의 대표적 걸작이 되었고 인류문명에 대한 연구의 이정표가 되었다. 이 중요한 책은 광범위한 일반 독자들의 흥미를 끌었을 뿐 아니라, 명석한 많은 젊은이들을 사로잡아 그의 열광적인 제자들이 되게 만들었다. 그 제자들의 더욱 눈부신 연구를 통해, 체계적인 민속연구와 새로 개척된 인류학이 19세기 후반에 장족의 발전을 할 수 있었다.3) 《원시문화》가 그런 종류의 유일한 책은 아니었지만, 소위 "타일러의 과학"으로 영감을 받은 모든 이들에게는 사실상 성경과 같은 것이었다.

타일러도 연구를 계속했고, 1884년에 옥스퍼드 대학의 인류학이라는 새 분야에서 첫 번째 강사로 임명되었다. 후에 이 분야의 첫 번째 교수가 되어, 제1차 세계대전에 이르기까지 오랜 경력을 누렸다. 그렇기는 했지만, 그의 후기 저서는 《원시문화》의 중요성에 미치지 못했다. 이 영향력 있는 책이 분명한 형태로 그의 정령숭배를 제시하기 때문에, 우리가 타일러의 견해를 검토하는 데 가장 중요한 저서가 되는 것이 당연하다.

《원시문화》

배경

타일러가 수행한 연구의 중요성은 그것의 역사적이고 종교적인 상황 속에서 가장 그 진가가 인정된다. 《원시문화》는 영국의 빅토리아 시대에 생각 있는 종교인들이 그들의 믿음에 대해 많은 혼란스런 도전들과 씨름하고 있을 때 출판되었다. 19세기 초부터 몇몇 철학자, 역사가, 지리학 분야의 박물학자들이 자연과 인간 사회의 장기간에 걸친 발달에 대한 생각에 주의를 돌렸다. 어떤 이들은 지구와 인간

---

3) 타일러의 동료들과 제자들이 민속학 연구에 미친 영향은 Richard M. Dorson, *The British Folklorists: A History* (Chicago: University of Chicago Press, 1968)를 보라. 특히 타일러의 업적에 관해서는 pp. 167-97를 보라.

의 생명이, 신학자들이 성경의 창세기에서 보는 단 6000여 년보다 훨씬 더 오래 되었다고 보기 시작했다. 젊은 타일러는 이런 토론들에 정통했고, 이와 비슷한 관점에서 강력하게 생각하게 되었다.[4] 그 후 1859년에 찰스 다윈(Charles Darwin)이 그 유명한 《종의 기원》(*Origin of Species*)을 출판했는데, 이 책은 19세기를 통틀어 과학뿐만 아니라 다른 어느 분야에서조차 아마도 가장 중요한 책이 되었다. 그가 제시한 자연선택에 의한 진화이론은 놀랍게도 성경에 반대되는 것으로서 많은 충격을 주면서도 불가피한 설득력이 있었다. 이어서 1871년에 출판된 《인간의 유래》(*The Descent of Man*)는 인류가 동물에서 기원했다는 놀라운 논제로 인해, 역시 많은 논쟁을 불러일으켰다. 《종의 기원》 이후로 '진화' 논란은 거의 모든 사람들의 입에 올랐고, 발전이라는 개념이 타일러의 생각을 강하게 사로잡았다. 더구나 이 논쟁들이 격렬하게 진행되는 동안, 다른 사상가들은 성경의 역사적 정확성, 기적의 실재, 예수 그리스도의 신성을 포함하여, 그리스도교 믿음의 가장 기본적인 요소들에 대해 더 곤란한 의문들을 제기하고 있었다. 그러므로 《원시문화》가 그리스도교를 포함한 모든 종교적 믿음체계의 기원에 관한 새 이론을 제시하자, 이미 혼란스럽던 대중들 사이에 또 다른 의심의 파도를 몰고 온 것처럼 보였다.

타일러 역시 연구에 새로운 추세를 도입했다. 그는 선구적으로 '민족지학'(民族誌學, ethnography)과 '민족학'(ethnology)을 강조했다. 이것들은 그와 그의 동료들이 분명히 새로운 종류의 연구에 붙인 명칭으로서, 하나의 개별적인 사회, 문화, 혹은 종족집단(그리스어 *ethnos*, '민

---

[4] 초기 진화사상이 타일러의 사상에 미친 영향에 관해서는 George W. Stocking, Jr., *Victorian Anthropology* (New York: Free Press, 1987), pp. 46-109와 Robert A. Segal, "Victorian Anthropology," *Journal of the American Academy of Religion* 58, no. 3 (Fall 1990): 469-77을 보라.

족' 혹은 '종족')의 모든 구성요소들을 기술(ethnography: 그리스어 *grapho*, '쓰다')하고 과학적으로 분석(ethnology: 그리스어 *logos*, '연구')하는 것이다. 이들은 또한 인류에 대한 과학적 연구인 '인류학'(anthropology, 그리스어 *anthropos*, '사람')이라는 용어도 사용했다. 또한 개인적으로 비종교인이었던 타일러는 어느 문제에 대해서건, 교회나 성경의 신적인 권위에 의한 해결을 거부했다.

타일러 시대 이전과 그가 활동하던 대부분의 시대에도, 전통적인 견해를 지닌 사람들은 적어도 그리스도교의 기원이, 원래 하느님이 성경 가운에 계시하고 교회전통에서 확인되었기 때문에 그 성격상 기적 같은 것으로 이해되어야 한다고 주장했다. 이 전통적인 견해에 맞서서, 진보적 성향의 그리스도교 학자들은 사태를 보다 자연주의적인 것으로 이해하는 경향을 따르면서도 아직도 전통적인 종교 믿음을 매우 지지하는 태도를 보였다. 우리가 앞에서 본 박식하고 웅변적인 독일인 막스 뮐러(Friedrich Max Müller)가 그들의 선두에 섰다.

뮐러와 타일러는 자신들의 논의에서 초자연(the supernatural)에 호소하는 것을 제거해야 한다는 견해를 같이 했지만, 타일러의 민족지학의 연구 가치에 대해서는 서로 강하게 의견을 달리 했다. 뮐러는 종교, 신화, 그리고 문화의 기타 측면들에 대한 이해의 열쇠는 언어에 있다고 보았다. 뮐러와 오늘날 언어학의 전신인 비교 문헌학 학자들은 인도와 대부분의 유럽 언어의 형태들이 아리안 족(Aryans)으로 알려진 하나의 고대인들에게서 나온 언어 집단에 속한다는 것을 보여주었다.[5] 이런 언어들 속에 병행하는 단어들을 비교함으로써, 그들은

---

[5] 뮐러는 자신의 견해를 1850년대 후반으로부터 그 세기 끝까지 40년 이상의 기간에 걸쳐 발전시켰다. 그의 가장 중요한 저술 가운데 영향력 있는 논문은 "Comparative Mythology," in the *Oxford Magazine* (1856), *Lectures on the Origin and Growth of Religion: As Illustrated by the Religions of India* (1878)와 *Natural*

이들 모든 '인도-유럽' 아리안 족의 사고 형태가 대부분 같으며, 또한 인류의 큰 부분을 차지하는 이들 속에서 사람들이 자연의 위대하고 강력한 작용들에 반응하여 종교가 시작되었음을 보여 주려고 했다. 즉 일출과 일몰 같은 장엄한 자연현상에서, 이 고대 아리안 족은 세상의 배후에 있는 하나의 신(神)에 대한 느낌, 어렴풋하게 "무한에 대한 인식"(perception of the infinite)을 경험했다. 유감스럽게도, 이들이 기도문과 시를 통해 이런 감정을 표현했을 때, 그들의 언어가 그들의 경험을 배반했다. 언어가 사물을 의인화(personify)한 것이다. 예를 들어, 아리안 족에 속한 그리스인들에게 '아폴로'(Apollo)라는 말이 한때는 단순히 '해'라는 뜻이며, '다프네'(Daphne)는 '새벽'이라는 뜻이었다. 그러나 시간이 지나면서 이렇게 단순한 원래의 뜻이 잊혀지고, 그 대신에 그 단어가 남성 혹은 여성 명사가 되었으며, 또한 행위를 표하는 동사와 함께 사용되었기 때문에, 이 자연적 대상의 단어가 점차로 인격적 존재를 뜻하게 되었다. 뮐러가 재치 있는 말놀이를 통해 밝힌 대로, *nomina* ('이름'을 뜻하는 라틴어)가 *numina* ('신들'을 뜻하는 라틴어)로 되었다. 날마다 해가 솟을 때 새벽이 사라진다고 생각하는 대신, 사람들은 공상적인 얘기로 다프네 여신이 아폴로 신의 팔에 안겨 죽어간다고 말하기 시작했다. 뮐러가 '언어의 병폐'(disease of language)라고 부른 이 묘한 과정을 통해서, 자연을 묘사하고 그 자연 배후에 있는 무한한 힘을 암시했던 단어들이 여러 신들에 대한 어리석은 이야기들

Religion (1881)이라는 제목으로 출판된 Gifford Lectures이다. 그 다음 계속해서 나온 Gifford Lectures는 *Physical Religion* (1890), *Anthropological Religion* (1892)과 *Theosophy, or Psychological Religion* (1893)을 포함하는데, 그 전의 두 저술에서 밝힌 자연종교의 일반 주제, 즉 신, 도덕, 영혼불멸 등에 대해 더 상세하게 발전시킨다. 19세기 말까지 출판된 뮐러의 논문들은 이 저술에서 발전시킨 주제들의 변경을 반영하거나 제시한다.

로 타락하여, 신들의 비행과 흔히 희극적인 불운에 관한 이야기들이 되어버렸다. 무한에 대한 아름답고 영감을 받는 인식에서 생겨난 순수하고 자연적인 종교를 구성하는 대신에, 사람들은 불합리한 신화 이야기에 빠져버리고 말았다.

언어들에 대해 별로 훈련을 받지 못했던 타일러는 뮐러의 몇 가지 개념들이 합리적이라고 여겼으며, 심지어 자신의 연구에 그 개념들을 편입하기도 했다. 그러나 거의 전적으로 언어의 습관과 단어들의 파생에 근거해서 이론을 세우는 뮐러의 방법에는 강하게 반대했다. 신화적인 이야기들의 경우도 마찬가지지만, 종교에 속하는 믿음과 제의의 복잡한 체계들의 시작을 설명하기 위해서는, 일출과 같은 사건들에 대한 단순한 언어적 오해보다는 훨씬 많은 것이 필요하다. 따라서 《원시문화》의 목표 가운데 하나는 타일러가 분명히 다른, 그 자신의 접근방법을 제시하기 위한 것이었다. 그는 특정 언어를 모르고도 해당 문화의 모든 구성요소들을 연구하는 것, 즉 실제 행위, 습관, 생각, 그 언어가 묘사하는 관습들을 탐구하는 것이, 어떤 단어들의 기원과 유비(類比, analogy)에만 의존하여 무리한 추측을 하는 것보다 훨씬 낫다고 생각했다. 민족학이 분명히 어원학보다 나은 것이다.

목적과 가정

타일러가 자기 저서를 새로운 '문화과학'(science of culture)의 추구를 시도한 것이라고 거창한 말로 소개한 때는 이처럼 진화에 대한 생각들이 성경과 맞부딪치고, 민족학자들이 언어학에 맞서던 시기였다. 그런 연구의 본연의 주제는 단지 언어만이 아니라, 소위 말하는 인간 문명을 이루는 요소들의 전체 그물망(network)에 대한 것이라고 그는 수상했다. 민속학은 어느 소식된 사회나 문화를 하나의 선세로서—시식과 신념들, 예술과 도덕, 도구들과 공업기술, 언어, 법, 풍습, 전설, 신화와 그 이외의 요소들로 이루어진 복잡한 체계로서—총괄적으로 이해해야 하며, 그 모든 요소들은 하나의 전체 속에 직조된다고 가정한다. 더 나아가, 민족학은 이 복잡한 체계를 과학적으로 탐구할 것을 요구한다. 민족학은 인간 문화의 방식들이나 법칙들을 찾으려 하며, 이러한 법칙들이 '파도의 움직임'과 '식물과 동물의 성장'을 지배하는 법칙들처럼 정확하기를 기대한다.6) 화학자나 생물학자처럼 민족학자는 사실들을 수집하여 이들을 분류하고 비교하여, 발견된 것을 설명하는 근원적 원칙들을 찾으려 한다. 더욱이 타일러는 이런 과업을 철저히 완수하고 인간 과거의 전체를 관찰하면, 두 가지 중대한 문화의 법칙을 분명히 보게 된다고 확신했다. 이 두 가지는 (1) 인류의 심적 통일성(psychic unity), 혹은 일치(uniformity)의 원칙, (2) 시간의 경과에 따른 지적인 진화(intellectual evolution), 혹은 향상의 방식이다.

인종의 심적 통일성에 관하여, 타일러는 세계 전역에 걸쳐서 인간들이 행한 것이나 말한 많은 것들이 시대와 장소의 다름을 막론하고 서로가 매우 비슷하다고 주장했다. 이런 유사점들 중에 어떤 것은 한 집단이 좋은 생각을 다른 집단에게 가르쳐주는 '확산'에서 온 것이 사실이지만, 대개의 경우 별개의 민족들이 매우 독립적으로 똑같은 생각을 발견하고 똑같은 풍습을 창안한 것이다. 다시 말하면, 유사성은 우연이 아니어서, 인간 정신의 근본적인 일치성을 증명한다. 당시 '인종차별주의자들'은 인종 내에 고정된 불변의 차이점들이 인류를 여러 집단으로 분리시킨다고 주장했지만, 타일러와 그 동료들은 모든 인간

---

6) E. B. Tylor, *Primitive Culture: Researches into the Development of Mythology, Philosophy, Religion, Language, Art, and Custom*, 2 vols., 4th ed. rev. (London: John Murray, [1871], 1903), 1: 2.

이, 특히 기본 정신 능력 면에서, 본질적으로 같다고 주장했다. 우리가 서로 다른 문화들 속에서 매우 비슷한 사실들을 볼 때, 그것들은 단일한 보편적 이성의 산물들이라 추정할 수 있다. 논리, 즉 추리를 하는 일정한 형식의 필요한 과정을 따르는 능력에 관해서도, 모든 장소와 시대에 상관없이 인간은 모두 같다. 한 관측자가 말한 대로 타일러에게 "모든 세계는 한 나라"[7]인 것이다. 그러나 이것이 사실이며 또한 두 번째 원칙을 적용한다면, 변형들이 나타나는 때마다, 그것은 본질적으로 다른 것이라는 증거가 아니라, 단지 정도의 차이거나 발전 수준에서의 변화일 따름이다. 두 개의 사회가 분기되는 것으로 보인다면, 그것은 문화 발전의 척도에서 하나는 높고 다른 하나는 낮기 때문이다. 타일러는 발전의 이러한 등급(grades)의 증거를 어디서나 볼 수 있다고 생각했다. 모든 문화 속에서 각각의 세대는 그 전 세대로부터 배우기 때문에, 그는 인간 역사를 통해, 사냥해서 먹을 것을 모은 첫 원시인으로부터, 농사에 기반을 둔 고대세계와 중세기 문화를 거쳐 상업, 과학과 공업의 현재 시대까지에 이른, 사회적 그리고 지적인 향상의 긴 패턴을 추적할 수 있다고 믿었다. 역사 속에서 각 세대는 앞 세대의 어깨 위에 올라서서, 앞 세대가 남겨 놓은 바로 그것에서부터 시작하여 진보한다. 요컨대 타일러는 문명의 이야기가 "인간의 향상"(ascent of man)의 이야기라고 굳게 믿었다.

'잔존'의 원칙

이 가정을 세우고 타일러는 입증에 착수한다. 그는 우리가 어떤 문화들 속에서 전혀 진보적인 것 같지 않은 어떠한 사실들을 인식하

---

7) Stocking, *Victorian Anthropology*, p. 162.

지 않고는 진보를 말할 수 없다고 말한다. 만일에 런던의 한 의사가 어떤 병에 대해 수술하라고 처방하는데, 시골 의사는 방혈을 권한다면, 현대 영국의 의학 모두가 진보적이라고는 전혀 말할 수 없다. 우리는 퇴보적인 것도 역시 설명해야만 한다. 타일러는 많이 논의된 그의 "잔존의 원칙"(doctrine of survivals)의 개요를 설명하여 이를 해결하려고 한다.[8] 그는 모든 문화가, 또한 어느 한 문화 내의 모든 것이 같은 속도로 발전하는 것은 아니라고 본다. 특정한 시기에 타당했던 어떤 관습들은, 발전의 행진이 그 관습들을 지나친 오랜 후에도 계속 남아 있다. 이런 것들 중에는 기이한 오락, 별난 풍습, 민속, 민간 의술, 그리고 인간 활동의 거의 모든 영역과 관련된 잡다한 미신들이 있다. 예를 들어, 현대의 실제 사냥꾼은 활과 화살을 사용하지 않지만, 식량 채집이 생활의 핵심 과제였던 과거로부터 궁술(archery)은 스포츠나 취미로서 여전히 "살아남아 있다." 또한 어디서나 사람들이 재채기를 하면 복을 빌어주는 것이 매우 보편적이며 사소한 일처럼 보이지만, 이것이 한때는 매우 심각한 제스처로서 바로 그 순간에 귀신 혹은 악마가 몸 밖으로 나갔다고 믿었다. 오늘날에도 그 제스처는 남아 있지만, 의미 없는 관습으로서 그 본래 의도는 오래 전에 잊혀졌다. 많은 나라에서 이상스럽게도 물에 빠져 죽어가는 사람을 구해주지 말라고 한다. 지금 세상에 이런 충고는 잔인하고 이기적이라고 보겠지만, 그 옛날 문화에서는 완전히 이치에 맞는 것으로, 거의 잡았던 희생물을 빼앗긴 강이나 바다가 구해준 사람에게 보복한다는 것을 어디서나 믿었기 때문이다! 타일러는 인간 역사의 기록을 보면, 이러한 미신으로

---

[8] '잔존'의 일반 학설에 관해서는 Margaret T. Hogden, *The Doctrine of Survivals: A Chapter in the History of Scientific Method in the Study of Man* (London: Allenson, 1936)을 보라.

가득 차 있어서, 사회적 진화의 흐름이 실재하며 그 흐름이 강한데도, 문화적 '잔재'(leftovers)의 단서가 언제나 그 지나간 자국 속에 남아 있다고 설명한다.

만일에 진화의 원리가 잔존의 이유를 설명한다면, 그에 동반하는 일치성(uniformity)의 원리는 우리로 하여금 잔존하는 것들을 이해하고 설명할 수 있게 한다고 타일러는 주장한다. 인종, 언어, 국적에 상관없이, 모든 인간은 동일하게 추론하기 때문에 비록 그 지식의 수준이 매우 다르다 할지라도, 우리는 항상 다른 문화 속의 사람들의 정신을 이해할 수가 있다. 고대 사람들과 마찬가지로 오늘날의 미개인은 우리보다 아는 것이 적고, 자신들의 견해의 진위를 충분히 판단하지 못하지만, 그들도 여전히 우리와 똑같은 정신적 메커니즘을 갖고 생각한다고 타일러는 확신한다. 그러므로 대단한 차이점들 가운데서도 정신의 일치성이 인류를 하나가 되게 만든다.

인간문화의 양상

타일러는 시간을 가지고 충분히 면밀히 관찰해 본다면, 기본적인 합리적 사고와 사회적 진화 사이의 연관성이 문화의 모든 양상에서 분명히 드러난다고 본다. 그는 중요한 예로, 원시인들 사이의 어디서나 공통적인 주술(magic)의 관행을 지적한다. 주술은 관념들의 연상작용에 근거한 것으로서, "인간 이성의 기초에 놓여 있는"[9] 성향이다. 사람이 생각 속에서 어떤 방식으로든지 한 가지 관념과 다른 관념을 연결시키게 되면, 그 다음에는 그들의 논리에 따라, 그와 똑같은 연결

---

9) *Primitive Culture* (Cambridge, England: Cambridge University Press, 1970), I: 115-16; 관념들의 연상에 관해서는 J. W. Burrow, *Evolution and Society* (Cambridge, England: Cambridge University Press, 1970), pp. 248-51을 보라.

이 현실 속에서도 실제로 존재함에 틀림없다고 결론짓게 한다. 원시인들은 멀리 떨어져 있어도, 다른 사람의 손톱, 머리털 한 뭉치, 옷 조각 혹은 그 사람과 접촉했던 어떤 것에 행위를 가함으로써 그에게 상처를 줄 수도 있고 또한 그를 치유할 수도 있다고 믿는다. 그들은 상징적 유사성이 중요하다고 생각하는 것이다. 어떤 부족 사람들은 병이 피부를 노랗게 물들게 하며, 금이 그 병든 피부와 같은 색깔이기 때문에, 몸에 생긴 황달은 금반지로 고칠 수 있다고 상상한다. 원시적 방법으로 농사를 짓는 사람들은 고통의 눈물이 들판에 비를 쏟아지게 한다고 믿었기 때문에, 인간 희생자를 심하게 고문했다고 한다. 우리에게는 그런 행위가 어리석고 잔인해 보이지만, 주술을 믿는 사람들에게는 세상에 영향을 끼치려는 합리적 노력인 것이다.

    타일러는 이와 똑같은 합리성의 방식을 인류의 가장 기본적이고 중요한 두 가지 성취에서 발견하는데, 언어의 발전과 수학의 발견이다. 각각의 경우, 그 과정의 시작은 매우 단순하게 자연의 소리를 흉내내는 한 단어에서부터, 그리고 손가락과 발가락으로 수를 세는 방법에서부터 시작했다. 그러다가 세기를 지나면서 이런 개념들이 서서히 발전되어, 오늘날 우리가 어린 시절에 터득하며 매일의 업무에 쉽게 응용하는, 매우 복잡한 언어와 숫자의 체계를 만들어냈다. 타일러는 긴 역사의 기간 동안에 이 과정에서 수없이 많은 시도가 필요했고 많은 실수로 끝났지만, 그 모든 과정을 통해서 진보의 자취가 명백해졌다고 설명한다. 심지어 신화들, 즉 불합리해 보이는 관념과 흔히 우스꽝스런 이야기들로 채워진 신화들도 실상은 이와 비슷한 합리적인 사고방식으로 된 것이다. 신화는 특히 "모든 관념을 구체적 형태로 표현하고, 그 옛날 원시인들이 만들어냈던지 아니면 현대의 미개인들이 만들어냈던지 간에, 규칙적인 발전의 법칙을 따르게 되는"[10] 자연적인 경향에서 비롯된다. 신화들은 관념의 논리적인 연상에서 비롯된다. 신화들은 자연과 인생의 사실들을 비유와 비교를 사용해서 설명하는데, 마치 사모아 사람들이 태고의 플랜테인(plantain: 바나나의 일종으로 요리용, 열매가 위로 곧게 매달림 - 옮긴이)과 바나나의 전쟁을 상기하면서, 승자는 지금 (플랜테인처럼) 곧추 자라고, 패자는 (바나나처럼) 머리를 숙이는 이유를 설명하는 것과 같다. 같은 맥락에서, 신화는 적절한 상상의 사건을 전설 혹은 역사적 인물의 생애와 연결시킬 수도 있으며, 말놀이로부터 논리적으로 발전될 수도 있으며, 혹은 이야기를 통해서 도덕적인 교훈을 가르치려고 할 수도 있다. 어떤 경우에는(여기서는 타일러가 뮐러의 착상을 끌어들이는데), 신화들이 젠더(gender)의 구별을 가진 언어의 영향을 받아 생겨나며, 또한 인간 활동과 자연의 진행 사이에 유비(analogy)를 찾으려는 자연스런 성향에서 생겨난다. 즉 폭풍우 소리가 성난 사람의 폭발 같고, 소나기가 슬픔의 눈물을 연상시킨다면, 신화에서 어떻게 자연 세계의 강력한 힘들이 으레 동물과 인간의 행동처럼 보이는 이야기들로 표현되었는가를 쉽게 알 수 있다. 그래서 스칸디나비아 사람들은 지진을 로키(Loki) 신이 땅 속에서 몸부림치는 것으로 보았고, 그리스 사람들은 프로메테우스(Prometheus)의 고투이며, 카리브 해 사람들은 대지(Mother Earth)가 춤추는 탓이라고 했다. 부분적으로 상상력의 작용이긴 하지만, 이런 의인화(personifications)는 분명히 합리적 사고의 활동으로, 어떻게 해서 그런 일이 벌어지는가에 대한 진정한 설명을 시도한 것이다. 원시인들이 달과 해와 별을 생명 있는 것으로 만들었을 때, 그들은 정말로 이런 물체들이 개성을 지니고 있다고 생각한 것이다.

---

10) *Primitive Culture*, I: 408.

종교의 기원

타일러의 신화에 대한 설명이 중요한 이유는 이것이 종교의 기원을 탐구할 때 따라야 할 진로를 표시하고 있기 때문이다. 그는 물론 우리가 어떤 것을 설명하려고 할 때, 그것이 무언인가를 알지 못하면 설명할 수 없으므로, 먼저 종교를 정의해야 한다고 본다. 더구나 그는 대부분의 그리스도교인 독자들이 원하는 것이겠지만, 종교를 단지 하느님에 대한 믿음이라고 기술하려는 자연적 충동을 무심코 쫓을 수 없다고 본다. 그런 태도는 인류의 상당 부분을 배제하게 되는데, 그들은 분명히 종교적이지만 그리스도인이나 유대인들이 믿는 신이 아닌 다른 신 또는 다수의 신을 믿는 사람들이기 때문이다. 그래서 그는 보다 적절한 시작으로서, 종교는 "영적인 존재들에 대한 믿음"(belief in spiritual beings)[11]이라는 최소한의 정의에서 시작할 것을 주장한다. 이런 정의는 다른 사람들도 채택한 것으로서, 단순하고 직설적이며 그 범위가 적절하게 광범위한 것이 장점이다. 우리가 다른 유사점들도 발견할 수 있겠지만, 타일러는 큰 종교이든 작은 종교이든 간에, 고대의 종교이든 현대의 종교이든 간에, 모든 종교가 지니는 한 가지 특성은 인간처럼 생각하고 행동하고 느끼는 정령들(spirits)에 대한 믿음이라고 생각한다. 종교의 본질은 신화와 마찬가지로, 정령숭배(animism, 영을 뜻하는 라틴어 *anima*에서 온 말)로서, 모든 물체 이면에 살아 있는 인격적 힘들에 대한 믿음이다. 더 나아가, 정령숭배는 매우 오래된 사고의 형태로서 인류의 전 역사를 통해 찾아볼 수 있다. 그래서 타일러는, 우리가 진정으로 종교를 설명하려면, 인류가 어떻게 그리고 왜 영적인 존재가 실제로 있다고 처음 믿게 되었는가 하는 질문

---

11) *Primitive Culture*, 1: 424.

에 대답할 수 있어야 한다고 주장한다.

    이 질문을 제기하는 것은 쉽지만 대답은 쉽지가 않다. 독실한 사람들은 하느님 같은 영적 존재가 성경이나 꾸란 혹은 다른 경전을 통해서 불가사의하게 실제로 자기들에게 나타났기 때문에 믿는다고 말할 것이다. 그러나 뮐러와 마찬가지로, 타일러는 신의 계시에 호소하는 것은 용납하지 않는다. 그러한 진술은 개인의 고백이 될 수는 있으나 과학은 아니다. 한 인간이나 전체 인류가 어떻게 영적인 존재를 믿게 되었는가에 대한 설명은 오로지 자연적 원인들에서 찾아야 하며, 과학자들과 역사가들이 어떤 종류의 발생에 대해—그 발생이 비종교적인 것이든 종교적인 것이든 간에—설명할 때 오직 고려할 것들에만 호소해야 한다. 그는 원시인들이 그들의 삶의 다른 모든 측면에서 취했던 똑같은 추론의 과정을 거쳐, 처음으로 종교적인 생각을 갖게 되었음을 가정해야 한다고 말한다. 우리와 마찬가지로, 확실히 그들도 세계가 돌아가는 것을 관찰했고, 그것을 설명하려고 시도했다.

    그러면 이들 원시인들은 무엇을 관찰했는가? 그리고 어떤 설명을 선택했는가? 여기서 타일러는 태초 인간들의 생각을 재구성하기 위해 역사 이전 시대로 깊이 소급하여 다음과 같이 자세히 응시하고 있다.

    비록 낮은 문화수준이기는 해도, 사고하는 인간들은 두 집단의 생물학적 문제들에 깊이 영향을 받았던 것 같다. 첫째로, 무엇이 살아 있는 몸과 죽은 몸 사이의 차이를 만드는가? 깨어남, 잠드는 것, 무아지경에 빠지는 것, 질병, 죽음의 원인이 무엇인가? 두 번째로, 꿈과 환상에 나타나는 인간의 모습들은 무엇인가? 이러한 두 집단의 현상을 보고, 고대 원시 철학자들은 그들의 첫 단계로 모든 사람은 두 가지를 소유하는데, 즉 생명과 그 이미지 혹은 제2의 자아로서 유령(phantom)을 갖고 있는데, 이 둘 역시 육체로부터 분리될 수 있는 것들이라고 하는 명확한 추정을 했다... 두 번째 단계 역시 미개인들로서는 쉽게 할 수 있었을 것으로 보이지만, 문명인들로서는 그것을 무시해버리기가 극히 어려운 것이다. 그것은 단지 생명과 유령을 결합하는 것이고... 그 결과는 잘 알려진 개념으로... 개인의 혼(soul) 또는 영(spirit)이다.12)

다시 말해서, 원시인들은 죽음과 꿈과의 생생한 대면을 통해 자신들의 인생에 대해 처음으로 단순한 이론을 생각해 냈는데, 모든 인간은 혼, 혹은 영적인 본질에 의해 생동한다는 것이다. 그들은 이 혼을 "얇고 실체가 없는 인간의 영상으로서, 그 본질이 수증기나 피막(film) 혹은 그림자와 같은 것이며, 그것이 생동시키는 개인의 생명과 생각의 원인이 되는 것"13)으로 생각했다. 원시인들은 이런 가정에서부터 시작해서, 우리 모두가 그러하듯이, 유비와 확대에 의해 추리해 나갔다. 영혼의 개념이 사람의 행위, 활동, 변화를 설명한다면, 그것을 나머지 자연세계를 설명하는 데 광범위하게 적용하지 못할 것은 없지 않은가? 왜 식물이나 나무, 강, 바람과 동물, 심지어는 별과 천체까지도 혼에 의해 움직이지 않겠는가? 더구나 혼이 생기를 넣어준 대상으로부터 분리가 되는데, 그렇다면 보이는 자연현상 배후에도, 물질적 객체에 연결되어야 할 필요조차 없는 존재, 순수하고 단순한 정령들이 있지 않겠는가? 만일 사람에게 혼이 있다면, 실상 악마와 천사처럼, 보통의 물체들에 부착될 필요가 없지만, 원한다면 그 속에 들어가 그를 '사로잡을' 수도 있는 그런 강력한 존재들이 있지 않겠는가? 결국 무엇보다도, 우리가 신들이라고 부르는 존재들, 가장 높은 어떤 정령

---

12) *Primitive Culture*, 1: 429.
13) *Primitive Culture*, 1: 429.

들이 있지 않겠는가?

타일러는 원시인들이 이처럼 자연적이며 거의 어린아이와 같은 추론들을 통해서 처음으로 종교적인 믿음에 이르렀다고 말한다. 그들의 신화들과 마찬가지로, 종교의 가르침들은 자연이 어떻게 작용하는가를 설명하려는 합리적인 노력에서 생겨났다. 또한 이런 관점에서, 모든 것이 매우 분명한 것처럼 보였다. 즉 혼이 사람을 생동케 하는 것처럼, 정령이 세상을 생동케 함이 틀림없었다.

타일러는 더 나아가, 원시인들에게 이 정령숭배 이론의 가치는 이 이론으로 쉽게 설명되는 매우 다양한 초기의 믿음과 풍습에서 분명히 드러난다고 주장한다. 내세에 대한 신조에서 그 예를 볼 수 있는데, 동양문화에는 환생(reincarnation)의 신념이 널리 퍼져 있고, 그리스도교와 이슬람교 같은 서양종교에는 부활과 영혼불멸의 교리가 있다. 이 모든 것은 정령숭배의 관점에서, 죽음의 시간을 넘어서 혼의 생명을 연장시키는 방식으로 이해될 수 있다. 육신으로부터 분리될 수 있어, 혼은 그 자체의 내세와 운명을 가진다. 정령숭배는 또한 왜 '물신'(fetish)이라 불리는 신성한 물건들과 장신구가 원시인들에게 중요했는가를 설명한다. 이 사람들은 편협한 그리스도교 선교사들이 표현하던 것처럼 '우상숭배자들'이 아니다. 그들은 나뭇가지와 돌을 숭배하는 것이 아니라, 그 속에 있는 '정령'(anima)을 숭경하는 것으로, 그 정령은 그리스도교인 자신들의 신과 전적으로 다르지 않아서, 나뭇가지의 목질에 또는 돌의 본체에 생명과 힘을 부여한다. 정령숭배의 성격을 알게 되어, 우리는 또한 부족의술(tribal medicine)을 이해할 수 있다. 어느 사람이 열 때문에 걷잡을 수 없이 떨 때, 이 사람은 자기 스스로가 떠는 것이 아니라 자기 안에 있는 마귀에게 '사로잡혔다'고 믿는다. 따라서 고침을 받으려면 약이 아니라 푸닥거리가 필요하다. 그

악령을 몸 밖으로 내쫓아야 하는 것이다.

《원시문화》 제2권 거의 전체에서, 타일러는 인류문명의 초기에 정령숭배의 신조가 얼마나 광범위하게 퍼져 있었는가를 보여주기 위해 상세한 증거들을 제시한다. 그는 이것이 세계적으로 퍼져 있던 하나의 체계로서, 최초의 "인간과 자연에 대한 일반철학"14)이 되었다고 설명한다. 더구나 정령숭배가 부족이나 씨족 혹은 문화에 흡수됨에 따라, 일상생활의 모든 측면에 퍼지게 되었다. 도대체 왜 거의 모든 문화에 걸쳐 신들이 인간적 품성을 갖고 있는가를 묻는다면, 그 대답은 그 신들이 인간들의 혼(souls)을 모델로 해서 만들어진 정령들(spirits)이기 때문이라는 것이다. 원시인들의 장례식에서 왜 죽은 사람에게 선물을 주는지, 특히 위대하고 세력 있는 사람의 장례예식에서 때로 왜 인간제물을 포함하는가 하는 질문에 대해서도 정령숭배가 대답을 제공한다. 선물은 내세의 새 주거지에서 혼을 부양하기 위한 것이고, 희생제물(sacrifices)은 왕이나 왕자에게 그들이 살아 있을 때처럼, 죽음의 왕국에서 시중을 들 종들의 혼들을 마련해준다. 아메리카 인디언들은 도대체 왜 사람들 사이에 서로 말하듯이 동물에게 말을 하는가? 그 이유는 자신들과 마찬가지로 동물들도 혼의 소유자이기 때문이다. 도대체 왜 물은 흐르며 나무는 자라나는가? 자연의 정령들이 그 가운데 있기 때문이다. 왜 주술사는 단식을 하고 또는 마약을 사용하는가? "자신의 주술에서 지령을 받고자 하는 유령과 교섭하는"15) 자격을 갖추기 위해서다.

타일러는 이처럼 조직적이며 연속적인 방식으로, 수많은 사례를 들면서 원시인들의 생활과 사고와 풍습 전체를 다루어 나간다. 그는

---

14) *Primitive Culture*, 2: 356.
15) *Primitive Culture*, 1: 414.

각각의 논점에서, 정령숭배 이론이 어떻게 우리에게는 불합리하고 이해할 수 없는 난센스로 생각되는 사고와 행위들이 원시인들에게는 의미 있는 것들이었는지를 보여준다.

종교적 사고의 성장

타일러는 더 나아가서 이러한 정령에 대한 생각들이 고대 사람들의 마음을 사로잡게 된 다음에 그대로 고정된 형태로 남아 있지 않았다고 설명한다. 역사 속에서 다른 모든 것과 마찬가지로, 정령숭배도 역시 성장과 발달의 방식을 따른다. 처음에 사람들은 개별적 정령이 그들이 본 개별적 나무, 강, 동물과 연결되어 있는 작고 특정한 것으로 생각했다. 그 후에 정령들의 세력이 넓어지기 시작했다. 점차 부족의 생각에서, 한 나무의 정령이 세력이 커져서 숲의 정령 혹은 나무들 일반의 정령이 되었다. 시간이 가면서 그 똑같은 정령이 장악하고 있는 사물에서 점점 더 분리될 수 있는 것으로 생각되어, 그 자신의 정체성과 특성을 지니게 되었다. 이 단계에서 사람들이 숲의 여신을 참배할 때 숲지대가 그 여신의 집이라고 인정하는데, 역시 그가 원하면 그 집을 떠날 수 있다는 것도 알았다. 예를 들어, 그리스 최초의 사람들 사이에서 포세이돈(Poseidon)이 처음에는 단지 '신적인 바다'의 정령이었는데 나중에는 해신(海神)의 표상인 삼지창과 턱수염과 특유의 품성을 지니게 되었고, 시인 호메로스의 때에 이르러서는 강력한 인격적 신이 되어, 제우스가 신들의 회의를 소집했을 때 바다를 떠나서 올림퍼스 산으로 순식간에 여행할 수도 있었다.

흥미롭게도 타일러는 막스 뮐러처럼, 이처럼 신화의 인격적 신들에 대한 믿음이 나중에 발전된 것으로 취급하지만, 그것이 어떤 유감스러운 '언어의 병폐'에서 생겨난 것이라는 뮐러의 주장은 거부한다.

정령숭배의 관점에서는, 우리가 그리스인들에게서 보는 더 복잡한 다신교는 문화적 퇴보라기보다 오히려 진보에 속한다. 고대 그리스에서, 호메로스 시대로부터 새로운 문명의 시대―타일러가 '미개한'(barbaric) 단계라고 부르는 시대―가 그 이전의 '야만의'(savage) 단계를 대체한다. 야만의 시대 사람들은 사냥하고 채집하며 단순한 마을에서 살았고, 그들은 처음의 정령에 대한 단순한 생각들에서 넘어서지 못했다. 미개인 시대가 도래하자 농업과 도시와 문자를 발견하게 되는데, 이것들은 바빌로니아, 그리스, 로마, 아즈텍, 힌두, 중국인들에 의해 이룩된 위대한 문명들의 모든 주요 요소가 되는 것들이다. 이처럼 '더 높은' 문화 속에서 분업과 세력과 권위의 복잡한 체계가 생겨나고, 그들의 종교들은 똑같은 특징들을 보여준다. 동네 나무들과 강들의 정령들이 한 수준에 있는가 하면, 그 수준 위에는 바람, 비, 해의 훨씬 더 위대한 정령들이 있다. 따라서 만일에 강의 지역적인 정령(local spirit)이 자기를 보양하는 개울물을 해의 신이 태워 말려버리려고 하거나, 비의 여신이 그 강을 심한 홍수로 그 모습이 바뀌게 하더라도, 어떻게 할 수가 없었다. 마치 왕과 귀족회의가 그 백성을 다스리는 것처럼, 해 또는 하늘이 왕으로서, 땅이 여왕으로서 바람, 비, 계절을 그들의 강력한 대행자 또는 보좌관으로 삼아 자연 세상을 다스린다.

이런 복잡한 다신교 체계가 미개시대에는 매우 전형적이었다. 그러나 이런 다신교 체계가 최고의 형태에 도달한 것은, 그 다신교 체계가 하나의 신, 하나의 최고의 존재를 신들의 집단에서 그 정상에 자리 잡도록 만들었을 때였다. 대부분의 문명은 점차적으로 서로 다른 경로를 통해, 이처럼 정령숭배의 궁극적이며 최고단계에 이르게 되어, 하나의 최고신(one supreme divinity)에 대한 믿음으로 발전했다. 말할 것도 없이, 유대교와 그리스도교가 이 마지막 단계의 중요한 예가 된다. 역사 이전 시대의 어두운 안개 속에서 수세기 전에 시작한 발전과정, 즉 타일러가 첫 번째 '야만인 철학자'(savage philosopher)라고 부른 사람이 자신의 혼과 같은 정령들이 자기 주변의 세상 모든 것에 생기를 불어넣고 있음에 틀림없다고 결론지었을 때 시작된 발전과정에 필연적 종결을 지은 것은 유대교와 그리스도교라는 말이다.

정령숭배의 쇠퇴와 사고의 진전

어떤 의미에서 정령숭배의 이야기는 고무적인 것이라고 타일러는 주장한다. 종교는 나무나 돌의 정령에 대한 첫 원시 믿음에서 시작하여, 점차 오늘날 유대교와 그리스도교에서 보여주는 높은 차원의 일신론(monotheism)과 윤리로까지 발전된 것으로 볼 수 있다. 높은 문명은 '높은 종교'와 서로 연관되는 것 같다. 그러나 그것이 이야기의 전부는 아니다. 정령숭배와 그 역사를 과학의 편견 없는 관점에서 관찰할 때, 사실 별로 밝은 전망을 보여주지 않는다. 우리가 발견하는 어떤 발전도 매우 제한적이었는데 그 이유는 단순하다. 역사를 통해 아무리 넓게 보급되고 그 매력이 광범위하다 하더라도, 정령숭배는 본질적으로 큰 착오인 것을 잊어서는 안 된다. 현대의 생각이 있는 탐구자라면 누구나 알듯이, 세상은 보이지 않은 정령들에 의해 생동되지 *않는다*. 현대 어느 지질학자나 말해줄 수 있듯이, 돌은 그 안에 정령을 가지고 있지 *않다*. 어느 식물학자나 설명할 수 있듯이, 식물은 그 줄기에 어떤 비밀스런 정령이 있어 자라게 되는 것이 *아니다*. 과학은 실제의 해와 바다가 아폴로와 포세이돈의 모험에 아무런 책임이 없고, 식물은 그 섬유질 안에 있는 화학물질의 반응으로 자라며, 바람과 물은 인과관계의 엄격한 법칙에 의해 지배되는 분자들의 강력한 흐름에 대한 명칭임을 보여주고 있다.

당시에는 사물에 대한 정령숭배의 설명이 충분히 조리가 있었다고 타일러는 시인한다. 그러나 오늘날의 보다 발전한 과학의 방법은 원시인들의 논리가 언제나 비논리의 요소도 지니고 있었음을 보여준다. 원시인들이 합리적으로 생각할 수 있었지만, 우리가 기억해야 할 것은 그들이 아이들 수준에서 합리적으로 생각했다는 것이다. 타일러는 독자들에게 다음을 상기시킨다.

야만인들은 육체적, 정신적 지식 모두와 관련하여 매우 무지하고, 훈련이 부족해 그들의 의견을 미숙하게 만들고 행동을 비효과적이게 하고... 모든 단계에서 전통의 횡포가 이들을 강압하여... 그들이 사실이라고 믿는바 거의 모두를 틀린 것으로 간주해야만 한다.[16]

여기서 볼 수 있는 것처럼, 과거에 한때 이성의 진로가 사람들을 자연스럽게 정령숭배 체계로 이끌었지만, 현대의 과학시대에는 똑같은 이성의 진로가 그 정령숭배로부터 벗어나도록 해야 한다. 오늘날의 지적인 발전은 이런 반대적인 동향, 즉 한때 정령숭배 이론이 설명한다고 생각했던 삶의 모든 영역으로부터 그 이론을 제거하는 반대적인 동향에서 판단해야 한다. 점진적이긴 하지만 분명히 야만인들과 미개인들의 오류는, 과학의 진리가 보급되는 이 마당에 물러가야만 한다고 타일러는 결론짓는다. 자연의 여러 영역에서 정령숭배의 영들과 신들은 이제 현대과학의 비인격적인 인과관계에 자리를 내주어야만 한다. 현대에는 종교의 성장이, 그 가까운 친구들인 주술과 신화의

---

16) E. B. Tylor, "The Religion of Savages," *Fortnightly Review* 6 (August 15, 1866): 86.

경우와 마찬가지로, "과학에 의해 견제를 받았으며, (결과적으로 과학의 기본적인 도구인 - 옮긴이) 도량형과 비례와 표본 탓에 죽어가고 있다."17) 오늘날 우리는 사실 정령숭배의 강력하면서 미혹된 이해로부터 우리 자신을 분리할 수 있는 정도까지만 우리의 세계를 이해하고 있다. 정령숭배의 윤리 원칙들 가운데 몇 가지는 아직 유용한 것으로 남아 있지만, 그 신들은 죽어 사라지게 될 것이 틀림없다.

그렇다면 결국 타일러의 이론은 종교와 그 발전에 대해 혼란스런 설명을 제시하고 있다. 타일러는 정령숭배의 종교가 세상을 이해하려는 하나의 노력으로서, 세상의 신비와 불확실한 사건들에 대한 하나의 대응으로서, 과학과 비슷한 것이었음을 보여준다고 주장한다. 정령숭배와 과학 모두 인간이 이해하고자 하는 탐구욕, 즉 세상이 어떻게 작동하는지를 알고 싶은 깊은 욕망에 의해 고취된 것이다. 그러나 그는 종교가 역시 과학보다 더 초기의 것이며, 더 원시적이고, 덜 숙련된 것이라고 주장한다. 그에게는 영적 존재들에 대한 믿음이 인간 이성의 발전에서 자연스러운 단계였지만, 그러나 마지막 단계는 아니며, 또한 실험과학의 계획과 방법이 우리 수중에 있는 지금, 분명히 세상에 대한 가장 합리적인 반응도 아니다. 사람들이 손을 떼려 하지 않는 이상한 풍습과 미신과 마찬가지로, 종교는 이제 '잔존하는 것'이다. 이와 관련하여, "개혁자의 과학"인 민족학의 이중 사명은 발전의 길을 가리키는 것만이 아니라, 아직도 존속하는 정령숭배의 혼란을 제거하는 "더 어려운 과제"에도 도전해야 한다. 사라질 운명의 종교는 그 위로에 집착하는 사람들에게 정신의 발전을 지연시켜줄 뿐이다. 최종 분석에서 타일러는, 정령숭배의 사상은 정확히 인류의 아동기에

---

17) *Primitive Culture*, 1: 317.

속한 것이지, 성숙기에 속한 것이 아니라고 말한다. 이제 성인기에 들어서서 우리는 어린아이와 같은 관념을 버려야만 한다.

이 장의 마지막에서 우리는 이 이론을 검토하고 평가해야 할 것이며, 그 결과를 토대로 종교의 미래에 대한 판단도 해야 할 것이다. 그러나 그보다 먼저 젊은 학자 제임스 프레이저가 어떻게 이런 사상들을 받아들이고 더욱 발전시켰는가를 고찰해야 하는데, 그는 타일러의 가장 유명하고 영향력 있는 제자가 되었다.

제임스 조지 프레이저

캠브리지대학교에서 고전을 연구하던 촉망받는 젊은 학생 제임스 조지 프레이저는 곧바로 타일러의 사상과 방법에 '전향자'가 되었다. 그 후 그는 인류학 연구에 막대한 노력을 기울이기 시작했고, 그의 긴 생애를 통해 정령숭배 이론에 대한 그 나름의 확대된 해석을 발전시켰다. 프레이저의 많은 업적 가운데 가장 중요한 작품은 《황금가지》(*The Golden Bough*, 1890-1915)로서, 이것은 원시 풍속과 믿음에 대한 불후의 연구다. 앞으로 계속해서 보겠지만, 이 중요한 책은 종교에 관한 그 후의 모든 사고에 지속적인 영향을 미쳤다. 그뿐 아니라 20세기 전반에도 이 책은 인류학과 역사로부터 문학, 철학, 사회학, 심지어는 자연과학에 이르기까지 현대사상의 거의 모든 분야에 커다란 흔적을 남겼다.[18]

---

18) 역사적 연구에 미친 프레이저의 영향과 인류학 발전에서의 그의 역할에 관해서는 Eric Sharpe, *Comparative Religion: A History* (New York: Charles Scribner's Sons, 1975), pp. 87-96; Brian Morris, *Anthropological Studies of Religion* (Cambridge, England: Cambridge University Press, 1987), pp. 103-106: Robert Ackerman, *The Myth and Ritual School: J. G. Frazer and the Cambridge*

타일러처럼 프레이저도 개신교 그리스도교 가정에서 태어났지만, 자유주의적이고 부유한 퀘이커 가정은 아니었다.19) 1854년 새해 첫날에 스코틀랜드 글래스고에서 태어나, 엄하고 믿음이 깊은 스코틀랜드 장로교 부모 밑에서 성장했다. 아버지가 매일 가정예배에서 성경을 읽던 습관은 그로 하여금 성경의 성스러운 이야기들에 파묻히게 했고, 그 언어의 아름다운 이미지와 품위 있는 리듬에 영원한 감동을 받았다. 물론 성경의 진리―또한 그의 부모가 지닌 스코틀랜드 칼뱅 신학의 진리 역시―는 전혀 별개의 문제로서, 프레이저는 그 둘 모두를 거부했다. 생애 초기에 그는 그리스도교의 가르침에 대해서만이 아니라 다른 종교 체계의 가르침에 대해서도, 무신론자이거나 아니면 최소한 불가지론자의 입장을 취했다. 그에게 종교는 언제나 관심거리였지만 결코 신조에 대한 것은 아니었다. 교육 초기에 그는 고대 그리스와 로마 문명의 비(非)그리스도교 세계에 심취해 있었다. 그는 고전 언어를 깊이 연구해서 고등학교와 글래스고대학교에서 라틴어와 그리스어에 관계된 많은 상을 받았고, 후에는 캠브리지 트리니티대학의

Ritualists (New York: Garland Publishing, Inc., 1991)를 보라. 그의 저술의 철학과 과학의 문제에, 특히 인식론의 질문에 대한 관련성에 관해서는 Ludwig Wittgenstein, *Remarks on Frazer's Golden Bough*, ed. Rush Rhees, tr. A. C. Miles, (Nottinghamshire, England: Brynmill, 1979)를 보라. 20세기 문학에 미친 프레이저의 큰 영향에 대한 가장 중요한 두 저서는 John B. Vickery, *The Literary Impact of Golden Bough* (Princeton, NJ: Princeton University Press, 1973)와 Robert Fraser가 편집한 논문집인 *Sir James Frazer and the Literary Imagination: Essays in Affinity and Influence* (New York: St. Martin's Press, 1990)이다. *The Golden Bough* 그 자체가 과학이라기보다는 문학작품이라고 보는 흥미 있는 연구는 Stanley Edgar Hyman, *The Tangled Bank: Darwin, Marx, Frazer & Freud as Imaginative Writers* (New York: Athenaeum, 1974), pp. 233-91이다.

19) 최근에 나온 프레이저의 훌륭한 전기는 Robert Ackerman, *J. G. Frazer: His Life and Work* (Cambridge, England: Cambridge University Press, 1987)이다. 또한 *The Macmillan Encyclopedia of Religion*에서 "Frazer, James, G."를 보라.

장학금을 받았다. 결국 그는 트리니티대학의 특별 연구원이 되었고, 매우 옹호적인 배우자와 결혼하여 자녀 없이 대학의 학감으로 평생 조용한 생활을 보냈다. 그는 '상아탑' 학자라는 말에 가장 어울리는 사람이었다.

캠브리지에서 프레이저는 그의 첫 번째 관심사인 고전문학을 연구했다. 그는 철학자 플라톤에 관해 글을 썼으며, 기원후 2세기 고대 그리스 여행가로서 그리스 전설, 민속, 민간풍습의 귀중한 기록을 수집한 파우사니아스(Pausanias)의 책들을 번역하기 시작했다. 이것이 훗날 프레이저가 원시종교를 연구하는 데 매우 귀한 자료가 되었다.

그가 파우사니아스에 관한 작업을 막 시작했을 바로 그 때, 두 가지 예기치 않은 일이 프레이저의 경력은 물론 사고의 방향을 바꾸었다. 그가 도보 여행하는 중에 한 친구가 그에게 《원시문화》 한 권을 주었다. 그가 읽기 시작하면서 곧 타일러의 정령숭배에 대한 설명과 원시인들의 사고에서 정령숭배의 중요성에 대한 논증에 끌리게 되었다. 마찬가지로 중요한 것은 프레이저가 인류학 연구와 비교방법을 이용할 가능성에 대해 갑자기 눈을 뜨게 된 사실이다. 두 번째 사건은 책에 관한 것이 아니라 사람과의 만남이었다. 1883년, 타일러의 책을 우연히 읽게 된 해에 프레이저는 윌리엄 스미스(William Robertson Smith, 1846-1894)를 만났는데, 그는 스코틀랜드의 총명하며 논쟁적인 성경학자로서, 곧 그의 스승이자 매우 가까운 친구가 되었다.[20] 지적

---

20) 로버트슨 스미스와의 만남과 그가 프레이저에게 준 영향에 관해서는 Ackerman, *J. F. Frazer*, pp. 53-69와 Robert Alun Jones, "Robertson Smith and James Frazer on Religion: Two Traditions in British Social Anthropology," in George W. Stocking, Jr., ed., *Functionalism Historicized: Essays on british Social Anthropology*, History of Anthropology, vol. 2 (Madison, WI: University of Wisconsin Press, 1984), pp. 31-58을 보라.

인 면에서 스미스는 완전한 영혼의 동반자였다. 프레이저처럼, 그도 인류학이 현대 부족사회들의 습관을 연구함으로써, 고대의 주제를 밝힐 수 있는 방법에 매혹되어 있었는데, 그의 경우에는 성경에서 말하는 고대 이스라엘 자손의 이야기에 대한 연구에 초점을 맞추고 있었다. 시대를 앞질러서, 스미스는 실제로 광야의 공동체들의 풍습을 관찰하여 자신의 연구에 적용하기 위해 아라비아로 여행을 했었다. 특별히 이 부족사람들의 '토템'(totems)을 사용한 관습이 극히 중요하다고 생각했다. 토템은 다른 씨족, 혹은 혈족집단을 구분하는 부족들의 풍습과 연결된 관습이었다. 보통 이들 각각의 씨족은 스스로를 각기 특정한 동물(혹은 식물)에 부속시켜 자신들의 토템으로 인정하고, 일종의 신으로 숭배했다. 토템숭배는 족외결혼(exogamy) 제도와도 연결되었는데, 이는 자신들의 씨족 '외부' 출신과만 결혼하는 관습이다. 큰 부족 안에서, 만일 어느 남자가 작은 곰 씨족에 속해 있다면, 그는 다른 씨족, 예를 들어 독수리나 사슴 씨족의 여자와만 결혼하게 되어 있고, 자신의 토템집단 안에서는 안 된다. 또한 토템은 신성하기 때문에 그 씨족 사람들은 자신들이 선택한 동물은, 어떤 의례상의 토템 동물 희생제사처럼 목적이 있어서 그 법을 깨트리는 특별한 경우를 제외하고는(그런 증거는 없지만 스미스가 가정했음), 죽이거나 먹을 수가 없었다. 그의 가장 중요한 책인 《셈족의 종교》(The Religion of the Semites, 1890)에서, 스미스는 그의 아라비아에서의 관찰들과 타일러의 진화론적 잔존의 개념에 의존하여, 고대 히브리인의 관습, 특히 그들이 희생제물을 바치는 관습이 그가 현대 아라비아에서 관찰한 부족 토템숭배 범주에 정확히 들어맞는다고 주장했다.

프레이저는 그 나름대로 스미스와의 거의 모든 학문적 대화에서 그의 인격을 통해 오는 그의 사상적 독창성과 지적인 자극에 사로잡했다. 당시에 《대영백과사전》(Encyclopedia Britannica)을 편집 중이던 스미스는 친구를 격려하기 위해 자신의 직책을 현명하게 이용했다. 그는 프레이저에게 '토템'(totem)과 '터부'(taboo, 금기)라는 항목의 글을 써달라고 요청했다. 프레이저는 수락하면서 스미스가 그를 도와줄 것을 강조했다. 프레이저는 이 항목들을 작성하기 위해 준비하면서 오래 가지 않아 인류학적 관점에 매혹 당했으며, 훗날 그의 대부분의 연구를 위한 기초를 놓게 되었다. 곧 이 두 사람은 거의 대등한 입장에서 서로에 의지하여, 원시 풍습과 믿음에 관한 연구에 함께 참가하게 되었다.

《황금가지》

프레이저는 인류학에로 전향하면서도, 고전연구를 저버리지 않았다. 그의 목표는 여전히 그리스와 로마의 고전을 연구하는 것이었지만, 한편은 인류학에 관심을 두고 고전 저자들의 세련된 시, 연극, 철학의 저술 배후에 더 오래되고 더 원시적인 세계의 흔적을 찾으려 했다. 타일러의 잔존 학설에 깊은 영향을 받아, 그는 고전문명 안에 지속되는 보다 이전의 원시적 생각들과 습관들을 파악하고 나면, 고전문명을 새롭게 명확히 볼 수 있을 거라고 생각했다. 고전과 인류학, 즉 진부한 것과 아직 시험해 보지 않은 것을 조화시키면, 고대세계를 이해하는 데 실질적인 혁명을 보여줄 것이라고 확신했다. 이 안목이 방대한 연구계획에서 그의 길잡이가 되었고, 《황금가지》로 결실을 맺었다. 이 책을 계속 확대시켜서 출판하는 작업이 그의 성년시대 대부분을 차지했고, 또한 종교의 기원과 성격에 대한 그의 결정적 진술이 되었다. 《황금가지》는 3판에 걸쳐 12권의 두꺼운 책으로 확대되었고, 이것을 완성하기까지 25년 동안 연구실에서 늦은 시간까지 골몰하는 긴 세월이 걸렸다. 1890년에 두 권으로 처음 출판되었고, 세 권으로 된 두 번째 증보판이 1900년에 출판되었다. 결국 1915년에 완전한 12권이 되기까지 정기적으로 새로운 부분들이 첨가되어, 하나의 책으로 시작한 것이 백과사전으로 끝나게 되었다. 다행히도 1922년에 프레이저가 《황금가지》를 매우 긴 한 권의 책으로 축약판을 냈으며, 여기서는 편리하게 이것을 사용하겠다.[21]

《황금가지》는 훌륭한 추리소설처럼 시작한다. 이 책은 수수께끼와 호기심을 끄는 실마리를 주고, 오래 전에 잊혀진 장면들과 사건들을 인상적으로 기술한다. 프레이저는, 로마로부터 중앙 이탈리아 마을들에 이르는 고대 아피아 도로 변에 '아리키아'라는 작은 마을이 있고, 그 가까이 '네미'라는 호수를 옆에 낀 작은 숲속에 풍작(fertility)과 분만의 신이며 또한 사냥의 여신인 다이아나(Diana)에게 로마인들이 봉헌한 신전의 폐허가 남아 있다고 설명을 시작한다. 로마제국이 왕성했던 시기에는 숲으로 둘러싸인 이 호숫가 신전이 교외 휴양지이며 순례 장소였다. 로마 시민들이 특히 여름 한철 이곳에 자주 와서 연중행사인 '불의 제전'(fire festival)을 거행했는데, 어느 모로 보나 이곳은 한적하고 개화된 아름다운 곳이었다. 그러나 호숫가 주변의 숲

---

21) James George Frazer, *The Golden Bough: A Study in Magic and Religion*, abridged edition (이후로는 *Golden Bough*로 인용), (New York: The Macmillan Company, 1924). 여러 해 동안 저술하는 중에 프레이저는 *The Golden Bough*에서 다룬 몇 개의 중요한 논점에 대한 자기 견해를 변경했다는 것을 지적할 필요가 있다. 토템숭배와 마찬가지로 신화가 특히 곤란한 주제였다. 토템숭배에서 그는 한 이론에서 다른 이론으로 바뀌었고 민족지학의 현지 연구에서 계속 입수되는 새로운 정보를 수용해야 했다. *The Golden Bough*의 세 가지 판본 사이의 차이에 관해서는 Ackerman, *J. F. Frazer*, pp. 95-100, 164-79, 236-57과 Frazer, *The Making of the Golden Bough*, pp. 117-55, 156-202를 보라.

은 또한 비밀을 간직하고 있었다. 로마의 시인들은 그 신전에서 숭배한 두 번째 신 비르비우스(Virbius)의 이야기를 들려주고 있다. 비르비우스는 때로 그리스의 젊은 영웅 히폴리투스(Hippolytus)와 동일시되기도 했는데, 다른 신화에 의하면 그는 화가 난 어떤 신에 의해 살해당했지만 다이아나가 소생시켜 그녀의 신전에 숨겨 주었다고 한다. 비르비우스는 신비로운 인물로 표현되었는데, 그는 실제로 숲 속에 살던 '사제-왕'(priest-king)이었다고 한다. 그는 다이아나의 신전만이 아니라 그 숲에서 자라는 신성한 나무, 즉 유별나게 누런색의 '황금가지'가 달린 참나무를 돌보는 책임이 있었고, '렉스 네모레니스'(Rex Nemorenis), 즉 네미 호수의 '숲의 왕'이라는 칭호를 가지고 있었다. 분명히 사람이었지만 이 왕은 역시 신으로 간주되어, 다이아나 여신의 신적인 연인이자 그가 지키는 신성한 참나무를 생동케 하는 영이기도 했다.

    이 '숲의 왕' 자신도 이상하게 보이지만, 더 이상한 것은 그가 그의 지위를 얻게 된 경위이다. 그것은 살인을 통해 얻은 것인데, 전설로는 이 사제-왕이 그 전의 왕을 죽여 숲을 장악했고, 또한 그 역시 방심하지 않고 강력해서, 순간적으로 그의 자리를 빼앗아 세력을 장악하려는 자들에 대항하여 자기 생명을 방어할 준비가 되어 있는 한에서만 그의 세력을 유지할 수 있었다고 전해지고 있다. 자기 생명과 통치권을 지키기 위해 그 왕은 계속해서 손에 칼을 들고 신전 숲을 순시하여 공격자가 다가오는 것을 대비해야 했다. 그의 경계가 실패하거나 그의 힘이 약해져서 침입자가 어느 순간에 돌파하여 싸워 왕을 죽이고 황금가지를 베어내면, 그 때의 승자가 다이아나 여신의 사랑과 숲의 지배권을 차지하게 된다. 그러나 승자에게는 역시 마찬가지로 끊임없는 자기 방어의 힘든 책임이 부과되어, 쉴새없이 참나무를 지키고, 위협적으로 접근하여 자기를 죽이고 스스로 숲의 왕이 되려는 자를 찾아 언제나 숲을 수색해야만 했다.

이처럼 신비와 숨겨진 위험이 출몰하는 서막으로 시작해서, 호기심을 가진 독자들은 프레이저의 긴 이야기에 말려들고 만다. 그러나 이 모든 드라마를 설명하는 이유는 프레이저가 진귀한 이야기를 전하려는 데 있는 것이 아니었다. 그의 목적은 오히려 하나의 날카로운 대조를 이루는 이야기, 즉 우리가 문명화된 것으로 보는 문화의 표면 바로 밑에 깔린 보다 초기의 더 잔인한 인간의 상태를 보여주는 하나의 분명한 대조를 보여줌으로써, 자신의 연구를 펼쳐나갈 무대를 마련하려는 것이었다. 프레이저는 그곳에 찾아오는 사람들로부터 평화와 치유하는 새로움 때문에 사랑 받는 '네미' 호숫가의 그렇게 아름다운 숲과 신전과 정원이, 어떻게 동시에 그렇게 야만적인 잔인한 운명 속에 젖어 있을 수 있는가 하고 묻는다. 종교적 위로에 바쳐진 중심지가 어떻게 제의적인 살인 장소였을 수가 있는가? 그것이 우리가 해명을 듣고 싶은 수수께끼다. 그러나 프레이저는 그 해결책을 찾을 때, 고대 그리스와 로마 문명시대에서 얻을 수 있는 증거만으로는 불가능하다고 말한다. 다이아나 신전을 찾는 개화된 로마인들의 취미생활은 숲 속 왕의 어둡고 불길한 징조의 인물을 설명할 단서를 주지 못한다. 그런 인물을 설명하려면, 우리가 다른 곳, 즉 다이아나 신전이 세워지기 수세기 전에 로마의 야만인 선조들이 이 숲과 호수를 거닐던 역사 이전의 과거를 살펴보아야만 한다. 만일 우리가 이처럼 훨씬 더 초기의 사람들 가운데서 타일러가 말하는 '잔존', 즉 로마시대까지 이어져왔던 모호한 습관이나 믿음을 발견하게 된다면, 그 때에 우리는 비로소 숲의 왕을 확인할 단서를 얻게 되고 또한 그의 치명적인 신비를 풀 수 있을 것이다. 그러나 그러기 위해서는, 역사 이전 사람들이 남긴 문서들이 없기 때문에, 상당한 탐색과 비교가 필요하다. 단지 우리가 할 수 있는 것은 우리가 알고 있는 가장 원시적인 사람들의 민속, 전설, 습관 등 어디에나 손을 뻗쳐 그 가운데서 로마인들의 전설에 일치하는 옛 방식이나 전통을 발견할 수 있는가를 보는 것이라고 프레이저는 말한다. 그 전설 배후에 깔린 원시적 사고체계들(systems of thought)을 간파할 수 있어야만, 아마 숲의 왕에 대한 불길한 수수께끼와 그의 살인을 이해할 수 있을 것이다. 그러나 프레이저가 설명하는 것처럼 이 과제는 단순한 것이 아니다. 그 이유는 우리가 자세히 관찰해볼 때, 프레이저가 보는 원시적인 사고는 (타일러와는 좀 다르게) 사실 하나가 아니라 두 가지 전혀 다른 사고체계, 즉 주술과 종교에 의해 좌우되고 있는 것으로 나타나기 때문이다. 이 둘을 다 이해하고 또한 이 둘의 관계를 이해하는 것이 바로 원시인들의 마음속에 도달하는 열쇠다.

주술과 종교

이처럼 소개한 후, 주술과 종교의 문제는 《황금가지》의 중심 주제가 되어, 결국 프레이저가 되돌아가기는 하지만, 숲 속 왕의 신비스런 이야기는 뒤로 물러난다. 그래서 제2판에서는 이 책의 부제가 《주술과 종교의 연구》(*A Study in Magic and Religion*)가 되었다. 원시인들에게 결정적으로 중요했던 이 두 가지 기획을 평가하기 위해서는, 다이아나의 숲에 살았거나 세계 어느 다른 곳에 살았거나 간에, 초기 인간생활의 기본 사실을 알아야만 한다고 그는 말한다. 그것은 살아남기 위한 투쟁을 중심으로 하는 생활이었다. 사냥하는 사람은 잡을 동물이 있어야 했고, 농사짓는 사람에게는 곡식을 키우기 위해 해와 적절한 양의 강수량이 필요했다. 자연환경이 이런 필요를 공급하지 못할 때, 사고할 수 있었던 원시인들은 세상을 이해하고 변화시키려고 모든 노력을 다 했다. 바로 이런 노력의 첫 번째가 주술의 형태로 나타났다. 원시인들은 자연이 공감, 즉 영향에 의해 작용한다고 추측했으므로, 이것을 프레이저는 "공감의 주술"(sympathetic magic)이라 불렀다. 타일러의 말과 매우 비슷하게, 그는 '야만인들'(타일러처럼 그는 역사 이전 사람들을 가리킬 때 이 말을 썼다)은 언제나 두 가지가 어떻게든 정신적으로 연상이 될 때, 즉 마음에 '공감적'으로 보이면, 그것들이 마음의 바깥세상에서도 틀림없이 물리적으로 연결되어 있다고 추측한다고 설명한다. 정신적 연결은 물리적 연결을 반영한다. 그러나 타일러의 주장을 넘어서서 프레이저는, 주술 속에서 그의 스승이 발견한 것보다 더 체계적이고 '과학적'이라고까지 할 만한 것을 찾아냈다. 공감의 주술사에 의해서 이루어진 중요한 연결은 근본적으로 두 가지 형태인데, 모방적인(imitative) 것, 즉 유사성(similarity)의 원칙에 입각해서 사물들을 연결하는 주술과, 전염적인(contagious) 것, 즉 접촉(contact)의 원칙에 입각해서 연결하는 접촉의 주술이라고 그는 지적한다. 처음 경우는 "비슷한 것이 비슷한 것에 영향을 미치고," 다음 경우는 "부분이 부분에 영향을 미친다"고 말할 수 있겠다. 러시아 농부들은 가뭄 때 체를 통해 물을 쏟으면 떨어지는 물이 소낙비처럼 **보여서**, 이런 식의 물 뿌림이 실제로 하늘에서 비가 쏟아지게 할 것이라고 상상한다. 부두교(voodoo: 미국 남부 및 서인도 제도의 흑인 사이에 행해지는 원시 종교 - 옮긴이) 사제가 적의 손톱과 머리칼로 장식한 인형의 가슴을 핀으로 찌를 때, 그는 자신이 접촉하는 것만으로도, 즉 전염을 통해, 그 희생자에게 죽음을 가져오게 할 수 있다고 상상한다.

    프레이저는 이런 주술적 사고의 증거를 세계 전체의 원시적 생활에서 얼마든지 찾아볼 수 있다고 설명하고, 그 자신 많은 예를 들고 있다. 무역상들이 전하는 바에 의하면, 포니(Pawnee) 인디언들은 희생제물로 바친 처녀의 피를 밭 연장에 발랐는데, 단지 접촉하는 것만으로도 그 생명을 주는 힘이 옥수수 씨로 옮겨진다고 분명히 믿었기 때문이다. 인도의 어떤 촌락들에서는 가뭄이 들면 사람들이 남자아이를 잎사귀로만 몸을 가린 채 '비의 왕'(Rain King)이라 불렀고, 집집마다 이 아이에게 물을 뿌려주는데, 이는 이 의식이 비를 오게 하여 푸른 식물이 다시 자라게 한다는 믿음 때문이다. 남아메리카 인디언들은 달의 월식 때 불붙인 막대기를 땅에 파묻는데, 월식의 영향을 받지 않을 최소한의 불씨를 얼마간 남겨두지 않으면 그 불이 어두워지면서 땅위의 모든 불이 꺼지게 된다고 믿기 때문이다. 이 각각의 예에서, 또한 그가 인용하는 수많은 다른 예들에서, 프레이저는 어느 곳에서나 단순한 사람들이 자연이 어떻게 모방과 접촉의 원칙에 입각해서 작동한다고 추측하는가를 보여준다. 뿐만 아니라 그들은 이런 원칙들을 인과관계에 대한 현대과학의 법칙처럼 확고하고 불변하며 우주적이며 어길 수 없는 것이라고 생각한다. 인도에서 브라만 사제가 해를 향해 아침 제물을 드리는 것은, 자신의 예식 없이는 해가 뜨지 않을 것이라고 철저히 믿기 때문이다. 고대 이집트에서도 마찬가지로, 해를 대표한 파라오(Pharaoh)는 실제로 해가 매일의 운행을 이행하도록 하기 위해 엄숙하게 신전 주변을 관례적으로 돌았다. 이처럼 주술은 적절한 의례나 행위가 갖추어졌을 때 그 자연적 효과가 정해진 대로 **틀림없**이 나타나리라는 가정을 토대로 한 것이다. 더구나 그런 의례들에 대한 확신은 원시인들에게는 사실상 일종의 과학이 된다. 의례들은 자연세계에 대한 확실성과 그 과정에 대한 통제를 제공한다.

프레이저는 또한 주술에 대한 지식 자체가 보상이라고 말하는 타일러를 넘어서서, 주술에 대한 지식을 가진 사람에게 자연히 생기는 사회적인 권력을 강조한다. 프레이저가 보기에, 원시문화에서 주술에 대한 정통함을 내세우는 사람―주술사, 의약사 혹은 마법사라 불리든 간에―이 거의 언제나 상당한 위엄과 권력을 차지하는 것이 우연이 아니었다. 실제로 주술사는 보통 왕의 역할을 맡게 되는데, 그 이유는 그가 부족의 이익을 위해 혹은 적의 불행을 위해 자연세계를 통솔하는 법을 가장 잘 알기 때문이다. 세계 각처로부터의 증거는, 부족민들 사이에서 주술사가 마을의 추장이나 왕인 것이 매우 일반적이라는 결론을 뒷받침하고 있다.

원시사회에서 사람들에게 줄 수 있는 주술의 힘만 고려할 것이 아니라, 주술이 또한 매우 근본적인 문제에 직면하고 있다는 사실을 알아야 한다고 프레이저는 말한다. 주술이 과학처럼 보일지 모르지만 사실은 허위 과학으로서, 원시인들은 속을지 모르지만 현대인들은 속지 않는다. 오늘날 생각하는 모든 사람이 분명히 아는바와 같이, 모방과 접촉의 법칙은 실제 세상에 적용되지 않는다. 약삭빠른 주술기술에도 불구하고, 원시 주술사는 전혀 옳지 않기 때문에 주술이 가능할 수가 없다. 사실상 실제 세상은 그가 잘못된 생각에서 적용하는 공감과 유사성의 방식에 따라 작동하지 않는다. 그러므로 시간이 지나면서, 원시사회의 보다 비판적이고 사려 깊은 사람들은 주술이 근본적으로 난센스라는 정당한 결론을 내린다. 주술사는 실패를 변명하거나 스스로 책임을 지려고까지 하지만, 사실들이 분명히 밝혀주는 것은 잘못된 것이 그 체계이지, 사람이 아니라는 것이다. 프레이저에게는, 그 잘못을 일반인들이 인식하게 된 것이 인간의 사상사에서의 획기적인 발전이다. 왜냐하면 주술이 쇠퇴하면서 그 공백을 채우려고 나타난 것이 종교이기 때문이다.

종교는 주술과는 전혀 다른 경로를 따른다. 우리는 타일러가 종교를 영적 존재들에 대한 믿음이라 정의한 후, 종교가 대체로 주술과 비슷한 것으로서, 둘 다 무비판적인 생각들의 연합 위에 세워졌다고 한 것을 기억한다. 프레이저는 타일러의 종교정의에는 완전히 찬성하지만, 그는 종교가 주술과의 관계에서 보여주는 비슷한 점들보다는 오히려 대조적인 점들에 더 관심을 갖는다. 그에게는 종교가 주술의 원칙들을 거부하는 바로 그 점이 흥미로운 것이다. 주술의 접촉과 모방의 법칙들 대신에, 종교인들은 자연세계 배후에 있는 실제 힘들(real powers)은 원칙들(principles)이 전혀 아니라 인격체들(personalities)로서 우리가 신이라 부르는 초자연적 존재라고 주장한다. 따라서 참된 종교인들은 자연의 진로를 통제하거나 변화시키기를 원하는 때, 주술적 주문(呪文)을 쓰지 않고, 오히려 그들이 따르는 신이나 여신에게 기도와 간청을 하는 것이 보통이다. 마치 다른 인간을 대하는 것처럼, 지원을 호소하고 도움을 청하며 보복을 호소하고, 사랑, 충성, 복종을 약속한다. 이런 일들이 결정적으로 중요한 이유는 궁극적으로 자연을 통제하는 것은 신들의 성격들로서, 폭풍을 일으킬 수 있는 것은 그들의 분노이며, 그들의 호의로 생명을 구하고, 그들의 갑작스런 태도의 변화로 성난 파도를 잠잠케 할 수 있기 때문이다. 프레이저의 생각에는, 이런 초자연적인 존재에 대한 믿음이 있고, 기도나 제의로 신의 도움을 얻으려는 인간의 노력이 있는 곳에서는, 인간의 생각이 주술의 영역에서 빠져 나와 종교의 영역으로 옮겨간 것이다.

더구나 처음에는 그렇지 않은 것 같아도, 종교로의 이 전환은 발전의 징조로 보아야 한다. 종교는 실상 주술을 개선하고, 인류의 지적인 **향상**을 보여주는데, 우리가 실제로 경험하는 세상을 설명하는 데 종교의 해명이 주술의 해명보다 더 낫다는 단순한 이유에서다. 우리가 인식해야 할 것은 주술은 비인간적이고 불변하며 절대적인 법칙들을 주장한다는 점이다. 기우제를 바르게 행하면 실제로 비가 반드시 올 것이며, 모방과 접촉의 법칙은 예외를 허용치 않는다. 반면에 종교는 전혀 다르다. 첫째로, 종교는 설명을 위한 깨뜨릴 수 없는 원칙들을 가지고 있다고 주장하지 않는다. 반대로 종교는 세상이 신들의 손에 달려 있으며, 신들은 우리를 위해서가 아니라 그들 자신의 이해관계에 따라 자연의 힘을 통제한다고 고백한다. 더구나 신들은 수가 많은데, 그 성격이 각기 다르며 또한 목적과 의제로 흔히 경쟁한다. 우리는 신이 비를 오게 하고, 자녀를 갖게 하고, 병자를 고칠 것이라는 소망에서 기도하고 제물을 바쳐 신들을 예배하지만, 우리가 그 신들에게 이런 일을 해달라고 강요할 수는 없다. 종교에는 보장이 없다. 그럼에도 불구하고 프레이저의 생각처럼, 이런 불확실성 자체가 그 나름대로 훌륭한 것이다. 자연의 과정들 대부분은 크거나 작거나 간에 우리의 통제밖에 있는 것이 사실이 아닌가? 때로는 응답되고 때로는 응답이 되지 않는 기도를 바치며 어느 날에는 허락되고 다음에는 거부되는 은혜를 구하는 것은, 모든 것을 우리 자신 너머의 위대하고 강력한 존재의 지배 아래 두는 세계관이며 우리가 실제로 경험하는 인생의 사실들에 매우 가까운 것이 아닌가? 우리가 실제로 경험하는 대로 인생은 예상치 못했던 기쁨과 불행으로 가득 차 있는데, 이런 경험들에 훨씬 더 적절한 것은 주술보다는 종교가 아닌가? 신들처럼 세상은 우리가 원하는 것을 때로는 주기도 하고 때로는 주지 않기도 한다.

주술, 종교, 왕의 신성(Divinity of Kings)

프레이저는 계속해서, 종교가 생겨남과 더불어 사회에는 그와 연관된 변화들도 나타난다고 말한다. 점차 옛날의 주술사-왕은 새로운 사제-왕에게 자리를 내어준다. 사제-왕의 권력은 새로운 종교적 사고에 달려 있는데, 구체적으로 그가 신들과 교통하는 능력에 달려 있거나, 아니면 흔히 그런 것처럼, 그가 스스로가 어떤 신성을 지닌다는 사실에 달려 있다. 주술사-왕이 주술시대에 자연스러웠던 것처럼, 신성한 왕은 종교시대에 자연스러운데, 이 두 기간 사이의 변천이 뚜렷하거나 갑작스럽게 이루어졌다고 볼 수는 없다. 문화는 시간이 가면서 서서히 그리고 종종 한결같지 않게 발전한다고 프레이저는 상기시킨다. 원시인들은 점차로 자연과정의 통제력을 주술원칙에서부터 신들의 성격으로 넘겨주면서도, 그들은 보통 이 두 체계를 결합시켰다. 그들은 신들을 믿게 되었으면서도 여전히 주술을 위한 여지를 남겨두었으며, 실제로 **신들**에게 종종 주술을 사용하여 사람의 소원과 기도에 호의적으로 행하도록, 말하자면 강요하기도 했다. 프레이저는 실제로 세계 각처의 너무 많은 문화 속에 주술과 종교가 너무 자주 뒤섞여 있기 때문에, 그가 제공하는 산더미처럼 많은 증거들 속에서 그 둘을 풀어내려는 시도조차 하지 않았다.

주술과 종교가 결합되어 있는 사례는 프레이저의 가장 중요한 논의 중 일부에서 중요한 역할을 하고 있다. 제의 매춘(ritual prostitution)이 그 한 사례다. 원시인들은 성교가 인간 생명을 낳게 한다면, 신전에서의 성행위 제의는 모방의 법칙에 의해, 신적인 하늘 아버지(divine Sky Father)와 **땅** 어머니(Earth Mother)로 하여금 똑같이 행하지 **않을 수 없도록** 만들 것이라고 믿었다고 그는 말한다. 그 결과로 비가 오고, 또한 농작물이 자랄 것이다. 왕가의 인물들도 같은 관점으로 보았다. 많은 부족사회가 그들의 왕을 종교적 의미에서 신으로 보는 한편, 그의 권력과 그의 부족과의 관계는 주술적인 것으로 이해한다. 왕은 신으로서 세상의 중심으로 간주되었다. 왕의 단순한 말이 법이 된다. 왕의 풍채로부터 에너지가 밖의 모든 방향으로 발산되므로, 그의 어떤 행동이나 신분의 어떤 변화는 자연 질서의 전체 균형과 부족의 생활 전체에 영향을 미칠 수 있다. 동시에 이 신적인 권력은 그 성격상 인격적이기보다는 주술적이고, 실상 철저하게 주술적이어서 왕 자신도 그 권력에 복종해야 한다는 것을 주목해야 한다. 어떤 아프리카 사람들은 왕이 자기 집을 떠나지 못하게 했는데, 왕이 몸을 움직이는 것만으로도 날씨에 영향을 미치기 때문이라고 프레이저는 언급한다. 고대 아일랜드에서는 왕이 일출에 어느 마을에는 있지 못하며, 다른 마을에는 수요일에 못 가게 금지되었고, 어떤 월요일에는 배를 출항하지 못하게 했는데, 왕의 주술력이 특정한 시간에 특정한 장소에 영향을 준다는 두려움 때문이다. 왕의 몸에 의해 전해지는 이런 주술 효과는, 왜 왕들이 흔히 터부(taboos)로 둘러 싸여 있는가를 설명해주는데, 이런 신성한 금기는 그들이 영혼을 위한 생명의 보존자였음을 뜻한다. 어떤 경우에는, 왕이 특정한 사람들이나 사물들을 만지지 못하도록 했는데, 이것은 왕의 힘이 그들에게 영향을 끼칠 수가 있기 때문이었다. 다른 경우에는, 반대 이유로 사람들이 왕을 피해야만 했는데, 왕의 힘을 행사하는 데 그들이 악영향을 끼칠 수 있기 때문이었다. 최근까지도 일본 황제의 몸인 신성한 미까도(mikado)는 주술적인 힘으로 채워져 있어서 그의 발은 땅에 닿지 못하게 되어 있었다.

보다 일반적인 관점에서, 프레이저는 원시인들이 왕은 신이기 때문에 왕이 병이나 상처 혹은 나이로 인한 증상을 보일 때는 그의 신성한 에너지를 보존하기 위해 새로운 사람에게 그 에너지를 옮길 대책을 언제나 취해야 할 것을 주장한다고 지적한다. 빅토리아 시대의 《황금가지》 독자들을 가장 놀라게 만든 것은, 어떤 부족 문화에서 왕이 늙거나 병이 들면, 그를 예식에 따라 죽여서 그의 거룩한 영이 새로운 통치자에게 완전하게 전해질 수 있게 한다는 증거였다. 원시인들의 마음에는 그런 살인 집행이 부도덕하며 잔인한 처사가 아니라, 주술의 필연성에서 오는 신성한 행위라는 주장에도 당시 독자들은 충격을 받지 않을 수 없었다. 게다가 예식의 형태가 변화되게 되었지만, 이것은 사실이었다. 많은 왕들이 나중에 자신들이 처형되리라는 예상을 싫어해서, 흔히 노예, 포로, 동물, 모형, 심지어 아들까지도 왕 대신으로 내세웠다. 실제로 프레이저는 유대교 부림절(페르시아 크세르크세스 1세 때 집단학살 음모에서 구출된 것을 기념하는 절기 - 옮긴이)과 그리스도교에서 그리스도가 유월절(고대 이집트의 노예생활에서 해방된 것을 기념하는 절기 - 옮긴이)에 십자가에 처형된 것을 기념하는 것은 이처럼 왕을 대신하는 것의 범주에 든다고 주장한다. 그 둘 모두가 왕을 '가장한' 인물의 희생과 관계되어 있을 뿐만 아니라, 주술적 이전(magical transfer)을 통해 성스러운 생명의 능력을 보전하려는 비슷한 의도를 보여주는 것은 흥미 있는 것이라고 프레이저는 지적한다.[22]

초목의 신들(Gods of Vegetation)

주술과 종교가 한 곳에 집중하는 모든 경우들 중에서, 가장 공통적인 것은 아마도 세계 어디서나 폭넓게 찾아볼 수 있는, 초목과 농사의 중요한 계절 제례들(seasonal cults)이라고 프레이저는 보았다. 오시리스(Osiris), 탐무즈(Tammuz), 아티스(Attis), 아도니스(Adonis)와 같은 초목의 신들을 숭배한 것은 고대 이집트, 그리스, 로마문명에서뿐만 아니라 사람들이 농사기술을 시행하기 시작한 거의 모든 곳에 널리 퍼져 있었다. 이런 농경 제례들은 성(sexuality)과 생사주기(cycle of life and death)의 상징들에 깊이 빠져 있었다. 고대 키프로스가 전형적인

---

22) 2판에서 주로 발전된 이 논제에 관해서는 Ackerman, *J. G. Frazer*, pp. 167-69를 보라.

예를 보여준다. 그곳에서는 아도니스 신이 관례적으로 여신 아프로디테/아스타르데 (Aphrodite/ Astarte)와 짝을 짓는데, 이 여신의 제의들에는 매춘과 모든 처녀들이 결혼 전에 그 신전에서 전혀 모르는 사람과 함께 자야 하는 기괴한 성적인 법이 포함되어 있다. 이상스럽게 보이지만, 이런 관습을 고무한 것은 타락이 아니라 모방적 주술의 신성한 규정이었다고 프레이저는 말한다. 이 의례의 목적은 신들 역시 짝을 짓게 하여 자연 모두가 다시 살 수 있게 하는 것이다.

죽음과 재생(rebirth)의 제의들도 비슷한 목적이었다. 아티스 신의 제례에서 그 신의 잔인한 죽음을 전해주는 신화를 매년 재현해야 했는데, 이유는 그 재현이 추수기 농작물의 죽음을 보장하기 때문이다. 그러면 매해 봄마다 그 신이 제의적으로 재생됨으로써, 식물들이 또 다시 살아나 자랄 수가 있기 때문이다. 프레이저가 설명하는 것처럼, 이런 종교들에서 예배자들은 "일정한 주술의례를 행함으로써 자신들이 생명의 원리인 그 신이 그 반대인 죽음의 원리와 싸우는 데 도울 수 있다고 믿었고, 그들이 쇠해 가는 신의 에너지를 회복하고, 심지어는 죽음에서 그를 소생시킬 수 있다고 상상했다."[23] 그런 의례들이 행해지면, 모든 자연은 생명의 복귀와 성장으로부터 혜택을 기대할 수 있었다. 이집트 전통에서 오시리스 신은 분명히 곡물의 의인화(personification)인데, 그가 죽은 후 그의 토막난 몸이 밭에 흩뿌려졌다는 이야기는 죽은 씨앗이 밭에 뿌려져 얼마 후 다시 살아나 성장하는 식물로 소생하는 신비한 생장과정을 보여주는 또 다른 차원의 이야기다. 이러한 종교제례에 참여하는 거의 모든 사람들에게는 신과 동일시되는 신성한 동물―예컨대, 디오니소스(Dionysus) 신의 황소처럼―

---

23) *Golden Bough*, p. 324.

을 희생제물로 바치는 것이, 그 신들을 독촉해서 결국은 농작물들로 하여금 그들의 자연적 주기를 서둘러 진행하도록 밀어붙이는 주술적인 방법이었다. 마찬가지로, 원시인들 사이에서 실제 인간 왕이 신으로서 희생제물이 될 때, 그 끔찍한 제의는 아티스와 오시리스와 같은 신화들과 거의 평행을 이루는데, 그 신화들에서는 모방의 주술이 접촉의 주술을 통해 강화되었다. 신화에서처럼 제의에서도, 희생자의 몸은 찢겨지거나 태워지고, 살과 피 또는 뼈와 재가 밭에 뿌려지면서, 주술적인 힘이 방출되어 땅을 비옥하게 하는 것이다.

추가로 덧붙인 책들에서, 프레이저는 이 주술적-종교적 사고방식에 들어맞는 다른 원시적 습관들을 제시하는데, 특히 토템과 속죄염소(scapegoat)와 관련된 습관들이다. 앞에서 언급한 것처럼, 로버트슨 스미스가 처음 프레이저로 하여금 토템숭배라는 원시적 관습에 대해 관심을 갖도록 했고, 이것이 《황금가지》 제2판을 준비하던 때에 그의 새로운 연구의 초점이 되었다. 오스트레일리아의 토착 부족민 가운데서 연구하던 두 명의 현지 조사자 볼드윈 스펜서(Baldwin Spencer)와 길렌(F. J. Gillen)은 그 부족민들이 어떤 특별한 경우들에는 실제로 신성한 토템동물을 잡아먹는다는 놀라운 발견을 했는데, 이것은 이미 로버트슨 스미스가 짐작했던 것이다![24] 토착민들은 이처럼 토템동물을 잡아먹는 제의를 '인티치우마'(intichiuma) 의식이라 불렀다. 프레이저는 아마도 여기서 종교적 희생제사 의례의 가장 최초의 형태와 죽는 신에 대한 개념을 볼 수 있을 것이라고 말한다. 토템을 죽임으로써 원시인들은 자신들의 동물 신(animal god)에서 힘이 쇠퇴하는 것을 막았고, 토템을 먹음으로써 그 신의 에너지를 자신들 속에 지니게 된다.

---

24) 스펜서와 길렌의 저서에 관해서는 Ackerman, *J. G. Frazer*, pp. 154-57; 또한 에밀 뒤르켐의 연구를 검토한 이 책 3장을 보라.

이와 비슷한 방식을 부족들의 '속죄염소' 관습에서 볼 수 있다. 성경을 잘 아는 사람은 히브리인들이 어떻게 속죄염소를 이용했는지를 알 것이다. 그들은 매해 한 동물을 택하여 엄숙한 의식을 행하면서 공동체에서 멀리 떠나보내 죽을 때까지 돌아다니게 내버려두었다. 주술 원칙의 관점에서 보면, 이런 관례는 어떻게 해서든 죄나 병을 부착한 막대기나 잎사귀 같은 물체를 동물의 등에 매달아 그 동물을 멀리 떠나보냄으로써 실제로 죄나 병을 공동체 밖으로 몰아낼 수 있다는 믿음에서 온 것이다. 토템 관례와 왕의 처형이라는 맥락에서 보면, 이런 의식의 밑에 깔린 목적은 분명한데, 그 동물이 신을 대표하므로 그 동물의 추방은 그 부족 신을 죽이는 다른 방법이 되는 것이다.

나무의 영, 불의 제전(Fire Festivals), 발더(Balder) 신화

프레이저는 초목 신(vegetation gods) 숭배에서 주술적-종교적 관념들의 역할을 설명하면서, 그 대부분의 증거를 고대 지중해 지역으로부터 끌어내고 있다. 그는 이런 관념들과 관례를 유럽 국가들에서도 역시 찾을 수 있다고 믿었다. 이 점을 증명하기 위해 그는 독일 민속학자 빌헬름 만하르트(Wilhelm Mannhardt, 1831-1880)의 연구에 주로 의존했는데, 그는 유럽 농부들의 옛 풍습, 민속, 신화들을 몇 권의 중요한 책으로 수집했다.[25] 그 가운데서 프레이저는 영국 제도(諸島)의 켈트(Celtic)족과 스칸디나비아의 노르딕(Nordic) 문화에서 지켜온 몇 가지 전통에 대해 특히 주목하고 있다. 북 유럽에서는 나무의 정령들에

---

25) 이들은 *Die Korndaemonen (Spirits of the Corn*, 1986), *Der Baumkultus der Germanen(The Tree-Worship of the Germans)*, (1875)와 *Antike Wald-und Feldkulte(The Ancient Worship of Forest and Field*, 1875-77)다. 영국 인류학과 프레이저의 저서에 미친 Manhardt의 영향에 관해서는 Sharpe, *Comparative Religion: A History*, pp. 50-51을 보라.

대한 숭배가 널리 퍼져 있는데, 특히 참나무가 아마 그 크기 때문에 신성하게 여겨진 것 같다. 초기 켈트족 사이에는 굉장한 벨테인(Beltane) 축제처럼 극적인 '불의 제전'도 있었는데, 매년 봄과 가을에 거행됐고 사람의 형상들을 만들어 작렬하는 성스러운 불길 속으로 던져 넣었다. 고대 노르웨이의 전통에도, 아름다운 젊은 신 발더(Balder)가 자연에서 단 한 가지 그를 해칠 수 있는 겨우살이(mistletoe)로 만든 화살에 맞아 죽었다는 비극적인 신화가 있다. 이집트의 오시리스처럼, 북 유럽의 이 신화는 그의 죽음을 엄청난 비극으로 소개했는데, 바닷가에서의 장례식에서 발더의 몸이 그 자신의 배 위에서 큰 불길에 태워질 때, 신들의 의회(assembly of gods)에서도 깊은 애도가 있었다고 한다.

일반적으로, 북쪽 지방의 이런 전설들(sagas)과 이야기들은 한층 더 주술과 종교가 밀접하게 연결되었다는 증거를 보여준다. 그렇지만 프레이저에게는 이것이 또한 두 번째 목표에 이바지하여, 《황금가지》의 긴 이야기를 마침내 끝나게 한다. 이런 이야기들을 통해, 그는 자신의 이야기의 첫 부분에서 제기했던 수수께끼를 마침내 해결할 수 있다고 주장한다. 비록 이 시점에서 그 해결에 이르는 길이 단순하지는 않지만 말이다. 그 다음에 이어지는 것은 우리가 자세히 추적하기에는 너무 난해한 비교들과 연관성들이기 때문에, 짧은 요약으로 만족해야겠다.

프레이저는 북쪽 지방의 신화들과 제의들을 자세히 살펴보면, 비르비우스(다이아나의 '숲의 왕') 신과 노르웨이 신 발더(그 역시 한때는 실제로 사람이었을 것이다)는 모두 위대한 나무의 정령, 신성한 참나무의 혼이 인간의 몸을 입은 것(human embodiment)이 분명하다고 설명한다. 이것이 놀라운 것이 아닌 이유는, 원시인들 사이에서는 물체의 정령이나 혼이 항상 외적인 형태로 존재할 수 있기 때문이다. 나무의 정령은 나무줄기에 머물러 있을 필요가 없고, 이런 인간의 형태로 나무줄기 밖에도 존재할 수 있다. 반면에, 발더와 비르비우스 같은 신의 혼은 자신들의 인간적인 몸 밖으로 나갈 수가 있으며, 그럴 때는 참나무 줄기에서 가장 추운 겨울에도 붙어 자라는 상록의 겨우살이 안에서 나무의 정령으로 기거한다. 프레이저는 이처럼 그 내막을 폭로하는 이야기를 통해서, 결국 '네미' 호숫가 숲 속의 참나무에서 자라난다는 황금가지에 대한 설명의 단서를 얻게 되는데, 그것은 나무에서 베어내면 명확히 노란 색으로 바뀌는 겨우살이에 대한 단순히 시적인 이름일 뿐이라고 말한다. 더 나아가 북유럽 신화에서 발더에게 활을 쏘는 행위는, 로마인들의 신화, 즉 공격자에 의해 그 큰 가지가 꺾이고 도전의 순간에 그것을 '숲의 왕'에게 (발더의 화살처럼) 집어 던졌다는 신화와 밀접하게 병행한다. 그러므로 두 이야기는 똑같은 행위를 기술하는 듯한데, 그것은 신에 대한 공격으로서, 그 공격을 통해 그 자신의 혼(겨우살이의 형태로)을 그 신으로부터 탈취하고, 그 혼이 그 신의 몸을 공격하여 그의 죽음을 확보하는 것이다. 신으로부터 그의 신적인 힘을 주술적으로 획득하기 위해, 그 신을 죽이는 것이다.

만일 이런 평행이 타당하다고 하면, 이 시점에서 인류학이 개입하여 최종적인 연결을 도모할 수 있다. 발더와 비르비우스의 두 이야기는, 초기의 주술과 종교의 법이 명한 대로, 왕의 신적인 능력을 넘겨받기 위해 부족의 왕을 살해했던 역사 이전 시대의 실제 사건에서 비롯되었음이 틀림없다고 프레이저는 풀이한다. 다시 말해서, 발더와 '네미' 호숫가 '숲의 왕'이라는 필멸적인 (mortal) 인물들 배후에 자리잡고 있는 것은, 먼 옛날에 실제 인간 왕들을 희생물로 살해한(sacrificial murders) 사건들이었다. 로마인들이 다이아나 신전에서 단순하게 즐긴 한여름의 불의 축제가 그 연관성을 확증해준다. 이런 의식이 스칸디나비아에서도 찾아볼 수 있는 한여름 불의 제의(fire rituals)와 매우 비슷한 것은 우연이 아니다. 두 경우 모두에서, 불의 의식을 일 년 중 정확히 같은 시기에 행했다는 공통된 사실이 있다—아마도 쓰러진 신성한 참나무를 연료로 사용했을 것이다. 또한 특별히 북쪽의 의식에서는, 불 속의 희생물에 대한 묘한 암시가 있는데, 그것은 발더의 몸을 태우는 제의와 또한 아일랜드 벨테인 축제에서 불 속에 사람 형상의 것들을 던져 넣는 것이다. 이런 단서들은 표면상으로는 순진해 보이지만, 이런 예식들 역시 고대인들이 죽어가는 신들이라고 상상했던 인간(왕)들을 끔찍하게 희생제물로 삼았던 것을 상기시켜주는 잔존들이다. 프레이저는 인류 초기의 공동생활에서는, 이처럼 엄숙하게 불을 붙여 그런 불운한 왕들(혹은 불행한 그 대체물들)의 몸을 환영했던 계기들이 수없이 많았으며, 그런 불운한 왕들이 발더와 비르비우스의 인간적인 선배들이었으며, 발더와 비르비우스는 자연의 능력이 약화되지 않고 새롭게 갱신되도록 하기 위해 살해되어야만 했던 신들이었다고 설명한다.

    이 모든 사례들을 통해, 프레이저는 태초의 인류가 우리와는 완전히 다르지만, 그들 자신에게는 충분히 합리적이었던 생각의 체계를 갖고 삶을 살았다는 것은 의심의 여지가 없다고 결론짓는다. 다이아나 신전의 의례와 로마인들의 '숲의 왕'에 대한 전설 배후에는 신으로 간주된 사람에 대한 의식적 살해(ceremonial murder), 인간 희생이라는 잔인한 시련이 깔려 있다.[26] 우리에게는 야만적인 것으로 보이지만

---

26) 종교에서의 인간 희생에 대한 다른 분석으로는 Rene Girard, *Violence and the Sacred*, tr. Patrick Gregory (Baltimore: Johns Hopkins University Press, 1977); *The*

그 당시에는 합리적이었는데, 자연의 법이 바로 이런 궁극적 희생을 요구하는 것으로 보였기 때문이다. 모두의 죽음을 각오하기보다는 한 사람을 죽이는 것이 나았다. 원시인들의 생각에는 "왕이 죽었으니 [새] 왕이여 장수하소서!"[27] 하는 외침이 혁명의 소리가 아니라, 종교와 이성의 소리였다.

결론

프레이저는 책을 완성한 후 회고하면서, 자신의 책이 역사 이전 시대의 인류의 마음을 탐구하기 위해 시간을 거슬러 여행한 "발견의 항해"라고 묘사했다. 참으로 긴 항해였다. 그가 비록 자기 서재를 별로 떠나지 않았지만, 그의 탐구는 그로 하여금 (비록 생각 속에서지만) 인류에게 알려진 거의 모든 장소, 시기와 문화를 여행하도록 했다. 외딴 지역에 살고 있는 미지의 인간들도 전 세계에 미치는 그의 연구대상에서 벗어나지 못했다. 그는 누구에게서나 어느 곳에서나 정보를 수집했던 것으로 보이며, 그는 그 자신이 그렇게 연구할 수 있었던 적절한 시대와 위치를 누렸던 대단한 행운도 따랐다. 대영제국의 황금기 마지막 수십 년 동안에 캠브리지대학교에서 저술하면서, 그는 세계의 외지고 고립된 모든 곳에서 개인적 관찰을 전해준 선교사, 군인, 무역상, 외교관, 여행자, 학자, 탐험가들로부터 이야기들을 수집하기에 이상적인 위치에 있었다. 그들의 편지와 보고서, 또 프레이저 자신이 구성한 질문서에 대한 답변을 통해서 얻은 이 자료들은, 신빙성 있는 것도 있고 그렇지 못한 것도 있었지만, 그가 필요로 하는 모

Scapegoat, tr. Yvonne Freccero (Baltimore: Johns Hopkins University Press, 1986)을 보라.

27) *Golden Bough*, p. 714.

든 것을 제공해 주었는데, 실제로 그가 원할 수 있었던 것 그 이상이었다.28)

프레이저가 마음대로 사용할 수 있었던 이 풍부한 정보 자원은 그로 하여금 자신의 이론의 과학적 가치에서, 또한 그것과 더불어 종교의 기원에 관한 그의 설명에서 큰 확신을 갖게 해주었다. 그의 견해로는 신들에 대한 숭배는, 타일러가 처음 제시한 것처럼, 세상을 설명하려는 최초의 인간적 시도들에서 비롯되었다. 또한 자연의 위험을 피하고 그의 호의를 획득하기 위해, 즉 자연의 힘을 조정하려는 인간의 욕망에 의해 추진되었다. 주술이 그 첫 시도였지만 실패했다. 주술이 쇠락하면서 신들에 대한 믿음이 생겨났고, 미묘하게 주술과 합해지면서 수세기를 통해 더욱 완전히 자리를 잡게 되었다. 종교는 그 희망을 기도와 탄원에 두었다. 그러나 결국 종교도 부족함이 인식되었고, 신에 관한 종교의 주장들이 주술의 법칙들 이상의 진리를 지니지 못한다는 것이 드러났다. 따라서 프레이저는 주술의 시대가 종교의 시대로 대체된 것처럼, 하나이건 다수이건 간에 신에 대한 현 시대의 신앙 역시, 인간 사고의 세 번째이며 다음 시대―지금의 우리 과학시대―에 그 자리를 양보할 수밖에 없다고 말한다. 주술처럼 종교도 타일러의 '잔존' 범주에 속할 수밖에 없을 것이다. 종교는 뒤쳐진 사람들의 삶 속에 일종의 지적인 화석으로 유지되지만, 그 시대는 지나갔다. 그 대신에 과학이 도래하여, 현재 매우 왕성한 사고방식으로 작용하는

---

28) 프레이저의 서신왕래와 연구방법의 예는 Fraser, *The Making of the Golden Bough*, pp. 75-85와 도처에서 볼 수 있다. 프레이저의 질문서와 그가 그 질문서에 다른 학자들의 저서들에 거의 의존하지 않았다는 비판적인 언급에 관해서는 Edmund Leach의 두 논문 "Golden Bough or Gilden Twig," *Daedalus* 90 (1961): 371-99, 특히 p. 384 주 4와 "On the 'Founding Fathers': Frazer and Malinowski," *Encounter* 25 (1965): 24-36을 보라.

데, 과학은 합리적이며 사실들에 매우 정확한 세상에 관한 지식을 제공하고 있다. 과학은 새롭고 향상된 주술처럼, 초자연적인 존재들에 대한 믿음을 포기하고, 다시 한 번 일반적이며 비인격적인 원리들에 호소함으로써 세상을 설명하려고 한다. 그러나 현재 시대에 이런 설명들은 더 이상 모방과 접촉에 대한 숨겨진 공감이 아니라, 물리적 인과관계의 타당한 원리들이다. 종교가 쇠퇴해 감에 따라, 과학이 필연적으로 그 위치를 차지하게 되는 것은 과학이 현재의 합리성이기 때문이며, 또한 과학이 자연의 진정한 법칙들을 알기 때문이다. 프레이저에게는 그것이 착오 없는 주술인 것이다.

분석

타일러와 프레이저 이론들을 폭넓은 관점에서 관찰할 때, 몇 가지 핵심적 주제를 분명히 볼 수 있다.

1. 과학과 인류학

방법론의 관점에서 볼 때, 타일러와 프레이저 모두가 스스로 과학적인 종교 이론가로 자부한다. 그들은 처음부터 기적 사건들에 대한 주장이나 초자연적인(supernatural) 계시에 호소하는 설명은 배제해야 한다고 주장한다. 한 가지 이들이 용납하지 않는 것은, 예를 들어 고대 히브리인들이 십계명을 준수한 이유가 십계명은 하느님이 실제로 계시해 주었기 때문이라고 주장하는 이론이다. 종교인이나 비종교인 모두가 용납할 수 있는 자연적인(natural) 설명들만을 신중하게 고려할 수 있다. 따라서 과학적인 연구는 광범위하게 사실들을 수집하는 일이 필요하고, 그 사실들에 대한 비교와 분류를 해야 하고, 그 다음에야 모든 경우를 설명하는 일반이론을 공식화할 수 있다. 이 두 사람은 모두 이 일을 새로운 과학인 민족학과 인류학을 통해서 가장 잘 해낼 수 있다고 생각했는데, 이런 학문들은 세계의 모든 문화들로부터 관습의 실례를 모음으로써, 일반 종교이론처럼 광범위한 것을 구성하는 목적에 이상적으로 적합한 것으로 보았다. 《원시문화》와 《황금가지》 모두가 대단히 부피가 큰 책으로서, 그 안에는 사례들, 실증, 병행하는 것들과 변종들로 가득 차 있는데, 그 모두가 그들이 전개하는 이론들에서 중심이 되는 폭넓은 일반화 작업을 뒷받침하기 위한 것이었다.

2. 진화와 기원

타일러와 프레이저는 모두 종교를 설명하는 데서 일차적으로 역사 이전의 기원, 즉 오래 전 과거 시대에 종교가 시작되었으며, 그 이후 오랜 세월에 걸쳐 점차로 오늘의 형태에 이르게 되었다고 설명하는 데 역점을 두고 있다. 그들은 종교를 설명하는 길은 종교가 어떻게 시작했는가를 발견하여, 그 최초의 가장 단순한 형태를 관찰하고, 그 다음에 그 시작부터 오늘에 이르는 그 진로를 추적하는 것이라고 믿었다. 더 나아가서, 그들은 대체로 말해서 비록 단 하나의 사건에서는 아니더라도, 우리가 실제로 이 기원을 **발견할 수 있는** 것이라고 확신했다.[29] 종교가 모든 역사 이전 시대의 사람들이 직면했던 환경의 추

---

29) 종교의 기원에 대한 학문적 탐구에 관해서는 최근 연구 Tomoko Masuzawa, *In Search of Dreamtime: The Quest for the Origin of Religion* (Chicago: University of Chicago Press, 1993)을 보라.

세 속에서 발생했는데, 그들이 비록 실수였기는 하지만, 그들의 지식의 한계 속에서 그들의 이성이 감당할 수 있는 최선의 방법으로 반응했던 것이라고 그들은 설명한다. 또한 과거에 생겨난 종교는 오랜 과정의 지적인 발전을 통해서 그 진리성과 효용성에 대한 주장과 더불어 그 위치가 상당히 변화했다. 타일러와 프레이저는 인간들이 스스로의 대단한 노력들을 통해서, 항상 보다 문명화된 공동사회들을 만들어내고, 자신들의 지식의 한계와 범위를 더욱 터득하여, 점차로 보다 높은 기준의 품위와 지식과 연민으로 서로를 대함으로써, 인간 스스로를 서서히 향상시켰다고 주장한다. 확실히 종교는, 인간의 정신을 한때 주술을 넘어선 단계로 이끌었다는 점에서 그 진보의 주동자로서, 이 위대한 진화의 드라마 속에서 그 역할을 했지만, 그것은 당분간이었을 뿐, 과학의 도래와 함께 그 역할은 이제 끝이 났다.

3. 주지주의와 개인주의

오늘날의 이론가들은 흔히 타일러와 프레이저를 종교에 대해 '주지주의적'(intellectualist) 접근을 주창한 이들로 언급한다.[30] 이 말은 이 두 사람이 모두 종교를 우선적으로 사람들이 세상에서 보는 것들을 설명하려고 발전시킨 믿음의 문제, 생각의 문제로 본다는 뜻이다. 종교를 우선적으로 집단의 필요, 구조, 활동에 대한 것으로 보지 않고, 도리어 타일러가 말하는 '야만인 철학자' 개인의 생각에서 비롯된

---

30) 타일러와 프레이저의 주지주의에 관해서는 나의 "Max Müller, E. B. Tylor, and the 'Intellectualists' Origins of the Science of Religion," *International Journal of Comparative Religion*, 1, no. 2 (June 1995): 69-83을 보라. 타일러의 입장을 다시 언급하려는 최근의 시도에 대한 평가는 Gillian Ross, "Neo-Tylorianism: A Reassessment," *Man*, n.s. 6, no. 1 (March 1971): 105-16을 보라.

것으로 생각하는데, 역사 이전 시대의 이 외로운 사상가는 인생의 수수께끼들을 풀려고 노력했으며, 자신의 관심과 생각을 다른 사람들에게 전해주려 했다. 종교가 공동체적이며 사회적인 것으로 바뀌게 된 것은 한 개인에게 타당하게 보였던 생각을 점차로 다른 사람들도 공유하게 되었기 때문이다. 그러므로 종교집단들은 우선적으로 같은 믿음을 함께 나누는 개인들의 집단으로 항상 간주된다.

비판

빅토리아 시대의 마지막 수십 년 동안 가장 큰 영향을 끼쳤던 타일러와 프레이저는 인류학 분야에서 많은 제자들을 얻었으며, 더욱이 그 분야 밖의 문학, 예술, 역사, 철학, 심지어 대중의 견해에 이르기까지 그들의 생각들을 매력적으로 적용하기를 즐겼던 많은 찬양자들이 있었다. 당시에 그들의 저서를 읽은 사람들은 이 두 유능한 저자를 종교나 사회에 대한 거의 모든 측면들에 대해 새로운 빛을 비춰줄 수 있는 사람들로 보았다. 그러나 막스 뮐러와 같은 몇몇 사람들은 인류학의 방법론과 지적 진화론의 원칙들이 실제로 얼마나 공헌할 수 있는가에 대해 심각한 의심을 가졌다. 시간이 흐르면서 의심의 소지가 커졌을 뿐만 아니라, 그들에 대한 비판의 통렬함도 또한 증가했다. 가장 심각한 의심들은 예상 외로, 우리가 앞에서 살펴본 주지주의의 중요한 요소들에 집중되었는데, 다음의 사항을 포함한다.

1. 인류학의 방법

타일러와 프레이저는 모두 인류학적 자료들을 이용하는 데 선구자들이었지만, 이 과제를 수행한 그들의 방법들은 시간이 가면서 큰 호응을 얻지 못했다. 특별히 전문 인류학자들은 이들 빅토리아 시대의 인류학자들이 그 본래의 사회적 맥락을 조금도 고려하지 않은 채, 서로 다른 시기와 장소의 서로 다른 사람들의 유사한 관습들로 추정한 것들을 결합시킨 방법을 상당히 비판했다.[31] 예를 들어, 이런 방법에 근거해서 프레이저는 켈트 족의 '불의 제전'과 스칸디나비아의 '불의 제전'을 연결할 수 있었으며, 게다가 그 자신의 논증에 필요하기 때문에, 켈트 족 불의 제전에서만 발견되는 관례(사람의 형상을 불 가운데 던지는 것)가 후자에서도 역시 어느 시점에 존재했음에 틀림없다고 편의상 추정했던 것이다. 또한 그는 북유럽의 불 제전이, 다이아나 여신의 제전처럼, 한여름에 행해지는 반면에, 켈트 족의 제전은 봄과 가을에만 행해진다는 사실을 묵과했다. 이렇게 부정확하게 추정한 연결성을 자세히 살펴볼 때, 각각의 제전에서 불을 사용했다는 단순한 일치 이외에 프레이저로 하여금 이런 제전들을 서로 연결시키게 한 것이 도대체 무엇인가를 우리 스스로 묻게 된다. 《원시문화》에서는 많지 않지만, 《황금가지》의 논증들 가운데는 이와 비슷한 무리한 논리들을 많이 찾아볼 수 있다.

2. 진화론

두 이론 모두에서 흔히 볼 수 있는 증거에 대한 자의적 접근방법

---

[31] 이런 비판은 현대 인류학의 여러 진영에서 대두되어, 이것이 특히 프레이저의 견해를 거의 폐기하게 된 중요한 이유다. 타일러에 대하여는 보다 더 존경심을 보인다. 그의 저서에 대한 평가와 '잔존' 학설에 대한 비판은 Burrow, *Evolution and Society*, pp. 244-45를 보라. 프레이저에 대한 특히 설득력 있는 비판에 대해서는 Edmund Leach가 위의 주 28에서 인용한 두 논문을 보라.

은, 타일러와 프레이저가 자신들의 사상의 절대 중심요소로 생각하는 지적인 진화(intellectual evolution) 학설과 관련하여 또 다른 문제들을 야기한다. 타일러는 종교적 일신론의 예를 발견하고는, 그것이 다신론보다 후대의 사고 단계를 반영한다고 추정한다. 그러나 그가 제시한 근거는 종종 그런 전후관계의 순서를 보이지 않는데, 그 증거가 성격상 대체로 "특정 시간에 제한받지 않기" 때문이다. 말하자면, 한 최고신에 대한 믿음이 사람들의 역사에서 초기에 혹은 나중 세기에 발전되었는지, 아니면 그 중간 어느 때였는지를 분간하기가 불가능하다. 예를 들어, 순전히 주술적 관습에 관한 보고를 대했을 때, 프레이저는 당연히 이것이 역사적으로 종교시대 이전 시기에 정착된 것으로 추정한다. 그러나 어떻게 그가 이것을 아는가? 증거는 보통 그에게 이것을 말해줄 수 없다. 우리가 본 것처럼 대개의 경우 그가 든 사례들은 주술과 종교가 함께 존재했음을 보여주는데, 마치 주술과 종교 모두가 반은 주술적이고 동시에 반은 종교적이었던 하나의 긴 역사의 기간 속에서 생겨난 것과 같다. 당시에 다른 학자들, 특히 주목할 만한 비판가였던 앤드류 랑(Andrew Lang)과 빌헬름 슈미트(Wilhelm Schmidt) 등이 종교의 "한층 높은 수준" 형태로 간주된 일신론이 인류 역사의 후대보다는 오히려 초기에, 즉 후대의 경작하며 가축을 기르던 발전된 공동체보다는 오히려 사냥하며 식량을 채집하던 사람들의 단순한 문화에서 더 보편적이었다는 난처한 사실을 지적했을 때, 타일러와 프레이저가 답변하기 어려웠던 것은 놀라운 일이 아니다.

3. 개인과 사회

마지막으로, 우리가 다음 장에서 보겠지만, 타일러와 프레이저가 승인한 주지주의적 개인주의에 대하여 강한 불신이 제시되고 있다. 종교행위가 오로지 지적인 동기들, 즉 고독한 사상가들이 인생의 큰 수수께끼들과 신비들에 대한 설명을 추구했던 지적인 동기들에서 비롯되었다는 것이 사실인가? 종교의 사회적이며 제의적 요소들은 순전히 이차적이어서, 보다 근본적이라고 생각되는 지적인 요인에 항상 좌우되었다는 것이 정말 사실인가? 더구나, 만일 종교의 기원이 역사적인 기록을 남기기 훨씬 이전의 시대와 사람들 속에서 비롯되었으며, 또한 전설과 풍속들로부터 창조적으로 재구성되어야 한다면, 우리가 어떻게 이런 추측들을 증명할 수 있을 것인가? 그것은 증명도 부정도 할 수 없는 정도로 지나친 추정과 관련된다. 이 문제가 나중에 다룰 이론가 에반스-프리차드로 하여금, 타일러와 프레이저가 제시한 대부분의 설명들이 "단지 그런 이야기들," 즉 그런 일이 일어났을 것이라는 상상적 재구성일 뿐이라고 지적하게 했다.[32]

이런 비판들이 있기는 하지만, 역사적으로 보아 타일러와 프레이저의 주지주의 이론이 매우 중요하다는 것은 의심의 여지가 없다. 나중에 보겠지만, 이들의 연구는 그 당시나 우리 시대의 대부분 이론가들에게 여러 가지 면에서 출발점이 되었다. 그들의 정령숭배 이론과 주술 이론은 다른 경쟁적 사상가들로 하여금 거부하거나 지지하거나 혹은 수정할 수는 있어도, 결코 무시할 수 없는 이론적 위치를 차지하게 되었다.

---

32) E. E. Evans-Pritchard, *Theories of Primitive Religion* (Oxford, England: Clarendon Press, 1965), p. 25.

보다 자세한 연구를 위한 추천 도서들

Ackerman, Robert. *J. G. Frazer: His Life and Work*. Cambridge, England: Cambridge University Press, 1987. 명확히 기술된 프레이저의 전기.

Ackerman, Robert. *The Myth and Ritual School: J. G. Frazer and the Cambridge Ritualists*. London: Routledge, 2002. 프레이저와 Cambridge University의 유명하고 영향력 있는 고전학자들과의 관련을 조사한다.

Burrow, J. W. *Evolution and Society*. Cambridge, England: Cambridge University Press, 1970. 사회와 종교에서의 진화적 성장 양상을 주장한 에드워드 타일러와 다른 초기 빅토리아 시대의 인류학 사상가들에 대한 면밀한 연구.

Clark, Brian R. *Wittgenstein, Frazer and Religion*. Houndmills, Basinstoke, Hampshire, England: Palgrave Macmillan, 1999. 20세기의 가장 중요한 철학자 중 한 명에게 《황금가지》가 미친 영향을 살펴본 책.

Doroson, Richard M. *The British Folklorists: A History*. Chicago: University of Chicago Press, 1968. 지금까지 이들의 저술이 타일러와 프레이저의 연구의 배경을 제공했고, 현대 과학적 인류학의 기초를 마련하는 데 도움이 된 박학한 아마추어 집단에 대한 최고의 연구.

Frazer, Robert. *The Making of the Golden Bough: The Origins and Growth of an Argument*. New York: St. Martin's Press, 1990. 1890년 The Golden Bough 초판의 백주년에 출판한 이 연구는 이 책에 실린 내용이 구성되기까지의 아이디어와 영향은 물론 이 책이 저술될 때까지 긴 기간 동안에 일어난 변화를 검토하고 있다.

Frazer, Robert, ed. *Sir James Frazer and the Literary Imagination: Essays in Affinity and Influence*. New York: St. Martin's Press, 1990. 《황금가지》 백주년에 출판된 논문집으로, 현대 문학과 그밖에

지적 삶의 영역에 미친 광범위한 프레이저의 영향을 탐구한다.

Frazer, James George. *Folklore in the Old Testament: Studies in Comparative Religion, Legend, and Law*. 3 vols. London: The Macmillan Company, 1918. (이양구 역, 《문명과 야만》 I, II, III, 강천, 1996).

Frazer, James George. *The Golden Bough: A Study in Magic and Religion*. 3rd edition. 12 vols. London: the Macmillan Company, 1911-1915. (이용대 역, 《황금가지》, 한겨레출판사, 2011).

Frazer, James George. *Totemism and Exogamy: A Treatise on Certain Early Forms of Superstition and Society*. 4 vols. London: The Macmillan Company, 1910.

Horton, Robin. *Patterns of Thought of Africa and the West: Essays on Magic, Religion, and Science*. Cambridge, England: Cambridge University Press, 1993. 가장 잘 알려진 최근의 네오-타일러 이론가의 탁월한 논문집.

Hyman, Stanley Edgar. *The Tangled Bank: Darwin, Marx, Frazer & Freud as Imaginative Writers*. New York: Athenaeum, 1974. 과학보다는 문학에 공헌한 《황금가지》를 연구한 흥미로운 책.

Lang, Andrew. "Edward Burnett Tylor," In *Anthropological Essays Presented to Edward Burnett Tylor*, edited by Andrew Lang. Oxford, England: Clarendon Press, 1907, pp. 1-15. 타일러의 동시대인으로서 타일러의 생애와 저술을 간략하게 평가하고 종교를 설명하는 문제에 대해 자신도 광범위하게 저술한 탁월한 책.

Leach, Edmund. "Golden Bough or Gilded Twig," *Daedalus* 90 (1961): 371-99. 현대 영국의 주도적인 인류학자가 쓴 통렬한 프레이저 비판.

Marrett, R. R. *Tylor*. London: Chapman and Hall, 1936. 지금은 오래된 것이지만, 타일러에 관한 유일한 전기. 마레트는 타일러의 제자로서, 그 자신도 중요한 종교 이론가이다.

Stocking, George W., Jr. *Victorian Anthropology.* New York: Free Press, 1987. 영국의 초기 인류학자들 자신들의 19세기 사회적, 지적인 상황에서 본 명민하고 상세한 연구.

Tylor, E. B. *Anahuac: Or Mexico and the Mexicans, Ancient and Modern.* London: Longman, Green, Longman, and Roberts, 1861.

Tylor, E. B. *Anthropology: An Introduction to the Study of Man and Civilization.* New York: D. Appleton and Company, [1881] 1898.

Tylor, E. B. *Primitive Culture: Researches into the Development of Mythology, Philosophy, Religion, Language, Art, and Custom.* 4th ed., rev. 2 vols. London: John Murray, [1871] 1903.

Tylor, E. B. *Researches into the Early History of Mankind and the Development of Civilization.* 3rd ed., rev. New York: Henry Holt & company, [1865] n.d.

Vickery, John B. *The Literary Impact of The Golden Bough.* Princeton: Princeton University Press, 1973. T. S. Eliot과 James Joyce를 포함한 20세기 초의 많은 위대한 작가들에게 미친 프레이저 책의 광범하고 심원한 영향에 대한 연구.

2장

종교와 인격

지그문트 프로이트

종교는 이처럼 인류의 보편적인 강박신경증이다.

- 프로이트, 《환상의 미래》 [1]

오스트리아 비엔나 출신의 심리학자 지그문트 프로이트(Sigmund Freud, 1856-1939)보다 더 심한 논쟁을 불러일으킨 현대 사상가는 거의 없었다. 그는 20세기 초에 인간의 인격에 대한 놀라운 새로운 분석을 통해 의학계뿐 아니라 사회 전체에 충격을 주었다. 오늘날까지도 '프로이트'란 이름은 두 가지를 연상시키는데, 그것은 심리치료와 성(sex)이다. 이런 인상이 부정확한 것은 아니지만, 그렇다고 과장된 것도 아니다. 프로이트는 매우 비범한 사람으로서, 끝없는 호기심과 큰 야심을 지니고 대단히 폭넓은 영역에 지적인 관심을 보였다. 그의 본래 전문 분야는 의학으로서, 특히 두뇌 연구였다. 그러나 그가 이 특수 분야의 연구를 계속할수록, 그의 연구는 새로운 다른 방향으로 접

---

[1] *The Future of an Illusion* in *The Standard Edition of the Complete Psychological Works of Sigmund Freud*, ed. James Strachey with Anna Freud (London: Hogarth Press, 1961), 21:43.

어들게 되었다. 그의 신경학 연구는 곧 정신병과 정신의 다른 난제들에 대한 보다 전반적 관심으로 확대되었다. 그래서 얼마 안 되어, 인간 인격에 대한 도전적인 새 이론을 주장했다. 이를 발판으로 삼아 그는 대담하게 전진하여, 꿈, 농담, 사적인 버릇 등 표면상 사소한 것에서부터 시작해서, 대인관계를 좌우하고 사회적 관습을 형성하는 깊고 복잡한 감정에 이르기까지, 인간 삶의 거의 모든 측면에서 심리학적 차원을 탐색했다. 그는 어느 방향으로 향하던 간에, 여전히 자신의 아이디어를 적용할 수 있을 것으로 보았다. 심리학적 측면이 가족과 사회생활의 본질에 대한 질문들을 해명하고, 또한 신화, 민속, 역사를 설명하는 단서를 주며, 연극, 문학, 예술에 대한 새로운 해석들을 제시했다. 프로이트와 그 문하생들에게는 마치 그가 해석의 황금열쇠를 찾아낸 것 같았다. 심리분석은, 개인의 스트레스로부터 문명사회를 이끌고 구체화하는 큰 힘들에 이르기까지, 인간의 생각과 행동의 가장 깊은 동기를 볼 수 있는 문을 열어주었다. 한 개인의 고민에 빠진 가장 작은 비밀을 파헤칠 뿐 아니라, 동시에 인간 역사상 위대한 시도, 즉 사회, 윤리, 철학, 그리고 종교 등에 새로운 관점을 제공한다.

배경: 프로이트의 생애와 업적

프로이트는 1856년에, 당시 중앙 유럽에서 확장되고 있었던 오스트리아-헝가리 제국에 속한 모라비아에서 태어났다.[2] 그의 가족은 유

---

2) 그의 최초 문하생 써클에 속했던 영국인이 쓴 옛 권위 있는 프로이트 전기는 Ernest Jones, *The Life and Work of Sigmund Freud*, 3 vols. (New York: Basic Books, 1953-1957)이다. 권위 있는 최근의 전기는 Peter Gay, *Freud: A Life for Our Times* (New York: W. W. Norton, 1988)이다. 또한 여러 주제별로 그의 전기를 짧게 다룬 연구들은 매우 많다.

대인으로서, 홀아비가 된 상인 아버지가 재혼한 때는 그의 두 아들이 이미 성장한 다음이었다. 프로이트는 아버지보다 훨씬 젊은 두 번째 부인에게서 첫 아이로 태어나 복잡한 확대가족 사이에서 자라났다. 어린 시절에 그의 놀이친구는 조카와 조카딸 폴린이었는데, 그는 폴린을 못살게 괴롭히면서도 한편으로는 마음이 끌리기도 했다. 후에 그는 자신의 어린 시절을 회상하면서, 이 경험이 반대 감정 병존(ambivalence), 즉 분열된 감정 상태의 증거라고 했는데, 이것이 그의 저서에서 특히 종교를 논할 때 핵심 주제로 나타난다. 그는 인간이 같은 물체나 사람에 대해 흔히 사랑과 공격의 두 상반된 감정에 의해 행동한다고 믿었다.

소년기에 프로이트는 가족과 함께 제국의 수도 비엔나로 이사해서 그 도시에서 거의 평생을 살았다. 유대인으로서 그는 이 압도적으로 가톨릭 신자들이 많은 도시에 대해 진정한 애착을 갖기가 어렵다고 생각했지만, 그의 가족은 그 도시에서 안락하게 지내게 되었다. 프로이트는 사실상 거의 평생을 그곳에 살면서 자녀들을 성인이 되기까지 거기서 키웠고 그가 죽기 직전에야 그곳을 떠났는데, 나치가 오스트리아를 점령하려 하자 영국으로 피난을 가야 했기 때문이다. 그의 부모는 유대인 정체성을 의식해서 유월절을 지키고 자녀들을 회당에 보내 가르쳤지만, 다른 면에서는 종교적으로 무관심했다. 그들은 유대교의 음식 금기를 지키지 않았고, 크리스마스와 같은 그리스도교 축제를 따랐다.

고등학교에서 프로이트는 뛰어난 학생으로 그리스어, 라틴어, 히브리어 과목 등을 택했고, 자기 반에서 1등으로 졸업했다. 그의 모국어인 독일어와 더불어 프랑스어와 영어에도 능통했고, 스페인어와 이탈리아어를 독학으로 배웠다. 1873년 열일곱 살 때, 그는 비엔나대학교 의과대학생이 되어 해부학과 생리학 연구를 시작했다. 1881년, 의학박사로 졸업한 후 비엔나 종합병원에서 일하면서 뇌 연구를 계속했다. 몇 년 후에 마르타 베르나이스와 결혼했는데, 그녀는 주부로서 여섯 아이의 어머니로서, 그의 긴 결혼생활의 반려자였다.

 의사 생활 초기에 프로이트는 요제프 브로이어(Josef Breuer)를 만나게 되었는데, 그는 정신병에 대해 신중한 사례연구를 한 사람으로서 곧 가까운 친구가 되었다. 더구나 1885년에는 파리를 방문하여 유명한 프랑스 의사인 장-마르땡 샤르꼬(Jean-Martin Charcot)와 함께 신경성 장애에 대해 연구했다. 이 방문이 전환점이 되어, 그는 뇌에 대한 순전히 생리학적 연구보다 정신에 대한 심리학적 연구에 대해 영구적인 관심을 갖게 되었다. 비엔나로 돌아와서 정신병 환자를 다루면서 연구를 계속했고, 친구 브로이어와 함께 쓴 첫 번째 책 《히스테리 연구》(*Studies on Hysteria*, 1895)를 출판했다. 이 연구에서 두 저자는 **억압**(repression)의 과정을 기술했는데, 억압이란 인생에서 어려움을 겪은 사람들이 자신들의 고통스런 경험을 잊도록 스스로를 강요하는 것처럼 보이는 것으로서, 그의 나중 연구에 중요한 초점이 되었다. 프로이트는 신경증을 치료하는 데 성공한 것도 보고했는데, 이것은 그 환자들의 비합리적인 행위를 최면술을 이용하거나 단순히 그들로 하여금 자신들의 병에 대해 토론하게 함으로써 치료한 것이다. 특별히 그가 "안나 오"라고 부른 환자의 경우, 단어 연상을 통해 문제의 원인이 된 사건으로 되돌아감으로써 그녀의 히스테리를 치료하는 데 성공했다고 주장했다. 이런 대화 방법의 사용이 중요한 단계였다. 이것으로부터 프로이트는 자신의 모든 연구의 중심으로 삼았던 인간 정신의 연구와 치료방법을 개발하게 되었고, 이것을 '정신분석학'(psycho-analysis)이라고 불렀다.

프로이트가 계획했던 것처럼, 정신분석의 임상진료는 주로 환자에게서 이야기를 듣는 것으로 이루어졌는데, 규칙적으로 만나 논리적인 순서나 이야기의 줄거리 없이, 어떻게 해서 떠올랐건, 마음에 떠오르는 어떤 이야기든 편하게 이야기하도록 격려하는 것이었다. 환자는 단순히 생각들과 기억들을 '자유 연상'(free association)에 의해 말하면 되는 것이다. 그의 시대에도, 우리 시대에도 많은 사람에게 이런 기법은 훌륭한 의사들의 시간낭비처럼 보일 것이다. 그러나 프로이트는 다르게 생각했는데, 정신분석적 대화를 통해 환자들의 인격 가장 깊이 숨겨진 곳에 이르는 의외의 길을 발견했다. 그는 또한 자신을 분석하기 시작해서, 자신이 꿈꿀 때 떠오른 것을 특별히 기록해 놓았고, 자기 환자들에게도 똑같이 하기를 요청했다. 이런 방법으로 5년 이상 환자들을 치료하고 연구하면서 프로이트가 듣고, 읽고, 숙고한 후에 내린 결론을 《꿈의 해석》(*The Interpretation of Dreams*, 1900)이라는 책으로 냈다. 이 획기적인 책이 20세기가 시작되면서 출판되어, 현대 사상에서 위대한 "프로이트의 혁명"을 시작하도록 만들었다. 무엇보다도 이 책은 프로이트의 '무의식'(the unconscious)이라는 특별한 개념을 처음으로 개괄적으로 제시했는데, 우리는 곧 이 개념을 보다 자세하게 살펴볼 것이다.

기존 의학계에서 심한 비판을 받기는 했지만, 그럼에도 불구하고 프로이트의 이 저서는 관심을 가진 추종자들을 끌어들여 작은 집단을 만들었다. 1902년에 그는 이런 첫 동료들과 제자들과 함께 전문 조직을 만들었는데, 이것이 후에 "비엔나 정신분석학회"가 되었다. 이 집단에 속했거나 그 회원과 연관된 사람들 가운데 프로이트와 더불어 유명해진 이들이 있는데, 오토 랑크(Otto Rank), 카를 아브라함(Karl Abraham), 알프레드 아들러(Alfred Adler), 카를 융(Karl Jung), 에르네스트 존스(Ernest Jones) 등이다. 몇몇 전문잡지도 나왔으며, 심리분석은 창의적인 생각들로 이루어진 하나의 연구방법에서 점차 새로운 학문적 연구의 획기적인 돌파구로 바뀌었다.

이 기간 동안과 제1차 세계대전의 어려움을 거치는 동안에 프로이트는 심리분석 이론에서 새로운 모험적 시도들을 계속 발표했다. 그는 20세기가 시작된 직후 몇 년 동안 매우 많은 논문들을 발표했으며, 정신분석 개념과 관련된 보다 폭넓은 의미를 탐구하여 《일상생활의 정신병리학》(*The Psychopathology of Everyday Life*, 1901)과 《성욕에 관한 세 편의 에세이》(*Three Essays on the Theory of Sexuality*, 1904) 같은 책을 출판했다. 전쟁 이전 십 년 동안에 발표한 많은 논문들 중에는, 종교와 신경증에 관한 논문과 원시종교에 대한 논문도 포함되어 있다.3) 이런 노력들이 나중에 《토템과 터부》(*Totem and Taboo*, 1913)로 출판되었다. 그 후 유럽 다른 지역에서 전쟁이 격렬하게 진행되는 동안 그는 무의식, 인간의 기본 충동과 억압이라는 주제의 논문들을 썼고, 《정신분석 강의》(*Introductory Lectures on Psychoanalysis*, 1916-1917)를 완성했다. 평화가 오자, 그는 사람들의 주의를 끌려는 노력을 계속하면서 새로운 책을 썼는데, 그 중에는 《쾌락 원리의 저편》(*Beyond the Pleasure Principle*, 1920), 《에고와 이드》(*The Ego and the Id*, 1923), 《정신 분석의 문제》(*The Question on Lay Analysis*, 1926) 등이 있다. 그런 중에도 환자를 계속 보고, 가까운 동료들과 서신을 나누고, 학회를 주선하고, 그 분야의 새로운 연구를 출판하는 두 개의 전문잡지를 지원하는 등, 정력적으로 정신분석학 연구 분야를 키워나갔다.

---

3) "Obsessive Actions and Religious Practices," in *Standard Edition*, 9: 116-27.

그의 생애 마지막 20년간 프로이트는 그 특유의 정신분석 연구 외에 몇몇 논쟁적인 저서를 출판했는데, 사회, 과학, 종교에 관련된 일반 주제에 관한 것이다. 그 중에는 《환상의 미래》(*The Future of an Illusion*, 1927)와 《모세와 유일신교》(*Moses and Monotheism*, 1938)가 포함되어 있다. 이 두 책은 먼저 쓴 《토템과 터부》와 더불어, 종교에 관한 그의 주요 견해를 밝힌 것이다.

프로이트의 이론: 정신분석과 무의식

우리가 프로이트를 가장 잘 이해하는 길은 《꿈의 해석》(1900)에서 보고하는 그 자신의 발견에서부터 시작하는 것이다.[4] 이 중요한 책에서, 그는 사람의 꿈이 언제나 호기심을 일으켜서, 신화, 문학, 민속, 주술 등에서 널리 묘사되었다는 사실을 관찰하는 것으로 시작한다. 우리가 본대로 타일러는, 꿈의 경험이 원시인들로 하여금 혼을 믿게 했다고 생각했다. 프로이트는 이런 주장을 받아들이면서 자신은 그 이상의 것을 말할 수 있다고 분명히 밝힌다. 그는 꿈이 단순한 호기심을 넘어, 심지어 혼에 관한 이론들이 우리로 하여금 짐작하게 만드는 것 이상으로 중요하다고 주장한다. 특히 꿈은 인간 정신의 활동이 일상생활의 표면에 나타나는 것보다 얼마나 더 큰가를 보여준다. 프로이트는 모든 사람이 매일의 의식적 생각을 적어도 일정 부분 파악하고 있다고 말한다. 우리가 친구에게 말을 한다든가, 돈을 지불하고, 게임을 하거나 책을 읽을 때, 우리는 우리의 정신을 이용할 뿐 아

---

[4] 이 책의 대부분은 자기-분석, 특히 프로이트 자신의 꿈의 경험을 해석한 것에 기초하고 있다. Gerald Levin, *Sigmund Freud* (Boston: Twayne Publishers, 1975), p. 28를 보라.

니라 우리가 그런 일을 하고 있다는 것을 알고 있다. 더 나아가, 우리 모두가 우리의 표면적인 의식 아래에는 다른 생각과 개념들이 자리잡고 있다는 것을 아는데, 이것은 '전의식'(pre-conscious)이라고 표현하는 것이 가장 좋을 듯하다. 이런 것들은 추억이라든가 지식 또는 의도들로서, 그 순간에는 의식하지 않지만 누가 물어보면 쉽게 기억할 수 있는 것으로서, 부모의 연세, 어제 저녁식사 메뉴가 무엇이었는지, 주말에 가려고 하는 곳이 어디인가 하는 것들이다. 특정한 순간에는 이런 것들을 의식하지 않지만, 필요할 때면 정신이 쉽게 생각해낸다. 그러나 꿈의 경험들에서는, 정신활동의 의식 혹은 전의식의 수준과는 전혀 다른 것을 발견하게 된다고 프로이트는 주장한다. 즉 우리는 심오하고 숨겨져 있는, 거대하며 이상하게도 강력한 정신의 다른 층, 다른 부분에 이르게 되는데 이것이 무의식의 영역이다. 빙산의 아랫부분처럼, 자아의 이런 깊은 영역은 비록 인식되지 않는 것이지만, 엄청나게 중요하다. 첫째로, 이것이 우리의 가장 기본적인 육체적 욕구, 음식에 대한 욕망과 성적인 행동에 대한 욕망의 원천이다. 둘째로, 이런 욕구들과 함께 묶여져 있는 것이 생각, 인상, 감정들의 매우 비일상적인 집합물인데, 이것은 사람이 태어난 첫 날부터 가장 최근의 순간까지 경험했거나 행했거나 하기를 원했던 모든 것에 연결된 생각과 인상과 감정들의 비일상적인 집합물이다. 만일 우리가 이 무의식의 영역을 하나의 이미지로 생각해 본다면, 이것은 정신의 신비한 지하실, 즉 위 층의 삶에 필요한 컴컴한 창고라고 부를 수 있겠는데, 이 창고 속에는 과거 경험들의 이미지, 인상, 기억의 흔적들이 뒤섞인, 반쯤 형성된 충동들의 뒤범벅으로 가득 차 있다. 상층의 의식적 정신은 이런 것들을 인식하지 못하지만, 이것들은 존재하며, 우리가 생각하고 행동하는 모든 것에 강력한 간접적 영향을 미친다.

프로이트가 처음으로 이것에 대해 썼을 때, 물론 무의식의 정신에 대한 그의 개념이 전혀 새로운 것이 아님을 인정했다. 한 때 그는 "내가 어디를 가든, 시인이 나보다 먼저 그곳에 있었음을 발견한다."고 말했다. 옛날부터 철학자들도 그처럼 숨겨진 정신의 차원을 주장했지만, 그들의 기록은 직관적인 것이지, 과학적인 것이 아니었다. 그들은 자아 속에 깊이 존재하는 어떤 신비한 것을 인식하고 또한 그 힘을 느꼈지만, 왜 그런 것이 존재하고 어떻게 작용하는가를 설명할 길이 없었다. 그는 분석심리학은 매우 다르다고 생각했다. 그것은 이 숨겨진 영역의 내용을 찾고 또한 그것이 무슨 목적에 이바지하는가를 설명하는 합리적 방법을 갖추고 있기 때문이었다. 예를 들어, 기본 생리적 욕구는 무의식 안에 있는데, 무의식 이외에 다른 곳에 있을 수 없는 것이, 생리적 욕구는 본래 의식이 없기 때문이라고 주장했다. 한편 이미지와 감정은 위에 있는 의식적 정신으로부터 무의식 속으로 가라앉는다. 이것들은 두 가지 상태로 무의식 속으로 들어온다고 이해할 수 있다. 즉 과거 경험의 희미한 사본처럼 표류해 들어오든가, 아니면 실제로 매우 특별하고 비일상적 이유들 때문에 강제로 내려가게 되는 것이다. 두 번째의 경우, 처음에 의식적 생각과 행동의 차원에서 생긴 사건들의 복잡한 결과 때문에 아래로 내려가 숨은 것이다. 프로이트는 그런 이미지들과 감정이 억압에 의해 강제로 무의식 속으로 내려가게 되었다고 주장했는데, 이렇게 주장할 수 있었던 것은 그가 브로이어와 함께 환자들과 깊은 대화를 나누는 가운데서 확인할 수 있었기 때문이다.5) 그런 환자들은 대부분이 공통적인 특성을 지녔는데,

---

5) 프로이트의 억압의 개념에 관해서는 많은 저술이 있다. 이 개념에 대한 간략한 좋은 해설과 프로이트의 사상에서의 그 위치는 Philip Rieff, *Freud: The Mind of The Moralist*, 3rd ed. (Chicago: University of Chicago Press, 1979), pp. 37-44, 314-20에서 볼 수 있다.

그들의 삶 속에서 예전에 있었던 사건이나 상황이 너무나 강한 감정의 반응을 일으킴으로써 공개적으로 표현할 수 없게 되었고, 그 때문에 그 감정이 억압되어 무의식으로 밀려 내려가 정신의 시야에서 사라진 것이다. 표면상으로 억압된 사건은 잊혀진 사건이지만, 사실은 사라진 것이 아니다. 그것은 무의식적으로 마음속에 남아 있으며, 오로지 매우 곤혹스런 방법으로 튕겨져 나오게 된다. 즉 억압된 생각과 감정은 합리적인 사람이라면 하지 않을 행태들로 나타나는데, 무의미한 활동, 사실무근의 공포, 분별없는 애착, 강박적인 개인적 습관, 그밖에 프로이트가 '신경증'이라 표현한 이상한 행동들이 그것이다. 이런 신경증에 걸린 사람은 약으로 치료할 수 없고, 정신분석으로 도움을 받을 수 있다고 프로이트는 주장했다. 즉 숙련된 치료기술 전문가는 억압된 생각을 의식 속으로 끌어올려 그 신경증적 감정을 온전히 해소시키고, 이 과정을 통해 행위를 의식의 수준으로 끌어올려 통제할 수 있다는 것을 프로이트는 관찰했던 것이다.

억압과 무의식과 같은 중심적인 개념을 처음 구상할 때는, 일찍이 프로이트가 심한 인격장애(personality disorders)를 앓고 있는 신경증 환자들을 대했던 것에 크게 의존했다. 그러나 누구나 다 경험하는 꿈에서 그가 끌어낸 증거는 그에게 모든 인간 활동(정상이거나 비정상이거나 간에)이 무의식에 의해서 강력하게 영향 받고 있다는 것을 보여주었다. 꿈들은 모든 사람이 다소간 정도의 차이는 있지만 신경증 환자들임을 시사했다. 프로이트는 꿈을 '소원 성취'(wish fulfillment)라고 표현했다. 꿈은 육체의 요구들 속에 뿌리박고 있는 어떤 강력한 욕구들(성적인 접촉에 대한 갈망처럼)을 느낀다는 사실 때문에 생겨나는 마음의 상태이다. 이런 욕구들은 본래 시간의 감각이 없으며 즉각적으로 만족하기를 원한다. 우리가 느끼는 바로 그대로 이 욕구들을 들어주고 싶어도, 정상적인 생활의 현실은 이를 불가능하게 만든다. 깨어 있는 시간의 대부분은 의식적인 정신이 통제하여, 이런 욕구들은 억압되고 무의식 속으로 내려간다. 그러나 이런 충동들과 감정들은 너무나 강력해서 우리가 잠이 들어 의식이 희미해지자마자 꿈의 형태로 '누출되기' 시작하는데, 이것은 정신 이상자의 억압 감정이 기이한 정신 이상의 행동으로 나타나는 것과 같다. 그렇다면 정신분석가에게 꿈의 해석은, 정신 질환자와의 면접에서 달성하는 목적과 비슷한 것으로서, 둘 다 무의식의 비밀회랑(回廊)에 이르는 통로를 제공해 준다.

이것에서 끝나지 않고, 프로이트는 우리가 심지어 깨어 있으면서 하는 많은 행위들도 무의식의 숨은 힘에 의해 지배된다고 믿게 되었다. 후에 출판된 《일상생활의 정신병리학》(1901)과 《농담과 무의식의 관계》(*Wit and Its Relation to the Unconscious*, 1905) 등에서 그는 농담이라든가, 본심을 드러낸 실언('프로이트적 실언'이라고 잘 알려진 것), 방심, 기억 착오, 생각 없이 낙서하는 일, 심지어는 몸의 괴상한 버릇과 몸짓 같은 일상의 사건들 모두가 무의식에서 비롯한다는 것을 보여주려고 했다. 그는 더 범위를 넓혀 위대한 예술인, 연극인, 저자들의 성취에서 찾아볼 수 있는 무의식의 힘을 지적했다. 정신분석의 관점에서 보아 레오나르도 다 빈치, 미켈란젤로, 도스토예프스키, 소포클레스, 셰익스피어의 작품들 모두가 무의식으로부터 솟아오른 힘들에 의해 구현된 것으로 볼 수 있다.[6]

그러기에 프로이트에 의하면, 신화나 민속에서 발견되는 친숙한 이야기들이나, 미술, 문학, 종교에서 되풀이되는 주제들이 사람의 꿈

---

6) 프로이트의 연구 *Leonard da Vinci and a Memory of His Childhood* (1910)와 그의 글 "The Moses of Michelangelo"(1914)와 "Dostoyevsky and Parricide" (1928)은 미술과 문학 역사가들을 계속 매혹시키고 있다.

에 계속 나타나는 주제들과 이미지들과 매우 비슷하다는 것은 우연한 일이 아니다. 그 모두가 무의식이라는 숨은 힘의 비밀을 증언한다.

인격의 갈등

그의 저서에서, 프로이트는 너무도 많은 상이한 것들을 무의식에서 비롯되는 것으로 규명함으로써, 그 생각이 불균형한 극단으로 치우치지 않았는가에 대해 의문을 갖게 한다. 그러나 그는 그렇지 않다고 주장하는데, 그의 견해로는, 무의식이 사고의 중심이다. 왜냐하면 사람에게서 무의식이 육체적인 것과 정신적인 것 사이에 중추적 연결을 해주기 때문이다. 결국 인류에게 순수한 영이란 없다. 모든 인격은 어떤 기본 생물학적 본능, 즉 충동에 의해 움직이는 육체 안에 근거했음에 틀림없다. 배고픔이 본능이듯이 성적 욕구도 본능으로서, 이런 육체적 충동들이 자신과 인류, 인간 개인과 종족을 보존한다. 이 둘이 모두 '쾌락 원리'(pleasure principle)에서 작용한다. 우리는 필요를 느끼고 그것이 만족되면 쾌락을 느낀다. 우리는 쾌락을 추구하며, 쾌락을 제공하지 못하는 것을 회피하는 것은 육체적 존재로서의 우리 본성의 한 요소다.

그렇다면 육체의 충동들 자체는 단순한 것으로, 쾌락의 본능을 말한다. 그러나 부담과 긴장이 생기는데, 이런 충동들은 서로가 다른 종류이기 때문이다. 즉 이런 충동들이 서로 충돌하거나, 외부 세상을 구성하는 일련의 일정불변한 사실들에 직면하게 되면 항상 갈등을 일으킬 수 있고 또한 일으킨다. 배고플 때 사과를 보면 나는 사과를 먹음으로써 쾌락 원리를 충족시킨다. 그러나 역시 배가 고픈 다른 사람이 그 사과를 들고 있으면 나는 갈등에 직면한다. 그 상황의 사실이 나로 하여금 내 욕구를 억압하게 한다. 사과 전부를 손해 볼 위험성이 너무 크므로, 나는 할 수 없이 사과를 나누어 먹는 데 동의해야 한다. 현실이나 다른 욕구들의 주장에 직면해서, 어떤 경우에 어떤 욕구를 억압해야 하는 사실을 피할 수 없다. 이 억압이 무의식을 조장한다.

프로이트는 바로 무엇이 가장 기본적인 인간의 충동인가를 결정하고, 그 충동들이 어떻게 작용하는가를 설명하기 위해 오랫동안 무척 고심했다. 처음에 그는 배고픔과 같은 '에고 본능'(ego instinct)과 성욕과 같은 **리비도**(libido, 라틴어로 '욕망')만이 있다고 생각했다. 후에는 이 둘을 **에로스**(eros, 그리스어로 '사랑')라 부르는 한 충동의 형태들이라고 했고, 그 반대 충동인 공격성을 다른 충동으로 제시했다. 그 후에도 그는 공격성의 개념을 버리지 않은 채 에로스가 삶을 계속하려는 충동이고, **타나토스**(thanatos, 그리스어로 '죽음')는 삶을 끝내려는 충동이라고 확정했다.

무엇이라 부르건, 충동들에 관한 근본적 사실은 갈등으로서, 갈등은 충동들 자체 내에서의 투쟁이며, 또한 충동과 바깥세상 사이에서 생겨나는 투쟁이다. 이처럼 자아의 중심에서 벌어지는 경쟁을 피할 수 없다는 생각은 프로이트로 하여금 그의 모든 개념 가운데 아마도 가장 잘 알려진 것으로 이끌었는데, 그는 인간 인격을 셋으로 나누어 '에고'(ego, 라틴어로 '나'), '수퍼에고'(superego, 라틴어로 '초자아')와 '이드'(id, 라틴어로 '그것')로 보았다.[7] 여기서 '이드'는 세 요소 가운데 가장 최초이며 가장 기본적인 것이다. '이드'는 인간 진화의 초기 동물단계에 정착된 것으로서, 무의식 상태이며 스스로를 인식하지 못하는 것인데, 여기에서 자연본성 그대로의 육체적 충동이, 먹으려는, 죽이려

---

[7] 프로이트는 이 공식을 1923년 *The Ego and the Id*에서 처음 제시했다.

는, 또는 성에 관계하려는 소원으로서, 정신적 표현의 형태가 된다. 다른 극단에는, 말하자면 인격의 최고점에 '수퍼에고'가 있다. '수퍼에고'는 태어나는 순간부터 외부 세상에 의해 인격에 강요되기 시작한 영향들의 집합체를 말한다. 이런 것들은 사회의 태도와 기대로서, 처음에는 가정에 의해, 다음에는 보다 큰 집단, 즉 부족, 도시, 국가에 의해 그 틀이 잡힌 것이다. 끝으로, 사회의 요구들과 육체의 욕망들 사이에 매달려 있는 자아의 세 번째 요소인 '에고,' 즉 '현실 원리'(reality principle)가 있다. 에고는 사람의 '선택하는 중심'(choosing center)이라고 보는 것이 가장 좋을 것이다. '에고'의 어려운 과제는 자신 안에서 계속해서 균형 잡힌 행위를 수행하는 것이다. 즉 한편으로는 '이드'의 욕망들을 만족시키고, 다른 한편으로는 물질세계의 엄연한 사실(불이 탄다는 사실처럼), 또는 '수퍼에고'에 의해 강요된 사회적 제재들과 그것이 충돌할 때면 언제나, 그 욕망들을 억제하거나 거부할 수 있어야만 한다.

이미 여러 사람들이 지적한 것처럼, 정신에 대한 이런 스케치는 그리스 철학자 플라톤이 자아를 설명하면서, 고집센 말들을 이성과 열정으로 통제하려고 애쓰는 마부에 비유했던 것과 매우 비슷하다. 프로이트 역시 인격을, 서로 투쟁하는 강력한 세력들을 균형 잡으려고 계속 분투하는 모습이라 했다. 육체의 충동이 있고, 또한 움직일 수 없는 외적인 세계가 있으며, 사회가 요구하는 부담이 있어서, 모든 경쟁자들을 조정하며 균형을 유지할 방법을 찾아야 하는 어려운 과제가 '에고'에게 주어진다. 프로이트는 "에고의 행위는 이드와 수퍼에고와 현실의 요구들을 동시에 만족시킬 수 있어야 하는데, 이것은 다시 말해서, 그들의 요구들을 서로 조화시킬 수 있어야 한다."고 썼다.[8]

유아기의 성(性)과 오이디푸스 콤플렉스

이런 인격 갈등의 모델로서 프로이트가 적용한 것이 그 유명한 유아기의 성(infantile sexuality)과 오이디푸스 콤플렉스(Oedipus Complex) 이론이다. 모두가 아는 것처럼 프로이트의 이론은 유년 시대, 특히 생의 초기, 즉 출생부터 여섯 살까지를 매우 중요하게 본다. 만일 프로이트가 이 연령이 그가 말하는 수퍼에고가 거의 형성되는 나이, 즉 부모가 아이의 마음속에 현실, 가정과 사회의 규칙들을 심어주는 나이라는 것만을 주장했다면, 많은 사람들의 호감을 샀을 것이고 누구도 혼란하게 만들지 않았을 것이다. 그것은 단지 상식을 확인하는 것뿐이기 때문이다. 그러나 그가 실제로 주장한 것은, 많은 사람들이 단지 잘못일 뿐 아니라 곡해라고 생각한 충격적인 생각이었다. 즉 그는 성인시기에 못지않게 초기 아동기 역시 이드의 성적인 욕망에 의해 강력하게 형성된다고 대담하게 주장했다. 프로이트는 《성욕에 관한 세 편의 에세이》(1905)에서, 태어나는 순간부터 육체적, 성적인 자극이 갓난아이의 행위 대부분을 지배한다고 주장했다. 태어나서 첫 18개월은 구강기(oral phase)로서 엄마의 젖을 빨기 때문에 영양섭취와 더불어 성적인 만족을 느끼고, 그때부터 세 살까지는 항문기(anal phase)로서 쾌감이 배설작용의 통제에서 오며, 세 살 이후로 생식기가 중요하게 된다. 여섯 살까지의 남근기(Phallic stage, '음경'을 뜻하는 그리스어 *phallos*에서 온 말)는 수음(masturbation)과 성적 환상이 따르는데, 여섯 살 때 잠복기의 무성 단계(nonsexual stage)가 시작된다. 이 단계가 십대 초기에 이르러 완전한 성인의 성적 능력을 보여주는 성욕기(genital

---

8) Freud, *An Outline of Psychoanalysis*, in *Standard Edition*, 23: 146을 보라.

stage)에 도달할 때까지 계속된다.

사람이 이런 발달과정을 거쳐 갈 때에, 그 초기의 성적인 단계들은 완전히 사라지는 것이 아니라, 대신에 새로운 단계들로 덧씌워진다. 따라서 비정상적인 행동들은 병적인 애착(fixations), 즉 다음 성장 단계로 옮겨가는 데 실패한 것으로 보며, 그 외의 경우에는 퇴행(regressions), 즉 사람들이 이전의 단계로 퇴보하는 것으로 이해한다. 예를 들어, 생활의 하찮은 사소한 것들을 정돈하는 일에 집념하는 사람은, 그 행동이 극도로 통제지향적인 항문기에 대한 병적 애착을 경험했다고 할 수 있고, 유아기의 구강기까지 퇴행할 수 있다고 생각할 수 있다. 인간 성장에 대한 이런 견해는 프로이트가 종교를 볼 때 특히 중요하다. 이유는 그의 주요 관심 가운데 하나가 종교적인 믿음의 위치를 정상적인 정서 성장의 순서 속에서 찾아내는 것이기 때문이다. 그것이 인격 발달의 성인 단계에 속하는가, 아니면 그 이전의 시기인가? 분명히 많은 것이 이 질문에 대한 대답에 달려 있다. 더구나 프로이트가 인류문명의 역사를 논할 때, 그는 마치 한 개인에 관해 말하는 것처럼, 개인의 성장에 비유해서 설명하기를 좋아했다. 이런 비유는 프로이트 당시에 널리 받아들여졌고, 이를 본받아 그와 동시대를 살았던 독일 생물학자이자 철학자인 에른스트 헤켈(Ernst Haeckel)은 "개체 발생이 계통 발생을 반복한다."(개체의 발전이 종의 진화를 재연한다)는 유명한 경구로 표현했다. 물론 헤켈은 개인을 집단의 거울로 보는 반면에, 프로이트는 그 반대로 보고 있다. 그러나 여기서 주목해야 할 점은, 프로이트의 패턴을 받아들이는 사람은 종교가 인류의 아동기에 속한다고 보는 견해를 취하거나, 또는 전혀 다르게 문명이 성숙한 성년기의 표지가 종교라는 견해를 취하게 된다는 점이다.

유아기의 성적인 관심—그리고 그것이 종교와 결부된 것—은 프로이트가 말하는 오이디푸스 콤플렉스 속에서 가장 분명하게 나타난다는 것은 아마도 대부분 알고 있을 것이다. 잘 알려진 이 용어는 고대 그리스의 위대한 극작가 소포클레스가 쓴 유명한 비극에서 온 말인데, 프로이트는 학생 때 이 작품을 번역했었다. 그 이야기는 오이디푸스 왕에 대한 이야기로서, 그는 훌륭하고 선한 사람이었지만 전혀 알지 못한 채 자기 아버지를 죽이고, 자기 어머니와 결혼할 운명이었다는 줄거리다. 보기에 따라서는 오이디푸스 이야기와 뚜렷하게 평행하는데, 프로이트는 남근기(세 살에서 여섯 살 사이)의 아이들이 자기 부모 중 한 쪽을 대신해서 다른 한 쪽의 애인이 되려는 욕망을 경험한다고 한다. 남자아이는 음경이 주는 쾌락을 알고서는 자기 엄마의 성적 상대가 되기를 원하며, 따라서 아버지의 자리를 차지하기를 원해서, 어떤 점에서는 아버지를 자기 경쟁자로서 '미워한다.' 이런 감정을 알아차린 엄마는 아버지의 위협을 편들어 아들이 성기를 만지지 못하게 하고, 심지어 성기가 잘릴 수도 있다고 위협한다. 한편 아들은 정말 겁이 나고, 여자아이들이 음경이 없다는 점에서, 자기에게도 실제로 그런 일이 생길 수도 있다고 짐작해서, "그 어린 삶에 가장 심각한 마음의 상처"인 거세 콤플렉스를 형성한다.9) 그래서 아들은 엄마를 소유하는 것에 대한 소망을 포기하고, 아버지에게 복종해야 함을 알게 되고, 대신에 성적 환상으로 만족을 얻는다. 그래도 아들은 자기 엄마에 대한 자신의 욕망을 완전히 포기하거나, 자기 아버지와의 질투의 경쟁의식을 완전히 버리지 못한다. 여자아이들은 비슷한 감정을 경험하지만 전혀 다른 길을 거친다. 여자아이들은 남자의 음경을 부러워

---

9) Freud, *An Outline of Psychoanalysis*, in *Standard Edition*, 23: 190.

해서 똑같은 것을 가졌다고 공상하여, 처음에는 자기 어머니에 대한 비슷한 충동을 갖지만, 나중에서야 여자의 역할을 받아들이고 아버지의 당연한 권위를 인정한다.

현대의 성 혁명(sexual revolution) 이후에도, 프로이트의 오이디푸스 콤플렉스에 대한 설명은 아직도 많은 사람들에게 충격적이다. 사람들은 아동기의 순진성이 그토록 강력한 충동과 어두운 정서로 가려져 있다는 것이 믿을 수 없다고 본다. 그러나 프로이트는 이것을 확신했을 뿐만 아니라, 그는 오이디푸스 콤플렉스가 실제로 "아동기의 중심적 경험이며, 인생 초기의 최대 문제이고, 나중에 부적응의 주요 요인이다."라고 말한다.[10] 실제로 오이디푸스 갈등은 개인뿐 아니라 사회에서도 문제다. 만일에 이 깊은 근친상간의 충동을 쫓아 행동한다면, 가족 전체에 엄청난 피해를 줄 것이며, 이것은 그 아이 자신의 생존에 결정적으로 중대한 문제가 된다. 다시 말해서, 근친상간의 충동을 따랐다면, 연극에서 오이디푸스 왕의 경우처럼, 이는 그 자신과 사회 모두에 궁극적으로 파괴적인 것이 될 것이다. 그렇다면, 인생의 가장 초기단계에 이미 아이에게 성적인 욕구와 가족의 필요성 사이에 갈등이 생기는 것이다. 모든 인간은 바로 초기 몇 년 안에, 자기가 균형을 찾지 못하고 서로 충돌하는 욕망을 통제할 수 없다면 가족도, 사회도 있을 수가 없으며 또한 자신을 위한 안전구조가 있을 수 없다는 것을 깨닫기 시작한다. 우리의 어떤 충동들은 자제하지 않으면 안 되는데, 이 자제가 없이는 문명이 있을 수 없고, 또한 문명이 없이는 사람이 생존할 수 없기 때문이다.

---

10) Freud, *An Outline of Psychoanalysis*, in *Standard Edition*, 23: 191.

후기의 발전과 저서들

원숙한 후기에 이르러, 프로이트는 항상 자신의 핵심 아이디어인 무의식, 오이디푸스 콤플렉스, 신경증, 세 부분으로 구성된 인간의 인격 등에 대한 새로운 차원들과 더 광범한 적용을 추구하면서 자신의 이론을 발전시키고 정교히 했다. 《쾌락 원리의 저편》(1920)에서, 그는 삶을 창조하고 지탱하는 두 가지의 충동, 즉 성과 자기보존이 중심이라고 본 기본 충동에 대한 이전의 해석을 수정해서, 여기에 바로 그 반대의 행위를 추구하는, 다르기는 하지만 역시 동일하게 기본적인 충동을 덧붙였다. 이 '죽음의 본능'(thanatos)은 생명이 전혀 없었던 때의 태초 상태로 세상을 회복하려는 역행 충동(backward urge)이다. 프로이트는 이런 개념만이 사람들이 쾌락을 피하고 실제로 고통을 구하는 피학대 음란증(masochism)과 가학성 변태성욕(sadism)과 같은 행동들의 많은 사례들을 설명할 수 있는 유일한 것이라 믿었다. 《군중심리학과 에고의 분석》(*Group Psychology and the Analysis of the Ego*, 1921)에서, 그는 **리비도**(libido), 즉 성적 충동의 개념을 확장시켜, 가족 사이에서 볼 수 있는 것과 같은 확산된 감정적 애착이라는 광범한 아이디어를 포함시키고 있다. 그는 그것을 어떻게 교회 같은 조직된 공동체가 지도자에 대한 개인적 애착에 의존하는가를 설명하는 데 적용했다. 예를 들어, 그리스도교에서 그리스도라는 인물과 또한 믿음의 동지들에 대한 헌신이, 그렇게 크고 다양한 사람들의 공동체에 공동체 연대의식을 주는 것이다.

제1차 세계대전의 발발과 더불어 프로이트는 죽음, 인간의 연약함, 문명의 제한과 같은 주제들에 대해 성찰하기 시작했다. 두 세계대전 사이의 어려운 시기에, 정신분석에 대한 그의 헌신은 여전히 매우 강했으며, 과학의 진보에 대해 큰 믿음을 갖게 되었다. 그러나 그는 인류의 참상에 대한 우울증과 비관주의를 드러내기 시작했다. 우리는 이런 태도를 특히 《문명 속의 불만》(*Civilization and Its Discontents*, 1930)에서 볼 수 있는데, 여기서 그는 본능적인 개인의 욕망들(특히 인간 공격성의 힘)과 인류가 살아남기 위해 사회가 요구해야 하는 강한 자제 사이의 불행한 갈등을 파헤치고 있다.

프로이트와 종교

정신분석의 기본 생각들을 발전시키고 나서, 프로이트는 종교가 가장 유망한 연구 주제라고 생각했다.[11] 어린 시절에 물론 그는 유대교의 기본적 가르침들에 대해 알게 되었다. 비록 그의 가정은 대체로 비종교적이었지만, 그는 히브리 성경의 이야기들과 내용들을 잘 알고 있었다. 그는 또한 부분적으로는 완고한 가톨릭교회가 중심이었던 비엔나의 현실과, 그가 폭넓게 읽은 서양문화의 역사와 문학을 통해서 그리스도교에 대한 실용적인 지식을 얻을 수 있었다. 더 나아가, 그의 초기 환자들의 신경증에는 종교적인 생각들, 이미지들, 유사성들이

---

11) 프로이트의 유대교 배경과 그의 종교적 의견에 관한 많은 좋은 저서들 가운데서 Howard Littleton Philip, *Freud and Religious Belief* (New York: Pitman, 1956); G. Zillboorg, *Freud and Religion: A Restatement of an Old Controversy* (Westminster, MD: Newman Press, 1958); Earl A. Grollman, *Judaism in Sigmund Freud's World* (New York: Appleton-Century, 1965); Hans Küng, *Freud and the Problem of God* (New Haven, CT: Yale University Press, 1979); Edwin R. Wallace IV, "Freud and Religion," in Werner Muensterberger et al., eds., *The Psychoanalytic Study of Society,* vol. 10 (Hallsdale, NJ: The Analytic Press, 1984), pp. 113-61; Peter Gay, *A Godless Jew: Freud, Atheism and the Making of Psychoanalysis* (New Haven, CT: Yale University Press, 1987)를 보라. Wallace 와 Gay 역시 알찬 최근의 전기를 제공한다.

뚜렷하게 나타났다. 그러나 그는 개인적으로 종교적 믿음을 완전히 거부했다. 그를 가장 잘 아는 전기 작가는 그가 "처음부터 끝까지 평생 타고난 무신론자"였다고 말한다.[12] 프로이트는 하느님을 믿을 하등의 이유가 없다고 생각했고, 그러기에 종교생활의 예식들에는 아무런 가치나 목적이 없다고 보았다.

이런 배경에 비추어 보아, 종교에 대한 프로이트의 접근방법이 타일러와 프레이저와 마찬가지로, 종교적인 사람들이 택한 접근방법과는 아주 정반대인 것은 당연한 일이다. 대부분의 경우에, 종교를 믿는 사람들은 믿는 이유를 하느님이 성경을 통해 그들에게 말씀해주셨기 때문이며, 하느님이 그들의 마음을 감동시켰거나 그들의 교회나 회당의 가르침이 진리이기 때문이라고 말한다. 이와는 반대로, 프로이트는 종교적 생각들이 하느님이나 신들로부터 온 것이 아니라고 확신했는데, 왜냐하면 신들은 존재하지 않기 때문이며, 또한 이런 믿음이 보편적으로 진리에 이르게 하는, 세상에 대한 어떤 건전한 생각에서 오는 것도 아니라고 확신했다. 타일러와 프레이저처럼, 프로이트는 종교적 믿음이 잘못된 것이며 미신이라고 확신했다. 동시에 그는 종교가 흥미로운 미신으로서 인간의 본성에 대한 중요한 질문들을 제기한다고 본다. 종교적 믿음이 분명히 그릇된 것이라면, 도대체 왜 그토록 많은 사람들이 이런 믿음을 계속 지니며, 그렇게 깊은 확신을 갖고 있는가? 만일에 종교가 합리적인 것이 아니라면, 사람들은 어떻게 믿음을 얻는가? 그리고 그들은 왜 종교를 유지하는가? 타일러는 이런 질문들에 거의 관심을 두지 않았으며, 프레이저는 비록 주술의 매력을 다소 탐구해 보기는 했지만, 역시 그것을 대체로 무시했다. 그러나 프로

---

12) Jones, *Life and Work of Freud*, 3: 351.

이트는 충분한 이유를 갖고 이런 질문들을 숙고했으며, 정신분석에서 그 해답을 찾았다고 주장한다.

"강박관념의 행동과 종교 관습"(Obsessive Actions and Religious Practices, 1907)이라는 제목으로 초기에 출판된 논문에서, 우리는 프로이트의 접근방법의 첫 실마리를 찾아 볼 수 있다. 여기서 그는 종교인들의 행동들과 자기가 본 신경증 환자들의 행위들 사이에는 밀접한 유사점이 있다고 말한다. 예를 들어, 둘 모두 일정한 패턴의 예식 형식으로 행동하는 것을 크게 강조하며, 또한 모두 그들의 제의의 규칙들을 완전하게 따르지 않을 때 죄의식을 갖는다. 이 두 경우 모두에서, 의식들이 기본적 본능에 대한 억압과 연결되어 있다. 즉 심리적 신경증은 보통 성적 충동을 억압하는 데서 생기며, 종교는 이기주의를 억압하고 에고 본능을 통제할 것을 요구한다. 그러므로 성적 억압이 개인의 강박신경증을 초래하듯이, 인류에 널리 행해지는 종교는 "인류의 보편적 강박신경증"[13]인 것처럼 보인다. 그가 종교를 이렇게 강박신경에 비유한 것이, 그가 종교에 관해 쓴 거의 모든 글들의 기본 주제를 제시한다. 그는 종교 행위가 언제나 정신병과 비슷하며, 그러기에 종교를 설명하는 가장 적합한 개념들은 정신분석학에 의해 개발된 것들로 본다.

프로이트가 종교에 관해 쓴 세 권의 책이 모두 이런 기본적 방법을 택하고 있지만, 각기 독특한 방법으로 다루고 있다. 또한 세 권의 책 모두 간결하기 때문에, 하나만을 택하는 대신에, 각각을 고려하면서 그 세 권 모두에 공통적인 정신분석적 설명의 패턴을 살펴보겠다.

---

13) Freud, "Obsessive Actions and Religious Practices" (1907), in *Standard Edition*, 9: 126. 이 유명한 구절이 이 장의 제목이 되고, *The Future of an Illusion*에 다시 나온다.

《토템과 터부》

《토템과 터부》(*Totem and Taboo*, 1913)는 프로이트가 자신의 저서들 중에서 최고로 여긴 책이다. 이 책은 원시인들의 생활을 심리학적으로 해석해서 보여준다. 이 책은 정신분석학의 개념들을 사용하고 있는데, 또한 당시의 다른 책들과 마찬가지로 진화사상의 영향을 받아 다윈의 생물학적 진화론만이 아니라 지적, 사회적 진화라는 일반 개념들에 의한 영향도 받았다. 이 책에서 프로이트는 우리의 육체적 자아만이 진화의 산물이 아니라는 당시의 견해를 받아들였다. 또한 타일러와 프레이저가 공감한대로, 우리가 지적으로도 진화되었다는 생각을 받아들여, 우리의 사회제도들이 다른 동물들과 마찬가지로, 일정하지는 않지만 그래도 꾸준히 진보했다고 본다. 그 결과, 성인들의 개인적 인격은 그들이 어린이였을 때의 성격에서 그 단서들을 찾을 수 있는 것처럼, 현대문명의 본질에 대한 중요한 단서들은 과거 문화의 특성에서 찾을 수 있다고 주장한다. 더구나 이 과거에는 그리스인과 로마인들 같은 우리 문명의 선조들뿐만 아니라, (지금은 다윈이 그 연결을 보여 준) 역사 이전 시대의 문화들과 사람들, 즉 동물 조상들에서 처음 유래된 원시인들의 공동체들도 포함된다.

이런 전제 아래, 프로이트는 그 다음으로, 현대인의 생각에 특히 이상하게 여겨지는 원시인들의 두 가지 관습인 동물 '토템'의 사용과 '터부' 풍습에로 관심을 돌린다. 우리가 본대로, 타일러와 프레이저를 비롯해서 여러 인류학자들이 이런 풍습에 관심을 갖고 있었다. 우선 동물 토템의 경우, 한 부족 혹은 씨족이 특정한 동물(혹은 식물)을 선택하여 자신들과 연결시킴으로써 그것이 거룩한 물체 '토템'이 된다. 한편 '터부' 풍습은, 한 부족이 어떤 사람이나 어느 물건에 대해 '접근

금지'를 선언하면, 그 사람이나 물건을 '터부'라고 불렀다. 가장 오래되고 가장 강력한 것으로 알려진 터부에 의하면, 초기 사회들의 대다수가 두 가지를 엄격하게 금지했다. 첫째로, 근친상간은 있을 수 없어, 결혼은 항상 직계가족과 씨족 외의 '이족 결혼'(exogamy)이어야만 한다. 원시인들 간에는 거의 언제나 프로이트가 말하는 "근친상간의 공포"(horror of incest)가 있었다. 둘째로, 토템동물은 죽이거나 먹을 수가 없는데, 극히 드물게 어떤 예식에서 이 법이 의식에 맞추어 파기되었다. 그런 특별한 경우 이외에는 '토템'을 먹는 것 역시 '터부'였다. 프로이트는 다른 이론가들의 범위를 넘어서 세 번째의 것을 드는데, 어떻든 어떤 기간에 사람들이 실제로 그런 일을 범하려고 원하지 않았다면, 공개적으로 금지해서 터부로 만들 의미가 없었다는 것이다. 분명이 이런 것들은 사람들이 범하려 했던 범죄들이다. 그렇다면, 왜 애당초 그것들을 범죄로 만드는가? 아무도 실제로 지키기를 원하지 않았던 규칙들을 도대체 왜 만들어 모든 사람을 괴롭히는가?

여기서 우리는 타일러와 프레이저 같은 이론가들의 저술에서는 찾아 볼 수 없는 특별한 질문을 만나게 된다. 그 두 학자의 주지주의 입장에서 보면, 인간의 종교적 행위는 의식적인 노력으로서, 세상을 이해하기 위해 이성을 이용하려는 노력을 보여주며, 동시에 바르게 추론하지 못한 실패를 보여준다. 종교적인 사람들은 합리적이려고 하지만 성공하지 못한다. '터부' 의식과 토템 제의는 목적하는 바를 성취할 수가 없다. 그렇다면 남은 질문은, 만일에 토템과 터부를 믿는 것이 잘못이라면, 왜 사람들은 계속 믿고 있는가? 프로이트는 이 대답을 무의식에서 찾는다. 그는 신경증 환자들과의 경험에서 볼 때, 정신 장애인이나 정상인 모두에게서 똑같이 반대 감정 병존(ambivalence)의 흔적이 뚜렷하다고 주장하는데, 이것은 서로 상반된 강력한 욕구들이 충돌해서 생기는 것이다. 사람은 어떤 일을 하기를 원하면서, 또 한편으로 하기를 원치 않는다. 예컨대, 지나치게 신경증적인 사람이 아버지나 어머니 같은 가까운 사람이 죽었을 때 극도의 슬픔을 느끼는데, 무의식을 파헤쳐 보면, 실제로 그런 감정의 원인이 사랑이 아니라 죄의식과 증오심인 것을 흔히 발견한다. 프로이트는 신경증적인 사람이 무의식적으로 부모가 죽기를 원하는데, 정말 죽으면 그런 끔찍한 생각을 품었다는 것에 대한 깊은 죄의식을 계속 느끼게 된다고 말한다. 이 스트레스를 극복하기 위해, 신경증 환자는 죽은 사람에게 어떤 부정적인 성격들을 투사하기까지 하여, 자신이 그의 죽음을 원했던 것을 합리화시키려 한다. 뚜렷하게 부족민들이 바로 이 특색을 보이는데, 죽은 조상들을 마귀나 '악령'으로 생각하여, 자신들의 증오를 받을 만하다고 생각한다. 그들은 주술을 이용할 때도 세상은 바로 그들 자신의 연장(extension)이라고 상상한다. 그래서 천둥소리를 생각하여 흉내냄으로써, 그들이 실제로 비가 오도록 만들 수 있다고 생각한다.

무엇보다도 원시문화에서 우리에게 특히 뚜렷한 심리적 반대 감정 병존을 보여주는 것이 토템과 터부의 관습인데, 이것은 인류의 가장 초기의 감정의 능력을 볼 수 있게 해준다. 프로이트는 결국 사람이 원숭이에서 유래했다는 다윈의 말이 맞는다면, 우리는 첫 인간들이 그들의 동물 조상들처럼 '태초의 군집생활'(primal hordes)을 하여, 한 강력한 남성이 지배하는 여자들과 아이들의 확대가족으로 살았다고 생각할 수 있다고 설명한다. 이 집단 안에서 젊은 남자들에게는 충성심, 사랑, 위험에 대비한 방어심이 있었을 것이지만, 또한 그 외에도 다른 좌절감과 시기심이 있었을 것이다. 이들 젊은 남자들은 아버지를 두려워하고 존중하면서도, 아버지의 부인들인 모든 여성들을 성적으로 갈망했다. 집단의 안전을 위한 그들의 욕구와 억제된 성적 충동

사이의 갈등에서, 그들은 결국 치명적인 행동에 빠지게 된다. 분명히 다른 집단들에서도 여러 번 일어났을 무시무시한 사태들로 인해, 아들들이 함께 작당하여 아버지를 살해하고 또한 (그들이 식인종이므로) 그 시체를 먹었고, 심지어 아버지의 부인들을 취하기까지 했다. 이처럼 집단 안에서의 태초의 살인이 처음에는 기쁨과 해방감을 주었지만, 곧 심각하게 다시 생각하게 되었다. 아들들은 죄의식과 자책감에 사로잡히게 되었다. 자기들이 죽인 두목을 필사적으로 복위하고자 하여, 토템동물에서 "아버지 대역"과 상징을 발견하고, 그를 숭배하기로 동의하며 그 앞에서 가장 오래된 터부를 서약했는데, "토템을 죽이지 말라"는 것이었다. 시간이 가면서 이 규칙이 전 부족에게 일반화되고 모든 살인을 금지하는 일반 명령이 되었다. 그러므로 "살인하지 말라"는 것이 확실히 인류의 첫 번째 도덕률이 되었다.

똑같이 강력한 죄책감이 곧바로 두 번째 터부를 초래했는데 그것은 근친상간을 금하는 명령이다. 그들이 한 행동을 후회하고, 아버지의 부인들을 취한 것이 오히려 그들 간에 새로운 갈등을 일으키게 되었다는 것을 깨닫고, 아들들은 "아버지의 부인들을 취하지 말라"는 두 번째 명령에 동의했다. 함께 살기 위해서는 아들들이 아내를 "씨족 밖에서"만 찾는 데 동의해야 했다. 프로이트는 역사 이전 시대에 형제들 간의 이런 협정이 사실상 철학자들이 인간 사회의 기초로 본 신화적 '사회계약'(social contract)의 배경이 된 실제 사건이었다고 주장한다.

첫 번째 터부의 경우는 두 번째 것보다 훨씬 복잡한데, 이 설명을 프로이트는 윌리엄 로버트슨 스미스의 저술에서 이끌어 내고 있다. 스미스는 프레이저에게 영향을 끼친 사람으로서, 원시인들의 '토템 희생제사'(totem sacrifice)라는 개념을 처음 제시한 사람이다.[14] 보통 토템의 생명은 신성하지만, 오스트레일리아 원주민들에 대한 새로운 연구는 그 패턴이 역전되는 어떤 신성한 계기들이 있었음을 보여주었다. 그 때는 토템동물을 죽이고 제의 잔치에서 모두가 나누어 먹었다. 프로이트는 정신분석의 관점에서 이것도 대단히 의미가 깊다고 말한다. 토템 희생제사는 공동체가 첫 아버지에 대한 태초의 살인, 즉 죽음을 통해 이제는 신이 된 첫 아버지에 대한 태초의 살인을 재연하는(reenact) 극도로 감정적인 의식으로서만 의미가 있다. 그 의식에서 아들들은 아버지를 향한 사랑을 공개적으로 재확인하고, 사실상 무의식적으로, 자기들이 지금 견디어내는 성적인 자제로 인해 생긴 증오심도 또한 해소한다.

그러므로 토템 희생제사는, 태초의 아버지 살해―인류의 아동기에 저지른 범죄―가 인간의 이런 이중 감정(double emotions), 즉 모든 남자의 유아기에 그 두 가지 감정(사랑과 증오심 - 옮긴이)이 수렴되어 오이디푸스 콤플렉스를 형성하는 강력한 이중 감정을 역사 속에서 실행하는 것에 다름 아니라는 것을 확증해준다. 형제들이 아버지에게 가한 폭행은 본질적으로 소포클레스가 그의 희곡을 쓰기 수천 년 전에 오이디푸스가 저지른 범죄였다. 자기 아버지의 부인들에 대한 질투적인 욕망 때문에, 즉 자기 어머니들을 탐하여 첫 아들들이 살인을 범했고, 뒤이어 후회와 애정을 표하는 큰 제의가 따른 것이다. 이처럼 비상한 사건들은 인류에게 깊은 감정적 병존을 유산으로 남겨주었다. 의식적 행위의 차원에서는, 부족민들이 토템 희생제사에서 동물을 자신들의 죽은 아버지와 동일시하고, 그에게 신의 지위를 투사(project)하고, 그들 모두가 그의 자녀들이라고 고백하며, 토템의 살을 먹고, 자신들의 성적 욕망을 속박함으로써 그에 대한 자신들의 숭배를 표시

---

14) *Totem and Taboo* in *Standard Edition*, 13: 132-42.

했다. 그러나 더 깊은 무의식의 수준에서는, 그들이 정반대되는 감정을 표시하는데, 본래 그 제의의 본질이 원래의 반역적 살인행위와 식인 풍습을 재연함으로써, 자신들의 오이디푸스 충동을 계속해서 부인하여 생기는 좌절감과 증오심을 해소하는 것이기 때문이다.

더구나 이런 관점에서 볼 때, 그리스도교의 성만찬 같은 현대의 성례전도 그 진정한 성격을 보여준다. 고대의 토템 제의처럼, 성만찬은 인류의 본래적 범죄를 재연하고 역전시키려고 한다. 성만찬에서 하느님의 아들인 그리스도(첫 아들이며 반역의 주동자를 상징하는)의 살과 피를 먹고 마심으로써 그리스도의 십자가를 기념하는데, 그의 죽음은 최초의 반역이라는 '원죄'에 대한 징계로 당한 죽음이다. 그의 형제들을 대신하여, 그리스도가 역사 이전 시대의 그들의 죄를 속량한다(atone). 그러나 그 속량은 또한 재연(reenactment)이기도 하다. 그리스도교 신학에서 아버지와 아들은 하나이기에, 아들의 죽음에 대한 성례전은 상징적으로 같은 순간에 아버지의 살해에 대한 성례전이다. 그래서 성만찬은 은밀하게 오이디푸스의 사랑뿐 아니라 증오심을 상기하는 것이다.

물론 프로이트는 초기 식인종들의 토템의식과 그리스도교의 성만찬 사이에는 진화의 오랜 과정이 계속되었다고 인정한다. 그는 시간이 지나면서 토템동물은 단순한 희생제물로 약화되었고, 그 자리는 다른 것들이 차지하게 되었는데, 우선은 동물-인간의 신(animal-human deities)이, 그 후에는 다신교의 신들이, 마지막으로는 그리스도교의 하느님 아버지가 차지하게 되었다고 주장한다. 그러나 이런 것은 사소한 것이고, 프로이트의 주요 관심은, 프레이저와 마찬가지로, 이제 지성보다는 감정의 관점에서, 오늘날의 종교와 원시적 과거의 몽매한 예식들 사이에 뚜렷한 연결을 보여주는 것이다. 우리가 종교의 기원을 발견하고자 하면, 바로 이런 잔인한 사건들과 깊은 심리적 긴장 이상의 다른 어떤 것을 살펴볼 필요가 없다고 그는 주장한다. 인류로 하여금 그 첫 번째 큰 범죄를 저지르게 하고, 그리고는 살해된 아버지를 신으로 삼고 그를 섬기는 행위로 성적인 자제를 약속하게 만든 강력하면서도 분열된 감정인 오이디푸스 콤플렉스에서 믿음의 시작을 발견할 수 있다는 것이다. 프로이트 자신의 말로, "토템종교는 자식으로서의 죄의식에서 생겨났는데, 그런 감정을 완화시키고 아버지에게 대한 뒤늦은 복종으로써 그를 달래려는 시도에서였다. 그 후의 모든 종교는 그 똑같은 문제를 해결하려는 시도라고 본다."15)고 했다.

그렇다면, 프로이트에게는 역사 이전 시대의 군집생활 속에서 벌어진 살인사건이 인간의 사회생활 역사에서 중대한 사건이다. 그 사건이 초래한 강력한 감정들 속에서 종교의 기원을 발견하고, 또한 그 사건의 여파로 씨족을 보호하기 위해 동의했던 근친상간에 대한 터부에서 도덕과 사회계약의 기원을 볼 수 있다. 따라서 함께 놓고 생각할 때, 토템과 터부가 문명이라고 부르게 된 모든 것의 기초를 이룬다.

《환상의 미래》

프로이트의 《토템과 터부》는 정신분석학 분야의 동료들로부터 인정을 받았지만, 그 외의 모든 사람들로부터는 격분을 샀다. 그리스도교인 비판가들은 그 책이 특히 모욕적이라고 생각했다. 프로이트는 대부분의 논쟁을 무시하고 다른 것에 관심을 돌렸다. 14년 후에야 《환상의 미래》(*The Future of an Illusion*, 1927)에서 다시 종교 주제로

---

15) *Totem and Taboo*, in *Standard Edition*, 13: 145.

되돌아갔는데, 그는 이 책이 이전 연구를 계속한 것이라고 설명했다. 이 책에서 그는 《토템과 터부》는 역사 이전의 과거를 되돌아보는 것이었지만, 《환상의 미래》는 종교를 현재와 미래를 바라보며 고찰한 것이라고 말했다. 이 책은 역사 이전 시기에 가려졌던 사건이 아니라, 모든 장소와 시대에서 종교의 "분명한 동기"를 찾는 과제에 중점을 두었다. 그 외에도, 이 두 번째 책은 제의에 대해서보다는 사상과 믿음, 특히 하느님에 대한 믿음에 초점을 맞추었다.

프로이트는 거의 모든 사람이 인정하는 사실들로부터 《환상의 미래》를 시작한다. 인간의 삶은 자연세계, 즉 인간 활동에 반드시 호의적이지만은 않은 자연세계로부터 태동하거나 진화했다. 자연세계는 인간이라는 종자를 산출했지만, 또한 다른 육식 동물들이나 재난, 병, 신체의 감퇴 등으로 늘 인간을 파괴하려고 위협한다. 따라서 인간은 자기 보호를 위해서, 처음부터 씨족과 공동체에 합류하고, 그것에 의해서 우리가 문명사회라 부르는 것을 창조했다. 그 과정을 통해 안전을 얻게 되었지만, 상당한 희생을 치르게 되었다. 《토템과 터부》에서 열거한 사건들이 보여주는 대로, 사회는 우리 개인의 욕망들을 그 사회의 법과 제재에 굴복시킬 때만이 생존할 수 있다. 즉 분노가 치민다고 살인할 수는 없고, 우리 소유가 아닌 것을 차지할 수 없으며, 원하는 대로 성적 욕망을 충족시킬 수는 없다. 우리는 본능들을 자제해야 하며, 결코 충분히 충족할 수는 없지만, 예술의 기쁨과 여가, 혹은 가족과 사회와 국가와의 유대관계에서 찾을 수 있는 다른 만족들로 우리 스스로를 보상해야만 한다. 그러나 이런 희생과 위로에도 불구하고, 문명사회는 우리를 완전히 보호할 수가 없다. 병마와 죽음 앞에 우리 모두는 끝내 속수무책이다. 자연과 문화 사이의 투쟁에서, 부패와 죽음이라는 자연법칙이 끝내는 항상 이기기 때문이다.

다음으로 프로이트는 우리들 가운데 어느 누구도 이 불행한 진리를 쉽게 받아들이지 못한다고 보는데, 그 진리는 우리가 가장 소중하게 여기는 모든 것을 거스르기 때문이다. 우리는 사물을 대할 때, 오히려 마치 어린 아이의 밝은 시절처럼 대하기를 원한다. 그 때는 밤의 어둠과 폭풍의 위험에 맞서서 우리를 안심시켜주는 아버지가 항상 있었다. 끝내는 모든 것이 괜찮아질 거라고 말해주는 강한 목소리가 항상 있었다. 성인들이 되었지만, 우리 모두는 실제로 어린 시절의 안전보장을 계속해서 갈망하는데, 그것은 사실상 불가능하다. 혹시 그것이 가능할 수 있겠는가? 종교의 목소리가 우리로 하여금 실제로 그것이 가능하다고 생각하게 만든다고 프로이트는 말한다. 그런 어린 시절의 방식을 따라, 종교적 믿음은 외부 세계에 하느님을 투사하는데, 그 하느님의 능력은 자연의 공포를 일소해주고, 죽음 앞에서 우리를 위로해주며, 또한 문명사회가 강요하는 정신적 제한을 받아들인 것에 대해 우리에게 보상해준다. 종교적 믿음은 "인자한 하느님이 우리 각 사람 위에서 지켜보고 계시는데, 그분의 섭리는 우리가 무자비하고 막강한 자연의 노리개로 인해 고통 받지 않도록 지켜주신다"[16]고 주장한다. 그런 믿음의 눈으로 보면, 심지어 죽음조차도 그 독침을 잃게 되는데, 그 이유는 우리의 불멸의 영이 언젠가는 우리 몸에서 떠나 하느님과 함께 살게 된다고 확신할 수 있기 때문이다. 그러므로 우리의 욕망들을 부인하는 것이 단순히 사회를 돕는 것만이 아니라, 정의롭고 공평한 주님의 영원한 법을 순종하는 것임을 확신할 수 있다.

그런 믿음을 묘사하는 데 가장 적절한 단어가 '환상'(illusion)이라고 프로이트는 주장한다. 그는 이 말을 매우 특수한 의미로 사용한다.

---

16) *The Future of an Illusion*, in *Standard Edition*, 21: 19.

환상은 우리가 그것이 사실이기를 간절히 원한다는 특성을 가진 믿음이라는 것이다. 내가 위대해질 운명이라는 나의 믿음이 적절한 사례가 될 것이다. 언제인가 그것이 사실이 될 수도 있지만, 그 자체가 내가 그런 믿음을 가지는 이유는 아니다. 내가 그것이 사실이기를 강력하게 **바라기** 때문에 나는 그런 믿음을 지니는 것이다. 환상은 망상(delusion)과는 다르다. 망상은 역시 내가 사실이기를 바라는 것이지만, 나 이외의 다른 사람들은 그렇지 않음을 알고 있으며, 아마도 결코 사실이 될 수 없는 것을 바라는 것이다. 지금 다 자란 상태에서 확실히 더 자라날 수가 없는데, 만일에 내 키가 어느 날인가 2 미터가 될 것이라 주장한다면, 나는 망상에 사로잡혀 있는 것이다. 꽤 현명하게도, 프로이트는 여기서 하느님 아버지에 대한 믿음을 망상으로 간주하려는 것은 아니라고 말한다. 사실상 그는 "종교적 교리들의 진리에 대한 가치 평가를 하는 것은 이번 탐구의 범위 안에 있지 않다. 단지 우리로서는 그런 교리들이, 그 심리적 성격상, 환상이라는 것을 인식했다는 것으로 충분하다."[17]고 말한다.

그러므로 종교의 가르침들은 하느님이 계시한 진리도 아니고, 과학적으로 확인된 증거에 근거한 논리적인 결론도 아니다. 그와 반대로, 종교적 가르침들은 사상들(ideas)로서, 우리가 그것들이 진리이기를 간절히 바라는 것이 그 중요한 특성이다. 그 가르침들은 "인류의 가장 오래되고 가장 강력하며 또한 가장 시급한 소원들의 성취다. 그 가르침들의 힘의 비밀은 그런 소원들의 강력함 속에 놓여 있다."[18]

여기서 주목해야 할 것은, '환상'과 '망상' 사이의 이 구분이 어떤 이들에게는 도움이 되겠지만, 프로이트 자신에게는 별것이 아니라는

---

17) *The Future of an Illusion*, in *Standard Edition*, 21: 33.
18) *The Future of an Illusion*, in *Standard Edition*, 21: 30.

점이다. 그의 견해로는 어떤 용어를 사용하든 별 차이가 없는데, 왜냐하면 그런 것들로 확실히 증명될 수 없다고 해도, 종교적 믿음은 결국 망상이기 때문이다. 종교적 믿음은, 무엇이 진리이며 무엇이 아닌지를 확실하게 말해주는 단 하나의 길인 과학적 방법의 검사를 통과할 수 없기 때문에, 우리로서는 당연히 믿을 만하지가 않은 것이다. 종교적 믿음은 단지 개인의 느낌과 직관에 의존하는 신자들의 습관에 불과한데, 느낌이나 직관이 흔히 틀린다는 것은 누구나 아는 사실이다. 그러므로 종교의 가르침이 과거 인류에게 어떠한 공헌을 했다 하더라도 우리는 결코 우리의 종교를 신뢰하지 말아야 한다. 프로이트는 종교적 믿음이 때로 문명의 성장에 다소 도움이 되었다는 점을 인정한다. 확실히 옛날의 토템이 살인과 근친상간을 탄핵하는 역할로써 공헌했으며, 그 후에는 종교가 이런 비슷한 범죄들은 지옥에서 징벌을 받을 죄라고 강조함으로써 그런 범죄들을 단념하도록 만드는 데 공헌했다. 그러나 이제는 문명사회가 성숙하고 확립되어 있다. 어린이들을 위해 우리가 규정한 행동규칙들을 성인 남성과 여성에게 준수하도록 강요하기를 원하지 않는 것처럼, 우리는 그런 미신이나 억압에 근거하여 오늘의 사회를 건설하기를 원하지 않는다.

    종교의 가르침들은 이런 같은 관점에서, 인류의 아동기에 적절했던 믿음들과 규칙들로 보아야 한다. 인류의 역사 초기의 "무지하고 지능이 약한 시기"에서, 종교는 마치 개인이 아동기에 경험하는 신경증의 에피소드처럼 불가피했다. 그러나 인생 초기의 충격과 억압들을 극복하는 데 실패하여 신경증이 성년기까지 지속될 때, 그 때는 정신분석에서 그 인격이 장애상태에 있음을 알게 된다. 문명의 성장에서도 마찬가지다. 인간 역사의 현재까지 지속되는 종교는 질병의 징조일 수밖에 없다. 종교를 벗어나기 시작하는 것이 건강의 첫 신호다.

프로이트는 이렇게 표현했다.

> 그러므로 종교는 인간의 보편적 강박신경증으로, 어린이들의 강박신경증처럼 아버지와의 관계로부터의 오이디푸스 콤플렉스에서 생긴다. 이 견해가 옳다면, 종교로부터 떠나는 것이 성장과정의 불가피한 필연성에서 일어나며, 또한 우리 자신이 바로 그 발전단계의 분기점에 서 있다는 것을 알게 된다고 생각해야 한다.[19]

프로이트는, 타일러를 반영하여, "종교의 가르침을... 신경증의 잔재(neurotic relics)로 보고, 이제는 분석적 치료에서처럼 억압의 영향들을 지성의 합리적 영향의 결과로 교체할 때가 왔다고 주장할 수 있다"[20]고 결론짓는다. 요약하면, 인류가 성년의 삶으로 성숙함에 따라 종교를 버리고, 성숙에 합당한 사고의 형태들로 종교를 대체해야만 한다는 것이다. 성숙한 사람들은 자신들의 인생이 미신과 믿음이 아니라, 이성과 과학이 이끌도록 한다고 프로이트는 주장한다.

《환상의 미래》에서 재미있는 것은 그 대화형식이다. 프로이트는 자기 논지를 펴나가는 중에 자주 중단한 채, 종교 편을 드는 비판자 한 사람을 상정하여 그의 반대 주장들에 대해 응답한다. 그 중에서 그 비판자는 종교를 단지 사람의 감정적 필요에서 생긴다고 말하는 것은 잘못이고, 종교는 전통에 근거하여 믿게 되는 것이며, 또한 아마도 가장 중요한 것으로서, 만일 도덕의 근거인 종교가 폐기된다면, 사회는 폭동과 혼란 속으로 폭락할 것이라고 주장한다. 물론 이런 비판들은 프로이트의 관점을 강화하기 위해 계획된 것으로서, 프로이트는

---

19) *The Future of an Illusion*, in *Standard Edition*, 21: 43.
20) *The Future of an Illusion*, in *Standard Edition*, 21: 44.

그런 각각의 주장에 대해 능숙하고 설득력 있는 해답을 주고 있다. 이런 반대들 중 하나는 《토템과 터부》 이후 그의 연구 주제를 바꾼 것 같은데 그 이유가 무엇인가를 묻고 있다. 그 책 역시 종교의 기원에 관한 것이지만, 그 주제는 토템숭배와 아버지와 아들의 관계였는데, 이번 책은 주로 인간의 무력함에 대해 말하고 있다. 그 이론이 지금은 바뀌었는가? 이 질문에 대한 프로이트의 답변은 매우 설득력이 있는 것은 아니지만 교육적이다. 그는 《토템과 터부》는 종교를 탐구하는 데서 깊이 숨겨져 있는 단 한 가지 요소만을 탐구한 것이라고 설명한다. 그것은 원시인들의 군집생활을 다스렸던 아버지에 대한 사랑과 공포라는 이중 감정이었다. 현재의 책은 "그보다는 덜 깊이 감추어진 다른 부분," 즉 자연의 압도적 힘에 직면하여 그들은 언제나 어린아이들처럼 연약하며, 그들을 보호할 사랑의 아버지가 필요하다는 성인의 깨달음을 탐구하고 있다고 설명한다. 그러나 프로이트는 하느님에 관해 첫 번째 책에서는, 사람들이 그분에 대해 매우 혼합된 감정을 가진 분으로 제시한 반면에, 두 번째 책에서는 하느님은 오로지 사랑하는 아버지이자 오로지 사랑을 받는 아버지라는 혼란스러운 사실은 다루지 않고 있다. 그러나 그 동기가 무엇이건 간에, 프로이트의 눈에 그 결과는 항상 똑같다. 즉 사람들이 기도 속에 부르는 하느님은 실재(reality)에 속하는 존재가 아니라 하나의 이미지로서, 우리의 죄의식을 극복하거나 두려움을 완화하려는 깊은 욕구에서 자신으로부터 밖으로, 외부세계로 투사된 환상(an illusion projected outward)이다.

《모세와 유일신교》

프로이트의 《환상의 미래》는 아마도 종교에 대한 그 자신의 견해를 설명하는 가장 중요한 것이기는 하지만, 종교에 대한 그의 관심은 이 책에서 끝나지 않는다. 그의 경력 거의 마지막에 결국 자기 생명을 앗아간 암과 투병하며, 나치의 오스트리아 점령으로 인해 비엔나를 떠나, 다시 이번에는 종교에 관한 마지막 노력으로 자신의 종교 전통인 유대교에 관해 책을 썼다. 1934년부터 1938년 사이에 쓴 논문들에서, 그는 모세라는 인물에 초점을 맞추어 유대인들의 생활과 사상에서 모세의 기본적 역할을 검토했다. 이 논문들이 한 권의 책으로 엮어져 그가 죽던 해에, 《모세와 유일신교》(Moses and Monotheism)라는 이름으로 출판되었다.

《토템과 터부》에서처럼 매우 진귀한 이 책에서도, 프로이트는 종교역사, 특히 유대교 역사 속의 특정한 사건들에 관해 놀라운 새 주장들을 내세우고, 또한 정신분석에서 사용하는 개념들과의 비교가 어떻게 그런 사건들을 설명할 수 있는가를 보여주려고 한다. 성경에서 우리는 모세가 그 지도력으로써 이스라엘 사람들에게 영감을 주었고, 또한 하느님의 율법을 주어 그들의 생활의 기본적 틀을 형성한 위대한 히브리 예언자(prophet)라고 알고 있다. 그러나 프로이트는, 아마도 그것이 사실이겠지만, 모세가 정말로 히브리 사람인 것을 우리가 어떻게 아는가 하고 묻는다. 성경 본문들을 자세히 보면, 모세가 사실은 이집트의 왕자이며 통치자로서, 고대 이집트의 많은 신들을 오직 단 하나의 태양신 아텐(Aten)에 대한 엄격한 헌신으로 대체하려 했던 급진적인 왕 아크나톤(Pharaoh Akhenaton)의 추종자였다고 믿을만한 이유를 찾아볼 수 있다. 다른 제례들(cults)과는 달리, 아텐 신을 위한 예배는 형상들(images)이나 미신적인 제의(rituals)를 이용하지 않고, 순전히 사랑과 선함의 영적인 신을 강조했는데, 그는 또한 영원한 도덕률의 강력한 수호자로 숭상되었다. 아크나톤이 죽은 후 그의 새 종교는 이집트에서 실패했지만 완전히 실패한 것은 아니었다. 이 종교를 살아 있게 한 사람들 가운데 하나가 모세로서, 그는 히브리 노예들을 자기 백성으로 삼아 새 믿음으로 결속하여 담대한 용기로 그들을 속박으로부터 이끌어냈다.

처음에 모세를 따른 사람들은 그의 지도력 아래서 번성했다. 그러나 나중에는 광야 가운데서 곤경에 시달려, 모세가 선택한 사람들이 그의 지도력에 반역하여 모세의 신을 저버리고 모세를 죽였다. 그의 유일신 종교는 새로운 제례, 즉 야훼(Yahweh)라는 격렬한 화산 신(volcano-deity)에게 제사를 드리는 새로운 제례에 의해 덧씌워졌는데, 야훼 신은 이스라엘 사람들이 약속의 땅을 차지하기 위해 피비린내 나는 전쟁을 할 당시에 예배했던 신이다. 후대에 성경을 쓴 유대인 서기관들은 모세의 이름을 또한 이 두 번째 믿음의 창시자에게 붙였지만, 이런 술책이 새 종교와 초기의 원래의 모세(그들의 첫 번째이며 진정한 영적 지도자)의 유일신교 사이의 차이를 감출 수는 없었다. 새 믿음은 옛날의 순수한 영성과 도덕을 동물 희생제사들로 대체했는데, 이런 동물 희생제사들은 우리가 위대한 히브리 왕정시대에 볼 수 있는 제의들과 미신들과 피 묻은 동물 희생제사들이다. 타락한 새 종교는 옛날의 유일신 종교를 거의 모두 몰아내어, 본래의 모세와 그의 신앙의 희미한 기억 정도를 남겨 놓았다.

더구나 여기서 이야기가 끝나지 않는다. 수세기 후, 이스라엘 백성들은 공동체의 삶 속에서, 예상 밖으로, 부족의 옛 믿음을 회복하고 다시 활성화하려는 사명에 불타는 위대한 유일신교적 예언자들에 직면하게 되었다. 아모스, 이사야와 그 밖의 예언자들은 희생제물의 종교를 탄핵하고, 첫 모세가 선포했던 우주의 한 하느님을 위한 예배를 요구하고, 또한 다시 하느님의 엄격한 도덕률에 순종할 것을 외쳤다.

그러므로 이들의 외침이 비단 유대인 역사뿐만 아니라 전 세계에 미치는 결정적인 전환이 되었다. 이처럼 다시 회복된 유대인들의 유일신교(Jewish monotheism)라는 토양으로부터 그리스도교가 태동하여 위대한 세계종교로 부상하게 된 것이다. 히브리 예언자들 시대 이후로, 모세의 두렵고 의로운 하느님에 대한 신앙은, 유대교와 그리스도교 믿음의 확고한 중심이 되었다.

물론 프로이트가 말하는 이런 히브리 역사의 매우 특이한 이야기는 역사가와 성서학자 모두를 불편하게 만드는 몇 가지의 모험적인 연관성과 사람들을 놀라게 하는 역사적 추측에 의거한다는 것은 의심의 여지가 없다. 성경에서 분명한 증거를 찾기 어려운 점들은 모세가 이집트인으로서, 살해당했고, 두 사람에게 그의 이름이 주어졌다는 것, 혹은 초기 히브리 사람들이 일찍이 두 가지 서로 다른 종교를 가졌다는 주장들이다. 그러나 프로이트에게 이런 문제는 별로 중요한 것이 아니었다. 그에게 더 큰 관심은 어떻게 여러 세기를 거쳐 진정한 유일신교가 생겨났고, 분명히 사라졌다가 다시 살아났는가 하는 신비다. 그의 질문은 어떻게 본래 모세의 믿음이 그의 백성들의 삶에서 실제로 사라졌다가, 수세기 후에 극적으로 재생하여 전 유대인 공동체의 마음과 정신을 다시 사로잡을 수 있었는가 하는 질문이다. 신학자들은 그런 질문에 대답하는 것이 당황스럽겠지만, 정신분석학은 분명히 그렇지 않다. 프로이트는 우리로 하여금, 개인의 삶의 과정에서 심리적으로 발생하는 것과 유대인들과 같은 전체 공동체에서 더 오랜 시간을 거쳐 역사 가운데 발생하는 것 사이에 평행을 찾아볼 수 있다는 점을 다시 한 번 생각하도록 요구한다. 그는 종교를 신경증과 연결시켜 볼 때 가장 잘 파악할 수 있다는 자신의 견해를 다시 천명한다. 이런 전제 아래 그는 다음과 같은 독창적 주장을 이어간다.

정신분석학 이론은 개인적인 신경증의 사례들이 비슷한 방식을 따른다는 것을 분명히 보여준다. 신경증은 흔히 아동 초기에 일시적으로 기억에서 밀어냈던, 충격적이며 혼란스럽게 만드는 사건에서부터 시작한다. 이어서 '잠복기'가 뒤따르는데, 이때는 아무 이상이 없고 모든 것이 정상으로 보인다. 그 후 보통 사춘기가 시작되거나 성년 초기에 도달했을 때, 신경증 징조인 비합리적인 행위가 갑자기 나타나, "억압된 것의 재발"을 볼 수 있게 된다. 만일에 이런 단계들을 실제로 분간할 수 있다면, 우리는 그것들을 유대교 역사에서 볼 수 있는 순서들과 비교할 수 있다고 프로이트는 주장한다. 그는 우리로 하여금, 그 자신이 초기의 저술들에서 주장했던 병존감정, 부족민들의 살인, 종교를 아버지와 같은 인물을 찾는 아이들의 욕망으로 보는 주장을 상기하라고 말한다. 이런 것들이 신비할 정도로 정확하게 일치하지 않는가? 유일신교의 메시지는 신적인 아버지에 대한 유대인들의 자연스러운 인간적 갈망에 응답했다는 것이다. 모세의 강력한 인격에 대해서는 사람들이 심지어 그를 하느님과 동일시했을 정도였는데, 그처럼 강력한 모세의 인격은 태초의 군집생활에서 모든 것을 좌우했던 첫 아버지의 당당한 모습을 회상시켜 주었다. 광야에서 반역에 의해 그가 죽은 것은 단순한 역사적 사건만이 아니라, 태초에 위대한 아버지를 살해한 것의 재연으로 볼 수 있어서, 역사 이전 시대에 인류의 첫 번째 살해가 그 아들과 형제들에게 준 충격 못지않게 유대인들에게도 충격적인 사건이었다. 적절하게도, 일단 살인이 저질러지고 난 다음에는, 유대인 공동체가 집단적 억압의 행위로서 모세에 대한 모든 기억, 즉 유일신과 살해에 대한 모든 기억을 공동체의 삶으로부터 지우려고 노력함으로써 그 죄의식에서 벗어나려고 했고, 그럼으로써 두 번째 모세의 조잡한 야훼 종교가 들어서게 되었다. 진정한 모세의 종교에서는 이것이 오랜 잠복기간으로, 유대인들의 공동체 의식에서 가라앉아 거의 잊혀졌던 기간이다. 그러나 신경증의 법칙은 분명해서, 억압된 것은 되돌아오게 마련이다. 수 세기 동안 가려져 있다가, 그 창시자의 순수한 옛날 신조는 예언자들의 신탁들 속에 강력하게 복귀했다. 그래서 창조주이며 계약의 주님께 사랑으로 헌신하는 순수한 유일신교가 다시 모든 유대인들의 신앙이 되었고, 유대인들은 이런 일로 인해서 당연하게 오늘날까지 하느님의 선택받은 백성이라는 명예를 주장한다.

중요하게도 프로이트는 유대교의 계승자로서의 그리스도교의 역할까지도 정신분석학의 눈을 통해 그 역사를 살펴볼 때, 더욱 그 초점이 분명해진다고 말한다. 《토템과 터부》에서는, 태초의 군집생활에서의 반역이 사랑과 공포라는 양면 감정의 결과였다는 것이 분명히 밝혀졌다. 유대교는 그 아버지를 이상화해서 사랑의 신으로 만들고, 그를 살해한 것에 대한 죄의식을 억압하려는 충동을 상기시킨다. 그리스도교는 똑같이 사랑과 죄의식의 혼합을 의식하지만, 속량의 필요를 선언하는 것으로써 반응한다. 그리스도교의 중심적 사상가인 유대교 랍비 바울이 신학적 틀을 잡은 것처럼, 그리스도교 신학은 아버지 하느님을 중심으로 한 것이 아니라, 그 아들 그리스도와 그의 죽음을 중심으로 한 것이다. 다시 말하면, 하느님은 첫 아들의 형태로, 역사이전 시대 군집생활에서 첫 아들들이 범했던 원죄를 속량하기 위해 자신의 죽음으로 나아가는 하느님이다.

여기서 프로이트는 서슴없이, 어느 신학자들이나 역사가들이 감히 시도하지 못했던 유대교와 그리스도교의 유일신론에 대한 정신분석적 설명을 제시한다. 초기의 책들에서 펼쳤던 담대한 유비들과 똑같은 선상에서, 그는 이런 종교―실은 모든 종교들―의 매력은 신이나 구세주에 대한 그 종교들의 가르침, 기적이나 선택받은 백성이라는 주장, 혹은 죽음 이후의 삶에 대한 소망 등의 진리에 있지 않다고 주장한다. 이런 교리들이 공허한 것은 증명의 기회가 전혀 없기 때문이다. 그러나 정신분석학의 개념들은 전혀 달라서, 종교들의 진정한 위력은 그 교리들을 넘어, 사람들의 깊은 심리적 필요를 채워준다는 것과 또한 종교들이 표현하는 무의식적인 감정들에 있다는 것을 매우 흥미 있는 방법들로 보여준다.

분석

1. 심리학과 종교

20세기에 대해 논평하면서, 영국의 위대한 시인 오든(W. H. Auden)은 "우리 모두가 이제는 프로이트안들(Freudians)이다"라고 말했다. 이 말은 프로이트의 생각들이 우리 시대의 모든 사상 영역에 미친 엄청난 영향에 대한 찬사이다. 종교 분야도 예외가 아니다. 인간의 인격 안에 숨겨진 힘에 대한 프로이트의 분석은 종교이론에 관심을 기울이는 사람들뿐 아니라 종교관행과 연관된 신학자, 성직자, 상담사, 교사 등 거의 모든 사람들로 하여금, 자신들이 받아들이고 있는 교리들의 표피층 아래의 심층을 검토하도록 만들어, 인격의 심층적 요소, 즉 인간의 종교 신앙을 형성하며 또한 그 신앙에 의해 형성되는 인격의 주목되지 않았던 심층적 요소를 발견하도록 만들었다. 흥미로운 것은, 프로이트 자신은 종교적 행위에 분명히 부정적인 견해를 지녔음에도 불구하고, 정신분석학의 다른 지도자들—심지어 현대 심리학의 모든 학파에서도—은 종교에 대한 자신들의 보다 호의적인 견해에 프로이트의 통찰을 적용하려고 했다. 이들 가운데 특히 이런 전통에서 가장 주목할 인물은 스위스 심리학자 카를 융(Carl Jung, 1875-1961)으로서, 프로이트의 초기 동료들 가운데 가장 중요한 사람 중 하나였다. 융은 종교가, 인류에게 집단적으로 속하는 신화, 민속, 철학, 문학 속에 표현되고 있는 이미지들과 생각들의 깊은 축적에 의존한다고 본다. 종교는 다른 노력들과 마찬가지로 이런 '집단무의식'(collective unconscious)이라는 자원에 의존하고 있는데, 이 집단무의식은 신경증의 형태로서가 아니라, 참되고 깊은 인간성의 건전한 표현으로서의 형태다. 현대의 자아 심리학자들(ego psychologists)과 대상관계(object relation) 이론가들과 같은 다른 학자들은 이와 비슷한 경로를 따라, 종교와 인격 연구의 모든 분야를 개발하여, 이론과 치료에 관한 풍요한 연구 성과를 얻었다. 믿음에 대한 프로이트의 혐오감에 동의하거나 아니면 융의 인정에 동의하거나 별 상관없이, 양면의 관점이 종교에 대한 최근의 이해에 크게 공헌했다.

2. 프로이트의 종교설명

프로이트 종교이론의 중요성은 그가 저술한 상황과 밀접하게 연결되어 있다. 그의 견해들은 사실 일찍이 《그리스도교의 본질》(*The Essence of Christianity*, 1841)이라는 책으로 명성을 얻었던 독일의 철학자 루드비히 포이어바흐(Ludwig Feuerbach)가 발전시킨 사상을 따르고 있다. 이 논쟁적인 연구에서 그는 모든 종교가 단지 심리적인 방책(a psychological device)으로서, 이 방책을 통해 우리 자신의 소망, 덕, 이상 등을 '하느님'이라는 상상의 초자연적 존재에게 부착시키는데, 이 과정에서 우리 스스로는 감소될 뿐이라고 주장했다. 그의 저서가 카를 마르크스에게 강한 영향을 주었기 때문에 이 책에서 다시 다루게 되겠는데, 포이어바흐는 순전히 '투사이론'(projectionist)으로 종교를 설명한 첫 번째 현대 사상가라 할 수 있다. 이 말은, 그가 종교를 설명하는데, 신자들이 종교의 가르침에서 어떤 진리나 합리성을 발견하는가를 보여주는 것이 아니라, 오히려 그것이 진리이건 허위이건, 합리적이건 비합리적이건 **상관없**이, 종교적 믿음들을 만들어내는 심리적인 기제(psychological mechanism)가 무엇인지를 보여주려고 한다. 포이어바흐는 잠시 인기가 있었으나 추종자가 없었고, 그의 이론은 묻혀버렸다. 카를 마르크스가 이를 더 발전시켰지만, 그 역시 당시에 거의 무시되었다. 그러나 프로이트 시대에 기능주의적 투사이론이 다시 성하게 되는데, 이것은 주로 타일러와 프레이저의 연구 때문이었다. 앞에서 본대로, 이 두 사상가는 종교가 원래 '지적인' 것이라 결론지었는데, 이 말은 종교가 한때는 사람들이 진지하게 믿었던 생각들의 체계로서, 지금에 와서는 그런 생각들이 틀렸으며 불합리한 것으로 알려졌다는 말이다. 그러나 이 모든 것이 그렇다 하더라도, 우리는 도대체 어떻게, 그리고 왜 인류가 역사를 통해, 심지어 과학시대인 지금까지, 이처럼 미신과 오류의 거대한 집적물(collection)에 집요하게 매달려 있는가를 설명해야 한다. 그처럼 불합리한 것이라면, 도대체 왜 사람들이 종교를 고집하는가? 어떤 사람들이 보기에는, 이것이 바로 영국의 인류학자들의 연구를 잘 아는 프로이트가 풀어내려고 씨름했던 수수께끼였다. 그의 견해로는, 과학이나 더욱이 철학이 의심하는 데도 불구하고 왜 종교가 지속되는가를 알기 원한다면, 그 답을 정신분석학에서 찾아야 한다는 것이다. 정신분석학은 매우 분명하게 종교에 대한 집착의 진정한 원천이 합리적 정신이 아니라 무의식이라고 말해준다. 종교는 감정들과 갈등들, 즉 일찍이 아동기에 경험하여, 인격의 합리적이며 정상적인 표면 아래에 깊이 감추어져 있는 감정들과 갈등들로부터 생겨난다. 종교는 강박신경증이라고 보는 것이 가장 적합하다. 그러므로 신경증 환자에게 그의 손이 이미 깨끗하다고 일러주어도 계속해서 손을 씻는 것을 그만 두지 못하는 것처럼, 종교가 불합리한 것으로 증명되었다 해서 신도들이 신앙을 포기할 것이라고 생각할 수는 없다. 사태의 표면에서 보는 정상적인 원인들이 그 행위의 실제 원인들은 아니다.

프로이트는 종교에 대한 이런 기능주의적 설명을 가능한 한 더 확장할 생각이었다. 그는 단지 여러 가지들 가운데서 종교가 일정한 심리학적 기능들을 갖고 있다고 말한 것이 아니다. 그는 종교가 오로지 깊은 감정의 충돌과 연약함에 대응해서만 생겨난다고 주장하고, 이런 것들이 실상 종교의 진정하고 근본적인 원인이므로, 일단 정신분석학이 이런 문제들을 과학적으로 해결하면, 종교의 환상이 인간의 무대에서 매우 자연스럽게 사라질 것으로 기대할 수 있다고 주장한다. 그래서 프로이트는 20세기에 큰 영향을 미친, 특히 생생한 설명방법의 예를 제시하는데, 오늘날 이론가들이 기능주의적 환원주의(functionalist reductionism)라고 부르는 것이다. 프로이트는 자신의 작업을 종교에 관한 참된 진실을 철저하게 폭로하는 것으로 보았는데, 그는 이런 접근방법이 종교를 설명하되, 잘 해명하여 제거할 수 있다고 주장한다. 그는 종교 전체가 심리적 고통의 부산물에 불과한 것으로, 종교들의 표면적인 현상을 뚫고 들어가 보면, 무의식에서 발생한 환상적인 소원 성취로 판명되는 생각들과 믿음들의 집적물에 불과한 것으로 환원될 수 있다고 본다.

여기서 덧붙여야 할 것은 프로이트가 그의 판단들에서 항상 일관했던 것은 아니라서, 어떤 경우에는 다른 경우에서처럼 이런 심리학적 환원주의에 특별히 의존하지 않는 것 같다는 것이다. 그러나 대체로, 그는 매우 명백하고 솔직한 환원주의적 접근방법의 해석을 제공하여, 종교는 그 자체의 관점에서 볼 때, 결코 실재(a reality)가 아니라 항상 하나의 현상(an appearance)으로서, 어떤 다른 것의 표현이라고 강력히 주장한다. 종교는 그 기본 성격이 항상 수동적이며, 종교의 저변에 존재하는 더 강력하고 더 본질적인 다른 실재를 반영하는 것이 종교의 본질이기 때문에, 종교는 인간 행위나 생각의 참된 동인(動因, agent)이 아니라는 것이다. 프로이트는 솔직했으며 영향력이 있었지만, 그만이 특별히 적극적인 이런 환원주의적 전략을 추구했던 것은 아니다. 바로 다음 장에서 보겠지만, 그와 똑같은 접근방법을 사용한 두 이론가들이 있다. 이 두 사람의 종교에 대한 입장들은 20세기 사상에 매우 중요한 것이었다. 그런 환원주의적 해석은 프로이트와 동시대의 프랑스인 에밀 뒤르켐의 사회학에서뿐만 아니라 카를 마르크스의 경제적 유물론에서도 찾아볼 수 있다.

비판

프로이트에 대한 평가는 그의 종교 이론에 대해서 뿐만 아니라 그 이론을 뒷받침하는 더 광범위한 정신분석적 과학 구조에 대해서도 언급할 필요가 있다. 여기서는 첫 번째 것에 대해 몇 가지 관련된 질문만을 제기하고, 두 번째의 공적에 관해서는 계속되는 심각한 논쟁에 관해서만 언급하겠다.

1. 유신론 종교와 비유신론 종교의 문제

첫째로 주목할 것은 프로이트의 이론이 종교 일반에 관한 이론이라기보다는 오히려 유대-그리스도교에 대한 이론, 혹은 특별히 유일신 종교에 대한 이론이라는 점이다. 우리가 검토한 세 권의 책 모두에서, 오이디푸스 콤플렉스 개념과 아버지의 이미지에 대한 필요성이 그의 논의에서 너무 핵심적이기 때문에, 이 주장을 유일신교가 아닌 종교 형태에 적용하기는 어렵다. 비록 프로이트가 몇 군데서 언급하고 있기는 하지만, 많은 신들을 주장하는 종교, 모계 신을 주장하는 종교, 혹은 그 특성이 인격적이 아닌 신적인 능력에 대한 신앙을 분명히 내세우는 종교는 거의 전부가 프로이트의 사고 범위 밖에 속한다. 그런 종교들을 프로이트가 고려하지 않고 있기 때문에, 그가 설명을 시도한다 해도 어떻게 설명할 것인지를 우리로서는 확실히 말할 수가 없다. 우리가 그를 대신해서 그의 설명들을 확대시켜 그 모든 종교들을 포괄시켜 본다 해도, 그것이 어떻게 가능할 것인지는 쉬운 문제가 아니다. 그의 이론의 대부분은 구체적으로, 단 하나의 전능한 아버지 하느님을 주장하는 종교들을 설명하기 위한 것이었던 것처럼 보인다. 다른 종교들은 전혀 그 이론에 적합하지가 않다.

2. 유비(analogy)의 문제와 역사

유일신론의 문제는 우리가 인정하고 넘어갈 수 있다 하더라도, 프로이트의 이론은 다른 어려움들을 보여준다. 가장 주목할 것은 그가 유비를 통해 추론하는 것에는 곤란한 문제가 있다는 점이다. 예를 들면, 《토템과 터부》 그리고 《모세와 유일신교》에서 본 것처럼, 두 책 모두의 논증은 개인의 심리적 성장과 보다 큰 사회 집단의 역사적 발전 사이의 광범한 비교를 중심으로 하고 있다. 하나는 개인의 삶에서 수 년 동안 혹은 수십 년 동안 계속해서 일어나는 것이며, 다른 하나는 전체 공동체나 심지어 문명의 역사 속에서 수 세기에 걸쳐 일어나는 것이다. 그러나 이처럼 매우 다른 두 가지 사태들 사이에, 어떤 실제적인 유사성이나 분명한 연관성이 있다고 추정할 논리적인 근거가 무엇인가? 신경증 환자가 아동기 이후로 초기의 충격, 방어, 잠재, 신경증의 돌발, 그리고 억압된 것의 재발 등의 단계를 거치는 것은 사실일 것이다. 그러나 순전히 우연의 일치와 프로이트의 독창성 이외에, 과연 무슨 근거로 유대인들의 역사 전체가 한 정신장애자의 인격에서 나타나는 발달 방식과 일치한다고 생각할 수 있겠는가?

또한 프로이트가 《토템과 터부》에서 추정하는 것처럼, 그리스도교 성만찬 예식이 도대체 어떻게 해서 수천 년 전에 인간의 최초 군집생활에서 일어난 오이디푸스의 살해에 대한 공동체의 감추어졌던 기억에서 생겨난 것이라고 무슨 논리로 결론지을 수가 있다는 말인가? 어릴 때의 정신적 충격이 한 사람에게 평생 동안 남아 있을 수 있다는 것은 아마도 이해할 수 있겠다. 그러나 어떻게 먼 옛날의 살해를 인류 전체가 무의식에서 '기억'할 수 있다는 말인가? 물론 프로이트는 그런 집단적 기억력이 있다고 생각하는데, 그것은 주로 진화론의 한 변형, 즉 사람이 생애 동안에 얻은 경험의 내용이 그 자손들에게 생물학적으로 유전된다는 프랑스 과학자 라마르크(Lamarck)의 진화론의 해석에 의존한 것이다. 불행하게도, 다윈 이후 수십 년이 지나서 진화론의 이런 변형은 심각하게 도전을 받았는데, 그 이유는 진화과정에서 핵심적인 것은 오히려 자연선택이라는 결론이 보다 타당한 근거를 제시했기 때문이다. 과학에 진지하게 헌신한다고 공언했던 프로이트가 그의 종교해석에서, 당시에 중요한 다른 과학자들이 합당한 이유로 거부했던 진화론의 한 형태에 크게 의존했다는 것은 문제가 된다.

여기서 더 주목해야 할 것은, 프로이트의 유비에 근거한 주장들에서 인간 개인들에 관한 진술 모두를 인정한다 하더라도, 그들의 문화적인 면에 대해서는 매우 광범한 역사적 질문이 남는다. 《모세와 유일신교》를 읽는 학자들은 거의 처음부터, 프로이트가 유대인들의 초기 역사를 매우 상상력을 동원하여 재구성한 것에 대해서, 성서와 고고학의 증거가 거의 없다는 점을 발견하게 된다. 오히려 인류학자들은 최초의 인간 군집생활과 첫 아버지들을 살해한 것에 대한 프로이트의 추측에 대해 더더욱 회의적이다. 분명한 사실은 이런 사건들의 거의 모두가 역사 이전 시대의 안개 속에 사라졌으며, 이것을 재구성하는 것은 상당히 순전한 추측을 요구한다는 점이다. 이것은 어떤 증거는 프로이트를 지지하는 반면에 그 나머지 증거들은 그를 지지하지 않는다는 불확실성의 문제가 아니라, 실제로 모른다는 것과 도저히 알 수 없다는 것의 문제다. 이런 문제들에 관해서, 우리는 흔히 프로이트가 주장하는 것과 같은 종류의 이론을 뒷받침할 어떤 증거도 갖고 있지 않다.

3. 순환논법(circularity)의 문제

종교에 관한 그의 첫 논문과 《환상의 미래》에서 프로이트가 주장하는 핵심은, 종교가 신경증과 매우 비슷하다는 것이다. 즉 신경증 환자들이 비합리적인 것을 믿고 행동하는 것처럼, 종교인들도 역시 비합리적인 것을 믿고 행동한다는 것이다. 정신분석에서 발견된 강박신경증과 같은 것은 주로 개인들에게 나타난다. 종교에서 볼 수 있는 강박신경증은 전체 문화를 괴롭히는 것으로서 보편적인 것이다. 그러나 여기서 또 다시 프로이트가 이상하게 유비를 사용한 것에 대해 의문이 생기는데, 그 이유는 어떤 행동을 설명할 때는 그 상황이 결정적이기 때문이다. 심지어 프로이트에 호의적인 몇 명의 비판가들조차 지적한 것처럼, 염주를 굴리며 묵상에 여러 시간을 보내는 수녀와 자기의 셔츠 단추를 세면서 여러 시간을 보내는 신경증환자는 둘 다 같은 형태의 행동을 하고 있지만, 하나만이 정신장애자이다. 수녀에게는 기도하는 것이 정상이지, 신경증이 아니다. 프로이트가 그런 행동에 대한 무의식적 동기를 찾으려고 하는 것은 단지 **처음부터** 기도를 비정상적인 행동으로 간주했기 때문이다. 그러나 물론 프로이트가 기도를 비정상적인 행동으로 간주한 것은, 기도하는 것이 합리적인 동기에서가 아니라, 그가 증명하려고 나선 바로 그 무의식 속에 자리 잡은 비합리적인 동기에서 생긴다고 주장하기 때문이다. 요컨대 프로이트의 어떤 주장들은 분명히 순환논법을 보여준다.

그뿐 아니라, 투사(projection)라는 개념 자체도 의문을 제기한다. 사람들이 자기 마음으로부터 무엇인가를 바깥세상으로 투사한다는 단순한 사실이 결코 신경증적 소원성취를 하려는 것의 증거는 아니다. 과학과 수학의 상징들은 엄밀히 말하자면 우리가 세상에 투사하는 수적이고 개념적인 체계에 속하는데, 그것은 신경증 때문이 아니라 그것이 실제 세상을 더 잘 기술하고 이해하도록 우리를 돕는다는 이유에서 투사하는 것이다. 이처럼 매일 우리 자신을 '투사'하는 것이 실생활에 성공적으로 적용된다는 이 분명한 사실은 그것이 사실상 우리가 경험하는 대로의 세상의 특성을 반영한다는 것을 보여준다. 수학과 자연과학의 개념들이 투사한 것들이 맞는다면, 적어도 원칙상으로, 종교적 투사들 역시 정당한 것이고, 신경증 때문이 아니라 우리가 세상을 이해하는 대로 실제 세상에 대한 합리적이고 적절한 이해에서 비롯되었을 것이라고 인정하지 못할 이유가 없다.

4. 과학으로서의 정신분석

이 간략한 비판에서 마지막으로, 과학의 한 형태로서의 정신분석 자체의 곤란한 문제를 다루어야겠다. 프로이트는 자연과학 분야에서 교육을 받아 그의 경력을 두뇌생리학 연구로 시작했다. 그는 정신분석으로 방향을 바꾼 후 처음부터, 그 방법들이 절대적으로 과학의 방법들이라고 강조했다. 정신분석은 환자들과의 깊은 상담, 신중하게 가설들을 세우고 검사하는 것, 일반적 이론들을 탐구하는 것, 전문지를 통해 비판들을 서로 교환하는 작업 등을 토대로 세우게 되어 있었다. 《환상의 미래》에서 프로이트는 자신 있게 정신분석 같은 느리기는 하지만 확고하게 발전하는 과학을 후진적인 독단적 태도의 종교와 비교했다. 오늘날 분명히 많은 사람들이 정신분석을 받아들이는 것은 주로 그것이 정신의 **과학**(science of the mind)이라는 일반적 견해에 근거한 것이다.

그러나 이처럼 인정받은 견해가 최근에 와서 과학의 신랄한 공격을 받게 되었다. 특히 지난 20년간 여러 분야의 비판가들이 프로이트 이후 정신분석의 전체 작업에 대해 엄격하고 철저한 재평가를 했다. 호의적이 아닌 이들의 공동적인 판결을 두 문장으로 요약할 수 있는데, 프로이트의 재능이 무엇이었거나 간에 그는 과학자가 아니며, 또한 정신분석학이 무엇을 주장하든 간에 그것은 과학이 아니라는 것이다. 정신분석학에 대한 가장 강력한 비난은 미국인 과학철학자 아놀드 그륀바움(Arnold Grünbaum)의 공격으로서, 그는 정신분석자들이 환자를 치료하면서 증명할 수 있기를 원하는 바로 그것을 시시때때로 추정하며, 증거를 수집하기 위한 그들의 기법들이 과학적으로 불합리하고, 실상 사용할 수 있는 증거를 제출해도, 그 증거들은 프로이트가 관례적으로 끌어낸 정교한 결론들을 뒷받침하지 않는다고 주장했다. 그륀바움은 정신분석학 분야가 그 원리에서 비과학적이라고 말하지는 않지만, 그 주장들을 검사하는 참으로 과학적인 방법이 아직은 더 수립되어야 한다고 지적한다.21) 다른 비판자들은 다른 각도에서 관찰하면서, 정신분석학이라는 과학의 핵심을 이루는 원리들―프로이트의 인격과 신경증의 이론―이 애매모호한 비교들과 잘못된 추론들에 의존한 것들이며, 그 대부분은 심지어 검증해 볼 과학적인 방법이 전혀 없기 때문에, 입증할 수도 없고 부정할 수도 없다고 비판한다.22) 또 다른 비판자들은 프로이트에 대해 매우 비판적인 입장을 발표했는데, 그들은 프로이트를 그 제자들이 그를 선구적인 과학자이며 빅토리아 시대의 억압된 세상에서 진실을 밝힌 대표자라고 세상에 소개한 사람과는 전혀 다른 사람이라고 판정했다. 그들은 프로이트의 상상과 설득의 재능이 실제로 굉장한 것이었지만, 그는 또한 자신의 이해관계를 빈틈없이 추진했고, 증거를 왜곡하고, 정당한 비판을 무시하며, 자기의 목적에 필요하다면 사람들을 남용하기까지도 했던 사람이라고 비판한다.23)

---

21) 그의 중요한 저서 *The Foundations of Psychoanalysis* (Berkeley, CA: University of California Press, 1984)를 보라.
22) 특히 Malcolm Macmillan, *Freud Evaluated: The Completed Arc* (New York: North Holland, 1991)를 보라.
23) 프로이트의 문학적 재능, 특히 소설의 해설에 대해서는 Patrick J. Mahony, *Freud as a Writer* (New Haven, CT: Yale University Press, 1987)를 보라. 프로이트에 대한 이해와 함께 과학적인 비판을 특히 강력하게 제기한 것은 Frank Sulloway, *Freud, Biologist of the Mind: Beyond the Psychoanalytic Legend* (New

이런 비판들의 관점에서 볼 때, 정신분석학의 과학적인 미래가 특별히 유망해 보이지는 않는다고 하겠다. 프로이트의 종교이론 역시, 새로운 체제로 재정비되고, 다소 확실한 기초 위에 세워지지 않는 한 (이것은 항상 가능한 것인데) 더 나을 것이 없을 것으로 보인다. 동시에 정신분석학은 현대 심리학의 하나의 요소일 뿐이라는 점도 당연히 지적해야 하겠다. 분명히 심리학적 연구는 하나의 전체로서, 계속해서 종교를 설명하는 방법들과 수단들에 중요하게 연관성을 갖게 될 것이다.

보다 자세한 연구를 위한 추천 도서들

Bernstein, Richard J. *Freud and the Legacy of Moses*. Cambridge: Cambridge University Press, 1998. *Moses and Monotheism*을 재평가하는 책으로서, 많이 비판받는 이 책이 프로이트의 가장 중요한 책인데, 새로운 종교개념을 제시하기 때문이라고 주장한다.

Crews, Frederick C. "The Unknown Freud," *New York Review of Books* 40, no. 19 (November 18, 1993): 55-66. 전에 프로이트의 문학에 관한 이론가였으며 후에 정신분석학과 그 역사와 그 방법에 대한 단호한 비판자가 되어 제기한 의문들.

York: Basic Books, 1979); Jeffrey Moussaieff Mason, *The Assault upon Truth: Freud Suppression of the Seduction Theory* (New York: Farraar, Staus and Giroux, 1984); Frederick C. Crews, *Skeptical Engagements* (New York: Oxford University Press, 1986) 등이다. 이런 비판들을 요약하고 이들로 인한 열띤 논쟁은 Paul Robinson, *Freud and His Critics* (Berkeley, CA: University of California Press, 1993)와 Frederick C. Crews, "The Unknown Freud," *New York Review of Books* 40, no. 19 (Novemer 18, 1993): 55-66을 보라.

Freud, Sigmund. *The Standard Edition of the Complete Psychological Works of Sigmund Freud.* James Strachey의 편집으로 Anna Freud의 협조로 번역되어 London: Hogarth Press, 1953년에 출판되었다. 영어로 된 프로이트 저서 고유의 수집판이다. 개개의 저서는 재판과 개정판이 입수 가능하다. (한글로 번역된 프로이트 전집은 열린책들에서 출판되었다.)

Gay, Peter. *Freud: A Life for Our Times.* New York: W. W. Norton, 1988. (정영목 역, 《프로이트 1, 2》. 교양인, 2011). 유명한 지성사 학자가 쓴 가장 내용 있고 권위 있는 최근의 전기.

Gay, Peter. *A Godless Jew: Freud, Atheism, and the Making of Psychoanalysis.* New Haven: Yale University Press, 1987. 프로이트의 종교관을 간략하고 깊이 있게 평가한 책.

Grünbaum, Adolf. *The Foundations of Psychoanalysis.* Berkeley: University of California Press, 1984.

Grünbaum, Adolf. *Validation in the Clinical Theory of Psychoanalysis: A Study in the Philosophy of Psychoanalysis.* Madison, Connecticut: International Universities Press, 1993. 과학으로서의 정신분석학에 대한 최근 선도적 비판자인 철학자의 중요하고 강력한 두 연구.

Herzog, Patricia. *Conscious and Unconscious: Freud's Dynamic Distinction Reconsidered.* Madison, Connecticut: International Universities Press, 1991. 프로이트 사상의 중심 개념에 대한 유익한 최근 검토.

Jones, Ernest. *The Life and Work of Sigmund Freud.* 3 vols. New York: Basic Books, 1953-1957. 프로이트의 최초의 동료이며 추종자 집단에 속했던 영국인 팬이 쓴 최근까지는 명확한 프로이트 전기.

Kerr, John. *A Most Dangerous Method: The Story of Jung, Freud, and Sabina Spielrein.* New York: Alfred A. Knopf, 1993. 프로

이트, 융과 이들의 최초 동료 한 명의 일정한 목표와 의제에 대하여 도덕적인 것과 과학적인 의문을 제기한 책.

Küng, Hans. *Freud and the Problem of God*. New Haven: Yale University Press, 1979. 유명한 현대 가톨릭 신학자가 프로이트의 신학적 의견을 깊이 분석한 책.

MacIntyre, Alasdair C. *The Unconscious: A Conceptual Analysis*. London: Routledge & Kegan Paul, 1958. 이제는 다소 오래된 것이기는 해도, 정신분석학을 태동케 한 아이디어에 대한 분명하고 간결하며 유익한 소중한 연구로서 유력한 영국 분석 철학자가 쓴 책.

Masson, Jeffrey Moussaieff. *The Assault upon Truth: Freud's Suppression of the Seduction Theory*. New York: Farrar, Straus, and Girou, 1984. 프로이트의 방법에 대한 논쟁적인 폭로로, 그가 초기의 환자 가운데 한 명을 심리분석에서 어떻게 잘못 다루었는가를 보여준다.

Neu, Jerome, ed. *The Cambridge Companion to Freud*. New York: Cambridge University Press, 1991. 최근 프로이트의 생애와 사상에 관해 쓴 여러 학자들의 유익한 논문들.

Palmer, Michael. *Freud and Jung on Religion*. London: Routledge, 1997. 두 정신분석학 창시자가 제시한 종교에 대해 근본적으로 서로 반대되는 평가를 탐구한 책.

Rieff, Philip. *Freud: The Mind of the Moralist*. 3rd ed. Chicago: University of Chicago Press, 1979. 프로이트의 개념들을 전기와 문화의 배경 속에서 본 광범위하게 읽혀지고 많이 인정받는 연구.

Rizzuto, Ana-Maria. *Why Did Freud Reject God? A Psychodynamic Interpretation*. New Haven: Yale University Press, 1998. 프로이트의 아동기 발달과 가정환경이 신에 대한 믿음을 심각하게 고려할 수 없게 만들었음을 논한 책.

Roazen, Paul. *Encountering Freud: the Politics and Histories of*

Psychoanalysis. New Brunswick, New Jersey: Transaction Publishers, 1990. 프로이트와 그의 새로운 연구 분야의 목표를 둘러싼 논쟁을 파헤친 책.

Roazen, Paul. *Freud and His Followers*. New York: Alfred A. Knopf, 1975. "첫 프로이트 학파"와 그들의 지적인 의제에 관한 유익한 연구.

Robinson, Paul. *Freud and His Critics*. Berkeley: University of California Press, 1993. 프로이트와 정신분석학의 과학으로서의 타당성에 관한 최근의 열띤 토론에서 문제를 요약하고 평가한 책.

Sulloway, Frank. *Freud, Biologist of the Mind: Beyond the Psychoanalytic Legend*. New York: Basic Books, 1979. 이 책 이후로 프로이트의 과학을 더욱 비판하게 된 학자의 종합적 연구.

3장

사회의 신성함

에밀 뒤르켐

> 사회라는 관념은 종교의 혼이다.
>
> - 뒤르켐, 《종교생활의 원초적 형태》 [1]

프로이트가 비엔나에서 그의 논쟁적인 주장들을 발표하던 동안, 프랑스에서도 똑같이 독창적인 사상가 에밀 뒤르켐(Émile Durkheim)이 혁명적인 종교이론을 매우 다른 방향에서 전개하기 시작했다. 프로이트가 현대 심리학과 연결되는 첫 번째 이름이라면, 뒤르켐은 비록 덜 알려졌지만 틀림없이 사회학에 대한 언급에서 떠오르는 첫 번째 사람이다. 뒤르켐은 인간의 생각과 행위를 이해하는 데서 사회—사회구조, 관계, 기관들—가 핵심적으로 중요하다는 것을 주장하는 데 앞장섰다. 그의 독특한 관점은 인간생활의 모든 중요한 기획들—우리의 법과 도덕, 노동과 휴식, 가정과 개성, 과학, 예술, 그리고 무엇보다 종교—을 그 각각의 사회적 차원이라는 렌즈를 통해 이해하려

---

1) Emile Durkheim, *The Elementary Forms of the Religious Life*, tr., Joseph Ward Swain (New York: The Macmillan Company, 1915), p. 419.

는 그의 단호한 결심에 있다. 그런 기획들을 생겨나게 하고 또한 구체화하는 사회가 없이는, 그런 것들이 결코 존재할 수 없다고 그는 주장했다.

물론 첫 눈에 이런 사회적 주제를 검토하는 이론가가 혁명적으로 보이지는 않는다. 현대 사상의 풍토에서, '사회 환경'에 대한 언급이 없이는 어떤 논의도 있을 수가 없기 때문이다. '사회적 부패,' '사회 개혁,' '사회적 배경'에 관한 언급 없이 지내는 날이 거의 하루도 없다. 그러나 한 세기 전만 해도, 그런 용어는 일반화된 지금에 비해 너무도 희귀했다. '사회'라는 단어는 주로 상류층의 태도들과 부자들의 파티와 연관된 단어였다. 당시의 주도적 사고체계들은 매우 개인주의적이어서, 어떤 사회 조직, 즉 한 가정에서 시작해서 마을, 교회, 나라 등을 단지 같은 장소에, 같은 관심으로 모이게 된 개별적인 사람들의 모임 정도로 보는 경향을 띠었다. 그러나 뒤르켐의 견해는 결정적으로 달랐다. 그는 사회적 사실들(social facts)이 개인적 사실들보다 더 근본적인 것이라고까지 말했다. 이것은 그 사회적 사실들이 나름대로 물리적 사물들처럼 실재하며, 또한 사회가 개인에게 미치는 강력한 영향을 무시하거나 충분하게 깨닫지 못할 때는 개인을 **잘못** 이해하게 되는 경우가 많음을 뜻한다. 결국 인간은 결코 단지 개체일 수만은 없으며, 항상 어떤 것에 **속해** 있어서 부모나 친척, 마을이나 도시, 인종, 정당, 민족 전통 혹은 다른 어떤 집단에 속해 있다. 뒤르켐의 견해로는, 우리가 사람이 누구인지를 정말로 파악하려 할 때, 단지 생물학적 본능이나 개인의 심리, 혹은 고립된 자기이익에만 입각해서 파악할 수 있다는 생각은 전혀 잘못된 생각이다. 우리는 반드시 개인을 사회 속에서, 또한 사회를 통해서 설명해야 하며, 또한 그 사회 역시 사회적인 관점에서 설명해야만 한다.

이런 사회적 전제에 따라, 뒤르켐은 프로이트처럼, 자신의 주제를 탐구하기 위해서는 새로운 과학적 학문분야가 필요하다고 주장했다. 그는 이 분야를 '사회학'이라고 불렀는데, 그가 이 말을 처음 사용한 사람은 아니며, 그 자신은 이 말을 좋아하지도 않았다. 간단히 말해서, 사회학은 사회의 과학이어야 한다. 정부, 경제, 교육의 문제에서, 또는 대학 강의실에서부터 텔레비전 좌담에 이르는 공개토론에서까지 우리가 사회과학에 호소하는 것처럼, 사회과학이 현대생활에서 그토록 중요한 위치를 차지하게 된 것은 뒤르켐의 강력한 주장과 지도적인 영향이 그만큼 특별했기 때문이다. 오늘날 우리가 세상에 대해 본능적으로 사회적 견해를 갖는 것은 뒤르켐의 혁명적인 사고가 얼마나 철저하게 성공적인 것으로 판명되었는가를 보여주는 표시인 셈이다.[2]

뒤르켐은 실제로 프로이트에 평행하는 두 가지를 제시한다. 두 사람 모두가 특별한 연구 분야―한 사람은 심리학, 다른 한 사람은 사회학―를 발전시킬 필요를 느꼈을 뿐 아니라, 두 사람 모두 그들 자신의 새로운 관점들로 인해 불가피하게 종교행위와 믿음에 관한 오래된 질문으로 되돌아가도록 만들었다. 프로이트와 마찬가지로 뒤르켐 역시 물어야 했던 질문은 종교가 무엇인가? 왜 종교가 인간사에서 그토록 중요하며 핵심적인가? 개인과 사회 모두에 대한 종교의 기능은 무엇인가? 하는 질문이었다. 우리가 본 것처럼, 프로이트는 개인의 인격을 설명할 때 종교의 영향을 고려하지 않고서는 그 설명이 완전할 수 없

---

[2] 뒤르켐만이 현대 사상에서 "사회학적 혁명"의 공헌자는 아니었다. 뒤르켐의 영향에 관해서는 Albert Salomon, "Some Aspects of the Legacy of Durkehim," in Kurt H. Wolff, ed., *Essays on Sociology and Philosophy: Durkehim, et al, with Appraisals of His Life and Thought* (New York: Harper Torchbooks, [1960] 1964) pp. 247-66.

다고 생각했다. 뒤르켐은 사회에 관해서 똑같은 생각을 했다. 즉 강력하며 숨겨져 있는 '사회적' 차원을 이해하려는 과정에서, 그는 끊임없이 또한 반복해서 '종교적' 차원 속으로 끌려들어갔다. 뒤르켐에게는 종교와 사회가 서로 뗄 수 없는 것이며, 또한 서로에게 절대로 필요한 것이다.

생애와 경력

뒤르켐은 1858년, 프랑스 북동쪽 스트라스부르 근처에 있는 에삐날에서 출생했다.[3] 아버지는 유대교 랍비였으며, 어려서 가톨릭 신자인 학교 선생님으로부터 강한 영향을 받았다. 이런 영향은 종교적인 문제에 대한 일반적 관심을 갖게 했을 것이지만, 그는 개인적으로 신자가 되지는 않았다. 청년기에는 공공연한 불가지론자가 되었다.

뒤르켐은 고등학교에서 우수한 학생이었고, (처음 두 번 시도에 실패한 후) 스물한 살에 프랑스의 최고 명문 가운데 하나인 엄격한 고등사범학교(École Normale Supérieure)에 입학하여 역사와 철학을 공부했다. 거기서의 경험은 전적으로 행복한 것은 아니었는데, 부분적 이유는 공부의 과정들이 엄격한 방식으로 짜여진 때문이었다. 그러나 당시 그의 반응은 그의 성품을 잘 보여주듯, 학교를 그만두거나 불평하는 것은 아니었다. 자기 개인이 그 규제에 맞지 않는다고 해서 기관을 포기하기에는 사회질서와 조직에 대한 그의 이해가 너무나 예민했다. 그는 공부과정을 끝내고 모든 학생들에게 필수였던 두 편의 논문

---

3) 권위 있는 뒤르켐의 전기는 Steven Lukes, *Emile Durkheim, His Life and Work: A Historical and Critical Study* (New York: Harper & Row, 1972). 깊이 있는 뒤르켐의 사상에 대한 특출한 연구는 W. S. F. Pickering, *Durkheim's Sociology of Religion: Themes and Theories* (London: Routledge & Kegan Paul, 1984)이다.

을 쓴 후, 파리 교외에 있는 중학교에서 가르치기 시작했다. 또한 독일에서 1년간 저명한 심리학자 빌헬름 분트(Wilhelm Wundt) 밑에서 연구하기도 했다. 1887년에 루이즈 드레퓌스(Louise Dreyfus)와 결혼했는데, 부인은 평생 동안 남편의 연구와 두 아이들을 위해 헌신했다. 같은 해 보르도대학의 교수가 되었는데, 특별히 그의 사회학 연구를 위해 사회과학과 교육이라는 새 강좌가 만들어졌다.

그 후 15년간 보르도대학에서 가르치면서 뒤르켐은 사회학 연구를 열심히 추구하며 그의 사상을 발전시켰다. 그의 중요한 첫 번째 책 《사회 분업론》(*The Division of Labor*)이 1893년에 출판되었고, 곧이어 《사회학적 방법의 기준》(*The Rules of Sociological Method*)이 1895년에 출판되었는데, 이 책은 이론적 연구로서 많은 논쟁을 불러일으켰다. 《자살론》(*Suicide*, 1897)도 출판했는데, 이것은 당시에 일반적으로 사람들이 전적으로 개인의 절망적 행동이라고 보는 자살 사건들의 배후에 있는 공공적이며 사회적 요소를 찾아본 것이다. 거의 같은 시기에 그는 다른 학자들과 함께 새로운 학술잡지 《사회학 연보》(*L'Annee Sociologique*)를 창간하여, 논문들과 다른 저서들에 대한 사회학적 관점의 평론들을 출판했다. 이 잡지는 프랑스에서만이 아니라 세계적으로도 유명해져서, 뒤르켐 자신의 저서들만큼이나 사회학 분야를 발전시키는 데 큰 역할을 했다. 재능 있는 학자들이 이 잡지에 자신들의 연구를 기고했으며, 그 과정에서 뒤르켐의 관점이 하나의 특정한 '학파'로 발전되었다. 당연히 이런 인상적인 업적들로 인해(또한 정부의 정치적 결정의 도움으로) 뒤르켐은 파리 대학의 교수로 임명되었다. 마흔네 살의 나이에 그는 프랑스의 학문적 경력에서 최고의 성취를 자부할 수 있었다.

파리에서 뒤르켐은 성공적인 세월을 보냈으나 후에는 비극적인 시기를 거쳤다. 보르도에서 이미 그의 관심은 사회생활에서의 종교의 역할을 탐구하는 일에 끌리기 시작했지만, 파리 대학교로 옮기고 나서는 새로운 의무와 과제들로 인해 연구의 진척이 느려졌다. 그래도 그는 계획을 수행하여 10년 후에는, 가장 잘 알려졌고 가장 중요한 《종교생활의 원초적 형태》(*The Elementary Forms of the Religious Life*, 1912)를 출판했다. 뒤르켐이 종교 이론가로서 중요한 위치를 차지하게 된 중요한 이유가 되며 또한 다른 사상가들에게 큰 영향을 끼치게 된 것은 대체로 이 감명적인 책 때문인데, 이 장에서는 이 책을 자세히 검토하기로 하겠다. 그런데 그 출판연도가 보여주는 것처럼, 이 책이 나온 것은 유럽이 제1차 세계대전으로 인해 충격을 받기 2년 전이었다. 전투는 매우 치열했으며 전쟁의 참화가 가장 심했던 곳이 벨기에와 프랑스였기 때문에, 많은 사람들의 인생에서처럼, 전쟁은 뒤르켐의 개인생활에도 큰 상처를 남겼다. 그는 비록 학자들은 당대의 문제들에 대한 논평을 피하고 과학적 객관성을 유지해야 한다고 믿었지만, 전쟁 중에는 예외로 독일에 대항하여 프랑스를 위해 격렬히 외쳤다. 그러다가 1916년 초에, 젊은 학자로 촉망되던 그의 외아들 앙드레가 세르비아 전투에서 전사했다는 소식을 듣게 되었다. 슬픔에 잠긴 뒤르켐은 연구와 저술에 고전하던 중, 몇 달 후에 뇌졸중으로 고생하다가, 그 후 1년 남짓해서 1917년에 59세의 비교적 젊은 나이로 죽음을 맞았다.

사상과 영향

뒤르켐이 사회에 대해 큰 관심을 갖게 된 것은 갑작스러운 것이 아니었다. 그 자신이 처음 지적한대로, 뒤르켐 이전의 프랑스 사상가들이 비슷한 관심을 보였고, 그의 사상은 그들의 관심을 발전시킨 것으로 볼 수 있다.[4] 그의 두 논문 가운데 하나는 18세기 프랑스 철학자로서 유럽문화와 정치제도를 치밀하게 관찰하여 분석한 몽테스큐 남작(Baron de Montesquieu)에 관한 것이었다. 몽테스큐의 저서는 사회구조를 정밀한 과학적 방식으로 검토할 수 있음을 보여주었다. 또한 뒤르켐은 1800년대의 사회주의 사상가로서 모든 개인 재산은 국가에 돌려야 한다고 믿었던 꽁뜨 드 쌩 시몽(Comte de Saint-Simon)의 저서들도 읽었다. 뒤르켐은 19세기 초 프랑스의 가장 유명한 사상가인 오귀스트 꽁뜨(Auguste Comte, 1798-1857)에게서 더욱 깊은 인상을 받았는데, 꽁뜨는 타일러와 프레이저와 비슷하게, 문명의 거대한 진화 패턴을 주장했다. 이런 진화의 틀에서 볼 때, 인간의 사고의 초기 단계들은 처음에는 신학에 의해, 그 다음에는 철학자들의 추상적인 사상에 의해 지배되었는데, 마침내 현재 시대는 '실증적'(positive) 혹은 과학적 사고에 의해 지배되는 시대로서, 오직 관찰할 수 있는 사실들에 대한 치밀한 연구만이 모든 지식의 열쇠가 된 시대가 되었다. 현재 과학의 시대에는 새로운 '인도교'(人道敎, religion of humanity)가 과거의 불신 받는 종교와 철학을 대체한다. 뒤르켐은 사회가 진화론적으로 발전한다는 개념에 대해서는 매우 모호하고 일반적인 방식으로만 받아들였지만, 꽁뜨로부터 공동체를 필요로 하는 인간의 욕구를 배웠으며 또한 사회 현상들에 대한 과학적 분석에 깊이 헌신하는 것을 배웠다.

　뒤르켐의 청년기에 영향을 준 이런 인물들 이외에도, 당시에 프랑스에서 가장 저명했던 두 학자를 잊어서는 안 된다. 위대한 성서비평

---

[4] 그가 속했던 프랑스의 사회학적 전통에 관한 뒤르켐 자신의 평가는 그의 "Sociology in France in the Nineteenth Century," tr. by Mark Traugott, in Robert N. Bellah, ed., *Emile Durkheim: Morality and Society, Selected Writings* (Chicago: University of Chicago Press, 1973), pp. 3-22를 보라.

가 에르네스뜨 르낭(Ernest Renan)은 고대 유대교와 초기 그리스도교 모두에 대해 예리한 사회적 관심을 가진 학자였다. 또 한 사람은 특별한 재능을 가진 고전 역사가로서 뒤르켐이 매우 존경한 고등사범학교 은사인 뉘마 드니 퓌스뗄 꿀랑쥬(Numa Denys Fustel de Coulanges)였는데, 그의 책 《고대 도시》(*The Ancient City*, 1864)는 고대세계의 사회생활 연구에서 고전이 되었다. 이 흥미 있는 책에서 꿀랑쥬는 그리스와 로마의 도시국가들에 대한 정밀한 사회분석을 통해, 일상생활이 깊이 신봉되는 전통들에 의해 좌우되며, 보수적 도덕 가치관에 깊이 뿌리박혀 있었음을 보여줄 뿐 아니라, 이런 전통들과 가치관이 고전시대의 다신(多神) 종교의 믿음들에 얼마나 철저히 스며있었는가를 보여준다.

　　뒤르켐은 자신의 관점을 체계화하는 데 자연히 이들 사상가들의 생각들을 기초로 삼았다. 더불어 현대 프랑스의 생활환경도 일정부분 역할을 했다. 모두가 알다시피 1800년대 후반에 프랑스와 유럽은 두 차례 큰 혁명을 겪었다. 하나는 경제적인 산업혁명이고, 다른 하나는 정치적인 프랑스 혁명으로서 몇 번 연속된 혁명이었다. 뒤르켐의 판단으로는, 이런 두 가지 획기적 사태 진전의 충격이 서구문명에서 생활방식을 영구히 변화시켰다. 유럽이 오랫동안 안정을 유지했던 것은 농업, 명확한 사회계급, 지주귀족들과 군주들, 촌락과 도시의 긴밀한 공동체적 연결성, 그리고 그리스도교의 지배적인 진리, 전통, 구조에 의존해왔기 때문이다. 그러나 이 두 가지 혁명의 여파로 인해, 서구문명의 이런 안정된 체계는 전대미문의 충격을 받아 돌이킬 수 없는 변화를 겪게 되었다. 이런 가운데 완전히 새롭고 다른 문명이 성장하기 시작해서, 사람들은 공장들과 도시들로 몰리게 되었고, 부(wealth)는 작위를 가진 영주들로부터 기업적인 상인들에게로 넘어가고, 세력은 옛날의 특권계급으로부터 급진적 움직임들이나 대중운동들로 옮겨가고, 종교는 어디서나 반박과 무관심 혹은 노골적인 불신에 직면하게 되었다. 구체적으로 뒤르켐은 특별히 다음 네 가지 추세, 혹은 패턴에 주목했다.

1. 가족과 공동체와 종교적 믿음으로 함께 묶여진 유럽의 전통적 사회체계 대신에, 새로운 '계약적'(contractual) 질서가 등장해서, 개인의 사적인 관심 및 돈과 연결된 이해관계가 지배하는 사회로 바뀌었다.
2. 도덕과 행위 영역에서는, 한때 교회가 인정한 성스러운 가치들이 이제는 새로운 이상들에 의해 도전을 받게 되었는데, 그 새로운 이상들은 종교적 신앙보다 이성을, 또한 장차 천국에서의 삶에 대한 소망(혹은 지옥의 공포)보다는 이 세상에서의 행복에 대한 욕망을 강조한다.
3. 정치 영역에서는, 사회 저변에 민주적인 대중이 등장하고 그 정상에는 강력한 중앙집권 국가가 출현하여, 사회통제의 성격을 변화시켰다. 즉 개인들은 과거의 도덕적 교사들, 즉 가족, 마을, 교회라는 도덕적 교사들로부터의 연결이 끊어져, 정당들과 대중운동들과 국가로부터 지시를 받게 되었다.
4. 개인적인 문제들의 영역에서는, 옛 체제에서 풀려난 개인들이 누리게 된 이 새로운 자유가 큰 기회와 더불어 큰 위험성을 주게 되었다. 자유와 더불어 보다 큰 번영과 자기성취의 기회가 왔지만, 동시에 고독과 개인의 소외라는 심각한 위험도 초래했다.

사회학과 "사회적 사실들"

이런 획기적인 변화들을 지켜보면서, 뒤르켐은 이런 변화들에 접근하는 유일한 길은 과학적 방법뿐이라고 믿었다. 완전히 과학적인 사회학만이 사람들로 하여금 자신들의 발밑에서 요동치고 있는 온 세상의 진동을 이해하도록 도와줄 수 있다. 그래서 그는 자신의 학문적인 탐구에서, 두 가지 고정된 근본원칙들을 세웠다. (1) 사회의 성격은 체계적인 탐구에 가장 적합하고 유망한 주제인데, 특히 역사의 현시점에서는 더욱 그렇다. (2) 모든 "사회적 사실들"(social facts)은 가능한 한, 가장 순수하게 객관적인 과학적 방법으로 조사해야만 한다.

사회의 성격

뒤르켐은 그의 중요한 첫 번째 책 《사회 분업론》에서, 학자들이 이 첫 번째 근본원칙을 무시하는 것 때문에 얼마나 쉽게 잘못될 수 있는가를 보여준다. 그는 사회생활이 인간 문화의 가장 근본적 특징들을 형성했지만, 과거의 사상가들은 그렇게 보는 경향이 아니었다고 지적한다. 만일 그들이 다소나마 사회생활을 고려했다면, 그것은 일종의 추후 생각(afterthought)으로서 고려했던 것이다. 즉 그들이 과거를 관찰하면서 유명한 '사회계약'과 같은 개념들을 제시했는데, 사회계약이란 일부 개인들이 자신들보다 더욱 강력한 다른 개인, 즉 왕에게 권력을 넘겨주고, 대신에 왕은 그들을 보호하는 것에 합의할 때, 사회가 시작되었다는 것이다. 원시시대에 이런 합의가 이루어졌을 때 사회가 생겨났다는 것이다. 그러나 뒤르켐은 이런 이야기들이 소설속에서는 흥미로운 시도가 되겠지만, 인류의 실제 역사는 결코 그렇지 않다고 말한다. 역사 이전의 시대에도 개인은 언제나 **애당초** 집단 속에, 즉 가족, 씨족, 부족, 국가와 같은 집단 속에서 태어나며 또한 그 상황 속에서 키워졌다고 말한다. 개인들의 언어, 습관, 믿음, 감정적 반응, 심지어는 그들이 스스로에 대해 지녔던 개별적 자아에 대한 개념마저도 항상 사회구조(social framework)로부터 와서, 언어를 비롯한 그 모든 것들이 세상에 나타난 순간부터 이 사회구조가 그것들을 형성했다. 예를 들어, 옛날의 계약은 항상 신성한 종교적 서약으로 맹세해야만 했었는데, 이것은 이런 합의가 단순히 쌍방 간의 편의상 이루어지는 문제가 아니라, 신들에 의해 강제되는 문제였다는 것을 보여준다. 왜냐하면 공동체 모두가 그 결과에 관계되었기 때문이다. 사유재산에 대한 개념도 마찬가지로, 이 개념 역시 개인적으로 발전한 것으로 생각했었다. 전통적인 생각에서 볼 때, 개인이 어떤 물건이나 땅의 한 부분을 소유할 권리가 있다고 생각한 것은, 그것들이 그 개인의 연장(延長)이라고 볼 수 있었기 때문에 그런 개념이 생겼다는 것이다. 그러나 뒤르켐은 역사적 사실들은 다른 것을 보여준다고 주장한다. 처음에는 소유물들이 그 성격상 개인의 것이 아니라 공동체의 것으로서, 원시인들은 우선 신성한 땅이 사제나 어떤 한 사람에게 속한 것이 아니라, 부족 전체에게 속한 것으로 생각했다. 이런 **공동**(common) 소유라는 것이 재산과 소유권에 대한 최초의 생각을 갖게 해주었다. 이처럼 모두가 소유하거나 모두에게 속한 것들, 즉 씨족 전체에게 신성한 것들에 대한 **공적인**(public) 권리라는 생각에서부터, 결국 어떤 것은 단 한 사람이 혹은 몇 사람이 사적으로 소유할 수 있다는 생각을 문화가 발전시켰다는 것이다.

그렇다면 사회적 유대(social solidarity)가 항상 일차적인 것이었다. 집단이라는 기본적 의식으로부터 도덕적 책임과 사유재산의 소유권과 같은 생활의 기본적 체계가 초래되었다. 뒤르켐은 고대사회와 현대사회 사이의 중요한 차이는 그들의 일치단결을 이룩하려는 방법에 있다고 지적한다. 예를 들어, 법령들에 대한 연구에서 보면, 초기 공동체는 '기계적 유대'(mechanical solidarity)에 의존했다. 집단의 도덕률을 위반한 자는 누구나 (흔히 심하게) 처벌함으로써 선한 행동이 보장되었다. 이것은 외적인 강제다. 반면에 현대에는 다른 양상인 '유기체적 유대'(organic solidarity)가 대신한다. 노동이 분업화되고, 서로 다른 사람들이 서로 다른 일을 할 수 있기 때문에, 도덕적 책임의 의미가 다른 방향으로 발전된다. 도덕적 책임감은 처벌의 위협에서가 아니라, 각 사람이 다른 사람의 노동에서 취득해야 하는 필요성에서 온다. 여기서 도덕법의 강제는 내면적인 것일 수밖에 없다. 즉 한 사람에 의한 잘못은 그 사람에게 의존하는 다른 사람들에게 손해를 준 것으로 보아야 한다. 고대사회는 또한 광범위하고 강한 '집단 양심'(collective conscience)을 갖고 있어서, 인간 행위의 거의 모든 문제들에서 무엇이 옳고 무엇이 그른 것인가에 대해 일정한 합의가 있었다. 이와는 대조적으로, 현대사회는 도덕적 개인주의가 특징인데, 현대사회 역시 기초적인 공동의 도덕적 근거를 필요로 하면서도, 보다 많은 개인적인 다양성과 개인의 자유를 허락하기 때문에, 집단 양심은 그 범위가 줄어든다. 집단 양심은 불과 몇 가지 명령들과 의무들에 국한될 뿐이다.

이 마지막 사실이 특별히 중요한데, 그 이유는 도덕성, 즉 다른 사람들에 대한 개인의 의무이자 집단 규범에 대한 모두의 의무인 도덕성은 종교와 서로 분리될 수 없다고 뒤르켐이 굳게 믿기 때문이다. 더구나 우리가 곧 살펴보겠지만, 종교와 도덕 모두는 사회구조에서 분리될 수가 없다. 사회적 상황이 없이는 종교나 도덕이 있을 수 없고, 사회적 상황이 변하면 종교나 도덕도 달라진다. 특히 서양문명에서 벌어졌던 것처럼, 한 사회가 보다 원시적인 시대에 가졌던 집단 양심을 포기하고, 노동의 분업을 통해 집단 양심을 현재처럼 도덕적으로 개인주의적 체계로 대체했을 때, 종교와 도덕이 곧바로 변하게 되며 또한 나머지 사회질서 역시 변했다는 것은 놀랄 일이 아니다.

사회에 대한 과학적 연구

뒤르켐의 연구 원칙의 두 번째 것은 《사회학적 방법의 기준》(The Rules of Sociological Method, 1895)에서 개진되었는데, 여기서 그는 어떻게 사회학을 객관적이며 독립된 과학으로 추구해야 하는가를 설명한다. 프랑스에서는 사람들이 몽테스큐(Montesquieu), 토크빌(Alexix de Tocqueville)과 꽁뜨(Auguste Comte)에 의해 수행된 사회분석을 알고 있었는데, 이 분석들은 전통적인 역사연구의 방식으로 진술된, 우수하고 통찰력 있는 이야기(narratives) 스타일의 분석이었다. 이와는 대조적으로 뒤르켐이 그의 사회'과학'은 전혀 다른 것이라고 주장했을 때, 합리적인 사람들은 도대체 무엇이 다르다는 것인가 하고 실로 의아해 했다. 즉 화학자나 식물학자가 눈에 보이는 단단한 자연 물체를 관찰할 수 있는 방법과는 달리, 실제로 볼 수도 없으며 만질 수도 없는 사회질서와 같은 추상적인 개념의 과학이 존재할 수 있는가? 이런 질문에 대한 뒤르켐의 대답은 타일러와 영국의 인류학자들이 '문화'라는 말을 쓰면서 한편으로는 그 이상으로 진전시키는 비슷한 방식으로 사회를 생각하라는 것이었다. 뒤르켐은 돌이나 조개가 물체로서 실물인 것과 마찬가지로, 사회적 사실들도 그 나름의 실체를 지닌다고 주장했다. 사회란 단지 어떤 사람의 머리 속에 스쳐 지나가는 하나의 생각이 아니라, 축적된 사실들의 통일체, 즉 언어, 법, 풍습, 사상, 가치,

전통, 기술, 산물 등 모두가 서로 연결되어 있으며 인간 개인의 정신에는 완전히 '외부적인' 형태로 존재하는, 축적된 사실들의 통일체다. 이런 축적된 사회적 사실들은 우리 개인들이 태어나기 전에 세상에 있었고, 우리가 태어난 순간에 우리 위에 임하여 우리가 아동기를 거쳐 자라나는 동안에 우리를 형성하며, 성인기에 우리에게 기운을 불어넣고 안내하며, 또한 분명히 우리가 죽은 후에도 여전히 남아 있다. 더구나 우리를 둘러싼 이런 실질적이며 독립적인 사회적 사실들이 실제로 존재한다면, 이를 연구하는 데 기여하는 독특한 과학적인 학문이 있어야만 하는 것은 당연하다. 우리는 살아 있는 유기체를 물리학이나 화학을 통해서만 설명할 수 있다고 생각하지 않으며, 생물학도 역시 필요하다. 마찬가지로 우리가 생물학, 심리학, 심지어 경제학에만 의지하여 사회를 설명할 수 없으며, 사회는 사회학을 필요로 하며, 다른 분야들로는 충분하지가 않다.

그렇다고 해서 뒤르켐의 사회학 연구의 실제 방법이 다른 과학연구의 방법과 전혀 다르다는 의미는 아니었다. 어떤 과학에서나(물리적이든 사회적이든) 중요한 것은 증거 수집이며, 비교와 분류를 통해 구분하고, 최종적으로 일반 원칙들, 즉 '법칙들'(laws)을 구성하여, 어떻게든 그 타당성을 검증할 수 있어야 한다. 이런 점에서 사회학은 다른 과학이 하는 것을 수행할 뿐 아니라 어떻게든 더 잘 할 수 있기를 기대한다. 예를 들어, 뒤르켐은 타일러와 프레이저를 비롯한 빅토리아 시대 인류학자들이 사용했던 잘 알려진 비교방법(comparative method)으로부터 자신을 떼어놓으려 했다. 우리가 살펴본 것처럼, 이들 학자들은 중요한 방식들을 찾기 위해 세계 각처를 여행하면서 풍습들이나 관념들을 임의로 선택하여, 그 배경에 대해서는 거의 주목하지 않은 채, '모방 주술'과 같은 일반 범주 속에 포함시켰다. 세계의 가장 먼 변두리에서, 또한 원시시대로부터 사실들을 수집하는 결단성을 통해, 유명한 《황금가지》 같은 인상적인 저서를 낳았지만, 뒤르켐은 그것이 과학은 아니라고 보았다. 그런 방법은 모든 것을 표면적인 유사성에 근거한 것으로, 그 본질적 내용에 근거한 것은 거의 없기 때문이다. 사회학은 훨씬 더 신중하다. 사회학에서는 두 개의 사회를 매우 치밀하게 검토하여 공동 형태에 분명히 맞는다고 보일 때만 비교할 수 있으며 또한 일반적 법칙들을 찾을 수가 있다.

여기서 그의 사회학 방법에 대한 설명을 자세히 검토할 수는 없지만, 적어도 뒤르켐이 종교연구에 이용하는 몇 가지 범주들을 간략하게 살펴볼 수 있겠다. 다른 무엇보다도 뒤르켐은 우리가 어느 사회에서나 무엇이 **정상적**(normal) 행위이며, 무엇이 **병적인**(pathological), 즉 비정상적 행위인가를 결정할 수 있다고 믿었다. 이것은 분명히 시간과 장소를 초월한 선이나 악이라는 절대적 가치들의 문제가 아니다. '정상적인 것'은 언제나 한 집단 내부에서 결정되며, 그 집단 밖에서 결정되는 것이 아니다. 예를 들어 자살은 일본과 같은 사회에서는 오히려 다른 사회에서보다 '정상적'이다. 일부다처는 현대사회보다 오히려 원시사회에서 정상적이다. 우리는 정상적인 것을 항상 그 사회 내에서 판단해야 한다. 그 위에 덧붙여서, 뒤르켐에게는, 사회 안에서의 **기능**(function)이라는 범주가 인간의 행위(그것이 정상이든 아니든)를 설명하는 데 극히 중요하다. 그리고 그 기능은 그 행위를 일으킨 **원인**(cause)과는 구별되어야 한다. 도시 중심지역의 종교 부흥의 **원인**이 상점 앞에서 외치는 설교자의 매혹적인 설교 때문일 수 있지만, 그 부흥의 사회적 **기능**은 그 부흥운동에 참여한 사람들이 전혀 깨닫지 못하는 것일 수도 있다. 사회학자의 관점에서 볼 때, 그 설교자의 성공은 회개한 죄인들의 숫자가 아니라, 무릎 꿇고 기도하는 사람들이 전혀 인식하지 못하는 것으로, 그 사건이 하나의 전체로서, 그 사건이 있기 전에는 단지 가난하고 소외되어 환멸에 사로잡혔던 개인들에게, 그 사건을 통해 공동체 의식을 회복하고, 자신들의 정체성과 삶의 목표를 회복하게 되었다는 사실에서 찾을 수도 있을 것이다.

이런 범주들의 좋은 사례는 뒤르켐의 유명한 연구《자살론》(1895)에서 볼 수 있는데, 이 책은 《사회학적 방법의 기준》(Rules)이 나온 후 오래지 않아 출판된 것이다. 유럽의 주요 국가들의 자살률을 자세히 비교하고 연구한 후, 그는 자살률이 개신교 국가들에서 가장 높고, 가톨릭 국가들에서는 가장 낮으며, 그 둘이 혼합된 종교 인구 국가들에서는 중간이라는 것을 발견했다. 이런 비율에 비추어 보아, 어떤 종류의 자살, 즉 뒤르켐이 '이기적'(egoistic) 자살이라 부르는 것은 가톨릭보다 개신교 국가에서 보다 정상적이라고, 즉 더 전형적이라고 말할 수 있다. 이런 상황에 대해 우리는 가톨릭과 개신교의 서로 다른 믿음 체계 때문이라고 말할 수는 없는데, 그 이유는 그 두 집단 모두가 자살을 잘못이라고 가르치기 때문이다. 그러나 사회학적으로 볼 때, 분명하고 흥미 있는 차이점이 있다. 개신교 사회들은 개인에게 생각과 삶에서 더 큰 자유를 허용하여, 신자들은 하느님 앞에서 "완전히 혼자"다. 이와 대조적으로 가톨릭 신자들은 보다 강하게 통합된 사회 공동체에 속하여, 신부들이 하느님과 신자 사이를 중보하며 또한 교구 내의 유대감이 강하다. 따라서 한 공동체 안에서의 자살률은 그 사회 통합의 정도와 반대로 상관된다. 즉 사회적 유대(social ties)가 강할수록 자살률이 낮다. 게다가 원인과 기능 사이의 구분도 관련된다. 개인의 특수한 자살 이유는 각 사람의 경우마다 다르지만, 기능적으로 이기적인 자살은 일반적으로 사회적 유대가 약해지고 압박감이 커진 데 따른 자연스런 결과로 볼 수 있다. 이와 비슷한 양상은 다른 종류의 자살에서도 보이는데—뒤르켐은 이것을 '아노미적'(그리스어 *anomia* '무법상태'에서 온 말) 자살이라고 불러, 뿌리가 뽑혔다는 생각과 목적이 없다는 느낌을 드러냈다—이런 자살은 경제적으로 또한 사회적으로 매우 불안정한 시기에 가장 많이 나타난다. 훈련된 사회학자에게는 분명히 자살 현상이 일반 관찰자들의 눈에 보이는 것과는 전혀 다른 시각에서 보이는 것이다.

정치, 교육, 도덕

뒤르켐은 자신의 사회학적인 관점이 정치체제, 교육, 도덕, 특히 종교의 본질을 보는 특별한 통찰력을 준다고 믿었다. 정치철학 분야에서 그는 사회주의와 공산주의에 대한 강의에서, 이 둘이 모두 현대 생활의 불안정에 대한 반응이라고 설명하고, 그들이 주장하는 계급투쟁과 강력한 국가에 대한 이론들을 배척했다.[5] 다른 강의들에서, 특히 《직업윤리와 공민도덕》(*Professional Ethics and Civic Morals*, 그의 사후에 출판)에서는 국가가 광범위한 권력을 가질 필요가 있으며, 이것은 개인들의 삶에도 유익할 수 있다는 점을 인정했다. 동시에 그는 국가의 정부들이 너무 강해지지 않도록 하기 위해, 개인의 권리와 복리를 보호하도록 돕는 지역 조합들과 전문직 협회들과 같은 '이차적' 중간 단체들의 중요성을 강조했다. 국가의 핵심 과제는 도덕적 가치들을 증진시키는 것으로서, 이것이 바로 국가가 사회의 교육체계에서 중심 역할을 해야 하는 이유다. 뒤르켐은 이 주제를 자주 그의 저서, 특히 두 권으로 된 프랑스 교육의 역사에서 피력하고 있다. 그가 설명하는

---

[5] 정치 이론가 뒤르켐에 관해서는 Steve Fenton, *Durkheim and Modern Sociology* (Cambridge, England: Cambridge University Press, 1984), pp. 81-115를 보라.

것처럼, 학교의 목적은 단지 기술들을 가르치는 전문훈련뿐만 아니라, 자기 단련과 공동체 복리의 가치들을 전해주고, 그런 가치들이 개인의 이기적인 사적 이익을 넘어서도록 하는 것이다. 도덕적 가치관 교육은 결코 사치나 선택사항이 아니라, 어느 사회에서나 건강하고 조화로운 운영을 위해 극히 중대한 것이다. 이런 견해들은 현대 프랑스의 교육이론에 지대한 영향을 미쳤는데, 파리의 교육부 장관은 언제든 모든 프랑스 학생들이 교과서의 몇 페이지를 공부하고 있는지를 정확히 알고 있다고 비꼬는 말이 생기게 될 정도로 영향을 끼쳤다. 이런 배경에서, 뒤르켐이 정치와 교육문제와 더불어 도덕이론과 법의 전통들에 대한 분석을 자신의 연구계획의 핵심 부분으로 삼은 것은 당연한 일이다.[6]

우리가 이미 살펴본 것처럼, 뒤르켐에게 도덕의 문제는 어느 시점에서 종교의 문제로 돌아가지 않고서는 대답할 수 없다. 이것은 그의 경력 초기에 논문, 논설과 다른 이들의 저서에 대한 평론을 통해 간접적으로 밝혔다. 그러나 종교에 대한 그의 전체적이고 명확한 논의는 그의 마지막 책이자 가장 중요한 책인 《종교생활의 원초적 형태》(*The Elementary Forms of Religious Life*)에서 다루고 있다. 이 책은 10년 이상의 연구와 성찰을 거친 후, 1912년에 출판되었다. 이 책이 뒤르켐의 종교 이론의 핵심을 보여주기 때문에 그 논증을 자세히 검토하겠다.

---

6) Ernest Wallwork, *Durkheim: Morality and Milieu* (Cambridge, MA: Harvard University Press, 1972).

《종교생활의 원초적 형태》

이 두껍고 선구적인 책에서 주목해야 할 가장 중요한 두 가지는 이 책의 제목과 이 책이 시작하는 방법이다. 이 책은 모든 종교가 형성된 일정한 기초들, 즉 핵물리학자가 말하는 것처럼 "기본 요소들"을 찾는 데 관심을 기울인다. 그래서 이 책은 핵물리학자가 인정할 정도로, 이 주제에 관한 인습적인 모든 사고방식들을 분명히 제쳐놓는 것으로 시작한다. 우리가 살펴본 것처럼, 타일러, 프레이저, 그리고 프로이트는 종교가 초자연적 존재들, 즉 한 신(a God) 혹은 여러 신들 같은 초자연적 존재들에 대한 믿음이라는 인습적인 생각에 대체로 만족했다. 뒤르켐은 그렇지 않았다. 처음부터 그는 원시인들이 보통 (발전된 문화 속에 사는 종교인들의 생각처럼) 두 개의 서로 다른 세계, 즉 하나는 초자연적인 세계이며 다른 하나는 자연적인 세계라는 두 가지 서로 다른 세계를 생각했던 것이 아니라고 주장한다. 현대인들은 과학의 가정들과 자연법칙들에 크게 영향을 받지만, 원시인들은 그렇지 않았다. 원시인들은 기적적인 사건이든 평범한 사건이든 모든 사건들을 기본적으로 똑같은 종류의 사건으로 보았다. 게다가 신들(gods)이라는 개념 자체에 문제가 있는데, 그 이유는 비록 종교인들이 초자연적인 것을 믿는다 하더라도, 그들 모두가 신적인 존재들을 믿는 것은 아니기 때문이다. 예를 들어, 불교 신자들 가운데는 신의 존재를 부인하는 사람들이 있는가 하면, 신령(spirits)이나 신들(deities)과는 전혀 상관없는 제사의식을 일상적으로 행하는 사람들도 있다. 따라서 뒤르켐으로서는 분명히 종교에 대해 새로운 정의를 내릴 필요가 있었으며, 그런 낡은 견해를 제거하는 것이 첫 번째 과제였다. 그러면 그 다음 단계는 무엇인가?

그 다음에 뒤르켐은 종교적 믿음들과 제의들의 진정한 특성이 초자연(the supernatural)의 요소가 아니라, 성스러움(聖, the sacred)의 개념으로서, 이 둘은 사실상 전혀 다른 것이라고 파악했다. 어디에서나 종교인들은 자신들의 세상을 두 개의 분리된 영역으로 나누는데, 자연과 초자연의 영역이 아니라, 오히려 성(聖)과 속(俗, the profane)의 영역이다. 신성한 사물들은 항상 우월하고 강력하며, 보통의 접촉이 금지되며, 최대의 존경을 받아야 하는 것으로서 언제나 구별된다. 세속의 사물들은 그 반대로, 보통의 평범한 일상생활의 실제적인 일들에 속한다. 종교가 집중적으로 관심을 갖는 것은 이 둘 가운데서 첫 번째 것이다. 뒤르켐 자신의 말로, "종교는 신성한 사물들, 다시 말해서, 구별되고 금지된 것들과 관련된 믿음들과 관례들의 통합된 체계다."[7] 그 다음으로 이 신성한 사물들의 목적이 무엇이냐고 묻는다면, 뒤르켐이 내린 정의의 둘째 부분이 그 해답을 준다. 이런 종교적 관례들은 "그것을 신봉하는 모든 사람들을 교회라는 하나의 도덕 공동체로 결속시켜준다."[8] 여기서 핵심 단어는 '공동체'와 '교회'다. 신성한 것은 항상 큰 문제들에 대한 관심들과 관련되어 있어서, 전체 집단의 이익과 복지의 문제에 대한 관심과 관련되지, 개인 혹은 소수의 이익에 대한 관심과 관련된 것이 아니다. 반대로, 세속의 것은 사소한 문제들로서, 각 개인의 매일의 업무를 반영하여, 직계가족과 개인의 생활이라는 작은 사적 활동들과 노력들에 관련된 것이다.

뒤르켐은 성(聖)과 속(俗)을 구분한 것을 윤리적인 것으로 오해하

---

7) Drukheim, *Elementary Forms*, p. 47. 이 특징의 중요성에 관해서는 Nisbet, *The Sociology of Emile Durkheim*. (New York: Oxford University Press, 1974), pp. 172-76을 보라.

8) Durkheim, *Elementary Forms*, p. 47.

지 말도록, 즉 성은 선이고 속은 악이라고 오해하지 말도록 경고한다. 그 분리선은 실상 성과 속 사이의 경계선을 **관통한다**. 즉 성은 선일 수도 있으며 악일 수도 있으나, 성이 결코 될 수 없는 것이 속이다. 속은 선일 수도 있고 악일 수도 있으나, 속이 결코 될 수 없는 것이 성이다. 성은 특히 공동체에 대한 관심과 연결되어 생겨나고, 속은 자연히 사적이고 개인적인 관심의 영역이다.

이처럼 성을 공동체적인 것으로 강조하기 때문에, 뒤르켐은 그의 선배들과 또 다른 의견 차이에 이르게 되었는데, 이 의견 차이는 주술에 대한 어려운 문제를 중심으로 한 것이었다. 우리가 살펴본 것처럼, 프레이저는 주술과 종교가 같은 천(cloth)에서 갈라진 것으로서, 주술과 종교가 똑같은 일을 서로 다른 방법으로 하려고 한다고 생각했다. 즉 주술과 종교 모두가 이 세상이 운행되는 방식을 설명하려고 하기 때문에, 인간의 유익함을 위해 그 운행 방식을 통제하려 한다는 것이다. 인류는 처음에 주술의 법칙들을 따랐고, 이것이 실패했을 때, 보다 나은 사고 형태인 종교로 전환했다는 것이다. 이런 주장에 대해 뒤르켐은 동의하지 않는다. 뒤르켐은 주술이 실패했을 때 주술을 대체하기 위해 종교가 생겨난 것이 아니라고 본다. 이유는 이 둘이 똑같은 것에 대해 관심을 가지는 것이 아니기 때문이다. 즉 주술은 오로지 사적인 문제로서, 신성함과 또한 그 신성한 관심들과는 별로, 혹은 전혀 상관이 없다. 주술사는 의사처럼 나의 병을 고쳐주거나, 나의 원수에게 마력을 씌우는데, 이것은 순전히 개인적인 문제다. 나의 주술사가 다른 사람을 돕고 있는지조차 나는 알지 못할 수도 있다. 왜냐하면 우리 각자가 서로 다른 요구, 대체로 사적인 요구를 채우기 위해 그를 찾아가기 때문이다. 그러나 종교의 훨씬 더 큰 관심사는 다르다. 마음속에서 집단의 관심이 최우선일 때는 언제나 종교 제의들과 믿음들이 역할을 수행하여, 신성함이 전체 공동체에 영향을 끼치는 요구들의 핵심이 된다. 따라서 주술과 종교는 별 어려움 없이 나란히 공존할 수 있어서, 주술은 개인을 위해, 종교는 사회적 영역을 위해 존재할 수 있다. 뒤르켐이 표현한 것처럼, 주술사에게는 의뢰인은 있어도 회중은 없다. "주술의 교회는 없다."9)

뒤르켐과 그의 선배 이론가들 사이의 이런 두 가지 의견 불일치―종교에 대한 정의와 주술의 성격에 관한 불일치―는 세 번째이며 가장 중요한 논쟁으로 이어진다. 그의 견해로는, 그들이 모두 종교에 관해 정말로 설명할 필요가 있는 것들을 오해했다는 것이다.

과거의 이론들: 자연숭배와 정령숭배

뒤르켐은 당시의 주도적 이론들을 자세히 살펴보면 어디나 공통 주제가 있는데, 그것은 모두 종교가 단순히 인류의 자연적 본능이라고 주장하여, 모든 문화에서 사람들이 마주치는 세상에 대한 아주 논리적인 반응으로서 믿음의 체계들을 만들어냈다고 추정하는 것이다. 이런 이론들 가운데서 가장 특출한 것이, 우리가 서론에서 살펴본 프리드리히 막스 뮐러의 자연숭배(naturism)와, 에드워드 버넷 타일러의 정령숭배(animism)다. 뮐러는 사람들이 태양, 하늘, 폭풍처럼 자연의 대단한 사건들과 대상들을 설명하려는 노력에서 신들을 믿게 되었다고 주장했으며, 타일러는 신들에 대한 믿음이 영혼에 대한 생각에서 발전되었다고 주장했다. 뒤르켐은 이 두 사상가가 지나치게 큰 야심을 품었다고 보았다. 이들은 인간 사회가 오랜 진화과정을 거쳤다고

---

9) Durkheim, *Elementary Forms*, p. 44.

보고, 처음 인간들이 지녔을 생각과 감정을 상상하기 위해 옛날로 돌아가 보려고 노력했다. 그러나 이것은 실제로 불가능한 기획이다. 만일 우리가 진정으로 종교에 대한 과학적 탐구를 원한다면, 역사 이전 시대의 사람들이 어떻게 생각했는가에 대한 추측들에 의존할 수는 없다. 그 대신에 종교가 근거를 둔 "항상 존재하는 원인들," 즉 언제나, 어느 곳에서나 사람들을 종교적인 방식으로 믿고 행동하게 만드는 원인들을 찾아야만 한다. 먼 과거에 관해 거창한 추측을 하는 대신에, 뒤르켐은 실제로 현재 살아 있는 종교의 실제 사례를 직접 주목하라고 주장한다. 그리고 이 목적을 위해, 우리가 아는 가장 단순한 사회를 찾아내고, 그 사회를 관찰한 사람에게 의존하는 것보다 더 좋은 방법을 찾을 수 있는가? 현재 존재하는 가장 단순한 사회체계와 연관된 종교가 "우리가 알 수 있는 가장 원초적인 종교"10)라고 볼 수 있다. 그리고 만약 우리가 이 종교를 설명할 수 있다면, 이것이 모든 종교를 설명하는 출발점이 되며, 우리는 종교의 "원초적 형태"를 파악하게 될 것이다.

오스트레일리아의 부족종교: 토템 숭배

뒤르켐의 또 다른 확신은, 정말로 단순한 문명의 실례를 발견하려는 과제에서, 최근의 연구들이 놀라운 돌파구를 열었다는 점이다. 20세기가 시작되기 전후해서 몇 년 동안, 프레이저는 오스트레일리아 대륙의 외딴곳에서 원시 토착민 부족들을 자세히 관찰할 수 있었던 두 명의 현지조사 인류학자들인 볼드윈 스펜서와 F. J. 길렌의 연구에

---

10) Durkheim, *Elementary Forms*, p. 168.

관심을 갖게 되었다는 것은 우리가 이미 앞에서 살펴보았다. 이들의 연구는, 비슷한 관찰을 한 독일의 현지 조사자 카를 폰 스트레로우(Carl von Strehlow) 등의 연구와 마찬가지로, 극히 단순한 공동체 안에서의 사회생활 모습을 자세히 묘사했다. 또한 이들의 연구는 매우 놀랍게도, 이 부족들의 종교가 바로 토템숭배라는 것도 보여주었는데, 토템숭배는 로버트슨 스미스, 프레이저, 프로이트만이 아니라, 초기의 다른 인류학자들을 사로잡았던 바로 그 종교형태였다.

    뒤르켐은 오스트레일리아 원주민들에 대한 이 새로운 연구에 관해 다른 사람들 못지않게 매혹을 느꼈으며, 또 한편으로는 이들 초기 이론가들 가운데 어느 누구도 토템숭배의 중요성을 완전히 파악하지 못했다고 확신했다. 원시문화에서 토템숭배가 얼마나 근본적이었는가를 실제로 아무도 깨닫지 못했다는 것이다. 예를 들어, 부족민들이 그들 자신을 다른 여러 씨족으로 나누어 각각의 씨족들은 단독의 토템동물이나 식물, 혹은 다른 물체와 동일시했다는 것은 모두가 인정했다. 또한 토템 자체, 즉 그것이 곰이나 까마귀, 캥거루, 차나무거나 간에, 토템 자체는 그것을 소유한 씨족에게 신성한 것으로 여겨졌다는 것은 모두가 인정했다. 그러나 아무도 진정으로 중요한 것을 간파하지 못했는데, 그것은 어떻게 토템숭배가 신성한 것과 세속의 것의 개념을 인상 깊게 보여주는가 하는 것이다.

    뒤르켐은 이런 각각의 원시사회에서, 토템이 아닌 동물들은 속된 것으로서 보통 씨족이 그 동물들을 죽이고 먹을 수 있지만, 토템동물에 대해서는 그럴 수가 없다는 점을 주목했다. 토템동물은 신성하기 때문에 그 씨족에게 절대로 금지되는데, 단지 특별히 선정된 예식들의 한 부분으로서 제의적으로 희생시켜 먹는 경우들이 있다. 또한 씨족 자체도 그 토템과 하나라고 간주되어 신성하다고 여긴다. 그리고 아마도 가장 중요한 것은 토템동물의 표상(emblem), 혹은 로고(logo)로서, 이것은 언제나 극히 중요한데, 이것은 신성할 뿐 아니라, 바로 신성한 것의 모델, 즉 완벽한 표본이다. 씨족이 예식들을 위해 함께 모일 때, 나무나 돌 조각에 새겨진 토템 상징이 언제나 무대 중앙을 차지한다. 토템은 최고로 신성하며, 그 신성한 특성을 그 주변 모두에게 전달한다.

더구나 토템과 연관된 믿음들은 이런 단순한 사회생활에 너무나 근본적인 것이어서, 중요한 모든 것들은 궁극적으로 그런 믿음들에 의해 형성된다. 인간의 생각과 경험이라는 범주들보다 더 기본적인 것이 없는데, 오스트레일리아 원주민들 사이에서는 토템숭배가 이런 범주들을 마련해준다. 예를 들어, 토템과 관련된 관념들이 원주민들의 자연에 대한 가장 기본적인 인식을 지배해서, 사람들의 집단만이 아니라 온 세상의 자연 물체들까지도 토템 씨족들, 즉 씨족 집단들에 근거한 범주들로 구분되었다. 예를 들어, 한 부족은 태양을 흰 앵무새 씨족에 배정하고, 달과 별은 상대편 까만 앵무새 씨족에게 배정한다. 또한 자연 물체들은 세력의 위계질서 속에 배치하는데, 이것은 원시인들이 가족과 씨족의 구조 안에서 처음으로 그들이 체험한 권위의 수준들에 근거해서만 고안할 수 있었던 위계질서다. 그러므로 토템과 씨족의 개념들이 부족생활의 모든 중요한 측면 속에 깊이 스며들어 있다. 심지어 개인 토템의 경우도 있어서, 씨족의 한 구성원이 토템을 일종의 개인적 친구로 선택할 수 있으며, 또한 성적인 토템들도 있어서 집단을 성별(gender)로 나누기도 한다. 이 둘 모두는 분명히 보다 기본적이고 일반적인 씨족 토템들에서 유래하며, 그 토템들이 그들에게 가장 중요하다는 점을 더욱 증명하고 있다.

토템숭배를 설명하기 위해, 초기 이론가들은 매우 예상할 수 있는 과정을 따랐다. 우리가 짐작했던 것처럼, 타일러는 토템 풍습이 정령숭배에서 생겨났다고 주장하고, 또 어떤 학자들은 자연숭배에서 유래했다고 생각했으며, 프레이저와 같은 학자들은 토템 풍습이 불가사의한 것으로서 종교나 주술 어느 것과도 전혀 관련이 없는 것이라고 주장했다. 뒤르켐은 이런 모든 이론들이 어디에서 잘못된 것인지를 쉽게 찾았다. 그런 각각의 이론들은 토템숭배를 그보다 초기의, 보다 근본적인 무엇인가 다른 것에서부터 유래한 것으로 추적하려 했다. 그러나 이것은 심각한 잘못이다. 토템숭배보다 더 오래된 종교형태를 찾는 것은 전혀 불가능한데, 그런 것이 전혀 없다는 단순한 이유 때문이다. 가장 단순한 사회에서 나타나는 토템숭배는 그 자체가 가장 단순하고 근본적이며, 종교의 원초적 형태이기 때문에, 모든 다른 형태들은 단지 토템숭배에서부터 발전할 수 있다. 토템숭배는 어떤 더 기본적인 종교형태의 산물도 파생물도 아니며, 그 자체가 원천으로서, 여기서부터 모든 다른 종류의 종교적인 숭배, 즉 신령들, 신들, 동물들, 천체 혹은 별들을 숭배하는 형태들이 궁극적으로 발생한다.

첫 눈에 토템숭배는 단지 평범한 종교형태들의 하나로서, 일종의 동물이나 식물숭배에 불과한 것으로 보이는 것이 사실이다. 그러나 뒤르켐은 토템숭배를 자세히 살펴볼 때, 상당히 다른 것으로 판명된다고 주장한다. 토템제례(totem cults)를 따르는 사람들은 사실상 까마귀, 개구리, 혹은 흰 앵무새를 숭배하는 것이 아니라, "이런 존재들 각각 속에서 발견되는, 이름을 붙일 수 없는 비인격적 힘이지만, 결코 그 개별적 존재와 혼동할 수는 없는 힘을 숭배하는 것이다. 어느 누구도 그 힘을 완전히 소유하지 못하지만 모두가 그 힘에 참여하고 있다." 물론 토템제례에서 숭배하는 것을 우리가 원한다면 구태여 '신'이라고 막연히 말할 수 있겠지만, "그것은 이름이나 역사가 없는 비인격적인 신으로서, 세상에 내재하며 헤아릴 수 없이 많은 사물들 속에 흩어져 스며있는 것이다."11) 뒤르켐은 모든 씨족의 믿음들과 제의들의 중심에 있는 것을 '토템원리'(the totemic principle)라고 부르는 것이 더 정확하다고 말한다. 토템 배후에는 물질적으로, 도덕적으로 씨족 생활 위에 군림하는 막강한 세력을 지닌 비인격적 힘이 있다. 사람들은 이 힘을 존중하고, 그 예식들을 지켜야 하는 도덕적인 의무감을 느끼고, 또한 그 예식들을 통해 서로가 깊고 영구적인 충성으로 강하게 묶여 있음을 체험한다.

여기서 우리는 다른 이론가들이 종교는 신들 혹은 초자연적 존재들에 대한 믿음이라 정의한 것에 대해 뒤르켐이 처음부터 그 잘못을 지적한 이유를 알 수 있다. 그의 견해로는, 우리가 신들에 대한 믿음을 갖기 전부터, 언제나 그처럼 첫째이며 보다 기본적인 것이 있는데, 그것은 감추어져 있으며, 비인격적이며, 강력한 힘에 대한 감각—토템원리—으로서, 그것이 씨족 예배의 원래 초점이다. 더구나 그 토템원리에 대한 증거가 오스트레일리아에만 국한된 것이 아니라는 사실은 의미심장하다. 뒤르켐은 다른 부족사회들에서도 그것을 다른 이름들로 부르지만 역시 찾아볼 수 있다고 주장한다. 멜라네시아 사람들 사이에는 그와 비슷한 마나(mana)라는 개념이 있고, 또한 여러 아메리칸 인디언 부족들 사이에는 그와 똑같은 원리를 와칸(wakan), 마니토우(manitou), 오렌다(orenda)라는 말로 부르는데, 이 모든 것은 만물 속에 스며있는 비인격적인 힘, 그 지배적인 위력이라는 똑같은 개념으로서 이것이 씨족이나 부족 예배의 실제적 중심이다. 따라서 종교를 설명하려면, 사람들이 일상적으로 예배하는 신이나 신령들에 대한

---

11) Durkheim, *Elementary Forms*, p. 188.

표면적인 믿음 이상의 것을 설명해야 하며, 이처럼 보다 근본적 실재(reality)를 설명할 필요가 있다. 이 '토템원리'의 숭배가 실제로 무엇인가를 보여주어야만 한다.

사회와 토템

토템은 첫째로 하나의 상징이다. 그러면 무엇의 상징인가? 하나의 대답은 토템원리로서, 그 씨족이 숭배한 감추어진 힘의 상징이라는 것이다. 동시에—뒤르켐은 여기서 중요한 전환을 한다— 토템은 또한 그 씨족의 구체적이고 눈에 보이는 이미지라고 말한다. 토템은 그 씨족의 깃발, 기치(banner), 또는 로고, 상징으로 표현한 바로 그 자체인 것이다. 독수리, '성조기'나 '엉클 샘'(Uncle Sam)이 미국의 명백한 표상인 것처럼 말이다. 그러나 만일에 토템이 "그 신의 상징이며, 동시에 그 사회의 상징이라면, 그 신과 그 사회가 유일하게 하나이기 때문이 아니겠는가?" "그 씨족의 신, 토템원리는 그러므로 바로 그 씨족 자체로서, 토템으로 대우 받는 동물이나 식물의 가시적 형태로 상상력에서 인격화되고 표상된 것이다."[12] 요컨대 토템은 동시에 그 신과 그 씨족 모두의 상징인데, 이것은 그 신과 그 씨족 모두가 사실상 같은 것이기 때문이다! 간단히 말해, 신 또는 신들에게 헌신하는 것은 원시인들이 그 씨족에 대한 자신들의 헌신을 표현하며 강화하는 방편이다.

물론 언제나 공동체적으로 행해지는 숭배의식 속에서, 이들 원주

---

[12] Durkheim, *Elementary Forms*, p. 206. 씨족, 토템, 그리고 각각 신성한 것으로서의 토템 상징 사이의 결정적 관련성에 관해서는 Anthony Giddens, *Emile Durkheim* (New York: Viking Press, 1978), p. 94를 보라.

민 씨족들은 자신들이 어떤 동물이나 식물, 세상 '저쪽에서' 비를 통제할 수 있거나 자신들에게 번영을 가져다 줄 수 있는 어떤 신을 숭배한다고 생각한다. 그러나 실제로 일어나는 사실은 별개의 것으로서, 그것은 사회적 기능이라는 관점에서 가장 잘 파악할 수 있는 것이다. 사회는 개인의 헌신을 필요로 한다. 뒤르켐이 지적한 것처럼, 사회는 "개인의 의식 안에, 그리고 개인의 의식을 통해서만 존재하는데," 이것이 바로 토템원리가 어떻게든 항상 "우리 안에 침투하여 스스로를 조직해야 하는" 이유다.[13] 더구나 우리는 이런 작용이 언제, 어떻게 일어나는가를 정확히 알 수 있는데, 전체 공동체가 그 씨족이나 부족의 일반 예식들을 위해 모였을 때, 그 경외감을 불러일으키는 예식들에서 일어난다. 이런 위대하고 잊을 수 없는 예식들에서, 예배자들은 씨족에 대한 자신들의 헌신을 굳게 약속한다. 그들이 무척 흥분한 순간에, 노래하고 춤추는 거친 감정적 황홀경 속에서, 개인들은 격해진 무리들 속에서 자신들을 상실한 채, 자신들의 사적인(즉 속된) 자기들(private selves)을 그 씨족의 단 하나의 위대한 자기(great single self of the clan) 속으로 가라앉힌다. 이런 감동적인 모임들 가운데서, 개인은 감화를 받아 그들 혼자서는 결코 감행할 수 없는 행동들을 취하게 된다. 그들은 가장 뚜렷한 자신의 것을 버리고, 자신들의 정체성을 그 씨족의 단 하나의 공동적 자기(the common single self of the clan) 속으로 기쁘게 융합시킨다. 그런 예식들 속에서 그들은 일상적인 것, 평범한 것, 이기적인 것을 떠나서, 대신에 위대하고 총체적인 영역 속으로 옮겨간다. 그들은 성스러움의 엄숙한 지경으로 들어가는 것이다.

뒤르켐은 이런 집단 예식들의 열광 속에서 '솟아나는'(bubble up)

---

13) Durkheim, *Elementary Forms*, p. 209.

기운을 생생하게 말해주고 있다. 이런 기운은 제의의 경험으로, 에너지와 열광, 환희, 헌신의 서약과 완벽한 안도감으로 가득 찬 것이다. "이런 활기찬 사회 환경들 한복판에서, 또한 이런 용솟음 자체로부터, 종교적인 생각이 태어나는 것으로 보인다."[14] 그런 순간들에, 세속의 것은 뒤에 남겨지고, 오로지 성스러운 것만이 존재한다.

토템숭배의 함축성

뒤르켐은 토템숭배가 바로 사회 그 자체를 숭배하는 것이라고 생각하는 그의 핵심 요점을 밝힌 후에, 오스트레일리아 원주민 사회와 종교에 대한 퍼즐 속의 다른 모든 조각들은 아주 자연스럽게 그 적절한 위치에 자리잡게 된다고 생각한다. 예를 들어 토템상징의 역할이 이제 분명해 보인다. 토템상징은 나무나 돌에 새겨진 구체적인 물체로서, 모두의 충성을 요구하는 씨족이 단지 상상으로만 존재하는 것이 아니라 실재하는 것으로서, 모든 사람들의 삶과 사고에 그 자체를 부과하는 실재적인 것임을 각 사람에게 전달해 준다. 또한 토템상징은 그 자체처럼 사회가 확고하며 영원한 것이라는 생각을 전해 주어서, 종교예식들의 흥분이 사라진 오랜 후에도 영감의 초점으로 남는다. 동물들과 식물들이 가장 일반적인 토템이 되는 이유도 분명하다. 씨족은 자신의 상징이 모호하고 멀리 떨어져 있는 것을 원치 않았다. 그들은 매일의 경험과 밀접하게 연결된, 특수하며 구체적이며 바로 곁에 있는 대상이 필요하다. 그런 원시사회들이 어떻게 사고체계들을 발전시키고 그들 나름대로 세상을 정리하고 분류했는가 하는 것도 역

---

14) Durkheim, *Elementary Forms*, pp. 218-19.

시 분명히 이해될 수 있다. 토템숭배의 목적은 사물들의 상호연결성, 즉 씨족 내에서는 각 사람이 곁에 있는 사람과 연결되고, 씨족 전체는 자연세계에 연결되며, 또한 자연세계의 각 부분들은 서로 함께 연결되어 묶이는 복잡한 유대관계의 그물망(web of ties)을 인지하는 것이다. 모든 사물을 끌어안고 연결시키려는 이런 충동이 매우 강해서, 원시적 토템숭배는 단순하지만, 훗날 문명시대에 발전된 언어, 논리, 과학의 복잡하게 연결된 체계들의 기초를 놓은 것이다.

올바르게 이해하면, 토템원리는 나머지 모든 종교도 설명할 수 있다. 혼이나 신령에 대한 믿음이 바로 그런 경우다. 토템숭배는 어떻게 그런 믿음들이 발전되었는가를 보여준다. 영혼이라는 관념은 사실상 각 개인에게 심겨진 토템원리일 뿐이다. 씨족이 존재하는 것은 오로지 개인들이 그 마음속에서 씨족에 대해 깊이 생각하기 때문이기에, 씨족 구성원들은 토템원리가 어떤 방식으로든 그들 각 개인 안에 펼쳐져 스며드는 것으로 생각하는 것은 당연하다. 토템원리가 그 자체를 씨족 전체에 퍼뜨리기 때문에, 각 개인이 지니게 된 그 단편은 바로 그 자신의 개별적 영혼이 된다. 영혼은 "내재하는 씨족"(the clan within)이다.[15]

우리가 매우 오래된 종교적이며 또한 철학적 문제인 영혼과 육체의 관계를 생각할 때, 영혼에 대한 이런 '사회적' 개념은 매우 분명하게 해주는 것이라고 뒤르켐은 덧붙인다. 만일에 영혼이 실상 자기 속에 이상화되고 주입된 그 씨족이라면, 그 역량 안에서 영혼의 과제는 그 개인에게 사회적 요구들과 이상들을 다시 표상하는(represent) 것이다. 영혼은 자기의 양심이며, 내재하는 씨족의 음성으로서, 집단에 대

---

15) Durkheim, *Elementary Forms*, p. 249.

한 각 사람의 개인적 의무를 통보한다. 반면에 육체는 본래 그 자체의 자기중심적 욕망들을 주장해서, 흔히 사회생활의 요구와 금지들과 충돌한다. 따라서 종교가 항상 육체의 욕망들에 대해 의심해왔던 것은 당연하지 않는가! 육체의 욕망들은 개인을 만족시키는 것으로 속되고, 종교는 사회적인 것을 주장함으로써 성스럽다.

영혼불멸(the immortality of the soul)의 교리 역시 토템숭배에서 자연히 발전된 것이다. 영혼이 불멸한다고 말하는 것은, 토템을 숭배하는 사람들이 개인은 죽어도 씨족은 계속해서 산다고 말하는 것과 다르지 않다. 조상의 영혼들은 씨족의 과거로부터의 단편으로서 현재까지 살아 있는 것으로 나타난다. 흥미롭게도 이 영혼들은 흔히 스스로를 살아 있는 씨족 구성원과 연합시켜, 각 사람에게 일종의 이중 영혼을 주는데, "하나는 우리 안에 있는, 더 정확히는 우리인 영혼과, 다른 하나는 [조상의 혼 행태로] 우리 위에 존재하여, 첫째 영혼을 통제하고 도와서" 씨족에 대한 의무를 감당하도록 한다. 시간이 가면서, 이처럼 수호하는 영혼은 그 힘과 위세가 커지기 시작하여, 더 중요해지고 영향의 범위가 넓어지며, "상위 질서의 신비적인 인격체들"의 지위를 얻는다. 요약하면, 토템원리를 숭배한 것에서부터 영혼과 그 불멸에 대한 개념이 점차로 생기는 것처럼, 시간이 지나면서 조상들의 영혼불멸로부터 신들에 대한 예배가 나타나게 된다.

본래의 토템숭배로부터의 신들의 등장과 관련하여, 뒤르켐은 마침내 전통적으로 이해되어왔던 종교의 영역에 이르게 된다. 그는 오스트레일리아에서도 씨족 종교가 수많은 신들을 포함할 정도로 발전했는데, 이 신들 대부분은 씨족들의 보다 작은 예식들과 관련되는 것이 아니라, 보다 큰 부족의 성년의식, 즉 젊은 남녀를 성인 사회의 정회원이 되게 하는 성년의식과 관련되어 있다는 점을 인정한다. 이처럼 더 큰 신들을 이해하는 최선의 길은 사실상 그 신들이 이처럼 더욱 넓은 부족 단위를 의인화(personification)한 것이라고 생각하는 것이다. 그리고 오스트레일리아에서 볼 수 있는 다른 원시종교의 잘 알려진 특징, 즉 만물 위에 군림하는 최고신에 대한 믿음도 마찬가지다. 현대 학자들은 초기 인류 가운데서 이와 같은 믿음을 발견한 것에 놀랐는데, 이런 믿음은 유대교와 그리스도교의 세상의 창조자이며 또한 도덕의 주관자에 대한 신앙과 너무나 비슷하기 때문이다. 그러나 뒤르켐은 오스트레일리아 원주민들의 신에 대한 그런 개념은 부족 신들을 설명하는 똑같은 생각의 자연스러운 연장일 뿐이라고 말한다. 일정한 지역에 살았던 부족간에 접촉이 잦아지고 생각을 교환하게 되면서, 그들은 모두가 함께 공유하는 특별히 중요한 한 조상이 있다고 추측하기 시작했다. 그 조상이 최고의 신이었다. 그의 지위는 막강하지만, 다른 모든 신들이 존재하게 된 것처럼, 본래의 토템원리가 더 확대된 것이다. 어느 단계를 관찰하더라도, 신들에 대한 믿음이 생겨나는 과정은 그 작용의 분명한 흔적들을 보여주고 있다. 신들은 토템원리로부터 생겨나는데, 토템원리가 점차로 씨족을 통해서 여과되어, 처음에는 영혼 속으로, 그 다음에는 씨족의 영이 되는 선조들로, 마지막에는 그들 이상의 더 높은 신들과 최고신들에 이른다.

토템숭배와 제의

《종교생활의 원초적 형태》의 마지막 부분은 믿음들의 문제에서 떠나 오스트레일리아 원주민 종교의 다른 면인 제의(ritual) 관례를 다룬다. 여기서 우리는 종교적인 감각과 감정이 처음에 사적인 순간이 아니라, 씨족의 큰 집단 예식들에서 생긴다고 한 뒤르켐의 초기 관찰에 주목해야 한다. 이것으로부터 토템숭배에서 발견되는 믿음이 가장 중요한 것이 아니라, 제의가 가장 중요하다는 것이 당연해진다. 뒤르켐의 견해로는, 제례(cult, '예배'를 뜻하는 라틴어 *cultus*에서 온 말), 즉 어떤 정해진 경우에 거행되는 감정적인 집단 예식들로 이루어지는 제례가 씨족 공동생활의 핵심이다. 언제, 어떻게 행해지든 간에, 이런 예배의 제례 행위들이 씨족 사람들이 수행하는 가장 중요한 것이다. 이런 제례 행위들은 신성하며, 그 외의 모든 것은 속되다. 제례의 목적은 항상 씨족의식(consciousness of the clan)을 고취하고, 사람들로 하여금 씨족의 한 부분임을 느끼게 하고, 또한 그것을 속된 것에서부터 철저히 분리시키는 것이다.

토템 관습에서 제례는 두 가지 중요 형태로 나뉘어, 부정적인 것과 긍정적인 것이 있는데, 한편 세 번째 형태인 '속죄'(piacular, '속죄'를 뜻하는 라틴어 *piaculum*에서 온 말) 제례는 처음 두 형태와 나란히 그 나름의 역할을 수행한다. **부정적 제례들**은 하나의 중요한 과제가 있는데, 그것은 신성한 것을 언제나 속된 것에서 완전히 분리시키는 것이다. 그것은 주로 금지나 금기(taboos)로 되어 있다. 특정 장소에 대한 금기는 보통 바위나 동굴 같은 신성한 장소들을 보호해 준다. 이것이 후대의 종교들에서 흔히 신전이나 교회가 거룩한 땅이나 신성한 공간을 점유한다고 믿는 것의 원천이다. 성(聖)과 속(俗)은 시간 속에서 전혀 충돌하지 않도록 해야 한다. 그러므로 부정적 제례는 신성한 축제들을 위해 거룩한 날들을 따로 정하는데, 그런 날에 가장 일반적인 금기는 속된 삶의 모든 일상행동을 금하는 것이다. 보통 하는 일과 놀이가 금지되고, 오로지 휴식과 성스러운 활동만이 허용되는데, 유대교와 그리스도교처럼 더 발전된 종교가 안식일에나 주일에 요구하는 것과 같은 것이다. 이런 규칙들은 흔히 불편하고 성가시게 보이지만, 그 규칙들이란 바로 그런 목적으로 정해진 것이다. 그런 규칙들의 역할은 모두가 집단을 위해 자기를 부인하거나, 심지어 고통을 견딜 필요성을 모두에게 촉구하는 것이다. 실제로 이것이 바로 거의 모든 종교가 극단적인 자기-부인을 강조하는 '금욕주의자들'을 자랑스럽게 여기는 이유라고 뒤르켐은 지적한다. 그런 사람들은 항상 깊은 존경을 받는다. 그들의 지나친 고통과 자제, 성행위나 좋은 음식 혹은 다른 사치를 거부하는 것은 모든 사람의 이상이 되고자 하는 것이다. 그들은 씨족의 유익을 위해, 모두에게는 좀 덜한 정도로 요구되는 것의 모델이다. 자기희생 없이는 씨족이 번성할 수도 없으며 살아남을 수도 없다.

따라서 성스러운 것은 보통 접근금지이며, 부정적 제례의 요점은 그 금기를 지켜가는 것이다. 그러나 시간과 장소가 적합하고 또한 씨족이 신성한 영역 속으로 들어갈 때는, 제의들을 통해 그 방법을 마련하는데, 이런 제의들을 뒤르켐은 긍정적 제례에 속하는 것이라고 설명한다. 오스트레일리아 원주민들에게 중심이 되는 의례는 인티치우마(intichiuma)로서, 로버트슨 스미스, 프레이저, 프로이트가 그리스도교의 성만찬과 신비스럽게도 비슷하다고 본 예식이다. 매번 우기(雨期)가 시작될 때, 씨족 남자들이 자기들의 토템이 잘 자라도록 하기 위해 일련의 예식들을 시작한다. 이들은 일정한 신성한 바위 위에서 행하는 제의로 시작하는데, 격렬한 종교적 흥분의 단계가 오고, 그 다음에 엄숙한 제의 중에 토템동물 자체를 잡아서 죽이고, 신성한 식사로 먹는다. 뒤르켐은 왜 이런 일을 행하는가를 질문한다. 이것은 로버트슨 스미스가 정확하게 본 것처럼, 희생의례의 최초 형태로서, 후대의 많은 종교에서 중심적 위치를 차지하게 된 것이다. 토템을 예배하는 가운데, 각 사람은 공공연하게 토템의 존재를 축하하며, 토템에 충성할 것을 선언하고, 반대로 토템을 먹음으로써 각 사람은 그 신으로부터 신적인 능력을 주입받고, 또한 자신의 영혼 속에 신적인 생명이 소생하는 것을 얻는다. 뒤르켐은 독창적으로 이것을 신성한 교환(sacred exchange)이라고 표현한다. 인티치우마 예식에서 예배자들은 자신들의 신에게 생명을 주고, 그 신은 그들에게 생명을 되돌려준다.

표면상으로 오스트레일리아 원주민들의 인티치우마는 엄밀하게 종교적 제의로서, 그 씨족의 사람들과 그들의 신 사이의 거래(a transaction)인 것은 의심할 여지가 없다. 그러나 그 밑에는, 그리고 실제상, 그것은 그 씨족의 생활을 사회적으로 갱신하는 것에 다름 아니다. 표면에 드러나는 신학의 밑에는 사회학의 토대가 놓여 있다. 뒤르켐은 다음과 같이 설명한다.

만일에 신성한 원리(the sacred principle)가 사회가 변모한 모습이며 의인화된 모습 그 이상도 이하도 아니라면, 그 제의를 세속적이며 사회적인 관점에서 해석하는 것이 가능하다. 또한 사실상, 사회생활은 그 제의와 마찬가지로 순환한다. 즉 한편으로, 개인은 자신의 최상의 부분을 사회로부터 얻는데, 즉 다른 존재들 사이에서 뚜렷한 특성과 특별한 위치를 얻으며, 그의 지적이며 도덕적인 문화를 사회로부터 얻게 된다... 그러나 또 한편으로, 사회는 개인 안에서 그리고 개인을 통해서만 존재한다. 만일 사회라는 개념이 개인의 마음속에서 완전히 사라지고, 집단의 믿음, 전통, 포부가 개인들 사이에 더 이상 느껴지지 않고 공유되지 않는다면, 사회는 죽고 만다. 신에 관해서도 똑같이 말할 수 있다. 신은 사람의 의식 속에 한 장소를 차지하고 있는 한에서만 실재하는데, 이 한 장소란 무엇이든 사람이 정할 수 있는 것이다. 예배자들이 없으면 신들이 아무런 일도 할 수 없는 것처럼, 신들이 없으면 예배자들이 아무런 일도 할 수 없는 진정한 이유를 이제는 깨달을 수 있는데, 그것은 사회(사회의 상징적 표현이 신들이다)는 개인들 없이는 아무런 일도 할 수 없는 것처럼, 개인들은 사회 없이는 아무런 일도 할 수 없기 때문이다.16)

이 중요한 문단에서 우리는 《종교생활의 원초적 형태》 어느 부문에서와 마찬가지로 뒤르켐 이론의 중심 논지를 분명히 볼 수 있다. 종교의 믿음들과 제의들은 결국 **사회적 실재들의 상징적 표현들** (symbolic express- ions of social realities)이라는 말이다. 토템숭배는 실제로는 씨족에 대한 충성을 진술하는 것이다. 토템을 먹는 것은 바로 집단을 확인하고 강화하는 것으로서, 각 구성원이 씨족은 언제나 (그 씨족을 구성하는) 개인적 자기보다 중요하다고 말하는 상징적인 방법이다.

그러므로 토템 관념들이 우리가 종교적 믿음들을 설명할 수 있게 하는 것과 똑같은 방법으로, 토템 제의들은 종교관습을 설명할 수 있게 해준다. 사회라는 개념이 또다시 핵심이 된다. 믿음들보다 더 근본적인 종교적 제의들의 기능은 공동체에 대한 개인의 헌신을 다시 다짐하는 계기를 마련해주어, 씨족이 그들 자신에게 의존하는 것처럼, 그들은 씨족에 의존되어 있다는 사실을 가장 엄숙한 방식으로 상기시켜 주는 것이다. 축제일들과 제전들이 존재하는 이유는 사회, 즉 공동체를 사람들 마음의 가장 앞자리에 가져다 놓고, 또한 개인적이며 자기중심적인 관심은 그것이 속한 이차적인 위치로 밀어내기 위한 것이다.

인티치우마 의식 이외에 다른 제의들도 긍정적 제례에 포함된다.

---

16) Durkheim, *Elementary Forms*, p. 347.

예를 들어, 프레이저가 주술형태로 분류했던 모방적(imitative) 제의들이 있다. 어떤 씨족들의 의례에서는, 사람들이 자신들의 토템 새들의 소리를 흉내 내어 이것이 그들로 하여금 번식하고 번영하게 해준다고 생각했다. 다른 경우들로는 뒤르켐이 '표상적'(representative) 의례라고 부른 회상(remembrance)의 제의들이 있는데, 이것은 씨족의 한 사람이 어느 위대한 조상의 전설을 집단에게 단순히 이야기해주는 것으로, 분명히 여흥과 교훈을 주려는 것이다. 그렇다고 해도, 그 저변의 동기는 사회적인 것이다. 조상의 이야기를 들려주는 것은 결국 공동체의 과거 구성원들을 현재 살아 있는 구성원들과 연결시켜주는 길이다. 그래서 사람들은 어떤 제의들이 그 토템으로 하여금 주술적으로 (위대한 조상을 - 옮긴이) 재생산하도록 만들 수 있게 한다고 믿게 되는데, 그 분명한 이유는 그런 예식들이 이미 씨족의 구성원들을 결합시킴으로써 보여주었던 위력 때문이다. 이것이 제의들의 사회적 위력이며, 그들이 육체적 위력까지도 갖게 된다는 생각에 이르게 한다.

속죄 의례

긍정적 제례와 부정적 제례에 덧붙여서 마지막으로 뒤르켐이 '속죄'(piacular) 제례라 부르는 중요한 제의들이 있다. 이것은 씨족이 속죄하고 애도하는 의식인데, 언제나 죽음이나 그밖에 다른 비극적인 사건 후에 거행된다. 타일러는 이런 제의는 원시인들이 자신의 인생이 끝난 것에 대해 화를 내고 있는 고인의 영을 달래기 위해 행했다고 생각했다. 그러나 여기서도 뒤르켐은 사회적인 이유를 제시한다. 장례식에서 애도자들이 절망 속에서 큰 소리로 울부짖고 자기 몸을 치는 문화에서는 이런 행위들이 단지 자연스럽게 터져 나오는 것이 아니다. 그것은 매우 의례적인 행동으로, 관습상 모든 씨족 구성원, 심지어 죽은 사람을 전혀 알지 못하는 사람에게까지 요구되는 행동이다. 그 이유는 어떤 한 사람이 죽으면 그 직계가족만 약화되는 것이 아니라, 씨족 전체가 한 구성원, 즉 씨족의 힘의 일부를 잃는 것이기 때문이다. 이런 때에 씨족은 제례를 통해 집단을 재편성하고 소생시키며 씨족 자체를 재확인할 필요가 있다. 가장 초기에는, 행렬, 통곡, 가슴을 치는 이런 의식들이 어느 영이나 신들에게 향한 것이 아니었다. 이런 초자연적 존재들에 대한 믿음은 사실 후기에 발전되었는데, 오직 이런 제의의 결과로 생겨난 것으로서, 사람들에게 그들 행위의 초점으로서 보다 나은 정신적 이미지를 주려고 한 것이다. 원래는 제의를 강요하는 신들이 없었고 단지 그 제의만 있었지만, 시간이 흐르면서 그 제의 자체가 신들을 창조했다.

마지막으로 속죄의례는 성스러움의 양면적 힘을 보여주는데, 그 힘은 어둡고 악마와 같을 수 있으며, 또한 밝고 신적인 것일 수도 있다. 긍정적 제례는 씨족의 활기찬 기쁨과 신뢰 가운데 축하하는 제례인 것처럼, 속죄의례는 씨족이 보다 어두운 경로들, 즉 어느 장소나 어느 시간에든 그 공동체에 닥칠 수 있는 비탄, 큰 재앙, 공포, 불안정 등의 어두운 경로를 통과해 갈 수 있게 해주는 제례다. 뒤르켐의 요점을 보여주는 한 사례를 최근의 역사 속에서 들 수 있다. 존 에프 케네디 대통령이 암살당한 1963년 11월에, 우아하고 침울한 장례행렬이 수도의 거리들을 지나 알링턴 국립묘지에서 묻힐 때, 사람들은 그 압도적인 감정적 충격이 국민에게 미친 영향을 잊지 못할 것이다. 모든 도시와 주에서 텔레비전을 통해 그 광경을 지켜본 사람들로서는, 국민 전체가 애도하는 한 가족인 것 같았을 것이다. 뒤르켐의 속죄의례 개념은 당시에 왜 그럴 수밖에 없었는지를 잘 설명해 준다. 사회의 분위기가 어떠하든 간에, 종교의례들은 반드시 그 분위기를 반영하며 강화한다.

결론

뒤르켐은 자신의 분석이 정확하다면, 오스트레일리아의 원시인들로부터 많은 것을 배울 수 있다고 주장한다. 부족과 씨족의 토템숭배에서 종교생활의 진정한 '원초적 형태들, 즉 신성한 것과 속된 것의 분리, 혼과 영에 대한 개념, 신화적 존재들과 위대한 신들의 기원, 금기(터부), 축전, 모방, 회상, 슬픔을 포함하는 모든 종류의 제의들이 분명하게 나타남을 볼 수 있다. 이런 원초적 요소들을 갖고, 어디서 발견하든 간에 어떠한 종류의 종교행위이건 간에, 역사를 통해서 또한 모든 문화에 걸쳐 적용할 수 있는 이론을 구성하는 것이 가능하게 된다. 뒤르켐의 이론은 모든 종교의 결정적인 원인들을 어디서 찾아보거나 간에, 그 원인들은 반드시 사회적인 것으로 판명된다는 주장이다. 세계의 중요하고 우세한 종교들 안에서는 간파하기가 더 어렵지만, 그런 원인들은 가장 단순한 토템숭배에서처럼, 이처럼 복잡한 전통들 안에도 반드시 존재한다. 동양이나 서양이나, 고대나 현대나, 믿음들과 제의들은 항상 사회가 필요로 하는 것들을 표현한다. 즉 모든 구성원들에게 먼저 집단을 생각하고, 집단의 중요성을 감지하고, 집단의 힘을 깨달으며, 집단의 영원한 복리를 위해 개인의 쾌락을 희생하라고 부단히 요구하는 것이다. 그래서 종교의 역할은 '바깥세상'에 대해서 주장하는 것이 아니며, 세상의 창조와 신의 존재 혹은 죽음 이후의 삶에 대한 종교의 생각이 진리라고 가르치는 것이 아니다. 이런 모든 주제들에 대해 한때는 사람들이 신앙의 고유한 주제들이라고 여겨졌지만, 종교는 보다 타당한 사고체계인 과학에 이런 주제들을 넘겨주어야만 했는데, 이런 사고체계를 창조하는 데는 실제로 종교가 공헌했다. 종교의 진정한 목적은 지적인 것이 아니라 사회적인 것이다. 종교는 사회적인 기운의 담지자(bearer)로서 기능하여, 상징들과 제의들을 통해 사람들로 하여금 자신들을 공동체에 닻을 내리게 해주는 깊은 감정을 표현할 수 있게 해준다. 이런 역할을 하는 한, 종교(혹은 종교를 대체하는 것들)는 항상 우리와 함께 있을 것이다. 왜냐하면 종교는 진정한 자기 터전에 서서, 바로 그 "사회의 영혼"(soul of society)을 보존하며 방어하기 때문이다.

분석

종교에 대한 뒤르켐의 접근방법을 따라가면서, 우리는 자연히 어떤 세부사항들은 생략해야 했지만, 그의 이론의 중요한 윤곽은 이제 상당히 분명하리라 본다. 《종교생활의 원초적 형태》는 출판되자마자 큰 반향을 일으켰는데, 특히 이미 사회학적 렌즈로 종교를 보기 시작한 뒤르켐의 동료들과 제자들이 있던 프랑스에서는 더욱 그러했고, 프랑스 외에도 뒤르켐의 독창성이 널리 인정되었다. 영국에서는 인류학 연구가 그의 영향을 받았으며, 미국에서는 새 분야인 사회심리학이 그의 영향을 받아 미이드(G. H. Mead)와 쿨리(C. H. Cooley) 같은 주목할 만한 학자들이 뒤르켐의 사상을 자신들의 연구 프로그램에 적용했다. 또한 뒤르켐의 영향은 미국 사회에서 그리스도교 상징주의의 위력을 탐구한 로이드 워너(W. Lloyd Warner)의 《하느님의 가족》(The Family of God, 1959)과 현대 사회학자인 로버트 벨라(Robert Bellah)의 미국과 일본의 종교와 사회에 대한 분석에서도 찾아볼 수 있다. 분명히 사회과학을 연구하는 학자들 사이에서, 뒤르켐의 사상은 계속 새로운 찬미자를 얻고 있으며, 참신한 연구의 길을 열어주고 있다.

왜 이처럼 뒤르켐의 사상을 인정하는가? 그 이유는 부분적으로는 뒤르켐이 프로이트처럼, 대단히 광범위한 사상가라는 사실에 있다. 뒤르켐은 사회학 속에서 종교뿐 아니라 과학, 철학, 역사, 윤리, 교육, 정치, 심리학에 이르기까지, 인간행위의 거의 모든 측면들을 이해하는 새로운 방법을 찾아내고 있다. 특히 종교와 관련해서는, 그의 분석이 새로운 통찰력들과 적용의 다양한 방법을 열어준다. 그 가운데 적어도 다음 네 가지는 주목해 보아야 한다.

1. 사회와 종교

이제까지 살펴본 것처럼, 뒤르켐의 견해의 핵심은 "종교는 뚜렷하게 사회적인 것이다"[17]라는 주장이다. 그는 우리 모두가 개인으로서 우리 삶 속에서 선택들을 하지만, 태어나는 날부터 우리에게 '주어진' 사회구조 속에서 선택하는 것이라고 주장한다. "우리는 우리가 만들어내지 않은 언어를 말하고, 우리가 발명해내지 않은 도구들을 사용하며, 우리가 설립하지 않은 권리들을 행사하며, 그들 스스로가 얻지 않은 지식의 보화가 각 세대에게 전해진다."[18] 종교는 모든 문화 속에서 가장 소중한 그 사회의 보화의 한 부분이다. 종교는 각 개인에게 요람기로부터 그 사회 안의 모든 사람의 삶을 인도하는 개념들, 제의들과 감정들을 제공함으로써 사회에 봉사한다. 현재 상황에서는 종교

---

17) Durkheim, *Elementary Forms*, p. 10.
18) Durkheim, *Elementary Forms*, p. 212.

에 미치는 '사회적 영향'과 그 반대로 사회가 종교에 미치는 영향에 관한 논의들은 상식인 것처럼 일상적인 것이 되어, 모두가 그러한 관점에서 말하고 있다. 그러나 이 관점이 얼마나 독특한가를 보기 위해서는 뒤르켐보다 단지 반세기 전에 타일러가 종교에 관해 어떻게 썼는가를 상기해 보면 된다. 타일러는 원시종교를 고찰할 때, 그는 한 '야만인 철학자'가 혼자서 생각하는 중에 영혼과 신에 대한 개념에 도달한 것으로 말했다. 프로이트도 비슷했다. 프로이트는 가정과 사회의 중요성을 파악하기는 했어도, 그의 초점 역시 개인의 인격에 주로 맞추어졌다. 그러나 뒤르켐의 견해는 완전히 다르다. 그가 인간생활에서 '사회적인 것'의 힘을 감지한 그의 시대의 첫 번째 학자나 유일한 사상가는 아니었지만, 그것의 전체적 중요성을 이해하고 그것을 연구의 중심으로 추구했다는 점에서 독특하다.

2. 과학적 방법

뒤르켐은 자신의 연구가 과학적이라는 것에 대해 크게 자부했다. 초기 이론가들처럼 그는 자료를 모아 그것을 비교 분류하고, 그것을 설명하기 위해 일반론이나 법칙들을 만들려고 했다. 제한된 방식으로 그는 사회적 진화도 받아들여, 인간 사회들이 초보적인 데서부터 복잡한 것으로 진화한다고 추정했다. 그래서 최선의 출발점은 단순한 사회, 소위 말하는 원시인들의 문화라는 점에 대해 동의했다. 물론 그는 인간의 진보에 대한 폭넓은 개념을 좋아하지는 않았다. 그는 꽁뜨의 철학에서 본 이런 견해의 대부분을 거부했다. 그는 또한 인류가 주술, 종교, 과학의 시대를 거치면서 끊임없이 위로 전진한다는 프레이저의 주장도 거부했다. 영국의 인류학자들에 반대하여, 그는 세계 각처로부터 임의로 풍습들과 믿음들을 선정하여, 그들의 배경에는 관계 없이 어떠한 미리 결정된 역사적 진보의 틀 속에 배치하는 비교방법을 사용해서는 안 된다고 주장했다. 그런 방법은 합당치 않다. 우리가 해야 할 것은 《종교생활의 원초적 형태》가 모델 역할을 하는 것처럼, 단일 사회에 집중하여 치밀하게 검토하고, 세부적인 것들에 주목해야 한다는 것이다. 이론가들은 치밀한 연구를 한 다음에만, 다른 사회들과 매우 제한된 비교를 시작할 수 있는데, 그것도 같은 형태의 사회들이어야만 한다. 진정한 과학은 서서히 작용하는 것으로서, 조급하게 수집한 많은 사례들에서가 아니라, 치밀하게 검토한 소수의 사례들로부터 작용한다고 주장한다.

제1차 세계대전 후에, 뒤르켐 방법의 이런 중요한 요점이 특히 영국과 미국의 인류학 분야에서 중심을 차지하게 되었다. 영국에서는 특히 사회이론가 라디클리프-브라운(A. R. Radicliffe-Brown)과 남태평양의 원시문화들의 종교와 기타 특성들에 관해 저술한 현지조사 인류학자 말리노프스키(Bronislaw Malinowski)가 그의 방법을 발전시켰다. 한 사회와 다른 사회를 비교하기 전에, 오로지 단 하나의 사회만을 깊이 있게 조사하는 이 원칙이 이제는 사회과학에서 널리 인정되고 있다. 이런 경향은, 그 이전의 빅토리아 시대 인류학의 타일러, 프레이저, 그리고 그들 동료들의 큰 야심에 영원히 종지부를 찍은 셈이다.

3. 제의와 믿음

뒤르켐은 종교 제의(ritual)와 믿음(belief) 사이의 관계에 대한 질문에서도, 타일러와 프레이저의 입장과는 달랐다. 이들의 '주지주의적' 접근은 세상에 대한 믿음들과 관념들이 종교생활의 일차적 요소들이라고 본다. 종교의 관례들(그 풍습과 제의들)은 이차적인 것으로서, 믿음들에서 생겨나서 믿음들에 의존하는 것이다. 이런 입장에서 볼 때, 왕과 함께 종들을 땅에 묻는 원시인들의 관례는 그 관례 이전에 믿음, 즉 저 세상에서 왕의 혼을 도와줄 종들의 혼이 필요하다는 믿음에서 생겨난 것이다. 믿음은 논리적으로 제의에 앞서는 것으로서, 관념이 관습의 원인이 된다고 할 수 있다. 뒤르켐은 정반대의 입장을 취한다. 그는 종교적 제의가 우선하는 것으로서, 제의가 항상 기본이고, 사실상 제의에 동반하는 믿음들을 창조한다는 것이다. 그는 종교에 '영원한' 것이 있다면, 그것은 사회가 항상 의례들(rites)을 필요로 한다는 사실로서, 갱신과 재(再)헌신의 예식적 행위로서의 의례들이 필요하다고 말한다. 그런 의례들을 통해서, 사람들은 집단이 항상 그 개인들보다 중요하다는 것을 상기하게 된다. 이와 반대로 믿음들은 그렇게 영원한 것이 아니다. 종교적 의례들의 사회적 기능은 늘 일정했지만, 종교적인 믿음들의 지적인 내용은 언제나 변할 수 있었다. 믿음들은 종교의 "사변적 측면"(speculative side)이다. 믿음들에 입각해서, 그리스도교를 유대교와 힌두교에서 분리할 수는 있으나, 이 종교들이 주장하는 특유의 관념들(ideas)은 실제로 별다른 차이가 없다. 관념들은 종교마다, 심지어는 같은 종교라도 시대에 따라 항상 변한다. 그러나 예식들의 필요성은 항상 존재하여, 사회적 단결의 진정한 원천이고, 또한 모든 사회 안에서 하나로 묶어주는 실제적 유대(real ties)가 된다. 종교 예식들은 종교의 참된 의미를 드러낸다.

4. 기능적 설명

제의의 문제는 우리로 하여금 뒤르켐의 이론의 중심인 종교의 기능주의적 설명에 이르게 한다. 프로이트처럼, 뒤르켐은 자신이 단순히 다른 이론을 주장할 뿐만 아니라, 그전에 있던 이론들과는 그 **종류**가 다른 이론을 주장한다고 생각했다. 종교를 설명하는 데서, 그는 눈에 보이는 표면의 속까지 파헤칠 수 있다고 생각했다. 타일러와 프레이저는 종교를 눈에 보이는 그대로 설명해서, 종교인이 지니는 믿음들을 표면적인 가치로 취급하고, 그 다음에 어떻게 그런 믿음들이 그들의 삶과 행위를 해명하는가를 물었다. 이런 식의 주지주의적 접근에서는, 관념들과 믿음들(뒤르켐에게는 종교의 사변적 측면)이 다른 문화들을 설명하는 열쇠였다. 타일러의 제자들로서는, 아메리카 인디언 '레인 메이커'(rainmaker)가 자신이 천둥소리를 흉내 내는 것이 폭풍을 일으키고 들판에 비를 내리게 만들 수 있다고 믿었다는 것을 우리가 일단 알고 나면, 원시적 제의들을 이해할 수 있었다. 모방주술의 원리가 우리에게는 불합리하지만, 그 주술사에게는 그렇지 않았기 때문에, 도대체 왜 그가 그처럼 이상스럽게 행동하는가를 설명해 준다. 그러나 프로이트처럼 뒤르켐은 또 다른 질문을 던졌다. 만일에 우리가 이런 믿음들이 불합리하다는 것에 대해 동의한다면, 도대체 왜 사람들은 그런 믿음들을 계속 유지하는가? 그런 관념들이 어리석은 미신이라면, 쉽게 사라지지 않고 살아남는 이유는 무엇인가?

뒤르켐으로서는, 이 수수께끼에 대한 대답을 오직 한 곳에서만 찾아 볼 수 있다. 그것은 그 믿음들의 내용에서가 아니며, 신들이나 세상에 대한 그들의 주장에서가 아니라, 그 믿음들의 **기능**(function), 즉 그 믿음들에 따라 사는 사람들에게 사회적으로 작용하는 그 기능에서만 발견할 수 있다. 종교의 참된 본질은 종교의 표면에서가 아니라, 그 저변에서 찾을 수 있다. 오스트레일리아의 토템숭배가 분명히 보여주는 것처럼, 종교의 핵심 가치는 예식들, 즉 집단에 대한 개인의 충성을 고무하고 다시 다짐하는 예식들에 있다. 이런 제의들에서부터, 나중에 조상의 혼이라든가 신들에 관한 관념들 형태로, 어떤 상징의 필요성이 창조된다. 더구나 한 사회가 살아남고 번영하기 위해서 그런 의례들이 참으로 필요하다면, 종교(혹은 종교의 위치를 채울 수 있는 비슷한 어떤 것)가 없이는 결코 공동체가 있을 수 없다는 것이 당연해진다. 그러므로 종교의 관념들이 어떤 사람에게는 틀린 것이며 불합리한 것으로 생각되어도, 그 종교가 뒷받침하는 사회 안에서는 그런 종교행위는 여전히 생생하게 남아 있을 수 있다. 종교적 관념들이 의문시될 수는 있어도, 종교의례들(혹은 이와 비슷한 것들)은 살아남을 수밖에 없다. 사회는 예식 없이는 존재하지 못하며, 따라서 종교는 영속한다.

비판

뒤르켐의 적극적인 사회적 접근방법은 매우 독창적이고 흥미로운 종교이론을 제시했다. 타일러의 정령숭배와는 달리, 뒤르켐의 이론은 종교행위의 근원이 단순히 지적인 요구보다 더 깊은 곳, 즉 세상이 어떻게 움직이는가를 이해하려는 순전히 지적인 요구보다 더 깊은 곳에 뿌리박고 있음을 보여준다. 그리고 프로이트의 인격 이론과는 달리, 뒤르켐의 사회적 이론은 사람들이 어떤 사물들을 신성한 것으로 선언하고 다른 것들을 속된 것으로 선언할 때, 그 사회구조들이 미치는 강력한 영향들의 폭넓은 범위들 모두를 통찰한다. 그러나 이런 측면들에서는 그의 이론이 매우 설득력이 강한 것으로 보이지만, 다른 측면들에서는 그의 야심적인 사회학적 이론이 뚜렷한 한계점들을 드러낸다. 《종교생활의 원초적 형태》의 첫 비평가들이 그런 난점들을 지적했던 것처럼, 보다 최근의 비평가들 역시 그의 이론에 대한 불평들을 쏟아놓는 데 주저하지 않는다. 비판은 주로 세 가지 문제를 중심으로 이루어지는 경향이 있는데, 종교의 본질에 관한 뒤르켐의 가정들, 그가 인용하는 오스트레일리아 원주민들의 증거, 그리고 그의 '환원주의적' 결론에 관해서다. 차례로 살펴보겠다.

1. 가정들

다른 이론가들의 경우와 마찬가지로 뒤르켐의 경우에도, 많은 것은, 그리스의 사상가 아르키메데스가 말했던 "내가 서 있는 자리"(*pou sto*)에 달려 있다. 《종교생활의 원초적 형태》의 첫 부분에서 밝힌 종교에 대한 정의와 관련하여 뒤르켐이 "서 있는 자리"를 고려해야만 한다. 여기서 그는 종교가 모든 사회들이 성(聖)과 속(俗) 사이를 기본적으로 구별하는 것에 뿌리박고 있다고 말한다. 종교의례들의 중요한 관심은 성(聖), 즉 속된 것으로부터 분리시켜야만 하는 신성한 것에 있다. 더욱이 신성한 것은 항상 씨족의 큰 사회적인 사건들과 연결되어 있고, 반면에 속된 것은 사적인 일들의 영역이다. 이런 기본적 착상이 기초가 되어, 그 위에 뒤르켐의 전체 이론의 구조가 세워졌다. 그런데 이것을 자세히 살펴보면, 그의 이론에서 종교에 대한 이런 정의가 중추적 역할을 맡고 있다는 것이 문제를 일으킨다. 뒤르켐이 이미 논의의 시작에서 신성한 것을 사회적인 것으로 상상했다면, 종교가 사회적 요구들의 표현에 지나지 않는다는 결론에 도달하는 것은 너무나 쉬운 것이 아닌가? 즉 뒤르켐의 연구는 그가 결론지으려고 하는 바로 그 지점에서 시작하는 것처럼 보인다. 즉 신성한 것은 사회적인 것이고, 종교적인 것은 신성한 것이다. 그러므로 종교적인 것은 사회적인 것이라고 그는 말한다. 분명히 뒤르켐만이 이런 식의 일정한 순환논법(circularity)의 경향을 택한 이론가는 아니었다. 우리는 프로이트에게서도 똑같은 것을 보았으며, 또한 다른 이론가들이 내놓은 종교에 대한 정의들 역시 그 자신들이 옹호하고 싶어 하는 이론에 가장 쉽게 순응하는 정의를 제시하는 경향이 있다. 그러나 종결지어야 할 바로 그 지점 옆에서 분석을 시작하는 뒤르켐의 방법은 논리적으로 문제를 일으키는 원인이 된다.

이 문제는 뒤르켐 자신이 종교에 대한 다른 정의들을 오히려 간단히 처리해 버린 것을 생각할 때 더 심각해진다. 예를 들어, 뒤르켐은 종교를 초자연적(the supernatural) 영역에 대한 믿음이라고 정의할 수가 없다고 말한다. 왜냐하면 세계의 원시인들은 분명히 종교적이지만 그런 개념을 갖고 있지 않기 때문이다. 원시인들에게는 모든 사건이 다 같아서, 자연적(the natural) 영역으로부터 분리된 초자연적 영역이 없고, 오로지 신성하고 사회적인 것만이 있어서, 그들은 이것을 속되고 사적인 것으로부터 분리한다. 그러나 뒤르켐 당시와 그 이후로 상당수의 학자들이 증거를 제시하여, 그것이 꼭 그렇지가 않다고 주장해왔다. 즉 원시인들은 정확히 우리의 초자연의 개념을 갖지는 않았다고 해도, 우리의 현대 개념과 상당히 비슷하게 신비하거나 비상한 종류의 사건들에 대한 관념을 갖고 있다. 동시에 흥미로운 것은, 원시인들 가운데 많은 사람들이 모든 경우에 성(聖)과 속(俗)을 분리해내지는 않고 있는데, 특히 뒤르켐이 말하는 것처럼 절대적인 방법으로 분리하지는 않는다. 이런 사실들은 뒤르켐의 주장에 반대하여, 오히려 보다 전통적인 종교개념을 뒷받침하는데, 만일에 초자연과 신성함에 대한 문제가 사소한 문제라면 이런 사실들을 무시해버릴 수도 있지만, 유감스럽게도 그렇지가 않다. 뒤르켐의 정의 선택은 종교에 대한 그의 설명 전략 전체에서 중심점이다. 종교에 대한 그의 정의는 그의 이론에서 주변부에 있는 것이 아니기 때문에, 그 정의를 약간 조정한다고 해도 손실이 없는 그런 것이 아니다. 그의 정의는 그의 이론의 전면에 자리잡고 있으며, 또한 그 중심을 차지한다.

2. 증거

뒤르켐은 자기 연구의 큰 장점이, 이전의 이론가들과는 달리, 오스트레일리아 원주민 공동체들의 단 하나의 문화형태만을 연구하여 그 맥락 속에서 종교를 설명하려는 그의 결단에 있다고 주장한다. 그는 스펜서와 길렌, 그리고 직접 가서 관찰한 다른 이들의 널리 인정받는 민족지학 보고서들에 의존해서, 그들이 제공하는 증거에 분명히 그의 이론의 기초를 두고 있다. 이런 접근방법의 과학적 가치는 분명하며 논란의 여지가 없으나, 잠재적인 약점도 있다. 즉 이런 보고서들의 가치에 문제가 있거나, 아니면 뒤르켐이 이런 보고서들을 해석한 것에서 문제가 생길 경우에는, 이 오스트레일리아 공동체들의 증거에 매우 밀접하게 연결된 그의 이론에서 도대체 무엇이 남겠는가? 《종교생활의 원초적 형태》에 대한 최초의 비평가들 몇 사람은 강력하게 이런 점을 지적했다. 초기에 뒤르켐과 함께 연구했던 사회학자 가스통 리처드(Gaston Richard)는 오스트레일리아 원주민들에 대한 보고서를 치밀하게 검토하고, 여러 곳에서 그 증거가 뒤르켐의 결론과는 정반대로 해석될 수 있음을 보여주었다. 리처드는 오히려 설득력 있게, 뒤르켐 이론의 대부분이 오스트레일리아 원주민들에 대한 보고서를 살펴보기도 전에 구성되었다고 주장했다.[19] 다른 비평가들은 오스트레일리아 원주민들에 대한 보고서 자체가 완전히 정확한가에 대해서도 문제를 삼는다.20) 아마도 이 문제에 대해 가장 가혹한 평을 한 학자는 아프리카를 연구한 유명한 네덜란드 인류학자 아놀드 반 게넵(Arnold van Gennep)일 것이다. 《종교생활의 원초적 형태》가 출판된 직후에 쓴 강력한 서평에서, 그는 "10년이 지나면, 오스트레일리아 자료에 대한 그의 분석 전체가 완전히 배척당할 것이다"라고 썼고, 또한 그 책이 "내가 이제까지 보았던 민족지학의 사실들 가운데 가장 불완전한 것들"에 기초했다고 덧붙였다.21) 이런 비판들이 적어도 부분적으로 예언적인 것이 되어, 오늘날 뒤르켐의 이론의 한 부분이 되는 토템숭배에 관한 상당수의 증거와 해석의 대부분이 매우 폭넓게 배척당하게 되었다.22)

3. 환원주의

심리학적 기능주의가 프로이트 이론의 초석인 것처럼, 사회학적 기능주의는 뒤르켐의 설명방법의 열쇠다. 물론 어떤 의미에서 이런

---

19) "Dogmatic Atheism in the Sociology of Religion," in W. S. F. Pickering, ed., *Durkheim on Religion*, tr by Jacqueline Redding (London: Routledge & Kegan Paul, 1975), pp. 228-76; 처음에는 *Revue d'histoire et de philosophie religieuse* (1923)에서 출판.

20) W. E. H. Stanner, "Reflections on Durkheim and Aboriginal Religion," in Pickering, ed., *Durkheim on Religion*, p. 277-303.

21) Arnold van Gennep, review of *The Elementary Forms of the Religious Life*, in Pickering, ed., *Durkheim on Religion*, pp. 205-208; 처음에는 *Mercure de France* (1913)에 출판.

22) 특히 Stanner, "Reflections on Durkheim and Aboriginal Religion,"과 A. A. Goldenweiser, review of *The Elementary Forms of the Religious Life*를 보라. 둘 다 Pickering, ed., *Durkheim on Religion*, pp. 277-303, 209-27에 수록되어 있다. Goldenweiser의 논문은 처음에 *American Anthropologist* (1915)에 수록되었다.

접근방법의 가치는 의심의 여지가 없는 것 같다. 종교적 믿음들과 제의들이 그 표면적인 현상 저변에서 사회적 목적을 성취하지만, 믿는 이들 자신은 그것을 전혀 의식하지 못한다는 것을 누가 과연 의심할 수 있겠는가? 경건한 가톨릭 신자들에게는 위령미사가 표면상으로는 죽은 이의 혼을 지옥으로부터 구해 달라는 하느님을 향한 탄원이지만, 그 저변에서는 그 집단의 결속과 갱신을 이루는 강력한 예전인 것을 누가 부인하겠는가? 종교에 대한 이런 사회적 기능을 해석하는 것이 당연하고 적절하기 때문에, 더 이상 아무도 이에 대해 논박하지 않는다.

그러나 종교와 사회가 이렇게 기능적으로 서로 연관되며, 심지어 불가분의 관계에 있다고 모두가 인정한다고 해도, 우리는 이런 관계가 진정으로 어떻게 작용하는가를 여전히 물을 수밖에 없다. 이 문제를 논의하면서 뒤르켐은 거의 언제나 사회가 결정하고, 반면에 종교는 결정되어지는 것이라고 주장했다. 사회가 통제하고, 종교는 반영한다. 그가 고려하는 오스트레일리아 원주민들의 각각의 사례에서, 뒤르켐은 사회가 강력하게 종교 제의들과 믿음들을 형성하는 반면에 종교적 믿음들은 결코 사회를 형성하는 데 영향을 끼치지 못하는 것처럼 보인다고 주장했다. 각각의 사례는 사회구조가 항상 실재(reality)이고, 종교는 다만 현상(appearance)임을 상기시킨다. 적어도 왜 이것이 반드시 그래야만 하는가를 묻는 것은 합리적이다. 종교가 다른 주장들과 목적들과 더불어 사회적인 기능이 있다고 말하는 것과, 종교가 오직 사회적 기능만을 갖고 있다고 말하는 것은 전혀 다르다. 우리가 이미 프로이트의 경우에서 본 것처럼, '환원주의'는 이처럼 특별히 공격적 형태의 기능주의적 설명을 뜻하는 이론적 용어다. 프로이트는 종교를 표면적 현상(surface appearance) '뿐'이라고 설명하면서, 저변에 있는 심리적 충격에 의해 생겨난 신경증 증상의 모습으로 보았다. 뒤르켐의 의제도 비슷하여, 그는 종교란 표면의 거품(surface foam)에 불과하며, 저변의 사회적 실재가 방출한, 그 자신의 말로 '용솟음'(effervescence)이라고 설명한다. 물론 뒤르켐은 이 관점에서 종교에 대해 부정적인 판단을 내리기를 매우 주저했다는 점에서 프로이트와는 달랐다. 프로이트는 종교를 병의 징조, 정신이상 증상으로 보았다. 뒤르켐은 그처럼 확신하지 못했다. 그는 종교적 믿음들이 비록 잘못된 것이라 하더라도, 어떤 사회들에서는 여전히 사회적 건강을 증명하는 것이 될 수도 있다고 생각했다.

이런 차이점에도 불구하고, 뒤르켐의 이론은 프로이트의 이론처럼 공격적인 환원주의적 기능주의 형태와 일치하여, 그의 목표는 종교를 그 눈에 보이는 현상 자체가 아닌 어떤 것으로 '환원'하려는 것이다. 기능주의적 설명이 한동안 그 장점들을 입증했지만, 기능주의의 그런 환원주의적 해석에 대한 의문은 별도의 것으로서, 오늘날 이론가들은 이 문제로 인해 날카롭게 대립하고 있다. 즉 어떤 학자들은 환원주의 이론에서 강력한 과학적 방법의 모델을 찾을 수 있다면서 그런 접근방법을 지지한다.[23] 다른 학자들은 그런 접근방법이 일방적이며 근본적으로 그릇된 길로 인도한다고 본다.[24] 이 문제와 관련해

---

[23] 예를 들어 Donald Wiebe의 글을 보라. 특히 "The Failure of Nerve in the Academic Study of Religion," *Studies of Religion* 13 (1984): 401-22; 또한 그 뒤에 나온 저서 Robert Segal, "In Defense of Reductionism," *Journal of the American Academy of Religion* 51 (March 1983): 97-124; *Religion and the Social Sciences: Essays on the Confrontation* (Atlanta: Scholars Press, 1989); 그리고 *Explaining and Interpreting Religion: Essays on the Issue*, Toronto Studies in Religion (New York: Peter Lang, 1992).

[24] Daniel L. Pals, "Is Religion a Sui Generis Phenomenon?" *Journal of the American Academy of Religion* 55, 2 (1987): 260-82.

서 실제로 종교를 믿는 대다수 신자들이 프로이트와 뒤르켐의 환원주의 이론을 대체로 용납하기 어렵다는 것은 당연하다. 즉 종교적 신앙의 관점에서 볼 때, 이런 환원주의적 접근방법이란, 비록 믿음의 측면들에 대해 통찰력을 제공할 수 있다 해도, 본질적으로 종교가 무엇인가를 전혀 오해하고 있는 것이다. 그렇기는 해도, 프로이트와 뒤르켐의 견해는 그들보다 전에 나타난, 모든 환원주의 이론 가운데서도 가장 호전적이고 공격적인 독일 사회주의 철학자 카를 마르크스의 견해에 비하면, 종교인들의 귀에 덜 거슬릴 것이다. 종교에 대한 가차 없고 전투적인 그의 설명은 우리가 다음 장에서 살펴볼 것이다.

보다 자세한 연구를 위한 추천 도서들

Allen, N. J., ed. *On Durkheim's Elementary Forms of Religious Life*. London: Routledge, 1998. 뒤르켐의 획기적인 연구의 배경과 구상과 영향을 재평가하는 교육적이고 분석적인 논문집.

Bellah, Robert N., ed. *Emile Durkheim: Morality and Society: Selected Writings*. Chicago: University of Chicago Press, 1973. 뒤르켐의 보다 중요한 짧은 글들을 교육 목적으로 선택한 것으로서, 미국의 주요 종교사회학자가 선택하여 소개했다.

Durkheim, Emile. *The Elementary Forms of the Religious Life*. Translated by Joseph Ward Swain. New York: The Macmillan Company, [1912] 1915.

Durkheim, Emile. *The Division of Labor in Society*. Translated by G. Simpson. Glencoe, Ill.: The Fress Press, [1893] 1964. (민문홍 역, 《사회분업론》, 아카넷, 2012).

Durkheim, Emile. *The Rules of Sociological Method*. Translated by S. A. Solovay and J. H. Mueller. Chicago: University of Chicago Press, [1895] 1938. (윤병철 외 역, 《사회학적 방법의 규칙들》, 새물결, 2001).

Durkheim, Emile. *Suicide: A Study in Sociology*. Translated by J. A. Spaulding and G. Simpson. London: Routledge & Kegan Paul, [1897] 1951. (황보종우 역, 《자살론》, 청아, 2008).

Fenton, Steve, ed. *Durkheim and Modern Sociology*. Cambridge, England: Cambridge University Press, 1984. 현재 사회학적 연구 발전에 미친 뒤르켐의 역할과 영향을 평가한 인정받는 권위자들의 논문집.

Giddens, Anthony. *Emile Durkheim*. New York: Viking Press, 1978. (이종인 역, 《뒤르켐》, 시공사, 2000). 현대 주요 사회 이론가의 통찰력 있는 간략한 연구.

Jones, Robert Alun. *Emile Durkheim*. Beverly Hills, Calif: Sage Publications, 1986. Robertson Smith, Frazer와 그밖에 초기 종교 해석가들에 정통한 학자의 매우 통찰력이 넘치는 짧은 연구.

Jones, Susan Stedman. *Durkheim Reconsidered*. Cambridge, England: Polity Press, 2001. 그에 대한 오해를 제거하고, 그의 경력과 업적을 당시의 프랑스 사회, 정치와 문화의 상황에서 판단하려는 뒤르켐에 대한 재평가.

LaCapra, Dominick. *Emile Dukheim: Sociologist and Philosopher*. Ithaca, N.Y.: Cornell University Press, 1972. 뒤르켐 사상 전반에 관한 내용 있는 해설.

Lukes, Steven. *Emile Durkheim: His Life and Work: A Historical and Critical Study*. New York: Harper & Row, 1972. 뒤르켐의 삶과 사상에 대한 최근의 명료한 검토.

Mestrovic, Stjepan G. *Emile Durkheim and the Reformation of Sociology*. Totowa, N.J.: Rowman & Littlefield, 1988. 현대 사회학 탐구분야를 창안한 뒤르켐 역할에 대한 판단.

Nisbet, Robert A. *Emile Durkheim: With Selected Essays.* Englewood Cliffs, N.J.: Prentice-Hall, 1954. 뒤르켐의 가장 중요한 서적들과 주요 이론에 대한 비판적 평가와 다른 저자들의 중요한 논문들.

Nisbet, Robert. *The Sociology of Emile Durkheim.* New York: Oxford University Press, 1974. 뒤르켐 연구의 역사적인 상황과 특히 프랑스에서 뒤르켐 이전 사람들로서 그의 사상에 영향을 준 사회 사상가들에 대한 탁월한 연구.

Pickering, W. S. F., ed. *Durkheim on Religion.* Translated by Jacqueline Redding. London: Routledge & Kegan Paul, 1975. *The Elementary Forms*에 대한 최초의 평가를 포함하여, 다른 학자들에 의한 선발된 평론과 함께 종교에 관한 뒤르켐의 최초의 연구 중에서 선발하여 제시한 책.

Pickering, W. S. F. *Durkheim's Sociology of Religion: Themes and Theories.* London: Routledge & Kegan Paul, 1984. 종교에 관해서 뒤르켐에 대한 철저하고 훌륭한 연구.

Wolff, Kurt H., ed. *Essays on Sociology and Philosophy: Durkheim, et al., with Appraisals of His Life and Thought.* New York: Harper Torchbooks, [1960] 1964. 뒤르켐 사상의 기원, 특성, 영향에 대하여 여러 학자들이 쓴 예리한 논문들.

4장

소외로서의 종교

카를 마르크스

"마르크스는 인간이 정치, 과학, 예술, 종교를 추구하기 전에 무엇보다도 먼저 먹고 마셔야 하며, 잠자리와 옷이 있어야만 한다는 단순한 사실을... 발견했다."

- 프리드리히 엥겔스, "카를 마르크스의 묘지에서 한 연설"[1]

만일 이 책의 순서를 엄격하게 연대순으로 한다면, 이 장에서 우리가 살펴볼 이론가는 여기 중간이 아니라 처음에 나와야만 했다. 독일의 사회철학자로서 공산주의로 알려지게 된 운동을 안내한 카를 마르크스(1818-1883)는 우리가 고찰하고 있는 다른 인물들이 연구를 시작하기도 전에 그의 인생 대부분을 살았던 사람이다. 즉 그의 중요한 저서들은 타일러가 1871년에 《원시문화》를 출판하기 훨씬 전에 완성되었으며, 프레이저의 《황금가지》는 1883년에 마르크스가 죽은 후 거의 7년이 지나서야 출판되었다. 더구나 프로이트와 뒤르켐이 그

---

1) Friedrich Engels, "Speech at the Graveside of Karl Marx," in *Karl Marx and Friedrich Engels: Selected Works*, tr. and ed. Marx-Engels-Lenin Institute, 2 vols. (Moscow, 1951), 2: 153.

211

들의 중요한 사상을 발전시키기 20년 전이었다. 그렇지만 마르크스를 앞에서가 아니라 여기서 고찰하는 것은 일리가 있다. 그 이유는 그가 19세기 중엽에 저술활동을 했지만, 그의 사상은 당시 그의 급진적 동료들의 작은 집단과 정부 당국의 의심의 눈총 외에는 별로 주목을 받지 못했기 때문이다. 단지 그의 생애 후기에, 경제에 관한 방대한 비판적 연구인 《자본론》(*Das Kapital*)의 첫 권을 출판하고[2] 난 후에야, 주류 사상가들이 그의 견해에 대해 면밀하게 주목하기 시작했다. 그러나 그 시점으로부터 그의 영향력은, 지금 살아 있는 누구나 분명히 알듯이, 엄청나게 확대되기 시작했다. 러시아에서는 블라디미르 레닌 (Vladimir Lenin)이 그의 사상을 추종하여, 1917년 러시아 혁명을 통해 러시아 제국을 멸망케 하여 세계를 놀라게 했다. 그 후 1940년대에 같은 충격이 중국에서도 일어났는데, 또 한 명의 마르크스주의자 마오쩌둥(毛澤東)이 무지한 농민군대를 이끌어 승리했다. 비슷한 반란들이 세계 전역의 약소국가들에서도 전개되자, 유럽과 미국의 지성인들은 마르크스의 폭발적이며 또한 모든 것을 포괄하는 사회적 비전(vision)을 파악하기 위해 노력할 수밖에 없게 되었다. 그의 사회적인 비전에 대단히 매혹된 사람들도 있었던 반면에 철저하게 배척한 사람들도 있었다. 공산주의 체제가 붕괴되기 시작한 이후의 현재 상황에서도, 사람들이 적어도 한 가지 사실에 대해서는 서슴없이 동의하는데, 그것은 마르크스 자신의 세기가 그를 무시했어도, 우리 세기는 그럴 수가 없다는 것이다.[3]

---

[2] 마르크스의 경제이론에서 중요한 저술인 《자본론》은 1867년에 3권 중 첫 권으로 함부르크 독일 출판사에서 출판되었는데, 첫 판은 1000부였다. 첫 권이 나오기 전에 이미 제3권의 대부분과 제2권의 거의가 탈고되었다. 마르크스는 1867년 이후에도 이 세 권의 개정을 계속 노력했으나 끝내지는 못했다.
[3] 그가 죽은 후 한 세기 동안의 긴 안목으로 본 마르크스에 대한 평가는, Betty

마르크스에 관해서는 처음부터 두 가지 사실에 주목해야 한다. 첫째로, 그는 공산주의 사상을 형성한 사람으로서, 종교이론보다는 그 자체가 종교와 비슷한 전체적인 사상체계를 제시했다는 점이다. 어떤 이들은 프로이트의 정신분석에 관해서도 그와 똑같은 말을 했지만, 마르크스주의 신조가 세계 전역에 끼친 충격은 훨씬 더 컸다. 20세기에 한동안, 마르크스의 사상은 여러 형태로 세계 곳곳의 정부들의 통치 철학이었다. 비록 유럽과 소비에트연방에서 공산주의가 붕괴한 이후로는 단지 몇몇 중요한 전초기지들만 남아 있을 뿐이지만 말이다. 신실하며 경건한 그리스도교 신자들에게 성경이 신성한 것처럼, 마르크스의 저서들은 공산주의자들에게 신성한 것이다. 공산주의는 교리체계와 그에 대한 권위 있는 해석들을 제시한다. 공산주의는 그 자체의 예식들, 신성한 장소들과 신성한 인물들이 있다. 공산주의의 선교사들은 한 세기 동안에 수백만 명의 개종자들을 얻었고(이제는 잃었지만), 또한 중세시대나 종교전쟁 때보다 더 잔인한 박해를 가했다. 공산주의는 본질적으로 정치, 사회, 경제에 관한 광범위한 이론만이 아니라, 인간의 삶 전체에 관한 총체적 비전(total vision)을 준다고 주장하여, 자연세계 안에서 인간의 위치에 대한 철학적 입장, 역사 속에서 과거가 된 모든 것에 대한 설명, 미래에 대한 예언으로 그 총체적 비전을 완결시킨다.

두 번째로, 마르크스의 철학이 너무 광범위해서, 그가 제시하는 전통적인 종교에 대한 '이론'은 오히려 작은 부분으로서, 반드시 그의

Matthews가 편집한 *Marx: A Hundred Years On* (London: Lawrence & Wishart, 1983)을 보라. 그의 체계에 대한 비판의 변화에 대한 평가는, Terrell Carver가 편집한 *The Cambridge Companion to Marx* (Cambridge, England: Cambridge University Press, 1991), pp. 23-54의 Paul Thomas의 "중대한 반응: 마르크스의 당시와 현재 (Critical Reception: Marx and Then and Now)"를 보라.

사상의 중심이라고 볼 수도 없다는 점이다. 이런 점에서 그는 뒤르켐이나 프로이트 또는 여기서 다룬 다른 이론가들과는 전혀 다르다. 곧 보게 되겠지만, 그의 견해들은 분명하고 솔직하며, 또한 현대세계에서 엄청난 영향력을 끼쳤는데, 특히 공식적인 공산주의 사회들에서 그 영향이 지대했다. 그러나 마르크스의 방대한 모든 저술들 가운데서, 종교라는 주제를 특별히 또는 체계적으로 다룬 책이 한 권도 없다는 것은 특이하다. 그의 많은 책들, 편지들과 다른 주제에 대한 논설들에서 그는 종교를 자주 언급하고 있지만, 거의 언제나 간접적 방식으로 여기저기에 종교에 관해 일반적 논평을 하거나, 교회, 성례, 성직자에 관해, 또는 특정한 믿음이나 그리스도교의 다른 관례들에 대해 산발적으로 논평하고 있다.

그래서 여기서는 다른 장들에서와는 좀 다른 방식이 필요하다. 우리가 타일러와 뒤르켐과 같은 인물을 다룰 때처럼 핵심적인 한 권의 저서 속의 논증을 추적하는 대신에, 종교에 대한 그의 입장을 가장 명료하게 밝히고 있는 초기의 철학적이며 사회적인 저술들과, 나중에 정치와 경제에 관한 책들에서 가끔 논평한 것들을 주로 하여, 종교에 대한 마르크스의 견해를 재구성해야 할 필요가 있다. 나머지는 우리의 방식을 그대로 유지할 수 있겠다. 먼저 마르크스의 생애와 지적인 배경을 살펴보고, 그의 사상의 전체적인 구조를 정리하고, 그 다음에 그의 종교관을 살펴보겠다. 그 다음에는 분석과 비판을 정리하겠다.

배경: 마르크스의 생애와 활동과 저술

카를 마르크스는 1818년 5월 5일, 라인란트(현재 독일의 라인강 서쪽 지역)의 작고 아름다운 도시 트리어(Trier)에 살았던 유대인 변호사 하인리히 마르크스(Heinrich Marx) 가정에 여덟 아이 중 두 번째로 태어났다.4) 당시는 독일이 아직 단일 국가가 아닌 시기였으며, 트리어는 프러시아의 지배 아래 있었는데, 프러시아는 주로 그리스도교 귀족 가문들이 통치했던 여러 분리된 독일 국가들 가운데 가장 강력한 국가였다. 마르크스의 친가와 외가 할아버지들은 모두 랍비였으나, 프러시아의 반(反)유대인 법 때문에, 아버지는 마르크스가 태어나기 직전에 명목상 그리스도교로 개종했다. 아버지의 부드러운 성품은 아들의 성품과 뚜렷하게 대조가 되는데, 아들은 지적으로 타고난 재능이 있었지만, 완고하고 퉁명스럽고 지독히 독립적이었으며 거의 감정을 드러내지 않았다. 그의 고등학교 성적은 평범했지만, 교양 있는 프러시아 국가의 관리이며 가족의 친구인 베스트팔렌 백작(Baron von Westphalen)을 스승으로 삼게 되어, 그를 통해 일찍이 고전문학에 흥미를 갖게 되었다. 마르크스는 후에 백작의 딸 예니와 결혼해서 자녀 여섯을 두었다.

마르크스는 본(Bonn) 대학교에서 1년 간 철학과 법학을 공부했는데, 술도 마시고 결투도 벌였다. 그는 건강이 안 좋은 이유로 군복무를 피할 수 있었다. 베를린대학교로 전학하기 전까지는 사실 진지한 학생이 아니었지만, 베를린대학교에서는 곧 그곳의 풍요한 문화적인 생활에 적응했다. 그 대학은 대도시 안에 있는 탁월한 배움의 중심이었을 뿐만 아니라, 학자, 정부 관리, 그리고 진지한 지성인들, 그 중에는 대단히 과격한 사상을 지닌 사람들이 모이는 장소였다. 당시 베를

---

4) 마르크스에 대한 전기 연구는 많다. 영어로 된 가장 권위 있는 것은 David McLellan, *Karl Marx: His Life and Thought* (New York: Harper & Row Publishers, 1973)이며, 당시 유럽 상황에서 마르크스 사상의 발전을 분석한 초기의 권위 있는 지성적 전기는 Isaiah Berlin, *Karl Marx* (New York: Time Inc., [1939] 1963)이다.

린대학교는 물론, 대부분의 독일 대학들은 철학자 헤겔(Georg Wilhelm Friedrich von Hegel, 1770-1831) 한 사람의 뛰어난 영향에 의해 주도되고 있었다. 헤겔의 사상체계는 마르크스를 이해하는 데 극히 중요하지만 간단히 설명하기는 어렵다. 나중에 다시 언급할 필요가 있는데, 여기서는 한 마디로 말해, 헤겔은 관념론자(idealist)로서, 철학자들이 오랫동안 고심해왔던 물질과 정신에 대한 문제를 해결한 사상가인데, 이념들이나 개념들처럼 정신적인 것이 세상에서 근본적인 것이며, 물질적인 것은 언제나 이차적인 것으로서 근원이 되는 우주적 정신, 즉 절대정신의 물리적인 표현이라고 주장했다. 독일에서는 어느 사상가든 간에, 자신이 진지하게 여겨지길 원한다면, 이 관념론 체계에 대해 어떤 형태로든 반응해야 했다. 마르크스도 청년 헤겔학파(Young Hegelians)라고 알려진 사상가들 집단에 들어갔는데, 이들은 스승의 제자들이면서 비판자들이기도 했다. 헤겔좌파로 알려진 이들은 헤겔이 물질과 정신의 문제가 근본적인 것이라 본 것은 옳지만, 그의 해결책은 정확히 진리의 역(逆)이라고 주장했다. 즉 물질이 일차적이고, 반면에 정신—사상가들에게 그렇게 중요한 개념과 사상의 영역—은 사실상, 사과의 빨간 색깔처럼, 본래 근본적으로 물질적 세계의 반사일 뿐이다. 마르크스는 이 견해를 적극 옹호했다. 1841년에 그가 완성한 박사학위 논문은 고대 그리스 철학자들로 단호한 '유물론자'였던 데모크리투스(Democritus)와 에피큐로스(Epicurus)에 관한 것이었다.

이런 일반 원칙, 즉 세상에서 근본적으로 실재하는 것은 정신적 개념들에서보다는 물질적 힘들에서 발견할 수 있다는 원칙이 마르크스의 후기 사상 전체를 위한 철학적 기초가 되었다. 특히 그것은 그의 사상이 발전되면서 중심이 된 두 가지 주제의 기초가 되었는데, (1) 경제적인 현실이 인간의 행위를 결정한다는 확신, (2) 인간의 역사는 계급투쟁의 이야기로서, 모든 사회에서 재화를 소유한 주로 부자들과 생존하기 위해 일해야만 하는 주로 가난한 자들 사이의 끝없는 갈등의 모습이라는 논제이다.

마르크스는 대학교수의 경력을 원했지만, 그의 젊은 헤겔학파와의 관련성과 그 자신의 더욱 과격해 가는 사상이 이것을 불가능하게 했다. 그래서 언론계로 방향을 돌려 처음에는 독일의 어느 정치 신문을 위해 글을 쓰다가 파리로 갔고, 거기서 프랑스의 사회 경제적 사상가들의 책들을 읽고 자신의 이론을 깊이 발전시키기 시작했다. 이 초기 시대가 실상 그의 사상가로서의 경력을 쌓는 핵심 단계였다. 1843년부터 1850년 사이, 파리에서 브뤼셀로 옮겼고 그 다음 다시 독일로 되돌아간, 약 7년의 기간에 걸쳐 마르크스는 매우 중요한 여러 정치적 논문들과 철학 논문들을 썼다. 그 가운데는 《유대인 문제에 관해서》(*On the Jewish Question*, 1843), 《헤겔 우파의 철학에 대한 비판》(*Toward the Critique of Hegel's Philosophy of Right: Introduction*, 1843), 《경제학 · 철학 수고》 (*Economic & Philosophic Manuscripts*, 1844), 《신성가족》(*The Holy Family: Or a Critique of All Critiques*, 1845) 등이 있다. 이런 저술들에서 그는 인간의 본성과 운명에 대한 포괄적 유물론의 견해를 밝혔다. 또한 그 안에서 역사와 사회, 경제와 정치, 법, 도덕, 철학과 종교에 관한 그의 핵심사상도 밝혔다. 그가 받아들인 일반적 관점의 실마리를 우리는 그가 편집한 신문의 전면 표어에서 볼 수 있는데, 그 표어는 "존재하는 모든 것에 대한 과감한 비판"이었다.[5]

마르크스가 이 기간에 저술한 것이 그의 나머지 생애를 통해 실제

---

5) Karl Marx, *A Correspondence of 1843*, in *The Early Texts*, ed. David McLellan, (Oxford, England: Oxford University Press, 1971), p. 82.

로 결정적인 것이었지만, 전혀 그 혼자만의 힘으로 한 것은 아니었다. 바로 이 중요한 시기에 그는 독일의 공장주인의 아들인 프리드리히 엥겔스(Friedrich Engels)를 만나 평생의 교분을 맺기 시작했다. 엥겔스는 영국에 살면서 공장 노동자들의 참담한 생활을 보고, 그 스스로 마르크스와 매우 비슷한, 경제와 사회에 대한 유물론적인 견해를 발전시켰다. 1845년에 마르크스와 엥겔스는 지식인들 간에 보기 드문 거의 완벽한 협력의 길을 찾았다. 이들은 같은 정신을 소유했지만, 재능은 각기 매우 달랐다. 보다 독창적 사상가인 마르크스는 흔히 불명료하면서 한편 심오한 철학자와 예언자로서 이바지했고, 엥겔스는 해설가이며 전달자로서 항상 생각을 명확히 직접적으로 또한 설득력 있게 표현할 수 있었다. 여러 해 동안 이들은 공장을 함께 방문하며, 연구 결과를 나누고, 상대방의 생각을 서로 비판하며, 공동 목적을 위해 함께 저술하고, 힘을 합쳐 새로운 정당들을 지원하고 조언했다. 이들은 1848년에 함께 그 유명한 《공산당 선언》(*Communist Manifesto*)을 썼다. 그래서 오늘날 우리가 아는 '마르크스주의' 창시자는 실상 마르크스 혼자가 아니라, 마르크스와 엥겔스 두 사람이다. 이들은 함께 유물론, 계급투쟁, 공산주의, 혁명의 메시지를 진척시켰는데, 각각 혼자서는 그렇게 효과적으로 할 수 없었을 것이다.

보통 사람들은 거의 알지 못했지만, 마르크스와 엥겔스의 '혁명적'인 사상이 당국에게는 비밀이 아니었다. 1848년에 혁명이 유럽 각지에서 터지기 시작하자 마르크스는 곧 의심을 받게 되었다. 벨기에에서 체포되고 추방당해 독일로 되돌아가서 그곳에서 시작되고 있던 혁명에 참가하자 또 다시 체포되었지만 법정에서 다행히 모든 고소가 취하되었다. 1849년에 그는 유럽대륙을 떠나 런던으로 갔고 거기서 여생을 보내기로 작정했는데, 망명이기는 하지만 단연코 은퇴는 아니었다. 뼈에 사무치는 가난과 가족들이 굶는 지경에서도 그는 꾸준히 정치와 경제 연구를 계속했다. 그는 정기적으로 대영박물관 독서실에 가서 그가 즐겨 앉는 좌석(오늘날 푯말이 붙어 있다)에서, 프랑스 혁명기의 정치에 대해 두 권, 경제사와 이론에 대해 몇 권을 저술했다. 《자본론》(Capital, 1867)은 물론 이런 연구들 중에서 가장 중요한 것이다. 이 책에서 마르크스는 사실에 입각한 풍부한 자료를 모아 사회 분석에 이용하고 정치적 및 사회적 구조에 대한 그의 예리한 통찰을 덧붙였는데, 이런 작업들은 모두 어떻게 경제활동의 사실들이 그의 유물사관을 뒷받침하는가를 보여주며, 혁명적인 공산주의적 미래의 길을 열기 위한 것이었다.

이 기간 동안에 마르크스는 또한 노동자들이 자본주의 억압자들에 대항하는 계급투쟁에도 적극 참여하려 했다. 그는 프랑스와 독일의 사회주의 정당들에도 조언을 주며 지원했다. 그는 "국제노동자협회"(간단히 "International")를 조직한 지도자였는데, 이 단체의 목적은 국적에 관계없이 노동자들의 공동이익을 대표하는 것이었다. 그동안에도 저술을 계속했는데, 《자본론》이 그 주제에 관한 세 권 중 첫 번째 책이었다. 그는 다른 두 권을 위해서도 계속 작업했는데, 이 두 권은 완성되지 않은 채 원고상태로 남아 있으며 《경제학》(Economics)이라는 일반 제목 아래 그가 구상한 큰 연구과제의 한 부분이었다. 그의 연구 습관은 유별나서, 어떤 날은 술에 취해 있거나 종일 잠을 자고, 어떤 날은 밤새도록, 그리고 집안이 시끄러운 아이들로 가득한 낮에까지 광적으로 저술했다. 그는 거의 무한정한 정력을 지녔고, 하려고만 하면 강철 같은 정신훈련으로 그 정력을 이용할 수 있었다. 그의 생애 마지막 10년 동안에는 그의 정력이 약해졌는데, 병이 타격을 주기 시작했기 때문이었다. 때를 맞춘 상속과 엥겔스로부터의 얼마간의 재정적 도움으로, 그의 가족은 겨우 빈곤에서 벗어날 수 있었다. 비록 그는 계속해서 책을 읽고 친구들과 서신왕래를 했지만, 그 때는 그의 중요한 저술들을 이미 남긴 다음이었다. 아내 예니가 1881년에 죽고 2년 후에 그가 뒤따랐다. 엥겔스가 지켜보는 가운데 그는 런던에 묻혔다. 그의 생애 마지막 30년간 연구하며 저술하며 살던 곳에 묻힐 때, 애도하는 사람들은 별로 없었으며 그의 장례는 조용히 치러졌다.

마르크스주의: 경제와 계급투쟁 이론

마르크스와 엥겔스의 《공산당 선언》에서처럼, 그렇게 격하게 혹은 사람들을 휘저어놓는 말로써, 자신의 주요 논제를 제시한 사상가는 일찍이 없었다.

지금까지 존재하는 모든 사회의 역사는 계급투쟁의 역사다.
자유인과 노예, 귀족과 평민, 지주와 농노, 조합장과 직공인, 한마디로 억압자와 피억압자가 계속 반목한 채, 한때는 숨겨지고 또 한때는 공개되는 끊임없는 투쟁을 벌여, 그 때마다 사회의 혁명적인 재구성으로 끝나든지, 투쟁하는 계급들의 공동파멸로 끝나든지 하는 투쟁이었다.6)

이처럼 귀에 쟁쟁 울리는 문장의 메시지는 매우 명백하다. 만일 우리가 인간이 무엇이며 또한 인류 역사가 과연 어떠한 것인가를 이해하기 원한다면, 무엇이 참으로 근본적인가를 알아야 한다. 무엇이

---

6) Karl Marx and Friedrich Engels, *The Communist Manifesto*, in *Selected Works* (Moscow: Foreign Languages Publishing House [1935] 1955), 1: 34.

근본적인가 하는 것은 다음과 같다. 인간이 땅 위에 처음 출현한 때부터 그 활동의 동기는 웅대한 생각들이 아니라, 기본적 물질에 대한 관심, 즉 생존을 위한 초보적 필요에 대한 관심이었다. 이것이 역사에 대한 유물론적 관점의 첫 번째 사실이다. 누구나 먹을 것, 옷과 잠자리가 필요하다. 이 욕구가 충족되면, 성에 대한 욕구와 같은 다른 것들이 생겨난다. 자녀들을 낳아 가정과 공동체를 이루게 되고, 이것은 또 다른 물질적 욕망들과 수요를 창출한다. 이런 것들은 마르크스가 말하는 '생산양식'(mode of production)을 발전시킴으로써만 충족될 수 있다.7) 필수품들과 생활에 안락함을 주는 물건들까지도 어떻게든 생산해야 하는데, 식량을 채집하거나 사냥, 낚시, 경작, 혹은 다른 노동에 종사하는 것을 통해서다. 더구나 이런 활동들에는 다양한 사람들이 서로 다른 방법으로 참여하기 때문에, 조만간 노동의 분업이 시작되어, 각기 서로 다른 일을 하게 된다. 마르크스는 이런 형태로 노동을 분업화한 사람들 간의 유대 혹은 관계를 '생산관계'(relations of production)라 한다. 나는 배를 만들고, 당신은 고기 잡는 그물을 만들 수 있다. 가장 초기에, 가장 단순한 상태의 사회, 즉 마르크스가 말하는 원시공산주의에서는 배도 그물도 동네 모든 사람들의 공동소유였으며, 필요에 따라 모든 것을 함께 나누었다.

마르크스에게는 이 최초의 부족 공산주의가 어떤 면에서 가장 자연스러운 인간의 조직이었다. 이런 사회는 사람들로 하여금 보람된 일과 참신한 여가의 건전한 조화 속에 참여하여 생활 속에서 다양성을 누리도록 해주었다. 그들은 집단에 속해 있었지만, 또한 각자의 분

---

7) "생산양식"과 "생산관계"처럼 마르크스 이론의 중요한 개념들에 대하여 특히 도움이 되는 책은 Terrell Carver, *A Marx Dictionary* (Totowa, NJ: Barles & Noble Books, 1987)이다.

리된 자기 스스로의 가치도 알고 있었다. 그러다가 사유재산 개념이 도입되자 결정적 변화가 초래되었는데, 그 영향은 고전문명으로 알려진 역사의 단계에서 가장 분명하게 드러났다. 이 단계에서 생산관계가 크게 변화했다고 마르크스는 설명한다. 즉 배를 만드는 사람은 배가 자기 재산이라고 주장하고, 그물 만드는 사람도 마찬가지였다. 그들은 자신들이 만든 것을 교환해서만, 즉 자신들의 노동의 산물을 파는 것을 통해서만 서로 관계를 맺게 되었다. 그리고 오래지 않아 재능, 범죄, 혹은 행운에 의해 어떤 사람들은 더 많고 더 나은 개인 재산을 취득했는가 하면, 어떤 사람들은 약간, 아니면 아무것도 없는 상태가 되었다. 더구나 생산양식이 사냥과 채집에서부터 곡물재배로 바뀌면서, 재산을 가진 사람들은 상당히 유리한 위치를 차지하게 되었다. 이들은 생산품만이 아니라 생산수단, 즉 곡물을 재배하는 땅까지 소유했기 때문이다. 다른 사람들은 소유하지 못하므로 지주들은 주인(master)이 되고, 나머지는 그에게 의존하는 하인, 조수 혹은 노예로 전락했다. 초기문명의 두 가지 특징인 사유재산과 농업이 모든 인류의 근본적 갈등을 조장했는데, 세력과 부(富)로 인한 계급 분리와 더불어 영구적인 사회 불안이 시작되었다. 그 후 중세시대에도 생산양식은 거의 같은 형태로 남아 있었다. 중세는 농업시대로 계급갈등의 긴장상태는 여전했다. 봉건 영주와 농노가 단순히 고대의 지주와 노예를 대체했다. 기술자들 간에도 으뜸 장인과 낮은 도제(徒弟)가 로마시대의 귀족과 평민 간의 옛 갈등을 재연했다.

    마지막으로 현대의 발전단계에서 이 오래된 계급갈등은 지속되지만, 더욱 격렬하며 암담한 모습으로 나타났다. 현대 자본주의는 상업적 제조업이라는 새로운 생산양식을 도입하여, 이와 더불어 생산관계에도 엄청난 변화가 뒤따랐다. 소유주와 노동자는 아직도 그대로 존재하지만, 이들 간의 갈등은 보다 더 격렬해진다. 자본주의는 대규모로 상업활동과 이윤동기를 도입하여, 마르크스가 말하는 부르주아지(bourgeoisie) 혹은 '중간계급'에게 거대한 부를 만들어준다. (마르크스의 부르주아지라는 말은 오늘날 우리가 말하는 유복한 상위중류 계급을 뜻하는 것으로, 회사의 소유주들과 관리자들을 가리켰다.) 한편 마르크스가 말하는 '프롤레타리아'(the proletariat)인 노동자들은 거의 가진 것이 없이 그저 생존임금을 벌기 위해 그들의 매일의 귀한 노동을 소유주-관리자에게 팔아야만 한다. 이 냉혹한 상황은 자본주의가 또한 산업화되면서 더욱 악화되었다. 공장이 생기고, 여기서 노동자들은 진을 빼게 만드는 장시간 동안 거대한 양의 물건을 만들어내는 기계 옆에서 보내게 되는데, 엄청난 부를 되돌려 받는 것은 물론 그 주인들이다. 따라서 이 산업자본주의가 확산되면서 계급갈등을 그 마지막 한계로까지 끌어올려 가장 절망적인 상태에 이르게 되는데, 이 단계는 프롤레타리아의 고통이 너무 심해서 노동자들은 혁명만이 그들의 소망이라고 생각하는 단계다. 프롤레타리아는 자신들을 억압하는 전체 사회와 경제 질서를 폭력으로 타도하려고 달려든다. 이 상황에서 폭력을 예상할 수밖에 없는 것은 부자들을 힘으로 탈취하지 않는 한, 부자들은 자신들이 가진 것을 포기하지 않기 때문이다. 실제로 대결을 피할 수 없는 것은 어느 한 집단이나 국가나 계급이 저항할 수 없는 깊은 역사적 힘에 의해 그 대결이 추동되는 것이기 때문이다.

이런 세상에서 공산주의가 두 가지 사명을 갖고 있다는 것은 분명하다. 하나는 교육으로서, 이런 상황을 파악하지 못하는 사람들에게 설명해 주어야 한다. 다른 하나는 행동으로서, 모든 곳의 프롤레타리아에게 혁명을 준비하도록 요청해야 한다. 고대 히브리 예언자의 명령하는 목소리로, 공산당은 국가와 그 지배계급을 탄핵한다. 공산당은 노동자들에게 단결하여 역사의 강력한 물줄기에 참가하며, 그들의 힘을 그 흐름에 합세하고 또한 자본주의 체계에 돌진하여 그 구조와 토대를 분쇄하는 그 날이 오기까지 투신할 것을 촉구한다. 오로지 그 때, 이 파괴의 격렬한 큰 파도 후에야 비로소, 인류의 사회질서에 진정한 자유와 평화가 돌아온다. 이 낙원을 성취하기 위해 처음에는 과도기, 즉 마르크스가 말하는 '프롤레타리아 독재'를 통한 과도기를 거치게 되어, 한때 무기력했던 가난한 자들이 실제로 지배하게 된다. 그런 다음 이들의 지배가 점차로 역사의 최종 국면에 자리를 내어주어, 여기서 참된 인간의 조화가 이루어지고, 계급분열과 사유재산의 악폐가 더 이상 존재하지 않게 된다.

유물론, 소외, 역사의 변증법

마르크스가 자신의 거대한 계획을 구상하면서, 그 자신이 사회계급이나 사회투쟁이라는 개념을 창안한 것은 아니었다. 그는 사회계급의 분열과 경제발전의 일정한 단계들 사이의 **연관성**(connection)을 자신이 발견했다고 생각했고, 또한 그 자신만이 장차 어떻게 이 투쟁이 혁명에 이르고 계급 없는 사회에 이르게 할 것인지를 보았다고 믿었다. 그렇다면 그는 도대체 어디서 이런 생각들을 얻게 되었는가? 그가 어떻게 더욱 참혹하고 난폭한 투쟁들로 특징지어지는 대결들을 거친 후에야 비로소 인간 역사가 행복한 미래로 나아가게 된다는, 이런 유별난 생각을 갖게 되었는가?

이 질문에 대답하기 위해서는 베를린에서의 그의 청년시절과 헤겔의 영향을 다시 생각해 보아야 한다. 물질적인 것은 이차적인 것이라고 보는 헤겔의 관념론을 이미 언급했다. 헤겔은 궁극적 실재를 '절대정신'(the absolute spirit) 혹은 '절대이념'(absolute idea)이라고 했는데, 이것은 종교인들이 하느님이라 부르는 것이다. 그의 사상체계에서 이 '절대'는 그 스스로를 항상 더 깨닫고 더욱 의식하려고 노력하는 존재다. 이를 위해서 절대는, 마치 건축가의 정신이 아름다운 건물에서 표현되는 것처럼, 물질적인 형태와 사건들 속에 그 스스로를 쏟아 넣음으로써 이루려고 한다. 그러나 (마치 불만족스런 건축가가 다 알듯이) 현실태(the actual)는 결코 이상태(the ideal)를 완전히 포착하지 못하기 때문에 물질적 형태는 항상 부적절하여, 헤겔의 표현으로, 정신에서 '소외'된다. 물질적 실체는 결코 절대에 이르지 못한다. 그래서 매번 물질세계에서 어떤 사건이 일어날 때마다(헤겔은 이것을 '정, thesis'이라 불렀다), 정신은 그에 대립된 사건('반,' antithesis)을 일으켜 그것을 교정하려고 한다. 그 때 이 둘 사이의 긴장은 세 번째 사건('합,' synthesis)에 의해 해결되어 양쪽의 요소들을 조화시키는데, 이것은 또 하나의 '정'(正)이 되어, 대립(反)과 해결(合)이 연속된다. 건축가가 매번 먼저 지은 것보다 개선된 새로운 건물을 설계하는 것을 생각해보자. 그는 이전의 두 차례의 시도에서 가장 좋았던 요소들을 항상 결합함으로써 개선해나간다. 헤겔에게는, 세상에서 일어나는 모든 일들이 이처럼 거대하게 교체하는 연속(great alternating sequence) 형태로 발생하는데, 그는 이것을 자연과 역사 속의 정신의 '변증법'(dialectic) – '대등한 교환'(the give and take) – 이라고 불렀다. 변증법 가운데서 절대는 하나의 물질적 형태에서는 불만족하여 스스로를 소외시키고, 그리고는 다른 것으로 응수하고, 결국에는 그 둘을 결합하여 더 나아진 다른 형태로 그 둘을 능가한다. 게다가 헤겔은 이 교체가 작은 방식으로가 아니라 대단히 큰 사회적 패턴들로 발생한다고 생각했다. 그의 체계에서는, 고대 그리스 문명이나 유럽의 르네상스 시대의 문명처럼 전체 문화가 절대의 거대한 단일한 표현, 즉 정(thesis)이라고 볼 수 있는데, 이것이 시대적인 간격이 있은 후에, 그의 반(antithesis)으로서 대립되는 문화를 불러온다. 때가 되면, 이 둘이 융합되어 제3의 보다 풍요하고 더 높은 문명형태로 되는데, 이것을 합(synthesis)이라 하겠다. 이처럼 세계 전체는, 자연과 역사와 정신을 웅대하고 단일한 통일체로 묶어주는 크고 다양한 교체운동과 치밀한 상호조립을 통해서 전개된다.

마르크스가 헤겔의 관념론을 거부했다는 것은 이미 지적했다. 그러나 그는 소외(alienation) 개념이나, 역사가 방대한 갈등과정과 더불어 진행된다는 생각은 거부하지 않았다. 도리어 그는 이런 사상을 그의 유물론 속에 포함시켜 인간 역사에 대한 그 자신의 입장의 중심에 두었다. 그는 역사가 실제로 거대한 갈등의 현장이라고 말했으며, 헤겔이 그 핵심을 '소외'로 본 것은 옳다고 말했다. 그러나 헤겔은 소외와 역사적 진전이 사상 속에서가 아니라, 삶의 기본이 되는 물질적 현실에 얼마나 깊이 뿌리박고 있는지를 이해하지 못했다고 마르크스는 비판했다. 신학자들이 그들의 창조주 하느님에 대해서 말하는 것처럼, 헤겔은 소외를 언급할 때, 주로 어떻게 물질세계가 그것의 정신적 근원, 절대정신, 혹은 절대이성의 완전함에 결코 이르지 못하는가를 생각했다. 그러나 마르크스는 사실상 사태는 그와 정반대라고 맞받아쳤다. 구체적이며 실제로 노동하는 인간들이 자기 자신의 소외를 만들어내는데, 그것도 정확히 자신들에게 당연히 속한 바로 그것들을 다른 사람들에게서 돌림으로써 자신들을 소외시킨다. 그것이 **진정한 소외**이며, 인간이 불행한 정확한 원인이다. 종교에서는 응당 사람에게 속하는 영예로운 존경을 항상 하느님에게 돌린다. 철학에서 헤겔은 실제로 인간의 땀과 수고가 성취한 것에 대한 모든 찬양을 그의 절대정신에게 돌렸다. 정치에서까지도 그는 이 과오를 범해서, 인간은 개인적 이익과 욕구를 왕이나 지배계급의 뜻에 양도해야 한다는 다분히 보수적인 결론과 더불어, 정부—현대의 민족국가—를 절대정신의 위대하며 새로운 표현이라고 보았다. 그러면 왜 사람들이 애당초 모든 영광을 하느님에게 돌리고, 모든 권력을 왕에게 주기로 결정했는가? 하느님이 실제로 존재해서도 아니며, 왕족이라 불릴 자격이 있는 사람이 있어서도 아니라, 인간의 생각이 근본적으로 무엇인가 잘못된 때문이다. 즉 우리는 존재의 바로 핵심에서 자기-소외(self-alienation)를 겪기 때문이다. 다시 말해서, 우리가 우리 본연의 인간성으로부터 내적으로 분리되어 있다는 것에 대한 깊은 의식을 갖고 있기 때문이다.

계속해서 마르크스는 우리가 진실로 소외를 이해하려면, 매일의 노동이라는 경제적 사실이 모든 사람들에게 얼마나 유일하게 중요한가를 간파해야 한다고 말한다. 사람들이 자연세계에 맞서서 사회생활을 창출하고 뒷받침하는 과정에서, 노동은 인간의 자유로운 활동이다. 노동은 인격 전체의 표현으로서 풍요하며 창조적이고 다양하며 만족스러워야 하는데, 불행하게도 그렇지가 못하다. 노동이 사실상 우리 자신에게서 분리되고 소외된 이유는 부분적으로는 사유재산이라는 악한 개념 때문이다. 배를 만드는 사람과 그물을 만드는 사람에게서 본 것 같이, 소외가 시작되는 것은 일단 나의 노동의 산물이, 공동체의 이익을 위한 나의 인격의 자연스러운 표현이 아닌, 어떤 동떨어진 대상물이라고 생각할 때다. 그 순간부터 나는 내가 생산한 대상으로부터 소외되어, 내가 그물을 짜는 것은 나의 독특한 재능을 표현하기보다는, 단지 상품을 만들어 다른 상품과 교환할 수 있는 방편으로 삼기 위한 것이다. 또한 그물을 만드는 사람은, 마르크스가 말하는 인간의 '종적 생활'(species-life)에서 더욱 소외되어, 순전히 상품만을 취급하는 것뿐으로, 나의 노동을 통해 보여줄 수 있는 인간다운 보람이 전혀 없게 된다. 결국 나는 다른 개인들로부터도 소외되는데, 그 이유는 나의 인격, 즉 나에게서 본질상 인간적인 바로 나의 인격이 상대방의 인격과 더 이상 관여하지 않은 채, 그저 각자가 만든 물건들을 서로 거래하는 것뿐이기 때문이다. 이처럼 중첩된 형태의 소외 속에서, 인간 조건의 진정한 비참함을 보게 된다. 이것을 어떻게 해서든지 극복하는 때만이, 인간의 참된 행복을 되찾을 수 있다.

노동의 착취: 자본주의와 잉여가치

이처럼 노동자들을 진이 빠지게 만드는 소외의 원인을 먼저 찾아내지 않고서는 그 치유가 불가능하다. 여기서 소외 자체가 얼마나 나쁜 것이라 하더라도, 현대 산업자본주의 도래로 인해 더욱 비참하게 악화된 것은 분명하다. 마르크스는 이 모든 것에 대한 설명을 《자본론》의 많은 지면을 통해 밝히려고 했다. 이 긴 책을 짧게 요약하는 것이 공정할 수는 없지만, 적어도 노동과 가치에 관한 그의 의견을 간단히 요약해 볼 수는 있다. 내가 만들거나 구입하기를 원하는 상품의 가치는 그 상품에 들이는 노동의 양에 의해 결정된다고 그는 설명한다. 만일 구두 한 켤레 만드는 데 하루가 걸리고, 정밀한 시계를 만드는 데 20일이 걸린다면, 시계의 가치나 비용은 구두의 20배가 될 것이며, 구두 만드는 사람이 시계를 사거나 교환하려면 최소 20 켤레는 만들어야 한다. 이런 사례는 과거에 경제가 실제로 어떻게 작동했는가—가치 대 가치의 동등한 교환—에 대하여 매우 비슷한 모습을 보여준다.

마르크스는 자본주의와 재산소유가 불행하게도 모두 이윤에 대한 것이지 동등한 가치 교환에 대한 것이 아니며, (원가보다) 더 많은 것을 얻기 위한 거래이며 투자이지, 손득(損得, 손실이나 이득)이 없는 것이 아니라고 주장한다. "이윤이 어디서 오는가?"에 대한 대답은 단 하나뿐이다. 자본주의에서는 시계나 구두에 가치를 부여하는 것, 즉 바로 그 상품이 지닌 인간 노동의 양이 과소평가(under-valued) 되고 있다. 이 냉정한 진실에 대한 수많은 증거들은 어디서나 볼 수 있다. 노동자는 자기 가족을 부양할 임금을 벌기 위해 적어도 충분한 가치를 상품들 속에 쏟아 부어야만 하지만, 현대의 기계는 이것을 매우 짧은 시간 안에 할 수 있게 한다. 그러나 그들은 실제로 하루 종일 일하는데, (마르크스가 잘 아는 런던에서는) 심지어 하루 종일 이상을 일한다. 게다가 흔히 가족 전부가 대개의 경우 10시간, 12시간, 혹은 그 이상 많은 시간을 기계 옆에서 일했지만, 그들은 몹시 가난했다. 도대체 무슨 일이 일어나고 있는가? 매일 이 노동자들 각자는, 자본주의자 공장 주인을 위해 거대한 양의 잉여가치(surplus value)를 창출하고 있다고 마르크스는 주장한다. 그들의 임금에 해당하는 짧은 시간의 노동 후에도, 그들은 계속해서 가치를 창출하는데, 이 잉여가치 모두는 바로 노동자들에게서 탈취되어 공장 주인이 이윤을 위해서 판다. 다시 말해서, 잉여가치는 순전히 노동자들이 일해서 날마다 창출해내는 훨씬 더 큰 가치에서, 노동자들의 임금(주거비, 옷과 먹을 것을 사는 데 쓰는 것)을 빼고 남은 것이다. 따라서 마르크스 당시 유럽의 각 농장과 공장에서, 밭을 소유했거나 공장을 운영한 주인은 매일 수백, 수천 명의 노동자들이 창출한 잉여가치를 걷어 들여 자신의 이윤으로 취득하고, 하인들과 여우, 사냥개들을 갖춘 교외 별장을 짓는 데 사용했다. 그러는 동안 그의 노동자들은 도시 중심에 있는 좁고 더러운 아파트에 끼여, 지겨움과 질병과 실제로 굶주림과 벗하며 살았다.

유감스럽게도, 이처럼 부당한 환경은 개인의 탐욕의 문제만이 아니라고 마르크스는 단언한다. 비록 주인이 여우와 사냥개를 좋아하지 않는다 해도, 주인의 입장은 여전히 자본주의 시장의 잔인한 경쟁에 의해 강요받기 때문이다. 즉 자기 회사가 살아남기 위해서는, 다른 공장 주인이 상품을 더욱 싼값으로 팔기 시작하여 자기를 망하게 하지 못하도록, 더욱 많은 노동자들을 착취하게 될, 더 크고 현대적인 공장에 투자해야 한다. 이를 위해 주인은 회사가 창출하는 최대의 잉여자금을 취득해야만 한다. 모든 자본주의자는 다른 사람들과 경쟁하기 위해 자신의 비용을 낮추어야만 하기 때문에, 더 좋고 큰 기계를 쓰려고 하며, 또한 자기의 생산품을 최대한 낮은 가격으로 생산하고 판매할 수 있도록 하기 위해, 모두를 하나의 더욱 크고 보다 나은 회사로 집중시켜, 기업합동이나 독점사업으로 만들려고 한다. 이런 조치들이 노동자에게 미치는 영향은 쉽게 볼 수 있다. 잔인하게 경쟁적인 시장에서 그의 위치가 약화됨에 따라 그의 삶은 더욱 비참해진다. 인구가 늘고 또한 공장들이 더욱 능률적이 되면서, 노동자들은 그들 자신이 잉여가 된다. 언제나 고용되지 않은 프롤레타리아 계급의 '예비대'가 있다는 사실은 일자리를 가진 사람들이 어느 순간에나 더욱 값싸게 대체될 수 있음을 상기하도록 만든다.

설상가상으로, 노동자들의 과잉도 가장 심각한 문제는 아니다. 자본주의의 치열한 경쟁법칙인 노동자들로부터 더 많은 생산을 얻으려는 충동이, 결국 "자본의 생산과잉"(overproduction of capital)이라는 예상 밖의 새로운 궁지로 이끌어간다. 노동자들과 기계들이 생산품을 실제로 팔 수 있는 수준 이상으로 더 많이 생산해낸다. 이런 유감스러운 상황에서 주인들에게는 자신들의 방침을 바꾸어 생산을 줄이는 길밖에 없고, 그로 인해 경제 위기가 초래되어, 해고, 사업의 침체, 타격적인 실직이 나타난다. 이런 불황 후에 경제가 회복되지만, 또 다시 성장과 쇠퇴의 냉혹한 순환을 시작하게 되는 것뿐이다. 시간이 가면서, 이처럼 사람들을 마비시키는 악순환 때문에, 프롤레타리아 계급이 끝내 절망 속으로 굴러 떨어진다는 것은 전혀 놀라운 일이 아니다. 마르크스는 이 상황을 이렇게 묘사하고 있다.

> 자본주의 체계 안에서... 생산의 발전을 위한 모든 수단들은 생산자들을 지배하고 착취하는 수단들로 바뀐다. 그 수단들은 노동자를 인간의 한 파편으로 절단하여, 기계의 부속품으로 전락시키고, 그의 노동에 대해 남아 있던 매력마저도 파괴하여 지긋지긋한 노역으로 변하게 만든다. 그에게서 노동과정의 지적인 잠재력들을 소외시키고... 그가 노동하는 조건들을 왜곡시켜, 노동과정에서 그 비열함을 더욱 증오하게 만드는 횡포에 복종하도록 만들며, 그의 평생을 노동 시간으로 둔갑시키고, 또한 그의 부인과 아이를 자본의 불가항력적인 저거노트(Juggernaut, 인도 신화의 Krishna 신상 - 옮긴이) 바퀴 밑으로 끌어넣는다.[8]

이런 방식으로, 경제생활의 과잉과 불행들이 사회갈등을 가열시키고, 자본주의를 결국 자멸로 이끈다. 마르크스는 이 끔찍한 붕괴와 경제적 비참함 가운데서, 프롤레타리아 계급이 깨닫게 되는 것은 그들 자신이 "사슬 외에는 잃을 것이 없다"(have nothing to lose but their chains)라는 것이라고 말한다. 그들의 분노로부터, 또한 역사의 모든 무게가 자신들 편에 쏠려 있음을 알고, 노동자들은 드디어 계획하며 또한 조직적으로 단결하여 결국 자본주의 체계 전체에 대항하게 된

---

8) Karl Marx, *Capital*, 3 vols., ed. Friedrich Engels (New York: International Publishers, 1967), 1: 645.

다. 때가 이르면, 반란이 일어나게 되고, 바로 그 순간에 자본주의 세계에 대한 대판결의 날이 드디어 오는 것이다.

하부구조와 상부구조

그렇다면 마르크스에게는 역사의 중심 드라마는 계급투쟁으로서, 경제생활의 냉혹한 현실로 인해 아래로부터 통제되는 투쟁이다. 사유재산의 세계에서, 생산의 수단을 주로 부자들이 소유하는 반면에, 다른 사람들, 특히 압도적으로 가난한 사람들은 그렇지 못하다. 그렇다고 해도, 경제는 존재하는 것의 전부는 아니다. 우리의 사회생활의 다른 차원을 이루는 활동 형태들은 어떠한가? 정치와 법은 어떠하며, 또한 도덕, 예술, 문학, 그리고 여러 다른 지적인 노력들은 어떠한가? 그리고 종교는? 이 모두가 어디에 속하는가?

마르크스는 이런 주제들 각각에 대해 많은 것을 언급하는데, 이 모두에 대한 그의 출발점은 그가 말하는 사회의 '하부구조'(base)와 그 '상부구조'(superstructure)를 구분하는 것이다. 그는 모든 역사를 통해서 경제적 사실들이 사회생활의 기초를 형성했고, 그것들이 하부구조로서 노동의 분업, 계급투쟁, 인간소외를 초래한다고 주장한다. 이와 대조적으로, 일상생활에서 분명히 보이는 다른 활동들의 영역은 상부구조에 속한다. 그런 활동들은 경제적 하부구조에서부터 생겨날 뿐 아니라, 그 하부구조에 의해서 뚜렷하게 형성된다. 상부구조는 계급투쟁의 깊은 잠재적 에너지와 감정들에 의해서 만들어진다. 우리가 문화생활과 연결시켜 생각하는 제도들, 즉 가정, 정부, 예술, 철학의 대부분, 윤리, 종교는 그 주된 역할이 강자와 약자 사이의 충돌에서 생기는 깊고 통렬한 긴장들을 (완전히) 봉쇄하거나 통제된 상태에서 배출하도록 하는 제도들로 이해해야만 한다.

정부의 경우를 보자. 국가의 역할은 이해하기가 어렵지 않다. 국가는 어느 시대나 지배계급의 소망을 대표하기 위해 존재한다고 마르크스는 말한다. 그러므로 사유재산의 원칙 위에 세워진 자본주의 사회에서는, 절도에 대해 엄격한 법을 통과시켜, 굶주린 아이의 엄마가 한 마을 전체를 먹일 수 있을 만큼의 식량을 가진 공장 주인에게서 단지 빵 한 덩어리를 훔쳤다고 해도 감옥에 처넣을 수 있게 만든다. 정부는 경찰력을 만들고 임금을 지불하면서 법이 준수되도록 만들어, 도둑은 반드시 잡아서 재판에 넘기도록 한다. 모든 법들이 지켜지도록 사법부를 설립하여, 고발된 자는 반드시 유죄판결을 받고 형벌을 받아야 한다. 법이 무너지는 것은 자본주의 질서처럼 단지 소수의 억압자와 절대 다수의 피억압자로 된 어느 사회에서나 항상 있는 위협이다. 그래서 법을 부과하고 어떠한 탈선의 위협을 진압하는 강력한 국가의 존재가 절대로 필수적이다.

국가는 통제하기 위해 무력을 사용하지만, 문화적 상부구조 안의 다른 권위들은 설득을 통해 똑같은 목적을 달성한다. 과거의 모든 시대마다 윤리적 지도자들, 즉 신학자, 철학자, 도덕가는 단순히 무엇이 옳고 그른가를 가르쳐서, 가난한 사람들을 통제하는 것을 도와주었다. 이들이 가르치는 특정한 미덕들(virtues)은 자연히 그들이 살고 있는 사회의 성격에 달려 있는데, 그 이유는 "지배계급의 생각이 어느 시대나 지배적 사상"[9]이기 때문이다. 중세 때 농업이 생산의 가장 중요한 수단이던 시대에, 모든 토지는 교회의 주교들이나 봉건 영주들의 소유로서, 그들의 재산은 제후들의 군대와 그들에게 충성하는 농

---

9) Marx and Engels, *The German Ideology*, Parts 1 and 3, ed. R. Pascal (New York: International Publishers, 1947), p. 39.

노들이 지켰다. 그렇다면 당시 도덕규범이 교회에 대한 헌신과 더불어 봉건 영주에 대한 순종, 경의, 충성을 맹세하는 무사의 미덕(warrior virtues)을 강조했다는 사실이 놀라운 일이겠는가? 현대 산업사회에서는 자본가들이 활용할 수 있는 노동자들의 거대한 집단(pool)을 필요로 하는데, 이런 노동자 집단은 직계가족 이외에는 거의 연줄이 없고 사회적 특권이나 지위가 없는 노동자들이어야 한다. 그렇다면 현 시대의 도덕적 표어가 개인의 자유와 사회평등인 것에 놀랄 이유가 없지 않겠는가? 현대 철학자들과 신학자들은 이런 새로운 도덕적 가치들을 장려하는데, 이것이 새로운 경제에 이바지하기 때문이다. 그들은 중세기의 철학자들과 신학자들과 마찬가지로, 그들이 가르치는 도덕이 사실은 그들 자신의 특수한 장소와 시기의 경제현실에 의해서 결정된 것인데도 불구하고, 영원한 진리이며 불변하는 자연 질서에 속한다고 주장한다. 창조적인 예술도 별로 다를 바가 없다. 작가들과 예술가들이 독자성과 독창성을 이야기하지만, 그들의 성공 역시 그 시대에 용납된 사상에 의존하며, 그들이 항의하는 것 같아도 실제로 그들은 억압자의 통제 아래 있는 사회에 대해 침묵으로 인정하는 것이다.

마르크스는 이런 견해들에 대한 역사적 증거를 흔히 현대 유럽의 최근 혁명에서 찾는데, 1600년대 영국의 시민전쟁과 특별히 그가 평생 연구하여 세 권의 책으로 집필한 프랑스 혁명에서 찾는다.[10] 표면상 이런 거대한 투쟁은 단순히 정치와 종교의 문제처럼 보이지만, 그 밑에 깔린 현실은 상당히 다르게 보인다. 마르크스는 17세기 영국에서 런던의 상인들과 중산계급 신사들을 왕의 정치적 권위에 도전하도

---

10) *The Class Struggles in France* (1850); *The Eighteenth Brumaire of Louis Bonaparte* (1852); *On the Civil War in France* (1871).

록 이끈 것은 자본주의였으며, 왕의 권력은 안정된 지주들에 의해 뒷받침되고 있었다고 말한다. 신흥 중산계급으로 하여금 새로운 형태의 종교인 개신교를 채택하도록 만든 것은 자본주의로서, 개신교가 무역, 투자, 개인 기업에서 그 이해관계에 훨씬 더 적합하기 때문이었다. 또 렘브란트(Rembrandt)와 프란스 할스(Frans Hals) 같은 미술가가, 중세교회의 프레스코 벽화에서 볼 수 있는 성자들과 왕들 대신에, 네덜란드 도시 사람들과 그 가족들의 초상화를 그리게 된 것도 자본주의라고 할 수 있다. 1789년에 프랑스에서 왕을 폐위시키고, 인권이라는 명분으로 교회에 대한 공격을 주도한 것은, 전문가들과 관료들로 이루어진 신진 중산계급(도시 부르주아지)이었다. 일단 대변혁이 진정되자, 중산계급이 단합하여 가난한 대중들의 혁명에 대한 열망을 저지하는 과정에서는 다시 경제적 이해관계가 우세하게 되었다. 각각의 경우에서, 정치와 종교라는 상부구조는 사실상 경제적 하부구조와 계급전쟁이라는 원동력에 의해 지배되는 것을 볼 수 있다.

마르크스는 이 상부구조를 이루는 모든 지적인 활동에 대해 특별한 단어를 써서, 예술가들, 정치인들, 신학자들의 노력이 결과적으로 모두 '이데올로기'(ideology)에 이르게 된다고 말한다.[11] 이런 사람들은 사상의 체계와 창조적인 예술작품을 만들어내는데, 그들의 생각에는 그런 산물들이 진리나 미에 대한 사랑의 열망에서 솟아난 것으로 보인다. 그러나 실상 그런 산물들은 계급적 이익의 단순한 표현으로서, 기존 현실을 정당화해야 하는 숨겨진 사회적 필요성을 반영하며, 불의한 현실에서 이익을 얻는 사람들이 그런 불의한 현실을 만들어내는 상황이 왜 유지되어야만 하는가를 보여주려는 자연스런 경향을 반

---

11) 이 용어의 의미는 Carver, *Marx Dictionary*에서 "ideology," pp. 89-92를 보라.

영하는 것이다. 사상가들은 언제나 통치자들의 충실한 시녀들이기 때문이다.

종교 비판

이데올로기와 상부구조 등에 대한 언급은 마침내 우리로 하여금 종교의 영역에 이르게 하는데, 여기서는 이미 마르크스의 기본견해가 전혀 놀라울 것이 못된다. 사실 그는 다른 주제들에 비해 종교에 관해 가장 간략하며 노골적으로 다룬다. 그는 종교가 순전히 환상(pure illusion)이며, 더욱 나쁘게는, 종교가 틀림없이 가장 악한 결과들을 초래하는 환상이라고 말한다. 종교는 가장 극단적 이데올로기의 본보기로서, 그 주된 목적이 단지 사회에서 상황들을 억압자들이 좋아하는 바대로 유지하는 이유들―사실은 변명들―을 제공하려는 신념체계의 본보기다. 사실상 종교는 전적으로 경제에 의해 결정되기 때문에, 그 교리들이나 믿음들 자체의 장점들을 고려하는 것은 무의미하다. 교리들은 분명히 종교에 따라 다르지만 종교는 항상 이념적이기 때문에, 종교가 한 사회나 다른 사회에서 취하는 구체적 형태는 결국 한 가지 사실에 주로 의존하는데, 그것은 사회생활의 상태로서, 어느 주어진 장소나 시대에 그 사회를 지배하는 물질적 세력들에 의해서 결정되는 것이다. 마르크스는 한 신이나 신들에 대한 믿음은 계급투쟁에서 생긴 불행한 부산물로서, 내버려야 할 뿐만 아니라 경멸해야 할 것이라고 주장한다. 사실 이 책에서 살펴보고 있는 사상가들 가운데, 심지어 프로이트를 포함해서, 어느 사상가도 마르크스처럼 신랄한 경멸의 태도로 종교를 논한 사람은 없다.

이런 태도에서 드러나는 확고한 적개심의 근원은 의심할 여지없이 단순한 지적인 의견 차이를 넘어선다. 마르크스가 종교를 맹렬히 배척하는 첫 단계는 그의 젊은 시절에 시작되었다. 일찍이 그는 절대적인 어투로 자기는 무신론자라고 분명히 밝혔다. 이런 근본 자세의 이유가 사회적인지, 지적인지, 순수하게 개인적인지, 아니면 그런 몇 가지 요소들이 합쳐진 것인지는 알기가 어렵다. 그는 아버지가 단지 그의 법률사업을 유지하기 위해 그리스도교로 개종한 연약함에 대해 분개했을지도 모르지만, 분명히 그는 당시 프로이센 사회에서 흔했던 반(反)유대적이며 호전적인 그리스도교 풍조를 좋아하지 않았다. 그러나 믿음에 대한 그의 절대적 배척은 그리스도교에 대한 그의 부정보다 더 깊게 뿌리박고 있었다. 그는 박사학위 논문 서문에서, 그리스의 영웅 프로메테우스의 모토를 자기 것으로 취하여 "나는 모든 신들을 증오한다."고 썼고, 덧붙여서 자신의 이유는 신들이 "인간의 자아 의식(self-consciousness)을 최고의 신성(the highest divinity)으로 인정하지 않기" 때문이라고 했다.[12]

물론 종교에 대한 단순한 배척과 종교의 허위성을 폭로하는 지적인 노력은 전혀 별개의 것이다. 마르크스는 1840년대까지는 종교에 대한 설명(그가 '비판'이라고 말한)을 하지 않았다. 이미 지적한 것처럼, 이때는 그의 사고에서 결정적인 시기였으며, 그가 베를린의 청년 헤겔학파에 가까이 관여했던 루드비히 포이어바흐(Ludwig Feuerbach)의 주요 저서들을 읽은 때였다. 다른 사람들과 마찬가지로 포이어바흐는 처음에 헤겔의 제자였으나, 후에 방향을 바꾸어 관념론의 단호한 비판자가 되었다. 1841년에 그는 《그리스도교의 본질》(*The Essence of Christianity*)에서 정통파 종교를 공격하여 센세이션을 일으

---

12) Karl Marx, "Doctoral Dissertation," in McLellan, *Early Texts*, p. 13; 또한 McLellan's Comments in *Karl Marx* (1973), p. 37을 보라.

켰다. 이 책에 대한 격렬한 토론이 여전히 강력히 진행되고 있을 때, 그는 다른 두 권의 책을 통해 거의 동등하게 신성시되었던 헤겔의 사상체계에 대해 또 다시 공격함으로써 독일의 여론을 놀라게 했다.[13] 예상대로, 포이어바흐는 곧 독일 대학들 안에서 보다 과격한 학생들의 숭배 대상이 되었다.

포이어바흐 역시 '의식'(consciousness)과 '소외'(alienation) 등, 당시에는 어려운 철학용어를 썼지만, 그의 기본 요점을 포착하기는 어렵지 않았다. 그는 헤겔과 그리스도교 신학 모두가 똑같은 잘못을 저질렀다고 했다. 둘 모두가 어떤 이질적인 존재―하느님 혹은 절대―에 관해 말하는데, 실상 그들이 말하는 것은 인간성에 관한 것일 뿐이지, 그 이상의 것이 아니다. 그리스도교 신학자들은 우리가 가장 귀하게 찬탄하는 인격의 특성들, 즉 선, 미, 진실, 지혜, 사랑, 견고함, 강한 성격과 같은 인간성의 모든 극치를 인지하고서는, 이런 특성들을 그 소유자인 인간들로부터 빼앗아 천국의 스크린 위에 투사하여, 거기서 이제는 우리 자신들에서부터 분리된 형태로, 하느님이라는 초자연적 존재라는 이름으로 숭배한다. 헤겔도 마찬가지다. 그는 자유, 이성, 미덕 같은 추상적 개념들을 인지하고, 그 다음에는 그것들이 사실은 절대정신의 표현이라고, 즉 세계의 현실 배후에서 눈에 보이지 않는 무대감독처럼 운영한다는 어떤 궁극적인 정신, 절대의 표현이라고 주장함으로써 그런 개념들을 '객관화'해야 한다고 생각했다. 그러나 이것 역시 잘못이다. '합리성'과 '자유'와 같은 개념들은 단지 우리 자신의 자연적인 인간의 삶의 특성들을 묘사하는 것이다. 그러므로 그리스도교 신학과 헤겔철학은 모두 우리의 의식을 '소외시키는' 잘못을

---

[13] 이것은 *Preliminary Theses on the Reformation of Philosophy, Principles of the Philosophy of the Future*이며 모두 1843년에 출판되었다.

범하고 있다. 그들은 인간에게 고유한 것을 취해, 전혀 부당하게 소위 절대라고 하는 어떤 이질적 존재나 하느님에게 부여한다.

마르크스가 포이어바흐의 이런 논증들을 읽었을 때, 그는 이를 완전히 확신했다. 실상 그런 주장들은 마르크스가 이미 받아들이기 시작한 견해를 단지 상세하게 표현했을 뿐이었다. 그는 포이어바흐를 "낡은 헤겔철학의 진정한 정복자"라고 격찬했고, 그의 책들은 "헤겔 이래... 실제의 이론적 혁명을 내포한 유일한 저서들"이라고 했다.14) 포이어바흐의 책이 나온 지 일 년 후에 쓴 《헤겔 우파의 철학에 대한 비판》(Critique of Hegel's Philosophy of Right: Introduction)에서 마르크스는 포이어바흐를 거의 문자 그대로 따라서, "하늘의 환상적 실재들 가운데서 수퍼맨을 찾던 사람은... 거기서 자신이 **반사된 것**(reflexion) 외에는 아무것도 발견하지 못했다"고 했다. 그는 덧붙여서 "비종교적 비판의 근거는 **사람이 종교를 만들어내는 것**이지, 종교가 사람을 만들어내는 것이 아니다."라고 썼다.15)

포이어바흐의 논증들이 설득력이 있었지만, 마르크스는 두 곳에서 더욱 강력하게 발전시킬 수 있다고 보았다. 첫째로, **도대체 왜** 인간은 스스로의 성취를 자신의 공로로 인정하기를 거부하는가, 왜 인간은 스스로를 불쌍한 죄인이라고 강조하면서 그 대신에 모든 찬양과 영광을 하느님께 돌리려고 하는가를 묻는다면, 포이어바흐에게는 사실 공허한 일반론 외에는 해답이 없었다. 실상 그는 이것이 바로 사람

---

14) Karl Marx, "Preface," *Economic and Philosophical Manuscripts*, in T. B. Bottomore, ed., *Karl Marx Early Writings* (New York: McGraw-Hill Book Company, 1964), p. 64.

15) Karl Marx, "Contribution to the Critique of Hegel's Philosophy of Right: Introduction," in *Karl Marx and Friedrich Engels on Religion*, introduced by Reinhold Niebuhr (New York: Schocken Books, 1964), p. 41.

이 애당초 생겨먹은 모습으로서, 결과적으로 우리들 스스로에게 불만족하며, 대신에 하느님을 기뻐하는 식으로, 소외되려는 것이 인간의 본성이라는 것이다. 그러나 마르크스에게는 이런 해답이 충분하지 않았다. 그는 소외 문제에 대한 진정한 대답이 있는데, 그 대답은 우리가 유물론과 **또한** 경제적 관점에서 사실들을 관찰할 때 분명해진다고 주장한다.

마르크스는 종교 활동과 사회경제적 활동 사이에는 평행하는 것이 있다고 말한다. 둘 모두 소외가 특징이다. 종교는 인간의 특성들―도덕적인 이상들―을 우리 자연적인 인간의 삶에서 **빼앗아**, 그것을 부자연스럽게도, 하느님이라 부르는 상상의 이질적인 존재에게 부여한다. 자본주의 경제는 우리의 자연적인 인간성의 또 하나의 표현―우리의 생산적 노동―을 취하여 이것도 역시 부자연스럽게, 물질적 객체로 둔갑시켜 팔 수 있으며 다른 사람들이 소유할 수도 있는 상품으로 만든다. 종교의 경우에서는, 우리 자신들의 한 부분인 우리의 미덕과 스스로의 자존감을 가상의 존재에게 넘겨준다. 자본주의 경제의 경우에는, 우리가 똑같이 서슴없이 우리의 노동을 넘겨주고 임금을 받아 그 돈으로 다른 것들을 산다. 종교가 우리 인간의 장점들을 **빼앗**아 하느님에게 넘겨주는 것처럼, 자본주의 경제는 우리의 노동, 우리의 참된 자기표현을 **빼앗**아, 단지 상품으로 그것을 살 수 있는 부자들의 손에 넘겨준다. 이처럼 불행한 결합은 단지 우연의 일치가 아니다. 종교가 사회의 상부구조의 하나인 것을 기억하라. 경제현실이 그 하부구조를 형성한다. 우리가 종교에서 보는 소외는 실제로 우리의 보다 기본적인 불행의 **표현**일 뿐인데, 그 보다 더 기본적인 불행은 언제나 경제적인 것이다. 종교에서 분명히 드러나는 표면적인 소외는 그 밑에 깔려 있는 인간의 진정한 소외, 즉 경제적이며 물질적인 소외가 단순히 거울에 비친 이미지에 불과하다.

물론 이런 관점에서 볼 때, 도대체 왜 수많은 사람들에게 종교가 그토록 강력하며 또한 영구적인 매력을 지니는지를 이해하기가 쉽다. 사회의 상부구조에서 다른 어느 무엇보다도, 종교는 소외되고 불행한 인간들의 감정적인 욕구를 다루고 있기 때문이다. 마르크스의 모든 글들 가운데서, 독자에 따라 지금 가장 널리 미움을 받거나 아니면 격찬을 받는 유명한 구절에서, 그는 다음과 같이 설명하고 있다.

> **종교적인** 고통은 현실적인[경제적인] 고통의 **표현**인 동시에 현실적 고통에 대한 항의다. 종교는 억압받는 자의 한숨으로서, 심장 없는 세상의 심장이며, 생기(spirit) 없는 상황에서 생기인 것과 마찬가지다. 종교는 인민의 **아편**(the opium of the people)이다.
>
> 인민들의 환상적인 행복인 종교를 철폐하는 것이 요구되는 것은 인민들의 **현실적인** 행복을 위해서다. 그 (인민의 현실적 삶의 - 옮긴이) 조건에 관한 환상을 포기하라고 요구하는 것은 그 **환상들을 필요로 하는 조건을 포기하라는 요구다**.16)

마르크스가 그 당시 아편 사용에 대해 얼마나 알고 있었는지는 분명하지 않지만, 분명히 그는 아편이 마취성이고 환각을 유발하는 물질로서, 아편이 환상을 일으키는 바로 그 때 고통을 덜어준다는 것은 알고 있었다. 그리고 아편이 마르크스에게는 가난한 사람들의 생활 속에서의 종교의 역할 바로 그것이다. 잔인한 착취의 세상에서 사람들이 겪는 고통이 종교를 통해서 모든 슬픔이 끝나고 또한 모든 압제

---

16) Karl Marx, "Critique of Hegel's Philosophy of Right," in Niebuhr, *Marx and Engels on Religion*, p. 42.

가 사라지는 초자연적인 세계에 대한 환상에 의해 완화된다. 가난한 사람들은 보석이 없지 않은가? 천당의 문은 진주로 꾸며있으니 가난은 상관이 없다. 짓눌린 사람들은 돈이 없지 않은가? 천당의 길은 금으로 포장되어 있다. 가난한 사람들이 부자를 부러워하는가? 이들은 예수의 거지 나사로의 비유를 이해할 수 있다. 살아서 나사로를 천대했던 부자의 영혼은 죽어서 바로 지옥으로 갔지만, 나사로는 죽어서 아버지 아브라함에게로 갔다. 옛 흑인 영가의 표현처럼, 훗날 '날아가'(fly away) 고향집에 돌아가 하느님과 함께 산다는 것은, 이생에서 견디어낸 모든 괴로움에 대한 마땅한 위로를 내생에서 즐기게 된다는 것이다.

    마르크스의 관점에서는 바로 이런 비현실성, 환상적 세계로의 비약 때문에 종교가 그처럼 사악하게 위로하는 비즈니스가 되도록 만든다. 결국 정말로 하느님도 없고 초자연적 세계도 없다면, 종교적이라는 것은 마약 같은 약물에 중독되어 있는 것과 다를 바가 없다. 그것은 순전한 현실도피다. 더 나쁘게는, 세상에서 착취에 대한 투쟁이라는 관점에서 볼 때, 종교는 또한 근본적으로 파괴적이다. 만일 가난한 사람들이 내세에 관한 생각으로 인해 현실에 완전히 만족하고 있다면, 그들의 상황을 변화시키기 위해 무슨 정력을 쏟겠는가? 만일 그들의 천당에 대한 소망이 내세를 위한 제의와 예식에서 보는 "항의의 탄식"(sigh of protest)뿐으로서, 그들의 삶을 변화시키고자 하는 더 이상의 소망을 갖지 못하게 만든다면, 가난한 사람들이 어떻게 하나로 단결하여 공격을 계획하고, 반란을 시작할 수 있겠는가? 종교는 마땅히 가난한 사람들의 시선을 아래의 물질적이며 육체적인 상황의 불의에 향하도록 만들어야 할 때, 그들의 시선을 위로 하느님에게 향하도록 바꾸어 놓는다.

바로 이와 관련해서 마르크스는 포이어바흐의 이론에 대해 다른 개선책을 제시한다. 포이어바흐의 가장 큰 문제점은, 대부분의 사상가들처럼, 정신생활에만 국한하는 편이고 인간 상황에 대해서는 수동적인 해설자라는 점이다. 그가 인간들이 소외되고 그래서 종교로 향한다고 관찰한 것은 매우 옳았다. 그러나 단순한 관찰만으로는 충분하지 않다. 포이어바흐와 다른 지식인들은 종교문제를 분석하는 목적이 단지 새로운 토론의 주제를 갖기 위한 것이 아니라, 문제를 해결할 적극적인 전략을 찾아내는 것이라는 사실을 깨달아야만 한다. (우리 세대처럼) 마르크스 당시의 많은 사상가들의 순수한 이론적인 관심과는 대조적으로, 이 **행동**(action)에 대한 강조가 마르크스의 공산주의 강령의 핵심적 요점이다. 그는 유명한 《포이어바흐에 관한 테제》(*Theses on Feuerbach*)의 마지막에 "철학자들은 다양한 방식으로 세상을 다만 **해석**하기만 했는데, 그러나 요점은 세상을 **변화**시키는 것이다."[17)라고 썼다.

그러면, 피억압자들에게 종교가 제공하는 주된 것은 도피다. 피억압자들이 아닌 자들, 즉 생산수단들을 통제할 만큼 운이 좋은 자들에게는 종교가 훨씬 더 좋은 것을 제공한다. 종교는 이데올로기, 이념체계를 제공해주어, 모든 사회제도는 현상유지 되어야만 한다는 것을 가난한 이들에게 상기시킨다. 생산수단을 소유한 부자들과 노동하는 가난한 자들이 바로 그들이 속하는, 그들이 있는 그 위치에 머무는 것이 하느님의 뜻이다. 역사 속에서 종교의 역할은 기존질서의 현상유지(status quo)에 대해 신적인 정당화를 제공해주었다. 마르크스는 "그리스도교의 사회 원리들"이란 다음과 같다고 주장한다.

---

17) Karl Marx, "Theses on Feuerbach," in Niebuhr, *Marx and Engels on Religion*, p. 72.

고대세계의 노예제도를 정당화했고, 중세시대의 농노제도를 찬양했으며, 마찬가지로, 비록 프롤레타리아를 향해 가엾은 얼굴을 보이지만, 필요한 때는 그들에 대한 억압을 어떻게 방어할 것인지도 알았다.

그리스도교의 사회 원리들은 지배계급과 피지배계급의 필요성을 역설하고, 또한 종교가 피지배계급을 위해 줄 수 있는 것은, 지배계급이 자비를 베풀 것이라는, 종교를 빙자한 소원뿐이다…

그리스도교의 사회 원리들은 억압자들이 피억압자들에게 행하는 모든 비열한 행위들이, 원죄와 그 외의 죄에 대한 당연한 징벌이거나, 하느님이 무한한 지혜로 속량함을 받은 자들에게 지우는 시련이라고 선언한다.

그리스도교의 사회 원리들은 비겁함, 자기경멸, 굴욕, 복종과 실의를 가르친다.[18]

이런 격렬한 말들이 분명히 보여주듯이, 종교에 대한 마르크스의 판단은 냉담한 정도가 아니다. 그에게는 하느님과 어떤 하늘의 구원에 대한 믿음은 단지 환상인 것만이 아니라, 가난한 사람들의 의식을 마비시키며 또한 감금시키는 환상이다. 종교는 반란을 조직하는 데 필요한 분노와 좌절이라는 동기 자체를 환상 속으로 빼돌림으로써 노동자들을 마비시킨다. 천당에 대한 기대가 그들로 하여금 땅에서 만족하도록 만든다. 동시에 종교는 사람들을 감금시킨다. 가난과 고통을 보통 사람들이 단순히 수락하고 포용해야만 하는 인생의 현실이라고 선언하는 믿음 체계를 제시함으로써 억압을 조장한다.

이런 문제들에 관한 마르크스의 본래의 말들과 판단들이 강력한

---

18) Karl Marx, "The Communism of the Paper Rheinisher Beobachter," in Niebuhr, *Marx and Engels on Religion*, pp. 83-84.

힘을 갖고 있음에도 불구하고, 마르크스주의는 교리에서 변화를 보이는데, 이것은 자본주의 같은 광범위한 경제체계나 그리스도교 같은 종교에서 발견되는 변화들과 다르지 않다. 예를 들어, 엥겔스도 그랬고, 후의 마르크스주의 역사가 카를 카우츠키(Karl Kautscky)도 그의 《그리스도교의 기초》(*Foundations of Christianity*, 1908)에서, 고대 그리스도교의 발생이 어떤 면에서는 특권층이었던 로마의 억압자들에게 대항한 프롤레타리아의 혁명적 항쟁의 표현으로 볼 수 있다고 생각했다. 최근에 라틴 아메리카의 '해방신학자들'은 경제적 불공평에 항의하는 강력한 운동을 정리하는 데 마르크스주의의 범주들과 분석들에 의존하고 있다.

종교에 대해 보다 호의적인 마르크스주의 형태가 생겨나게 되었지만, 마르크스 자신은 그런 것을 별로 중시하지 않았을 것이다. 종교에 대한 그 자신의 최종 판단이 모욕적이며 배척했기 때문에, 그는 어느 누가 왜 그처럼 종교를 구조하는 작업을 시도해야 하는지조차 의아해 했을 것이다. 그의 분노에도 불구하고, 마르크스가 종교를 공산주의의 거대한 '공공의 적'으로 만들려 하지 않았다는 것은 중요한 점이다. 그러나 반대로 종교인들은 자주 공산주의를 '공공의 적'으로 간주했다. 이것은 그의 관점에서 볼 때, 종교가 그 모든 사악한 행위들에도 불구하고, 별로 큰 문제가 되지 않기 때문이다. 종교는 분명히 억압자들을 돕지만, 종교에 대항하여 신경증적인 박멸운동을 벌일 필요가 없는 이유는, 종교가 전혀 그렇게 중요하지 않기 때문이다. 종교는 병폐의 증상이지, 병폐 그 자체는 아니다. 종교는 사회의 상부구조에 속하며, 사회의 하부구조가 아니다. 그 하부구조가 억압받는 자들에게는 실제 전쟁터가 되는 것이다. 마르크스는 그들의 곤경을 특이한 반어법으로 표현해서, "그들의 삶의 조건에 대한 환상을 포기하라

고 요구하는 것은 환상들을 필요로 하는 조건을 포기하라고 요구하는 것이다."라고 했다.19)

그는 때가 되면, 이런 조건들에 대한 공격이 성공하리라고 확신했다. 그리고 그 때가 되면, 억압의 상부구조 안의 국가와 그 외 모든 것과 마찬가지로, 종교는 스스로 "소멸해 버릴" 것이다.

분석

마르크스의 종교 해석은 우리 시대에 큰 영향을 미쳤다. 부분적인 이유는 그것이 단지 하나의 동떨어진 학문적 이론만이 아니기 때문이다. 이것은 최근까지 소련과 중국 본토 같은 큰 나라들뿐 아니라 많은 작은 나라를 포함하여, 세계의 거의 3분의 1이 채택했던 정치행동의 철학과 연결되어 있다. 이런 문화에서 태어난 수많은 사람들에게 마르크스주의와 종교에 대한 그의 가차 없는 비판은 이 사람들이 아는 유일한 인생철학이다. 물론 마르크스주의가 현대인들의 지적인 삶에도 똑같이 큰 영향을 미친 것은 부분적으로 그 정치적인 성공 때문이다. 20세기의 대부분의 기간 동안에, 마르크스주의 사상가들과 이론가들이 실질적으로 모든 현대학문 분야에서 선도적인 역할을 해왔지만, 자연과학 분야는 예외였다. 40년 전에는 많은 진지한 지식인들이 공산주의가 되돌릴 수 없는 역사적 흐름을 타고 있다고 확신했고, 그 궁극적 승리를 확신했다. 그러나 지난 10년 동안에 세계 공산주의의 시도는 거의 완전히 붕괴했으며, 그 당연한 결과로서 현재는 공산주의 '이데올로기'—그 종교관을 포함해서—는 거의 모든 사람들에게서

---

19) Marx, "Critique of Hegel's Philosophy of Right," in Niebuhr, *Marx and Engels on Religion*, p. 42.

불신당하고 있다. 그러나 마르크스 자신은 이 모든 일로 인해서, 우리가 추측하는 만큼, 동요되지 않을 것이다. 왜냐하면 그의 변증법적 역사관에서는, 오늘의 자본주의 승리는 더욱 먼 장래의 프롤레타리아 계급의 대혁명 속에서 자본주의의 붕괴의 전제로 볼 수 있기 때문이다. 그러나 지난 몇 십 년 동안에 마르크스주의 이론이 누렸던 거의 맹목적인 열광적 지지는, 현재 거의 똑같이 맹목적인 배척으로 대체되었다.

이 두 극단 사이에서, 마르크스나 그의 종교관에 관해 객관적 판단을 한다는 것은 쉽지 않다.[20] 최선의 방법은 칭찬이나 비난은 접어두고, 단순히 분석하는 것이다. 이런 점에서 마르크스의 이론이 다른 이론들과 구별되는 적어도 다음 두 가지 요소를 주목할 필요가 있다. (1) 그의 기능주의적 설명으로서, 이것은 그 자체의 독특한 형태인 환원주의로 끝난다. (2) 그는 종교를 경제와 연결시키는 강력한 고리를 강조한다는 점이다.

1. 기능주의적 설명과 환원주의

비록 마르크스가 프로이트와 뒤르켐보다 반세기 전에 저술하기 시작했지만, 종교에 대한 마르크스의 일반적인 접근방법은 그 형태상 우리가 관찰한 그 두 사상가들의 기능주의적 설명과 비슷하다. 그가 관심을 가졌던 것은 종교적 믿음의 내용, 즉 하느님, 천당, 성경이나 다른 신성한 문서, 혹은 거룩한 존재에 대해 사람들이 실제로 진리라

---

[20] 마르크스의 종교관에 대한 가장 철저한 최근의 해석 가운데 하나는 예리한 분석을 하고 있는 Alistair Kee, *Marx and the Failure of Liberation Theology* (London: SCM Press, 1990)인데, 특히 1-5장에서 볼 수 있다.

고 말하는 것보다는, 오히려 이런 믿음이 사회투쟁에 미치는 역할에 관한 것이었다. 그는 타일러와 프레이저처럼, 이런 종교적 믿음들이 물론 부조리한 미신이라고 보았다. 그러나 그는 프로이트와 뒤르켐처럼, 사람들이 왜 그런 믿음들을 고수하는가에 대해서 설명해야 한다고 믿었다. 이들과 마찬가지로 그는 종교의 기능이 무엇인가를 발견할 때만, 다시 말해서 종교적 믿음들이 사회적으로 혹은 심리적으로 혹은 그 양면에서, 사람들을 위해 하는 역할이 무엇인가를 발견할 때만, 종교의 핵심을 찾을 수 있다고 주장했다. 마르크스가 사회를 강조했다는 점에서, 그의 견해는 프로이트보다는 뒤르켐에 가까운데, 우리가 본대로, 프로이트는 집단보다는 개인에 중점을 두었기 때문이다. 프로이트의 입장은 개인 인격의 신경증적인 요구가 믿음의 중요한 원인이다. 그러나 프로이트의 이론에서는 개인과 사회의 대조가 그리 뚜렷하지는 않은데, 그 이유는 개인의 인격이 가정과 공동체의 영향에 의해서 형성된다고 보았다는 점에서 사회적 특성도 지니고 있기 때문이다.

이와 동시에 종교의 또 다른 측면과 관련해서는, 마르크스의 입장이 뒤르켐보다는 프로이트에 더 가깝다. 뒤르켐은 매우 실제적 의미에서, 종교가 단순히 사회를 예배하는 것으로 보았기 때문에, 어떤 종교적 제의들이나 그에 상응하는 것들이 없으면, 인간의 사회생활을 상상할 수 없다고 생각했다. 이와 대조적으로, 마르크스와 프로이트는 그렇게 생각하지 않았다. 두 사람은 종교가 개인의 안전을 위한 거짓된 필요(a false need for individual security)를 표현한다고 생각해서, 그 환상의 원인을 찾아서 제거하고 나면, 종교가 사라질 것이라고 예상했다. 프로이트는 사람들이 신앙이라는 신경증적 환상이 없으면 훨씬 더 나을 것이라고 생각했지만, 여전히 많은 사람들이 그런 환상에 집착할 것이라는 점을 인정했던 것 같다. 마르크스는 한층 더 나아가, 사람들이 그런 환상을 갖지 않게 될 때까지는, 다시 말해서, 애당초 종교를 만들어낸 착취와 고통을 혁명이 제거하기까지는, 사람들이 더 나은 상태가 될 수 없다고 생각했다.

이런 비교를 통해서, 우리는 마르크스의 설명이 기능주의적일 뿐만 아니라 적극적으로 환원주의적인 것임을 알 수 있다. 그의 사상 경향은 철저하게 종교를, 항상 그 밑에 깔려 있는 더 실제적이며 본질적인 것의 한 결과, 한 표현, 또는 한 증상으로 기술하는 것이다. 비록 그가 때로는 종교적 관념들이 독자성을 지닌 것으로 말하지만, 그가 강조하는 것은 항상 그 반대다. 그의 전략은 프로이트와 뒤르켐의 전략과 마찬가지로, 종교적 믿음들과 제의들이라는 표면 밑에서, 항상 그 감추어진 원인들을 찾아내려고 했는데, 그 원인들을 종교 이외의 다른 것에서 찾아냈다. 즉 프로이트는 신경증의 심리적 요구에서, 뒤르켐은 사회에서, 마르크스는 그 두 가지 모두의 저변에 깔린 현실, 즉 계급투쟁과 소외라는 물질적 현실에서 찾아냈다.

2. 경제와 종교

마르크스의 환원주의에 대한 우리의 판단이 어떠하건 간에, 한 가지는 논쟁할 여지가 없다. 그가 경제현실에 대해 강조한 것 때문에, 종교가 경제적이며 사회적인 현실과 맺고 있는 밀접한 연관성을 탐구하지 않고서는, 지금 어디서나 종교생활을 이해하기가 불가능하도록 만들었다는 점이다. 마르크스가 죽은 후에, 그 제자들은 사람의 영적인 차원과 물질적인 차원 사이의 관계를 이해하는 데 큰 통찰력을 가져다주었다. 그 제자들은 경제적 요구, 사회계급, 종교적 믿음들 사이의 연관성에 대해 전혀 새로운 이해의 빛을 비추었는데, 특히 개신교 종교개혁, 영국 혁명, 프랑스 혁명, 그리고 다른 시기와 장소에서의 그와 비슷한 사회적 격변들처럼 역사 속의 매우 중추적 사건들의 경우에서 그 연관성을 밝혔다. 그뿐 아니라 그들은 현대 제국주의, 식민주의와 노예제도 등의 문제와 종교 사이의 관련성에 대해서도 도발적인 연구들을 내놓았다. 이런 점에서, 마르크스주의 정권들에 무슨 일이 생기더라도, 마르크스의 유물론적 경제 관점은 지속될 것이 분명하며, 이론가들이 경제적, 사회적, 정치적 상황에서의 종교의 역할을 논하는 곳이면 어디에서나 계속해서 그 열매를 맺게 될 것이다.

비판

마르크스의 경제적 환원주의는 종교를 사회경제적 생활과 직결시켜주는 연관성에 대해 풍부한 통찰력을 제공한다. 그렇다고 해서 통찰력이 설득력은 아니다. 마르크스가 우리에게 하나의 종교이론을 제시해주는 한에서, 그것이 얼마나 강력한 설득력을 지녔는가? 이 질문은 특별히 큰 질문인데, 종교에 대한 마르크스의 판단은 그의 사상의 다른 측면들로부터 떼어내기가 거의 불가능하기 때문이다. 이런 점은 어느 정도 프로이트의 경우에서도 보게 되는데, 종교에 관한 그의 결론은 심리학에 관한 그의 주장에 크게 의존한다. 마찬가지로, 마르크스의 종교이론을 평가하는 데는 그의 경제, 정치, 사회에 대한 주장들을 동시에 판단하지 않으면 안 된다. 그래서 우리는 마르크스가 보는 종교의 역할에 대한 비판적 논평에서부터 시작해서, 그 다음에 자연, 역사, 인간의 사회적 제도에 대한 그의 좀 더 폭넓은 사고에 관한 비판으로 옮겨가겠다.

1. 그리스도교와 종교

위에서 설명한 종교이론에 특별히 초점을 맞추면, 마르크스주의 사상에서 특히 두 가지 문제 영역에 대해 주목할 필요가 있다. 첫째로, 마르크스가 실제로 제시하는 것은 종교 일반에 대한 설명이 아니라, 그리스도교―와 그에 비슷한 하느님과 내세에 대한 믿음을 강조하는 신앙―를 분석한 것이다. 이것은 부분적으로 헤겔의 영향 때문인데, 헤겔은 그리스도교를 최고 형태의 종교로 보아, 그가 그리스도교에 관해 말한 것은 자동적으로 "그보다 못한" 모든 종교에도 적용이 된다고 믿었다. 포이어바흐가 이 입장을 취했고, 마르크스도 우리가 본대로 포이어바흐의 분석을 충실히 따랐다. 그러나 더 중요한 것은 마르크스 사상의 중심 초점이 세계문명이라기보다는 오히려 그리스도교의 역사적 모체인 서부 유럽의 문화와 경제였다는 점이다.

종교를 가난한 사람들의 경제적 고통과 압박으로부터의 아편과 같은 도피라고 설명한 것은 마르크스가 주로 그리스도교를 생각해서였다. 물론 우리는 마르크스주의가, 예를 들어, 보다 나은 내세의 소망을 주는 힌두교의 환생(reincarnation) 교리나, 현재 세상과 인생의 고통을 넘어선 절대무(nothingness)의 환희를 강조하는 어떤 불교도들의 가르침에 대해서도 비슷하게 설명한다고 상상할 수 있다.[21] 그러나 마르크스의 논제는 어떤 원시 부족종교들이나 고대 그리스와 로마의 종교들에는 잘 들어맞지 않는다. 즉 내세에 대한 의미 있는 교리가 거의 없는 원시 부족종교들이나, 내세에 대한 마르크스의 조건과는

---

21) 마르크스는 *New York Daily Tribune*의 통신원으로 일하면서 쓴 몇 개의 기사 속에서 이에 대해 간단하게 다루고 있다. Trevor Ling, *Karl Marx and Religion in Europe and India* (New York: Harper & Row, 1980), pp. 68-80을 보라.

정반대로, 위대하고 세력 있는 자들에게는 영혼불멸을 약속하는 반면에, 보통 사람들에게는 단지 망령(亡靈)의 존재로서의 내세에 대한 소망을 준 고대 그리스와 로마의 종교들에는 마르크스의 논제가 잘 적용될 수가 없다. 더구나 마르크스에 의하면, 종교를 만들어내는 소외현상은 인간사회에 노동의 분업과 사유재산이 도입되면서 비로소 생겨난 것이다. 따라서 그의 논리대로라면, 인간 역사에서 분업과 사유재산이 도입되기 이전에는 인간이 종교를 필요로 하지 않았고, 실상 종교가 전혀 없었던 때가 있었다는 말이 된다. 그러나 아주 먼 역사 이전 시기에 그랬을 가능성이 있었을지 모르지만, 이런 생각을 뒷받침할 수 있는 역사적 증거는 없다. 또한 마르크스가 말하는 원래의 공산주의적 사회와 가장 가까운 생활형태를 보여주는 현대의 부족민들에게서도 종교가 없다거나, 종교성을 덜 가진 것처럼 보이는 증거는 없다.

2. 종교, 환원주의, 상부구조

그리스도교이건 아니건 간에, 마르크스의 견해에서 종교는 하나의 이데올로기다. 국가, 예술, 도덕론이나 다른 어떤 지적인 노력들처럼, 종교는 사회의 상부구조에 속하며, 또한 상부구조는 근본적으로 경제적 하부구조에 의존한다. 그러기에 경제생활에 변화가 오면, 종교의 변화가 뒤따를 수밖에 없다. 이런 입장의 문제는 마르크스가 이것을 극히 파악하기 어려운 방식으로 전개했다는 점이다. 마르크스는 자신의 연구가 성격상 엄격히 과학적이라고 주장했지만, 그가 종교를 경제와 계급투쟁으로 환원할 때 너무나 광범위하고 가변적인 표현들을 썼기 때문에, 그의 일반 원리들을 체계적으로 과학적인 방식으로 검증하기가 극히 어렵다. 예컨대, 중세시대 말기에 자본주의가 도래함으로써 가톨릭에서 개신교 쪽으로 바뀌게 만들었다는 마르크스의 견해에는 우리가 동의할 수 있다. 그러면 보다 구체적이고 작은 규모의 변화들은 어떠한가? 종교적 상부구조 역시 그런 사회경제적 **변화들**과 함께 변화되었는가? 예를 들어, 중세시대에 어떤 곳에서는 좀 더 일찍부터 자본주의의 흔적을 찾아볼 수 있는데, 왜 사회의 상부구조에서는 역시 그런 변화를 반영하는 개신교 형태의 발전이 없었는가? 또한 자본주의가 도래한 이후에 분명히 개신교로 바뀌지 **않은** 몇몇 도시들과 나라들에서, 왜 이처럼 새로운 중산계급 경제체제를 보게 되는가? 중세시대 후기와 현대 초기를 통해서, 이탈리아의 몇몇 도시국가들은 자본주의 쪽으로 진전했지만, 가톨릭을 포기하지 않았다. 왜 그런가? 더구나 개신교가 일어난 나라들에서도, 종교를 바꾼 것이 경제라고 확신할 수 있는가? 사실은 새로운 종교가 경제를 변화시킨 것은 아닌가? 마르크스가 죽은 후 20년이 지나, 독일의 사회학자 막스 베버(Max Weber)는 바로 이 점에서 흥미로운 주장을 구상했다. 이것을 우리는 다음 장에서 더 상세히 고려할 것이다. 최소한 그것이 제시하는 것은 그런 역사적 관련성이 마르크스가 전제하는 것처럼 명백하거나 확실한 것이 별로 없다는 점이다. 더욱이 종교 영역 이외에서도, 정치와 법률뿐 아니라 예술, 문학, 윤리학 분야에서 나온 사상이 중요한 방식으로 경제를 변화시켰거나 구체화한 특별한 경우들이 많이 있는데, 이것은 마르크스가 주장하는 것과는 반대되는 경우들이다. 사실상 이처럼 복잡한 문화의 상호작용 속에서 단지 한 요소인 경제가 항상 원인이 되고, 그 나머지 모두는 단순히 그 결과들이라고 주장하는 식으로 문제 전체를 공식화하는 것은 지나치게 단순화한 것이다. 종교는 사회 속에서 복잡한 방법으로 서로 행하고 반응하는 원인과 결과의 얽히고설킨 네트워크의 한 부분이다. 마르크스처럼, 이런 상호작용 속에서 경제가 항상 동인(動因)이고, 이데올로기는 항상 단지 경제의 표현일 뿐이라고 주장하는 것은, 다른 사회들에서 거쳐 왔던 발전의 과정은 말할 것도 없이, 마르크스가 아는 서양문명에서조차, 그 전개된 문화나 경제에 관한 증거들과 쉽사리 일치하지 않는 자세를 취하는 것이다.

3. 마르크스주의 정치이론: 모순

이론에서 그 가정은 매우 중요하다. 마르크스주의 사상이 종교를 경제로 환원하기 때문에, 종교가 기초하고 있는 경제와 사회에 관한 일반이론을 간략하게나마 검토하지 않을 수가 없다. 물론 이것이 쉬운 일은 아니다. 공산주의 국가이건 비공산주의 국가이건 간에, 마르크스와 마르크스주의에 대한 다양한 해석과 비판들의 모든 도서들을 비치하려면 도서관 전체가 필요할 것이다. 그러나 우리가 할 수 있는 것은 분명히 종교 문제에 관련되어 있으면서, 마르크스주의의 본질과 구조의 한 부분으로 보이는 것에 대해 적어도 두 가지 핵심 난관들을 지적하는 것이다. 이것은 단순히 정치적인 적들이 퍼붓는 비난이 아니라, 내재적인 결함들로서 마르크스주의자들 자신이 솔직한 순간에 극복해야 할 필요성을 인정하는 것들이다.

첫째는 근본적으로 사회적이며 정치적인 문제점으로, 이것을 이해하기 위해서는 마르크스가 그의 사상체계를 단지 이론으로서만이 아니라 실제의 행동방침으로 추천했다는 것을 기억해야만 한다. 노동자계급인 프롤레타리아는 혁명의 위대한 행위자들이며, 공통된 비참함 때문에 절망으로 몰린 사회집단으로서 언젠가는 부르주아 자본주의를 타도하기 위해 봉기해야만 한다. 그 지도자들은 공산당원이거나 자칭 혁명의 실력자이거나 당선된 대표자거나 간에, 전체 '인민들'을 위한 하나의 특유한 이익을 구현한다. 그들만이 혁명을 대표한다. 더구나 인민들의 그런 '집단의지'는 단 하나뿐이기 때문에, 그 목적에 찬성하지 않을 여지는 없다. 선출되는 것이기는 하지만 단 하나의 정당 밖에는 없다. 예술가, 과학자, 지식인들이 자기들의 일을 추구할 수는 있으나, 그런 활동들의 단 하나의 목적은 프롤레타리아의 뜻에 복무하는 것이기 때문에, '개인의 자유'와 같은 것은 있을 수가 없다. 비록 가정은 존재하지만, 부모들은 자신의 자녀들이 궁극적으로는 국가에 속한다는 것을 인정해야만 한다. 물론 종교를 허용할 수 없는 이유는 종교가 혁명의 에너지를 약화시키고, 또한 혁명이라는 대의에만 바쳐야 할 궁극적인 충성을 종교가 요구하기 때문이다.

만일 이것이 마르크스의 혁명적인 사회 프로그램에 대한 공정한 묘사라고 하면, 이것이 어떻게 그가 예상했던 것처럼 완전히 계급이 없고 조화된 사회라는 목표를 성취할 수 있을 것인지에 대해 이해하기가 어렵다. 마르크스는 수백만 개의 서로 다른 의지를 가진 노동자들이, 어느 중요한 사회문제에 관해 단 한 가지의 견해, 즉 짓눌린 계급으로서의 비참한 상태에 의해 전적으로 결정된 하나의 자세만을 갖는다고 추정했던 것 같다. 그러나 왜 이것이 반드시 그래야만 하는가? 제1차 세계대전이 일어났을 때, 공산주의 지도자들 중에는 전쟁에 개입된 나라들의 노동자들이 적국의 동료 노동자들과 맞서 싸우기를 거부할 거라고 생각했던 지도자들이 있었다. 그러나 그런 일은 분명히 일어나지 않았다. 프랑스, 독일, 영국의 노동자들은 언어, 국가, 문화의 유대가 계급에 대한 충성보다 강하다는 것, 즉 국경을 넘어설 것으로 간주되었던 계급에 대한 충성보다 훨씬 더 강하다는 것을 깨닫게 되었다.

　두 번째이며 더욱 위험한 문제점은, 마르크스주의 이론이 일정한 소집단—선출됐거나 그렇지 않은 몇몇 엘리트로 이루어진—이, 노동자들을 대신하여 중요한 결정을 내리는 것이 당연하다고 간주한 것처럼 보이지만, 분명히 그 사회 안에 그들의 주장을 검토하거나 질문할 수 있는 권리를 가진 어떤 기관도 없다는 점이다. 만일에 내가 공산당 지도자로서 "혁명의 대의를 위해 내가 당신을 죽여야만 합니다."라고 말할 때, 예술가, 신학자, 상대 정치인, 혹은 일반 시민 가운데 어느 누구도 나에게 "혁명의 대의를 대변하는 당신은 누구요?"라고 물을 수 있는 권리는 보호받지 못한다. 나는 내가 당을 대변한다고 믿기 때문에, 어느 사람이 나를 의심한다는 단순한 사실만으로 이미 그가 혁명의 적이라는 것을 드러내는 것이다. 나는 이런 도전적인 질문에 대해 대답이나 설득하는 논증이 아니라 힘으로 대응해야만 한다. 이처럼 실제로 있어서는 안 되는 상황을 결과적으로 초래하게 된다는 점은 거의 모든 현대 공산주의 국가들에서 입증된 암담한 전향으로서, 당이나 독재자의 절대통치와 더불어 기본적 인권에 대한 의도적인 파괴로 나타났다. 그러면 어떠냐? 마르크스 자신은 인권에 대한 호소에 의해 결코 동요되지 않았는데, 왜냐하면 프랑스 혁명의 경우에서 그가 지적한대로, 인권이란 현대 서양 국가들에서 바로 권력을 잡고 있는 부르주아계급의 가치로서, 그들이 모두에게 강요하는 이념일 뿐이기 때문이다. 다른 시대에는 다른 지배자가 교육시켰는데, 언제나 도덕의 '옳음'(right)을 결정하는 것은 권력, 즉 재물의 '힘'(might)이었다. 그러나 얄궂게도 도덕의 올바름을 이처럼 상대적인 것으로 보는 마르크스의 과격한 주장은, 그가 마음 깊이 관심을 가졌을 바로 그 노동자들에게 심각한 영향을 끼친다. 왜냐하면 그런 주장은 혁명이라는 이름 아래 권력을 장악하고 혁명을 대변한다고 주장하는 사람들에게는 독립적인 도덕적 견제를 하지 않기 때문에, 보통의 인민들은, 비록 이제는 혁명과 그들 자신의 (미래의) 복지라는 새로운 깃발 아래서지만, 예전과 마찬가지로 잔인성 앞에 노출되기 때문이다. 이 모두가 큰 문제꺼리다. 마르크스주의 사회이론의 핵심에는 모순이 있는 것처럼 보이는데, 일부 비판가들이 분명하게 지적한 "전체주의적 민주주의"라는 역설의 모순이 똬리를 틀고 있는 것으로 보인다.22)

4. 마르크스주의 경제이론: 모순

마르크스는 그의 생애 마지막 부분을 경제에 관해, 몇 권으로 된 《자본론》과 그밖에 다른 책들을 저술하는 데 보냈다. 그는 이 일을 극히 중요하게 생각했고, 계급투쟁과 노동자 착취에 대한 그의 학설을 위한 경제적 사실과 이론에 확고한 기반을 제공하였다. 우리가 본 대로, 《자본론》에서 그는 인간의 노동이 생산품에 존재하는 유일한 진정한 가치를 만들어낸다는 것과, 자본주의자들이 노동자들에게 겨우 생존할 정도만 지불하고 나서는, 노동자들이 만들어낸 생산품에 속한 나머지 잉여가치를 '절취'(steal)하는 때 착취가 생긴다고 주장했다. 마르크스주의 이론가들에게는 이 분석이 근본적으로 옳은 것 같다. 그러나 다른 이들은 그렇다고 확신할 수가 없는 것이다.

마르크스가 죽은 지 10년 후에 오스트리아 경제학자 유진 뵘-바베

---

22) 이 점에 대해서는 R. N. Caret Hunt, *The Theory and Practice of Communism: an Introduction* (Hamondworth, Middlesex, England: Pelican Books, [1950] 1963)을 보라. 프랑스 혁명과 서구의 다른 과격한 혁명운동에서의 이 문제에 대한 철저한 연구는 J. L. Talmon, *The Origins of Totalitarian Democracy* (Boston: Beacon Press, 1952)이다.

르크(Eugen Boehm-Bawerk)는 《자본론》에서 그 가치 이론과 우리가 보는 자본주의 생활의 실제 사실들 사이에서, 소위 그가 말하는 "대규모의 모순"을 발견했다.23) 간단히 말해서, 그는 다음과 같이 주장한다. 마르크스는 (결코 기계가 아니라) 오직 노동자들만이 그들 생산품들에 부여되는 가치를 창출한다는 노동가치설을 주장한다. 그렇다면 매우 노동집약형 산업들이 항상 다른 산업들보다 더 많은 가치, 즉 더 많은 이익을 창출한다는 말이 된다. 이런 산업들은 그 주인들이 절취할 수 있는 더 많은 잉여가치를 제공한다는 것이다. 그러나 자본주의의 실제 진상은, 우리가 고려하는 산업들에 상관없이, 투자 수익률, 즉 그 이익이 대체로 늘 거의 같다는 것을 보여준다. 즉 몇 명의 노동자들이 많은 기계를 돌리는 것이나, 많은 노동자들이 적은 기계를 돌리는 것이나 별 차이가 없고, 이윤폭이 기본적으로 일정하다. 《자본론》의 제1권 끝에 가서는 마르크스 자신도 이 문제를 깨닫고 다음에 문제 해결을 약속했으나 건강문제로 인해 할 수 있는 만큼은 했지만, 이 문제를 결국 충분히 다루지도 못했고, 사실상 나중의 책들에서는 가치가 전적으로 생산품에 들어가는 인간노동의 양으로 규정된다는 개념에서 떠났다. 그렇지만 뵘-바베르크가 지적한 것처럼, 이 노동가치설은 마르크스의 잉여가치 이론에서 결정적인 것이라, 하나를 포기하면, 다른 하나도 포기할 수밖에 없게 된다. 그러나 잉여가치 이론은, 바로 노동자들의 착취에 대한 마르크스의 핵심 주장의 주축이다. 이것이 없이는, 자본주의에 대한 그의 근본적인 도덕적 고발이 힘을 잃게 될 것이며, 그로 인한 결과들도 문제가 된다. 그래서 만일 마르

---

23) Eugen Böhm-Bawerk, "Unresolved Contradiction in the Marxian Economic System" [1896], in *Shorter Classics of Eugen Böhm-Bawerk*, tr. Alice Macdonald (South Holland, IL: Libertarian Press, 1962).

크스의 가치이론을 포기해야 한다면(그래야만 할 것 같다), 마르크스주의 경제이론의 나머지 체계에서 무엇이 남을 수 있는지 알 수 없는 일이다. 착취 이론, 계급투쟁 이론, 하부구조와 상부구조에 대한 주장, 그리고 종교가 극단적이며 비참한 소외의 증상이라는 이론 등, 이런 모든 것을 변호하기가 어렵게 되고, 적용하기가 거의 불가능하게 된다. 만일에 뵘-바베르크가 옳다면, 그가 보는 대규모의 모순을 지엽적 문제로 처리해 버릴 수는 없다. 오히려 그의 비판은, 도미노현상처럼 밑에서 받치고 있던 책상이 갑자기 흔들렸을 때 잇달아서 하나하나 빠르게 무너지는 것을 암시한다. 나중에 마르크스주의자들은 이 비판을 반박하거나 마르크스의 견해를 수정하려고 열심히 노력했지만, 별로 성공하지 못했다.

이처럼 우리는 분명히 종교와는 거리가 멀리 떨어진, 세부적인 경제이론에서 마르크스와 마지막으로 만나게 되었다. 그러나 유물론의 관점에서 볼 때, 우리가 종교와 경제라는 두 영역 사이에서 보는 간격은 주로 표면상의 간격이지, 실제 간격은 아니다. 사실상 마르크스는 그 둘 사이의 관련성을 확신했다. 그가 자신 있게 선언한 것은, 종교에 대한 열쇠를 경제에서 찾아야 한다는 것이다. 그는 자신에게 분명하고 똑바로 보인 길을 따라가면서, 종교적 믿음으로부터 현실의 소외와 착취를 거쳐 계급투쟁으로 나아갔고, 거기서부터 사유재산과 잉여가치 절취 등 악의 뿌리에 이르렀다. 만일 이런 설명의 경로가 뒤르켐과 프로이트가 따랐던 비슷한 방향전환을 보여준다 하더라도, 별로 놀랄 일은 아니다. 마르크스는 그들처럼 환원주의의 길을 택했는데, 그의 결론이 계급투쟁과 경제적 소외에서 끝났다는 점에서, 뒤르켐이나 프로이트처럼 사회의 필요성이나 신경증적 인격에서 끝난 것과는 달랐다. 이 세 명의 이론가들은 각기 서로 다른 방향에서 작업한 야심찬 환원주의자들로 볼 수 있는데, 이 세 사람 모두가 현대사상에 막대한 영향을 끼쳤다.[24] 종교 해석자들에게 미친 이들의 영향은 1960년대와 1970년대에 최고조에 달했으며, 분명히 오늘날에도 사라지지 않고 있다. 아직 이들이 많이 논의되고 있지만, 분명히 이들이 마지막 권위를 가지고 있는 것은 아니라는 사실은 다음 장에서 보게 될 것이다.

보다 자세한 연구를 위한 추천 도서들

Arnold N. Scott. *Marx's Radical Critique of Society: A Reconstruction and Critical Evolution*. New York: Oxford University Press, 1990. 지적이고 철저하며 상세한 마르크스의 경제 개념들과 공식들에 대한 현대의 분석.

Berlin, Isaiah. *Karl Marx*. New York Time Inc., [1939] 1963. 마르크스 사상의 진전을 유럽의 지성적 전통 속에서 분석한 권위 있는 전기.(안규남 역, 《마르크스》, 미다스북스, 2012).

Boehm-Bawerk, Eugen. *Karl Marx and the Close of His System*. Edited by Paul M. Sweezy. London, England: Merlin Press, [1896] 1974. 마르크스주의에 대한 가장 중요한 경제 비평가의 분석.

Brzesinski, Zbigniew. *The Grand Failure: The Birth and Death of Communism in the Twentieth Century*. New York: Charles

---

[24] J. Samuel Preus, *Explaining Religion: Criticism and Theory from Bodin to Freud* (New Haven, CT: Yale University Press, 1987)을 보라. 여기서 그는 오늘에 이르기까지 가장 납득이 가는 종교의 과학적이고 자연주의적 설명은 뒤르켐과 프로이트 이론을 결합한 것 속에서 찾을 수 있다고 주장한다.

Scriner's Sons, 1989. (명순희 역, 《대실패》, 을유문화사, 1990). Jimmy Carter 대통령의 전 국가 안전보장담당 보좌관이 쓴 공산주의 붕괴에 대한 첫 평가 중의 하나.

Carver, Terrell, ed. *The Cambridge Companion to Marx*. Cambridge, England: Cambridge University Press, 1991. 그의 정치이론, 과학의 견해, 경제 분석, 다른 논제 등 마르크스에 대한 평가가 바뀌는 것에 관해서 쓴 유익한 논문들.

Carver, Terrell. *A Marx Dictionary*. Totowa, New Jersey: Barnes & Noble Books, 1987. 특히 마르크스 사상의 주요 개념들에 대한 유익한 참고서.

Gottlieb, Roger S. *Marxism, 1844-1990: Origins, Betrayal, Rebirth*. London: Routledge, Chapman & Hall, inc., 1992. 소련 붕괴 이후 마르크스주의를 회복하려는 호의적인 시도.

Kee, Alistair. *Marx and the Failure of Liberation Theology*. London: SCM Press, 1990. 마르크스주의 및 마르크스주의 이론과 그리스도교 신앙을 결합시키려는 주로 라틴 아메리카 신학에 대한 광범위한 최근 비판.

Leff, Gordon. *The Tyranny of Concepts: Critique of Marxism*. London: Merlin Press, 1961. 오래된 책이지만 아직까지도 마르크스주의 이데올로기에 대한 엄격한 철학적 분석과 비판.

Marx, Karl, and Friedrich Engels. *Karl Marx and Friedrich Engels on Religion*. Introduced by Reinhold Niebuhr. New York: Schocken Books, 1964.

McKown, Delos B. *The Classical Marxist Critiques of Religion: Marx, Engels, Lenin, Kautsky*. The Hague: Martinus Nijhoff, 1975. 20세기 초 주요 마르크스주의 사상가들의 종교에 대한 서로 다른 비판들에 대한 유익한 비교연구.

McLellan, David. *Friedrich Engels*. New York: Viking Press, 1977. 마르크스의 공저자이며 친구였던 이의 전기로서, 그들의 유사성

가운데서의 차이점과 동시에 두 사람 간의 관계에 유의하고 있다.

McLellan, David. *Karl Marx*. Modern Masters Series. Harmondswoth, Middlesex, England, Penguin Books, 1976. 마르크스의 경력, 논쟁, 사상에 대한 간략한 전기적인 설명.

McLellan, David. *Karl Marx: His Life and Thought*. New York: Harper & Row, 1973. 영어로 된 권위 있는 최근 마르크스 전기.

McLellan, David. *Marxism and Religion*. New York: Harper & Row, 1987. 이 주제에 대해 영어로 가장 잘 설명한 책의 하나로, 이 분석은 마르크스와 초기 추종자들을 넘어 오늘날의 마르크스주의 이론에까지 확대된다.

McLellan, David. *The Thought of Karl Marx: An Introduction*. New York: Harper Torchbooks, 1971. 같은 저자가 쓴 마르크스의 사상, 방법론, 이론에 초점을 둔 연구.

Plamenatz, John. *Karl Marx's Philosophy of Man*. Oxford, England: Clarendon Press, 1975. 마르크스 사상의 핵심적 개념들과 논증들에 대한 예민하고 학문적인 검토.

Rockmore, Tom. *Marx After Marxism*. Oxford, England: Blackwell Publishers, 2002. 1989년의 대 몰락이 계기가 되어 시도한 것으로, 공식 마르크스주의 신조의 불명료한 부분을 해명하고, 실제 사실에 기인하는 마르크스의 생각을 찾아내려고 한다.

Talmon, J. L. *The Origins of Totalitarian Democracy*. Boston: Beacon Press, 1952. 프랑스 혁명 기간과 그 이후의 전제주의 형태의 혁명운동에 대한 중요한 연구서.

5장

사회적 행동의 원천

막스 베버

> 사람은 스스로가 짜낸 의미의 망(webs)에 매달려 있는 동물이다.
> - 클리퍼드 기어츠, 막스 베버의 기본 원리에 대해서[1]

프로이트와 뒤르켐과 마르크스를 일괄해 볼 때, 한 가지 분명한 점은 그들 각자가 종교에 대해 단호하게 기능주의적인 견해를 발전시켰다는 점이다. 이들의 몇 가지 관점들에서 볼 때, 힌두교 신자들이 쉬바(Shiva) 신을 경배하는 것이 그 신의 능력을 믿기 때문이라거나, 무슬림들이 꾸란(Quran)을 신봉하는 것은 그 경전이 신이 계시한 진리를 지니고 있기 때문이라고 말하는 것만으로는 충분하지 않다는 것이다. 오히려 프로이트를 비롯한 그 이론가들은 그런 믿음들의 저변에(그런 믿음들에 대해 정신적으로 동의하는 것 저변에) 깊이 깔려 있는 삶의 조건들이나 요구들까지 추적해서 거슬러 올라갈 수 있다는

---

1) Clifford Geertz, "Thick Description: Toward an Interpretive Theory of Culture," in *The Interpretation of Cultures: Selected Essays* (New York: Basic Books, 1973), p. 5.

것을 보여주려고 했다. 이들은 더구나 이런 기능주의적 접근방법이 필연적으로 환원주의적 결론에 도달하게 만든다고 믿었다. 이것은 한 이론이 종교의 한 측면을 설명하고, 다른 이론은 다른 측면을 설명한다는 문제만이 아니다. 이런 기능주의의 전제는 그 이론이 기본적이며 근본적인 것을 찾아냈다는 것이다. 즉 종교―모든 종교―를 추적해보면, 마지막으로 그 저변에는 하나의 상황이나 원초적 원인이 깔려 있는데, 그것은 인간의 보편적인 신경증 상태나, 개인에 대한 사회의 일반적인 요구들, 또는 계급투쟁이라는 세상의 역학 등이며, 이런 근본적 원인의 관점에서 종교를 설명해야만 비로소 종교를 완전하게 설명할 수 있다는 주장이다. 그런 설명들은 매우 폭이 넓어서 모든 증거들을 끌어들여 단 하나의 명제를 뒷받침하도록 만든다. 그것이 그들의 이론들이 갖는 매력의 핵심이다. 그러나 그런 설명들이 실제로 최상의 결과를 내었는가? 만일에 종교에 대한 참된 이야기는 전혀 그렇게 단순하게 말할 수 있는 것이 아니라면 어쩔 것인가? 만일에 우리가 종교적 행위라는 것이 매우 완고하며 복잡한 것이라는 사실에서부터 출발해서, 그처럼 치밀한 합성물(종교)을 증류시킨다고 해서 도대체 단 하나의 성분만 쉽게 나올 수 있는 것인지, 아니면 그럴 수 없는 것인지를 묻는 일에서부터 시작해야 한다면 어쩔 것인가? 만일에 그런 환원주의적인 설명들이라는 것들이 그 계획했던 목적지에 너무 쉽게 도달한 것이라면 어쩔 것인가?

　20세기가 시작될 무렵에, 인간 행동의 당혹스러운 복잡성에 관해 독일의 사회과학자 막스 베버보다 더 깊은 관심을 기울인 학자는 없었다. 그는 반세기 전의 마르크스처럼, 베를린대학에서 연구를 시작한 사람으로서, 그의 주요 관심은 종교가 아니라 경제와 법학이었다. 베버는 흔히 뒤르켐과 더불어 현대 사회학의 두 창시자로 쌍벽을 이루지만, 베버의 매우 폭넓은 지적 관심 때문에 그를 '사회학자'라고 부르는 것은 충분하지 않다. 그의 정신은 백과사전처럼 폭넓게 많은 분야를 흡수하여, 법학과 경제학뿐만 아니라 역사, 철학, 예술, 종교, 문학과 음악을 포괄하는 배움에 몰두했다. 그는 읽고 저술하는 가운데 조직적으로 이론들 사이의 연관성들을 찾고 또한 그 이론들의 배경을 요약했다. 즉 그는 정치와 지리와 문화사 간의 연관성을 추적했고, 계급갈등의 근원을 탐구했으며, 사회적 신분집단들의 특징을 기술하고, 인간 행동의 유형과 사회적 권위의 형태를 구분했으며, 행정기관의 역할을 검토하며, 사회생활에서 종교 행위와 믿음의 위력을 직관적으로 파악했다. 그는 사회를 서로 다른 인간 활동이라는 실들이 위아래로 겹쳐 꼬이면서 단단히 서로 얽혀 짜인 직물(a tapestry)로 이해할 때 가장 잘 이해할 수 있다고 보았다. 이런 점에서 종교의 지위는 인간의 다른 행위들의 사회적 지위들과 대등하다. 프로이트와 마르크스에게서 분명한 것처럼 보인 점은, 종교가 항상 결과로 처리될 뿐, 원인으로 인정받지 못했다는 점이다. 베버에게는 그런 생각이 전혀 자명한 것이 아니었다. 인간의 여러 형태의 사회 활동은 일상적으로 한 점에 집중되며 또한 서로 영향을 준다. 인과관계의 열차들은 일방적인 편도 궤도만 달리는 게 아니라 때로는 왕복하기도 하며 선로가 바뀌는 때도 있다. 뒤르켐과 프로이트와 마르크스에게는 종교가 항상 반영(reflection)이었지 결코 실체(reality)가 아니었다. 그러나 베버의 사회학에서는 그 둘 사이의 관계가 언제나 상호적이며, 심지어 때로는 역전되기도 한다. 그는 사회적인 인과관계의 복잡성을 분명히 비환원주의적(nonreductionist)으로 추구하는 것을 자신의 사명으로 삼았다. 종교는 항상 원인인 것도 아니며, 항상 결과인 것도 아니며, 오직 특수한 사실들과 변하는 상황들만이 궁극적으로 결정하는 것으로서, 원인과 결과 가운데 하나일 수도 있으며, 혹은 원인과 결과 둘 다일 수도 있다.

배경: 가족, 정치, 학문

카를 에밀 막시밀리안 '막스' 베버(Karl Emil Maximilian 'Max' Weber, 1864-1920)는 아버지 막스(Max [senior]) 베버와 어머니 헬레네 베버(Helene Fallenstein Weber) 사이의 여덟 명의 자녀 중 첫째로 태어났다. 베버 가문은 베스트팔리아 지역에서 아마포 제조업자로서 오랫동안 번성했지만, 그의 아버지 막스는 법률가 경력을 선택하여 정부에서 활약했다. 첫 아들이 어렸을 때 베를린으로 이사해서, 처음에는 프러시아 하원에서, 후에는 국가자유 당원으로 독일제국 의회에서 오랫동안 국회의원을 지냈다. 개방적이며 자신 있던 아버지는 제국의 '철혈 재상' 비스마르크(Otto von Bismarck)를 지지하여 그 도시의 사회정치적 생활에 잘 적응했고, 정기적으로 자기 집을 동료와 친구들에게 개방했다. 어머니 헬레네는 베를린 정부 장관의 딸로 역시 부유한 가정 출신이었다. 당시 여성으로서 많은 교육을 받은 어머니는 아버지와는 달리 더 내성적이었고 깊이 종교적이었으며, 또한 강한 사회적 양심을 갖고 있어서 가난한 사람들의 곤경을 마음 아파했다.

이처럼 대조적인 부모의 기질들이 좀 불안스럽게 아들의 인격 속에 수렴되었다. 아들 막스는 정치와 정부에 대한 아버지의 적극적인 관심을 공유했지만, 어머니의 성찰하는 태도와 더불어 윤리적인 민감성과 인도주의적 이상주의를 물려받았다. 그의 초기의 삶을 '사색적'이라고 묘사하는 것은 너무 간략한 말이다.[2] 어려서부터 독서는 숨 쉬는 것만큼이나 일상적인 일이었다. 열세 살 때 그가 부모에게 준 크리스마스 선물은 두 편의 평론으로서, 중세기 독일 역사와 후기 로마 제국에 관한 것이었다. 베버의 가정에서는 배움과 여가 사이에 별로 구분이 없었다. 베를린의 정치적이고 지성적인 명사들의 방문은 자주 있는 일이었다. 경제와 사회, 정치, 법과 역사(사회적 가십을 적당히 곁들여)가 얽힌 토론들로 활기찬 거실에서, 십대의 젊은 베버는 독일 학문의 황금시대에서 가장 찬연한 인물들을 만났다. 철학자 빌헬름 딜타이(Wilhelm Dilthey), 저명한 로마시대 고전학자 테오도어 몸젠(Theodore Mommsen), 역사가 하인리히 폰 트라이슈케(Heinrich von Treitschke), 신학자 에른스트 트렐취(Ernst Troeltsch)를 비롯해서 여러 사람들이었는데, 이들은 단지 책의 저자들로서만이 아니라 베버 자신이 친히 만날 수 있었던, 가족의 친구들이었다.

베버의 정규교육도 우수한 것이었다. 베를린에 있는 대학 예비학교에서 그는 철학, 고대와 중세 역사에 관심을 갖고 고전 작가들—호메로스, 헤로도투스, 비르길리우스, 키케로 등—을 광범위하게 읽었으며, 또한 괴테의 모든 작품들을 독파했는데, 이런 독서는 주로 학교 공부에 흥미를 느끼지 못해서 개인적으로 빠져들게 되었던 것이다. 1882년, 그는 법학과 경제사와 철학과 신학을 공부하기 위해 하이델베르크대학교에 입학했다. 또한 남학생 동아리에 들어가 거기서 마르크스처럼 결투하고 술 마시는 것을 체득했는데, 그의 어머니의 불만스런 판단으로는, 결투와 음주에서 지혜보다는 기술에 능했다고 한다. 1년 동안 스트라스부르에서 공부와 군복무를 겸하는 동안 그의 아저씨이며 역사가인 헤르만 바움가르텐(Hermann Baumgarten)과 친

---

2) 어린 시절과 교육에 대한 간략하지만 자세한 사실은 Dirk Käsler, *Max Weber: An Introduction to His Life and Work*, tr. Philippa Hurd (Chicago: University of Chicago Press, 1988), pp. 1-25를 보라.

교를 다녔고, 그 후 베를린으로 가서 대학공부를 계속했다. 거기서 8년 동안 부모와 함께 살면서, 고급반의 법학과 경제사를 연구했다. 1889년에는 중세시대 이탈리아 무역회사에 관한 논문으로 박사학위를 받았으며, 그 후 곧 법률공부를 마치고 베를린 법원의 자리를 얻었다. 1892년에 고대 로마의 농업과 법의 연구로 대학 강사자격을 취득했다. 그 즈음에 먼 사촌 마리아네 슈니트거(Marianne Schnitger)와 약혼하여 1년 후 결혼했고, 베버는 전문직 생활에 들어갔다.

스물아홉 살에 결혼한 후부터 베버의 일대기는 두 면의 이야기로 나뉜다. 직업적으로 그는 비상하게 촉망받는 학자로 인정받아 정부와 학계 모두에서 그를 기다리고 있었다. 그는 경제전문가들의 단체인 《사회정책협회》(Verein für Socialpolitik)에서 활약했는데, 동부 독일의 이민과 농업노동에 대한 중요한 연구를 수행했다. 또한 새롭게 제정된 독일 증권거래에 대한 분석을 출판했다.3) 1895년에 프라이부르크대학교에서 (그 나이의 학자로는 주목할 만한) 정치경제학 전임교수의 임명을 받았고, 그 다음 해에는 더 명성 높은 하이델베르크대학교에서 비슷한 직위를 받아들였다.

그러나 개인적 차원에서 그의 생애는 혼란스런 변화를 겪었다. 마리아네와의 결혼은 적어도 정상적 애정의 기준에서 보기에 정상이 아니었다. 그와 부인은 이상적으로 인격적이며 지성적인 동반자였지만, 외관상 서로 동의하여 자녀가 없었을 뿐 아니라 성관계를 전혀 갖지 않는 생활을 했다. 그 이유는 분명치 않다. 베버의 금욕성은 잘 알려진 것이며, 그 부인 역시 성행위를 혐오하는 비슷한 경향과 일치했던

---

3) 이런 초기 연구들에 대한 설명과 논의는 Reinhard Bendix, *Max Weber: An Intellectual Portait*, 2nd ed., rev. (Berkeley: University of California Press, 1978), pp. 13-48을 보라.

것으로 보인다. 이 사생활에 관한 전모는 아마도 밝혀질 수 없을 것이다. (마리아네는 남편의 첫 전기를 썼는데, 남편이 죽은 후 사적인 모든 서류를 소각했다.4)) 그것이 정서 불안의 계기가 된 것은 의심의 여지가 없는데, 더불어 다른 긴장상태로 인해 더 복잡해졌다. 베버는 자기 부모 모두를 존경했지만, 성인이 되면서 어머니에게 더 가까워져서, 지배적인 인품의 아버지에게서 어머니를 지지해야 할 필요를 느꼈다. 신혼 때, 베를린에서 멀리 떨어져 사는 결혼한 아들과 며느리를 방문하는 어머니의 권한에 대해 다툼이 있었을 때, 아들은 어머니 편을 들어 화내며 아버지에게 맞섰다. 몇 달 후 화해하기 전에 아버지는 갑자기 심장발작으로 세상을 떠났다. 죄의식의 영향 때문인지 아닌지 모르지만, 베버 스스로가 심한 감정적 허탈에 빠졌다. 1897년부터 1901년 사이와 그 이후로도, 그는 활동할 수 없을 정도의 불안증상으로 시달려, 지치고 안정하지 못한 채 불면증으로 인해 교수직을 감당하지 못하게 되었다. 건강상 이유로 몇 차례 휴직하고 결국은 하이델베르크대학교 교수직을 사임하여, 실상 모든 전문직에서 물러났다.5) 1918년에 가서야 대학교수직을 다시 받아들였는데, 이번에는 비엔나대학교였다. 2년이 채 못 되어 폐렴에 걸렸고 불충분한 치료로 인해 그의 지적 생애의 전성기인 56세의 나이로 생애를 마쳤다.

신경장애로 인해 대학 강의를 중단했지만, 베버는 시간이 가면서 학문적 연구를 감당할 역량을 점차 회복했다. 유럽과 미국 여행까지

---

4) 값진 일화가 많으면서도 오히려 형식적이고 남편을 두둔하는 전기, Marianne (Schnitger) Weber, *Max Weber: A Biography.* tr. Harry Zohn (London: John Wiley & Sons, 1975).

5) 정서적 좌절의 중추가 되는 베버의 사고와 그의 생애에 대한 '역사심리학적' 설명을 제공하는, 논쟁의 여지는 있지만 주목할 만한 것으로 Arthur Mitzman, *The Iron Cage* (New York: Alfred A. Knopf, 1970)를 보라.

하면서 사회이론과 정책에 관한 회의들에 참석했다. 전문 직책에 있지는 않았지만, 1904년에 경제학자 베르너 좀바르트(Werner Sombart)와 에드거 야페(Edgar Jaffe)와 더불어 중요한 학술지 《사회과학과 사회정책 아키브》(Arciv für Sozialwissenschaften und Sozialpolitik)의 공동 편집인 직위를 수락했다. 이것은 감정적으로 치유하며 지적으로 적절한 계기가 되었다. 가족의 기금과 (1907년 이후의) 충분한 유산의 도움으로, 베버는 재야학자로서 꾸준히 연구에 몰두하여 때때로 신경증이 재발하는 가운데서도 매해 더 많은 글을 써냈다. 종교에 관한 중요한 연구를 포함하여, 그의 연구의 대부분을 다룬 논문들을 《아키브》의 포럼으로 출판했다. 그가 편집을 맡기 시작한 때부터 1920년에 그가 사망하기까지 16년 동안에, 그는 매우 수준 높은 논문들과 중대한 논평과 폭넓은 평론을 계속해서 써냈다. 모두가 지적인 이정표들은 아니었지만, 치밀한 역사 분석과 철저한 사회연구에 근거하여 탁월하고 독창적인 사상들을 계속 발표했다. 이처럼 더욱 중요한 것들은 곧 다루기로 하고, 그 전에 베버가 극히 중요하게 여긴 예비적인 문제를 주목할 필요가 있는데, 그것은 사회학 연구에 사용한 그의 방법론이다.

사회학 연구의 세 가지 도구: 이해, 이념형, 가치관

도구들이 공예가에게 소중한 것처럼, 학자들에게는 방법론이 중요하다. 누구나 필요하지만 그것에 대해 숙고하는 이는 드물다. 그러나 베버는 그 드문 사람 가운데 하나다. 그는 병에서 회복하는 중에 《아키브》(1904)의 첫 편집자 평론을 포함하여 많은 논문을 썼는데 사회학의 방법론에 대한 중심 문제에 초점을 맞춘 논문들이다. 인간의 사회 행동들을 설명하려고 할 때, 우리는 그것을 어떻게 전개하는 가? 베버는 이 질문에 대한 대답들을 몇 편의 전문적 논문들에서 다루었는데, 사회적 연구의 세 가지 핵심 원칙을 요약하고 있다.[6]

이해(Verstehen)

베버의 첫 번째 기본이 되는 원칙은 '이해'라는 뜻의 독일어(Verstehen)로 가장 잘 표현된다. 나중에 해석사회학(interpretive sociology)의 특징으로 알려진 이 개념을 그 당시에 강조했던 첫 사람이거나 유일한 학자는 아니지만, 베버는 자신의 연구에서 단연 이것을 중심으로 삼았다. 겉으로 보기에는 파악하기 쉬운 개념처럼 보인다. 이해의 원칙은 인간의 행동들을 자연현상을 설명하는 것처럼 설명할 수 없다고 추정하는 것이다. 자연과학은 비정신적인 물체들과 과정들에 초점을 맞추지만, 사회과학은 정신적으로 추동되는 인간의 활동들을 설명하는 것이다. 자연 안에서 인간들도 사물들이라고 할 수 있지만, 분명히 특이한 종류의 사물들이다. 돌이나 나무와는 달리, 인간은 의식적이며 자신들이 하는 일에 의미를 부여한다. 인간의 행위들은 중력과 같은 외부 힘에 의해서만 좌우되는 것이 아니라, 자유에 대한 믿음 등 내적으로 지닌 생각과, 사랑의 느낌처럼 내적으로 경험하는 감정들에 의해서도 좌우된다. (따라서 '행위자의 관점'에서 보아야 이해할verstehen 수

---

6) 이 논문들의 영어 번역은 두 가지 수집본에서 볼 수 있다. Edward A. Shils and Henry A. Finch, *Max Weber on the Methodology of the Social Sciences* (Glencoe, IL: Fress Press, 1949); Max Weber, *Roscher and Knies: the Logical Problems of Historical Economics*, ed. and tr. Guy Oakes (New York: Fress Press, 1975). 방법론에 대한 베버의 생각에 대해 분명하고 매우 교훈적인 최근 연구는 Sven Eliaeson, *Max Weber's Methodologies: Interpretation and Critique* (Cambridge, England: Polity Press, 2002)를 보라.

있다는 말이다. - 옮긴이). 이런 구별은 단지 상식적인 문제 같지만 복잡한 사회 문제들과 제도들에 적용할 때 논쟁의 대상이 될 수 있다.

이것이 베버 시대에 오랫동안 격렬한 학문적인 논쟁을 유발하여, 유명한 '방법론 논쟁'(Methodenstreit)이라는 명칭이 붙었다. 이 논쟁의 중심에는 화학이나 물리학에서 인과관계의 보편적 법칙을 세움으로써 크게 성공한 사례들이 있었다. 그렇다면 의학과 산업계에 훌륭히 적용되는 이런 법칙들처럼, 인간의 문제들을 설명하는 법칙들을 세울 수 있지 않겠는가? 처음에는 경제학자들이 이런 주장을 했는데, 과학적인 '시장의 법칙들'을 인간 행동에 적용하여 어느 정도 성공했다고 주장했다. 조만간 비슷한 생각이 다른 분야에서도 생겨나, 모든 인간 행위들에 대한 전체적인 자연과학을 만들 수 있다고 주장하기도 했다. 그러나 다른 이들은 적극 반대했다. 철학자 빌헬름 빈델반트(Wilhelm Windelband)는 과학은 그 자체가 반복하는 과정들을 다루게 되어 '보편적 법칙으로'(nomothetically, 그리스어로 '법칙을 만든다') 사물들을 설명하지만, 인간 행동들은 그 성격상 유일한 경우로, '특수사례의'(idiographic, 그리스어로 "유일하게 묘사적인") 설명이 요구된다고 주장했다. 이 주장은 '자연 혹은 법칙의 과학'(nature-or Gesetz-wissenshaft)과 '정신 혹은 인간문화의 과학'(Geistes-or Kultur-Wissenschft) 사이를 근본적으로 분리한다. 더 나아가 빌헬름 딜타이(Wilhelm Dilthey)는 우리가 적어도 과학적 의미의 '설명'으로는, 전혀 인간 행동 같은 것을 실제로 '설명'할 수 없다고 단언한다. 우리가 다른 사람의 마음속을 직관적으로 "우리의 방식으로 느끼려면," 이해(Verstehen)를 사용해야 한다. 이성보다는 상상력을 통해, 우리는 다른 사람의 생각을 우리 자신의 마음속에 재창조한다는 것이다.

베버는 이 열띤 논쟁에서 중간 입장을 취했다. 그의 견해는 딜타이 쪽으로 기울었지만, 전적인 것은 아니다. 그는 인간 행동들이 자연 과정들과는 달라서, 딜타이가 의미와 동기들에 대한 이해를 강조한 것은 옳았다고 인정했으나, 분명하게 딜타이의 이해의 과정이 순전히 직관적인 것으로 보아, 상상력의 기술을 발휘하는 것으로 생각하는 것은 잘못이라고 보았다. 예를 들어 소크라테스가 아테네에서 재판받을 때, 카이사르가 루비콘 강을 건너 그의 군대를 진격시킬 때, 혹은 링컨 대통령이 남부 노예들을 해방시키기로 결정했을 때, 그들 마음 속에서 작용한 복잡하게 얽힌 생각들과 동기들을 상상력으로는 도저히 재창조할 수 없다. 단 한 가지 우리가 할 수 있는 일은 자연과학자들이 하는 것처럼, 합리적으로 전개하는 것이다. 우리는 역사적 상황이나 일련의 상태들을 묘사하고, 또한 그 지식에 기초하여 다음 사건들로 나타날 예상되는 결과를 기대하며, 실제로 발생한 것을 검토하여, 한 결과는 일어났는데 왜 다른 결과는 일어나지 않도록 만든 것은 도대체 무엇인지를 가려내려 한다. 그러므로 이해는 과학의 한 형태로서, 동기들과 의미들이 원인들로 작용하는 역할을 인식함으로써, 인간의 행동들을 설명하는 체계적이며 합리적인 방법이다.

이해(Verstehen)가 합리적인 과정이라고 말하는 것은 인간이 항상 합리적으로 행동한다는 말은 아니다. 베버는 합리성의 형태들과 그 정도들이 매우 다르다는 것을 잘 알고 있었다. 그의 후기 대작인 《경제와 사회》(*Economy and Society*)에서, 행동들이 도구적으로 합리적(목표 달성을 위한 수단을 찾는)이거나, 아니면 가치가 합리적(목표 자체가 선한 것을 추구하는)일 수 있으며, 또한 인간의 행동들은 정감적이거나(단순히 감정에 충동되어), 관습적(순전히 습관적으로 하는)일 수 있다고 보았다.[7] 그는 체계적으로 합리적 행동들의 서로 다른 수준들을 도표로 그렸는데, 정확하게 합리적인 행위로 시작해서 부분적이며 무의식적인 합리성의 여러 정도를 거쳐, 심지어 정신적으로 불안한 장애를 일으킨 동기들에까지 이른다.8) 분명히 사회과학은 확실성을 성취하거나 자연과학의 확신을 갖고 예측하지는 못하지만, 그럼에도 불구하고 외적인 행동들을 지배하는 내적인 동기를 간과함으로써 인간행위에 대한 유용한 설명에 도달한다고 말한다.

베버의 주된 관심은 개인의 행위보다는 사회적 행동을 설명하는 것이다. 인간 행동들의 내적인 동기를 강조한 것 때문에, 다른 학자들은 그의 관점을 '방법론적 개인주의'(methodological individualism)라고 불렀으며, 이것은 유용한 용어다. 그에게는 사회적 가치들이나 믿음들이 개인의 마음속에서 동의를 얻는 한에서 현실성을 지니게 된다. 그가 육체적 용기 같은 정신의 가치를 추상적인 용어로 언급할 때마다, 그는 사회 안에서 구체적인 개인들이나 소그룹이 그 지도력이나 영향을 통해 그런 이상의 구체적인 '담지자들'(bearers)을 상기하도록 요청한다. 다시 말해서, 사상이나 가치들은 일정한 사람들이 그것들을 받아들이고 또한 자신들의 솔선을 따르도록 다른 사람들을 유도하기 때문에 영향을 미친다. 이런 강조는 뒤르켐의 생각과 다른데, 뒤르켐은 사회를 추상적 실체로 생각하여, 사회가 그 개인 구성원들로부터 고립된 채 위에서부터 임무를 강요한다고 생각했다. 그러나 베버는 공동체를 개인들의 혼성 집단(mixed assemblage)으로 보는 경향인데, 그 안에서 대다수가 소수―전통이나 특권에 의해 혹은 성격상 지도자로서의 권한을 주장하는 이들―에게 자신들을 지휘하도록 권한

---

7) Max Weber, *Economy and Society: An Outline of Interpretive Sociology*, ed. and tr. Guenther Roth, Claus Wittich et al., 2 vols. (New York: Bedminster Press, 1968), 1: 24-25.

8) Fritz Ringer, *Max Weber: an Intellectual Biography* (Chicago: University of Chicago Press, 2004), p. 100.

을 양보한다고 보았다. 그 소수가 문화적 가치들의 보존자로서, 이들이 사회를 형성하며 그만큼 사회가 그 소수와 그 대다수를 형성한다.

이념형(Ideal-Types)

개인들이 사회의 이상을 품고 가지만, 사회학은 개인에게만 집중하지 않는다. 만일에 개인에게만 집중한다면, 그런 사회학은 사회적인 것도 과학적인 것도 아니다. 사물의 일반적 부류들에 대해 타당한 진술을 하는 것이 사회학의 전체 목적이다. 사회 연구에서 이런 일반 범주들의 역할을 밝히기 위해, 베버는 또 하나의 전문적인 독일 용어 (Ideal-Typus)를 사용한다. 이념형은 일반적인 개념이지만, 자연과학에서 말하는 일반화(generalization)와는 다르다. 일반화는 한 집단에서 공통적인 하나의 특색이나 특성을 밝히는 것으로서, 말하자면 "모든 왕은 나라를 가지고 있다"는 것과 같다. 다스릴 나라가 있어야 하는 것은 왕에게 최소한의 자격이다. 그러나 왕의 이념형을 생각할 때, 우리는 대체로 일반화와는 정반대로 만들어낸다. 즉 그가 통치하는 나라에 덧붙여서, 통치자는 어떠해야 한다는 일종의 의도적 과장이나 여러 속성들을 덧붙여서 최대의 윤곽을 설정하는데, 예를 들어, 왕족 출신, 남성, '신이 준 왕권'에 의한 통치, 여왕, 신하들이 있는 궁전, 왕관, 충성을 맹세한 귀족 등이 그런 것들이다. 과거나 현재나 실제로 왕이 이 모든 특성들을 다 지니는 것은 아니다. 더 많이 가진 왕도 있고 또 적게 가진 왕도 있지만, 그것이 문제가 되지는 않는다. 중요한 점은 이념형이 모든 경우를 분석할 수 있는 개념적인 틀(a conceptual framework)을 제공한다는 점이다. 그것에 의해 우리는 시간과 장소를 망라하여 왕들을 비교할 수 있다. 우리는 한 유형의 군주제에서부터 다른 유형으로의 변화를 추적할 수 있고, 또한 원인과 결과를 추리할 수 있다. 예컨대, 프랑스 혁명에서 종교에 대한 맹렬한 공격이 원인으로 작용하여, 왕은 '신이 준 왕권'으로 다스린다는 생각을 뒤엎는 결과를 초래한 것을 알 수 있다.

우리가 사회분석에서 다루는 거의 모든 것을 이념형으로 만들 수가 있는데, 그 방식은 종류와 범위에 따라 달라질 수 있다. '혁명' 같은 개념이 정치에서 이념형의 한 예가 될 수 있고, '민주주의'도 다른 한 예가 될 수 있다. 앞에서 본 합리적인 행동의 형태들도 마찬가지다. '그리스문명'과 '현대 자본주의' 같은 폭넓은 역사적 개념들과 예술사에 나오는 '르네상스'와 '인상파' 같은 용어들도 이념형을 만들 수 있으며, 또 '왕'과 비교할 수 있는 '기술공'이나 '상인'처럼 매우 특정한 유형들도 이념형을 만들 수 있다. 종교영역에서 '사제,' '신비주의,' '교회'나 '종파' 혹은 설명 과정에 도움이 되는 비슷한 개념들도 그 이념형을 만들 수 있다.

베버의 가장 유명한 이념형의 하나를 보면, 이해하기 쉬울 것이다. 《경제와 사회》에서 베버는 사회적 권위의 세 가지 중요한 유형을 전통적 권위, 법적 권위, 카리스마적(charismatic) 권위로 분류한다. 이 셋은 모두 그가 말하는 '합법적 지배'를 나타낸다. 전통적 권위의 경우, 사람들은 태고 시절부터 원로들의 통치를 받아들인 부족사회에서처럼 '언제나 있었던' 세력의 양상을 인정한다. 비슷한 형태가 '족장주의'(patriarchalism)와 '세습주의'(patrimonialism)로서, 한 사람이나 한 가족이 통치권을 계승한다. 반대로 현대사회의 가장 공통되는 권위는 법적 권위 혹은 합리적 권위로 볼 수 있다. 이 권위는 현대 관료제도에서 가장 순수하게 표현되는데, 모두가 법체계를 지키기로 동의하고, 위계적인 계급관료제도의 훈련받은 전문 유급 공무원이 직업적 의무감으로 그 법체계를 시종 일관하게 적용할 것을 생각하는 것이다. 관료제도의 권위에 관한 베버의 저술들은 공적인 행정부와 법인 경영진에 대한 분석가들 사이에 폭넓은 토론을 불러일으켰다. 그는 관료제도가 가장 합리적으로 정돈된 권위형태로서, 흔히 창조성을 억제하기도 하지만 큰 능률을 준다고 보았다. 이와 대조적으로 세 번째 유형인 카리스마적 지배는 가장 활기 있는 것으로 종교계에서 특히 중요하다. 이것은 세계 역사상 예언자와 성자에게서 분명히 나타나는 것이지만, 군인들이나 정치가들에게도 적용된다. 이런 경우들에서, 지도력은 한 가지 특성에 의해 얻게 되는데, 그것은 한 사람 혹은 몇 사람의 강력한 개인적 매력 때문이다. 이스라엘의 예언자들, 고타마(석가모니)와 그의 승려집단, 공자와 그의 수행자들, 예수와 그의 사도들, 이 모두가 탁월한 인물들로서, 홀로 기적을 행하고 계시를 전하거나 제자들의 활기를 돋우는 특유한 천부적 재능을 지닌 영적인 영웅으로서 사회에 영향을 끼친 경우들이다. 이런 인물이 사회에 나타날 때, 그는 권위, 지혜나 신성을 주장하는 순수한 위력으로 추종자들을 확보하고 또한 문명사회의 방향을 바꾼다. 카리스마는 사회와 역사에서 변화를 가져오는 가장 강력한 동인(動因)이다.

'관료제도' 같은 추상 개념만이 유일한 이념형이 아니라, 역사적 과정도 해당된다. 베버에게서 많이 인용되는 형태 중 하나가 문화적 각성, 즉 '탈마법화'(disenchantment)의 과정을 규정하는 것이다. 그것으로 인해 전통사회에서 오랫동안 정착했던 주술과 신들의 초자연적 세계에 대한 신앙이, 체계적이며 합리적인 사고 경향의 압력을 받아 점차 붕괴되는 것이다. 다른 하나는 카리스마의 일상화, 즉 '관례화'(routinization)로서, 이것은 한 예언자가 죽은 후에 그의 메시지의 불타는 강렬함이 식기 시작하면서, 그 메시지가 살아남기 위해 (예컨대 교회와 같은) 기관들 속에 관례로 고정되는 때 생기는 점진적 변화다. 역사적 발전을 기술하는 이런 유형들은 사회적 문화적 변화가 초래되었을 때 인과관계를 설명하기 위해 다른 종류의 유형과 자연히 조화시킬 수가 있다. 쉬운 예로 (베버 자신의 것은 아니지만) 고대 로마제국의 그리스도교화 과정을 들 수 있다. 주후 100년경 로마의 우세한 종교는 다신교였지만, 주후 500년경에는 그리스도교인 유일신교로 거의 완전히 대체되었다. 다신교와 유일신교를 종교 믿음의 서로 다른 이념형으로 생각하면, 우리는 그 변화에 대한 설명을 하나의 틀로서 정리할 수 있다. 즉 두 가지의 순수한 이념형들 사이에서 변화 도중에 나타난 일종의 교량적 믿음(bridge belief)을 찾아 낼 수가 있다. 로마의 콘스탄티누스 대제 같은 개종자들은 미신적이며 기회주의적이어서, '그리스도'를 전쟁에서 그의 군대를 도와줄 가장 능력 있는 많은 신들 중의 한 신으로 받아들였다. 그의 신앙도 그의 유일신교도 전혀 순수한 것은 아니었지만, 각각의 이념형은, 우리로 하여금 이방인들의 다신교에서부터 그리스도교의 유일신교에 이르는 과정에서 황제와 다른 이들을 끌어들였던 중간 형태를 이해할 수 있게 해준다. 다른 곳에서와 마찬가지로 여기서도 설명을 위한 이념형의 유익한 점은 우리가 이용하는 이념형의 종류에 있다기보다는, 그 이념형이 우리로 하여금 틀 속에서 비교할 수 있게 해주며, 또한 행동들을 설명하는 데 도움을 준다는 점에 있다.

가치들

베버의 세 번째 원칙은 가치들에 대한 문제를 다룬다. 베버는 일찍부터 사회과학이 다른 과학들과 마찬가지로 가치관에 매이지 않는

(value-free) 노력이어야 한다는 입장이었다. 당시의 사람들처럼 베버는 사실들과 가치들은 별개의 것으로서, 그 둘을 혼동한다는 것은 가장 큰 잘못이라고 주장했다. 자연과학이든 사회과학이든, 모든 진정한 과학자는 그가 경험하는 대로의 실제 세상에 대한 설명을 추구하며, 개인의 가치판단은 그 과정에서 배제해야 한다. 과학의 목적은 사물을 사실 그대로 기술하는 것이며, 그것이 어떠해야만 한다는 개인적 견해를 선전하는 것이 아니다. 대학의 강의실에서도 같은 구별이 적용된다. 교수의 직업적 의무는 강의 속에 개인적 가치판단을 섞어 넣지 않는 것이 요구된다. 학생들은 결국 자기들 공부에 대한 교수의 평가에 '사로잡혀' 있으며, 또한 그 학과목에 대한 담당 교수 이외의 학설에 대해서는 너무 모르는 것이 너무 많아서, 학생들 자신의 설득력 있는 견해를 내놓지 못하게 된다.

이것이 가치들에 관한 설명 모두라면, 여기서 끝내고 앞으로 진도를 나갈 수 있겠다. 그러나 베버에게는 거의 언제나 사태가 보기처럼 단순하지가 않다. 베버는 누구도 피할 수 없는, 가치와 관련된(value-relevant) 고려들을 해야 한다는 점을 인정한다. 사회과학자가 되려는 기본 결정까지도 가치의 선택을 나타낸다. 말하자면 의학이나 목수직을 제쳐놓고 사회학을 선택하는 것은 의료나 건축보다는, 사회과학에 경력으로의 가치를 둔 결정이다. 사회학 내에서의 연구 분야 선택도 마찬가지다. 자살률보다 사회 계급차별을 연구하는 것은 본인의 주의가 가장 필요한 문제라는 것에 대한 가치와 관련된 결정을 내리는 것이다. 이 문제를 주의 깊게 생각해 보면, "가치에 매이지 않은" 원칙을 따르려는 방침 자체가 실제로는 가치에 의해 좌우된 선택이다. 설명 속에 개인적 의견을 삽입하지 않고, 실체를 가급적 정확하게 설명하겠다고 약속하면서, 우리는 과학이 (개인적 이해관계나 정치적 이해관계보다) 사실적 진실에 부여하는 가치를 받아들이는 것이다.

가치 선택은 또한 자연과학보다는 사회과학에 더 영향을 미치는 것처럼 보인다. 물리학자와 수학자들은 (대수학의 원리나 기하학의 공리처럼) 시간을 초월하여 불변하는 일련의 고정된(폐쇄된) 개념들을 다룬다. 고대 그리스의 유클리드(Euclid)가 사용했던 가정들은 오늘날 고등학교에서 기하를 배우는 학생들이 응용하는 가정들과 똑같다. 그러나 베버는 사회과학처럼 개방된 분야는 경우가 달라서, 새로운 관찰자들이 후대와 다른 문화들에 대한 관점들에서 가져오는 새로운 개념들과 문제들과 논리들이 계속 출현한다고 말한다. 더욱이 이해(Verstehen)의 원칙이 우리에게 가르쳐주는 대로, 우리가 인간 행동을 이해하고자 할 때, 우리는 그 행동들만이 아니라 그 행동들에 행위자들이 부여하는 의미들도 설명해야만 한다. 그러므로 인간의 행동을 설명할 때, 우리는 적어도 두 쌍(sets)의 가치들 사이에서 절충하게 되는데, 그 두 쌍의 가치들이란 해석하려는 사회제도 안의 사람들의 가치들과 그것을 연구하고 있는 우리 자신의 문화의 가치들이다.

예를 들어, 산업혁명 초기의 러다이트(Luddites, 1811-12년) 운동을 보자. 민중의 영웅 킹 러드(King Ludd)를 따르는 노동자들이 공장들을 습격하여 새로운 방직기계들을 파괴하였고, 그 후 직장을 잃고 가난에 빠졌다. 이들은 기계가 다스리는 세상에서는 노동자들에게 미래가 없다고 보았다. 1900년대 초에 마르크스주의 역사가 한 사람은 노동자들이 착취당한다는 사실에 동조해서 그들의 이야기를 쓰면서, 기계파괴자들인 그들을 예언자적이었다고 보면서, 그들만이 부패한 자본주의와 노동자들의 노예화에 대한 마지막 단계가 다가오는 것을 예견했다고 보았다. 반면에, 오늘날의 신자유주의적인 자유시장 역사가 한 사람은 그 기계파괴 운동가들은 심한 착각에 빠졌던 사람들로서,

자신들의 손자손녀들의 장시간의 고된 노동을 면해주고, 가난 대신 부유하게 만들어줄 바로 그 공업기술을 파괴한 자들로 간주했다. 분명히 마르크스주의자와 자유시장 해석자들 모두가 개인적 소견을 제외하려고 노력할 수는 있지만, 이들이 제기하는 질문들과 그에 대한 설명들은 거의 피할 수 없이, 그들 자신의 때와 장소의 문화에 매인, 가치와 관련된 요인들에 의해 영향을 받는 것처럼 보인다.

이 점이 사회와 가치들에 관한 베버 자신의 깊은 신념에서 강조되고 있다. 그는 마르크스와 니체(Friedrich Wilhelm Nietzsche)에게서 영향을 받았는데, 이 두 사람은 어떤 보편적 도덕 가치들이 인류 모두를 얽어맨다는 생각을 단호하게 거부했다. 앞에서 본대로, 마르크스는 도덕이란 한 시대의 지배계급인 권력자들의 이해관계를 주장하는 것에 지나지 않는다고 보았다. 니체도 마찬가지로 회의적이어서, 하느님의 절대적 도덕법이 성경에 계시되었다는 전통적 유대-그리스도교의 견해를 거부했을 뿐만 아니라, 일정한 자연의 보편적인 법칙들을 믿는 이신론자(Deist)의 믿음도 거부했다. 니체처럼 베버는, 개인들과 문화들이 자기들 자신의 가치들을 임의로 만들어내며, 또한 하느님이나 자연, 혹은 어떤 것이거나 영원불변하다고 자칭하는 것들이 그런 가치들에 대해 우주적인 보증을 해주는 것은 아니라고 보았다.

이런 질문들에 대한 베버의 복합적 견해 때문에, 후대 이론가들은 수많은 해설을 할 수밖에 없었다. 그의 견해가 모순이라는 이들도 있고, 다른 이들은 그가 가치들이 자연과학보다 사회과학에 어떻게 더 영향을 미치는가를 보여주는 데 실패했다고 지적하기도 한다.[9] 또 다른 이들은 어떤 종류이건 "가치관에 매이지 않은" 것이란 하나의 신화

---

9) 이 문제는 특히 W. G. Runciman, *A Critique of Max Weber's Philosophy of Social Science* (Cambridge: Cambridge University Press, 1972), pp. 37-78을 보라.

일 뿐이라고 주장하면서, 그 증거로 베버 자신을 제시한다. 즉 베버가 《사회정책협회》에 가담했을 때, 여기서의 연구는 철저히 "가치관에 매이지 않은" 것이 되어야 한다고 강력하게 주장했다. 그러나 그가 그 협회를 위해 연구한 동부 프러시아의 농업연구에서는 실제로, 지주들의 자기중심적인 행태들이 폴란드인의 이민을 조장했으며 게르만 족의 민족적 정체성을 약화시켰다는 이유로, 지주들에 대해 혹독하게 평가했다.10) 분명히 강력한 게르만 민족주의자가 내린 그런 판단이 "가치에 매이지 않은" 것에 해당한다고 보기는 대단히 어렵다.

종교에 관한 저술

베버는 자신에 대한 비판들은 고려하지 않은 채, 자신의 방법론의 원칙들을 주요 사회연구 프로그램에 열심히 적용했다. 우리가 본대로 그 중심 주제는 경제와 사회의 상호관계였다. 그가 이 문제를 자세히 살펴보면 볼수록, 이 관계에서 종교의 역할이 중추적인 것으로 보였다. 이 사실이 그의 첫 번째 주요 저서인 《개신교 윤리와 자본주의 정신》(*The Protestant Ethic and the Spirit of Capitalism*, 1904-1905)에서 확고하게 드러났다. 이것은 시간이 갈수록 더욱 그의 관심의 중심이 되었다.11) 우리는 베버가 쓴 모든 글을 여기서 검토할 수가 없으므로,

---

10) 《사회정책협회》를 위한 초기의 사회학적 연구에 관해서는 Bendix, *Max Weber*, pp. 13-48를 보라.
11) 이 점은 베버의 성취에 관한 중요한 수정론자의 평가의 한 부분으로서, Wolfgang Schluchter, *Rationalism, Religion and Domination: A Weberian Perspective*, tr. Neil Solomon (Berkeley: University of California Press, 1989)에서 저자는 베버의 평생 관심의 중심은 거의가 생각한대로 《경제와 사회》에서 찾을 수 없고, 미완성의 여러 권으로 된 "세계 종교의 경제원리"에 있다고 주장한다.

다른 장에서와 마찬가지로 여기서는 몇 가지 중요한 책들에만 집중하겠다. 그 중에서 《개신교 윤리》가 단연 첫 번째 책이 되는데, 이 제목만도 매일의 대화 가운데 널리 인식되고 있다. 이 책은 그 후 계속된 많은 베버의 저술에서 의제가 된 것은 물론이며, 그의 저술 중 가장 유명하고 널리 토론되는 책이다. 두 번째 책 《경제와 사회》는 두드러진 것은 아니지만 그렇다고 덜 중요한 것도 아닌 책으로서, 이 책에서는 그가 종교에 대한 과학적인 연구를 위해 진술한 청사진이 긴 부분을 차지한다. 후에 영어로 번역되어 《종교사회학》(*Sociology of Religion*)으로 별도로 출판된 이 분석은, 현대 종교 이론가들의 표준 참고도서가 되었다. 이 책은 베버의 가장 대표적인 유형론과 개념상의 비교를 상술하고 있다. 마지막 세 번째로 "세계 종교의 경제윤리"(The Economic Ethic of the World Religions)라고 제목을 붙인 야심찬 대작 시리즈를 불충분하지만 간략하게라도 살펴볼 필요가 있다. 그가 죽을 때까지 그 계획의 절반도 채 이루어지지 않았지만, 완성된 세 권의 책은 그의 사상에 대한 최대한의 전망을 관찰할 기회를 제공한다.

《개신교 윤리와 자본주의 정신》 (1904-1905) [12]

문화 분석에 대한 이 놀라운 역작보다 그 저자를 지적인 유명인으로 만들고 또 오랫동안 열띤 토론을 이끈 학술서적은 별로 없다. 이

---

[12] 이 책의 영어 번역본이 1930년에 하버드대학교 사회학자 Talcott Parsons에 의해 처음 출판되었는데, 그는 원래의 논문들을 가지고 작업한 것이 아니라 독일어 개정판을 사용하여, 베버가 후에 첨가한 서론과 다른 자료도 포함되었다. 이 개정판은 그의 사후 부인 마리아네에 의한 다른 작품과 더불어 독일어로 출판되었다. Talcott Parsonns, "Translator's Preface," in Max Weber, *The Protestant Ethic and the Spirit of Capitalism*, tr. Talcott Parsons (New York: Charles Scribner's Sons, 1958), pp. ix-xi를 보라.

책은 베버가 학술지 《아키브》(Archive)의 새로운 공동편집자가 된 후에 쓴 두 편의 논문으로 그 학술지에 처음 발표한 것이다. 거의 어디서나 "베버의 논제"(the Weber thesis)로 알려진 이 유명한 논점에 대한 토론은 꼬박 한 세기 동안 계속되었는데, 또 다시 한 세기 동안 계속되리라 전망할 수 있다. 그 핵심은 놀랍게도 대담하면서 근본적으로는 단순한 논제다. 베버는 서유럽에서 종교와 경제적 자본주의 발생과 현대문명의 탄생 사이에 밀접한 관계가 있다고 주장한다.

다른 사람들과 마찬가지로, 베버는 현대 독일의 생활에서 기이한 사실을 포착하는 데서 시작한다. 그들 숫자의 비례에서, 개신교인들이 가톨릭 신자들보다 사업주, 자본 투자가와 노련한 기업경영자들 계급에 더 많다는 사실이었다. 이 사실을 해명하기 위해 어떤 이들은 가톨릭 신자들이 더 영적인 면에 치우치는 사람들인 반면에, 개신교인들은 보다 물질적인 경향이 있기 때문이라고 했다. 베버는 그런 설명은 과거와 현재의 개신교인들의 태도를 자세히 아는 사람들을 만족시키지 못한다고 보았다. 우리가 개신교인들의 역사를 자세히 보면, 가장 성공한 진취적인 개신교 사업가들은 또한 가장 철저하게 종교적이어서, 생활 속에서 하느님의 뜻을 따르기 위한 매일의 노력의 결과를 세밀하게 기록한 일기를 쓰는 사람들이었다. 그렇다면 이들 개신교인들의 깊은 종교심 자체 안의 무엇인가가 그들로 하여금 사업상 진지한 기업가들이 되도록 고취한 것으로 볼 수가 있다. 그러므로 이 조사는 개신교의 창시자인 독일의 마르틴 루터와 스위스에 살던 프랑스 출신 법률가 장 칼뱅에서 시작하는 것이 좋을 것이다.

루터는 종교적으로 혁명적이었지만, 사회정치적으로는 보수적이었다. 그가 사업에 관한 새로운 생각들을 직접 촉진하지는 않았지만, 모든 사람들이 하느님 앞에 동등함을 주장했는데, 이것은 사람들의 매일의 노동에 대한 매우 인습적인 견해를 뒤집어엎는 원칙이었다. 즉 중세기 유럽의 가톨릭 문화 속에서는, 평민들의 매일의 노동은 먹고 거처를 갖기 위해 당연히 해야 하는 것으로서 특별한 인정을 받지 못했다. 그러나 수도사와 수녀와 신부가 감당하는 종교적인 일들은 별도였다. 이런 삶을 택한 이들은 매일의 노동보다 훨씬 더 많은 일을 했다. 이들의 사명은 하느님께로부터 특별히 소명을 받은 것이다. 이들은 가난과 정절과 복종을 엄숙하게 서약했다. 이들이 하느님으로부터 받은 소명(vocation, '부른다'는 뜻의 라틴어 *vocare*에서 온 말)은 하늘나라에서 특별한 보상이 약속된다. 그러나 루터는 믿는 자들 가운데는 이처럼 성직자들이 더욱 종교적이라는 개념을 받아들일 수가 없었다. 그는 모든 믿는 자들은 하느님 앞에 완전히 동등하다는 것을 철저하게 주장했다. 그의 가르침의 영향은, 단순히 소명이라는 개념을 확장하여 모든 사람들을 포함함으로써, 특별히 종교적 소명이라는 가톨릭의 개념을 해체시켰다. 베버의 말로 표현하자면, 루터는 소명의 개념을 '세속화해서'(secularized) 교회가 그동안 교구 신부들이나 수녀들의 헌신적인 삶에 부여했던 중요성만큼이나, 농부들이나 상인들의 매일의 노동에도 중요성을 인정한 것이다. 가장 비천한 노동까지 하느님 자신이 맡겨주신 일이라는 이런 생각은 이 세상 모든 일에 대해(수녀원이나 교회에서의 기도 못지않게) 정말로 종교적인 중요성을 인정한 것이며, 예전에는 결코 생각하지도 못했던 참된 영적인 가치를 부여해준 것이다. 종교적 일만이 아니라 모든 일들이 하느님으로부터의 소명으로서, (위대한 청교도 시인 존 밀턴의 표현대로) "위대한 공사 감독께서 지켜보고 계시는 중에" 수행해야 하는 충실한 봉사로서, 그냥 수행하는 것이 아니라 잘 수행해야 하는 것이다.

　루터의 "세속의 소명"(secular calling)이라는 개념은 개신교인들이 사업에서 보이는 열정과 성공을 이해하는 출발점이 되지만, 단지 그 것뿐이다. 세속적 소명은 어떻게 개신교인들이 특별한 종류의 경제행위에서 우세했는가를 설명하지는 않는다. 개신교인들의 독특한 생활 태도는 규율, 검소, 단순함과 자기부정(self-denial)의 습관뿐만 아니라 이윤 추구를 위한 기업 안에서의 조직적이고 평생을 통한 노력을 특징으로 한다. 더욱이 규칙적이며 점차 재산을 늘리는 것을 유일한 동기로 삼는 이런 종류의 노력이 바로 우리가 자본주의라고 부르는 현대적이며 독특하게 서구적인 경제현상과 관련된 정신구조를 드러내는 것이다. 그러면 여기에 연관성이 있는가? 베버는 단호하게 '그렇다'고 한다. 그러나 자본주의 정신의 배후에 있는 독특한 윤리를 설명하기 위해서, 그는 루터에서 떠나 종교개혁가들 중에 가장 지적인 프랑스 법률가 장 칼뱅(John Calvin)에게로 향한다.

칼뱅은 탁월한 신학자로 개신교 교리체계의 주 설계자였다. 그는 또한 예정론(predestination)이라는 어두운 가르침을 강조하여, 하느님이 그리고 하느님만이 모든 인류의 영원한 운명을 결정하여, 어떤 이('선택된 자')는 천국에 가고, 영원히 저주받은 이들('형벌 받을 자')은 지옥에 간다고 가르쳤다. 칼뱅이 이런 견해를 처음 가르친 사람은 아니었다. 사도 바울, 성 아우구스티누스, 루터와 그밖에 많은 이들이 이 교리를 가르쳤지만, 이것을 자기 신학체계의 중점으로 삼은 이가 칼뱅이었다. 그는 예정론을 개인적인 깊은 확신의 원천으로 삼았다. 상황이 어떠하든 간에, 그는 자신이 하느님의 사랑에서 결코 끊어질 수 없으며, 그 하느님의 뜻은 반드시 이루어질 수밖에 없다고 확신했다. 그러나 칼뱅의 추종자들에게는 상황이 더 불안했다. 칼뱅의 확신을 공유하지 못한 많은 사람들은 자신들의 영원한 운명(하느님 홀로 결정한다는)에 대해 심한 불안에 사로잡혔다. 이런 불안이 가져온 깊은 심리적인 영향을 과소평가할 수 없다고 베버는 설명한다. 우리는 초기 개신교인들이 서양 역사에서 독특한 시대와 장소에서 살았다는 사실을 인정해야만 한다. 즉, 그들 이전의 중세시대 가톨릭 신자들처럼, 그들 초기 개신교인들은 현대가 시작되기 한참 전에, 열띤 종교적인 세계에 살았지만, 초자연적 세계에 대한 인식이 약해진 때였다. 이들에게는 천국이나 지옥에서 살아야만 한다는, 내세에 대한 두려움이 있었다. 반면에 개신교인들은 이제 완전한 중세인은 아니었다. 이들은 개혁가인 루터와 칼뱅의 제자들이었으며, 루터와 칼뱅의 반란은 가톨릭교회를 뒷받침하던 '주술적' 믿음들과 관습들을 벗겨버렸다. 그런 믿음과 관습들을 통해 가톨릭교회는 하느님의 임재(presence)를 선언했으며, 또한 하느님의 사랑과 용서를 그 백성에게 중개했었다.

여기서 우리는 세상에 대한 '탈마법화'(disenchantment)를 설명하는 베버의 이념형을 기억할 필요가 있다. 중세시대 교회는 초자연적 세계의 보육원이었다. 성물, 순례, 면죄부, 스테인드글라스, 조각, 순교자들과 성자들의 기적, 고해를 통해 사제가 주는 사죄(赦罪), 미사에서 성체와 포도주가 실제로 그리스도의 몸과 피로 변하는 기적과 같은 모든 것들은 초자연적인 후원 체계, 즉 하느님의 용서와 가호를 가장 순진한 신자에게조차 중개할 수 있었던 방대한 초자연적 지원 체계를 형성했다. 그러나 루터와 칼뱅에게는 이 모든 체계가 반대로 사탄의 미신들에 불과했으며, 이들은 그것을 체계적으로 파괴했다. 결과적으로 평범한 개신교 신자에게는, 영혼을 안심시키거나 하느님의 사랑을 마음에까지 전하는 평소의 기구들이 사라져버리게 되었다. 그래서 그들은 하느님, 즉 전권을 행사하는 신비 속에서 모든 사람의 운명을 결정하는 하느님 앞에 홀로 두렵게 서 있는 자신들의 개인적인 영혼의 깊은 내면적 불안만을 느끼게 되었다. 이처럼 격심한 개인적 불안 때문에, 후대의 칼뱅주의 목사들은 고심 끝에 적어도 얼마의 안도감을 줄 수 있는 길을 모색했다. 그래서 이들은 교인들에게 세상 속에서 참된 신앙이 요구하는 대로, 맑은 정신으로(취하지 말고 - 옮긴이) 검소하게 계율에 따라, 이 세상일에서 하느님의 종으로서 열심히 일해서 하느님에게 자신을 전적으로 바치는 삶을 살도록 권했다. 그렇게 살면 번영을 기대할 수 있고, 검소한 가운데서의 번영은 하느님에 의한 선택받음의 표시로 받아들일 수 있다는 것이었다.

이런 목회적인 지침은 종교적으로 번민하는 영혼들에게 확신을 주기 위한 것으로서, 획기적으로 중요한 것이었다. 이 지침 속에 들어 있는 심리적 열쇠(해결책)가 유럽의 경제적 미래를 열어갈 수 있었다고 베버는 말한다. 전혀 의도가 없었지만, 간접적으로 이것이 세상적인 노력과 재산취득에 대한 태도에 근본적인 변화를 가져왔다. 종교개혁 이전에는, 기독교세계의 거의 어느 곳 어느 시대에서나, 돈이나 재산을 늘리려는 행위는 도덕적 비난을 받기 안성맞춤인 행위들이었다. 교회의 눈에는, 재물을 추구하는 것에 대해 입장을 밝히지 않는 것이 최선이었고, 보통은 탐욕으로 간주하여 일곱 가지 대죄(大罪) 가운데 하나로 취급했다. 예수는 가난한 자들을 사랑했고 부자들을 규탄했다. 성경과 교회는 돈을 빌려주고 이자를 받는 것을 철저하게 금지했는데, 그 이유는 이자를 통해 부자들이 가난한 자들을 착취하는 것으로 보았기 때문이다. 큰 재산을 물려받지 않은 사람이 거부가 되기를 추구하는 것에 대해 교회가 불쾌한 감정을 갖고 있었던 것은 대성당의 건축에서 살펴볼 수 있다. 도대체 왜 대성당의 내벽에는 기부금을 낸 영혼들을 위해 기도해주는 공양 제단들이 즐비하게 서 있는가? 그런 제단들을 통해, 이생에서 재산을 추구한 자들이, 자기들의 부를 가져다 준 탐욕의 죄에 대해 끊임없는 용서의 기도를 확보할 수 있었던 것이다. 가톨릭 신학에서, 가난한 자는 항상 하느님 마음에 가까이 있지만, 부자는 어두운 그림자 밑에 살았다.

그러나 칼뱅 신학의 제자들 사이에서는, 이 도덕적 구조가 가장 뚜렷한 개조의 대상이 되었다. 재산을 추구하는 것이 도덕적으로 전혀 새로운 위치를 차지하게 되어, 한때 악한 것이었던 그것이 이제는 미덕이 되었다. 물론 정도의 차이는 있지만, 이 변화의 가장 뚜렷한 증거는 현대 초기 유럽에서 개신교의 주요 분파들 사이에 분명히 나타났다. 베버는 특히 영국과 미국의 청교도들, 장로교인들, 감리교도들과 또한 독일, 스위스, 네덜란드와 그 외의 다른 칼뱅주의 집단들을 열거하고 있다. 이런 공동체들 안에서 우리는 검소와 자제를 강조하는 격언들, 개인적인 연약함과 방종함에 맞서서 싸우며 살아온 생애 전체를 기록한 일기들과 자서전들, 그리고 반복되는 설교 주제들로서 자제, 진지한 자기부정(self-denial), 단련과 근면, 검소와 투자, 시간과 돈을 현명하게 사용하기 등을 발견하게 된다. 이것이 바로 식민지시대 미국에서 널리 유명해진 벤저민 프랭클린의 말, 즉 "시간은 돈이며 나태는 죄"라는 격언에 잘 표현된 정신체계다. "한 푼 아낀 것은 한 푼 번 것이다." 이런 소박한 구절들은 자본주의 정신의 본질을 드러내며, 심지어 자본주의를 만들어낸 도덕적인 반전(反轉)을 반영하기도 한다.

베버가 택한 이 새로운 윤리에 대한 용어는 "세상 속의 금욕주의"(inner-worldly asceticism)로서, 사회를 떠나서가 아니라 매일의 사회 속에서의 자기부정이다. 중세 교회의 "탈세속적 금욕주의"(otherworldly asceticism)는 세상에서 벗어나서 수녀원이나 수도원에 은둔하는 것을 이상으로 삼았다. 개신교의 이 새로운 윤리는 중세시대 수도사들의 신성한 서원처럼 금욕적이며, 자기를 부인하며, 진지하고 평생을 통한 것이지만 그 실행방법이 달랐다. 이것은 매일의 세상의 활동무대

속에서 자신에 대한 규율과 정복을 필요로 했다. 하느님의 소명은 세상으로부터 숨어서 행하는 영적인 실천에 있는 것이 아니라, 세상 속에서 적극적으로 세상을 이기는 단련된 정복에 있다. 이 세상 속의 금욕주의가 개신교의 윤리다. 이 윤리를 경제에 적용할 때, 틀림이 없으며, 또한 이 윤리가 현대의 모든 자본주의 기업을 움직이는 정신이다.

이런 주장을 펴면서 베버는 치밀하게 반론들에 대답하며, 혼동할 수 있는 점들을 명확히 해명했다. 한 가지 분명한 문제는 '자본주의'라는 용어의 의미였다. 그 의미가 "부자가 되려고 노력하는 것"만이라면 굳이 개신교와 관련되어 특별한 것이 무엇인가? 옛날식의 탐욕은 개신교가 생겨나기 오래 전에도, 또한 유럽에서 멀리 떨어진 세계 어디에서나 발견할 수 있기 때문이다.

베버는 이 점을 구별하여 답변한다. 막연히 말하자면, 자본주의는 실상 재산을 획득하려는 어떤 노력이든 의미할 수 있어서, 탐욕이나 기회주의에 이끌려 심지어 해적이나 절도 같은 범죄 형태를 취할 수도 있는데, 이런 것은 물론 언제 어디서나 볼 수 있는 일이다. 종교개혁 훨씬 이전에도, 고대 상인들과 정복자들은 재산을 얻기 위해 "배의 돛이 불타게 되면 그 자체가 지옥을 통과하여" 떠돌아다니면서 해적자본주의를 실행했다. 그러나 현대가 시작될 무렵에 유럽에서 생긴 경제윤리인 참된 자본주의는 전혀 다른 것이었다. 상인이나 해적은 한 가지 목적만을 위해 재산을 추구했는데, 재산에 탐닉하여 사치하게 살고 쾌락을 얻기 위한 것이었다. 그러나 1600년대 런던이나 로테르담의 칼뱅주의 사업가를 이끌어 간 원칙은 사실상 정반대였다. 사업가는 소비하려는 것이 아니라 **저축하려는** 의도를 갖고 돈을 벌었다. 하느님이 사업가들에게 진지하며 자기부정의 절제된 삶을 살도록 요청하기 때문에 사치품이나 값비싼 개인의 향락에는 관심이 없었다.

그의 초점은 이윤을 얻는 것이 자신의 소명에 대한 의무이며, 또한 하느님의 선택의 한 징표로서 이윤을 얻는 것이지, 자기만족이라는 죄 가운데 돈을 쓰려는 것에 있지 않았다. 이처럼 저축하는 습관이 더 많은 재산을 만들어 낸 것이 사실인데—이것을 현대 경제학자들은 새로운 자본형성이라고 부른다—이 재산을 달리 쓸 곳이 없기 때문이었다. 그러나 이런 새로운 자본형성은 칼뱅주의자들 마음속에 있는 어떤 악덕 때문에 생긴 것이 아니라, 그와는 반대로 그의 덕행에 의한 것으로서, 의도적인 것이 아니라면 자연적인 결과였다. 써버리는 대신에 저축하고 재투자하여 그의 재산이 늘어났다. 따라서 현대 자본주의는 모든 민족이나 지역에서 보는 일상의 탐욕이 아니라, 서구 유럽이라는 한 장소에서 처음으로 나타난 특이하며 다른 현상으로서, 역사적 이유에서 개신교 신앙과 가치관에서 상당히 독특한 것이었다.

베버는 다른 문제에서도 역시 명백했다. 이처럼 독특한 경제활동의 현대적인 형태를 형성한 것은 자본주의 정신이 관건이었지만, 이것만이 유일한 것은 아니었다. 자본주의의 등장에 관한 그의 논의를 이끄는 이념형을 세우는 데서 그는 다른 요소들도 열거하는데, 합리적인 부기 방식, 집과 분리된 사업장소와 사적 재산과 법인회사의 공적 재산의 분리, 치밀한 계산에 근거한 결정, 노예보다는 자유민들의 노동을 이용한 점, 엄밀한 수학과 경험에 의거한 과학에 의존한 것, 법의 규제와 질서 있는 경영으로 형성된 사회구조에 의존한 것 등이다. 이 모든 요소들은 서구사회에서 더 폭넓은 '합리화'(rationalization) 패턴에 속하는 것으로서, 베버가 대단히 중요하게 보는 것이다. 자본주의가 이처럼 비록 더욱 큰 과정과 밀접하게 연결되어 있지만, 개신교 윤리에서 비롯된 특수한 추진력이 없었다면, 자본주의는 태동하지 않았을 것이 분명하다. 이런 사상 때문에, 어떤 이들은 베버를 "마르크스를 반대로 뒤집은" 이론가라고 말하기도 한다. 베버 스스로는 이런 평가를 너무 단순하다고 본다. 그러나 이런 평가에는 진실의 핵심이 들어 있으며, 또한 이런 평가는 프로이트와 뒤르켐의 환원주의에도 적용할 수 있다. 세계 역사에서 가장 중요한 사회경제적 혁명 가운데 하나인 이 경우에서, 베버는 종교가 사회구조나 경제세력의 단순한 반영이 아니라, 정확히 그 반대라고 결론짓는다. 그는 재산의 취득에 관한 태도를 예전과는 반대로 뒤엎도록 앞장선 것이 바로 개신교의 새로운 종교적 생각과 행위였으며, 또한 그 반전(反轉)으로부터 오늘날 우리가 아는 서구문명을 정의하는 상업, 시장, 자본주의의 문화가 도래되었다고 주장했다.

마지막으로, 베버는 현대 초기의(1550-1750) 최초 자본주의와 그 자신의 시대와 우리 시대의 자본주의를 조심스럽게 구분한다. 오늘날 가톨릭 신자들은 개신교인들과 마찬가지로 자본주의자들이며, 또한 개신교인들 중에는 대부분이 옛날의 종교적 동기들을 모르거나 기억조차 하지 못한다. 이제는 새로운 윤리가 뿌리내려서, 순전히 그 자체의 경제적 능률의 힘에 입각해서 그 새로운 윤리가 사회 전반에 걸쳐 작동하게 되었다. 역사가 보여주는 것처럼, 일단 문화에 도입되면 모든 적수들을 밀어낸다. 1500년부터 2000년까지에 걸쳐 자본주의는 서양과 그 너머의 세계에서 계속 상승하여 지배적인 경제체제가 되기에 이르렀다. 오늘날 자본주의는 원래 개신교의 색채가 사라진 훨씬 후에도 모든 경제행위를 지배하고 있다.

《개신교 윤리》가 발표된 바로 그 순간부터 활발한 지적 논쟁이 벌어지기 시작했는데, 이 책이 처음 출판된 후 한 세기가 지난 오늘날에도 여전히 끝나지 않았다. 베버 자신도 첫 토론 단계에 참여하여, 그 후 5년에 걸쳐 주로 독일에서 나타난 비판들에 대해 여러 가지로 답변하고 해명했다. 그러나 1910년에 이르러서는 비판자들에 대한 인내심을 잃고, 그의 사상을 방어하는 대신에 그 사상들을 발전시키는 작업에로 돌아섰다.

《종교사회학》

베버의 《종교사회학》은 《개신교 윤리》보다 요약하기가 더 어려운 책이다. 그 내용은 어떤 논제를 주장하는 것이 아니라, 문제탐구에 착수하는 것이다. 그것은 개신교를 훨씬 넘어서 보다 폭넓은 해석의 범주들―베버의 이념형들―을 제시하며, 또한 사회학적 분석의 관점에서 세계의 모든 종교들에 그 범주들을 적용한다. 베버는 이 논의의 대부분을 1914년까지 썼지만 그 자체로 출판되지 않았고, 대신에 《경제와 사회》속에 책 한 권이 될 정도로 긴 장(chapter)으로 넣으려 했는데, 《경제와 사회》는 그가 죽은 후에야 출판되었다.13) 이 책은 설명이 때로는 매우 복잡하며 다양한 방향전환을 해서 흥미 있는 옆길로 방황도 하고, 때로는 길을 잃기도 한다. 여기서 우리는 네 가지 일반적인 주제를 다루는 중심적인 논의만 다룰 것이다. 그것은 종교지도자들의 역할에서 시작해서, 사회계급들과 집단들의 영향을 다루고, 다음으로 종교적 믿음과 행위의 형태들을 보고, 마지막으로 종교와 사회생활의 다른 양상들과의 상호작용을 검토한다.

---

13) 《종교사회학》의 구성과 출판에 대해서, 그리고 그것이 《경제와 사회》에 포함된 것에 관해서는 Sam Whimster, "Translator's Note on Weber's Economic Ethics of the World Religion," *Max Weber Studies* 3.1(2002): 80 and n. 1: Max Weber, *Economy and Society: An Outline of Interpretive Sociology*, ed. Gunther Roth and Claus Wittich, 2 vols. (New Yori: Bedminster Press, 1968), "Introduction," pp. lix-lx, xciv-xcv를 보라.

종교지도자: 주술사, 사제, 예언자

주술사(magician).   베버에게 종교는 특별한 경험들에 뿌리박고 있는데, 그는 이런 경험들을 '무아경의 상태'(ecstatic states)라고 부른다. 이것은 매일의 활동영역을 넘어서 다른 차원의 실재를 사람들에게 보여주는 경험들이다. 누구나 때로 이런 경험을 할 수 있지만, 이런 경험을 정기적으로 하는 사람은 당연히 영성에 특별한 재능을 지녔다고 간주된다. 이들은 베버의 주요 용어인 '카리스마'를 지닌 사람들로서, 종교 지도자의 역할을 주장할 수 있는 적성을 지닌 사람들이다. 초기 사회들에서 주술사는 그 부족이 "카리스마를 영구히 받은 자"로 인정했다. 필요하다면 사람들은 주술사에게 병을 고치고, 사냥의 결과가 좋도록, 혹은 곡식이 잘 자라게 도움을 청했다. 프레이저가 비슷한 경향으로 말했는데, 베버는 주술을 종교와는 다른 원시과학의 형태로 보지 않는다. 그는 주술사가 접촉과 모방이라는 비인격적 원칙들에만 의존하는 것이 아니라, 신들이나 영들—프레이저가 종교에만 국한시킨 것들—과도 씨름한다고 말한다. 또한 주술이 실패했을 때 종교가 생겨난 것도 아니다. 기적과 병 고침에 대한 주술의 관심이 초기의 단순한 문화에서 더 보편적이지만, 주술은 어느 때건 심지어는 복잡한 현대 종교체계에서도 나타날 수가 있는데, 그 이유는 평범한 사람들이 일상생활에서 필요로 하거나 원하는 것을 제공하기 때문이다.

사제(priest).   주술은 특별한 경우의 것으로서 당장 급박한 염려들에 집중하는데, 보통은 사람들이 실제적인 필요가 생길 때 주술사에게 부탁한다. 이것은 사제 역할을 하는 종교 지도자들의 경우와는 다르다. 일반적으로 사제는 특정한 종교 공동체와 관련되고, 정해진 시간과 장소에서 예배를 드리는 체제가 갖춰진 곳에서 활동한다. 우리는 매일 새벽이나 주중 해질 무렵에 특정한 장소에서 똑같은 제의를 주관하는 전문 사제를 볼 수 있다. 가장 원시적인 사회에서조차도 사제는 상주하는 유급 직원이다. 우리는 그가 주술사처럼 카리스마를 지녔다고 생각하지만, 그것은 그의 개인적인 매력에서가 아니라 그의 직무에서 오는 것이다. 사제의 '전문적' 지위는 그가 관장하는 의례와 그가 지도하는 일반인들의 신앙집단인 평신도에 의해 규정된다. 보다 복잡한 사회에서는, 우리가 예상하는 대로, 사제들이 베버의 관료적 지배 범주에 들어간다. 이들은 종교에서 '전문가들'로서 할당된 임무가 있고, 서로 다른 책임의 수준에 따라 서열이 정해져 있으며, 자신들의 특별한 지위에 대한 자의식이 강해서 종교적인 지도와 혜택을 교인들에게 베풀고, 무엇보다도 사회적이고 종교적인 질서를 소중히 여긴다. 예컨대, 고대 인도에서는 무질서한 폭풍의 신 루드라(Rudra)에 대항해서 우주의 법과 질서의 신 바루나(Varuna)와 미트라(Mitra)를 승격시킨 것은 승려들의 공동체였다.

이처럼 사제들이 사회의 구조와 안정에 대해 큰 관심을 기울인 것은 대부분의 문명에 매우 핵심적인 발전을 가져온 하나의 원천이었다. 그 핵심적 발전이란 우주적인 질서라는 개념, 즉 선과 악이 전적으로 자기 가족이나 씨족의 이익에 의해서만 규정되던 원시 촌락의 좁은 윤리에서 벗어나서, 인간에게 보편적인 윤리나 가치체계를 부과하는 광대한 우주적인 질서라는 개념을 갖게 된 것이다. 우주적 질서에 대한 정확한 개념은 물론 문화나 문명에 따라 서로 다를 수 있지만, 그 형태가 어떻든 간에, 흔히 사제들이 그 우주적 질서를 구체화하거나, 신도들의 공동체에 그 질서를 전달하는 데 일정한 역할을 감당해왔다.

예언자(prophets). 우주적 질서와 보편적인 윤리 개념은 세 번째 이념형인 예언자에게로 이어진다. 정치인, 예술인, 지성인 혹은 정복자 등 사회의 지도자가 된 이들 중에서 예언자보다 문명의 진전 과정에서 더 큰 영향력이 있었던 유형은 없다고 베버는 말한다. 예언자는 "카리스마의 순전히 개인적 담지자(bearer)"14)로 인정받는다. 예언자는 한 문화 속에서 어느 때나 나타나, 강력한 사명의식을 지니고 모두에게 포괄적인 "종교의 교리나 신의 명령"을 선포할 수 있다. 예언자는 주술사가 아니다. 주술사는 매일의 실제적 혜택을 보장하는 데 집중하면서 미래를 예고하고, 병을 고치고 날씨를 바꾸려 한다. 예언자는 어느 정도 주술적인 호소를 할 수도 있지만, 그러나 그의 삶의 중심은 그의 사명이다. 그는 하느님의 음성을 듣거나 환상을 통해, 삶을 변화시키는 메시지를 선포하라는 특별한 사명을 위해 부름 받았다. 예언자는 자신의 수고에 대해 대가를 받는 것을 부당하다고 본다. 그의 소명이 그를 지탱하며, 가난하게 살아도 만족하며, 그를 부양하기 위해 사람들이 자발적으로 주는 것만을 받는다. 예언자는 사제와는 또 다르다. 그의 권위는 종교적인 직무에서 오지 않고, 그의 인품과 그의 메시지의 혁명적인 힘에 깃들어 있다. 세계의 대종교들 대부분은 카리스마적인 삶과 강력한 메시지로써 당시의 세상을 혁명적으로 변화시킨 예언자적인 인물들에서 비롯되었다는 것이 분명하다.

역사적으로 예언자에는 중요한 두 유형이 있다. '모범적 예언자'(exemplary prophet)는 자신의 강력한 모범을 통해 가르치는 현인으로서 극동 지역에서 주로 나타났는데, 인도의 고타마 붓다(Gautama the Buddha), 중국의 노자(Lao-tzu)와 공자(Confucius)가 이 유형에 속한다.

---

14) Max Weber, *Sociology of Religion*, tr. Ephraim Fischoff (Boston: Beacon Press, 1963), p. 46.

이들 각자는 모든 사람들을 위한 지혜와 진리의 길을 가르쳤지만, 고작 소수의 사람들만이 그 길을 전적으로 따를 수 있었다. '윤리적 예언자'(ethical prophet)는 주로 중동과 서양 문화에서 나타났다. 고대 페르시아의 조로아스터, 이스라엘의 예언자들, 나사렛 예수와 아라비아의 무하마드가 이 독특한 유형에 속한다. 이 예언자들 역시 보편적 윤리를 가르쳐, 자신의 이익과 가족이나 부족의 유대관계를 넘어서는 전 인류의 윤리를 가르쳤다. 그러나 본질적인 점에서 위대한 동양의 현인들과 다른데, 이 동양의 현인들은 중국의 도(道), 즉 '자연의 도리'에서처럼, 우주의 궁극적인 실재를 비인격적인 것으로 보는 아시아 문명의 세계관을 지녔다. 서양의 예언자들은 유일신론(monotheism)을 받아들였다. 이들은 자신을 지혜의 삶의 모형을 보이는 현인으로서가 아니라, 전능하고 인격적인 하느님에 의해 그의 뜻을 선포하도록 선택받은 도구로서 자신을 표현한다. 이들의 사명은 하느님의 사자(使者)로서 대변하고, 하느님이 명하는 우주적 윤리에 순종할 것을 요구하는 것이었다. 예언자들은 주술이 사소한 이해관계만을 다루는 쓸모없는 의식이라고 거부하고, 또한 사제들도 불신하는데, 사제들은 의례로 만들어진 예식들과 질서 있는 행정에 대한 그들의 관심 때문에, 종교에서 생명의 불길을 꺼버린다는 것이다. 그 거룩한 불은 도덕법에 순종함으로써 수행하는 깊은 내적 헌신 안에서만 발견할 수 있는 것으로서, 이기적인 것도 아니며 부족적인 것도 아니고 세상의 창조주 하느님의 주권적인(sovereign, 최고로 군림하는) 보편적 의지에 근거한 것이다.

물론 예언자는 최고 수준의 개인적 헌신 가운데 전 생애를 살 수 있는 비범한 사람들이다. 그러나 예언자를 따르는 사람들은 평범한 인간들로서 그러한 전적 헌신을 하지 못하는 경우가 대부분이다. 그렇기 때문에 어느 종교 공동체에서나 시간이 지나면서 그 스스로를 유지하기 위해서는, 창시자의 카리스마를 어떻게든 후계자들이 이어받아야만 한다. 이처럼 결정적으로 중요한 과정을 정의하는 베버의 이념형은, 앞에서 언급한대로, 카리스마의 '관례화'(routinization)인데, 이것은 그 예언자의 영감을 주는 은사(gift)를 그 종교기관의 관료제도 속에 영구적이며 고정된 형태로 전환하는 것이다.15) 예를 들어, 예수의 죽음 이후에 열두 사도들에게, 다음에는 교회 교부들에게, 그 후에는 가톨릭교회의 사제들과 주교들에게 맡겨진 일은, 예수의 카리스마를 교회의 체계들 속에 온전히 담아내어 그 카리스마가 존속하도록 고정된 형식을 부여함으로써 그 카리스마를 일상적인 과정으로 만드는 일이었다. 이런 방식을 통해서, 그 성격상 예언이라는 예측할 수 없는 영감에 대해 반대하는 사제들의 관료체제가, 그 예언자가 죽은 후에는 그의 최상의 협력자가 된다. 보수적인 관료체제만이 (이제 추종자들을 얻게 된) 그 예언자의 진리를 유지하려는 목적에서, 그의 메시지를 교리와 행정체계 속에 조직화시킬 수가 있고, 이로써 세대가 바뀌면서 그 추종자들이 계속 확대되는 공동체, 즉 베버가 이념형으로 선택하는 용어인 '회중'(congregation)을 이끌어 갈 수 있다. 이 구조적인 지원은 물론 상당한 대가를 치르게 되는데, 관료체제가 그 영의 불길을 꺼버리는 경향이 있기 때문이다. 개혁자들은 다른 종류의 카리스마를 지닌 채 등장하여 때로는 사제들의 권위에 도전해서, 그 예언자의 메시지가 지녔던 본래의 활력을 회복시킬 필요가 있게 된다. 본래 메시지의 생명력은 항상 관료적인 교단의 절대적인 힘에 의해 위기에 처하기 때문에 긴장상태가 벌어지기 쉽다.

---

15) Weber, *Sociology of Religion*, p. 60.

사회계급과 집단

　종교의 회중에 관해 말하면서, 베버는 어느 종교 공동체에서나 성무(聖務)를 맡지 않은 보통 사람들로서 참가자의 대다수를 이루는 평신도의 중요한 역할에 주의를 환기시킨다. 카리스마는 그것이 예언적이든 혹은 어느 다른 형태이든 간에, 평신도 공동체가 인지하게 되고 강화하지 않는 한 존재하지 않는다. 따라서 그들의 역할에 대한 인정이 필수적이다. 종교 공동체 안에서 사회계급과 집단의 위치뿐만이 아니라 위대한 예언적 종교의 요구에 응답하는 데서 평신도들의 역할을 파악하는 것이 중요하다. 이 점에서 베버는 마르크스와 뚜렷하게 다르다. 마르크스에게는 한 가지 문제, 즉 부자들과 가난한 자들이라는 계급의 분리 문제가 다른 모든 것을 결정하지만, 베버에게는 역시 사태가 매우 더 복잡하다. 사회적 분류는 계급에 따른 경제적 분리만이 아니라, 장소(지방 혹은 도시), 직업(기술공, 농부, 혹은 군인), 그리고 특히 사회적 존경이나 명예(사회적 신분집단) 같은 것에 의해서 이루어진다. 앞에서 본대로, 이념형인 관료제도의 한 요소는 거기 속한 사람들에 의해 생겨나는 존경의 요구인데, 그들은 '전문가'라는 것이다. 베버의 분석에 의하면, 대단한 학식과 교양으로 명예를 얻은 지성인들, 혹은 '지식인들'(literati)은 흔히 부족사회의 연장자들처럼 관료로서 독특한 지위를 얻는다.

　이처럼 다양한 각각의 사회적 집단들은 장소와 시간에 따라, 종교라는 기획 내에서 독특한 역할을 하며, 사회과학은 그 행동에 대한 일정한 전형적 유형들을 분별할 수 있다. 예를 들어, 시골의 농부들은 자연과 가까이 살면서 날씨에 의존한다. 따라서 그들은 거의 언제나 매일의 삶과 노동에 도움을 구하면서 주술적 관례들에 기울어진다. 심지어 위대한 예언자가 윤리적 형태의 회중 종교를 확립한 곳에서도, 농부들은 묘하게 주술과 기적으로 되돌아간다. 공자가 예언적이며 윤리적인 종교를 장려했음에도 불구하고, 중국에서 수세기 동안 단순한 농부들에게는 주술이 제일 중요했다. 또한 산상수훈의 도덕적 교훈에도 불구하고, 그리스도 교회의 유물들과 성상들, 그리고 성인들의 기적들이 오랫동안 유럽의 시골 계급들인 농부와 농노와 날품팔이 노동자들에게 가장 큰 관심사였다. 이들은 예언적 신앙에만 오로지 충성하지 않고, 흔히 그 신앙을 주술과 혼합시켰다.16)

특권층 계급들도 자신들의 이익을 방어하려고, 예언적 종교(prophetic religion)에 대해 저항했다. 그들의 명예와 특권에 대한 의식은, 그들의 생활방식을 바꾸라는 요구와 사제나 다른 하급자들로부터 용서를 구하라는 요구에 쉽게 모욕을 느꼈다. 마찬가지로, 관료 엘리트들은 예언자나 그의 메시지를 항상 환영하지는 않는데, 중국 유교의 고급관리들처럼, 그 메시지가 대중을 길들이는 유용한 목적에 도움이 되지 않으면 불합리한 것으로 생각하곤 했다. 그렇다 하더라도 예언적 종교는 때로 그런 저항을 돌파하는 위력을 보이기도 한다. 특히 죽음에 직면할 용기를 지녀야 하는 군인 귀족들과 기사들에게는, 예언적 종교가 전투의 궁극적인 의미와 목적을 심어주는 데 도움을 준다. 특히 이슬람의 경우, 무사계급이 대부분의 이슬람 문화에 흔적을 남긴 십자군 정신(crusade mentality)의 중요한 담지자들이 되었다. 반면 중산계급은 종교에 대한 반응에서 상당한 다양성을 보인다. 부유한 상위 중류계급의 상인 가족들로 구성된 '상업 귀족 사회'는 보통 종교에 대해 진지한 관심을 별로 보이지 않는다. 그러나 인구가 많은 중하류 계급의 중심이 되는 도시의 장인들과 기술자들 사이에서는 종

---

16) Weber, *Sociology of Religion*, pp. 80, 82.

교에 대한 반응이 다르다. 이들 근면한 집단들은 자연에서 멀리 떨어져 주술에 대한 관심에서 벗어나 있으며, 또한 정당한 노동에 정당한 보상이라는 윤리적 감각에 의해 강한 자극을 받는 집단들로서, 예언적 종교에 가장 큰 매력을 느껴왔다. 그리스도교는 초창기부터 시골이 아니라 도시의 종교로 알려져 왔다.

유교를 제외하고, 예언적 종교들은 소위 '구원종교'(salvation religions)로 발전되었다. 구원종교는 내면적인 영적 결단이나 인생의 한계들과 슬픔에서 궁극적으로 벗어나기 위한 종합적인 프로그램을 사람들에게 제공한다. 이런 요소는 베버에게 매우 중심적인 것이므로, 우리는 나중에 이것을 다시 논의할 필요가 있다. 우선 우리가 주목해야 할 것은 구원종교가 그 중심에 반드시 일정한 구세주(savior)를 꼭 제시할 필요가 있는 것은 아니지만, 대중 가운데서는 실상 언제나 구세주가 등장하기 마련이라는 것이다. 사회계급이 낮으면 낮을수록, 신자들에게 구원을 가져다주기 위해 신이 인간의 모습을 취한 속량(redemption)의 이야기를 만들어 내야 할 필요성이 더 강렬해진다. 그래서 후기 불교에서는 보살(bodhisattva)의 개념, 즉 사람들로 하여금 깨달음을 찾는 데 도움을 주는 신으로서의 보살이라는 개념이 원래의 엄격한 명상의 실천을 대체했는데, 명상은 온 인류를 전적으로 자기 자신에게 맡겨놓는다. 마찬가지로 인도에서는 구원의 신 라마(Rama)와 크리슈나(Krishna) 숭배가 옛적의 모호한 베다 제의들(Vedic rituals)을 대체했다. 평범한 사람들은 전통적으로 추상적이며 비인격적인 우주적 질서에 조율하는 것을 어려워했으며, 초월적 전능의 신과 친밀해지는 것을 두려워했기 때문에, 동양과 서양 모두에서 대부분의 종교는 사람들의 영적인 탐구와 싸움을 도와줄 성인들과 영웅들 혹은 사소한 신들과 여신들에 대한 다양한 제례들도 개발했다. (두 가지 중요한 예외는 유대교와 개신교로서, 두 종교 모두 개인의 자립적 노력을 강조한다.)

가난한 사람들이 구원자 숭배(savior cults)에 끌리는 이유는 부분적으로 가까운 현세나 내세에서 인생의 불공평을 바로잡고 미래의 보상을 바라는 희망 때문이다. 이런 보상에 대한 희망과는 또 다른 동기를 엘리트 지식인들 집단 속에서 찾아볼 수 있는데,

> 지식인들은 여러 가지 방법으로 자기 생애에 충만한 의미를 부여하려고 한다. 주지주의가 주술에 대한 믿음을 억제함으로써, 세상의 과정들이 탈마법화(disenchanted)되어, 그 주술적인 의미가 상실되고, 그 후로는 단순히 "…이다"(are)와 "…일어난다"(happen)로 설명될 뿐, 더 이상 다른 의미가 없게 된다. 그 결과 세상과 삶의 전체 양상이, 중요하고 의미 있는 질서에 종속되어야만 한다는 요구가 점점 커졌다.[17]

교육받은 엘리트들 사이에는 우리가 사는 세상에서 인간 존재에 대한 참된 우주적 목적(true cosmic purpose)을 찾으려는 깊은 열망이 있다. 특히 아시아에서는 "모든 위대한 종교적 교리들이… 지성인들의 창작"으로서, 그런 교리들은 지성인들만의 특별한 소유물이 되는 경향이 있다.[18] 서양에서는 이런 엘리트주의에 대해 강하게 저항했다. 그리스도교는, 비록 지적인 요소들이 있기는 하지만, 하느님에 대한 참된 지식은 지적인 엘리트의 독점영역이라는 영지주의적인(Gnostic) 가르침을 거부했다. 고대 로마에서 그리스도교 사상과 가치들을 주로 보존해왔던 도시의 기술자들과 상인들은, 자신들의 복음이 모든 계

---

17) Weber, *Sociology of Religion*, p. 125.
18) Weber, *Sociology of Religion*, p. 120.

급, 집단, 인종과 민족들에게 개방되어 있다고 선언했다.

믿음과 행위

한 집단으로서 지성인들의 관심사가 무엇이든 간에, 세계의 모든 예언적 종교가 다루어야 할 한 가지 가장 중요한 지적인 문제는 악에 대한 불가사의, 혹은 신정론(theodicy, 그리스어로 "하느님을 정당화하기")이다. 예언적 종교들이 설명할 필요가 있었던 문제는 어떻게 해서 궁극의 선이라는 개념이, 철저하게 흠이 있고 고난으로 가득 찬 매일의 세상과 서로 조화될 수 있는가 하는 문제였다. 이처럼 도전적 문제를 다루면서, 베버는 믿음과 행위의 문제를 검토하게 되었다. 이 문제에 대한 베버의 논의 역시 여기서 모두 다루기는 어렵기 때문에, 우리는 중심 주제만을 추적하겠다.

악의 문제에 대한 종교의 반응은 세 가지 이념형들로 나뉜다. 악의 문제가 해결될 것이라는 데 대한 한 가지 방식은 (초기 유대교가 주장한 것처럼) **이 세상 안에서**(within this world) 정의가 최후 승리하는 미래 어느 시점에 악이 해결될 것으로 보거나, 아니면 (후기 유대교, 그리스도교, 이슬람교와 그 외의 다른 신앙들이 주장한대로) **이 생애 밖에서**(outside of this life) 모든 것이 올바르게 바로잡히는 다른 왕국이나 내생에서 악의 문제가 해결된다는 것이다. 이런 방식에 대한 대안으로서, 욥기와 이슬람 신학에서처럼, 하느님이나 우주는 단지 납득할 수 없는 것이며, 우리의 정신적 추리로는 결코 궁극적 질문들을 헤아려 볼 수 없다고 말할 수 있다. 또 다른 하나의 방식은 우주에는 두 가지 궁극적 실재가 있어서, 고대 조로아스터 교도들이 주장한대로, 선한 신(a good God)과 악한 신(an evil God)이 있든가, 혹은 힌두 브라만들이 오랫동안 주장한대로 순수하고 영원한 영의 영역(a realm of spirit)과 죽음과 부패에 지배받는 물질의 영역(a realm of material things)이 있다는 것이다. 이런 종류의 이념형들을 순수한 형태로 제시하는 종교는 별로 없다. 대개가 각각의 유형으로부터 서로 다른 요소들을 독특한 방식으로 혼합하여, 우리가 본대로, 그 해결책의 일부로서 인간 구원에 대한 포괄적인 프로그램, 즉 어떻게 각자가 이 세상에서나 내세에서 최후의 평화나 구원을 찾을 수 있는가를 설명해 주는 교리를 제공하려고 한다. 베버는 이 구원의 프로그램을 특히 두 가지 유형으로 나눌 수 있다고 생각한다. 첫 번째 것은 인간이 어떤 노력을 할 필요가 있다는 것을 가정하는 것이며, 다른 하나는 인간의 노력은 무의미하여, 구원은 특출한 영웅이나 인간의 구원을 돕기 위해 인간의 형태를 지닌 신적인 존재로부터 오는 선물로서, 외부에서부터 와야만 한다고 선언한다.

인간의 노력을 통한 구원. 구원에 이르는 가장 오래된 수단들 가운데 하나는 제의화한 행동(ritualized action)이다. 의식을 거행하거나 높은 정신적 상태에 도달하는 것이, 고대 불교의 명상처럼, 사람으로 하여금 바로 그 순간에 깨달음 혹은 신에 가까이 이르게 한다. 이런 마음가짐은 순간적인 것이기 때문에, 오랜 시간을 두고 행하는 여러 가지 선한 행실들을 더욱 강조한다. 그 공적들(credits)은, 예언자 조로아스터가 가르친 대로, 인생의 끝에 계산되고 평가받거나, 혹은 "윤리적인 전체인격"(ethical total personalty)[19]의 표현으로 간주된다. 거의 모든 문화에 걸쳐서, 이런 유형은 베버가 말하는 "성화(聖化)의 대가"(virtuoso sanctification)를 실행하는 비범한 사람들에게서 가장 뚜

---

19) Weber, *Sociology of Religion*, p. 155.

렷하게 표현되는데, 이들은 도덕적 삶에서 지고의 달인(達人)이 되고자 한다. 각기 서로 다른 방식으로, 불교 승려와 그리스도교 수도사, 바리새파 유대인, 성 프란체스코와 같은 성자들, 이슬람교의 수피(Sufi) 신비주의자들과 개신교 윤리를 따르는 청교도들 모두가 이런 특성을 보여준다. 이들은 영적인 선수들(spiritual athletes)로서 자신들이 도달한 상태를 주장하고, "일반적 수준의 도덕성"을 무시하며, 대신에 완전한 삶을 추구한다.

베버는 이 모든 영웅들이 다 똑같은 것은 아니기 때문에, 이들 완전주의자들 간의 차이점을 좀 더 찾을 필요가 있다고 말한다. '금욕주의'(asceticism)란 용어가 완전주의자의 한 유형을 잘 말해주는 반면에 '신비주의'(mysticism)는 다른 것에 더 적합한 말이다. 즉 서양에서 대부분의 가톨릭 수도사들이 실행하는 엄격한 윤리행위는 금욕주의적 완전주의를 보여준다. 이들은 자신을 '하느님의 도구'로 보아 연약함을 극복하고 유혹을 물리치기 위해 모든 힘을 요구하는 영적 투쟁에 적극 참여한다. 그러나 초기 불교의 승려와 같은 이들은 마찬가지로 완전주의자이면서 오히려 소극적으로 명상하는 영적 자세를 택하여, 신비주의를 실천한다고 말하는 것이 보다 적절하다. 이들은 자신을 적극적으로 성취하는 도구라기보다는 영성을 받는 그릇(vessels)이라고 생각한다. 이들의 사명은, 대부분의 서양 수도사들처럼 영적인 분투에 종사하는 것이 아니라, 명상하고 근원적인 평화의 고요한 상태에 도달하고, 영혼이 진리를 흡수하거나 성스러움으로 충만할 때 도달하는 평온함(serenity)을 그들 자신 속에서 즐기는 것이다.

더 나아가, 이런 영적 영웅주의의 두 가지 형태를 그 무대와 관련하여 추적할 수 있는데, 일상생활의 세상 안에서 추구하는 것과 또 하나는 일상생활에서 격리된 상태에서 추구하는 형태다. 수동적인 영적 완전은, 이 세상에서 능동적으로 살면서 성취하는 것이 이론상으로는 가능하지만 실제로는 어렵기 때문에, 신비주의자가 자연히 선호하는 것은 최초 불교형태에서 보게 되는 것처럼, 세상을 거부하고 산 속의 은신처나 은둔자의 동굴 같은 고립된 곳으로 도피하는 것이다. 거기서 다만 홀로 무(nothingness)의 환희를 찾거나, 신적인 존재의 평화의 바다에서 헤엄치는 환희를 주장할 수 있다. 금욕주의 역시 똑같은 두 가지 선택에 직면한다. 즉 금욕주의는 활동의 무대로서 매일의 세상을 거부하거나 포용한다. 대부분의 중세기 그리스도교 수도원에 속한 수도사들은 격리된 곳에서 일하며, 스스로를 금욕적 관점에서 하느님 섬기는 일에 적극적으로 종사하는 영적인 영웅들로 생각했다. 이들은 매일의 음식을 구걸한 불교의 탁발 승려들처럼 수동적 신비주의자들은 아니었다. 이들은 산림을 개간하고 밭에 씨를 뿌리며, 기도와 노동(ora et labora) 두 가지를 명하는 성 베네딕트의 서원을 지키며, 나머지 사회로부터 분리된 영적 공동체를 이룩했다. 런던과 암스테르담 같은 도시에서 사업을 운영하면서 스스로 완전을 추구했던 칼뱅주의자들 역시 금욕적이고 영적이었다. 그러나 이들의 개신교 윤리에는 역시 결정적인 차이가 있었다. 이들의 영웅적인 헌신의 무대는 수도원이 아니라, 일상세계의 일터였다. 중세기의 수도사처럼, 청교도 상인은 영적 투쟁과 자제의 삶에 적극적으로 참가했지만, 이것은 "세상 속의 금욕주의"(inner-worldly asceticism)를 통해 표현된 것으로, 매일의 삶과 사업의 영역 안에서 적용한 규율 있는 영적 삶의 계획이었다. 이 행위의 사회적인 결과는 중대했다. 실제적 영향은 칼뱅주의 개신교인이 "세상을 자기의 금욕적인 이상들과 일치하도록 변화시키는" 바로 그것이었다.[20] 여기서 비교하기 위해, 금욕주의자에 대한 뒤르켐의 설명을 상기해 보면, 금욕주의자는 자기부정의 본보기로서 다른 사람들 역시 사회의 조화와 안정을 위해 이기적 욕심을 버려야만 하는 모범을 보인다. 베버의 영적 영웅은 다르다. 속세의 금욕주의자는 하느님을 섬기는 데서 자신을 부인하지만, 적어도 개신교의 경우, 이런 자기부정의 의도하지 않은 영향은 기존하는 사회질서를 보존하는 것이 아니라, 지금의 재산과 그 재산을 얻기 위해 사용한 노동에 대한 태도를 혁명적으로 변화시킴으로써 사회질서를 전복시킨다.

베버에게 금욕주의와 신비주의 사이의 이 구별은 문화적으로도 중요한 것이다. 이것이 동양과 서양 종교 간의 중심적 차이를 강조한다. 일반적으로 동양-아시아의 종교적 이상은 신비적 명상인 것에 반해, 서양은 역사적으로 행동주의적 금욕주의 경향을 보여 왔다. 서양에서도 나타나는 신비주의는 여전히 행위에 중점을 두어, 사람들이 실제로 자신의 삶에서 무엇을 **행하는**가를 강조한 쪽으로 기울었다. 베버는 이런 상황에 대해 복잡한 철학적이며 역사적인 이유들을 제시한다. 서양의 구원종교(유대교, 그리스도교, 이슬람교)는 모두 초월적인 전능한 창조주 하느님을 주장하는데, 그 하느님은 자신이 창조한 세상, 그 한 부분인 인류까지 포함한 세상에서 온전히 분리된 분이며 그의 피조물과 융합될 수 없다는 것이다. 반면에 동양의 신비주의는 영적 상승의 통로(a path-way of spiritual ascent)를 약속하여, 이를 통해 인류가 결국은 신과 융합하거나, 세상으로부터의 완전한 도피의 기쁨을 느낀다고 했다.

선물로서의 구원. 어떻게 구원이 이루어지는가를 설명하는 종교의 두 가지 방식 중 하나인, 구원이 선물이라는 믿음에 대해 베버

---

20) Weber, *Sociology of Religion*, pp. 164-65.

는 별로 주목하지 않기 때문에 여기서 우리도 이 문제에 시간을 들이지 않겠다. 구원종교에서, 사람이 자신의 구원을 얻기 위해 할 수 있는 것이 전혀 없다는 주장을 고집하는 이들도 있어 왔다. 궁극적 평화는 오로지 철저하게 외부에서부터 온다. 구원은 우리의 공적(merits)이 없이 얻는 선물로서, 불교의 보살이나 그리스도교의 부활하신 그리스도와 같은 신적인 구원자(a divine Savior)에 의해 우리에게 주어진 것이다. 구원은 가톨릭의 고해성사에서 신부가 죄인에게 주는 사죄처럼 '기관을 통한 은총'(institutional grace)의 행위로 올 수가 있다. 혹은 하느님을 긍정하는 종교에서처럼, 초기 이슬람교와 독일 경건주의와 같은 몇몇의 개신교 종파에서 보는, 순수하고 진심에서 우러나오는 완전히 개인적인 믿음에 대한 응답으로 주어진 신의 은혜로서 이루어진다. 혹은 후기 이슬람교와 엄격한 칼뱅주의의 "땅의 기초가 놓이기 전에" 제정된 '신의 판결'인 예정론(predestination) 교리에서처럼, 신의 불가사의한 예정에 의하여 특정한 사람에게는 구원이 오고, 다른 사람에게는 오지 않는다.

종교와 삶의 다른 영역

《종교사회학》에서 베버가 다룬 네 번째 마지막 주제는 경제, 정치, 성(性)과 예술 같은 사회생활의 다른 측면과 종교와의 상호작용이다. 경제 분야에서 그는, 이웃에게 친절을 베푸는 일반적 관례가 거의 보편적으로 (곤궁에 처한 이들을 돕기 위해 거저 주는) 자선 혹은 구호의 교리로 나타난다고 보았다. 이 원칙은 일부 종교전통들에서 특히 이자를 받는 것에 대한 뿌리 깊은 불신을 설명해준다. 이자를 기대하고 돈을 빌려주는 것은 가난한 자를 돕는 게 아니라 착취하는 것이다. 그러나 칼뱅주의는 새로운 윤리에 입각해서 이 원칙에 담대히 도전했다. 사실상 칼뱅주의는 거지들에게 자선 베푸는 것을 금했는데, 거지들은 흔히 불구자와 과부와 고아와는 달리, 진정으로 곤궁에 처한 자들이 아니기 때문이다. 자선은 일하라는 하느님의 부르심에 응답할 수 있는 자들을 위한 것이 아니다. 돈을 벌 수 있는데도 구걸하는 자들은 정당하게 자기 것이 아닌 것을 받음으로써 분명히 사랑의 법을 어긴 자들이다. 이와 반대로 이자를 받는 것은 단순히, 빌린 돈이 없이는 생기지 않았을, 노동으로 번 것에서 지불하는 것으로 볼 수 있다. 그렇다면 이자를 받는 것은 가난을 착취하는 게 아니라 기회를 만들어주는 것이다.

정치와 성(性)과 예술에 관해서, 베버는 종교가 이들 각 분야와 얼마간 긴장관계를 가지게 되고, 그 다음에는 타협하는 것에 주목했다. 예언적 종교들이 구원이나 사랑이라는 보편적인 교리를 선언할 때마다 정부와 충돌할 수밖에 없는데, 정부는 도시이거나 지방, 국가, 혹은 제국이거나간에 항상 그 정치적 이해관계를 가장 으뜸가는 목표로 삼기 때문이다. 이슬람의 초기 전쟁들에서나 영국의 크롬웰의 개신교 군대처럼, 종교가 그 자체의 이익을 위해 국가를 복종시키려고 시도할 수는 있으나, 대체로 종교는 정치질서의 독립성을 수락하거나 묵인함으로 타협을 구해야 한다. 성과 예술에서도 마찬가지다. 구원의 윤리를 지닌 위대한 종교들에서, 자아를 잃으려 하는 신비주의와 자신의 수련을 추구하는 금욕주의 모두가 성(性)이라는 인간의 본능적인 욕구와 경쟁 상태인데, 성적인 욕구는 사람들로 하여금 신비주의의 목표에서 빗나가게 만들고, 또한 금욕주의의 속박을 깨트릴 수 있는 가능성이 가장 큰 욕구다. 따라서 일반적으로 종교는 성(性)을 불신하여, 여성은 부차적인 지위에 임명되고, 또한 모든 윤리체계에서 결혼은 성애나 낭만의 제도라기보다는 근본적으로 법적 제도인 것이다.

이와는 대조적으로 예술적 표현은, 그것이 이미지와 상징을 높이 평가하는 점에서 종교와 자연스런 친화성을 지닌다. 그러나 예술이 종교적인 목적에 공헌하는 기교의 역할을 그만 두고, 심미적 가치를 독립적으로 주장하여, 사람들이 창작된 미를 통해 궁극적인 의미를 찾을 수 있다고 주장하면, 종교와의 충돌은 불가피하다.

"세계 종교들의 경제윤리"

《종교사회학》의 마지막 페이지는 실제로 종결에 이르지 않고, 세계의 위대한 종교들을 검토하는 새로운 장의 중간쯤에서 그냥 끊어진다. (그 나머지는 노트로 남아 있다.) 이 부분은 《종교사회학》의 결론이라기보다는 베버의 마지막이며 가장 야심 있는 기획의 서론으로 보는 것이 적절한데, 그의 죽음으로 인해 미완성된 것이다. 베버는 《개신교 윤리》를 포함하여 세계 주요 종교를 비교하면서 순서적으로 다루는 8권 이상의 연구총서를 계획했다. 여기서는 이 기획에 합당하게 충분히 다룰 여유가 없다. 우리는 베버가 완성한 부분들을 중심으로 그가 탐구하려고 계획한 일반 주제에 대해 간단히 살펴보기로 하겠다. 그가 시작과 중간에 포함한 두 가지 중요하고 복잡한 논문들은 전부 건너뛸 것이다. 그 부분은 번역된 이후로, 영어권의 종교사회학자들에 의해 널리 읽혔기 때문에, 더 깊은 연구를 위해 남겨놓기로 하겠다.[21]

---

[21] 이 부분은 *From Max Weber: Essays in Sociology*, ed. and tr. H. H. Gerth and C. Wright Mills (New York: Oxford University Press, 1946) under the titles "The Social Psychology of the World Religions," pp. 267-301, and "Religious Rejections of the World and Their Directions," pp. 323-59에서 볼 수 있다. 첫 번째 논문에 대한 최근의 유익한 분석이 Whimster, "Translator's Note," pp. 75-98이고, 두

"경제 윤리"는 "다섯 개의 종교들, 혹은 그 신앙을 고백하는 대중들을 모으는 방법을 알고 있는, 종교적으로 결정된 인생 법규 체계"[22] 모두를 탐구하겠다고 작정했다. 베버는 유대교를 여기에 포함시켰는데, 유대교가 다른 두 종교, 즉 그리스도교와 이슬람교에 대해 갖는 역사적 중요성 때문이다. 그가 계획했던 책들 중에서 세 권, 즉 중국 종교, 인도 종교와 유대교에 대한 책들은 완성되었다. 중국과 인도 등 아시아 종교에 관한 두 권은 제1차 세계대전 기간 중에 준비되었고, 유대교에 관해 쓴 논문들은 1917년과 1919년 사이에 완성되었다. 이 책들을 쓴 베버의 첫 번째 목적은 그가 《개신교 윤리》에서 처음으로 질문을 제기하고 또한 잠정적으로 답변했던 경제적 질문으로 돌아가 더 깊이 있게 다루려는 데 있다. 세계를 변화시킨 경제체제인 자본주의가 도대체 왜 종교개혁 이후 두 세기 안에 유럽과 북미에서 일어났으며, 왜 하필이면 오직 유럽과 북미에서만 일어났는가 하는 것 말이다. 이 질문에 대답하기 위한 적절한 전략은, 극동의 문명을 시작으로 한 광범위한 비교작업이다.

《중국의 종교》(1916)[23]

태고로부터 중국은 주로 농경사회로서, 위에서는 황제가 다스리면서 농업과 교통에 긴요한 하천의 체계를 통제했고, 밑에서는 지방 원로들이 관리했다. 황제는 공자의 저술들을 통해 교육받은 학식 있는 행정관리들로 구성된 엘리트 계급을 통해 그의 권위를 주장했는

번째는 금욕주의적 신비주의 유형론에 대한 보다 자세한 논의는 pp. 172-73에 다루어지고 있다.

22) Gerth and Mills, *From Max Weber*, p. 267.
23) Weber, *The Religion of China*, tr. Hans Gerth (Glencoe, Illinois: The Free Press, 1951.

데, 이들은 주로 도시에서 살았다. 특권을 지니고 교양 있는 이들은 "세상에 적응하는"(adjustment to the world) 품위 있고 편한 윤리를 추구하면서 2천 년 동안 중국의 엘리트문화를 형성했지만, 대중의 태도에는 그에 견줄만한 영향을 미치지 못했다. 도시와 농촌에서 평민들의 삶은 가족과 씨족의 유대관계에 의해서, 또한 오래된 주술적 의례와 조상의 영들에 대한 종교적 애착에 의해 지배되었는데, 엘리트는 그것에 도전하거나 변화시키려고 별로 노력하지 않았다. 중국의 도시는 서양의 많은 도시들처럼 자치, 독립의 특권, 법적 권한, 조합과 우애단체 같은 특징을 발전시키지 못했다. 백성들은 황제에게 맡긴 세습적 제도들을 지키고, 유교 엘리트의 통치를 자발적으로 수락했다. 이런 전통주의에 대해 노자(Lao-tzu)를 따르는 도교인들(Taoists)이 유일하게 저항했는데, 노자는 자기부정과 세상으로부터의 도피를 촉구했다. 노자는 훼손되지 않은 산림 속으로 은신해서, 모든 존재 안에 있는 숭고하고 신비한 흐름인 도(Tao)에 영을 조율시키라고 권했다. 도교신자는 단순한 삶을 추구하면서도 생명을 매우 소중이 여겨서, 삶을 연장할 수 있다고 믿는 기법에 첨예한 관심을 가진 까닭에, 그들의 교리는 자연히 통속적인 주술과 뒤섞였고, 심지어 대중에게 미치는 도교의 힘을 강화하기까지 했다. 그래서 도교는 고급관리의 지식과 품위 있는 도시 생활방식에 저항했으나, 대중에게 보편적인 윤리를 장려하는 데서 유교보다 더 영향력이 있던 것은 아니다. 오히려 자연의 흐름 속에서의 조용하고 사심 없는 표류를 강조함으로써, 도교 교사들은 주로 농민들의 전통주의에 의해 형성된 문명과 더불어 유교인들만큼이나 안일함을 누렸다.

　　이처럼 전통주의와 수동성이 지배하는 태도 때문에, 중국의 민속전통이나 중요한 철학체계들 모두가 사업이나 교역에서 이윤을 추구하는 사람들에게 종교적인 인센티브를 제공하지 못했다. 수학과 과학기술에서 상당히 일찍 발전을 이룩했음에도 불구하고, 전통주의와 세습주의가 뒤섞인 문화 때문에, 사업거래에서 합리적인 이윤 지향적 활동에 매우 중대한 합리적 공평성(연고주의처럼 친구나 가족을 돕는 "편애적 행위"를 거부하는 것)을 발전시키지 못했다. 좀 더 명확히는, 불가결의 요소인 자본주의 정신이 태동하지 않았다. 유교의 학식으로 당당한 기품 있는 고급관리는 주로 자신의 품위만을 생각했고, 루터가 가르친 것처럼 하느님이 맡겨준 특별한 사명을 성취하는 것에 대해서는 아무런 생각이 없었다. 공자의 제자들인 박식하고 교양 있는 엘리트는, 칼뱅주의자들처럼 스스로를 신적인 소명을 받은 하느님의 도구로 생각하도록 만들었던 금욕주의 성향을 보이지 않았다. 만일에 한 사람이 자신의 인생을 이미 품위 있고 완벽한 성취로 이해한다면, 더욱 자제하는 것과 시장에서 더욱 번창하려고 노력하는 것은 별다른 의미가 없기 때문이다. 유교는 규율을 통한 자기부정의 삶을 통해 세상에 대한 정복(mastery of the world)을 추구하지 않았고, 이제까지 있어왔던 그대로의 전통적이며 안정되고 변화 없는 세상에 적응하는 윤리(ethic of adjustment to the world)로 만족했다.

《인도의 종교》(1916-1917)[24]

인도에서는 다른 민족들의 계속적인 침입과 정복으로 인해, 사회질서의 분열이 카스트(caste) 체제로 나타났는데, 카스트 체제는 두 엘리트 집단이 지배했다. 브라만은 베다 경전을 읽는 유일한 자격을 가진 사제계급이며, 크샤트리아는 무사계급으로서 군대와 정치권력을

---

[24] Weber, *The Religion of India*, tr. Hans Gerth and Don Martindale (Glencoe, Illinois: The Free Press, 1958).

지녔다. 자신들의 지위가 상속받은 카리스마(혹은 가문의 선물)라고 주장하는 이 두 집단 아래에는 출생과 직업으로 결정된 등급에 따라 낮은 계급들이 배치되어 있었다. 맨 밑에는 글자 그대로 "계급에서 추방당한" 가장 낮은 노예들이 있었다. 결혼과 심지어 식사 때 교제를 금지한 법들이 그 분리선을 명백히 했는데, 가장 강력하게 이 제도를 지원한 것은 종교적인 것이었다. 인도문명을 형성한 사상의 주요 기수인 브라만 지성인들은 이런 계급 구분을 바로 우주의 대본(script)인 것으로 기록해 놓았다. 이들은 모든 생명이 윤회(samsara), 혹은 재생이라는 우주법칙의 지배를 받는데, 이 법칙은 사람의 영적인(혹은 물질적인) 행위로 누적된 업보(karma)의 원칙에 따라 자연과 사회 모두를 다스린다고 주장했다. 브라만 계급은 전생에서의 영적 성취에 대한 보상으로 높은 위치에 있고 행운을 받을 자격이 있으며, 낮은 계급의 사람들은 마찬가지로 물질에 대한 집착과 관능적 쾌락에 너무 얽힌 전생에 대한 자연적인 결과를 감당할 수밖에 없다는 것이다. 이 체계는 지적으로 설득력이 있어서, 사회적 차이가 부당하게 보이지만 왜 부당한 것이 아닌지에 대해 냉정한 논리로 설명한다. 그러나 이것은 또한 사람들을 깊이 실망시키는 것이기도 했다. 보통 사람에게는 이 체계가 큰 "윤회의 바퀴"(the great wheel of rebirth)에서 계속되는 생애를 약속하는 것이기 때문이다. 인간의 생존은 주로 윤회의 소용돌이에서 자유롭게 풀려나려는 계속적인 투쟁으로 정의되며, 또한 성(性)과 사치와 심지어 가족을 위한 유혹들을 극복하는 데 실패하는 것이 인생이라고 정의되었다.

　　이 거대한 세상의 체계는 기껏해야 음산하며, 최악의 경우 냉혹한 체계인데, 이것이 인도의 종교와 사회 모두의 발전에 영향을 미쳤다. 본래 성스러운 영창(chant)의 대가들인 브라만 지도자들은 금욕적인 수행인 요가(yoga)와 은둔을 가르쳐, 육체의 욕구에 자제를 강요하며 또한 영혼을 궁극적으로 해방시킬 만큼의 순수한 영성 상태를 연마하도록 했다. 이처럼 해탈하기 위해 단호하게 매진하려는 똑같은 동기에서 출발해, 인도의 위대한 저항의 종교인 불교와 자이나교(Jainism, 불교와 힌두교의 공통 교의를 가진 한 종파 - 옮긴이)가 태동하게 되었다. 이 두 종교 모두가 윤회의 체계를 완전히 받아들였지만, 카스트제도의 지배력을 깨뜨리는 탈출에의 희망을 주었다. 그 길은 불교의 전적인 금욕주의적 단련과 명상의 생활을 따르든가, 아니면 모든 생명들을 철저히 존중하는 자이나교의 길을 가든가, 두 길 가운데 하나를 택한 모든 사람들에게 탈출에의 희망을 주었다. 그러나 일반 대중에게는 이 모두가 현실적이지 못했다. 대중들은 영적인 선수들(spiritual athletes)이 아니어서, 영적인 거장들이 성취한 높은 단계에 도달할 희망을 가질 수가 없었기 때문이다. 대다수 사람들은 그러한 자기부정은 성취할 수 없으므로 차선책으로 승려의 공동체를 지원해서 공덕을 쌓으려고 했다. 브라만과 불교와 자이나교의 엘리트는 영적으로 영웅적인 수행을 실천했지만, 대중은 종교적인 의붓자식들로 살았다. 대중들은 표면적으로는 '마법의 동산'(garden of magic)에서 인기가 높은 구세주들과 미신들에 관심을 기울였지만, 깊은 내면의 궁극적인 질문에서는, 영원히 돌아가는 환생의 바퀴 위에서 새롭게 태어나는 끝없는 절망만을 약속하는 운명에 체념했다.

이런 체념 모두가 경제생활에 뚜렷한 자국을 남겼다. 중국에서와 같이, 인도에서도 자본주의 기업은 비록 그 전망이 사실은 매우 유리했음에도 불구하고 뿌리를 내리지 못했다. 영(零)을 포함한 십진법의 계산 체계가 있었고, 수공업과 교역의 중심지들이 번창했으며, 전문 노동자들과 그들을 뒷받침하는 조합들, 독립적인 상인들도 있었고,

세금제도 역시 심하지 않았다. 그러나 유럽과는 대조적으로, 사회와 경제가 압도적으로 지방적이며 관습적으로 남아 있어 진정한 자본주의 기업이 발전하지 못했다. 현대 초기 서구에서 자본주의의 온상 역할을 한 개방된 자치도시들이 생기지 못한 것 역시 하나의 원인이었다. 그 주요 원인은 세습적인 카스트제도로서, 이 계급제도는 별개의 조합들과 계층들을 하나의 시민 공동체로 통일하는 것을 막았으며, 가족이나 계층의 유대관계에 근거한 어떤 연고주의도 거부하는 공평한 법과 도덕체계 아래 모두가 동등한 권리를 가지는 것을 방해했다. 더 나아가 카스트제도의 문제는 결국 이 제도를 정착시킨 인도 종교체제의 문제였다. 힌두교의 전통적 교훈은, 오늘날에도 역시 같은 것으로, 인간의 행동, 물질적 세상, 현재의 삶에는 결국 우리가 부여할 영속적이고 적극적인 가치가 없다는 것이다. 브라만 엘리트와 붓다와 마하비라(Mahavira, 자이나교의 창시자) 같은 예언자들의 메시지는 근본적으로 같아서, 영적인 기쁨은 오로지 세상으로부터 은둔하고 세상의 노고와 근심과 기쁨에서조차 벗어남에서 온다는 것이다.

　이런 교훈은 유대인 예언자들의 가르침과 뚜렷이 다른데, 이 예언자들은 하느님으로부터 직접 받은 거룩한 계시의 메시지를 전하여, 세상에서 주술의 마력과 영들을 탈마법화시키는 메시지를 통해, 들판이나 촌락의 신령들을 달래려는 예식과 희생제사 대신에, 지고의 창조주이며 주님이신 분의 도덕적 요구에 순종하는 삶을 요구했다. 인도에는 세상으로부터의(from) 은둔에 능숙한 엘리트 금욕주의자들과 신비주의자들이 가득했지만, 중국에서와 마찬가지로, 런던의 청교도 상인들이나 매사추세츠 만(灣)의 정착민들에게서 보는, 세상과의(with) 조직인 용무를 통해 하느님 뜻에 순종하는 자기부정을 요구하는 프로그램은 없었다. 그들의 모든 다른 성취에도 불구하고, 중국과 인도의 문명은 유럽의 개신교 윤리에 상응하는 것을 산출하지 못했다. 이것이 없이는 현대 자본주의의 진정한 정신이나 순수한 실천이 결코 생겨날 수 없다.

《고대 유대교》(1917-1919) 25)

베버가 아시아에서 서양으로 관심을 옮겨서 다음 책들로 계획했던 것은 서양의 대종교인 유대교, 그리스도교와 이슬람교를 중심으로 하려는 것이었다. 불행히도 그 중 첫 번째인 고대 유대교에 관한 책만이 그가 살아서 거의 완성했던 유일한 책이다. 이것은 조밀하고 신중한 연구로서, 여기서 다 다룰 수는 없으므로 적어도 중심적인 사상만 다루겠다.

중국과 인도의 종교에 대해서처럼, 베버는 유대교가 태동한 구체적인 배경을 면밀히 검토하기 위해, 고대 근동지방의 지리와 정치와 문화에서부터 시작한다. 왕정시대 이전에도 히브리 부족(지파)동맹은 야훼(Yahweh) 신, 즉 인격적인 계약(covenant)의 주님이며 세계의 창조자인 야훼 하느님에 대한 공통된 믿음을 중심으로 연합되어 있었다. 야훼는 모든 인류 가운데 유대민족을 계약의 자녀로 택했다. 그의 은혜는 이 백성들이 누릴 것이며, 그 보답으로 충성만이 요구되었다. 그 이후의 모든 유대인 역사는 사제들과 예언자들에 의해 이 거룩한 계약의 관점에서 해석되었고, 결국은 이 계약이 그리스도교와 이슬람교 모두의 신학들을 형성하기에 이르렀다.

이 계약은 왕정시대에 완전히 깨어졌다. 왕들은 예루살렘을 부요하게 했지만, 이 성공과 더불어 이방인 공주들과도 결혼했고 외국의

---

25) Weber, *Ancient Judaism*, tr. Hans Gerth and Don Martindale (Glencoe, Illinois: The Free Press, 1952).

풍작신(gods of fertility) 숭배가 들어왔기 때문이다. 농촌과 전통적으로 가난한 사람들 사이에 분노가 퍼져서 내란이 일어났고, 결국 북왕국의 부족들이 멸망하게 되었다. 남왕국이 재구성되고, 요시아 왕 때 예언자들과 사제들이 유대인 삶의 중심인 성전의 희생제사 대신에 율법서 토라(Torah)를 만들었다. 그들은 새롭게 개인화된 신앙을 요구해서, 이제는 이스라엘의 하느님만이 아니라 모든 민족들의 하느님으로 이해되는 계약의 주 야훼에게 본인 스스로 헌신하는 의미에서 토라의 명령들에 순종할 것을 요구했다. 이 순종은 단지 고립된 선한 행실만이 아니라 완전한 "헌신의 윤리"(ethic of commitment)가 되어야만 했다. 이것을 선포한 예언자들인 아모스, 호세아, 이사야, 예레미야는 야훼에 대한 신앙의 순수성뿐 아니라 가난한 자들을 위한 사회정의도 요구했다. 동양의 모범적인 예언자들과는 달리, 이들은 스스로 최고의 지혜나 신성을 주장하지 않았다. 그러나 다른 의미에서 더 위대한 것을 역설했는데, 그것은 윤리적 유일신교의 메시지다. 이들은 하느님의 지고의 위엄을 선포하고 또한 그의 뜻에 온전히 순종할 것을 요구했다. 다른 무엇보다도, 바로 이 메시지가 유대교와 그 이후의 서양 종교들을 동양의 전통들과 분리시키는 점이다. 아시아의 위대한 체계와는 달리, 유대교와 거기서 비롯된 신앙들은 구원이 일상의 물리적 세계에서부터 영혼을 이끌어내는 명상을 통해 얻는 것이 아니라, 그 대신에 세상 속에서 거룩한 목적을 이루려는 신앙과 평생의 순종에서 온다고 주장한다.

이와 관련하여 동시에 중요한 것은 예언자들이 주술의 풍습에 반대한 것인데, 주술은 극동지방에서 대중 가운데 널리 허용되고 있었다. 예언자들이 이해하기로 창조주 야훼는, 가나안의 행운과 풍작의 신들에게 바친 예식과 주문(呪文)과 같은 조작에서 완전히 초월한 분이다. 주술과 점술이 아니라 개인의 헌신과 윤리적 순종이 그를 기쁘게 하는 것이다. 신비한 힘들과 비밀스런 조작 대신에, 예언자들은 일반 백성들에게 주술에서 벗어나, 오직 모세의 법에만 순종하는 행동을 촉구했다. 이 새로운 헌신의 윤리는 힌두교와 불교에서처럼 전문가들로 된 엘리트 집단에게만 해당되었던 것이 아니다. 이 윤리는 모든 유대인들 앞에 "전적으로 윤리적인 인격"(total ethical personality) 즉 개인의 삶 전체가 토라의 명령들에 순종하는 습관을 통해 도야된 인격이라는 이상을 제시했다. 그런 구약 본문들에 대한 설교를 통해, 삶 전체가 하느님을 섬기며 살아가는 이런 이상은 결국 현대 개신교 윤리로 진척되어, 개신교인들로 하여금 이 세상에서 거룩한 소명을 추구하도록 촉구했다.

이처럼 베버는 서양의 종교와 문명 모두에 끼친 유대교의 역사적인 중요성을 예리하게 평가했다. 그러나 그의 논의에는 난처한 요소도 있다. 비록 그가 유대교를 그리스도교나 불교를 다룬 것과 마찬가지로 다루었고, 또한 그가 독일 대학들에서 경험한 유대인 학대에 대해 맹렬히 반대했지만, 그럼에도 불구하고 유대교에 대한 그의 생각들 가운데 일부는 나중에 독일인들의 반(反)유대주의(anti-Semitism)에 관련되었다. 문제는 베버가 후대의 유대인들을 고대 근동지방의 '천민들'(pariah people)이라고 표현한 데서 비롯되었다. 그는 바빌론 포로기 이후에 유대인들이 점차로 부분적으로는 그들 스스로가 만들어낸 "추방당한 자들의 공동체"(community of outcasts)가 되었다고 주장했다. 즉 그들은 그리스도교 유럽에서 넓은 이방인 사회의 사람들과 결혼하거나 어울리기를 거부해서, 인도의 계급에서 추방당한 사람들과 비슷하게 스스로 소외된 형태를 택했다. 그래서 불가피하게 그들은 의혹과 증오와 착취의 피해자들이 되었다는 것이다. 더 나아가 그들은 박해자들에 대한 '원한의 윤리'(ethic of resentment)에 짓눌려, 일종의 이중도덕을 채택하여, 같은 유대인들과의 거래에서는 높은 도덕적 표준을 적용하고, 이방인들과의 상거래에서는 낮은 표준을 적용했다. 그래서 유대인들의 기업은 이자취득과 관련된 사례에서 볼 수 있듯이 '천민자본주의'(pariah capitalism)가 되었다. 토라의 금지 명령 때문에, 이자를 받는 대부를 다른 유대인들에게는 할 수 없었으나 이방인들에게는 할 수가 있었다. 이처럼 두 가지로 분리된 윤리는 도대체 왜 서양 자본주의의 실제 모체가 유대교가 아니라 개신교였는지를 설명하는 데 부분적으로 도움이 된다. 즉 상업에서 개신교인들은 유대인의 추방당한 자들의 윤리와는 이질적인 원칙, 즉 전적으로 중립적이며 합리적인 표준을 요구했기 때문이다.

    일부 비평가들은 유대인의 정체성에 대한 이 '천민' 이론을 강력하게 공격하여 베버의 증거에 도전했고, 또한 이것이 기록된 지 겨우 10년이 지나자 이런 말이 얼마나 쉽게 나치의 인종차별을 지지하는 데 이용되었는가를 지적했다. 베버가 오래 살았더라면 우리는 그런 비판에 대한 답변을 들을 수 있었을 것이며, 또한 그의 세대의 애국심이 그 다음 세대의 파시즘으로 전락하는 것을 목격했을 때 그 스스로가 피할 수 없었을 판단에 의해 그의 말을 평가할 수 있었을 것이다. 서글프게도 (그러나 한편 다행스럽게도) 1920년에 그가 죽게 되어, 그런 사태 진전에 대해 반응할 기회를 얻지 못했다. 또한 "경제 윤리"가 완성되었더라면, 그 나머지 부분에서 그의 특출한 박학다식함이 무엇을 제시했을 것인지에 대해서는 우리가 정녕 알 길이 없지만, 그는 분명히 비상한 학문적 성취 경력에 적절한 극치를 이루었을 것이다.

분석

1. 베버와 뒤르켐

베버의 저술은 요약하기가 어렵다는 정평이 있는데, 이유는 그가 그토록 많은 역사적 및 사회학적인 세부사실들을 그 자신의 이론적 논의 속에 치밀하게 반영했기 때문이다. 그에 대해서는 나무만 보고 숲을 보기 어렵다는 격이다. 그렇다 하더라도 우리가 그의 방법론과 그의 성취에 대해 그와 가까운 이론가들, 특히 그와 가장 비슷한 지적 경쟁자였던 뒤르켐과 마르크스의 이론과 대조해서 비교하면 보다 폭넓은 평가를 할 수 있을 것이다. 뒤르켐에 관해 우리가 주목할 것은, 그와 베버 사이에는 관심에서 분명히 유사점이 있지만, 방법론에서는 뚜렷한 차이가 있다는 점이다. 우리가 본대로 뒤르켐과 베버는 사회이론 분야에서 개척자였다. 뿐만 아니라 초기의 전문적 사회학의 초점이 특히 종교사회학에 맞추어진 것 역시 그들 때문이다. 뒤르켐의 《종교생활의 원초적 형태》는 사회 탐구와 사회이론의 중심에 종교를 놓는 데에 가장 중요한 역할을 했다. 마찬가지로, 베버는 비록 사회생활의 경제적 측면들에 주로 관심을 갖기는 했어도, 종교가 사회에서 가장 중요하다는 점에 더욱 기울어졌다. 그가 세상을 떠날 무렵에 그의 연구에서 제일 중요한 초점은 세계의 종교들에 대한 연구에 입각한 문명의 비교 연구에 있었다.

종교에 대한 이런 관심은 같았지만, 그러나 그 연구에서 가장 적합한 방법론에 대해서는 서로 일치를 보지 못했다. 뒤르켐의 계획은 오스트레일리아 원주민들 가운데서 볼 수 있는 원형 상태에 가까운 하나의 종교 사례에서 시작하는 것이었다. 그는 원시부족의 복잡한 풍습들로부터 그 가장 기본단위들—제의 행위의 '원초적' 형태들—을 밝히고, 그 다음에는 다른 장소와 후대에 모든 종교들이 어떻게 이런 원초적 형태들로부터 발전하여 여러 가지 새롭고 서로 다른 결합들로 변화했는가를 보여주려 했다. 이와는 대조적으로, 베버는 종교공동체에서 시작하기보다는 문화적 문제에서 시작하여, 어떻게 현대 초기에 서양문명을 변화시킨 새로운 혁명적 경제 행위 형태가 태동했는가 하는 데서부터 시작했다. 이 질문에 대한 해답을 찾다가 종교의 변화에 초점을 맞추게 되었는데, 그 변화는 새로운 도덕적 비전(moral vision)의 출현으로 "개신교 윤리"가 형성되고, 결국 이 윤리가 현대 자본주의를 고무시킨 정신이 된 것이다. 이어서 베버는 뒤르켐과는 달리, 《종교사회학》과 "세계종교의 경제윤리" 같은 저술에서 전개한 것처럼, 문화, 사례, 관습, 믿음에서 가능한 한 가장 광범위한 영역을 탐색했다. 또한 뒤르켐과는 대조적으로 (이 문제에서는 타일러와 프레이저와도 마찬가지인데), 베버는 원시종교가 후에 모든 제도들이 자라나게 한 씨앗을 지니고 있다고 특별취급을 하지 않았다. 베버는 인류학자들이 원시부족들에 집중한 현지조사를 통해서 배울 수 있는 것보다 훨씬 더 많은 것을, 세계의 대 종교들의 실제 역사로부터 배울 수 있다고 생각했다.

문화적 진화 문제에서는 더 큰 차이가 있다. 앞에서 살펴본 대로, 뒤르켐은 종교에 대한 그의 초점이 그 최초의 형태들에 맞추어져 있기 때문에 그는 진화적 관점에서 생각하는 경향이 있었다. 그는 종교 제도들이 시간이 가면서 고대에서 현대로, 단순한 것에서 복잡한 것으로 발전한다고 보았다. 그러나 베버의 생각은 분명히 달랐다. 그가 이념형들에 대한 설명에 착수했을 때, 그런 유형들의 표현들이 각각의 새로운 문화적 혹은 역사적 상황에 따라, 어떻게 한 시기에 나타났다가 그 다음에는 사라지고, 그 후에 다시 나타나는가에 주목했다. 예를 들어, 그는 주술이 초기 사회들에서 훨씬 더 일반적이지만 그러나 어느 사회에서나 농부와 가난한 대중은 주술에 대해 지속적인 매력을 느낀다는 점을 인정했다. 또한 한때는 주술에 대한 매력이 시들해졌던 곳에서도 어떻게 또 다시 그 매력이 살아날 수 있는가에 대해서도 주목했다. 주술은 천 년 전 예언자들의 메시지가 효력을 발생한 후의 고대 유대교에서보다 중세기 그리스도교 유럽에서 더 널리 퍼져 있었다. 그러므로 프레이저가 주술, 종교, 과학을 역사상 계속적인 발전단계들로 설명하는 그런 자연적인 지적 진화 같은 것은 베버에게는 있을 수가 없었다. 마지막으로 중요한 것은 베버가 뒤르켐의 기능주의적 환원주의에서 벗어난 것이다. 우리가 이미 몇 차례 연관된 것에서 살펴 본 것처럼, 베버는 종교의 믿음들과 실천들이 지배적이며 보다 근본적인 사회현실을 반영한 것에 불과하다고는 믿지 않았다. 이 문제에서는 베버가 뒤르켐보다는 마르크스와 한층 더 날카롭게 서로 다르기 때문에, 다음에서 그 두 사람을 비교하겠다.

2. 베버와 마르크스

베버와 마르크스를 비교할 때, 처음에는 분명한 유사성이 있어 보인다. 두 사람 모두 역사적인 관점에서 해명하는 사회이론가들로서, 사회적이며 또한 역사적인 복잡한 관계성을 면밀하게 분석하여 자신들의 주장을 확립한다. 이들은 문화와 문명에 대한 박학한 이해에 근거하여 열정적으로 원인들과 결과들을 찾아낸다. 그러나 마르크스는 대부분 그의 역사적 연구를 서구문명에 국한하는데, 그 중에서 특히 종교의 환상들이 경제적 착취에서 비롯된다는 결정적 증거를 찾아낸다. 반면에 베버는 종교의 활동들을 세계적인 관점에서 보는데, 이 전략 때문에 마르크스처럼 거의 모든 사건들을 단지 한 관점에서만 설명하는 것, 즉 경제적 억압에서 비롯된 계급투쟁이라는 한 관점에서만 설명하는 것보다 훨씬 더 신중하게 만들었다. 세계종교 체계들의 다양하고 복잡한 차이점들 때문에, 베버는 해석자들이 단 하나의 설명 이론이 아니라, 다양하고 복합적인 설명 이론들을 끌어내야 한다고 생각했다. 마르크스와는 달리, 베버는 도교와 같은 종교체계가 고대 중국 특유의 사상과 환경과 사건들이 복잡하게 수렴되어 생성된 것이지, 언제든 어느 곳에서나 생기는 경제적 소외와 같은 보편적인 원인 때문에 생성된 것이 아니라고 설명하려고 했다.

이처럼 인간의 노력들이 매우 복잡하다는 판단 때문에, 베버는 환원주의적 기능주의에 동의하지 않았다. 우리가 이미 살펴 본 것처럼, 프로이트, 뒤르켐, 마르크스는 모두 종교적 행동들과 믿음들이 항상 비종교적 원인, 즉 심리적, 사회적, 혹은 사회경제적 원인에서 비롯된다고 추정했다. 이 학자들의 방법론과 베버의 방법론이 분명히 다른 것은 그가 이해(Verstehen)의 원칙에서 명확히 밝힌 확신으로서, 인간의 생각과 믿음과 동기는 인간 행동의 실제적이며 독립적인 원인으로 간주되어야 할 가치가 있다는 것이다. 한 인간 행위자 마음속의 (혹은 행위자들 집단이 공유하는) 생각은, 물에 열을 가한 것이 증기의 실제 원인인 것처럼, 인간 행위의 실제 원인인 것이다. 의식적인 생각이 최소한 무의식의 충동이나 욕구만큼 인간 행동에 영향을 미친다. 베버가 《개신교 윤리》의 주장을 펼 때, 그는 마르크스처럼 먼저 경제적 고통을 살피지 않았다. 즉 그는 예정론이라는 신학적 교리를 추적해 올라가 칼뱅의 제네바에서의 계급간 알력에서 비롯된 것으로 간주하지 않았다. 그는 연구를 정반대 방향으로 진행하여, 자본주의 혁명의 핵심적 원인이 어떤 물질적 상황에서 비롯된 것이 아니라, 새로운 종교적 사상을 논리적으로 뒤따른 새로운 형태의 경제행위에서 비롯된 것으로 간주하여, 개신교의 자기를 속박하는 윤리가 자본주의를 활성화시킨 정신이었다는 것이다. 1900년 이후 수십 년간, 프로이트, 뒤르켐, 그리고 마르크스의 제자들의 지적인 영향이 그 절정을 향해 치닫고 있을 때, 베버가 확고부동하게 자신의 반대 견해를 철저히 주장했다는 것은 역사적으로 중요한 의미를 갖는다. 그에게는 의도가 중요한 것으로서, 인간이 짜내는 의미의 그물망(webs of significance)이, 그 아래 놓여 있는 물질적이며 사회적인 구조를 효과적으로 형성하고 변화시킨다. 이런 지적은 분명히 베버를 과장하는 것이 아니다. 그는 인간의 개인적인 행동과 사회적인 행동 모두에 개입된 원인, 사건, 조건, 생각과 동기 등이 조밀하게 얽혀 있음을 충분히 인식했다. 그는 이 점에 대해 나중에 《개신교 윤리》에 첨부한 서론에서 특별한 주를 달았는데, 여기서 그는 칼뱅주의의 세상적 금욕주의(worldly asceticism)가 현대 자본주의 발생을 가져온 단 하나의 원인은 결코 아니었다고 밝혔다. 분명히 복잡한 요소들이 수렴되어 자본주의가 태동한 것이다. 그는 자신이 다룬 것에 대해 치밀하게 주석을 단다.

    일반적으로 파악하기에 가장 어려운 문제 중 하나는 경제적인 정신, 즉 경제체제의 이념(ethos) 발전에 끼친 어떤 종교적 사상의 영향이다. 여기서 우리는 현대의 경제생활의 정신과 금욕주의 개신교의 합리적인 윤리와의 관련성을 다루는 것이다. 그러므로 우리는 여기서 인과관계의 한 면만을 다루고 있다.[26]

---

26) Weber, *Protestant Ethic*, p. 27.

바로 그 "인과관계의 한 면"이 개신교 종교사상이 인간 행위에 끼친 강력한 흔적이었다. 그 요소가 단 하나의 원인은 아니었지만 분명히 그것이 한 원인이었고, 틀림없이 가장 중요한 원인이었다고 주장할 수 있는 것이었다. 이처럼 확고하지만 신중하게 조정한 반(反)환원주의적 태도는 베버가 그의 후기 모든 연구에서 방법론의 특색으로 유지한 것인데, 오늘날까지 그의 분석이 새롭게 그 진가를 인정받는 (물론 새로운 비판도 받는) 가장 중요한 이유다. 그에게는 사회적인 노력이 항상 복잡하며 또한 그 설명이 결코 하나이거나 단순할 수가 없기 때문에, 그는 원칙적으로 환원주의 이론가들 집단에 속할 수가 없었다. 베버는 역사와 사회가 그에게 보여준 증거에 충실하면서, 생각과 의도와 믿음의 역할을 축소시키는 마르크스, 프로이트나 뒤르켐과 같은 길을 갈 수가 없었다.

비판

보통 한 사람의 이론가를 평할 때 그의 저술이 널리 가차 없이 비판받는다고 말하는 것은 칭찬이 아니다. 그러나 막스 베버의 경우는 특이한 예외이다. 마르크스와 마찬가지로, 베버의 사상에 대한 비판의 규모는 그의 사상적 중요성과 영향을 보여준다. 한 이론가의 실제 공적이 그가 불러일으킨 논평에 의해 측정된다고 하면, 베버의 위치는 확고하다. 앞에서 살펴본 대로 《개신교 윤리》는 출판 이후 한 세기가 지났는데도 아직도 논쟁을 일으키고 있다. 마찬가지로 《경제와 사회》, 《종교사회학》, 그리고 별도의 연구인 "세계 종교의 경제윤리"에서 개진된 개념들과 차별성과 연관성에 대해서도 열띤 비판적 토론이 계속되고 있다. 유대교를 추방당한 천민들의 종교로 본 것에 대한 논쟁이 바로 한 예다. 베버의 '관료제도'라는 이념형이 또 다른 예로, 이것은 사회심리학자들뿐 아니라 산업조직과 공공행정 이론가들 사이에서도 활발한 토론을 불러일으켰다. 경제학자들과 상업 역사가들은 아직도 자본주의에 대한 정의에 관해 논쟁을 벌이고 있다. 또 다른 사람들은 베버의 권력 개념, 법, 정치적 제도에 대한 생각들뿐만 아니라, 그의 예술, 에로티시즘, 과학과 음악에 관한 주장들을 논박했다. 더욱 최근에는 지식층 역사가들이 역사 과정에 걸쳐 인간 사회에서의 '합리화'(rationalization)에 대한 그의 논의에 집중하고 있다. 어떤 이들은 이것이 종교와 경제와 사회를 연결시키는 베버의 계획의 기본이 되는, 사실상 가장 큰 해석학적 주제라고 생각한다.[27]

종교에 관해서는 당연히 《개신교 윤리》에서 제시된 유명한 논제를 중심으로 가장 강렬한 토론이 벌어졌다. 많은 비판가들은 개신교 윤리와 독특한 자본주의 정신이라는 개념 모두가 탁월한 개념이라고 받아들인다. 그러나 어떤 이들은 베버가 역설하는 그 둘 사이의 연관성을 확립하는 데 실패했다고 주장한다. 어떤 이들은 자본주의적 혁명에 이바지했던 것에는 종교의 역할보다 더욱 중요한 다른 요인들이 있었다고 지적한다. 또 다른 이들은 베버가 아주 새롭고 독특하게도 서구적인 것이라고 생각했던 경제적 행위가 실제로는 개신교가 등장하기 오래 전부터, 또한 유럽 이외의 지역에서 이미 존재해왔던 것을 찾아낼 수 있다고 주장한다. 사회적이며 역사적인 세부적 사실들에 대한 이런 논쟁은 전문가들에게 해결하도록 맡길 일이다. 그러나 인간 행동의 이론가이자 종교 해석자로서의 베버의 일반적 프로그램에 더욱 직접 관계가 되는 두 가지 다른 문제를 고찰할 필요가 있다.

---

27) 이것에 관해서는 Schluchter, *Rationalism, Religion and Domination*을 보라.

일관성

첫 번째 문제는, 마르크스의 제자들이 주로 퍼부은 비판인데, 뒤르켐이나 프로이트의 제자들도 베버에 대해 비판할 수 있는 문제였다. 그것은 《개신교 윤리》를 훨씬 넘어서 종교에 관한 베버의 연구 전체에 해당하는 것으로, 베버 자신과 싸우도록 하는 문제다. 문제는 일관성에 대한 것이다. 우리가 주목한 것처럼, 베버는 종교사상은 인간의 역사와 사회를 이해하는 과정에서 독립적이며 원인으로 작용하는 것으로 보아야 한다고 주장했다. 예를 들어 개신교를 논의하는 데서 그는 '소명'과 '세속적 금욕주의'라는 칼뱅주의 개념들이, 사람들로 하여금 새로운 행동 형태, 즉 오늘날 경제적 자본주의를 초래한 원인이라고 간주하는 뚜렷하게 새로운 행동 형태를 취하도록 만든 종교적 이념이라고 생각했다. 그러나 다른 논의에서는(심지어 바로 그 연구 가운데 다른 부분에서도) 베버가 그 자신의 법칙에서 벗어난 것으로 보인다. 《종교사회학》에서 흥미 있는 사례를 찾아볼 수 있는데, 거기서 베버는 유일신론의 기원을 논하면서 이렇게 말한다.

> 인격적이고 초월하는 윤리적 신이라는 것은 근동지방의 개념이다. 이것은 합리적 관료체제를 가진 전능한 세상의 왕이라는 개념과 밀접하게 상응하기 때문에, 그 원인으로 작용했음을 거의 부인하기 어렵다.[28]

그 다음에 베버는 고대 농업에서 매우 중요했던 관개(灌漑) 체계를

---

28) Weber, *Sociology of Religion*, pp. 56, 57.

통제했던 군주의 모델이 "다른 곳에서 믿었던 것처럼, 신이 땅과 사람을 출산한 것이 아니라, 무(無)에서 창조했다는 신에 대한 개념의 출처였을 것이다"라고 덧붙인다.29)

최고로 군림하는 창조주 하느님이라는 결정적으로 중요한 종교관념에 대한 베버의 이런 설명은 거의 마르크스가 했던 설명처럼 보인다. 즉 이런 주장은 순전히 물질적인 경제상황—강력한 군주가 마련해 준 물 공급에 대한 기본적 필요—을 근본 현실로 제시하고, 종교 관념이란 정치권력과 지형을 단순히 반영한 것에 불과한 것으로 만들기 때문이다. 분명히 베버는 광야의 왕 모델이 하느님이라는 개념을 위한 단지 하나의(a) 출처일 뿐이지, 그 유일한(the only) 출처라고는 생각하지 않는다고 답할 것이다. 그렇다 하더라도 여기서 그의 설명의 취지는 분명히 마르크스가 표현했을 것, 즉 종교 이념은 사회경제적 현실의 반영으로서 자연히 발생한다는 것을 시사한다. 베버가 생각하는 어떤 계급의 이해관계나 높은 신분 집단의 관심사와 특정한 종교 이념과의 상호관련성도 유사한 방식으로 진전된다. 그는 무슬림의 하느님이라는 관념은 초기 아라비아의 '무사 귀족'(warrior nobility)의 성격을 가진 관념이라고 보며, 또한 힌두교의 윤회의 교리는 어떤 사람들은 가난과 고난의 운명으로 태어나는 반면에, 어떤 이들은 부와 특권을 타고나는 데 대한 우주적 이유를 제공하려는 지식인 엘리트들의 필요성을 반영한다고 생각한다.

이런 방식의 설명이 "세계 종교의 경제윤리"를 구성하는 연구들에서도 역시 나타난다. 중국이나 인도나 고대 유대교의 종교적 믿음과 교훈에 주목하기 전에, 베버는 그런 종교들이 생겨난 물질적, 정치적,

---

29) Weber, *Sociology of Religion*, pp. 56, 57.

사회경제적인 상황을 철저히 검토한다. 원칙적으로, 그는 환원주의에 반대하는 입장을 분명히 해서, 예를 들어 인도의 경우, 종교사상이 발전된 과정은 물질적 상황과 사회적 영향들로부터 독립해서 진행되었다고 설명한다. 그러나 실제 해설과정에서 베버는 그런 종교사상을 전혀 반대로 처리하는 경향이 강해서, 그 종교 이념들이 그 역사적인 구조와 분리할 수 없게 얽매어 있으며, 그런 이념들이 생겨난 특수한 사회적, 문화적, 경제적인 배경을 자연히 반영하는 것으로 설명한다.

사회과학과 종교

또 하나의 비판은 베버가 종교 문제에 사회과학을 적용한 것에 관한 비판이다. 그의 방법론에 대한 논의에서 살펴본 것처럼, 베버는 (다른 이론가들 못지않게) 종교행위에 대해 **과학적**이라고 주장할 수 있는 설명을 개발하는 데 전념했다. 그가 이념형이라고 명시한 개념들을 고안한 목적은, 모든 과학에서와 마찬가지로 여러 문화에 걸쳐 일률적으로 적용할 수 있는 일종의 일반화한 개념구조를 제공하려는 데 있다. 이 전략은 뒤르켐의 전략과 어느 정도 비슷한데, 뒤르켐은 원초적 형태들, 즉 한 시대와 장소의 종교에서 끌어낼 수 있으며 또한 다른 모든 종교들에게 적용할 수 있는 원초적 형태들, 곧 기본적인 사회적인 요소들을 분리해 냈다. 그러나 베버와 같이 진정으로 역사적인 사회학자에게 이 전략은 크게 문제가 된다. 역사적 정확성은 결국 과학적인 일반화와 쉽게 충돌하기 때문이다. 어떤 종교 현상—사건, 인물, 과정—을 다루던 간에, 베버의 습관은 그 현상을 분석하면서 자신의 광범위한 지식을 충분히 동원하고, 흔히 그 물질적 상황, 정치적 영향, 경제적 조건, 사회세력들, 계급이나 신분집단의 관심만이 아니라 종교사상과 행동을 포함하는 복잡한 관계망을 개괄적으로 정리하는 것이었다. 이 모든 수고는 결과적으로 많은 것을 가르쳐주며 때로는 경탄하게 만든다. 그러나 여기에는 복합적 문제가 있다. 과학으로서의 사회학의 목적은 아마도 유형들과 범주들을 찾아내어 대부분 혹은 많은 비슷한 경우들에 일반적으로 적용할 수 있어야 하는데, 바로 이런 목적은 베버의 복잡한 역사적 서술들을 통해서는 거의 불가능한 목적일 뿐만 아니라, 사회과학 이론에 관심을 가진 어느 누구에게도 거의 불가능한 목적이다.

구체적인 사례가 다소 도움이 될 것이다. 《인도의 종교》 한 부분에서 베버는 불교의 초기단계를 설명하는데, 불교가 힌두 브라만의 농촌세계가 아니라 도시 귀족들의 생활을 배경으로 한 산물이라고 설명한다. 불교가 힌두교처럼 환생을 가르치지만, 영혼이나 브라만-아트만과 같은 교리들은 생략한다. 불교는 구원체계이지만 오로지 교양 있는 지성인들만을 위한 것이다. 불교에서는 자이나교의 금욕주의가 전혀 보이지 않는다. 거의 모든 면에서 "그것[불교]은 유교와 이슬람교와 정반대다."[30] 불교는 세상에서의 적극적인 행위와 금욕적 수행 모두를 거부하는 윤리다. 이런 사실에도 불구하고, 그 승려들이 점차 영구한 주거지와 토지를 얻어, 서양의 그리스도교 수도승처럼 지주와 농장 관리자가 되었다. 그러나 서양 수도승과는 달리, 불교 지도자들은 실제 권한이 없었고, 일반 승려들은 한 사원에 정식으로 배속되어 있지 않았다. 베버는 논의를 진전시키면서 이런 것과 함께 다른 많은 세부적인 사실들을 제시했다.[31] 그러나 이런 설명 과정의 최종적인 결과는 일종의 패러독스였다. 한편으로 우리는 역사가의 꿈, 즉 고타

---

30) Weber, *The Religion of India*, p. 206.
31) Weber, *The Religion of India*, pp. 204-30.

마 이후 처음 몇 세기 동안의 매우 풍부하고 자세한 불교도들의 생활과 문화에 대한 정확한 설명을 듣게 되었다. 다른 한편으로는, 사회학자의 악몽이라고 할 수 있는데, 초기 불교의 경제, 사회, 문화와 종교에 대한 설명이 너무 치밀하게 미묘한 차이를 주며, 너무 구체적이며 자세하기 때문에, 그것을 어느 범주에 넣으려는 시도나 일반적인 사회학적 방식 속에 넣는 것이 불가능하다는 점이다. 뿐만 아니라 초기 불교에서 어떤 유비(analogy)를 끌어내어 다른 시대와 장소의 어느 종교 공동체를 설명하려는 노력도 무익하게 만든다. 베버의 이념형들은 분류하고 비교하는 데 유용한 도구들을 제공하지만, 구체적인 역사적 사건들에 적용하는 것은 제한되어 있다. 역사가의 임무는 분명히 특수한 것을 설명하고, 사건들이나 행동을 추적하여 한 시대와 장소와 환경에서 전적으로 특수한 원인들과 조건들이 수렴된 것까지 추적하는 것이다. 베버는 사회과학이 역사가 아니라고 말했다. 사회과학은 자연과학과 마찬가지로, (모두가 아니라면) 대부분 합리적으로 비교할 수 있는 경우들에 일반적으로 적용할 수 있는 이론적 구성을 추구한다. 그러나 베버가 실제로는 이런 일반적인 적용가능성을 전하지 못한 것으로 보인다. 베버는 자신의 사회학을 일반과학으로 확립하려고 최선의 노력을 기울였음에도 불구하고, 그 자신이 적용한 사회학은 순수한 사회과학이라기보다는 유익한 역사학처럼 보인다. 그의 사회학은 유용하며 많은 것을 가르쳐주고 밝혀주며 독창적이기는 하지만, 그 자신이 과학적 사회학자로서 원했던 만큼 일반적이거나 일반적으로 적용할 수 있는 사회학은 아니다.

　베버의 학문적 계보에 대해 연구하는 오늘날의 이론가들은 이런 불평에 대해 대답하지만, 여기서는 나중에 더 토론할 기회가 있을 것으로 기대하며 남겨놓기로 한다. 비판가들이 또 다른 무엇을 지적하든 간에, 종교이론에 대한 베버의 공헌은 가장 인상적이다. 그의 학문적 성취의 비결은 광범위한 학식과 관심, 그의 개념들의 정확성과 분석의 치밀함, 또한 프로이트, 뒤르켐과 마르크스가 주장한 환원주의적 기능주의에 대해 단호하게 반대한 것에서 찾아볼 수 있다. 가장 강조할 것은 종교행위를 설명하는 과제와 관련된 깊은 복합성에 대한 그의 예리한 판단이 그의 학문적 성취의 열쇠라는 점이다.

보다 자세한 연구를 위한 추천 도서들

Andreski, Stanislav. *Max Weber's Insights and Errors*. London: Routledge and Kegan Paul, 1984. 베버 사상의 모든 면에 대한 예리한 관찰로 채워진 짧고 대단히 실제적인 분석.

Bendix, Reinhard. *Max Weber*. 2nd ed. Berkeley: University of California Press, 1978. 장편의 지적인 전기로서, 미국에서 학자들이 많이 읽고 인용한다.

Collins, Randall. *Max Weber: A Skeleton Key*. Beverly Hills, California: Sage Publication, 1986. 베버의 생애와 학자로서의 경력 모두에 대해 매우 간략한 입문서로서 유익하다.

Eliaeson, Sven. *Max Weber's Methodologies*. Cambridge: Polity Press, 2002. 베버의 사회학 방법론에 관한 난해한 저술에 대해 최근에 철저하고 분명하게 평가한 책.

Freund, Julien. *The Sociology of Max Weber*. New York: Pantheon Books, 1968. 초기의 연구이지만 명료하게 쓴 것으로, 베버에 관한 개론들 중 가장 읽기 쉬운 것 중 하나다.

Honigsheim, Paul. *On Max Weber*. 개인적으로 베버를 잘 아는 제자의 매혹적인 회고록으로, 베버의 생애와 지적인 교제를 밝혀주는 통찰력 있는 일화들로 가득하다.

Käsler, Dirk. *Max Weber: An Introduction to His Life and Work*. Translated by Philippa Hurd. Chicago: University of Chicago Press, 1988. 철저히 연구한 더욱 새로운 독일 연구서의 영어 번역으로, 어려운 부문도 있지만 중요한 책이다.

Kivsto, Peter, and William H. Swatos, Jr. *Max Weber: A Bio-Bibliography*. New York: Greenwood Press, 1988. 영문으로 된 막스 베버에 관한 전체 문헌의 포괄적인 주를 단 안내서로 거의 1,000개의 목록을 담고 있다. 비 독일어 독자들에게 절대 필요한 것이다.

Lehman, Hartmut, and Guenther Roth, eds. *Weber's Protestant Ethic: Origins, Evidence, Contexts*. Cambridge: Cambridge University Press, 1993. 국제적 전문가들 집단의 논문들로 "베버 논제"의 다양한 면을 다룬다.

Max Weber Studies. Sheffield, England: Academic Press, 2002. 베버의 생애와 경력 모든 면에 대한 신중한 연구, 주석, 서평을 다루는 새로운 전문잡지이다.

Mitzman, Arthur. *The Iron Cage: An Historical Interpretation of Max Weber*. New York: Alfred Knopf, 1970. 도발적인 "역사심리학"으로 베버의 생애를 그의 가족관계와 부부관계에서 비롯된 긴장과 그의 신경성 허탈의 영향의 측면에서 이해하려고 한다.

Mommsen, Wolfgang. *Max Weber and German Politics: 1890-1920*. Translated by M. S. Steinberg. Chicago: University of Chicago Press, 1984. 주요 독일 역사가에 의한 중요한 수정론자의 연구로서 베버의 정치와 독일 민족주의에 집중한다.

Ringer, Fritz. *Max Weber: An Intellectual Portrait*. Chicago: University of Chicago Press, 2004. 제1차 세계대전 이전 독일의 대학들과 지적 생활에 익숙한 역사가가 쓴 베버의 생애와 사상에 대한 가장 최근의 평가이다.

Runciman, W. G. *A Critique of Max Weber's Philosophy of Social Science*. Cambridge: Cambridge University Press, 1972. 어렵지만 베버의 방법론에 관한 논문을 엄격하게 논한 비판적 분석.

Schluchter, Wolfgang. *Rationalism, Religion and Domination: A Weberian Perspective*. Translated by Neil Solomon. Berkeley: University of California Press, 1989. 베버의 지적인 연구 계획 모두에 대한 주요 재해석으로, 경제와 사회에 대한 그의 연구에서 문화와 세계종교에 대한 비교 연구로 강조를 전환시킨다.

Turner, Stephen, ed. *The Cambridge Companion to Weber*. Cambridge, England: Cambridge University Press, 2000. 베버의 생애와 사상의 권위자가 쓴 베버 저술의 특별한 차원에 관한 12편 이상의 최근 논문집.

Weber, Marianne. *Max Weber: A Biography*. Translated by Harry Zohn. New York: John Wiley & Sons, 1975. (조기준 역, 《막스 베버》, 소이연, 2010). 베버 부인이 썼으며, 베버 사망 6년 후에 출판된 것으로, 베버의 생애와 사상에 관한 귀중하고 유익한 장편의 설명이면서 역시 두둔하는 설명이다.

Weber, Max. *Ancient Judaism*. Translated by Hans Gerth and Don Martindale. Glencoe, Illinois: The Free Press, 1952. (진영석 역, 《야훼의 예언자들》, 백산출판사, 2004).

Weber, Max. *Economy and Society: An Outline of Interpretive Sociology*. Edited and translated by Guenther Roth, Claus Wittich, ed al., 2 vols. New York: Bedminster Press, 1968. (박성환 역, 《경제와 사회》, 문학과지성사, 2003).

Weber, Max. *The Protestant Ethic and The Spirit of Capitalism*. Translated by Talcott Parsons. New York: Charles Scribner's Sons, 1958.(박성수 역, 《프로테스탄티즘의 윤리와 자본주의 정신》, 문예출판사, 2010).

Weber, Max. *The Religion of China*. Translated by Hans Gerth.

Glencoe, Illinois: the Free Press, 1951.

Weber, Max. *The Religion of India*. Translated by Hans Gerth and Don Martindale. Glencoe, Illinois: The Free Press, 1958.

Weber, Max. *Sociology of Religion*. Translated by Ephraim Fischoff. Boston: Beacon Press, 1963. (전성우 역, 《종교사회학 선집》, 나남출판사, 2008).

Wrong, Dennis, ed. *Max Weber*. Englewood Cliffs, New Jersey: Prentice Hall, 1970. 주요 국제 권위자들이 기고했고, 유익하고 폭넓은 편집자의 서론으로 보강된 책으로서 특정한 베버 개념들에 관한 짧고도 극히 유익한 논문집.

6장

성스러움의 실재

미르체아 엘리아데

"내 임무는 존재의 고대 양태들(archaic modes of being)이 장엄하면서 때로는 단순하고, 때로는 기괴하며 비극적임을 보여주는 것이다."

- 미르체아 엘리아데, *Journal III: 1970-1978* [1]

막스 베버에게 설명은 일종의 통합이다. 과거나 현재의 인간의 모든 기획―사회적인 것이든, 개인적인 것이든 간에―은 그 자체가 다양한 원인들과 결과들이 만나는 합류 지점으로 나타난다. 사회적 행동들에서, 이처럼 생각, 동기, 조건, 정황이 서로 얽혀서 만들어내는 그물망(web)에는 이음새가 없다. 그러므로 우리가 종교적 제의, 정치적 사건, 문화적이나 사회적 경향 등 어느 것을 설명하든 간에, 다른 모든 원인들을 배제하고 한 가지 원인만을 특별 취급할 수는 없다. 종교행위는 의심의 여지없이 경제조건에 의해 영향을 받지만, 마르크스가 주장하는 것처럼 종교 전체를 단순히 경제로 환원할 수는 없다. 종교적 믿음은 프로이트와 뒤르켐이 주장하는 것처럼 분명히 어떤 심리

---

1) Mircea Eliade, *Journal III: 1970-1978*, tr. Teresa Lavender Fagan (Chicago: University of Chicago Press, 1989), p. 179.

적이고 사회적인 요구를 충족시키지만, 하느님에 대한 모든 믿음을 오직 신경증에서 비롯된 것으로 추적할 수 없는 것처럼, 모든 종교 관행들을 오직 사회적 결단으로 환원할 수도 없다. 종교적 믿음과 관행 아래에 깔려 있는 이런 조건들과 상황들이 분명히 중요하지만, 인간의 생각, 믿음, 의도 역시 중요하다. 하나의 원인은 전체를 설명할 수 없으며, 각각의 원인은 전체의 일부만을 설명할 수 있을 뿐이다.

그렇다면 좀 더 나아가, 베버가 주장하는 것처럼 생각들과 믿음들이 종교를 설명하는 데 중요하다면, 사실상 이것들이 가장 중요한 것이라고 할 수 있겠다. 아마도 종교적 믿음들 자체가 환원주의자가 기능주의적 설명에서 찾을 수 있다고 가정하는 "실제적이고 근원적인" 힘일 것이다. 마르크스와 같은 이론가가 종교에 대해 오직 경제적인 해명만을 주장할 수 있다면, 우리 역시 배타적으로 혹은 적어도 일차적으로, 종교에 대한 종교적 해명을 내놓을 수 있지 않겠는가? 결국 종교를 설명하는 최선의 길은 종교인들 자신이 종교를 설명하는 방식, 즉 우선적으로 종교인들 자신의 생각과 감정과 믿음에 호소하여 설명하는 방식이라고 주장하는 것은 결코 불합리하지 않을 것이다. 이것이 본질적으로 우리가 이제부터 다루려는, 루마니아 출신 미국인으로서 세계 종교들의 연구에 큰 영향을 끼친 미르체아 엘리아데가 취한 입장이다.

엘리아데는 진정으로 다문화적인 학자로서 유럽의 여러 언어들에 능통했는데, 루마니아에서 태어나서 거기서 교육받고, 서부 유럽에서 연구하고 가르쳤으며, 미국에서 그의 경력을 마쳤다. 재능 있는 소설가이기도 했던 박식한 엘리아데는 평생을 종교에 대한 비교연구에 헌신하기로 했는데, 유럽의 관례에 맞게 그는 그 분야를 '종교사'라고 불렀다. 젊어서 한때는 인도에서 공부했고, 그 후 모국인 루마니아와 그 외 유럽에서 연구를 계속했으며, 한동안 프랑스에서 대학 교수로도 지냈다. 그는 1950년대에 미국으로 이주하여 시카고대학교의 교수로서 미국 대학들 내에서 종교연구를 발전시키는 데 중추적 역할을 했다. 처음부터 엘리아데는 환원주의 이론에 정반대되는 개념을 개발했는데, 그는 환원주의가 인간 생활에서의 종교의 역할을 심각하게 오해했다고 보았다. 그는 소위 '인본주의적'(humanistic) 접근방법을 주장했고, 학자로서 오랜 경력을 통해 종교는 항상 "그 자체의 관점"에서 해명해야 한다는 신념을 확고히 지니고 있었다. 그러기에 우리는 그의 이론을 그 자체의 공적에서만 아니라, 모든 환원주의 라이벌에게 베버 이상으로 담대하게 도전했던 이론으로 보고 주목해야 한다.

배경

미르체아 엘리아데는 1907년 3월 9일, 루마니아 군대 장교의 아들로 부쿠레슈티(Bucharest)에서 태어났다. 소년시절에 그는 조용한 곳을 즐겼고, 과학과 소설과 글쓰기를 좋아했다. 그의 자서전에는 열여덟 살에 그의 100번째 글이 출판된 것을 친구들과 축하한 일이 기록되어 있다![2] 이 젊은 나이에 벌써 그는 신문사에 고용되어 특집기사, 여론 란, 서평들을 썼다. 또한 그의 회고 가운데는 아동기 초기의

---

2) *Autobiography: Volume 1, 1907-1937, Journey East, Journey West*, tr. Mac Linscott Ricketts (San Francisco: Harper & Row, 1981), p. 94. 그 자신의 자서전과 전기 외에, 그의 생애에 관한 것은 Ioan Culianu, *Mircea Eilade* (Assisi, Italy: Cittadella Enitrice, 1977)와 Ivan Strenski, *Four Theories of Myth in Twentieth-Century History: Cassirer, Eliade, Levis-Strauss and Malinowski* (Iowa City, IA: University of Iowa Press, 1987), pp. 70-128. 엘리아데의 초기시절에 대한 가장 광범위한 해설은 Mac Linscott Ricketts, *Mircea Eliade: The Romanian Roots, 1907-1945*, 2 vols. (New York: Columbia University Press, 1988)을 보라.

잊혀지지 않는 사건이 들어 있다. 하루는 집에서 오래 쓰지 않던 방에 들어갔는데, 초록색 커튼을 통해 스며들어오는 햇살로 인해 전체 공간이 이 세상의 것이라고는 생각되지 않을 정도로 에메랄드 황금 색깔의 황홀한 빛으로 가득 찬 것에 놀랐다. 눈부신 황홀경에서 그는 전혀 다른 초월의 세계에 들어간 느낌이었다. 나중에 그는 종교경험에 대한 설명에서 사용한 것과 비슷한 말로, 이 사건의 회상이 심오한 '향수' 즉 다른 세상의 완전한 아름다운 공간에 대한 열망이라고 표현했다.[3] 이처럼 저세상적인 이상(otherworldly ideals)이라는 주제는 그의 교육을 통해서도 이어지고 있다. 부쿠레슈티대학에서와 이탈리아에서, 그는 이탈리아 르네상스의 신비적인 플라톤주의 사상가들을 연구했는데, 이 연구를 하는 동안에 그는 이 세상 너머에 있는 최고 혼(Supreme Soul)과의 영적인 결합을 강조하는 힌두교 사상을 발견했다. 그는 곧 유명한 현인이며 학자인 다스굽타(Surendranath Dasgupta)에게 배우려고 인도로 갔다. 1928년 말에 도착해서 그는 캘커타대학교에 등록했고, 다스굽타의 집에 머물면서 그와 연구를 했는데, 다소 영적으로 낮은 수준 때문이라 할까, 스승의 딸과 연애하기 시작했다. 선생과 불편하게 헤어진 후, 히말라야 산맥에서 힌두교 도인에게서 요가를 배웠다.

훗날 회고에서, 엘리아데는 인도에 체류했던 것이 자신의 생애에 결정적인 영향을 미쳤다고 했다. 특히 세 가지를 발견했다고 했는데, 인생은 소위 그가 말하는 '성사의'(sacramental) 경험에 의해 변화될 수 있다는 것과, **상징들**(symbols)이 어느 진정한 영적 삶에서나 열쇠가 된다는 것, 그리고 아마도 가장 중요한 것으로, 태고 이래로 존재했던

---

[3] Mircea Eliade, *Ordeal by Labyrinth: Conversations with Claude-Henri Rouquet* (Chicago: University of Chicago Press, 1978), pp. 6-8.

영적 삶의 모습을 깊이 느끼게 하는 폭넓고 강력한 민속종교의 전통이 있는 인도 시골에서 많을 것을 배울 수가 있었다는 것이다. 단순한 농부들은 농사의 신비 속에서 신성하며 영원한 것을 보았고, 이들은 세상을 "생명, 죽음, 재생의 끊임없는 순환"(unbroken cycle of life, death, and rebirth)으로 보았다. 엘리아데가 말하는 이 '고대종교'(archaic religion)는 인생에 대한 하나의 관점으로서 세계의 많은 지역에서 공감했던 것으로 보였다. 이것은 인도의 촌락들로부터 그의 모국 루마니아 시골구석까지, 유럽과 스칸디나비아로부터 동부 아시아, 아메리카 대륙과 그 밖에 대대로 선조들이 가르쳐 준대로 땅을 갈던 원시인들이 살던 장소들에서 볼 수 있었다. 그는 인도에서 처음으로 "우주적 종교 감정"(cosmic religious feeling)을 발견했다고 썼다.[4]

3년 간 고국을 떠났다가 1931년에 그는 군복무를 마치기 위해 루마니아로 돌아갔다. 그는 글쓰기를 계속했고, 1933년 스물여섯 살의 젊은 나이에, 다스굽타의 딸과의 로맨스를 근거로 쓴 소설 《마이트레이》(*Maitreyi*, 영어로는 *Bengal Night*)가 상을 받아 전국에서 유명인사가 되었다. 당시의 십여 년이 다른 면에서도 중요한 시기였다. 그의 박사학위 논문인 《요가: 인도의 신비적 신학의 기원에 관한 소론》(1936)이 프랑스어로 출판되었는데, 이 주제에 관해 쓴 여러 책 중 첫 번째 것이다. 학위를 받은 후 그는 부쿠레슈티에서 유력한 철학자 이오네스코(Nae Ionesco)의 조교로 가르치기 시작했는데, 이오네스코는 "천사장 미카엘 군단"이라는 루마니아 민족주의 단체의 지도적 존재였다. 이 단체의 단원들 중에는 독일의 나치당과 비슷한 역할을 하려는 "강철 수호대"라는 폭력적 테러진영이 있어서 이들은 히틀러에 공감

---

4) Eliade, *Ordeal*, pp. 54-56.

6장. 미르체아 엘리아데

을 보였다. 엘리아데는 이 집단 가운데 다른 친구들도 있었는데, 그 자신은 오히려 전문잡지를 편집하고 저술하며 또한 문학, 철학, 예술에서 최근의 문제들과 동태에 대한 토론을 주선하는 등 오히려 지성적 삶을 좋아했던 편이었다. 그 외의 다른 활동에 관해서 그는 항상 말하기를 꺼려해서, 스스로를 주로 비정치적인 사람이라고 설명했다.

제2차 세계대전 기간 동안에 엘리아데는 루마니아 정부로부터 포르투갈 수도 리스본의 외교관직에 임명되었다. 전쟁이 끝나자 그는 (공산화된) 루마니아로 돌아가지 않고 파리에 거주하면서 고등교육학교(École des Hautes Études)에서 가르칠 기회가 있었다. 거기서 그는 중요한 두 권의 책을 위한 연구조사를 마쳤는데, 이 연구가 대부분 그의 훗날의 연구와 사상의 진로를 정해 주었다. 즉 《종교형태론》(*Patterns in Comparative Religion*, 1949)은 종교에서 상징의 역할을 탐구한 것이며, 《영원회귀의 신화》(*The Myth of the Eternal Return*, 1949)는 고대종교(archaic religion)와 현대사상 사이의 차이와 더불어 역사와 성스러운 시간이라는 개념을 연구한 것이다. 이 두 책 모두가 프랑스어로 출판되었다. 그의 연구가 진척되면서 엘리아데는 저명한 스위스 심리학자이며 프로이트의 전 동료인 카를 융(Carl Jung)으로부터 더욱 영감을 받았다. 그는 융을 1950년 스위스 아스코나에서 열린 유럽 지식인들의 정기모임 에라노스 회의(Eranos Conference)에서 만났는데, 1960년 융이 죽기까지 그를 정기적으로 방문했고, 융이 고대종교에 관한 그의 사상의 지지자일 뿐만 아니라 또한 그 사상의 살아 있는 증거라고 보았다. 그들 사이의 토론에 대해 엘리아데는, "나는 아직 대지에 뿌리박고 있으면서도, 동시에 천국 가까이에 있는 중국의 현인이나 동부 유럽 농부의 말을 듣고 있다고 느꼈다"[5]라고 썼다.

1950년대에 엘리아데의 학자로의 경력에 마지막 중요한 변화가 왔다. 시카고대학교에서 강연한 후에 그 대학 신학교의 교수직을 수락했고, 1962년에는 시카고대학교의 수훈 교수(Distinguished Service Professors)의 한 사람이 되었다. 그는 교수로서 남은 생애를 거기서 보내면서, 한 세대에 걸쳐 재능 있는 젊은 학자들을 키울 수 있었다. 이들은 스승의 견해에 동의하지 않는 때에도 그의 모범에 의해 영감을 받았다. 그는 자신의 영향을 쉬운 통계를 인용하여 측정했다. 그가 시카고에 왔을 때 미국 내에 종교사 분야에 중요한 교수직이 셋이 있었고, 20년 후에는 30명으로 늘어났는데, 그 중 절반을 그의 제자들이 차지하고 있었다. 루마니아에서 인도로, 또 시카고로의 지적인 여정 가운데서 엘리아데의 경력, 다시 말해서 그의 생애는 많은 정반대의 것들이 한데 수렴하는 과정을 겪어 왔는데, 동과 서, 전통과 근대성, 신비주의와 합리성, 명상과 비판이 그것이다. 그는 은퇴하여 1986년 4월 22일에 심장마비로 죽기까지, 연구와 저술을 계속했다.

엘리아데의 출발점: 두 가지 원칙

엘리아데 이론의 특수성을 보기 전에, 그의 이론이 세워진 기초를 알아야 하겠다. 특별히 두 가지 사상이 그의 원칙 혹은 토대가 되었는데, 이 둘이 모든 것의 기본이 된다. 첫째 것은 이미 지적한 것처럼, 환원주의에 대한 그의 강력한 태도이다. 엘리아데는 종교의 독립성 혹은 '자율성'(autonomy)을 굳게 믿었기에, 종교를 다른 어떤 현실의 단순한 부산물로 설명할 수가 없다는 것이다. 그는 주장하기를 '종교 현상'은,

---

5) Eliade, *Ordeal*, pp. 162-63.

종교 자체의 수준에서 파악함으로써만 인식될 것이다. 이 말은 종교가 종교적인 어떤 것으로서 연구되어야만 인식된다는 말이다. 그런 현상의 본질을 생리학, 심리학, 사회학, 경제학, 언어학, 예술이나 다른 어떤 연구를 통해 파악하려는 것은 잘못된 것으로서, 종교 현상 안에 내재하는 하나의 독특하고 환원할 수 없는 성스러움의 요소(the element of the sacred)를 놓치는 것이다.6)

자연과학의 용어로 바꾸어 말하면, 종교는 어느 검사나 실험에서 항상 변하는 '종속변수'로 해석되어서는 안 된다는 것이다. 오히려 종교를 상수(常數) 혹은 독립변수로 취급해야 하며, 인생의 다른 측면인 사회적, 심리적, 경제적인 것은 종교에 의존하는 것으로 보아야 한다. 인간행위의 한 요소로서, 종교는 結果이기보다는 원인으로 기능한다.

두 번째 원칙은 방법에 적용되는 것이다. 종교가 사실 독립적인 것이며 또한 순전히 심리학이나 사회학을 통해서 설명될 수만은 없는 것이라면, 우리는 어떻게 종교를 설명해야만 하는가? 엘리아데는 통찰력의 두 개별적 시각을 결합해야만 한다고 대답한다. 종교학자들은 대부분 과거를 연구하기 때문에, 이들의 주제는 어떤 점에서 단순히 역사다. 그래서 다른 역사가들과 마찬가지로 이들은 증거를 수집하고 정리하여, 일반론을 작성하고, 비판하며 원인 혹은 결과를 찾아내려고 한다. 이런 점에서 이들의 분야는 분명히 종교의 역사다. 동시에 종교 연구는 단지 역사적인 것일 수만은 없다. 우리가 종교를 이해할 수 있는 것은 엘리아데가 말하는 '현상학'(phenomenology, '외형'을 뜻하는 그리스어 *phenomenon*에서 온 말)을 적용해야만 이해하게 되는데, 이

---

6) Eliade, *Patterns in Comparative Religion*, tr. Rosemary Sheed (New York: Meridian Books [1949] 1963), p. xiii.

는 형태 혹은 외형에서 우리에게 나타내 보이는 것들을 비교 연구하는 것이다. 어떤 과학이든 부분적으로는 현상학이다. 스펙트럼에서 빨간 색을 식별할 수 있는 것은 그 현상이 파란색이나 보라색의 현상과 다르기 때문이다. 마찬가지로, 우리가 믿음이나 의례 등 종교의 한 형태를 이해하는 한 가지 방법은 그것을 다른 것과 비교하는 것이다. 그래서 엘리아데는 철학자 괴테가 언어에 관해 말했던 유명한 말에 단연 찬성하는데, 그것은 막스 뮐러가 이미 종교연구에서 채택한 것으로서, "하나를 아는 사람은 아무것도 모르는 사람이다."라는 말이다. 비교 없이는 실제 과학이 있을 수 없다.

역사가들은 비교에 대해 의심하는 것이 사실인데, 특히 유사점을 찾기 위해 비교를 사용할 때다. 학자의 회의적인 정신은 결코 두 가지가 전혀 같을 수가 없다고 항상 생각하는 경향이 있어서, 매 시간, 매 장소가 그 다음의 것과 다르다는 것이다. 엘리아데는 여기에 동의하지 않는다. 그는 종교에서 어떤 현상의 일반적 형태들, 어떤 폭넓은 패턴들은 다른 것과 비교하기 위해 그 본래의 시간과 장소 밖으로 빼낼 수가 있다고 생각한다. 시간과 장소는 다르지만 그 관념들은 흔히 같다고 그는 말한다. 수학자 유클리드(Euclid)는 고대 그리스인으로서 그 시대의 사람이었지만, 우리는 마치 그가 어제 가르친 듯이 그의 기하학을 배울 수가 있다. 사람은 과거에 속할지라도, 그의 정리(theorems)는 시간을 초월한다. 종교의 관념들도 마찬가지라고 할 수 있다. 제우스 숭배는 어떤 점에서는 역사에서 한 시대와 장소에 매여 있어서 고대 그리스 종교에 속한 믿음과 의식이다. 그러나 신들에 관한 그리스 이야기 속에서 제우스에게 아내가 있고 올림포스 산에 살며, 다른 신적 존재들보다 더 강력하다는 것을 주목하면, 세상에서 서로 다른 시대와 장소에서 나타나는 '하늘 신'(sky god)의 일정한 전형적 모습을 그에게서 쉽게 찾아볼 수 있다. 제우스신은 오직 그리스에 속하지만, 하늘 신의 현상은 그렇지가 않다. 그러한 신들은 많은 문화들 속에서 나타나기 때문에, 우리는 그 신들의 패턴들을 조사해서 서로가 공유하는 것과, 그렇지 않는 특징들을 인식함으로써 많은 것을 배울 수가 있다.

이런 원칙을 가지고 이제 엘리아데의 연구의 중요한 요소들을 살펴보겠는데, 마르크스와 프로이트 경우처럼 우리는 그의 저서 한 권이 아니라 많은 저서들을 살펴볼 필요가 있다. 엘리아데는 그의 모든 저서에서 동일한 주요 생각들과 패턴들을 탐구하지만, 프레이저나 뒤르켐처럼 어느 한 책에서 그의 이론을 총괄적으로 제시하지는 않고 있다. 더구나 그는 소설 작가로서, 학술적 저술에서까지도 소설가의 방식으로, 정확한 논증보다는 오히려 길고 장황한 해설을 제시한다. 그러므로 몇 가지 핵심 주제를 중심으로, 그 주제를 가장 잘 설명하는 한 권의 책을 통해서 검토하는 것이 최선의 방법이라 생각한다. 다음 순서대로 살펴보겠다.

1. **엘리아데의 종교 개념.** 이것은 《성과 속》(*The Sacred and the Profane*, 1957)에 가장 분명하게 요약되어 있는데, 일반 독자들을 위해 쓴 그의 이론에 대한 가장 좋은 짧은 소개서이다.
2. **그의 상징과 신화에 대한 이해.** 이것은 그의 대부분의 후기 저서들의 의제를 결정해 준 《종교형태론》(*Patterns in Comparative Religion*, 1949)에서 가장 잘 볼 수 있다.
3. **고대문화와 현대문화 모두에서 본 시간과 역사에 대한 그의 설명.** 이 주제는 엘리아데의 저서 가운데 가장 독창적이고 도전적인 《영원회귀의 신화》(*The Myth of the Eternal Return*, 1949)에서

길게 논의되고 있다.

엘리아데의 종교개념: 성(聖)과 속(俗)

《성과 속》(*The Sacred and the Profane*, 1957)은 짧은 개론서인데, 종교를 이해하려 할 때, 첫 번째 발걸음이 가장 중요한 것임을 밝히고 있다. 엘리아데는 역사가들이 반드시 현대문명, 즉 지금까지 살아온 전체 인류 가운데서 결국은 단지 최근의 일부만을 설명하는 현대문명에서 빠져나와서, '고대 인간'(archaic man)의 세계 속으로 들어가야만 한다고 설명한다. 고대 인간이란 역사 이전에 살았거나, 혹은 오늘날 부족사회 안에서 시골의 민속 문화 상태에서 살면서 자연 그대로의 세상에서 사냥, 낚시, 농경이 매일의 일상인 사람들이다. 어디서나 그런 사람들에게서 찾아볼 수 있는 것은 전혀 다른 두 차원의 삶을 산다는 것인데, 성(the sacred)의 차원과 속(the profane)의 차원이다. 속은 평범하고 임의의, 대체로 중요하지 않은 일상의 업무 영역이고, 성은 그 반대로 초자연적이며 특별하며 잊을 수 없는 획기적 영역이다. 속은 소멸하며 부서지기 쉽고 그림자들로 가득하지만, 성은 영원하고, 본질적인 것과 실재성으로 가득하다. 속은 불안정하고 혼란한 인간적 사건들의 영역이며, 성은 질서와 완전의 영역으로, 조상들과 영웅들과 신들의 고향이다. 우리가 고대 인간들을 어디에서 만나든, 종교는 이런 근본적 분리에서부터 시작한다.

기억력이 좋은 독자들에게는 이런 이야기가 이미 들었던 것처럼 생각될 것이다. 즉 여기서 엘리아데는 성과 속에 대해 뒤르켐이 말했던 것을 반복하는 것처럼 보인다. 그것은 당연한 일이다. 엘리아데는 프랑스의 지적인 전통에서 교육을 받았는데, 그곳에서는 주로 뒤르켐의 영향 때문에, 종교를 그렇게 정의한 것이 널리 받아들여지고 있었다. 그러나 더 자세히 보면, 실상 차이점이 있음을 알게 된다. 앞에서 살펴본 것처럼, 뒤르켐이 말하는 성과 속은 언제나 사회와 사회의 필요성들을 고려한 것이었다. 그에게 성은 사회적인 것으로서 씨족에게 중대한 문제가 되는 것이며, 속은 그 반대로 오직 개인에게만 중요한 것이었다. 뒤르켐에게는 신성한 상징들과 제의들이 초자연적인 것을 말하는 것처럼 보이지만, 그러나 이 모두가 단지 사물의 표면적 모습일 뿐이다. 상징들의 목적은 단순히 그 씨족을 토템 신으로 상징함으로써 그들로 하여금 사회적인 책임들을 깨닫게 만드는 것이다. 이와는 대조적으로 엘리아데가 성을 말할 때는, 분명히 이런 씨족숭배를 염두에 둔 것이 아니다. 그의 견해에 따르면, 종교의 관심은 초자연적이며, 분명하며 단순한 것에 관한 것이다. 종교는 성스러움 자체와 그 성스러움 안에 초점을 두고 있는 것이지, 단지 사회적인 것을 묘사하는 하나의 방식으로서의 성이 아니다. 비록 엘리아데가 성과 속이라는 뒤르켐의 용어를 사용하고 있으며 또한 그 용어가 인격적 신들만이 아닌 그 이상을 포괄하는 용어라는 점에는 동의하지만, 엘리아데의 종교관은 타일러와 프레이저의 종교관에 가깝다. 즉 종교는 무엇보다 초자연적 존재들의 영역이 있다는 것에 대한 믿음이다.

엘리아데는 우리로 하여금 그의 안내자로서 뒤르켐 대신에 다른 학자를 생각하도록 요청하는데, 독일의 신학자이며 종교사가인 루돌프 오토(Rudolf Otto)다. 오토는 1916년에 바로 이 주제에 관해 유명한 《거룩》(*The Idea of the Holy*, 독일어로 *Das Heilige*)을 출판했는데, 여기서 그 역시 성의 개념을 다루지만, 사회나 사회적 필요성에 그 개념을 적용한 것은 아니다. 대신에 그는 개인들의 독특하며 극적인 경험에 관해 쓰고 있다. 그는 사람들이 대부분 인생에서 어느 때고 한 번은,

참으로 비일상적이며 압도적인 것에 부닥치게 된다고 말한다. 이들은 자신이 아닌 '전적 타자'(wholly other), 즉 신비스럽고 장엄하며, 강력하고 아름다운 어떤 실재(reality)에 사로잡힌 것을 느낀다. 이것이 '거룩'(the holy)에 대한 경험이며 성스러움과의 만남이다. 오토는 이것을 라틴어로 '미스테리움'(*mysterium*)이라고 불렀는데, 이것은 두렵고 떨리며 동시에 황홀하게 만드는(*tremendum et fascinans*) 신비스러운 어떤 것이다. 그가 사용하는 다른 이름은 '성스러움'(the numinous, '영' 혹은 '신령한 존재'를 뜻하는 라틴어 *numen*에서 온 말)의 느낌이다. 사람들이 성스러움과 조우할 때, 예외 없이 그들 자신은 성경이 표현하는 대로 "먼지와 재"만도 못한 무가치한 존재로 느끼게 되고, 반면에 성스러움은 정반대로 압도적으로 위대하고 본질적이며 숭고하고 참으로 실재하는 것으로 느낀다고 그는 말한다. 오토는 이 경외심을 일으키는 성스러움에 대한 감정은 특이하고 환원할 수 없는 것이라고 믿는다. 그것은 다른 어떤 아름답거나 무서운 것과의 만남과는 다르다. 비록 막연하게 비슷할 수도 있지만 말이다. 다른 어느 것과도 같지 않은 이 감격적인 체험 속에 우리가 종교라 부르는 모든 것의 감정적 핵심이 들어 있다.

성(聖)에 대한 엘리아데의 개념은 오토의 개념과 매우 비슷하다. 사람들이 그런 성스러움과 조우할 때, 그 성격상 저세상적인 어떤 것에 닿는 느낌이라고 그는 말한다. 사람들은 자신들이 알고 있는 모든 것과는 전혀 다른 어떤 실재를 스치고 지나간 것처럼 느끼는데, 그것은 놀랄 만큼 강력하며 이상하게 다르고 매우 실재하며 영속적인 존재의 차원이다.

모든 현대 이전 사회의 사람들과 마찬가지로, 원시인들에게 성스러움은 권능(a power)과 같은 것이며, 결국에는 실재와 같은 것이다. 성스러움은 존재(being)로 충만해 있다. 성스러운 권능은 실재이며 동시에 영속성과 효능이다... 그러기에 종교인이 깊은 열망, 즉 존재하고 실재에 참여하며, 권능으로 충만해지기를 깊이 열망한다는 것은 쉽게 이해가 된다.7)

유대-그리스도교나 이슬람교 배경의 독자들은 엘리아데가 여기서 하느님과의 만남을 말한다고 당연히 생각하겠지만, 그가 생각하는 성스러움은 그보다 더 광범위하다. 그것은 많은 신들, 조상들이나 불멸의 존재들, 혹은 힌두교도들이 말하는 모든 인격을 넘어서는 최고의 영 '브라만'(Brahman)의 영역을 뜻할 수 있다. 성스러움을 어떻게 생각하든, 종교의 역할은 성스러움과의 접촉을 촉진하여, 인간이 "그의 세속적인 우주나 역사적인 상황에서 벗어나, 그 성질이 완전히 다른 초월적이며 거룩한 우주 속으로 그를 투입시키는 것"8)이다. 더구나 성스러움에 대해 감지하는 것은 특정한 사람들 사이에서 특정한 때에만 발견되는 일시적인 것이 아니다. 현대 서구문명의 세속사회에서 사람들은 꿈이나, 향수, 상상력의 작용을 통해서 놀라운 무의식적인 방법으로 그런 감지를 보인다. 그러나 성스러움에 대한 직관은 아무리 가면을 쓰고 억제되고 불명료할지라도, 인간의 사상과 활동의 영원한 특징으로 남아 있다. 이런 직관이 없는 인간은 없다. 성스러움을 인식하는 눈이 열리면, 어디에서나 그것을 볼 수 있다.

---

7) Eliade, *The Sacred and the Profane: The Nature of Religion*, tr. Willard R. Trask. (New York: Harcourt, Brace & World [1956 French] 1957), pp. 12-13.
8) Mircea Eliade, *Autobiography, volume II: 1937-1960: Exile's Odyssey*, tr. Mac Linscott Rickets (Chicago: University of Chicago Press, 1988), pp. 188-89.

엘리아데는 고대 인간들 사이에서 이 성스러움의 관념이 단지 일반적인 것 이상으로 그들 자신의 생존에 절대 결정적인 것으로 간주되며, 실제 그들 삶의 모든 측면을 형성한다고 말한다. 그들은 하루의 시간이나 그들이 사는 장소처럼 아주 기본적인 것을 생각할 때조차도 성스러움에 대해 말한다. 고대 그리스인들이 매일의 일정을 생각할 때, 그들은 자연히 매일 하늘을 가로질러 해의 마차(chariot of the sun)를 몰고 가는 포에부스 아폴로(Phoebus Apollo) 신화에 의지했다. 그들이 새벽에 일어날 때 빛이 있는 것은 포에부스가 바로 그 때 자기 말에 마구를 채우고 있기 때문이라고 추측했고, 포에부스가 여행하는 동안 그들은 일을 했는데, 그의 여행을 통해 빛이 얼마나 지나갔고 아직 얼마나 남았는가를 알았으며, 그 여행 마지막에 그가 말을 쉬게 할 때 그들도 잘 수 있으며 다음날 새벽을 위해 힘을 회복할 수 있었다. 우리에게는 이런 신화 이야기들이 단지 재미있는 것이지만, 고대 인간들에게는 매우 중대한 것이었다. 이런 신화 이야기들이 바로 그들의 사고구조와 그들이 존중하는 가치관과 그들이 행동할 때마다 따르려고 선택하는 모델들, 즉 엘리아데가 '원형'(archetype)이라고 부르는 모델들을 제공했기 때문이다. 이런 성스러운 패턴들이 고대의 거창하고 예식적인 것에서부터 일상적이며 실로 사소한 것에 이르기까지 온갖 활동을 주관한다. 포에부스 이야기와 비슷한 신화들이 있는 몇몇 고대문화에서는, 사람이 타고 다니는 모든 마차를 태양신이 몰았던 마차 모양대로 만들어야 했다. 다른 것에도 비슷한 규칙들이 적용되었다. 예컨대, 옛날 스칸디나비아 사람들 사이에서는 매일 고기잡이와 운송을 위한 배를 아무 모양으로나 만들 수가 없고, 신성한 모델을 따라야 했는데, 장례 때 시신을 안치하는 배 모양을 따라야 했다. 이런 규칙들은 고대 인간들이 신들의 방법이 가장 좋다는 교훈을 고집했기 때문에 존재했으며, 신적인 모델들은 사람들이 어떻게 살아야 하는가를 보여주었다.

《성과 속》에서 엘리아데는 광범위한 문화들로부터의 수많은 사례를 인용하여, 이처럼 전통적인 사람들이 얼마나 진지하게 신들이 정해준 방식들을 따르는가를 보여준다. 성스러움의 권위가 모든 것을 통제한다. 예를 들어, 고대의 씨족들은 마을을 세울 때 그저 세우기 편리한 곳을 택하지 않았다. 마을은 '성현'(聖顯, hierophany, '성스러움의 출현'을 뜻하는 그리스어 *hieros*와 *phainein*에서 온 말)이 있었던 장소에 세워야만 했다. 성스러움이 신이나 조상의 모습으로 이 특정한 장소를 실제로 방문했음이 일단 확인되면, 그 장소는 '세계'(*cosmos*, '질서의 장소'를 뜻하는 그리스어)의 중심(center)으로 인정받게 되는 제의를 통해 축성(ritual blessing)을 받게 된다. 그 다음에 비로소 이 중심 주변에 공동체를 세울 수 있는데, 단연코 신의 명령을 받은 구조임을 보여주는 방식으로 세워야 하며, 이것이 성스러운 체계(a sacred system)이다. 이처럼 건설된 사회는 그 예식의 중심(a ceremonial center point)으로부터 밖으로 확대되어 나가는 형태이기 때문에, 이 사회는 보통 그 주변의 사막, 숲, 넓은 평지의 무질서와는 분명히 분리된다. 혼돈(chaos) 대신에, 신들에 의해 주어진 청사진대로 세워진 마을은 코스모스(cosmos)이며, 위험과 무질서의 세상 속에서 안전과 설계의 현장이다.

많은 문화에서 이 성스러운 중심은 막대기나 기둥 혹은 수직의 어떤 물체로 표시되는데, 이 성스러운 중심은 땅 속에 박힌 채 하늘로 솟아올라 우주의 위대한 세 부분인 하늘, 땅, 지하세계를 연결한다. 그 지점이 나무나 심지어 산으로 표시되기도 하는데, 마을의 중심일 뿐만 아니라 또한 '세계의 축'(*axis mundi*, 라틴어로 '중추'와 '세계'를 뜻한다)으로 간주되기 때문이다. 그것이 바로 축, 중심 기둥으로서, 온 세계가 이를 중심으로 돌고 있다고 간주된다. 성경에 나오는 야곱의 사다리는 분명히 이 패턴에 들어맞는다. 족장 야곱이 여행길에 지쳐서 자려고 돌을 베개로 삼아 누웠는데, 밤에 꿈에서 그가 자는 곳에서부터 하늘까지 닿은 사다리가 있는데 천사들이 그 위를 오르내리고 있었다. 잠에서 깨었을 때 야곱은 두려워했는데 여기서 거룩한 자와 만났기 때문이다. 그래서 말하기를 "두렵도다 이곳이여 이는 하느님의 집이요, 이는 하늘의 문이로다."라고 했다.9) 의미심장하게도, 그는 베개로 삼았던 돌을 수직으로 세워 기둥으로 만들어 천사의 사다리를 반영케 했다. 야곱에게는 이 특별한 곳이 바로 세계의 축으로서, 하늘과 땅을 연결하는 거룩한 기둥을 발견한 곳이며, 성과 속의 분리된 세계가 합쳐지는 거룩한 장소였던 것이다.

중세기 그리스도교와 초기 이슬람교에서, 고대 바빌론과 현대의 자바 섬에서, 아메리카 북서부 인디언들과 베다 인도의 마을들에서, 우리가 관찰하려는 거의 어디서나 이런 패턴이 반복되는 것을 본다고 엘리아데는 말한다. 삶 자체는 이 성스러운 중심, 하늘과 땅, 성과 속을 연결하는 이 수직적 '상승의 상징'(symbol of ascent)을 중심으로 순응한다. 그처럼 성스러운 기둥 주변이나 신성한 산꼭대기에는 항상 큰 신전들을 세웠다. 그리고 그곳으로부터 그 주변 세상을 보통 나침반의 네 방향에 따라 부채꼴의 서로 다른 구역들로 나누었다. 우주 자체가 그 중심에서 시작하여 네 수평으로 퍼지는 것처럼, 발리 섬과 아시아 일부에서는 마을들을 교차로에 세워, 그 마을들이 세상의 네 개 주요 구역을 반영하도록 했다. 어떤 부족문화에서는 마을 중심에 있는 예식의 집(ceremonial house)을 네 기둥으로 받쳐서 네 개의 중요한

---

9) 창세기 28:17.

방향을 표시하고, 지붕은 창공을 상징하여 천정 가운데를 네모꼴로 열어놓아, 기도가 수직의 성스러운 기둥을 따라 신들에게 직접 올라가도록 했다.

　이런 모든 형태와 예식들에서, 물론 문화에 따라 사소한 차이가 있기는 하지만, 신적인 패턴 혹은 모델의 역할은 매우 분명하다. 엘리아데는 고대의 마을, 신전이나 집까지도 세계상(*imago mundi*)으로서, 신적인 조물주의 행동으로 처음 만들어진 세계 전체를 반영하는 모습이어야만 한다고 설명한다. 이런 건물들을 지을 때 건축과정도 구조 자체만큼 중요하다. 모든 것들이 성스러움을 반영해야 할 뿐만 아니라 역시 성스러운 방법으로 지어져야만 한다. 이 말은 인간의 건축물과 활동은 신들이 세상을 만든 바로 그 과정을 뒤따라야 한다는 것이다. 그러므로 고대인들은 '우주창생' 신화(cosmogonic myth)를 매우 중하게 여겼는데, 이것은 신이 명령해서, 혹은 신들이 혼돈을 극복하고 악한 괴물을 굴복시킨 투쟁을 거쳐서, 어떻게 세상이 처음 생겼는가를 이야기해주는 그들의 이야기들이기 때문이다. 신전을 짓는다거나, 아이가 태어나거나, 또는 인생의 새로운 단계에 접어들 때와 같은 새로운 것이 시작될 때마다, 그 과정은 창조의 반복이어야 하며, 신들이 세상을 존재케 한 최초의 행위와 투쟁을 재연(reenactment)하는 것이어야만 한다. 엘리아데는 고대 인도에서 신들을 모방한 재미있는 사례를 드는데, 집을 짓기 전에 점성가가 석공에게 정확히 어디에 첫 번째 돌을 놓아야 하는가를 가르쳐준다. "그 지점은 세계를 떠받치고 있는 뱀의 위에 자리를 잡아야만 한다. 장인 석공은 말뚝을 뾰족하게 깎아서 그것을 땅속에 박아… 뱀의 머리를 꼼짝 못하게 만든다." 이제 세계의 정확한 중심으로 간주되는 바로 그 지점에 초석을 놓은 것이다. 뱀을 꿰찌르는 행위는 매우 신성한 것으로, 거룩한 경전에 묘사된

대로 인드라(Indra)신과 소마(Soma)신의 원초적 행위를 반복하는 것이기 때문이다. 이 신들은 "혼돈, 무정형, 불분명을 상징하는" 뱀을 처음으로 내리쳤다. 그 뱀을 파멸시킴으로써, 신들은 한때 무정형의 혼돈만이 있던 곳에 질서의 세상을 가져왔다.10) 그래서 집을 지을 때 그 일은 신들의 일을 정확하게 반영해야 한다. 다른 곳에서도 엘리아데는 같은 과정을 지적한다. 예를 들어, 많은 신화들 가운데서 용이 인도에서의 뱀의 역할을 하고 있는데, 용은 바다의 큰 괴물로 검고 깊은 물로부터 솟아오르는 혼돈의 상징으로서, 인간문명은 물론 질서정연한 자연의 체계가 생성되기 전에, 영웅이나 신에 의해 진압되어야만 한다.

엘리아데의 견해로는, 신들을 모방하려는 이 강열한 노력은 고대인들이 지녔던 더 깊은 열망의 일부분이다. 그들은 성(聖)의 영역을 반영하려고 할 뿐만 아니라 어떻게 해서든 실제로 그 안에 거하여, 신들 가운데서 살기를 원한다. 이 문제에 관한 전체적인 논의는 《영원회귀의 신화》(*The Myth of the Eternal Return*)에서 하기로 하고, 여기서는 단지 모든 고대인들이 '타락'(fall), 즉 인간 역사 속에서 큰 비극적인 상실인 타락에 대한 의식을 지녔다는 엘리아데의 지적을 주목할 필요가 있다. 이것은 성경에서 말하는 아담과 이브가 하느님의 명령을 불순종하여 그 때문에 벌을 받았다는 것, 즉 인간이 죄로 타락한 것만을 가리키는 것은 아니다. 고대인들은 타락을 심원한 분리라는 의미로 인식한다. 그들은 이 세상에서 자신들의 상황을 깨닫게 된 첫 순간부터 결여의 느낌, 즉 자신들이 마땅히 있어야만 하고 또한 진실로 있기를 원하는 성스러움의 영역으로부터 멀리 떨어져 있다는 거리

---

10) Eliade, *Sacred and Profane*, pp. 55-56.

감에 사로 잡혀 있다. 그들의 가장 특징적인 태도는 엘리아데의 말로, "낙원에 대한 향수"(nostalgia for Paradise)로서, 신들에게 가까이 가려는 깊은 갈망, 초자연의 영역에 회귀하려는 욕망이다.

고대의 종교: 상징과 신화

성(the sacred)의 영역을 느끼거나 추구하는 것과 성의 영역을 발견하고 묘사하는 것은 매우 다른 것이다. 다른 사람들과 마찬가지로 고대인들 역시 자신들의 갈망과 믿음을 표현하려고 시도하지만, 속(the profane)과는 완전히 다른 성의 본성 자체가 이를 불가능하게 만드는 것 같다. 어떻게 사람이 보통 경험하는 것이 아닌 '전적 타자'(wholly other)를 묘사할 수 있겠는가? 그 대답은 간접적인 표현 속에 있어서, 성의 언어는 상징과 신화 속에서 발견된다고 엘리아데는 설명한다.

우리가 아는 대로, 상징은 비슷함, 혹은 유비(analogy)의 원칙에 근거한다. 어떤 사물은 다른 어떤 것과 비슷하다고 생각하게 하는 특질, 모양, 특성을 가지고 있다. 종교경험의 영역에서, 어떤 것은 성스러움을 암시하거나 닮은 것으로 보여서, 초자연에 대한 단서를 제공한다. 신화 역시 상징적인 것이지만, 좀 더 복잡한 방식의 것으로서, 이야기 형식으로 표현된 상징이다. 신화는 단지 하나의 이미지나 기호(sign)가 아니라, 이야기 형태로 된 이미지들의 연속이다. 신화는 신, 조상들 혹은 영웅들과 그들의 초자연 세계에 관한 이야기를 들려준다. 그것은 명백해 보인다. 그러나 이런 간접적 언어가 실제로 성스러움에 관해 말해주는 것은 정확히 무엇인가? 실재하는 어떤 것이라고 말하는데, 그렇다면 그것은 어떠한 종류의 실재인가? 그 특질은 무엇이며, 그 특성은 무엇인가? 이것이 엘리아데가 그의 생애 대부분을 통해 상징과 신화에 대한 많은 연구에서 대답하려 했던 질문들이다. 지면상 여기서는 그의 책 가운데 가장 중요한 《종교양태론》(Patterns in Comparative Religion)만을 검토할 것인데, 이 책은 엘리아데가 프랑스에서 연구하던 기간인 1949년에 처음 출판되었다.

이 책은 종교적 상징들을 광범위하게 탐구하고 설명하기 위해 계획된 책이다. 이 책은 상징적 사고의 본질을 검토하여, 상징이 무엇이며, 또한 어떻게 작용하며, 왜 특히 고대인들이 이용했는가를 해명한다. 또한 많은 예를 들어, 세계 어디서나 상징과 신화의 체계가 어떻게 변치 않고 재현하는 일정한 패턴을 따르는가를 보여준다. 엘리아데는 역사에서 어느 장소를 택하든 혹은 어느 방향을 향하든 상관없이 어떤 공통적 상징들, 신화들, 의례들이 다시 반복해서 나타난다고 주장한다.

상징들이 어떻게 작용하는가를 관찰할 때, 첫째로 주목하게 되는 것은 우리가 세상에서 마주치는 어느 것이나 모두 상징이 될 수 있다고 엘리아데는 설명한다. 일상생활을 구성하는 대부분의 것은 속된 것으로, 바로 그 자체일 뿐 그 이상 아무것도 아니다. 그러나 적절한 순간에는 그 속된 것이 그 자체 이상으로 성스러움의 표지 혹은 징표로 변형될 수 있다. 즉 하나의 도구, 동물, 강, 맹렬하게 타오르는 불, 별, 돌, 동굴, 피고 있는 꽃, 혹은 한 사람 등, 어느 것이나 사람들이 그렇게 깨닫거나 결정하면, 성스러움의 징표가 될 수 있다. 더구나 일단 그렇게 인정받으면 모든 상징적 물체는 이중적 성격을 얻게 되는데, 그것들이 어떤 점에서는 언제나 그 자체로 남아 있지만, 또한 그 자체가 아닌 어떤 새로운 것이 된다. 예를 들어, 카바(Kaaba) 사원에서 무슬림들은 성스러운 검은 돌을 숭배한다. 한 차원에서는 그 물체가 오늘날까지도 단지 하나의 돌로 남아 있지만, 무함마드의 신실한 추종자들은 결코 아무도 그렇게 생각하지 않을 것이다. 성현(聖顯)의 순간부터, 즉 무슬림들이 그 돌을 성스러움이 접촉한 것이라고 생각한 그 순간부터 이 속된 물체는 변형되어, 이제는 단순한 돌이 아니라 거룩한 대상으로, 그 안에 성스러움을 지니는 감동적인 성물인 것이다. 엘리아데는 이처럼 자연적 물체 속에 초자연적인 것이 주입되는 것을 '성의 변증법'(dialectic of the sacred)이라고 부른다. 그 돌은 단단하고 모양이 제한되고 이리 저리로 움직일 수도 있지만, 성스러운 돌은 다른 특성인 견고함을 통해 신자들의 눈에, 그 제한성의 반대인 성스러움의 특징들을 전해줄 수 있다. 카바의 성스러운 돌이 무슬림들에게 암시하듯이, 하느님은 부동하고 불변하며, 전능하고 무한하며 절대적인 세상의 창조자임을 암시해준다. 물론 일반논리에서는, 그런 정반대의 결합은 불합리한 것으로 보인다. 만일 속된 것이 참으로 성스러움에 반대되는 것이라면, 어떻게 속된 것이 그 정반대의 것이 될 수 있는가? 어떻게 자연적인 것이 또한 초자연인 것일 수 있는가? 엘리아데는 이런 문제들에서 인간의 이성이 지배하지 않기 때문에 그럴 수가 있다고 말한다. 상징과 신화는 상상력에 호소하는데, 상상력은 흔히 모순된 생각에서 잘 작동하기 때문이다. 상징과 신화는 인간의 감정, 의지, 심지어 잠재의식까지 전체 인격을 사로잡는다. 그리고 인격 안에 상충하는 온갖 충동들이 결합되어 있는 것처럼, 꿈과 환상에서 온갖 비논리적인 일이 일어날 수 있는 것처럼, 종교경험에서도 성과 속처럼 정반대되는 것들이 하나로 수렴된다. 직관의 돌발적인 발견 속에서 종교적인 상상력은 일상적이며 속된 것들을 그 자체 이상의 것들로 보아, 성스러운 것으로 바꾸어놓는다. 자연적인 것이 초자연적인 것으로 된다.

막스 뮐러처럼 엘리아데가 상징과 신화를 위한 재료들의 중요한 공급원이 자연세계라고 보는 점은 흥미 있는 일이다. 고대인의 마음에 물리적 세계는 이미지, 단서, 징표, 유비가 될 것들의 진정한 보고(storehouse)다. 세상에서 우리가 보는 만물은 태초에 신들이 존재케 한 장엄한 체계의 한 부분으로, 그 안에 어디서나 성스러움이 틈을 열고 그 빛을 비추기를 기다리고 있다. 그 모든 아름다움과 맹렬함, 그 복합성, 신비, 다양성 속에서, 자연세계는 계속 창문을 열어 초자연의 서로 다른 측면들, 즉 엘리아데가 말하는 '성의 양태들'(modalities of the sacred)을 드러내고 있다. 이것이 바로 전통문화들이 상상력을 불러일으키는 형상들과 상징들로 그토록 넘쳐나며, 또한 그들의 세계가 창조와 홍수 이야기, 영웅과 괴물, 신들의 서사시를 비롯해서 민담과 전설로 그토록 놀랍게 생동하도록 만드는 것이다. 이 모든 이야기들은 상징들이 이야기 형태 속에 수집된 것으로서, 신화와 관련될 수 있다. 이것이 성스러움의 이야기로서, 신적인 생명의 초자연적인 세계를 인간의 자연세계로 가까이 가져오는 이야기인 것이다.

물론 오랜 세월을 거치면서 인간은 수많은 새로운 신화와 상징과 또한 그 둘 모두의 변형을 만들어냈다. 어느 학자도 그 모두를 찾아낼 수 없고, 또한 그럴 필요도 없다. 엘리아데는 중요한 상징적 패턴들과 체계에서만도 많은 것을 배울 수 있다고 믿어, 몇 가지만을 골라 자세히 검토하는데, 우리는 그 중 몇 가지에 주목하는 것이 유익하겠다.

하늘의 상징: 하늘의 신들(Sky Gods)과 기타

고대문화의 가장 공통적인 요소들 가운데 하나는 하늘의 신들에 대한 믿음으로서, 그 신들의 성격은 땅 위의 광대한 하늘 자체의 성격에 의해 암시된다. 하늘은 우리 위에 높게 있는 공간으로서 초월성의 감각을 전해주는데, 무한하며 영원하고, 권위와 실재로 가득한 어떤 것을 느끼게 한다. 이와 마찬가지로, 하늘의 신들 역시 흔히 이런 방식으로 추정된다. 마오리 족(뉴질랜드 원주민)에게 이호(Iho)신은 "높은 곳에 계시며," 아프리카 요루바 족의 올로룬(Olorun)신은 "하늘의 주인"이며, 옛 이란의 위대한 신 아후라 마즈다(Ahura Mazda)는 세상의 모든 법을 부여하는 분이며 도덕질서를 집행하는 분이다. 하늘이 높기 때문에, 흔히 하늘의 신들은 사실 너무 높이 멀리 있으며, 하찮은 인간을 돌보기에는 너무 멀리 있는 것으로 묘사되기도 한다. 오스트레일리아 신화에는 하늘 신이 물러나는 이야기가 있고, 한편 다른 원시사회들에서도 하늘 신은 사람이 다가가기에는 너무 멀어서 그 신을 대체하기 위해 다른 종교적 관념을 생각해야 한다. 보통 이 새로운 관념의 신들은 비와 폭풍의 신으로, 보다 더 구체적이고 인격적이며, 한 가지 과업에 전념해서 인간생활에 더 직접적으로 관여한 신들이다. 옛날 힌두교의 루드라(Rudra)신이 그런 예다. 남성적이며 난폭하고 정력적인 그는 고대 인도 부락민들에게 비를 가져오는 분일 뿐 아니라 성적 에너지의 원천이었다. 그와 그 외의 유사한 신들은 여성 파트너가 있거나 신성한 결혼에 참가했는데, 그들은 사치스러운 예식의 가운데 섰고, 그런 예식들에는 흔히 피의 희생제사와 오르지(orgies, 亂交)가 포함되었다. 그들의 이미지는 대단히 강력하고, 그들의 영향은 극히 광범위했다. 엘리아데는 프레이저를 기억하게 하는 말로, "비를 내리는 하늘과 황소와 위대한 여신으로 구성된 이 체계가 실상 유럽의 모든 역사 이전의 종교를 하나로 묶는 요소의 하나였다"[11]고 말한다.

---

11) Eliade, *Patterns*, p. 91.

왜 하늘의 신에서 폭풍의 신들로 옮겨가는 변화가 일어났는지를 추측하기는 쉽다. 엘리아데에 의하면, 비(rain)의 신과 풍작(fertility)의 신들의 매력은 모든 초기문명에서 가장 중요한 사건의 하나인 농업의 발견과 밀접하게 연결되어 있다. 땅을 갈고 씨를 뿌리고 곡식을 추수하는 이 모든 활동이 삶의 새로운 패턴을 가져왔고, 그와 함께 다른 본질의 새로운 성현(聖顯)과 상징들이 나타나는 기회를 가져왔다. 농경사회에서 폭풍과 성(sex)의 신들인 위대한 '수태자'(fecundators)는 멀리 있는 하늘의 신보다 더욱 큰 힘과 더 분명한 모습의 성스러움을 전달했기 때문이다.

그리스의 디오니소스(Dionysos)와 이집트의 오시리스(Osiris) 같은 '아들' 신들(Son gods)도 농업시대에 나타났다. 이런 신들도 폭풍우의 신들처럼 역동적이었지만, 똑같은 방식은 아니었다. 이들의 역할은 오히려 고통당하고 죽는 것이었다. 고대 지중해 연안에서 매우 대중적이었던 비의종교들(mystery religions)은 특별히 이런 신들을 중심으로 했는데, 그 이름은 초목의 신들이었지만, 더욱 뚜렷하게는 신적인 구원자들(divine saviors)로 묘사되었다. 특히 이 신들에게서 엘리아데는 종교적 상징의 중요한 심리적 측면을 찾아내고 있다. 그들은 세상과 성스러움에 대해 말해줄 뿐 아니라 또한 "인간 존재의 구조와 우주의 구조 사이의 연속성"[12]을 보여준다. 그들의 신화들은 자연 속의 생과 사의 순환을 반영할 뿐 아니라, 인간 개인 각자의 삶 속에 일어나는 출생, 삶, 죽음의 드라마와 더불어 재생 혹은 구원의 소망 등, 중대한 개인의 투쟁을 재현한다. 엘리아데는 이런 구원자 신(savior-god),

---

[12] Mircea Eliade, "Methodological Remarks on the Study of Religious Symbolism," in *The History of Religions: Essays in Methodology*, Mircea Eliade and Joseph Kitagawa, eds. (Chicago: University of Chicago Press, 1959), p. 103.

즉 "인간의 고통을 함께 나누며, 인간을 구원하기 위해 죽기까지 하며 또한 죽은 자들 가운데서 다시 살아난" 구원자 신들처럼, 신적인 생명을 인간에게 그렇게 가까이 가져온 상징은 없다고 말한다. 이처럼 '아들 신들'이 '구원자 신'으로서 '인간'의 모습으로 나타난 바로 그 이유 때문에, 이런 형태의 신은 인류의 종교 역사에서 결정적인 역할을 수행한다.13)

해와 달

엘리아데는 초기의 이론가들, 특히 막스 뮐러 같은 이들이 모든 신화의 중심이라고 생각한 태양숭배가 실상은 드물다고 지적한다.14) 보다 더 뚜렷하고 널리 퍼진 것은, 항상 변하는 달과 연결된 신화와 상징들이다. 달은 주기에 따라 움직여 점차 보름달도 되고, 그 다음에는 잠시 동안이기는 하지만 완전히 사라지기도 한다. 달의 이런 국면들은 다른 사건들과 쉽게 연결되는데, 즉 바다의 썰물과 밀물, 우기와 건기 같은 것이며, 이런 것을 통해 식물의 성장과 땅의 풍작에 연결된다. 달은 항상 그 시작으로 다시 돌아오기 때문에, 끊임없는 재생에 대한 전형적인 이미지를 제공한다. 엘리아데는 달의 두드러진 주제는 "상반되는 것이 연속되어 일어나는 릭듬의 하나이며, 반대 양태의 연속을 통한 '생성'의 하나이다. 그것은 극적 요소(drama)가 없이는 일어날 수 없는 ... 생성"15)이라고 말한다.

달의 상징적 의미는 또한 놀라운 힘으로 확장되는데, 새로운 연결

---

13) Eliade, *Patterns,* pp. 98-99.
14) Eliade, *Patterns,* p. 124.
15) Eliade, *Patterns,* p. 183.

을 이루기 위해 계속 뻗어나간다. 달은 물과 초목 외에도 흔히 삶의 마지막 단계인 죽음과 연결되며, 껍질을 벗어버리고 스스로 재생하는 뱀과도 연결되며, '달'의 국면 같은 월경주기에 의해 일어나는 출산으로 생명을 신생시키는 능력을 지닌 여성과도 연결된다. 사실상 "달을 리듬의 척도로, 에너지의 근원으로, 삶과 재생의 근원으로 이해하는 직관적 통찰력은 우주의 다양한 차원들 사이에 그물망을 직조함으로써, 매우 다른 현상들 사이에서 평행과 유사성과 통일성을 만들어냈다."16) 달-비-다산-여성-뱀-죽음-주기적 재생이라는 긴 연쇄 때문에, 사람은 어느 지점에서든 달의 네트워크에 발걸음을 맞출 수 있다. 예를 들어, 단순한 기우제, 혹은 팔목에 차는 뱀 부적은 이런 전체 우주적인 연관 작용에 관여하는 것일 수 있는데, 이 모든 것은 정반대되는 것들이 번갈아 일어나며 또한 수렴된다는 근본적인 주제에 근거한 것이다.

달은 '아들' 신들처럼, 우주적이며 인격적인 차원 모두를 가지고 있다. 한 차원에서, 달은 "성스러움을 계시하는 것, 즉 그 안에 집중되어 있는 능력, 그것이 명시해주는 무진장한 생과 실재로 인해 귀중히 여겨졌다."17) 다른 차원에서는 달이 심리적으로 우리 인간 조건의 이중적 성격을 상기시켜준다. 즉 그림자와 죽음의 장소인 세속의 영역에 뿌리박고 있으면서도 여전히 사람은 성스러움을 갈망하는데, 이 영역은 실재이며 불멸의 영역이다. 옛적에 질병과 죽음에 둘러싸인 고대인들은 그들 자신의 재생과 불멸에 대한 소망을 "항상 초승달이 있다는 사실에서 그 확신을 얻었다."18) 어떤 점에서 달은 이원론의

---

16) Eliade, *Patterns*, p. 170.
17) Eliade, *Patterns*, p. 158.
18) Eliade, *Patterns*, p. 158.

표현으로 빛과 어두움, 충만함과 비워짐, 옛것과 새것, 출생과 사망, 남성과 여성을 나타낸다. 그러면서도 달은 (초승달과 보름달의) 교체성과 변화성으로 인해 모든 이원론의 극복을 암시하는데, 이런 극복은 성스러움에 대한 많은 상징들의 핵심 주제이기도 하다. 여기에서 엘리아데는 신들과 가까이 살았던 첫 인간이 남성도 아니고 여성도 아닌 양성의 통일체였음을 암시하는 남녀양성(androgyny) 신화들을 지적한다. 더욱이 이 주제는 다시 완전하게 한다는 의미의 신화들 가운데 단지 하나에 불과하다. 인류에 공통적인 이런 이야기들은 모든 상반되는 것들의 종말과 모든 분리의 해소, 성스러움의 원래의 통일성으로 되돌아가는 것에 대한 강력한 소망을 표현한다.

물과 돌

하늘과 달 같은 위대한 상징들 이외에도, 고대인들의 세상은 또한 덜 중요한 징표들과 이미지들로 풍성한데, 이런 것들은 대체로 보다 우세한 것들과 연결되어 있다. 예를 들어, 물은 어디서나 신들이 사물들을 세상 속에 정돈해놓기 이전의 아직 형체를 이루지 않은 사물의 본질을 표현한다. 물은 재생의 과정을 시작한다. 세상이나 인간 자체도 우선 먼저 깊은 물속에 빠져서 혼돈 속으로 되돌아가 거기서부터 새로운 창조물로 나타나기 전까지는 재생될 수가 없다. 입문식(initiations) 의례들과 대부분의 정화(purification) 의식에서 물은 모든 것을 청결케 하고 삭제하는 매개체로서, 사람들을 초기의 무정형의 '백지상태'로 돌아가게 하여, 거기서부터 새로 시작할 수 있게 한다.

이와는 대조적으로 돌의 상징은 그 반대를 보여준다. 물과는 달리 돌의 본질은 단단하고 거칠고 불변한다. 원시인들에게 "바위는… 인간성의 불안정함을 초월하는, 절대적 존재양태를 보여준다. 바위의 강함, 바위의 부동성, 그 크기는... 모두 동시에 황홀하고, 무섭고, 매혹적이며 위협하는 무엇의 현존을 나타낸다."19) 이런 말들을 라틴어로 '파시난스'(fascinans)와 '트레멘둠'(tremendum)이라고 표현하면, 이것은 실제로 루돌프 오토가 거룩을 설명한 바로 그 표현이다. 평범한 돌은 별로 우리의 주의를 끌지 않지만, 성스러운 돌은 경외와 두려움을 불러일으킨다.

다른 상징들: 땅과 풍작, 초목과 농사

생명, 성장, 풍작의 상징은 농업이 발달하기 이전과 이후에 모두 고대인들의 종교에서 매우 큰 역할을 했다. 엘리아데가 이것에 대해 매우 길게 논의한 많은 패턴들 가운데 몇 개만을 살펴보겠다.

초기의 이미지는 대지를 살아 있는 모든 것들의 근원인 성스러운 어머니로 보는 것이다. 신적인 하늘 아버지(divine sky father)와 대지 어머니(earth mother)의 신성한 결혼은 남태평양에서 아프리카, 지중해와 아메리카 대륙에 이르기까지 많은 신화들 가운데서 찾아볼 수 있다. 하늘은 비를 내려 대지를 비옥하게 하고, 대지는 곡식과 초목을 생산한다. 농업이 시작되어 인간이 식물과 곡식을 재배하는 일에 직접 관여하게 되면서, 초기에 대지를 어머니로 상징하던 것이 흔히 위대한 여신(great goddess)의 상징으로 덧입혀져, 위에서 살펴본 '아들' 신들처럼, 보다 역동적이며 감정적인 여신이 몸소 자신의 생애 주기 가운데서 출생, 성적 교섭, 풍작, 죽음의 운명을 통해 농작물의 운명

---

19) Eliade, *Patterns*, p. 216.

을 살아낸다.

그러나 대지 어머니나 여신의 상징보다 더욱 널리 퍼져 있는 것은 나무의 상징이다. 신성한 나무들은 "도상학(iconography)과 민화(民畵)는 말할 것도 없이, 모든 종교의 역사 안에서, 전 세계 민간전통에서와 원시적인 우주철학과 신비주의 속에서"[20] 찾아 볼 수 있다. 노르웨이 신화 속의 우주나무 이그드라실(Yggdrasil, 북유럽 신화에서 하늘, 땅, 지옥을 연결한다는 거대한 물푸레나무 - 옮긴이) 같은 나무는 세계의 축(*axis mundi*)이라는 상징과 함께 생명의 성스러운 원천이라는 또 다른 상징을 결합하고 있다. 거대한 수직 물체이며 또한 살아 있는 이런 나무는 "끝없이 스스로 신생(新生)하는 세상 전체의 생명 자체"를 표상한다. 더구나 나무는 오래 살기 때문에 그 안에 존재하는 생명은 무진장한 것으로 간주되어, 인간의 불멸에 대한 소망의 초점이 된다. 우리가 기억하는 것처럼, 프레이저는 생명의 원천인 영혼이 북유럽에서 겨우살이(mistletoe)와 나무숭배 두 가지와 밀접하게 연결되어 있다고 생각했다. 또한 우리는 생명나무(a tree of life)에 대한 많은 고대 신화들에서, 아담과 이브가 에덴동산에서 금지된 나무에 대한 하느님의 시험에 직면해서 실패했던 것처럼, 시험을 통과해야 하는 영웅의 이야기를 알고 있다. 용을 무찌르거나 유혹을 물리친 위대한 사람은 불멸의 상을 얻는다. 나무는 우리에게 성스러움이 모든 생명의 원천이며, 참된 실재이고, 시험을 통과한 이에게 불멸을 주는 증여자라고 말해준다.

엘리아데는 우리가 초목 신화들의 진가를 이해하려면, 원시인들이 느낀 계속적인 공포, 즉 자연세계의 능력이 언젠가는 약해지고 결국 소진되고 말 것이라는 공포 속에서 어떻게 살았는가를 기억해야

---

[20] Eliade, *Patterns*, p. 265.

한다고 말한다. 고대인들의 생각에 식물이나 동물, 혹은 사람을 비롯한 만물은 "생명의 실체로 이루어진 똑같은 폐쇄회로"를 통해 활력을 얻는데, 그 생명력은 한 차원, 혹은 한 생물에서 다른 차원과 다른 생물로 전해지는 것이다.[21] 곡식 낱알을 심을 때, 추수 때에 죽는 곡물이 그 생명을 다음 해 작물에 부여한다. 추수해서 가루로 만들어 구우면 그것이 식사 때 먹는 빵 속에서 생명력이 되어 그 생명을 인간에게 옮겨준다. 이처럼 밀접한 연관성은, 우리가 많은 전설에서 살해당한 신이나 영웅이 그가 흘린 피에서 바로 돋아나는 나무나 식물로 변했다는 이야기를 읽게 되는 이유를 설명해준다. 생명의 힘이 하나의 산 것에서 떠나면 다른 하나로 옮겨가야 하고, 그 힘이 약해지면 재충전되어야 한다. 언제나 간조와 만조처럼 쇠락과 재생이 있다. 고대인들에게 "실재는 언제까지나 똑같은 것이면서 또한 유기적이며 순환적 형태들이 되는 것이다."[22] 성스러움은 돌처럼 영속성이 있으면서, 식물처럼 생명으로 차 있다. 성스러움은 영구히 사물을 새롭게 하는 힘으로, 음식이 몸을 회복시키는 것 같은 육체적인 의미에서만이 아니라 정신적인 의미에서도 그렇다. 초목 상징이 직접 인간에게 주는 메시지는 영원한 생명에 대한 약속이다. 식물이 죽은 후에 다시 태어나는 것처럼, 여자나 남자도 언젠가 죽음에서 회복되어 불멸의 것으로 재생하게 될 것이다. 이것에서 엘리아데는 우리 역시 성스러움과 접촉하게 되는 의례행위의 중요성을 볼 수 있다고 말한다. 입문, 정화, 구원의 의례는 바로 그 동작과 과정에서 모든 재생의 중대한 기원(the great origin of all renewal), 즉 혼돈에서 벗어나서 신들의 강력한 명령 또는 맹렬한 투쟁을 통해 형태를 갖추게 된 세계 자체의 창조를 재창

---

21) Eliade, *Patterns*, p. 315.
22) Eliade, *Patterns*, pp. 314-15.

조하는 것이다.

상징들의 구조와 성격

엘리아데는 풍작과 초목으로부터 공간과 시간의 상징주의로 옮겨 간다. 이것의 첫 번째 것은 위에서 이미 보았고, 두 번째 것은 곧 살펴 보겠지만, 여기서는 잠깐 미루고 다른 것을 살펴보겠다. 비록 《종교 양태론》의 대부분의 논의는 세계 각처로부터의 개별적 상징들과 신화들을 다루고 있지만, 그러는 가운데 엘리아데는 모든 상징적 사고의 두 가지 광범위한 특징을 해명한다. 하나는 대개의 상징주의와 신화의 구조적인 혹은 체계적인 특징이고, 다른 하나는 상징들을 등급 짓는 것으로서, 그 가치에 따라 상하로 배치하는 것이다.

엘리아데는 자신의 논의 전반에 걸쳐서 상징들과 신화들이 고립 되어서는 거의 존재하지 않는다고 설명한다. 그것들은 성격상 언제나 보다 큰 상징체계의 한 부분으로서, 그것들은 다른 이미지 혹은 다른 신화들과 '접속하여' 하나의 패턴을 구성한다. 그러므로 고대인들의 사고 세계(thought world)는 가장 고귀한 행사와 예식들로부터 가장 단순한 매일의 일에 이르기까지, 가능한 한 삶의 거의 모든 면에 성스러움의 감각을 계속 확장시키는 연상과 연쇄와 반복으로 채워져 있다. 두 가지 예가 이 과정을 설명하는 데 도움이 된다. 성스러움의 첫 출현인 본래의 성현(聖顯)에서 종교적인 사람이, 이집트의 왕 아크나톤처럼, 태양에서 참 하느님의 환상을 보았다고 하자(프로이트는 아크나톤이 유대교의 유일신을 고취한 종교적 천재라고 본다.). 곧 태양 원반(solar disc)은 신을 상징하는 것으로 선언되어, 벽에 새겨지고, 몸에 지니는 보석이 되고, 궁전예식 때 쓰는 깃발에도 필요하게 된다.

자연히 이런 태도는 태양을 생각하는 기회를 늘려서, 처음 성스러움과 만난 계기와 장소를 넘어 다른 장소들과 사람들과 사건들을 '신성하게' 한다. 조만간 더 많은 연관이 만들어진다. 태양이 인격화되고, 태양에 관한 설화들과 모험담들이 신화로 표현된다. 아크나톤이나 그의 추종자들은 태양이 밤을 '패퇴시키기' 때문에, 태양은 전투의 주님이라고 주장하거나 또는 매일 아침의 일출에서 개인의 재생과 불멸의 징조를 볼 것이다. 그 온기 때문에 태양은 봄마다 초목의 소생에 연결될 수 있고, 태양 모양과 비슷한 해바라기나 그 빛깔을 내는 금 같은 물체에 관련될 수가 있다. 이처럼 새로운 연관성이 만들어질 때마다 성스러움이 확장되어 삶의 새로운 측면을 에워싼다.

이처럼 체계적인 확장의 또 다른 생생한 사례는 위에서 언급한 달의 주기와 관련된 신화들과 상징들이다. 이 상징체계는 달의 변화 단계를 중심으로 하여, 그로부터 계속적으로 그 망을 펼쳐나가면서 삶의 많은 다른 차원들, 즉 물과 비, 풍작과 여인, 뱀과 인간의 구원, 심지어 조개껍질과 나선형과 번개에까지 성스러움의 감각을 전달한다. 사람들로 하여금 달의 단계와 나선형 조개껍질을 연결하도록 만드는 논리적 규칙은 없지만, 그러나 직관적으로 또한 상상력을 통해 그 둘 사이를 관련시키는 일정한 '상징들의 논리'(logic of symbols)가 있다. 상징은 항상 다른 상징들과 신화들에 자연스럽게 연결되는데, 그렇게 연결됨으로써 세계가 무질서한 혼돈이 아니라, 완전하고 연결된 체계가 되도록 한다.

신화와 상징의 체계적 특색을 지적한 것 외에, 엘리아데가 언급하는 두 번째 문제는 상징들과 신화들을 비교하는 문제다. 어떤 상징들은 다른 것들에 비해 그 성격상 보다 나은 것인가? 우리는 신화들을 그 가치에 따라 순위를 매길 수 있는가? 만일 그렇게 할 수 있다면, 어떤 기준을 따를 것인가? 《종교양태론》에서, 엘리아데는 우리가 기대하는 만큼 직접 이런 질문들에 대해 대답하지는 않지만, 사실 그가 어떤 이미지들과 신화들은 다른 것들보다 월등하다고 생각하는 것은 분명하다. 그가 적용하는 주요 기준은 그 규모나 크기인 듯하다. "보다 큰" 상징이며 보다 더 완전하고 보편적일수록, 성스러움의 진정한 성격을 보다 더 잘 전해준다. 여기서도 특별한 예가 도움이 될 것이다. 만일 원시 부락민들이 가까이 있는 나무에서 초자연적인 어떤 것을 느꼈다면, 그것을 성현(聖顯)이라 할 수 있다. 그 나무는 성스러움을 드러낸다. 그러나 시간이 지나 마을의 원로회의에서 그 상징성을 재고하게 되어, 그 신성한 나무가 사실상 세계의 중심인 우주목(cosmic tree)이라고 결정하면, 그것 역시 성현이면서 상위 등급의 것이다. 그것이 원래의 신성한 나무보다 그 범위가 더 넓고 그 규모에서 더 웅대하기 때문에 성스러움의 더 좋은 표현이 되기 때문이다. 그렇다면 동네 나무에서 성스러움을 처음 본 것이 원로들의 결정으로 인해, 훨씬 더 인상적인 성스러움의 이미지로 '가치가 변경된'(revalorize, 엘리아데가 즐겨 쓴 표현) 것이다. 우주목이라는 새로운 상징이 단순한 동네 성현이라는 옛 상징을 능가하게 될 것이다.

또한 성현의 한 형태는 신의 현현(theophany 그리스어 *theos*, '신'), 즉 신의 출현이다. 신의 현현은 바위처럼 단순한 것 속에 나타날 수 있다. 동시에 엘리아데는 자신의 루마니아 정교회 전통에 의존하여, 그리스도교는 하느님이 나사렛 예수라는 사람 속에 육화(肉化, 혹은 成肉身, incarnate)한 것으로 생각한다고 지적한다. 이처럼 신이 인간으로 현현한 것은 신이 바위로 현현한 것보다 우월한데, 선교사들이 한때 말한 대로 그리스도교는 참되고 다른 종교는 거짓이기 때문에서가 아니라, 지성과 감성을 지닌 인간이 본래 동물이나 바위보다 더 풍요하며 완전한 존재이기 때문이다. 따라서 하나의 상징으로서, 신이며 인간(the God-man)인 그리스도는 성스러움의 실재를 더욱 완전하게 포착한다. 뿐만 아니라 그리스도교는 성육신을 보편적인 것으로 주장하여, 예수 그리스도처럼 최종적(final)이거나 세계를 품어 안는 신의 현현이 결코 예전에도 없었으며, 또한 앞으로도 없을 것이라고 말한다. 그리스도는 다른 신의 현현들에 비해, 웅대한 우주목과 동네 나무의 관계처럼, 신의 모습을 더욱 광범위하고 더욱 웅장하며 결국 더 훌륭하게 드러낸다. 전능한 창조자의 인간 형상(human form)으로서, 그는 성스러움을 훨씬 더 최대한 드러내는데, 예를 들어 목초지와 산림의 신으로 묘사된 그리스의 신 팬(Pan)보다 훨씬 더 잘 드러낸다.

이처럼 상징들의 대체와 '가치 변경'이라는 개념들이 엘리아데의 이론에서 중요한 역할을 한다. 그것들은 엘리아데가 단지 시대를 초월한 종교 형태들뿐만 아니라 종교의 역사적인 변화까지도 검토하고 있음을 보여준다. 그의 견해에 따르면, 인간은 시간을 통해 계속적으로 성스러움에 대한 인식을 독창적 방법으로 다시 진술하고, 새로운 신화들을 만들어 내고, 새로운 상징들을 찾아내어, 더 광범위하거나 다른 체계들 속에 재정리해왔다. 따라서 종교 '역사'의 임무는 첫째로 상징들, 신화들, 제의들과 종교들의 체계들을 찾아내는 것이며, 그 다음에는 인간의 과거를 통해서 그것들이 한 시대나 장소로부터 그 다음에로 변경되고 교체된 모습을 추적하는 것이다. 그 다음에는 똑같이 중요한 과제로서, 좀 더 현상학적인 면에 착수하게 된다. 역사가는 이런 재료들을 비교하고 대조하여, 그것들이 성스러움의 매개체로서 갖는 중요성에 대해 그 서로 다른 수준들과 형태들을 파악하는 것이다. 또한 다른 시기와 장소에서, 어떻게 상징들, 신화들, 제의들이 끊임없이 변화되었는가를 관찰하는 것이다. 역사를 통해 그것들은 계속 창조되고 개조되고 폐기되고, 또 다시 창조된다. 만일 엘리아데가 진화론적 사상가였다면, 그는 이 모든 변화들을 개선되는 것으로, 즉 각각의 새로운 신화나 상징이 그 이전 것보다 진보되어 더 낫다고 주장했을 것이다. 그러나 이것은 그의 입장이 아니다. 그는 상징들과 신화들의 자연적인 논리가 그것들을 항상 더 보편적인 것이 되도록 강요해서, 한 지역의 여신이 점점 더 위대한 풍작 여신의 원형(the archetypal great goddess of fertility) 모습을 지니게 되는 것처럼, 한 시대와 장소의 특색을 벗어버리고, 보다 더 보편적인 원형에 가까이 접근하도록 만든다고 믿는다. 인간 경험의 실제 상황에서 상징들은 쇠퇴하고 퇴화하기도 한다. 역사에서는 문화가 성스러움의 이치에 거슬러서 진전하는 경우가 있는데, 말하자면 위대한 세계창조의 신화를 잃어버리거나 변질되거나, 혹은 오히려 작은 폭풍의 신이 이전에 군림하던 하늘 신(sky god)을 대체하는 경우처럼, 보다 보편적인 상징을 덜 보편적인 것으로 대체하는 경우가 생긴다. 그런 때에는 성스러움의 어떤 새로운 차원들이 발견되겠지만 다른 차원들을 잃게 된다. 또한 이런 일이 한 문화에서 일어나는 동안, 다른 문화에서는 하늘 신의 모습이 다시 나타날 수가 있다. 상징들과 신화들의 자연적 추세는 성장하는 것이며, 새로운 관련성 안에서 그것들의 중요성을 더욱 펼쳐가는 것이다. 그러나 다른 시대와 장소에서는 변형들(variations)이 생기는데, 이런 변형들은 "단순히 다양한 사회들의 신화적 창조성의 차이로부터 생겨나거나, 심지어 역사의 우연으로부터 생겨나는"[23] 것들이다.

이처럼 시대에 걸쳐서 고대인들과 그 밖의 다른 사람들은 신성한 상징들과 신화들을 선택하는 데서 상상력의 자유를 누려왔다. 엘리아

---

23) Eliade, *Patterns*, p. 322.

데는 자연 물체들 가운데서 한때 상징이 되거나 신화 속에 묘사되지 않은 물체는 거의 하나도 없었다고 지적한다. 그러나 이 모든 창조성에도 불구하고, 종교적 이미지는 결코 순전히 임의적이거나 혼란스러운 것이 아니었다. 《종교양태론》의 요점은 그와 정반대를 보여주기 위한 것이다. 즉 시공간이나 문화에 관계없이, 고대인들은 똑같은 형태의 상징과, 똑같은 신화의 주제와 또한 그 둘 모두에서 똑같은 보편화 논리로 되돌아가는 뚜렷한 일관성을 보여준다는 것이다. 종교의 역사적인 특수성을 자세히 보면 볼수록, 우리는 더욱 분명히 종교의 항상 반복하고, 항상 확장하는 패턴들을 보게 된다.

역사와 거룩한 시간

이 모든 것에서 분명한 것은 성스러움의 상징을 탐구하는 학자에게는 인간 역사의 기록이 핵심적으로 중요하다는 것이다. 역사 기록은 어떻게 사람들이 성스러움을 서로 다른 것을 통해, 예를 들어 중국의 신성한 산이나 인도의 갠지스 강처럼 서로 다른 것을 통해 인식했는지를 보여준다. 그러나 고대인들은 역사 속에서의 자신들의 상황에 대해서는 전혀 다르게 생각한다. 그들은 일상의 속된 사건들, 매일의 노동과 수고를 반복하는 것에서 절실히 탈출하고 싶어 한다. 그들은 오히려 역사의 **밖으로** 벗어나, 성스러움의 완전한 영역에 머물고 싶어 한다. 이런 갈망을 엘리아데는 앞에서 말한 것처럼 "낙원에 대한 향수"(nostalgia for Paradise)라고 표현한다. 이것이 그의 이론의 중심개념이다. 그는 여러 곳에서 이것을 언급하고 있지만, 우리가 길잡이로 택한 세 권의 책 중 세 번째 책에서 가장 잘 설명하고 있다. 이 책이 《영원회귀의 신화: 우주와 역사》(*The Myth of the Eternal Return: Or,*

Cosmos and History)로서, 《종교양태론》과 함께 1949년에(그의 나이 마흔두 살에 - 옮긴이) 처음 출판되었다.

엘리아데는 이 책을 자신의 가장 중요한 책의 하나로 여겼고, 그의 비평가들도 이에 동의하는 편이다. 이 책에서 그는 강력한 논제를 전개하는데, 그것은 모든 고대인들의 생각을 지배한 한 가지 주제가 역사를, 역사 전부를 폐기하고, 세상이 시작되기 전의 아득한 때로 돌아가려는 충동이라는 것이다. 시작으로 돌아가려는 욕망은 가장 심오한 동경으로, 모든 고대인들의 영혼 속에서 가장 집요하며 진정한 아픔이라고 그는 주장한다. 고대의 의례와 신화의 한결같은 주제는 "창조자의 손에서 온대로 신선하고 순수하며 강한 세상 속에서 살고자 하는"24) 소망이다. 이것은 앞에서 살펴본 대로, 도대체 왜 창조신화가 그처럼 많은 고대사회에서 그런 중심 역할을 하는가에 대한 이유다. 또한 이것은 그 많은 의례들(rituals)이 창조행위와 관련되어 있는 이유이기도 하다. 우리는 의례들에 관해 지금까지 별로 언급하지 않았는데, 엘리아데는 의례들이 중요하다고 생각하며, 특히 창조 이야기들과 관련해서 중요하다고 본다. 보통 그 의례들은 세계가 생성된 바로 그 때(*in illo tempore*, '그 때'를 뜻하는 라틴어) 신들이 행한 일을 재연하는 것을 포함한다. 모든 신년축제, 모든 재생 혹은 복원의 신화, 모든 입문식은 시작에로의 회귀, 즉 세상을 다시 시작하는 기회이다. 고대의 신년축제에서 속죄양을 내쫓아서 공동체에서 귀신, 병, 죄를 제거하려는 정화가 행해지는데, 이것은 한 해에서 다음 해로의 전이 의례(rite of transition)일 뿐만 아니라, "또한 지난해와 과거 시간의 폐기"이기도 하다. 이것은 "잠시만이라도 신비적인 최초의 시간, '순순한'

---

24) Eliade, *Sacred and Profane*, p. 92.

때, 창조 '순간'의 때를 회복하려는"25) 시도이다. 인도에서 왕의 제관식은 태초에 정해진 패턴을 따른다. 희생제사에서도 "속된 시간, 존속, '역사'를 폐기하는 것에 대한 암시가 있다."26)

엘리아데는 이처럼 회귀의 신화를 고취시키는 동기를 주목하는 것이 중요하다고 생각한다. 그는 고대인들이 다른 사람들과 마찬가지로, 고통과 죽음의 신비에 의해 영향을 받을 뿐만 아니라 아무런 목적이나 의미 없는 삶에 대한 심려로 인해 깊은 영향을 받고 있다고 설명한다. 그들은 슬픔으로부터의 탈출과 동시에, 의미, 영속성, 미, 완전을 동경한다. 인생의 사소한 불편과 성가심은 문제가 아니며, 그런 것들은 누구나 견딜 수 있다. 그러나 인간의 모험 전체가 단지 헛된 짓들이며, 죽음으로 끝나는 허무한 구경거리에 불과할 것이라는 생각은 고대인들 가운데 어느 누구도 견딜 수 없는 생각이다. 엘리아데는 이런 경험을 "역사의 폭압"(terror of history)이라 부르는데, 이것은 왜 사람들이 그토록 강력하게 신화에, 특히 영원회귀의 신화에 이끌려왔는가를 설명해준다. 일상의 삶은 중요하지 않고, 역사 속에서는 참 의미를 결코 찾을 수 없기 때문에, 고대인들은 대신에 자신들의 입지를 역사 밖에서 찾기를 원한다. 인생의 덧없고 판에 박힌 노동과 매일의 성가신 일들에 직면해서, 그들은 반항적으로 모든 것을 부인하는 몸짓으로 극복하려 하고, 상징과 신화를 통해서 생명이 그 근원으로부터 다시 한 번 시작하는 순간이며 또한 약속과 소망으로 충만한 태초 상태의 완전함으로 거슬러 올라가려 한다. "고대인들은 (되돌릴 수 없는 - 옮긴이) 시간에 대해 순환하는 방향을 부여함으로써, 시간의 불가역성

---

25) Eliade, *The Myth of the Eternal Return: Or, Cosmos and History* (New York: Harper Torchbooks [1949] 1959), p. 52.
26) Eliade, *Eternal Return*, p. 35.

(되돌릴 수 없음)을 무효로 만든다. 모든 것은 매순간 그 시작에서 또다시 시작한다."27)

이런 "역사의 폭압"은 고대인들 뿐 아니라, 시간의 순환적 견해가 압도적이었던 고대의 위대한 문명세계 사람들 역시 느끼고 있었다. 예를 들어, 인도에서 가장 오래된 가르침에 따르면, 인간은 궁극적으로 파괴되고 다시 개조될 때까지, 부패와 쇠퇴의 무한한 순환을 거쳐 가는 세상에서 소망 없이 살아갈 운명이다. 이처럼 심각하게 비관적인 입장에 대한 반작용이 결국 영원회귀의 동양적 고전판, 즉 재생, 혹은 환생의 교리에 이르게 되었다. 이것은 주로 유명한 힌두교의 우파니샤드(Upanishads)와 고타마 붓다(Gautama the Buddha)와 자이나교(Jainism) 창시자 마하비라(Mahavira)의 가르침에서 볼 수 있다. 이들은 인류가 이처럼 끝없는 자연의 순환 속에서 아무런 희망 없이 예속된 것으로 보고, 역사의 하찮음과 폭압으로부터 순전히 영적인 해방에 이르는 길을 찾을 수 있다고 주장했다. 이들은 영혼 혹은 참된 자아는, 역사에 매이게 하는 육체로부터 결국은 순수한 영적인 탈출을 성취할 때까지, 긴 재생의 연속을 거치면서 참고 투쟁해서 스스로 자유를 얻을 수 있다고 선언했다. 이들 모두는 서로 다른 방식으로, 자연과 역사로부터 영혼의 궁극적 구출이라는 해탈(*moksha*)의 교리를 통해 인생의 의미를 제공했다. 다른 곳에서는 영원회귀의 교리가 다른 형태로 나타났다. 일부 그리스인들과 고대 페르시아의 대 예언자 조로아스터(Zoroaster) 신봉자들 사이에는, 그 영원회귀의 교리가 인간 역사는 단 하나의 주기로 이루어져 있어서, 영원에서 시작되어 언젠가는 불이나 다른 큰 재앙으로 영원히 끝장난다는 믿음으로 표현되었

---

27) Eliade, *Eternal Return*, p. 89.

다. 이런 종국을 배경으로, 조로아스터 신봉자들은 최후 심판(the last judgement)과, 선과 빛의 최고신 아후라 마즈다(Ahura-Mazda)에 충실한 모든 자들에게 주어지는 하늘의 보상을 통해 해방을 찾았다. 그러므로 이런 종교들의 패턴은 매우 분명하다. 문화적으로 고대인들보다 더 앞섰지만, 지중해와 근동의 위대한 문명들, 그리고 인도와 동남아시아 문명 역시 똑같은 역사의 문제에 봉착하여, 탈출의 길을 찾기 위해 불굴의 노력을 기울였다.

고대종교에 대한 반란: 유대교와 그리스도교

그렇다면 원시문화와 개화된 고대문화 거의 어디에서나, 역사의 문제가 중심이었고, 그 해결책인 탈출은 일종의 영원회귀의 신화형태 안에서 발견되었다. 그런 패턴이 매우 널리 퍼져 있어서, 오직 한 곳, 즉 고대 팔레스타인의 히브리인들 가운데서만 다른 것을 발견할 수 있다고 엘리아데는 말한다. 고대 이스라엘에서 세계에서 최초로 새로운 종교적 전망이 출현한 것이다. 시작의 순간들로 신비적으로 귀환한다는 개념을 전적으로 거부하지 않으면서도, 유대교는 성스러움을 역사 밖에서 뿐 아니라 역사 안에서도 찾을 수 있다고 선포한다. 이것으로 인해, 고대종교의 균등성이 뚜렷하게 달라졌다. 유대교와 이에서 비롯된 그리스도교에서는 자연의 덧없는 순환이라는 관념이 뒤로 밀리고, 인간의 사건들이 중심무대에 등장하여, 여기서 인간의 사건들은 그 역사 현장에 참가하는 이스라엘의 하느님의 형태로 나타나는 성스러움과 더불어 의미심장한 이야기, 즉 역사가 되었다. 끝없이 덧없는 세계의 순환 대신에, 유대교는 성스러운 역사적 사건들이 연속된다고 강력히 주장한다. 이 놀라운 혁신은 주로 아모스, 이사야, 예레미야 등 이스라엘의 위대한 예언자들에 의해 이루어졌다. 그 백성이 재난을 당했을 때, 예언자들은 이 불행이 탈출해야 할 고난이 아니라, 바로 하느님의 손길로부터 온 것이기에 역사 속에서 견디어야만 하는 징벌이라고 선언했다. 그들의 예언과 연설에서 예언자들은 다음과 같이 그 사상을 확언했다고 엘리아데는 말한다.

역사적인 사건들은 하느님 뜻에 의해 이루어지는 한에서만 그 자체에 가치가 있다. 유대인들의 이 하느님은 더 이상 동양의 신, 원형적 몸짓의 창조자가 아니라, 역사 가운데 끊임없이 개입하여, 사건들(침략, 점령, 전쟁 등)을 통해 그의 뜻을 드러내는 인격체이다. 따라서 역사적인 사실들은 하느님과 관련된 인간의 '상황들'이 되고, 그 상황들은 이전에 부여받을 수 없었던 종교적 가치를 얻게 된다.[28]

사람이 이처럼 역사의 인격적인 하느님과 만난 것이 전혀 새로운 것이라는 사실은 성경의 유명한 이야기에서도 볼 수 있는데, 자기 아들을 하느님께 제물로 드리기 위해 죽이려고 준비한 족장 아브라함의 이야기가 그것이다. 만일 유대교가 고대종교(archaic religion)였다면, 이 무서운 행위는 신들에게 내재하는 거룩한 생명을 갱신하려고 첫 아이를 죽이는 인간 희생의 예가 될 것이다. 그러나 유대교에서는 이 사건이 전혀 다른 성격을 지닌다. 아브라함의 시험은 역사 가운데서 다만 그의 믿음의 징표로 그 아들을 요구한 하느님과의 매우 개인적인 계약이었다. 이 하느님은 자신의 신적인 능력을 갱신하기 위해 희생물이 필요한 것이 아니라(실제로 그 아들 이삭을 살려주었다), 그의

---

28) Eliade, *Eternal Return*, p. 104.

백성에게 그런 궁극적 희생을 각오할 만큼의 본질적 충성을 요구한다. 그리스도교는 이와 똑같은 관점을 계승하고 있다. 예수의 삶과 죽음으로 이어지는 연속적 사건들은 단 한 번의 결정적 순간에 있었던 하나의 역사적 사례가 되어, 그리스도교 신자들과 그들의 하느님 사이에 용서와 신뢰라는 인격적 관계의 기초가 된다. 그리스도의 생애, 십자가, 부활을 찬양함으로써 그리스도교 신자들은 계절적인 재생의 제의에 관여하지 않고, 태초로의 영원한 회귀를 추구하지 않는다. 이들은 그리스도 사건이라는 유일하고 최종적인(once and for all) 역사적 사건을 기념하면서, 그 사건이 자신들에게 똑같이 유일하고 최종적인 개인 신앙의 결단을 요구한다는 것을 상기한다.

물론 이 새로운 역사적 종교가 고대인들의 태도(archaic attitudes), 즉 인간 심리에 깊이 뿌리박고 있는 더 오래된 고대인들의 태도를 상대로 하여 즉시 승리를 거둔 것은 아니다. 그 증거는 유대교의 경우, 고대 이스라엘에서 보통 사람들은 바알(Baal)숭배처럼 풍작신 제례(fertility cults)에 대단한 매력을 가졌던 것이다. 또한 그리스도교 문화에서도 고대의 계절적인 재생의 예식들이 남아 있어, 보다 순수한 역사적 요소들과 융합되어 있다. 그리고 유대교와 그리스도교 전통 모두가 늘 메시아 운동(messianic movements)에 의해 영향을 받았다. 하느님이 택한 자의 재림, 세상 종말의 대환란, 완전한 세상의 도래를 기대하는 이 열정적인 집단들 역시 고대인들의 정신(archaic mind)의 특징을 지닌다. 그들이 역사를 묵인하는 이유는 "어느 날인가 역사가 끝날 것으로(즉 역사가 완전히 폐기될 것으로 - 옮긴이)"[29] 믿기 때문이다. 그 결과 유대-그리스도교 전통 모두가 상당한 긴장과 타협 가운데 전

---

29) Eliade, *Eternal Return*, p. 111.

개되어 왔다. 이들은 성스러움을 역사 속에서도, 또한 역사 밖에서도 찾아냈던 것이다.

모든 종교에 대한 반란: 현대 역사주의

엘리아데의 관점에서는, 유대-그리스도교가 역사의 종교로 전향한 것은 획기적인 사건이다. 왜냐하면 이것은 고대인들의 태도에서 벗어난 변화의 시작으로서 영원회귀 신화에 대한 첫 번째 반란이기 때문이다. 그러나 이것이 세계에서 단 하나의 거대한 종교적 변화는 아니다. 그와 동등하거나 오히려 더 큰 비중을 차지하는 두 번째 혁명이 바로 최근에 서구문명의 중심에서, 특히 현대 유럽과 미국에서 일어나기 시작했다. 지난 몇 세기에 걸쳐 우리는 인류 역사에서 전혀 새로운 것을 다시 한 번 보게 되었는데, 이것은 성스러움의 존재와 가치를 완전히 거부하는 철학들이 광범위하게 받아들여지게 된 것이라고 엘리아데는 설명한다. 이런 입장을 옹호하는 이들은 성스러움을 역사 안이건 밖이건 어디서 찾건 간에 아무런 차이가 없는데, 인간이 성스러움을 필요로 하지 않는다는 단순한 이유 때문이라고 주장한다. 이들은 우리가 어떻게 살아야 하며, 또한 살아야 할 궁극적 목적이 무엇인가를 보여주는 신이 없으며, "성스러운 원형"(sacred archetypes)이 없다는 것이 진실이라고 말한다. 우리는 전혀 성스러움 없이 살 수 있어야 하며, 성스러움이란 것은 존재하지 않는다는 것이다.

이처럼 세계에 대한 현대적이며 전적으로 탈신성화(unsacred)된 견해가 좋으냐 나쁘냐 하는 질문은 잠시 제쳐 놓겠다. 엘리아데의 첫 관심은 이런 견해가 도대체 어디에서 유래되었는지를 보여주는 것이다. 흥미롭게도 그는 이 두 번째 혁명의 문이 실상 첫 번째 혁명, 즉 유대-그리스도교를 역사적 종교로 이끈 바로 그 똑같은 사상의 전환에 의해 열렸다고 생각한다. 첫 눈에 이것은 의문스럽게 보이지만, 엘리아데에게 그 귀결은 분명하다. 그것은 우리가 모든 것을 고대종교와 영원회귀 신화의 본래 상황 속에서 볼 때 그 초점이 뚜렷해진다. 우리가 기억해야 할 것은 첫 고대인들에게는 자연세계가 핵심적으로 중요했다는 사실이다. 자연은 어느 순간에나 성스러움과 더불어 생동하게 된다. 상징은 그 성스러움을 초자연적인 것으로 표현했다. 전설과 신화는 폭풍과 비의 배후에 있는 신들을 찬미했다. 성스러움의 단서와 기미를 나무, 바위, 날아가는 새의 행로에서 볼 수 있었다. 자연은 신의 화려한 옷이었다. 그러나 유대교와 그리스도교에서는 그렇지 않았다. 이스라엘의 예언자들과 신약의 저자들은 자연을 배경으로 밀어내고, 역사를 무대 앞으로 내놓았다. 계절, 폭풍우, 나무는 '탈신성화'(desacralized)되었는데, 이스라엘의 하느님과 그리스도교 신앙의 하느님은 인간의 극적인 사건들, 즉 히브리인들의 이집트로부터의 탈출, 여리고 전쟁, 또는 예수 그리스도의 탄생, 죽음과 부활과 같은 인간의 극적인 사건들 속에서 주로 그 자신을 드러내려고 했기 때문이다. 분명히 자연 역시 일부분의 역할을 했지만, 단지 보조하는 역할에 불과했다. 이스라엘 예언자들 역시 홍해를 가른 큰 바람을 성스러움의 징조로 보았지만, 그들의 역사적인 관점에 비추어 볼 때, 그들은 그것을 전혀 다르게 해석한다. 그들에게는 그것이 신적인 능력을 드러냈지만, 고대인들이 생각하는 것처럼 놀라운 자연적 사건이어서가 아니라, 하느님의 목적에 기여했기 때문이었다. 그것이 그의 백성을 원수들로부터 해방시킨 것이다.

    엘리아데가 보는 바로는 이런 종교적 감수성의 변화는 중대한 것으로서, 그 자체로서 뿐만 아니라 뒤이어 생겨난 중대한 결과 때문이다. 점차로 거의 감지할 수 없이, 자연의 종교들로부터 역사의 종교들로 바뀐 이 최초의 변화는 이 시대에 그 이상의 변화를 위한 기초를 다져 놓았는데, 더 새로워진 역사의 종교들로부터 종교를 완전히 폐기하는 역사철학과 사회철학으로 변화하는 기초가 된 것이다. 수세기에 걸친 긴 과정을 통해, 특히 서구문명에서, 자연에서 성스러움을 제거한 것은 현대가 도래하기까지 단지 소수의 고립된 개인만이 심각하게 고려했던 사고방식을 모든 사회가 수용하도록 서서히 길을 열어주었다. 이 사고방식은 세속주의(secularity)로서, 인간의 생각과 행동에서 성스러움에 대한 모든 관련성을 제거하는 것이다. 엘리아데는 종교에서 완전히 떠나는 배후의 논리를 주장하는 데서 세속주의자들은 다음과 같이 주장할 수 있다고 설명한다. 즉 만일에 유대교와 그리스도교와 같은 성경의 종교들이 세계의 종교적 의식(consciousness) 속에 커다란 변화를 가져왔다면, 그 사실은 우리로 하여금 우리가 원한다면 또 다른 변화를 가져오도록 허락하는 것이 아니겠는가? 예언자들이 성스러움을 자연에서 제거하고 단지 역사 속에서만 찾아내는 권리를 가졌다고 생각했다면, 왜 우리는 그들 자신의 예를 쫓아 성스러움을 자연과 역사 모두에서 제거해 버릴 수가 없겠는가? 간단히 말해서, 성스러움의 개념은 불가결한 것이 아니라는 것이다. 엘리아데에게는 이것이 현대에 들어 지난 3세기 동안 강력한 호소력을 갖고 등장했던 거의 모든 세속적, 비종교적 철학들에 작용한 사유 형태였다. 우리는 이것들을 유대교와 그리스도교의 달갑지 않은 의붓자식들이라 부를 수 있겠다.

　엘리아데는 이 세속적 신조들을 '역사주의'(historicism)의 형태라고 부르는데, 이것은 단지 일상적이며 세속적인 것만을 인정하고, 초자연적이며 성스러운 것에 관련한 것은 완전 부정하는 사고형태라고 말한다. 역사주의자들은 만일에 우리가 의미를 원하고, 인생에서 보다 큰 목적의식을 원한다면, 우리는 분명히 고대인들의 방식, 즉 어떠한 영원회귀의 신조를 통해 역사로부터 탈출하는 고대인들의 방식에서는 그런 의미나 목적을 발견할 수 없다고 주장한다. 마찬가지로, 역사 속에 하느님의 심오한 계획이나 목적이 있다고 주장하는 유대-그리스도교 안에서도 찾을 수 없다고 주장한다. 오로지 우리 자신 안에서만 그것을 찾을 수 있다는 것이다.

이런 역사주의 사고방식의 사례는 현대의 체계와 사상가들에게서 얼마든지 찾을 수 있는데, 그 가운데 몇몇은 이미 앞에서 언급했다. 엘리아데는 독일 철학자 헤겔의 발전주의(developmentalism), 카를 마르크스의 공산주의, 20세기의 파시즘과 실존주의의 관점들을 지적한다. 현대 자본주의도 포함될 수 있다. 이런 모든 체계가 공유하는 것은, 만일에 인간이 자신들의 삶 속에서 의미와 중요성을 원한다면, 성스러움이라는 관념으로부터 도움을 받지 않은 채, 역사의 세속적인 영역에서 전적으로 인간 스스로가 만들어내야 한다는 근본 신념이다. 물론 이것은 여러 다른 방법들로 가능하다. 파시스트와 마르크스주의자들은 신들이나 성스러움 없이도 역사는 아직도 "어디를 향해 가고 있다"고 믿는다. 즉 역사는 국가나 인종의 승리, 혹은 프롤레타리아의 승리로 끝이 날 것이라고 믿는다. 실존주의자들은 역사가 전체적으로 중심 목적이 없고, "어디를 향해서도 가지 않는다." 그러므로 사적인 삶과 개인적 선택만이 중요하다고 생각하는 경향이다. 자본주의 기업가도 비슷한 선택을 하여, 단지 돈과 물질적 재산에서 목적을 찾는 것이 대부분이다. 이런 사람들에게는 개인의 자유와 성취만이 중요하며, 또한 항상 신들이 마련한 방식에 순응해서 자유가 없었던 고대인들보다 자신들이 더 나은 상태라고까지 주장할 것이다.

현재 세계에서 이런 비종교적 철학들은 대단히 인기가 있어, 서양 문명에서 뿐만 아니라 세계 전역에서 그 추종자들이 넘쳐나고 있다. 그러나 엘리아데는 이 모든 철학들에 대해 심각하게 의심한다. 그는 이것이 고대종교나 유대-그리스도교 신앙보다 인간에게 더 큰 의미와 목적을 주는가를 묻는다. 지도자의 모든 명령에 복종해야 하는 현대 파시스트는, 자기 집에서 재생의식을 행하는 고대의 여인보다 진정 더 자유로운가? 무조건 당의 목표에 묶여 있는 공산주의자의 인생은 고대의 부족민이나 중세기 수도승의 인생보다 진정으로 더 의미를 갖는가? 난폭한 군대가 시내로 진입하는 순간에 소멸될 수 있는 개인의 자유를 소중이 여기는 실존주의 철학자는, 봄마다 곡식이 소생되기를 바라면서 풍작의 계절 잔치를 경축하는 고대 부락민들보다 진실로 더 만족하며 충족함을 느끼겠는가?

고대종교로의 복귀

이런 현대 철학들에 대해 엘리아데는 염려했지만, 더 이상의 주장을 펼치지는 않는다. 그는 단지 이런 철학들이 참으로 인간을 만족시킬 수 있겠는가 하는 의심을 표하고 있을 뿐이다. 대신에 그는 어떻게 고대의 사고방식이 은밀하게 오늘날에 이르기까지 존속해 왔는가를 보여주려고 한다. 예를 들어 T. S. 엘리엇과 제임스 조이스처럼 창조적인 예술가들이 그들의 작품에서 영원회귀의 신화 형식에 뚜렷한 애착을 보인다고 말한다. 우리 시대에 일반 관중이 열광하는 운동경기 역시 비슷한 유사성을 보여, 원시 제의들의 성스러운 순간들과 마찬가지로, 격렬한 감정을 초래하며, 하나의 '승화된' 경기시간에 집중시킨다. 극장, 텔레비전, 영화의 극적인 사건들도 일상의 시간과 날들과는 전혀 다른 '성스러운' 시간의 압축된 틈을 제공한다. 대중문화의 이미지들과 이야기들 역시 고대의 신화들과 비슷해서, 평범한 사람들이 그들의 삶을 모방하는 원형들, 즉 "정치적 혹은 군사적 영웅, 불운한 애인, 혹은 냉소주의자, 허무주의자, 감상적 시인"과 같은 성격의 원형을 창조한다. 이런 것들과 그 밖의 것들이, 고대인들에게 신화의 영웅과 신들이 충족시켜 준 것과 똑같은 역할을 한다. 심지어 현대인의 독서하는 습관도, 원시인들이 기억하고 암송하는 구전(oral traditions)을 대신하는 것으로 볼 수 있고, 이것은 일상생활의 압박에서 벗어나는 '탈출의 시간'을 만들려는 고대인들의 욕망을 반영한다.

끝으로 엘리아데는 영원회귀의 욕구가 이처럼 현대에 변장한 모습들로 나타나는 것들과는 별도로, 낙원에 대한 고대인들의 향수가 결코 완전히 사라지지 않았으며, 원래의 형태로 남아 있다고 판단한다. 우리가 살펴본 것처럼, 그리스도교는 성스러움을 오직 역사 안에서만 찾으려 한다. 그러나 루마니아와 그밖에 중부 유럽의 그리스도교인 농부들 가운데서 발견할 수 있는 것은, 교회의 신조들 속에 남아 있는 역사의 찌꺼기들을 거의 완전히 쓸어내 버린 고대인들의 사고 습관이 뚜렷하게 혼합되어 있다는 것이다. 이런 '우주적 그리스도교'(cosmic Christianity)에서는, 나사렛 예수가 역사 속의 한 사람임을 인정하지만, 이런 사실은 농부들의 신앙 속에서는 거의 완전히 사라지는 것이 보통이다. 즉 농부들이 가진 그리스도에 대한 이미지는 자연의 위대한 주님이며, 마치 다른 고대문화의 신화들 속의 최고신처럼, 땅에 있는 자기 백성을 계속해서 찾아오는 신성한 민간전승의 영원한 신으로 간주되기 때문이다. 중요하게도, 이 우주적 그리스도교의 예배와 예식들은 역사의 예수(the historical Jesus)가 아니라, 자연의 능력을 새롭게 하고 또한 인류를 태초의 시간으로 복귀시키는 영원의 그리스도(the eternal Christ)를 찬양하는 경향이 있다. 그 신자들에게는, 이런 고대의 신앙이 깊은 의미를 제공하는데, 이런 깊은 의미는 유대교로부터 물려받은 역사적 관점이 결코 줄 수 없는 것이다.

엘리아데가 《영원회귀의 신화》를 결론짓는 이 우주적 그리스도교는 그가 젊은 나이에 인도의 마을에서 처음 대했을 때 그렇듯 강하게 마음을 끌던 농민의 종교와 뚜렷한 유사점을 지니고 있다는 것은 주목할 가치가 있다. 그는 공개적으로 시인하지 않으려고 항상 조심하지만, 결국 그는 이런 성격의 우주적 민속종교와 고대의 정신 구조가 제공하는 만족에 가장 가깝게 공감하고 있다는 것은 분명해 보인다.

분석

엘리아데는 프로이트, 뒤르켐과 마르크스의 기능주의적 환원주의와는 다른 방법론을 추구하는데, 베버보다 더 날카로운 다른 방법론이다. 동시에 세계적 규모로 종교를 비교하려는 그의 관심과 또한 종교를 "그 자체의 관점에서" 설명하려는 그의 방침은 빅토리아 시대의 인류학자 타일러와 프레이저의 주지주의 견해를 상기시킨다. 이 이론의 의제에서 세 가지 요소에 관해서는 특별한 해설이 필요하다.

1. 환원주의 비판

처음부터 엘리아데는 그 당시에 많은 사람들이 선호했으며 또한 우리 시대에도 여전히 매력적인 환원주의적 접근방법에 대해 강력한 이의를 제기했다. 프로이트, 뒤르켐, 마르크스에 반대하여, 그는 종교

사상과 활동들의 독립성을 강력하게 주장했다. 베버와 마찬가지로, 그는 심리, 사회, 경제를 비롯한 여러 힘들이 종교에 영향을 끼친다는 것을 인정하지만, 그 영향이 결정적이거나 심지어 지배적인 것으로는 보지 않았다. 종교는 믿는 자의 관점에서 보려고 할 때만 이해할 수 있다고 그는 주장한다. 로마의 법은 로마의 가치관을 통해서만 파악할 수 있고, 이집트의 건축은 이집트인의 눈을 통해 보아야 하는 것과 마찬가지로, 종교적 행위, 사상, 제도는 종교적 관점에서, 즉 그들에게 영감을 주는 성스러움에 대한 관점에서 보아야 한다. 특히 고대인들의 경우, 성스러움을 통제하는 것은 분명히 사회적, 경제적, 혹은 다른 면의 세속적 삶이 아니며, 성스러움이 세속의 모든 측면을 통제하고 구체화한다.

2. 세계적 비교

엘리아데 이론의 또 다른 특징은 그의 광대하고 의욕적인 구상이다. 물론 그만이 광범하고 다양한 재료, 장소, 시간으로부터 자료를 수집하려고 노력한 것은 아니지만, 분명히 이 점에서 그는 대부분의 학자들보다 더 의욕적이었다. 그는 충실한 역사가이며 동시에 유능한 현상학자로, 자신의 그 두 가지 사명을 매우 진지하게 감당하여, 모든 형태의 종교를 성실하게 포괄적으로 이해하려고 노력했다. 그의 분석 배후의 연구는 그 범위가 참으로 놀라운 것이다. 여기서 우리가 집중적으로 살펴본 세 권의 중심 저서는 그의 노고의 단지 한 부분을 대표하는데, 그의 노고는 인도 요가에 관한 몇 권의 책뿐 아니라, 오스트레일리아의 종교, 유럽의 민속전통, 아시아의 무당, 혹은 예언-신비가들에 대한 연구에서도 뚜렷하다. 다른 저작들은 연금술, 입문예식과 주술에 초점을 맞추었으며, 또한 꿈, 신화, 비의(occult), 예술의 상징주의, 종교 연구방법과 다양한 그 외의 관련된 주제에 초점을 맞추고 있다. 그는 은퇴 후에도 대규모의 《종교 사상사》(History of Religious Ideas) 저술을 계속했는데, 그가 죽음에 임박했을 무렵 거의 완성되었다. 이 광범위한 세계적 관심으로 인해 많은 찬미자를 얻게 되었는데 특히 미국에서 그의 제자들 가운데 많았다. 반면에 회의적인 비판자들은 그의 문제가 지나치게 세계적이고, 혹시 그 때문에 피상적 연구가 아닌가 의심하기도 한다. 찬사가 아닌 논조로 어떤 이는 그의 접근 방법이 '프레이저식'이라고 하여 《황금가지》의 확실치 않은 목적과 방법으로 퇴각한 것이라고 지적하기도 한다.[30]

3. 현대 철학들과의 대결

마지막으로, 그가 현대 '역사주의' 철학들이라 부르는 것에 대한 그의 논평에서 우리가 살펴본 대로, 엘리아데는 자신이 옛 시대 사람들의 불명료한 풍습들에만 관심을 갖는 고립된 학자라고는 생각하지 않았다. 비록 그는 학문, 고대 문서들, 고대 이념들에 대한 연구에 몰두했지만, 자신을 당대의 사상과 문화와 대결했던 사람으로서, 과거에 대한 그의 지식으로부터 현재 사회가 직면한 중요한 철학적 문제들을 다루는 이론가로 생각했다. 예를 들어, 그는 매우 솔직하게 현대의 학자들과 지성인들이 고대인들의 사고방식이 주는 심리적인 장점들을 과소평가한다고 주장했는데, 고대인들의 사고방식은 문명의 역사에서 그만큼 인간의 수고와 노력들을 지탱시켜주었던 것이다. 엘리

---

30) William A. Lessa, review of *The Sacred and the Profane*, in *American Anthropologist* 61 (1959): 1147.

아데의 이런 '철학적인' 측면을 크게 칭찬하는 사람들이 있는가 하면, 그것이 과학적 객관성에 대한 그의 주장에 피해를 준다고 비판하는 사람들도 있다. 여기 관해서는 물론 더 언급할 것이 많겠지만, 이제는 이 장의 마지막 과제로서, 엘리아데의 이론 자체에서 떠나, 그의 비평가들의 주요 불평들을 요약해 보겠다.

비판

엘리아데의 종교이론은 한편에서 크게 격찬을 받는가 하면, 다른 한편에서는 강한 비판을 받고 있다. 이것은 그가 환원주의적 방법론에 대해 담대하게 반대하는 입장을 취한 것과 그의 관심이 매우 넓은 범위인 것을 고려할 때 별로 놀라운 일이 아니다. 우리가 이제까지 살펴본 논의에서 분명한 것처럼, 엘리아데는 당시 관심사이며 논쟁을 일으켰던 큰 문제들에 뛰어들고 또한 편드는 것을 두려워하지 않았는데, 이 두 가지 태도 때문에 다른 학자들은 처음부터 그에 대해 매우 회의적이었다. 엘리아데를 비난하는 이들의 비난 가운데서 사소한 불평과 좀 더 심각한 비판 사이에 구별을 짓는 것이 좋겠다. 그의 연구에 관한 어떤 비판은 극히 사소한 것이거나 잘못인 것들도 있다. 예를 들어, 어떤 사람들은 그의 연구가 '세계적인' 비교라고 하면서도, 중국 종교들과 이슬람교로부터의 증거가 그의 저서에서 빠져 있다고 비판했다. 다른 비판가들은 그의 주장을 반증할 수 있는 사례들은 그의 책들 속에 전혀 없으며, 또한 그가 의존한 문서들과 학자들을 주의 깊게 평가하지 않았고, 그가 우리의 현대적인 개념을 고대인들에게 적용했다고 비판한다.[31] 또 다른 비판가들은 그의 학문적 입장이 빅토리아 시대의 사회적 진화론으로 후퇴한 것이며, 또한 그의 방법론은 과학적이라기보다는 주로 직관적이며 사변적이라고 비판한다.32) 공평하게 말하자면, 첫째로 이런 비판들의 일부는 엘리아데처럼 광범위한 이론에 대해서 항상 있을 수 있는 비판이며, 어떤 것은 부분적으로 답변하거나 정정할 수도 있다는 것을 지적할 필요가 있다. 예를 들어, 이슬람이나 중국 종교들을 길게 언급하지 않은 것은, 이 두 전통에서 나온 중요한 증거가 어떤 중대한 관점에서 엘리아데가 다른 증거에서 끌어내는 일반 결론들에 모순이 되지 않는 한, 그가 심각하게 간과한 것은 아니다. 결국 일반적인 개설을 구성하려는 어느 누구도 유효한 증거 전부를 알 수는 없다. 또한 엘리아데가 일종의 오래된 사회진화론 학파에 속한다고 말하는 것도 정확하지 않은 것처럼 보인다. 그는 역사 속에서 변화의 사실을 인정하지만, 그에게 변화는 결코 역전시킬 수 없는 진화과정과 동일한 것이 아니다.

이런 점을 제외하고도, 엘리아데의 방법론에 관한 의문은 여전히 몇몇 더 중요한 문제들에서 제기될 수 있다. 특별히 신학, 역사, 그리고 개념적인 정확성, 혹은 명료성의 문제에 대한 의문이 제기되었다.

---

31) 이런 비판들과 그 가치들에 대한 충분한 검토는 John A. Saliba, *"Homo Religious" in Micrea Eliade: An Anthropological Evaluation* (Leiden: E. J. Brill, 1978)을 보라.

32) 그가 진화론자라는 주장에 관해서는 Dorothy Libby, review of *Rites and Symbols of Initiation*, in *American Anthropologist* 61 (1959): 689를 보라. 다른 비판들에 대해서는 Anthony F. C. Wallace, *Religion: An Anthropological View* (New York: Random House, 1966), p 252와 Annemarie de Waal Malefijt, *Religion and Culture: An Introduction to Anthropology of Religion* (New York: Macmillan, 1968), p. 193을 보라.

1. 신학

여러 학자들에 의하면, 엘리아데의 이론이 안고 있는 핵심 문제는 종교적인 것이라고 주장한다. 그들은 그의 이론 속에 숨겨져 있는 종교적이며 또한 철학적인 전제들이 그 이론의 객관성을 훼손시켜서, 과학적일 수가 없다고 비판한다. 최근에 솔직한 일부 비판가들은 엘리아데가 사실은 변장한 그리스도교 신학자이고, 심지어는 선교사라고 주장한다. 그는 하느님을 믿고, 모든 종교를 호의적 입장에서 소개하고, 그 다음으로 그리스도교가 그 중에서 참된 최고의 형태임을 보여줄 수 있다는 것이다.[33] 짐작할 수 있는 것처럼, 이런 비난은 상당한 논쟁을 불러일으켰지만, 불행하게도 엘리아데 자신의 진술은 이 점을 밝히는 데 도움이 되지 않았다. 비록 그가 일기와 자서전을 출판하고, 많은 사람들이 읽을 수 있는 인터뷰를 통해 자신의 경력에 대해 이야기했지만, 그 자신의 종교적 소신에 대해서는 항상 회피했다. 다른 논점은, 비록 그가 자신의 연구 배후의 그리스도교적인 동기를 인정한다 해도, 그 이유 하나만으로 그의 주장들과 분석들을 불신할 수는 없다는 점이다. 이것은 먼저 마르크스와 프로이트의 이론이 분명히 반(反)종교적 동기에서 비롯되었다는 이유만으로 거부할 수 없는 것과 마찬가지다. 우리가 물어야 할 질문은 그처럼 학문에 앞서는 신념이, 종교적이든 반종교적이든 간에, **실제로 그 이론에 도입되어**, 그 이론을 인정하지 않는 사람들이 그 이론을 무가치한 것으로 판정할 이유가 되었느냐 하는 질문이다. 이렇게 그 문제를 정리하고 아마

---

[33] 가장 심한 비판가들 가운데 캐나다 학자 Donald Wiebe는 여러 논문과 책에서, 환원주의에 대한 엘리아데의 반대는 과학적인 원칙에서가 아니라 종교적인 편견이라는 주장을 반복한다. 이런 주장을 펼치는 그의 저서들 가운데 *Religion and Truth* (The Hague, Netherlands: Mouton Publishers, 1981)를 보라.

최선으로 말할 수 있는 것은, 설령 엘리아데 자신의 종교적 공감이 그 자신의 과학에 영향을 미친 것이 사실이라 하더라도, 그의 비판가들 중 아무도 지금까지 그 사실을 일반이 만족하도록 증명하지 못했다는 것이다. 흥미롭게도 이 문제에 대해 저술한 가장 객관적이고 신중한 학자 가운데 한 명은, 엘리아데의 이론이 부분적으로 그가 말하는 '규범적'(normative) 종교의 입장에 의존하지만, 이 자세는 그리스도교보다는 힌두교처럼 반(反)역사적인 동양종교의 입장에 더 가깝다고 주장한다.34) 다른 학자들은 엘리아데의 개인적 신조가 사실은 그가 중요하게 평가하는 고대인들의 우주적 종교이며, 이 때문에 그가 비종교적인 현대인들의 사고방식과 더불어 유대교와 그리스도교의 역사적인 관점에 대해서는, 그들의 가치에 대해 회의를 느꼈으며, 또한 공평한 판단을 하지 못했다고 주장한다.

2. 역사적 방법

다른 비판가들은 엘리아데의 이론에서 드러난 문제점들은 신학이 아니라 역사에 대한 그의 입장에 있다고 본다. 위에서 본대로, 엘리아데는 자신이 종교연구를 현상학적이며 역사적인 기획으로 만드는 데 성공했다고 믿는다. 그는 종교에서 시간을 초월한 상징 형태들을 설명할 뿐만 아니라, 각각의 새로운 역사적 맥락에서 그 상징 형태들이 어떻게 변화했는가를 보여준다고 주장한다. 그러나 그에 대해 역사적 관점에서 비판하는 학자들은 그렇게 생각하지 않는다. 이들은 매우

---

34) Douglas Allen, *Structure and Creativity in Religion: Hermeneutics in Mircea Eliade's Phenomenology of Religion and New Directions* (The Hague, Netherlands: Mouton Publishers, 1978), pp. 221-45, 특히 pp. 221-22.

설득력 있게 지적하기를, 실제로 엘리아데에게는 시간을 초월한 상징 형태들(예를 들어 거대한 나무, 달의 주기, 영원회귀)만이 중요하며, 그 상징 형태들의 특수한 역사적 맥락들과 그 특수한 맥락에 따라 새롭게 생겨난 작지만 중요한 변형들은 그의 해석에서 별로 중요하게 간주되지 않는 것처럼 보인다고 지적한다. 엘리아데는 공간적으로, 시간적으로 서로 대단히 멀리 떨어진 사례들에 의존해서 그의 일반론을 구축하는데, 그 사례들을 그 맥락으로부터 떼어내어, 표면상의 유사점들을 찾고, 그것을 기초로 해서 그 사례들이 중요한 패턴을 형성한다고 결론짓는다. 수천 년 전의 베다 인도나 중세시대의 유럽 농민, 혹은 오늘날 살고 있는 원시인들에 상관없이, 그는 모든 종교 안에서 동일한 기본적인 사고 범주들을 찾아낸다. 그는 어디서나 똑같은 유형의 상징들과 똑같은 형태의 신화들을 찾아낼 수 있는 것처럼 보이며, 그 모두가 똑같은 핵심적 사고, 즉 성스러움의 실재성, 그 원형에 대한 신뢰, 역사로부터의 탈출과 회귀의 상징성을 표현하는 것처럼 보인다. 이런 비판을 통해 쉽게 결론지을 수 있는 것은, 엘리아데의 모든 계획이, 반세기 훨씬 이전에 처음 프레이저에게 겨냥했던 바로 그런 비판을 받게 되었다는 것이다. 종교에 대해 참으로 보편적 이론을 세우려는 학자는 누구든 이런 종류의 방법을 따를 수밖에 없을 것이지만, 그렇다고 해서 반드시 엘리아데의 방법이 건전하다는 것은 아니다. 프레이저의 경우처럼, 특정한 사회를 면밀히 연구한 신중한 인류학자나 역사가가 그 사회의 상징들이나 신화들의 하나가 엘리아데의 거대한 패턴들에 들어맞지 않는다는 것을 보여줄 때마다, 그의 이론적 토대에 또 하나의 균열이 생기는 것이다. 그런 균열이 하나나 몇 개라면, 그 이론 구조를 흔들어놓지는 않겠지만, 그런 균열이 쌓이게 되면 그 영향은 심각할 것이다.

3. 개념상의 혼동

앞의 두 가지 문제와 함께, 마지막으로 핵심적 개념들의 문제가 있는데, 그 개념들은 혼동이 아니라면 적어도 다소 부정확하고 초점이 맞지 않아 보이는 것이다. 우리가 매우 명백하기를 바라는 바로 그런 경우에, 그의 논의가 오히려 실망스럽게 모호하고 파악하기 어려운 것으로 판명되면 문제가 된다. 우리는 예리하고 분명한 윤곽 대신에 안개에 둘러싸인 기분이다. 한 예만을 들어보면, 상징의 문제에서 인류학자 에드먼드 리취(Edmund Leach)가 중요한 혼동을 지적하고 있다. 엘리아데는 신화들이 흔히 성스러움과 세속 사이의 분리를 보여준다고 말하고 나서, 그 다음에 그 둘 사이를 연결하는 제3의 것을 삽입하는데, 그것은 배(a boat)라든가, 다리(a bridge) 혹은 사다리, 기둥, 혹은 '거대한 나무' 등이다. 중요한 것은 그런 상징들의 내용이 아니라 그 구조로서, 성스러움과 세속 사이의 연결고리라고 엘리아데는 설명한다. 그 연결시켜주는 물체가 다리가 아니라 배인지 아닌지는 상관이 없는데, 그 상징들 자체의 실제 내용보다는 그 상징들의 형태, 혹은 구조로서 그들 사이의 관계성이 중요하기 때문이다. 동시에 다른 부분에서는, 세계의 축(axis mundi)이 되는 거대한 나무처럼, 그 성스러움과 세속 사이를 연결시켜주는 상징들은 다른 것들보다 우월한 것으로 고려되어야 한다고 말한다. 그러나 분명히 그것은 그 상징의 내용이 결국 문제가 될 때에만 해당되는 얘기다. 그래서 혼란이 있는 것이다. 에드먼드 리취는 엘리아데가 시작부터 혹시 그 자신의 종교적인 이유에서 그가 개인적으로 선호하는 상징들이 다른 것보다 나은 것으로 분석에 나타나야 한다고 결정한 것이 아닌가 하고 묻는다. 내용이 형식적 관계보다 결국 더 중요한 것이 아니겠는가? 리취가 옳든 그르든 간에, 상징들과 그 정확한 의미의 문제는 엘리아데의 이론에서 이렇게 불확실한 상태로 남겨두기에는 너무도 중요하다.

어떤 점에서는, 성스러움의 개념 자체에 대해서도 비슷한 의견을 말할 수 있다. 고대인들에게 성스러움이 도대체 무엇이었는가 하는 것을 명시하려 할 때, 우리는 그 과제가 극히 어려운 것임을 알게 된다. 엘리아데는 성스러움이 우리가 닿기 어려운 중심의 이미지로 상징될 수 있으며, 또한 우리가 닿기 쉬운 중심으로도 상징될 수 있다고 말한다. 그는 바위가 거칠고 단단하고 변함이 없는 이유로 성스러움을 표상하고, 달은 변하는 국면들, 즉 출생, 죽음, 재현의 순환이 있어서 또한 성스러움을 나타내는데, 왜냐하면 "실재는 언제까지나 동일한 것이면서도, 또한 유기적이지만 순환적인 형태들이 되는 것"35)이기 때문이라고 그는 설명한다. 다른 곳에서 그는, "모든 신들은 그 신자들에게는 (그들이 원하는) 무엇이든지 되는 경향이 있다"36)고 말한다. 다시 말하면, 엘리아데가 이해하는 성스러움의 내용이나 성격은 상당한 변화를 가정하는 것 같다. 그러나 만일에 이것이 사실이고, 성스러움의 개념이 그 역할을 하기 위해 이처럼 무형적이고 가변적이어야만 한다면, 이런 개념이 실제로 얼마나 유용하겠는가? 성스러움이라는 개념이 결국에는 세속의 반대라는 사실 이외에, 그것을 명시할 수 있는 것이 별로 없다면, 성스러움이라는 개념 위에 이론을 세우는 것이 얼마나 유익하겠는가?

이런 문제들에도 불구하고, 엘리아데는 다양한 형태의 기능주의적 환원주의에 반대하여 담대하게 종교행위의 독립성을 주장한 그 시대의 극소수 사상가의 한 사람으로 분명히 격찬을 받을 만하다. 그는

---

35) Eliade, *Patterns*, pp. 314-15.
36) Eliade, *Patterns*, p. 262.

또한 거의 모든 세계 종교로부터 자료를 수집하여, 그 모든 증거를 단 하나의 포괄적인 체계의 구조 속에서 설명하는 방법을 시도했다는 점에서 역시 격찬을 받을 만하다. 그처럼 거창한 계획으로 그가 성공했는가, 참으로 성공할 수 있었는가 하는 것은 물론 별개의 문제이다. 흥미롭게도 그렇지 않다고 생각하는 학자들 가운데 어떤 학자들은, 때로는 좀 더 유망한 접근방법은 단순히 엘리아데의 '세계적' 이론에 대한 소망을 버리고, 탐구의 목표를 전부 재조정하는 것이라고 제안했다. 이들은 일반적인 패턴들을 찾는 것이 아니라, 그 반대로 하나의 장소나 사람들의 종교에 집중해서 철저하게 그 종교의 깊이와 세부적인 사실들을 탐구함으로써, '세계적' 이론들만큼 배울 수 있다고 주장한다. 다음에서 보게 될 저명한 영국 인류학자 에반스-프리차드의 유명한 접근방법이 바로 그것이다.

보다 자세한 연구를 위한 추천 도서들

Allen, Douglas. *Structure and Creativity in Religion: Hermeneutics in Mircea Eliade's Phenomenology of Religion and New Directions.* The Hague: Mouton Publishers, 1978. 내용 있는 분석으로 어떤 부분은 어렵지만 엘리아데의 생애와 저술에 대단히 넓고 깊은 지식을 가진 학자가 쓴 것이다.

Cave, David. *Mircea Eliade's Vision for a New Humanism.* New York: Oxford University Press, 1993. 호의적인 동시에 비판적인 인본주의적 관점에 대한 토론으로서, 저자의 견해로는 그것이 엘리아데의 종교에 관한 사상 모두를 좌우한 것으로 본다.

Dudley, Guilford, III. *Religion on Trial: Mircea Eliade and His*

Critics. Philadelphia: Temple University Press, 1977. 엘리아데 저서들에서의 가정들과 주요 주제들에 관한 유익한 토론과 비판.

Eliade, Mirces. *Autobiography: Volume 1, 1907-1937: Journey East, Journey West*. Translated by Mac Linscott Ricketts. San Franscisco: Harper & Row, 1981. *Autobiography: Volume 2, 1937-1960: Exile's Odyssey*. Translated by Mac Linscott Ricketts. Chicago: University of Chicago Press, 1988. 이 두 권에서 엘리아데 자신이 시카고대학교에서의 첫 해에 이르는 그의 생애와 사상의 이야기를 제공한다.

Eliade, Mircea. *Images and Symbols: Studies in Religious Symbolism*. Translated by Philip Mairet. New York: Sheed and Ward. [1952 French] 1969.

Eliade, Mircea. *The Myth of the Eternal Return: Or, Cosmos and History*. Translated by Willard R. Trask. New York: Harper Torchbooks [1949 French] 1959. (심재중 역, 《영원회귀의 신화》, 이학사, 2003).

Eliade, Mircea. *Myths, Dreams and Mysteries*. Translated by Philip Mairet. New York: Harper Colophon Books [1957 French] 1975. (강응섭 역, 《신화, 꿈, 신비》, 숲, 2006).

Eliade, Mircea. *Ordeal by Labyrinth: Conversation with Claude-Henri Rouquet*. Chicago: University of Chicago Press, 1978. 엘리아데가 자기 생애와 저술에 대한 스스로의 이해를 논하는 깊이 있는 면담. (김종서 역, 《미로의 시련》, 북코리아, 2011).

Eliade, Mircea. *Patterns in Comparative Religion*. Translated by Rosemary Sheed. New York: Meridian Books [1949 French] 1963. (이은봉 역, 《종교형태론》, 한길사, 1996).

Eliade, Mircea. *The Sacred and the Profane: The Nature of Religion*. Translated by Williard R. Trask. New York:

Harcourt, Brace & World, 1957. (이동하 역, 《성과 속》, 학민사, 2006).

Leach, Edmund. "Sermons by a Man on a Ladder." *The New York Review of Books*, October 20, 1966. 전문적인 인류학 관점에서 본 엘리아데 저서에 대한 예리하게 비판적인 재고.

Olson, Carl. *The Theology and Philosophy of Eliade: A Search for the Center*. New York: St. Martin's Press, 1992. 엘리아데 저서의 주요 주제에 관한 훌륭한 최근의 소개.

Rennie, Bryan. *Reconstructing Eliade: Making Sense of Religion*. New York: State University of New York Press, 1996. 엘리아데의 저술에서 중요한 주제들과 사상들과 주장들에 대한 면밀한 분석으로, 신랄한 비평과 동시에 올바른 인정이 조화되어 있다.

Ricketts, Mac Linscott. *Mircea Eliade: The Romaniian Roots, 1907-1945*. 2 vols. New York: Columbia University Press, 1988. 엘리아데의 루마니아, 이탈리아, 인도 등에서의 초기 시절을 가장 대규모로 다룬 책.

Saliba, John A. *"Homo Religiosus" in Mircea Eliade: An Anthropological Evaluation*. Leiden: E. J. Brill, 1978. 높은 평가와 비판이 섞인 현대 인류학적 평가.

Strenski, Evan. *Four Theories of Myth in Twentieth-Century History: Cassirer, Eliade, Levi-Styrauss and Malinowski*. Iowa City: University of Iowa Press, 1987, pp. 70-128. 엘리아데의 루마니아 문화와 전쟁 사이의 민족주의 운동과의 관련에 대한 통찰력 있고 도발적인 탐구를 내용으로 한다.

7장

사회의 "마음 구성"

E. E. 에반스-프리차드

"만일에 원시인들이 자기 세대의 우주에 대한 범주들을 변경할 수 있어서 그 자신들이 그 속에서 완전히 합리적인 존재로 자리매김한다면, 그런 변화는 다른 것들도 수반할 것인데, 그 가운데는 종교적 지식을 얻을 수 있는 보다 높은 위치도 포함될 것이다."

- Mary Douglas, *Edward Evans-Pritchard*[1]

에반스-프리차드는 1920년대부터 1973년에 그가 죽기까지 거의 50년 동안, 자신의 전문분야라고 공언한 현대 인류학의 위대한 학자들 중 한 사람이다. 그가 이 책에서 다른 사람들과 나란히 자기 이름이 있는 것을 보았다면, 그 겸손한 영국인은 틀림없이 놀라면서, 이 책의 주제가 종교이론이라면, 자기는 그런 것을 제시하지 않았다고 말할 것이다. 어떤 학자들은 그를 오히려 종교에 대한 '반론가'라고 부르는 것이 더 낫다고 생각할 텐데, 그의 가장 주목받는 책 가운데 하

---

[1] Mary Douglas, *Edward Evan Evans-Pritchard*, Modern Masters Series (New York: Viking Press, 1980), p. 93.

나인 《원시종교론》(*Theories of Primitive Religion*, 1965)에서, 그는 우리가 이 책에서 논의한 이론가들을 비롯해서 인류학과 종교연구에서 선구적인 학자들이 제시한 야심찬 설명들을 해체하는 것을 자신의 사명으로 삼았기 때문이다. 그는 그 책의 앞부분에서 그 학자들의 견해에 대해 예리하게 비판한다. 그러나 종교를 설명하는 과제에서 그의 역할은 단순히 다른 학자들의 저서에서 결함을 찾는 데 관심을 쏟는 비판자의 역할보다는 훨씬 더 큰 것이었다. 그가 얻은 상당한 명성은 인류학자들이 좋아하는 말로, '현지에서' 실제 부족민들을 상대로 숙련된 전문 관찰자로서 수행한 매우 감명 깊은 연구들 때문이다.

이 책에서 지금까지 우리가 살펴본 이론가들은 거의 모두가 원시종교 혹은 부족종교의 성격에 관한 의견을 제시했는데, 단지 한 사람 엘리아데만이 실제로 인도에서 원시사회와 비슷한 환경 속에 사는 사람들과 잠시 접촉했던 것을 기록하고 있을 뿐이다. 에반스-프리차드의 경우는 분명히 달랐다. 그는 단순히 몇몇 '원주민들'과 그저 잠시 만나 이야기를 나눈 정도가 아니었다. 그는 실제로 두 군데 원시사회에 직접 들어가서 그 사람들의 언어를 배우고, 한 동안 그들의 풍습대로 살면서, 그들의 행동을 치밀하게 연구한 종교 이론가였다. 따라서 그의 연구는 너무나 중요한 것이다. 그의 방법은 초기의 '안락의자'(armchair) 이론가들의 방법, 즉 (현장조사 없이) 실험과학을 사변에 의존하는 것과 같은 방법과는 매우 다르다. 그뿐 아니라 그는 자신이 접한 대부분의 이론들에 대해 비판적이면서도, 그 이론들을 원칙에서 반대한 것은 결코 아니었다. 그는 인류학자들이 사실상 이 과제를 위해 충분한 노력을 기울이지 않았다고 느꼈고, 자신이 아프리카 부족들 사이에 들어가서 수행한 연구가 자신의 완전한 이론을 구상하는 방법은 아닐지라도, 올바른 방향에서 최소한 필요한 단계라고 보았다.

생애와 경력

　에드워드 에반 에반스-프리차드는 1902년에, 영국교회 목사인 존 에반스-프리차드와 그 부인 도로테아의 둘째 아들로 태어났다.[2] 그의 아버지가 섬긴 교구는 영국 동남부 서섹스 주의 크로우보로였다. 그는 영국의 정예 공립학교 가운데 하나인 윈체스터 칼리지에서 교육을 받고, 옥스퍼드대학교 엑세터 칼리지에서 4년간 공부하고, 현대사 전공으로 석사학위를 받았다. 이 때 그의 관심은 이미 인류학으로 향하고 있었고, 1923년에 런던 경제학대학에서 대학원 과정을 시작했다. 우리가 앞에서 본 것처럼, 영국에서 인류학 연구는 뮐러, 타일러와 프레이저가 수행했던 초기 방법, 즉 도서관에서 자료수집을 통한 연구방법에서부터, 현대 유럽과 아메리카대륙의 사회와는 전혀 다른 '원시' 사회에 대해 최소한 한 군데를 집중 연구하는 학문으로 발전했다. 이것이 바로 에반스-프리차드가 선택했던 방법이었다. 런던에서 그는 셀리그만(C. G. Seligman)에게서 배웠는데, 셀리그만은 아프리카에서 현지조사를 한 최초의 전문 인류학자였다. 같은 시기에 브로니슬로우 말리노프스키(Bronislaw Malinowski)가 런던에 와서 그의 두 번째 스승이 되었다. 유명한 말리노프스키는 트로브리안드 섬들(서태평양 파푸아뉴기니 동편 섬들로서 오늘날 공식 명칭은 Kiriwina Islands - 옮긴이) 사람들을 연구하는 데 4년을 보내면서, 그 토착어로 연구하고, 원시 공동체의 일상생활에 깊이 젖어들었던 첫 인류학자였다. 그는 에반스-프리차드

---

[2] 에반스-프리차드의 완전한 전기는 없다. T. O. Beidelman이 "Sir Edward Evans-Pritchard, 1902-1973: An Appreciation," *Anthropos* 69 (1974): 553-67에서 간략한 해설을 한다. 또한 위에 인용한 Mary Douglas는 에반스-프리차드에게서 깊은 영향을 받은 인류학자로서 그에 대한 정밀한 연구에서 전기 자료를 제공하는데, 그의 *Edward Evans Pritchard*, pp. 1-22를 보라.

에게 자기처럼 단일 집단의 문화를 깊이 연구하도록 격려했다. 셀리그만은 그에게 아프리카에서 한 문화를 택하도록 권했다.

두 스승의 권고대로 에반스-프리차드는 동아프리카의 수단 지역으로 갔는데, 이 지역은 나일 강과 콩고 강의 발원지로서, 당시 이집트와 영국의 공동 지배하에 영국-이집트 수단이라고 알려진 곳이었다. 1926년과 1931년 사이에 여러 부족사회들과 접촉하던 중에, 그는 남부 수단의 아잔데 족(Azande, Zande의 복수형) 사이에 정착했다. 거의 2년간 그들과 함께 지내면서 그들의 언어를 철저히 배우고, 그들의 사회생활에 관해 박사학위 논문을 비롯해서 여러 논문들을 썼다. 1930년과 1936년 사이에는 그 지역의 누어 족(Nuer, 동아프리카의 가장 큰 종족집단 - 옮긴이) 사회에서 살면서 또 다른 현지조사를 했다. 1935년에는 옥스퍼드대학교의 아프리카 사회학 연구 강사가 되었고, 4년 후에는 남아프리카 출신의 이오마 니콜스와 결혼하여 세 아들과 두 딸을 두었다. 1937년 그의 첫 주요 저서인 《아잔데 족의 마법, 신탁과 주술》(*Witchcraft, Oracles, and Magic among the Azande*)을 출판했다. 처음에는 이 책이 별 영향을 미치지 못했지만, 제2차 세계대전 이후에 대단히 중요시되었고, 어떤 권위 있는 사람은 "이 세기에 출판된 탁월한 인류학 저서"[3]라고 격찬했다. 이어서 그가 깊이 연구한 다른 종족에 관한 세 권 가운데 첫 번째인 《누어 족》(*The Nuer*)이 1940년에 나왔다.

제2차 세계대전 중에 에반스-프리차드는 영국군에 복무해서 동부 아프리카에서 이탈리아군에 저항하던 잔데 족 전사 부대를 지휘했다. 그 후 리비아의 시레나이카에 주둔하던 동안 더 깊은 연구를 진행하

---

3) John Middleton, "E. E. Evans-Pritchard," *The Macmillan Encyclopedia of Religion* (New York: Macmillan & Co., 1987), 8: 198.

여 사누시(Sanusi)라는 무슬림 수피 수도회에 대한 연구에 이르게 되었다. 그 무렵인 1944년에 그는 가톨릭으로 개종했다. 전쟁 후 영국으로 돌아가서 처음에 케임브리지에 정착했고, 그 후 옥스퍼드에서 사회인류학 교수가 되어, 기능주의 이론의 유명한 옹호자였던 래드클리프-브라운(A. R. Radcliffe-Brown) 교수가 은퇴한 자리를 이어받았다.

옥스퍼드에서 에반스-프리차드는 영국 사회인류학계의 주도적인 학자로 더욱 유명해졌다. 이 시기에 그는 인류학에 관한 많은 논문들과 더불어 리비아에서의 연구 결과인 《키레나이카의 사누시》(*The Sanusi of Cyrenaica*, 1949), 누어인 연구의 두 번째와 세 번째인 《누어족의 친족관계와 결혼》(*Kinship and Marriage among the Nuer*, 1951), 《누어 족의 종교》(*Nuer Religion*, 1956) 뿐만 아니라, 사회인류학 분야의 방법론과 역사를 정리한 《사회인류학》(*Social Anthropology*, 1951), 《사회인류학의 이해》(*Essays in Social Anthropology*, 1962)와 《인류학사》(*A History of Anthropological Thought*, 1981) 등 중요한 책들을 출판했는데, 마지막 책은 그가 죽은 후 몇 년이 지나 출판되었다. 그는 인류학 분야에서 세계적인 명성을 얻었을 뿐만 아니라 옥스퍼드대학교 안팎에서, 가장 매력 있게 별난 인물 가운데 하나로도 유명했다. 겸손하고 수줍으며, 흔히 잡역부로 오해받을 정도로 옷을 입었는데, 그의 가까운 동료들은 그의 표현의 신랄함과, 누군가가 묘사한 "음주 때의 무서운 켈트족의 용맹"[4]에 놀라곤 했다. 1970년에 그는 교수직에서 은퇴했고, 다음해에 그의 뜻과는 반대로 나이트 작위를 수여 받았다. 2년 후인 1973년에 그는 세상을 떠났다.

---

4) Beidelman, "Appreciation," p. 556.

지적인 배경

에반스-프리차드의 인류학 연구방법론은 결과적으로는 종교에 대한 방법론도 마찬가지였는데, 세 가지 전통을 배경으로 형성되었다. 첫째 전통은 빅토리아 시대의 인류학이라 부를 수 있는 것이고, 두 번째 전통은 프랑스의 사회학, 세 번째 전통은 보다 새로운 영국학파의 현지조사 인류학이었다. 이 마지막 것은 이미 그의 스승들인 셀리그만과 말리노프스키에 대한 설명에서 간략하게 언급했는데, 이들은 외국문화에 대한 철저한 연구를 강조했다. 이런 현지조사 방법론이 왜 그처럼 중요했는지를 파악하기 위해서는, 다른 두 전통을 이해하고 또한 그가 연구를 시작했을 때 그 두 전통에 대해 어떤 입장이었는지를 파악할 필요가 있다.

이전 시대의 인류학

앞에서 타일러, 프레이저와 그들 동료들의 경우에서 본 것처럼, 빅토리아 시대의 인류학 창시자들은 인간의 문제들에 대한 과학의 시각에 의해 고취되어 있었다. 그들은 종교와 인간 문화의 발생 같은 것을 과학적 방법으로, 체계적으로 사실들을 수집하고, 비교 분류하여 연구할 수 있다고 믿었다. 그들은 더 나아가, 이런 과학이 진화론적 결론에 이르게 한다고 믿었다. 그들은 자신들의 연구를 통해 인류가 원시적인 시작으로부터 현대적인 성취까지 발전시킨 것들에 입각하여 "발전의 법칙"을 끌어내려 했다. 그들은 다른 원리들에 비해 이것을 잘 깨닫지 못했지만, 그들 분야의 연구방법에서 주지주의적이며 또한 개인주의적인 방법을 선호했다. 앞에서 타일러의 경우에서 본 것처럼, 그런 학자들은 원시인들 혹은 종교적인 사람들을 이해하려 할 때, 언제나 그의 씨족 가운데, 혹은 동굴 앞에 홀로 서서, 문제들에 대해 고민하며 그의 주변의 것들을 현대 과학자처럼 설명하려 했던 '야만인 철학자'를 상상했다.

이런 연구방법을 뒤돌아보면서, 에반스-프리차드는 20세기 초의 다른 학자들과 마찬가지로, 그것에 대해 매우 양면적인 논평을 했다. 그는 그런 과학의 이상은 가장 쉽게 수락할 수 있는 것이며, 더욱이 개선할 수도 있는데, 주로 빅토리아식의 연구방식, 즉 더 많은 사실들을 수집하고 또한 그런 사실들을 연구하는 방법을 다듬어서 개선할 수 있다고 보았다. 그러나 진화론적 결론이란 또 다른 문제였다. 그는 역사 속에서 더 좋은 쟁기, 더 빠른 베틀, 더 강한 바퀴처럼, 어떤 기술향상은 분명히 있었다는 것을 인정했다. 그러나 전체적으로 문화의 진보는 훨씬 크고 더욱 모호한 문제였다. 그것이 타일러와 프레이저에게는 자명해 보였겠지만, 에반스-프리차드는 그런 진화론적 이론은 그 이론이 기초했다는 바로 그 과학적 원칙과 모순된다고 주장했다. 다윈은 어떻든 동물들의 육체적인 진화를 입증하는 증거를 제시했지만, 유감스럽게도 이전 시대의 인류학자들은 종교의 기원과 발전에 대한 견해를 비롯해서 문화 발전에 대한 그들 자신의 광범위한 이론들을 뒷받침할 증거를 제시하지 못했다. 초기 인류에 관한 이론들, 즉 그들의 결혼풍습은 어떠했으며 또한 그들의 종교는 무엇이었는가 등에 관한 이론들 대부분은 역사적인 기록이 없으며 결국 있을 수도 없는 시대에 대한 억측으로 구성된 것이다. 따라서 그런 생각들은 흥미롭지만, 그것을 증명할 수도 없고 반증할 수도 없는 것이었다. 그래서 에반스-프리차드의 눈에는, 사회적 진화라는 이론은 그 시작에서부터 파탄이 나는 것이었다.

이전 시대의 인류학의 다른 특징인 개인주의적 주지주의에 관해서 에반스-프리차드는 더욱 양면적 평가를 했다. 타일러와 프레이저가 원시인들의 믿음을 고대의 고립된 사상가들의 생각들로 설명한 것에 대해, 그들은 인간이 항상 사회 속에서 산다는 것, 그리고 사회는 근본적으로 사람들의 생각을 좌우하고 영향을 미친다는 것을 간과했다고 비판했다. 한편 그들이 종교를 지적으로 설명한 것에 대해서는 그들의 강조가 오히려 일방적이기는 하지만, 부분적으로는 옳다. 모든 인간은, 심지어 교육받지 못한 사람까지도, 인생을 어느 정도 지적인 관점에서 접근해서 생각을 구성하고 그것을 다른 생각들에 연관시키며, 그 모두를 일상적인 활동들과 제의들에 관련시키기 때문이다.

프랑스 사회학

에반스-프리차드는 타일러와 프레이저의 개인주의를 적절히 바로잡을 수 있는 것을, 프랑스에서 최근 발전된 사회학 분야에서 찾을 수 있다고 굳게 믿었다. 우리가 뒤르켐을 논의할 때 살펴본 것처럼, 인간의 문제들을 사회적 관점에서 해석하는 프랑스의 전통은 혁명 이전의 시기로 거슬러 올라가는데, 특히 몽테스큐 남작의 저서 중 《법의 정신》(*Spirit of the Laws*, 1748)에서 찾아볼 수 있다. 그런 해석은 19세기 초 쌩 시몽과 오귀스트 콩뜨와 같은 사람에 의해 발전되어, 19세기 말 뒤르켐과 그 제자들에 의해서 더욱 세련되었다. 에반스-프리차드는 뒤르켐을 격찬했고, 사회인류학 발전에서 '중심인물'로 간주했는데, 그의 연구 때문만이 아니라, 그가 함께 연구하는 탁월한 동료들과 학생들로 된 서클을 구성한 것 때문이었다.[5] 그는 프랑스 학파의 지도자였는데, 이 학파는 종교를 포함한 인간의 사회생활은 단순히 개인들이 생각하고 행동하는 것만으로는 결코 이해할 수 없으며, 사회 집단들의 형성에는 단순히 사적인 생각들과 감정들의 집합 이상의 것이 작동한다는 것을 분명히 보여주었다. 뒤르켐의 제자들은 각 사람의 삶의 구조가 이미 출생 전에 사회에 의해 결정되었으며, 그 구조는 여러 세대들이 거쳐 가도 여전히 그대로 남아 있다고 설명했다. 그러므로 이들의 견해로는, 개인의 상당부분을 창조하는 것은 바로 사회였다. 프랑스에서 태어난 아이는 프랑스어로 말할 것이며, 프랑스 법에 복종할 의무를 느끼고, 프랑스 관습을 지킨다. 생각도 마찬가지다. 프랑스 아이는 프랑스의 관념으로 세상을 이해한다. 누구나 이런 사실을 알지만, 뒤르켐 이전에는 누구나 그 중요성을 깨닫지는 못했다.

이런 사회적 요인들이 사람들의 생각에—종교적인 측면과 또한 다른 측면에서—어떤 영향을 끼치는가를 설명하려 했던 학자는 뒤르켐의 동료이며 때로는 비판자였던 철학자 뤼씨엥 레비-브륄(Lucien Lévy-Bruhl, 1857-1939)이었는데, 그는 사회의 중요성을 잘 깨닫고 있었으며, 원시인의 사고방식에 특별한 관심을 가졌다. 1920년대에 그의 두 권의 책 《원주민들은 어떻게 생각하는가》(*How Natives Think*, 1926)와 《원시인의 사고방식》(*Primitive Mentality*, 1923)이 영어로 번역되자 영국에서 상당한 주목을 끌었다. 에반스-프리차드는 이 책들이 뒤르켐의 저술과 마찬가지로 인류학에서 대단히 중요하다고 생각했다. 타일러와 프레이저는 초기 인류가 합리적이기는 했지만 역시 무지했고 미신적이며 유치했다고 언급했지만, 레비-브륄은 원시인의 사고가 우리보다 열등하거나 더 미숙한 것이 아니라 단지 다르다는

---

5) *Social Anthropology and Other Essays* (Glencoe, IL: The Free Press, [1951] 1962), pp. 51-53; *Theories of Primitive Religion* (Oxford, England: Clarendon Press, 1965), pp. 53-69에서 그의 논평을 보라. 여기서는 그가 매우 비판적이다.

것을 보여주려고 했다. 원시인의 사고방식은 전혀 다른 사회체제를 반영한 것으로서, 그 사회체제는 '논리 이전'(prelogical)이라고 가장 잘 표현할 수 있는 사고형태에 가치를 두는 사회체제다. 원시인들이 사는 세계는 '신비적인 참여'(mystical participation)의 세계로서, 이 세계는 우리의 논리적 연관의 법칙들 혹은 모순에 반대하는 우리의 원칙을 따르지 않는 세계다. 원시인들은 이처럼 다른 사고의 법칙을 따르기 때문에, 그들은 자신들을 하나의 실체라고 생각하면서 동시에 다른 어떤 것이라고 생각할 수가 있다. 어느 유럽인 탐험가의 보고서를 보면, 남아메리카 원주민이 "나는 빨간 잉꼬다"라고 말했을 때, 이 말은 문자 그대로를 의미하지만, 그 원주민이 정신착란을 일으켰거나 추리력이 혼란한 상태인 것을 나타낸 것이 아니라, 다른 종류의 사고방식을 나타내 보인 것으로서, 다른 존재 안에서 자신을 보는 '신비적인 참여'를 정상으로 받아들이기 때문에, 우리에게는 비합리적 사고형태로 보이는 것이다.

에반스-프리차드는 레비-브륄의 연구가 탁월하다고 생각했지만, 원시인의 논리 이전의 사고에 대한 그의 요점은 바로잡을 필요가 있다고 생각했다. 그의 연구는 문자를 사용하지 않는 사람들의 생각과 태도를 이해할 때, 그들의 전체 세계의 맥락, 즉 그들이 당연시하는 가치들과 습관들과 속담 등 광범위한 맥락 속에서 이해해야 한다는 것을 보여주었을 뿐만 아니라, 또한 원시인들에 대한 현대 사상가들의 태도에서 가장 중요한 변화를 드러냈다. 즉 레비-브륄의 관점에서 보면, 초기 인류는 지적으로 결함이 있거나, 인간 이하이거나, 유치한 것이 아니라, 그들은 동등하지만 다르게 성숙한 인간이며 지적인 존재들이었다. 에반스-프리차드에게는, 이것이 모든 인류학자가 현지연구에서 지녀야 할 관점인 것이다.

영국의 경험 인류학

그 당시 영국에서 에반스-프리차드만이 프랑스 사회학의 가치를 인정한 것은 아니었다. 그 중요성은 이미 래드클리프-브라운에 의해 인정받고 있었는데, 그의 사상은 당시 인류학 토론을 지배하고 있었다. 래드클리프-브라운은 뒤르켐과 그 동료들로부터 받아들인 사회의 기능주의적 이론을 더욱 발전시켜, 완전하며 서로 연결된 유기체로 만들었다. 사회에 대한 이론의 어느 부분도 그 전체를 보지 않고서는 이해할 수 없다. 원시종교를 설명하면서 원시의 계급구분이나 경제적 필요성들을 다루지 않는 것은, 마치 사람의 심장을 설명하면서 피나 폐를 전혀 언급하지 않는 것과 같다. 바로 이런 새로운 관점이, 빅토리아 시대의 낡은 인류학 방법론에 대해 최종적인 판결을 내렸다. 기능주의적 입장에서 볼 때, 한 문화에서 한 풍습을 끌어내고 또한 다른 문화에서 한 믿음을 끌어내어 그 둘을 서로 연결시켜, 프레이저가 했을 것처럼, '원시인들의 정신' 일반에 대해 어떤 폭넓은 진술을 하는 것보다 더욱 부적절한 일은 없을 것이다. 에반스-프리차드는 당시 거의 모든 의욕적인 젊은 인류학자들과 함께, 이런 입장과 이에 수반되는 중요한 실제적 결론들을 철저하게 지지했다. 인류학자는 연구를 하기 위해 더 이상 도서관에만 머물거나 이런 저런 생소한 의견이나 이상한 습관에 대한 선교사들의 보고서들을 읽을 수만은 없었다. 그는 현지로 가서, 한 문화에 대해 **완전한** 연구를 해야 되는데, 그 종교, 법, 경제, 계급구조 혹은 친족관계뿐만 아니라, 이 모두가 하나의 유기적인 통일체로 구성되는 것을 관찰해야만 한다고 했다. 에반스-프리차드의 가장 소중한 스승들 모두가 인정했고 따랐던 바로 이 결론에 이끌려, 그는 1926년에 아프리카의 수단 속으로 들어가서, 첫 번째 그의 전문적인 인류학 연구를 수행하게 되었다.

《아잔데 족의 마법, 신탁과 주술》

이 장에서도 다른 장들과 마찬가지로, 우리는 에반스-프리차드가 종교에 관한 그의 핵심 사상을 개진한 중요한 저서들에 초점을 맞추려고 한다. 그의 주저들은 《누어 족 종교》(*Nuer Religion*, 1956)와 그에 버금가는 결정적 연구서인 《원시종교론》(*Theories of Primitive Religion*, 1965)이다. 그러나 이런 주저들을 살펴보기 전에, 그가 아잔데 족에 관해서 쓴 매우 중요한 초기 저서를 주목해야 하는데, 부분적으로는 이것이 인류학 연구 전반에 걸쳐 매우 중요하기 때문이며, 또한 우리가 방금 본 것처럼 종교에 대한 그의 초기의 가정들과 나중에 발전된 그의 견해 사이에 핵심적인 연결고리를 제공하기 때문이다.

책제목이 말하는 것처럼, 《아잔데 족의 마법, 신탁과 주술》(*Witchcraft, Oracles, and Magic among the Azande*, 1937)은 주술의 문제, 즉 타일러와 프레이저를 비롯해서 그 이후 인류학자들이 종교와 밀접하게 연관된 것으로 본 주제인 주술을 다루고 있다. 에반스-프리차드는 삶의 어떤 측면들이 신비한 힘 혹은 초자연의 힘에 의해 지배될 수 있다고 믿는 것이 주술이라고 본다. 현대 사회의 교육받은 대부분의 사람들—에반스-프리차드도 자신을 여기 포함시킨다—은 그러한 힘에 대한 믿음이 전적으로 잘못이라 생각하기 때문에, 여기서 자연히 생기는 질문은 "그러면 도대체 왜 아잔데 족은 그런 주술을 믿는가?" 하는 질문이다. 타일러와 프레이저처럼 원시인들이 부분적으로 비합리적이고 유치하다고 말하는 것을 에반스-프리차드는 받아들일 수가 없었다. 주술의 영역 바깥에서는, 그들이 비합리적이며 유치하지 않다는 것에 대한 풍부한 증거가 있었다. 그는 아잔데 족이 그들 나름대로 매우 논리적이며 호기심이 강하고 탐구적이라고 말한다. 사회적이며 실제적인 일들에서 그들은 영리하고 명민하다. 그들은 숙련된 기술자들이고, 시적으로 상상력이 풍부하며, 생존과 일상의 문제들에서는 극히 기민하다. 전체적으로 "그들은 대단히 총명하고 세련되고 진보적이다."6) 그러나 동시에 아잔데 족 사이에서는 놀랄 만큼 상당한 부분의 생활을 신탁과 주술과 다른 제의 수행에 내맡기고 있다. 비록 그들의 대화와 노력의 대부분을 차지하는 것은 실제 문제들에 대한 상식적 토론이지만, 그들은 일상적으로 신비한 생각들과 제의 수행에 대해 말하며, 그것에 대해 아무런 두려움 없이 자유롭게 이야기한다.

잔데 족 마법의 엄밀한 본질이 서구인들에게는 이상스럽겠지만, 이것을 설명하기는 어렵지 않다. '마법'(witchcraft)이라는 용어는 사실상 어떤 사람들이, 그 자신들은 모르게, 자기 몸에 지니고 있는 물리적 실체(physical substance)를 가리키는 것이다. 이 실체는 물려받은 것이며, 죽은 후에 그 사람의 몸속에서 발견할 수 있다는 것이다. 아잔데 족은 이 실체가 소장(小腸) 안에 있는 검은 덩어리라고 생각하는데, 에반스-프리차드는 그것이 소화되지 않은 음식물일 뿐이라고 자신의 소신을 밝힌다. 그러나 아잔데 족은 이 실체가 단지 물리적이며 자연적인 것처럼 보이지만, 이것이 신비한 방법으로 다른 사람에게 불행, 특히 병을 가져오게 한다고 믿는다. 에반스-프리차드는 아잔데 족이 너무나 마법에 사로잡혀 있어서, 그들 몸속에 마법을 지니고 있다고 주장하며 또한 그런 비난에 대해 응수하느라 그들의 대부분의 시간을 소비한다고 추측하는 것은 잘못이라고 경고한다. 그들은 그렇지가 않

---

6) E. E. Evans-Pritchard, *Witchcraft, Oracles and Magic among the Azande* (Oxford, England: Clarendon Press, 1937), p. 13.

다. 그러나 마법을 지목하는 일은 그들의 생활의 모든 측면에서 이루어지는데, 특히 거의 모든 불행한 사건들, 즉 보통 실수나 잘못된 판단 때문에 생긴 불행이라고 직접 설명할 수 없는 불행한 사건들에 대해서는 마법 때문이라고 말한다.

만일에 농작물에 피해가 닥치거나, 사냥에서 동물을 발견하지 못하고, 아내와 남편이 다투고, 한 사람이 왕에게 외면당하면, 언제나 별 대책은 없이 마법을 탓하게 된다고 에반스-프리차드는 지적한다. 그렇지만 심각한 불행이 닥치면, 예를 들어 개인의 생명을 빼앗아 갈 무서운 질병에 걸리면, 잔데 족의 생각에 그런 일은 마법 때문인 것을 의심치 않는다. 너무 늦기 전에 그 이유가 어느 사람의 마법 때문인가를 찾아내서 그것과 대결해야만 한다.

그런 경우에 아잔데 족은 격식대로 독 신탁(poison oracle)이라는 것에 의존하여 판단한다. 우리에게는 역시 이상스럽지만, 이 절차에서 한 사람이 닭의 목구멍 속에 독을 밀어 넣으면서, 바로 그 순간에 긍정이나 부정으로 대답할 수 있는 질문을 한다. 닭이 죽느냐 살아남느냐에 따라 그 대답이 결정된다. 예를 들어, 병든 친구에 관해, "만일에 아무개가 그의 병을 생기게 했다면, 독 신탁이여, 닭을 죽여라."[7] 만일에 그 닭이 독으로 인해 죽으면, 마법으로 병을 일으킨 사람을 찾아낸 것이다. 그 다음에는 고발의 과정으로 '물 뿌리는' 제의가 뒤따르는데, 고발당한 사람이 병난 사람의 영혼을 괴롭히는 자기의 마법을 '진정시키기로' 동의함으로써 모든 것이 다 끝난 것으로 간주된다. 그러나 마법의 피해자가 결국 죽게 되는 경우에는 보복을 가해야만 한다. 에반스-프리차드는 잔데 족의 과거 한때에 고발을 당한 한 마법사

---

7) Evans-Pritchard, *Witchcraft, Oracles and Magic*, pp. 299-312.

가 살해된 것에는 이런 보복행위가 관련되었을 것이라고 지적한다. 그러나 이제는 보통 (보복행위 대신에) 그 가족에게 배상을 제안하게 되었으며, 더 다행스럽게는, 역시 신탁들을 통해서 그 동네에서 이미 죽은 어떤 사람이 실제로 그 마법사였다는 것을 밝혀내고, 그는 이미 자기 마법에 대한 마땅한 벌을 받았다는 것을 확인한다. 또한 잔데 족 사회는 지배층이 모든 최종 결정을 하는 귀족사회이기 때문에, 개인의 사적인 신탁에 의한 결정이 그 지방 왕의 비밀 독 신탁에 의해 확인되기 전에는 보복을 요구할 수 없다. 에반스-프리차드는 만일에 이런 신탁, 죽음, 보복행위의 논리가 공공연하게 검토되었다면, 그 자체가 어리석은 것으로 판명될 것이라고 지적한다. 왜냐하면 사람이 죽을 때마다 그 죽음은 또 다른 마법행위의 결과로 돌려질 것이며 그 끝이 없을 것이기 때문이다. 그러나 중요한 것은 아잔데 족이 이 문제를 추상적이거나 이론적인 태도로 다루려 하지 않는다는 점이다.

마법과 독 신탁 이외에도 그와 관련된 주술 관행들이 많이 있다. 독 신탁과 같은 역할을 하지만 덜 정확하며 중요한 문제에서는 확인이 필요한 사소한 신탁들이 있다. 또한 주술사가 마법의 효력을 막기 위해 유익한 주술로 쓸 수 있는 온갖 종류의 약물도 있다. 비밀리에 행해지고, 만일에 발각되면 범죄로 인정되는 주술도 있다. 덧붙여서 에반스-프리차드는, 귀족계급은 대개 모든 마법 시행에서 면제되어 있다고 지적한다. 평민들은 지배계급을 고발하지 않지만, 반대로 평민들이 제기한 모든 심각한 마법 고발 건에 대해 최종 결정을 내리는 왕의 독 신탁은 그 사회의 전체 법률체제의 기초가 되어, 그것이 헌법이며 최고법정이다.

이처럼 주술 관행들의 자세한 내용들에 대해 에반스-프리차드가 매우 공들여 설명한 것 때문에, 《아잔데 족의 마법, 신탁과 주술》은

이 분야 전문가들로부터 특히 격찬을 받았다. 이 책은 인류학자들이 과학적 민족지학(ethnography)이라 부르는 것의 걸작이다. 그 자세한 설명은 엄청난 이론적 중요성을 지니고 있는데, 이것을 통해 에반스-프리차드는 불합리해 보이는 마법과 주술이, 어떻게 잔데 족의 관점에서 완전히 일관성이 있으며 합리적인 체계이면서, 또한 사회생활에서 중추적인 역할을 하는 체계인가를 보여주기 때문이다. 이 체계는 모든 개인의 불행을 그럴듯하게 해명해준다. 이것은 또한 우리가 자연적 원인들에서 비롯된 것으로 설명할 수 있는 것과 잘 조화하는데, 이유는 아잔데 족도 그런 자연적 원인들을 믿고 흔히 그런 원인들 탓으로 돌리기 때문이다. 어떤 경우에는 자연적 원인들이 왜 그렇게 작용하는가를 설명하는 데 마법이 도움이 되기도 한다. 마법은 불이 왜 타는지는 설명하지 않지만, 나를 괴롭힌 적이 없었던 불이 도대체 왜 바로 이 불운한 순간에 내 손에 화상을 입혔는지를 설명해준다. 그러므로 아잔데 족은 한 편으로 과학과 다른 한편으로는 자기들의 주술, 신탁, 마법과 종교체계 사이에서, 아무런 경쟁을 보지 못한다. 이처럼 두 가지 형태의 지식 사이의 충돌, 즉 타일러, 프레이저, 프로이트, 레비-브륄 등 원시인들의 사고방식을 다룬 많은 이론가들의 견해에서 매우 핵심적인 문제였던, 두 가지 형태의 지식 사이의 충돌이 그들의 경험에서는 전혀 낯선 것처럼 보인다. 주술과 종교는 과학에 의해 대체되지 않으며, 이 둘은 나란히 또한 함께 작용한다.

불행을 설명해주는 과제에 덧붙여서, 마법은 주술과 더불어 유익한 다른 사회적 목적을 성취한다. 마법은 법적인 문제들의 기초로 작용할 뿐 아니라, 잔데 족의 도덕을 다스리고 또한 사회생활에서 힘든 위기를 완화시킨다. 예를 들어, 폭력의 기회를 감소시키는데, 그 이유는 그 불행을 일으켰다고 생각되는 사람의 신원을 판정하는 일상적

절차가 있으며, 또한 적절한 방법으로 그들이 벌을 받으리라고 예상하기 때문이다. 게다가 또 마법사는 본래가 불유쾌하고 비협조적이며 불만스런 사람들이라 생각되었기 때문에, 다른 사람이 자기를 마법사로 의심하여 다음 번 불행한 사건에 자기 이름을 그들의 신탁에 끌어들이지 않도록 그런 식으로 행동하지 않으려는 강한 동기가 있었다. 에반스-프리차드는 이것을 간결하게 표현하여, "마법의 개념은... 그들[아잔데 족]에게 인간과 불행한 사건 사이의 관계를 설명해주는 자연의 철학을 제공하고, 그런 사건들에 대처하는 편리하고 판에 박힌 방법을 제시한다. 마법에 대한 믿음은 또한 인간행위를 규제하는 가치체계를 신봉한다."[8])

이 모든 것을 통해서 에반스-프리차드는 현대과학 문화 속에서의 사고방식과 비교하여 아잔데 족이 어떻게 추론하는가를 분명히 말할 수 있기 때문에, 여기서 그 설명을 길게 인용할 가치가 있다. 아잔데 족은 분명히 그들의 마법에 대한 믿음 체계에서 이론상의 약점을 깨닫지 못하지만,

> 그들의 맹목성은 우매함에서 비롯된 것이 아닌데, 그 이유는 그들이 독 신탁의 실패와 불평등을 해명하는 데서 매우 현명함을 보여주며, 또한 독 신탁을 검증하는 데서 경험상의 예민함을 보여주기 때문이다. 이것은 오히려 그들의 지적인 현명함과 경험적 예민성이 제의행위와 신비적 믿음의 패턴들에 의해서 조절되고 있다는 사실 덕택이다. 이런 패턴들에 의해 설정된 한계 안에서는 그들이 탁월한 지적인 능력을 보이지만, 그 한계를 넘어서는 그 지적인 능력이 작용할 수가 없다. 다른

---

8) Evans-Pritchard, *Witchcraft, Oracles and Magic*, p. 63.

말로 하면, 그들은 그들 자신의 믿음의 통용어(idiom)로는 훌륭하게 추론하지만, 믿음 밖에서나 믿음에 역행해서는 자신들의 생각을 표현할 다른 통용어가 없기 때문에 추론하지 못한다.9)

이것을 밝힌 다음 에반스-프리차드는 논증의 방향을 바꾸어, 만일 우리가 잔데 마법을, 그것이 기능하는 사회 상황 속에서 자세히 살펴본다면, 그것이 바로 우리 자신의 비(非)주술적 체계와 대단히 뚜렷한 유사성을 지닌 사고체계인 것을 알게 된다고 말한다. 마법 같은 것이 존재한다는 확신처럼, 어떤 확신은 근본적이고 논란의 여지가 없다. 일단 이런 확신이 받아들여지면, 그것으로부터 나머지 추리, 연관과 의미가 아주 논리적으로 시종일관 뒤따른다. 더구나 그런 근본적인 확신들이 사실들과 상반되는 것으로 판명될 때는, 언제나 그런 확신들에 대한 어떤 조정과 보호를 가능케 하는 방식으로 확증된다.

《아잔데 족의 마법, 신탁과 주술》의 끝부분에서 에반스-프리차드는 잔데 족의 사고방식에 영향을 끼치는 온갖 생각들과 또한 필요할 때 "체제를 살리기" 위해 즉시 방어하는 여러 방법들을 제시한다. 독이나 어느 주술형태가 작용하지 않을 때는, 그것이 잘못 사용되었거나 신비한 힘들에 거슬러 사용되었기 때문이라고 선언하는데, 그 신비한 힘들이란 자연의 범위를 벗어나 있어서 자연 내의 해결방식으로는 대응할 수 없는 힘들로 간주된다. 어느 환자에게 사용한 약초가 효과가 없을 경우, 아잔데 족은 다른 경우의 분명한 성공으로 그 실패를 상쇄한다. 그들은 주술이 단독적으로 효과를 내는 일이 별로 없고, 다른 행위들과 협력해서만 작용한다고 주장하기도 한다. 더구나 그들

---

9) Evans-Pritchard, *Witchcraft, Oracles and Magic*, p. 338.

의 의술은 실제로 그 효과가 검증된 적이 없고, 어떤 것은 늘 사용해 왔기 때문에, 만일 그것을 사용하지 않으면 어떻게 될 것인가는 알 길이 없다. 이것들은 잔데 족 세계관의 근본적인 생각(가정)들이, 그것을 반증할 사실들에 대비하여 매우 잘 보호되고 있음을 보여주는 몇 가지 사례들이다. 그런 근본적인 생각들은 실상 의심이 불가능한 믿음의 체계를 이룬다. 우리의 관점에서는 아잔데 족이 잘못 생각하는 것 같지만, 그들의 관점에서는 그들의 문화가 허용하는 한계 안에서 그들이 매우 합리적으로 생각한다는 것이 명백하다. 그들의 사소한 신념들은 매우 논리적으로 중대한 신념들에 근거하며, 그처럼 중요한 기본 원칙들은 대단히 잘 보호받고 있다. 중대한 신념들에 대한 집념이 그들의 삶에 너무나 근본적이기 때문에, 아잔데 족은 그 신념들이 잘못된 것이라고는 상상하지 못한다. 그런 신념들 없이는 그들의 전체 사회질서는 생각조차 못할 일이며, 누구도 그것을 허용할 수 없는 것이다.

철학자, 인류학자, 과학자, 신학자들이 점차로 인정하게 된 것처럼, 에반스-프리차드가 보여준 아잔데 족의 진실은 우리 자신의 사회 속의 믿음과 의심을 평가하는 데 획기적인 결과를 초래했다. 아잔데 족의 경우가 보여준 것은, 어느 문화에서나 어떤 근본적인 신념들은 어떤 희생을 치르더라도 반드시 보존된다는 것이다. 그런 신념들은 상실하기에는 너무나 소중한 것들이기 때문이다.

《누어 족의 종교》

1930년에 에반스-프리차드는 누어 족의 지역을 여러 차례 방문하기 시작했는데, 그들은 아잔데 족의 바로 북쪽에 살고 있으면서도 성격, 문화, 전통이 매우 달랐다. 그는 즉시 그들의 언어를 배우는 어려운 일을 시작했고 또한 그곳 사람들을 탐구하기 시작했는데, 이 일은 허물없이 정보를 자발적으로 제공한 아잔데 족의 경우보다 훨씬 더 어려운 일이었다. 1936년까지 6년 동안, 누어 족 사회 속에서 다 합쳐 1년 동안 체류하면서 그들에게 질문하며 관찰하고 저술하면서 지냈다. 이 연구가 머지않아 감명 깊은 세 권의 책과 수많은 논문들로 정리되어 1940년부터 1956년 사이에 출판되었다. 《누어 족》(*The Nuer*, 1940)이라는 제목의 첫 번째 책은 그 사회의 경제, 정치생활에 초점을 맞추었다. 아잔데 족에 관한 저서들과 마찬가지로 이 책 역시 이제는 인류학에서 고전의 위치를 차지하고 있다. 이 책의 주목할 만한 특색 가운데는 가축들이 경제생활에서 중심을 차지하는 것에 대한 검토와 가축들이 사람들의 감정에 미치는 영향을 강조한 것, 그리고 누어 족이 자신들의 생활방식과 관련하여 시간과 공간에 대한 그들의 관념을 어떻게 구성하는가에 대한 흥미로운 설명들이 포함된다. 1951년에 새롭게 출판된 《누어 족》은 특별히 사회적인 연구로서, 혈족관계와 결혼에 대한 그 사회의 패턴들에 관한 책이다. 1956년에 《누어 족의 종교》가 출판되어 3부작이 완성되었는데, 이제부터는 이 책을 살펴볼 필요가 있다.

'크오스'(Kwoth) 개념

에반스-프리차드는 《누어 족의 종교》를 그 핵심 주제에서부터 시작한다. 그는 누어 족을 처음 보면, 종교가 없는 종족처럼 생각된다고 말한다. 그들에게는 공식적인 도그마가 없으며, 예전이나 성례전도 없고, 조직적인 예배도, 심지어는 신화의 체계조차 없어 보인다.

그러나 이런 겉모습은 오해하게 만든다. 어떤 점에서 누어 족은 실상 이 모든 것을 가지고 있는데, 문화 속에 격식 없이 거의 숨겨진 상태로 나타나서, 무심한 관찰자는 쉽게 깨닫지 못한다.

누어 족의 종교는 거의 전적으로 크오스(kwoth), 즉 신령(spirit, 복수는 kuth, '신령들')이라는 개념을 중심으로 한다. 그들의 생각에서 가장 우선하는 것은 하느님으로 크오스 니알(Kwoth nhial), 즉 "하늘의(혹은 하늘 안의) 신령"이라고 알고 있는 존재이다. 그는 만물의 창조자로서, 보이지는 않지만 어디에나 존재하며, 생명을 유지시키는 자이며 또한 취하는 자로서, 쿠옹(cuong), 즉 도덕적으로 올곧고 선하며 참된 것의 유지자다. 인간의 인격적 특성을 지닌 크오스 니알은 또한 분명히 그가 창조한 인간을 사심 없이 사랑하는 하느님이다.[10] 누어 족은 하느님이 자신들의 삶을 통제한다는 것을 예민하게 의식하여, "하느님이 임재한다"(God is present)는 의미의 조용한 기도를 자주 한다. 그들은 또한 다른 사람들에 대한 태도에서는 자부심을 느껴도, 하느님 앞에서는 자신들이 아무것도 아니라고 생각하다. 하느님의 눈에는 자신들이 작은 개미처럼 우둔하고 하찮다는 것이다.

누어 족은 하느님이 세상에서 일어나는 중요한 사건들을 완전히 지배한다고 굳게 믿는다. 홍수, 폭풍, 가뭄, 기근 등 모든 일이 하느님 손에 달려 있기에, 이런 일이 있을 때는 그대로 수용할 수밖에 없다고 믿는다. 자주 그런 것처럼, 만일에 사람이 폭풍우 속에서 번개에 맞아

---

[10] Douglas는 *Evans-Pritchard*, pp. 91-113에서 에반스-프리차드는 자기 아버지의 목사관 서재에 있던 서양 신학문헌을 많이 읽고 누어 족의 종교에 관해 저술하는 일에 준비가 되어 있었다고 지적한다. 크오스 니알을 사심 없는 사랑의 신으로 묘사한 것은 *Agape and Eros*(1936)에 근원을 둔 것 같다고 덧붙이는데, 이것은 루터교 신학자 Anders Nygren이 쓴 서양 종교 사상에서의 사랑의 개념에 관한 권위 있는 연구서다. 에반스-프리차드는 이 책과 이 책이 다른 저술들에 미친 영향을 인정했다.

죽으면, 그들은 애도하거나 일반 장례의식을 거행하지 않는다. 하느님이 하느님 자신의 것을 되찾아 갔을 뿐이라고 받아들인다. 동시에 매일의 사회생활 가운데서 생기는 작지만 그래도 중요하게 여겨지는 작은 불행들은 다른 문제다. 아잔데 족과는 달리, 누어 족은 이런 불행들이 마법으로 인해 생겨난 것이라고 보지 않아서, 신탁을 통해 그 마법사를 찾아내야 한다고는 생각하지 않고, 대신에 그들 자신의 악행으로 인해 생긴 것으로 보아야 한다고 강하게 느낀다. 그리고 문제들이 하느님 앞에서 올바르게 되기까지는, 즉 자신들의 악행으로 인한 더러움을 제거하기까지는, 인생이 계속될 수 없고, 그들의 공동체도 번영할 수 없다고 믿는다. 이런 신념에 대해서는 잠시 후에 다시 설명하겠다.

공중의 신령들

하늘의 신령인 하느님 이외에도, 누어 족의 세계는 다른 작은 신령들을 받아들인다. 그 작은 신령들은 두 집단으로 나뉘는데 '공중의 신령들'(spirits of the above) 즉 주로 공중에 사는 신령들과 순전히 땅과 관련된 '땅의 신령들'(spirits of the below)이다.

공중의 신령들 가운데 뎅(deng)은 하느님의 아들이며, 마니(mani)는 전쟁을 지휘하는 신령이며, 위우(wiu)는 부족 집합체의 신령이고, 부크(Buk)는 여성적 신령으로 뎅의 어머니라고 부르는데 특히 강과 하천과 관련되어 있다. 이들의 본래 주거지는 공중이지만, 이 신령들은 인간의 몸을 장악할 수 있으며 또한 인간의 몸속에 들어올 수도 있다. 이런 일이 일시적으로 일어났을 때, 그 신령에 사로잡힌 사람에게 나타나는 징조는 병이다. 또한 그런 신령들에 더욱 오래 지속적으로 사로잡히는 예언자들로 인정받는 사람들의 경우도 있는데, 이런 사람들은 실제로 평생 사로잡힌 자, 혹은 신령의 소유자라고 표현한다. 역사적으로 이런 인물들의 중요한 역할은 전투에서, 특히 이웃 딘카(Dinka) 부족의 소 떼를 급습했을 때 그 지도자들로 활약한 것이다. 그러나 현대에는 거의 이런 의무를 수행하지 않았다고 에반스-프리차드는 지적한다. 하늘의 신령인 크오스 니알은 결코 어떤 경우에도 인간을 사로잡으려고 자신의 몸을 구부리지 않는다. 그는 그러한 것에서는 아주 멀리 높은 곳에 존재한다.

이런 2류의 신령들(kuth)과 하느님과의 관계를 알려면, 우리는 누어 족의 신학 전체에서 가장 복잡하고 난해한 문제를 접하게 된다. 에반스-프리차드는 그 자신의 특유한 방법으로, 정확히 어떻게 또한 어떤 정황 속에서 그들이 크오스 니알(하느님)과 쿠스 니알(공중의 신령들)이라는 말을 사용하는지를 판정하기 위해, 누어 족의 언어사용 방식에 대해 매우 면밀한 비교분석을 한다. 그런 용어들의 사용법이 보여주는 것은 일정한 상황에서 누어 족은 분명히 공중의 신령들을 그 자체의 주체성을 가진 서로 분리된 개별적 존재들로 생각한다는 것이다. 역시 분명한 것은 그 신령들이 하느님과 인간의 중간에 있고, 사람들이 보통 두렵기보다는 오히려 성가시다고 생각하는 존재들로서, 덜 중요한 신령들이라는 점이다. 동시에 그 신령들은 다른 면에서는 하늘의 신령인 최고의 하느님으로부터 분리될 수 없는 것으로 간주된다. 다시 말해서,

이들은 다수이면서 또한 하나다. 하느님은 어떤 점에서는 그들 각각의 신령 속에 나타난다. 공중의 신령에게 제사를 바치거나 찬양할 때, 누어 족은 하느님이 아니라 그 신령과 소통한다고는 생각하지 않는다는

인상을 나는 받았다. 내가 그 사실을 올바르게 이해한 것이라면, 그들은 특수한 영적 존재나 현현 속에 있는 하느님을 부르는 것이다… 그들은 여기에 아무런 모순을 느끼지 않으며, 또 그들이 모순을 느껴야 할 이유도 없다. 하느님은 특별한 공중의 신령이 아니지만, 그 신령은 하느님의 한 모습이다… 누어 족은 하느님 혹은 신령을 이해할 때, 보다 일반적이며 포괄적인 방식에서부터 좀 더 특수하고 제한적인 방식으로… 그리고 다시 그 방향을 바꾸어 이해하는 데 아무런 어려움이나 주저함이 없다.11)

다른 것들 이외에도, 이 짧은 분석의 사례는 그의 저서가 그처럼 크게 칭찬받는 이유를 보여준다. 그는 대단한 기율, 엄정함과 결단성으로 연구를 수행한 인류학자였다. 다른 여러 곳에서처럼 여기서도 그는 누어 족이 생각하는 일반적 경향을 찾아내는 것에 만족하지 않고 각각의 연결을 파악하고 혼동을 가려내며 각각의 극소한 정도까지의 상이점과 중요성을 분명히 파악하려고 노력했다. 물론 이 과정에서 그는 서양 학자들에게, 누어 족의 사고방식에 관해 과거에 원시인들에게 거의 보이지 않았던 관심을 갖게 할 수 있었다. 야만성과 미신으로 특징지어졌던 문화 대신에, 그는 물질적 생활은 매우 미비하지만, 정신적 측면에서는 추상적이고 정교하여 어떤 면에서는 유대인의 유일신론과 그리스도교 신비주의와 매우 유사한 신학을 가진 사람들이라고 소개한다.12)

---

11) Evans-Pritchard, *Nuer Religion* (Oxford, England: Clarendon Press, 1956), pp. 51-52.
12) 초기와 중세기 동방교회의 신비신학에 익숙한 사람에게는, 하느님을 반영하지만 하느님과 동일하지 않은 누어 족의 신령들의 위계질서가 신학자 사벨리우스(Sabellius)가 삼위일체를 설명하기 위해 사용했던 양태론적 표현과 비슷

공중의 신령들 가운데 콜빅(Colwic)이라 불리는 신령들은 특별한 부류로서, 이들은 번개에 맞아 죽은 인간의 영혼들로부터 직접 창조된 신령들이다. 번개가 오두막을 쳐서 거기 있는 사람들을 죽이면, 누어 족은 이 무서운 사건이 하느님이 직접 행한 일이며, 하느님이 쓰기 위해 이 영혼들을 다시 거두어 가기로 작정한 것이라고 간주한다. 앞에서 언급한 것처럼, 이런 사람들의 육체는 정상적인 방식대로 매장하지 않는데, 이들이 즉시 신령으로 변화하기 때문이다. 그러나 이들은 공중의 신령의 형태로 그들 본래의 가족과 관계를 지속하여 그들의 후견인(patron)과 보호자의 역할을 한다.

땅의 신령들

가족의 수호자들로서 콜빅(Colwic) 신령들은 누어 족에게 한 형태의 신과 그 사회구조의 한 부분인 가족 혹은 혈통 사이에 연결고리를 제공해 준다. 이런 종류의 더욱 깊은 연관성은 다른 신들에게서 볼 수 있는데, 이 '땅의 신령들'(spirits of the below)은 본래가 하늘보다는 오히려 땅과 연관된 신령들이다. 이 신령들은 공중의 신령들보다 훨씬 낮은 위치로서, 크오스라 불리기는 하지만 사실 그 자격이 못되는 것 같다. 초기 종교 이론가들이 토템숭배에 대해 많은 관심을 쏟았지만, 바로 여기 누어 족의 종교에 와서야 토템숭배 현상에 대한 논쟁이 마침내 뚜렷하게 나타나는데, 프레이저나 뒤르켐이나 프로이트가 상상했던 것보다는 그 중요성이 훨씬 작은 것임은 흥미 있는 일이다. 누어

하다. 쿠스 니알에 대한 누어 족의 믿음은 또한 널리 읽혀지고 있는 위(僞)디오니시우스(Pseudo-Dionysius the Areopagite)의 초기 중세기 논문들에 제시된 하늘 천사들의 위계질서에 관한 신비한 교리와 비슷하다.

족은 토템 신령들(totem spirits)을 인정하는데 이 신령들은 악어, 사자, 도마뱀, 뱀, 해오라기 같은 동물 종류와 심지어는 식물, 조롱박, 강, 개울 같은 것과도 관련된다. 다른 곳의 토템풍속들에서도 마찬가지로 특정한 부족이나 씨족의 일원은 그들의 토템동물을 '공경'하게 되어 있다. 이들은 토템동물을 먹지 않고, 그 동물을 보게 되면 공경심을 표시하고, 들에서 토템동물이 죽은 것을 보면 묻어 준다. 그러나 토템동물은 토템 신령과는 다르다. 누어 족은 그 둘이 물론 밀접하게 연관되어 있지만, 분명히 그 둘이 분리된 것으로 생각한다. 그들은 토템동물을 토템 신령의 육체적 상징으로 여겼는데, 그것은 크오스의 현현인 것이다. 토템동물은 항상 토템 신령보다 덜 중요하다. 또한 토템 신령은 공중의 신령보다 언제나 덜 중요하다. 공중의 신령과는 달리 토템 신령은 그 육체적 상징인 토템동물에 연결되어 있어야만 한다.

결국 누어 족의 신학은 공중의 신령보다 훨씬 더 낮은 수준에 신비한 물체들, 개인들, 힘들이 있다고 보는데, 사실 너무 낮은 수준이라서 우리를 그 부족 생활의 변두리로 인도한다. 점치는 사람들이 있고 또한 치료자 비슷한 이들도 있다. 이 사람들의 관심은 사소한 병이나 걱정거리에 대한 것이며, 마치 우리 사회에서 점치는 사람들과 같다. 같은 부류에 물신(物神, fetishes)과 자연의 귀신들(sprites)을 다스리는 사람들이 있다. 이런 것들은 신비하게 혼이 채워진 물체 혹은 자연히 생긴 것으로서, 한 개인의 통제 아래 있다고 생각되는 것들이다. 예를 들어, 물신의 소유자는 자신에게 상처를 준 것에 대해 보복하기 위해, 혹은 단지 스스로의 중요성을 느끼기 위해, 그 물신의 신비스러운 힘을 사용할 수 있다. 그러나 일반적으로 누어 족은 이런 것에 대해 혐오감이나 약간의 건강한 두려움을 가지고 있다. '신령'이라고 부르기는 하지만, 별로 그 이름에 합당하지 않은 것으로 여긴다. 그런 신령들은 참된 것이 아니라고 일반적으로 의심하며, 또한 그들이 싫어하는 다른 부족, 특히 딘카 부족처럼, 다른 부족으로부터 누어 족 문화에 들어온 이질적인 것이라고 생각하기도 한다.

종교와 사회질서의 굴절(屈折)

토템 신령들과 콜빅 신령들은 에반스-프리차드가 말하는 종교의 '사회적 굴절'(social refraction)을 보여준다. 하얀 빛이 프리즘을 통해 여러 다른 색깔로 나뉘듯이, 누어 족은 신령 혹은 하느님이 이런 경우처럼, 서로 다른 집단, 혹은 서로 다른 수준의 신적 능력으로 '굴절되어' 각기 다른 부족이나 사회집단에 특정한 방식으로 그 힘을 적용한다고 생각하는 것 같다. 이런 경우들에서, 누어 족은 자신들이 여전히 하느님을 예배한다고 생각하지만, 그들은 하느님을 한 혈통, 한 씨족이나 특정한 사회집단과 관련시켜 예배하거나, 혹은 상징화된 하느님에게 예배하는 것이다. 공중의 신령들도 때로는 이런 역할을 감당하는데, 그 신령들이 한 예언자를 사로잡아 그가 한 씨족의 공적인 대변인이 될 때나, 어느 혈통이 특별한 방법으로 그 신령들을 불러낼 때에 그런 역할을 한다. 물신과 자연의 귀신들도 마찬가지인데, 대개 가족들이 그들을 정말로 소유하고 상속한다. 흥미롭게 에반스-프리차드가 주목한 것은, 누어 족의 신령들의 위계질서에서 낮은 쪽으로 내려갈수록, 서양에서 보통 종교와 연관된 정교하고 의례화된 예식들에 더 가까워진다는 점이다. 하늘의 신령인 하느님은 단순한 기도와 제물로 예배하고, 반면에 공중의 신령들을 거쳐서 땅의 신령들에까지 내려가면 찬양과 귀신들림, 점치는 일들이 더 흔해진다.

신령들의 이런 위계질서가 다른 방식들로도 나타나는데, 정치적 차원에서 하느님은 통치자로, 공중의 신령들은 귀족들로 이해되며, 그 아래에 토템 신령들이 중간계급을 차지하는데, 이 토템 신령들의 본질은 영적이지만 주로 동물과 식물 속에 나타난다. 마지막으로 물 신들은 그 위력이 아무리 신비하다 하더라도, 천민계급이거나 이질적인 계급으로서 탐탁하지 못한 위치로 간주된다. 비슷한 방식으로 누어 족은 빛과 어두움 사이의 확실한 대조를 규명하는데, 빛은 항상 공중의 신령들에 속하고, 어두움은 항상 땅의 신령들과 연관된 것이다. 이런 대조에는 연령도 등장하는데, 하느님은 신령들 가운데 가장 연장자이고, 공중의 신령들은 그 자녀들이고, 토템 신령들은 그의 딸들의 자녀들이라는 것 등이다.

신령한 존재들의 계층과 사회 계층 사이의 이런 관련성을 더듬어 갈 때 우리는 자연히 뒤르켐을 기억하게 된다. 어떤 점에서는 누어 족의 신령들은 분명히 사회집단과 소속을 반영한다. 그러나 에반스-프리차드에게는 이것이 완전한 상황파악이 전혀 아니다. 그는 "사회구조라는 관점에서 해석하는 것은 단지 신령이라는 개념이 어떻게 사회생활의 여러 부문에 부합되는 다양한 형태를 취하는가를 보여줄 뿐이다. 그것은 그 개념 자체의 본래적 성격을 좀 더 잘 이해하려는 데 도움이 되지 못한다."[13]고 말한다. 그는 환원주의에 대한 엘리아데의 강력한 반대를 상기시키는 표현을 사용해서, 사회학적 모델의 가치는 "제한되어 있는데, 그 이유는 그것[사회학적 모델]이 특별히 종교적인 사실들을 더 잘 이해하는 데 도움이 되지 않기 때문"이라고 말한다. 에반스-프리차드는 덧붙이기를,

---

13) Evans-Pritchard, *Nuer Religion*, p. 121.

내가 누어 족의 사회구조에 대해 쓴다고 하면, 이것이 내가 가장 강조할 필요가 있을 종교의 특징일 것이다. 그러나 종교연구에서는 우리가 탐구하려는 것의 본질적인 성격을 포착하기 원한다면, 그 문제를 누어 족이 인식하는 바로 그대로 보기 위해서, 역시 내부로부터 검토하려고 노력해야만 한다.[14]

상징주의

신령의 다양한 형태들에 관해 논의한 후에, 에반스-프리차드는 누어 족의 상징주의에 대한 중요한—지금은 유명해진—논의에 착수한다. 그는 이것이 원시인의 생각을 가장 흔히 잘못 오해하는 문제라고 지적한다. 그는 언어를 매우 치밀하게 분석하는 것으로 시작하는데, 특히 누어 족이 하나의 사물을 말할 때, 그들이 의미하는 것은 다른 것이라는 것이다. 예를 들어 오두막 위에 앉은 새를 보고 이 사람들은 "저것은 크오스다," 즉 신령이라고 말한다. 또는 이들은 악어가 신령이라고 말하는데, 그 의미는 악어를 자기들의 토템으로 삼아 악어 토템신령을 공경하는 사람들에게 신령으로서의 중요성을 가지고 있다는 뜻이다. 다른 예로 어떤 때는 이들이 황소를 오이라고 말하는데, 황소를 제물로 드려야 하지만 구할 수 없거나 여분이 없을 경우에 오이로 대체할 수 있도록, 말하자면 황소 역할을 대체하는 것을 관습이 허락하는 것이다. 오이는 어느 모로 보나 여전히 채소 과일이며 아무도 그것을 부인하려 하지 않는다. 그러나 이런 상황에서 개념상으로 오이에는 희생제사에서 황소를 대신하는 새 역할이 주어지는 것이다.

---

14) Evans-Pritchard, *Nuer Religion*, pp. 121-22.

또한 레비-브륄의 관심을 끌었던 "나는 빨간 잉꼬다"라는 표현과 매우 비슷하게, 누어 족은 "쌍둥이는 새다"라고 말한다. 레비-브륄은 이런 모순되는 표현이 논리적이 아닌 원시인들의 생각을 보여준다고 믿었다. 그러나 정말 그런가? 에반스-프리차드는 짧지만 탁월한 해설을 통해, 누어 족의 문화에서 이 표현이 실제로 무엇을 의미하는가를 보여준다. 새는 공중을 나는 유일한 생물로서 신령과 특별히 가까운 생물로 간주되는데, 신령은 우리가 본 것처럼, 공중의 신령들과 '하늘의 신령'인 하느님의 경우처럼 공중과 관련된다. 한편 쌍둥이의 출생은 아주 진기한 일이기 때문에 그 나름대로 신령이 특별한 형태로 현존한다는 표시이기도 하다. 쌍둥이는 누어 족의 문화에서 특별대우를 받는데, 어떤 경우에는 두 분리된 육체를 가진 개인들인데도, 하나의 인격으로 간주된다. 쌍둥이는 보통 사람들과 똑같은 장례를 거치지 않는데, 쌍둥이는 다른 사람들처럼 '땅의 사람'이 아니라 '공중의 사람'이라고 생각되기 때문이다. 다시 말해서, 쌍둥이와 새는 특이한 방식으로 가앗 크오스(gaat Kwoth), '하느님의 자녀들'이며, 이런 점에서 그들은 동일하다.

그렇다면, 누어 족의 신학에 비추어볼 때, 쌍둥이는 새라고 말하는 것은 분명히 진실이며 조금도 모순이 아니다. 따라서 누어 족과 같은 사람들이 논리 이전의 사고방식을 지녔다고 레비-브륄처럼 주장할 필요는 없다. 그들의 생각은 그들의 관점에서만이 아니라 우리의 관점에서도 충분히 논리적이기 때문이다.

에반스-프리차드는 더 나아가서 레비-브륄 한 사람만이 이런 착오에 빠진 것이 아니라고 말한다. 뮐러와 타일러 같은 초기 연구가들도 같은 착오를 일으켜, 원시인들이 해나 달을 신으로 믿었다고 주장했다. 그런 학자들은 원시인들이나 고대인들이 그렇게 말했을 보다 폭넓은 맥락을 충분히 알지 못했기 때문에, 은유, 비유적 표현, 단어들의 다양한 의미를 충분히 참작하지 못했다. 어떤 원시인들이 해를 신 혹은 신령이라고 부르는 것은 그 물체가 자신들에게 신을 '연상시킨다'거나 '상징한다'는 뜻이거나, 아니면 해가 단지 신의 특성들 가운데 하나인 웅장함이나 밝음 혹은 아름다움을 공유한다는 정도만을 뜻할 수 있다. 에반스-프리차드의 견해로는, 대부분 인류학자들이 원시인들이 사용하는 풍부한 시적인 표현방법을 제대로 이해하지 못했던 것이다. 상상력이 풍부한 원시인들이 세상을 묘사하는 방법에서 유비, 비유, 상징, 은유는 그들의 언어의 법칙이지 예외가 아니다.

귀신과 혼

누어 족은 인간에게 세 가지 요소가 있다고 믿는데, 육신과 생명(혹은 호흡)과 혼(soul, 혹은 지력)이 그것이다. 죽을 때 육신은 땅 속으로 가서 부패하고, 생명은 그것을 준 하느님에게로 돌아가고, 혼은 마침내 사라지기 전까지는 산 사람들 영역 가까이에 한동안 머물러 있다. 누어 족은 혼이 오래 머무는 것을 좋아하지 않는다. 그들은 죽음을 정말 두려워하는데, 그 이유 중 하나는 그들의 모든 관심이 지금의 이생에 집중해 있어서 인생을 풍성하게 즐겨 살기를 원하기 때문이다. 에반스-프리차드는 "그들은 죽은 후에 자신들에게 무슨 일이 생기는지 아는 척하지도 않고, 내가 보기에는 상관도 하지 않는다. 서양 종교에서 종말론(eschatology) 범주에 속하는 것이 전혀 결여되어 있다."15)고 말한다. 누어 족은 죽음에 대해 언급도 하지 않으려 한다. 장

---

15) Evans-Pritchard, *Nuer Religion*, p. 154.

례식 때 그들의 주요 관심은 죽은 사람의 혼에게 귀신(ghost)으로서의 완전한 자격을 주어, 땅에 남아 있는 사람들의 일에서 완전히 분리되도록 하는 것이다. 귀신이 살아 있는 사람을 괴롭히는 유일한 길은 시엔(cien), 즉 보복을 통해서인데, 이런 보복은 그가 생존해 있을 때 그에게 누군가 잘못을 저질렀지만 화해하기 전에 그가 죽었을 때, 그 가해자에게 행해질 수 있다. 이런 상황이 벌어지면, 하느님에게 제물을 바치고 귀신에게 배상을 바쳐야 한다. 살았을 때 행한 잘못만이 보복에 이르게 하기 때문에, 살아 있는 사람들은 적어도 최근에 죽은 사람만이 그들을 괴롭히려고 할 것이므로 안심할 수 있다. 죽은 사람들과 그들의 귀신은 누어 족의 생활에서 오히려 쉽게 잊혀진다.

누어 족에게 '혼'(soul)은 사람만이 지니는 것으로, 에반스-프리차드는 이 사실이 타일러의 유명한 정령숭배 종교이론에 직접 관계가 있는 것으로 주목한다. 앞에서 살펴본 것처럼, 타일러는 초기 인류가 꿈과 환상으로부터 얻은 인간 혼에 대한 개념에서부터 영(spirits)과 마귀(demons)에 대한 생각을 발전시켰다고 생각했다. 이런 원시적인 혼 개념이 자연히 영 개념으로, 또 그로부터 신(gods) 개념에 이르게 했다고 보았다. 그러나 자세히 살펴보면, 누어 족의 경우는 이와 달라서, 혼과 신령(spirit)은 매우 다른 것이고 심지어 상반되는 것으로 본다. 혼은 모든 인간의 한 요소로 창조된 것이고, 신령은 인간 생명의 밖에 존재하며, 그것이 사람 속의 일부가 되는 때는 항상 밖으로부터 침입하는 있는 때다. 벼락에 의해 죽은 사람들의 신령인 콜빅(colwic)의 경우에서도, 누어 족은 벼락에 맞아 죽는 그 순간 그들의 혼이 신령으로 대체되었음에 틀림없다고 말한다. 이 둘은 서로 너무 다르기 때문에 어느 하나에서 파생된 것으로 생각하는 것은 불가능해 보인다. 여기서 에반스-프리차드는 교훈을 찾아낸다. 즉 여기저기에 산재한 신화와 민담의 단편들을 짜서 맞출 때 완전히 합리적이고 당연해 보이는 타일러의 이론이, 실제로 원시인들의 종교적인 사고체계에 대한 구체적 증거에 직면했을 때 얼마나 다르게 보이는가를 주목해야 한다고 에반스-프리차드는 경고한다.

죄와 제사

죄의 개념은 그와 관련된 고통을 포함하여, 누어 족 종교의 인간적인 측면을 이해하는 데 중심이 된다. 누어 족은 악행을 두 가지 기본 형태로 이해하는데, 두 가지 모두 텍(thek), 즉 '공경'이라는 개념으로 규정한다. 다른 부족문화에서와 마찬가지로, 누어 족 사이에 남을 공경하는 뜻에서 여러 가지 행위가 금지되어 있다. 예를 들어, 남자는 처가 집의 다른 여인들에게 벌거벗은 모습을 보여서는 안 되며, 새색시는 시부모를 피해야 하고, 약혼자나 신혼부부는 상대방 앞에서 음식을 먹지 못하는 것 등이다. 대개가 그런 것처럼, 의도적이 아니라도 이런 규칙을 범했을 때는 그 행위를 잘못으로 간주하여, 책임져야 할 이들에게 수치스런 조처를 취한다. 그러나 '공경'을 위반한 것이 더욱 심각한 경우로서, 간음이나 근친상간 같은 것은 누이어(nueer)라고 해서 '죽음'으로 간주되는 행동들이다. 이것은 보통 고의적인 행동들로, 수치만이 아니라 죄가 되는 것이다. 그 결과는 질병으로서, 모든 도덕 질서의 수호자인 하느님에게 합당한 제물을 바치기 전에는 죽음에 이르게 한다고 누어 족은 생각한다.

죄는 인간에게 영향을 주지만, 결국 모든 죄는 하느님에 대한 죄로서, 죄의 주된 결과는 하느님이 징벌하는 방식으로 그 공동체 속에 개입하는 것이다. 이것은 위태로운 사태다. 왜냐하면 누어 족은 이상적으로 하느님이 통치하기를 원하지만, 안전한 거리를 두고 징벌로 개입할 필요 없이, 그의 세상과 피조물을 기쁘게 보살펴 주기를 바라기 때문이다. 이런 신적인 개입의 위험성을 해결할 수 있는 유일한 길은 희생제사를 통해서다. 이런 제사예식이 본격적인 종교적 성례전이라고 평가할 수 있는 누어 종교의 유일한 요소인데, 여기서조차 가장 중요한 경우들이 주로 개인적 문제로서, 한 사람 혹은 몇 사람과 하느님 사이의 거래(transactions)인 것이다.

누어 족의 생활에서 희생제사에는 두 종류가 있는데, 개인적인 것과 집단적인 것이다. 두 번째의 집단제사는 별로 종교적이지 않고, 또한 덜 중요해 보인다. 이것은 통과의례(rites of passage), 특히 결혼과 장례와 관련되어 행하며, 그 목적은 세속적인 행사를 거룩하게 만드는 것이다. "희생제사는 사회행사를 신성하게 하고, 그로 인해 새로운 관계가 이루어진다. 희생제사는 상태나 관계의 변화를 엄숙하게 만들고 거기에 종교적 정당성을 부여한다. 그러한 경우 대체로 희생제사는 뚜렷한 축제와 감사의 성격을 지닌다."16) 이런 행사 때 희생제사에 관심을 갖는 정도와 감정의 표현은 사람마다 매우 달라서, 무심하고 거의 지루하게 느끼는 이들이 있는가 하면, 어떤 이들은 심각하고, 반면 기쁘고 즐거운 사람들도 있다. 이런 태도는 종교의 본질이 경외감, 황홀감 혹은 두려움 같은 다소 특이한 감정 속에 있다고 생각하는 이론가들의 견해를 별로 뒷받침하지 못한다고 에반스-프리차드는 지적한다. 모든 종류의 감정이 허용되는 것처럼 보이기 때문이다.

집단적 예식과는 달리, 개인적인 희생제사는 더 진지한 종교행사이다. 정식으로 행할 때는 누어 족에게 가장 귀한 소유물인 황소를 잡

---

16) Evans-Pritchard, *Nuer Religion*, p. 199.

아야 한다. 어디서나 할 수 있는 이 예식은 보통 나이든 남자, 바람직하기는 가장이 하는데, 네 단계로 시행한다. 지정된 희생물을 하느님에게 증정하는 것, 동물의 등에 재를 묻히는 성별, 의식 집행자가 "희생제사의 의도와 여기 관련된 중요성을 선언하는" 기원, 마지막으로 황소를 창으로 옆구리에서 심장을 향해 빠르게 한 번에 찔러 죽이는 제물 바침이다.

 이 제의에서 황소와 창의 역할은 대단히 중요한데, 누어 족은 이 둘과 스스로를 밀접하게 동일시한다. 누어 족 남자에게 오른손에 쥔 창은 힘, 정력, 권위와 우수함을 표시한다. 그것은 "자신의 투사(投射)이며 자신을 표상하는 것"이며, 더 나아가 씨족이나 혈통집단을 표상하여, 사실상 그들은 그 창의 명칭으로 불린다.[17] 창은 전쟁에 대비한 씨족의 단결과 힘의 상징이 된다. 반면에 황소는 더 엄밀하게 개인적 부속물을 표상한다. 누어 족의 소년은 성년식 순간부터 자기 황소를 받아, 극히 가까워지고 자기와 동일시해서, 거의 제2의 자기가 된다. 이 동일감이 특히 중요한데, 나중에 성인이 되어 개인적 희생제사를 드려야 할 경우가 생길 때, 그 때 그 황소를 죽여야 하기 때문이다. 제사예식에서 황소 등에 재를 바르는 것은 그 사람과 동물의 동일성을 확고히 하는 것 같다. 이 행위는 항상 창을 잡는 오른손으로 하는데, 자기 전체를 상징하여 동물을 죽이기 전 마지막 순간에 동물과 일체가 되는 것을 상징하는 것이다. 하느님에게 희생의 태도로, 희생제물을 통해 사람이 자기 스스로의 죽음을 연출한다고 말할 수 있다.

 에반스-프리차드는 자기 독자들에게 누어 족의 희생제사 절차를 묘사하는 것만으로는 불충분하다고 보고, 또 다시 언어에 대한 자세

---

17) Evans-Pritchard, *Nuer Religion*, p. 239.

한 분석을 통해 그 의미를 알아내기 위해 면밀히 조사한다. 이와 관련하여, 그는 인류학이 일반적으로 원시인의 희생제사에 대해 두 가지 주요 견해를 제시하는데, 선물이론(gift theory)과 친교이론(communion theory)이라고 말한다. 교제이론은 로버트슨 스미스(Robertson Smith)가 토템숭배와 관련하여 제시한 것이다. 스미스는 동물을 죽이고 그것을 먹음으로써 사람들이 사회적 친교, 즉 단결행위에 참가하는 것으로, 서로 간에 또 하느님과 음식과 우애를 거룩하게 나누는 것이라고 믿었다. 여기에는 '거래'(bargains)나 교환이 수반되지 않는다. 반면에 선물이론은 바로 교환 혹은 거래를 제안해서, 하느님에게 무엇을 드리고, 그 대신에 하느님은 은혜를 베푸는 것이다. 에반스-프리차드는 누어 족의 예식이 뚜렷하게 일종의 '선물'범주에 속한다고 말한다. 그들의 중심 목적은 하느님에게 매우 소중한 어떤 것을 드리는 것인데, 물론 하느님은 이미 갖고 있지 않은 것을 받게 되는 것은 아니다. 중요한 것은 책임과 죄가 있는 인간이 자신의 잘못에 대한 개인의 죄의식과 깊이 연결된 상실, 자기부정을 경험하게 되고, 또한 악이 제거, 속죄, 정화되고 추방되기를 갈망한다는 것을 표시하는 것이다. 이것은 하느님이 노해서 기쁘시게 해드릴 필요가 있는 경우가 아니라, 자신 속에 있는 악을 대리자 황소에게 전가하여, "황소의 죽음에 의해, 그 악한 부분이 제거되고 피와 더불어 흘러가게"[18] 하려는 인간의 필요성 때문이다. 그 예식은 극적이지만, 중요한 것은 제의가 아니라 내적인 의도다. 이런 심각하고 필수적인 거래에서 희생제사를 드리는 사람과 그가 속한 공동체는 신령이 인간의 일에 개입하는 위험성에서 벗어나는 것이다. 속죄가 완결되어 하느님이 드디어 '물러서게' 되면,

---

18) Evans-Pritchard, *Nuer Religion*, p. 281.

모든 문제는 끝나게 된다. 가족, 씨족 혹은 부족은 다시 위험에서 벗어났음을 느끼게 된다.

에반스-프리차드는 예언자들과 사제들에 대한 짧은 설명으로 그의 논의를 마치는데, 누어 족의 종교에서 그들은 유대교나 그리스도교에서처럼 중심인물은 아니다. 가장 중요한 인물은 표범 가죽 모양을 한 사제로서, 그의 역할은 주로 살인이나 사람의 생명을 잃게 되는 다른 상황들과 관련되어 있다. 그의 임무는 살인자에게 피난처를 마련해 주고, 피해자 가족과 화해하는 절차를 시작해서, 그 행위에 대한 보상을 주선함으로써 그런 무서운 사건이 파괴적인 피의 복수로 발전하는 것을 방지하는 것이다. 그래서 그는 종교적 이유보다는 오히려 사회적인 이유에서 유익한 인물이다. 또 다른 인물로 목부(牧夫), 혹은 가축 사제와 예언자가 있다. 과거에 이런 인물들은 어떤 공중의 신령을 지니고 있다거나 혹은 사로잡혀 있다고 주장하여, 누어 족 가운데 정치적 중요성을 얻었고, 그 때문에 식민지 당국의 억압을 받았다. 그들은 사제들의 라이벌은 아니지만, 일부 물질적 문제들에 대한 강한 관심과 대부분의 유별난 행위 때문에 누어 족 전체가 그들을 착잡한 감정으로 바라보게 되었다.

《아잔데 족의 마법, 신탁과 주술》과 누어 족에 관한 다른 책들과 마찬가지로, 《누어 족의 종교》를 읽으면, 누구나 이 저자의 주의 깊고 철저한 연구의 진가를 인정하지 않을 수 없다. 이 분야에서 가장 끈기 있는 연구를 통해서만, 그 책에 나타나는 원시인들의 믿음들과 제의들에 대한 정확하고 공감적이며 체계적인 설명을 할 수 있기 때문이다. 그 이야기에서 두 가지가 분명히 나타난다. (1) 실제의 현실을 접해보지 못한 채 '원시종교'에 대해 개인적 관념을 구상했던 대부분의 이론가들의 설명을 올바르게 바로잡은 것들로 가득한 그림, (2)

복잡하며 질서정연한 종교체계에 대한 생생한 묘사로서, 성격상 놀랍게도 매우 서구적이고 더욱이 '현대적'으로 보이는 묘사이다.

《원시종교론》

1960년대 초에 에반스-프리차드는 웨일스대학교에 초대받아 몇 차례에 걸쳐 강의를 하게 되었다. 그는 이 기회에 《누어 족의 종교》 결론에서 처음 제기했던 몇 가지 문제를 재고하여, 원시종교에 관한 이론들에 대한 일반적 검토로 확대했다. 1965년에 이 강연 내용이 《원시종교론》(*Theories of Primitive Religion*)으로 출판되었는데, 그의 책들 가운데 가장 짧지만 가장 치열한 책으로서, 페이지마다 명확한 분석과 날카로운 비판으로 넘칠 뿐 아니라, 그의 신랄한 재치가 가장 잘 돋보이는 책이다. 게다가 이 책의 분석은 다른 학자들에 대한 평가를 통해, 종교를 설명하는 문제에서 그 자신의 견해가 원숙해 있음을 간접적으로 드러내고 있다. 지면상 이 책을 간략하게 정리하면서, 적어도 그 논증의 개괄적 윤곽을 살펴보기로 하겠다.

에반스-프리차드는 이 책 서두에서 원시종교에 대한 이전의 접근방법들에 대한 솔직하며 신중한 논평으로 시작한다. 그가 검토하는 대부분의 해석들은 원시종교에 관한 실제 사실들이 별로 알려져 있지 않았고, 많은 것이 잘못 오해되었던 시기에 개진된 것들이다. 이 문제를 다룬 누구도 원시문화를 연구한 것은 고사하고 원시문화를 직접 본 적도 없었다. 그러나 이런 사실이 그 학자들로 하여금 한 순간도 이 주제를 다루는 과정에서 당연히 예상되는 모든 혼동과 왜곡에도 불구하고, 책을 쓰는 것을 막지는 못했다고 그는 단언한다. 더 나아가, 그는 그 학자들 거의 모두는 대부분의 종교가 대개의 주술처럼 과학적으로 사고하는 현대인에게는 상당히 기이한 것이지만, 불합리하며 믿을 수 없는 관념을 쉽게 받아들이는 원시인들에게는 정상적인 것이라는 전제에서 출발했다고 지적한다. 그들은 원시인들이 "매우 비합리적인" 사람들로서, "의심과 두려움의 신비한 세상에서 초자연에 대한 공포 속에 살면서, 그에 대처하는 데 끊임없이 사로잡혀 있는"19) 사람들이라고 본다. 그러므로 그 학자들이 당면했던 과제는 왜 옛 사람들이 그런 믿음을 지녔는지, 또한 과학의 발전에도 불구하고 왜 아직도 많은 사람들이 그런 믿음을 갖고 있는가에 대해 사리에 맞고 그럴듯한 설명을 제공하는 것이었다. 그들이 제시한 설명들—우리가 이미 앞에서 살펴보았거나 언급한 것을 포함하여—은 주로 두 가지 형태로서, 심리학적인 것과 사회학적인 것이다. 심리학적 설명을 택한 사람은 뮐러, 타일러, 프레이저, 프로이트와 그 외의 사람들이다. 사회학적 이론가들 중에는 마르크스, 뒤르켐과 그의 제자들, 레비-브륄과 그 이후의 계승자들이 포함된다.

종교에 대한 심리학적 설명을 구성하는 데서 그들은 거의 예외 없이 주로 독창적인 추측에 의지했다고 에반스-프리차드는 지적한다. 그 각각의 학자들은 교육받은 서양인으로서, 어느 날 손을 턱에 괸 채 자기 주변의 세상을 생각하는 원시인의 발자취를 따른다고 가정하고, 자기라면 어떻게 종교적 혹은 주술적 믿음을 갖게 되었을 것인가를 스스로에게 물었던 것이다. 감상적이며 낭만적인 신사였던 뮐러는 자기라면 자연의 힘이 장관을 이루는 것에 경탄하고 당혹했을 것이라고 생각했고, 종교의 기원을 자연숭배에서 찾았다. 냉철한 합리주의자였던 타일러는 자기라면 꿈에서 보는 인간의 모습들에 당혹했을 것이라

---

19) Evans-Pritchard, *Theories of Primitive Religion*, p. 10.

고 생각했고 정령숭배 이론을 제시했다. 합리주의자이며 진화론자였던 프레이저는 자기라면 주술로 시작해서 종교로 바꾸고 결국에는 과학을 받아들였을 것이라고 생각했다. 지식인으로서 그들 모두는 주지주의라고 할 수 있는 심리학적 설명을 제시했다. 그들은 원시인들도 자기들처럼 모든 것을 설명하려고 했고, 세상이 어떻게 작동하는가를 보여주는 방법으로 종교적 믿음에 이르렀다고 생각했다.

한편 다른 심리학적 해석자들은, 모든 사람이 사색가는 아니지만, 모두가 감정을 갖고 있다는 사실에 착안해서 주정주의(emotionalism)라는 이론을 내놓았다. 예를 들어 프로이트는, 초기의 사람들이 불안과 공포에 사로잡혀 있어서, 그들 위에 신적인 아버지가 있다는 결론을 내림으로써만이 안심할 수 있었다고 짐작했다. 영국 학자 마레트(Marett)와 인류학자 로위(Lowie)와 말리노프스키(Malinowski)는 원시인들이 생명에 대한 어떤 심오한 경외심과 경이감을 느꼈고, 이것을 생명을 창조한 위엄 있는 존재, 혹은 힘의 표시라고 간주했다고 생각했다. 그러나 학자들 각자의 이런 특정적 설명에도 불구하고, 그 이론들 가운데 하나의 공통적 현상이 뚜렷한데, 그 이론들이 순전히 추측이었다는 점이다. 에반스-프리차드는 이것이 "만일 내가 말이라면" 식의 오류('If-I-were-a-horse' mistake)를 보여주는 사례들이라고 지적한다. 이런 식의 종교 해석자들은 원시인이 어떻게 생각하는가를 실제로 모르기 때문에, 원시인들이 자기들처럼 생각했으리라고 상상했던 것이다. 학자들 가운데 문제를 더욱 난처하게 만든 사람들이 있었는데, 그들은 실제로 오늘날의 원시인들만이 아니라 수천 년 전에 종교를 처음 만든 사람들—이들은 신이나 신들에 대한 자신들의 생각은 물론 자신들의 생활의 어느 것에 대해서도 한마디도 기록을 남긴 것이 없다—의 생각을 자신들이 재구성할 수 있다고 가정했던 학자들이다.

말할 나위도 없이, 에반스-프리차드는 그런 심리학적 이론들의 대부분은 전혀 가치가 없다고 판단했다.

계속해서 에반스-프리차드는 사회학자들이 다소 낫기는 했지만 별로 크게 다르지는 않았다고 평가한다. 이런 사회학적 이론들에서 가장 중요한 이론은 로버트슨 스미스, 프랑스 학자 휘스뗄 드 꿀랑쥬(Fustel de Coulanges)와 물론 뒤르켐의 이론이다. 이런 사회학자들은 원시인들이 어떻게 생각하든지 간에, 그들의 생각을 그들 자신의 생각이라고 보기 어렵다고 정확하게 보았는데, 이것은 문명인들의 경우도 마찬가지다. 왜냐하면 그들은 문화와 사회의 한 부분이며, 그 문화와 사회가 그들의 언어, 가치, 개념을 형성하기 때문이다. 이런 통찰을 갖고서도 사회학적 이론가들은 심리학의 경쟁자들 못지않게 추측으로 기울었다. 사실상 그들 가운데 아무도 실제로 원시사회를 알지 못했기 때문에, 각자는 단편적 증거들, 즉 순전히 오스트레일리아나 지구의 외진 다른 곳으로부터 우연히 흘러들어온 토템신앙, 희생제사 혹은 그 밖의 풍습에 대한 단편적 증거들로부터, 자신들의 상상 속에서 하나의 원시사회를 창조했던 것이다. 그 결과, 가장 뛰어난 사회학 이론가인 뒤르켐조차도, 그의 이론이 얼마나 매혹적이건 간에, 토템숭배가 그가 생각하는 것과는 너무 다르고, 종류도 훨씬 더 다양함을 보여주는 새로운 증거가 나타나는 순간에 무너지기 시작하는 이론을 세웠던 것이다. 그렇다면 결국 사회학적 이론들은 그 모든 기대에도 불구하고, 심리학적 이론들보다 약간 나을 뿐, 역시 "만일 내가 말이라면" 식의 오류로 나아갈 따름이다.

이런 노력들과 대조적으로, 에반스-프리차드는 뤼씨엥 레비-브륄의 업적이 제한이 있기는 하지만 참신한 것으로 보았다. 그 역시 안락한 자기 서재에서 거의 떠난 일이 없으며, 원시인의 정신은 현대인의 정신과는 달리 논리 이전 상태라고 생각하는 과오를 범했다. 그러나 그는 예리한 사상가로서, 원시인들의 세계 전체가 우리의 세계와는 매우 다른 것이며, 그 세계를 그 **내부로부터** 어떻게 기능하는가를 이해하기 위해 매우 엄밀히 오랜 동안 연구하지 않으면 올바로 설명할 수 없음을 시인하기 전에는, 우리가 원시인들의 문화나 종교를 이해할 수 없다는 결정적인 원칙을 인정했다는 점에서, 현대의 이론가들 가운데 독보적인 존재였다.

이처럼 종교를 설명하기 위한 그 많은 학자들의 이론들이 실패했으며, 또한 오직 레비-브륄에만 감탄하는 이 시점에서, 우리가 묻게 되는 것은, 종교를 설명하려는 시도 자체가 더 이상 가치 있는 일인가 하는 것이다. 흥미로운 것은 그 실패한 기록들에도 불구하고, 에반스-프리차드는 종교를 설명하는 과제가 매우 가치 있는 일이라고 생각한 점이다. 그는 사실상 더욱 많은 설명이 제시되어야 한다고 믿는데, 물론 학자들이 자신의 선배들의 과오들로부터 배울 준비가 되어 있는 한에서만 그렇다고 믿는다. 왜냐하면 이런 초기 이론들 속에는 적어도 극히 적거나 어느 만큼의 진실이 들어 있기 때문이다. 종교에는 지성이 수반되고 감정이 관여하며 또한 사회조직과 밀접히 관련되어 있음은 의문의 여지가 없다. 그러나 이런 요소들 가운데 어느 하나만으로 종교를 설명할 수는 없다. 종교는 그 해당되는 사회 안에서, 다른 모든 요소들과 행위들과의 관계성 속에서 총괄적으로 설명되어야만 한다. 뿐만 아니라 과거의 추측에 의한 연구는 비록 현재의 인류학이 아잔데 족과 누어 족 같은 특정 문화에 대한 치밀한 전문 연구로 나아가게 했지만, 종교에 대한 해석자는 특수한 전문 연구를 넘어 진행할 필요가 있다. 어느 시점에서 이론가는 "단지 원시종교들만이 아니라 모든 종교를 고려할"[20] 필요가 있다. 이와 관련하여, 에반스-프리차드는 하나의 유망한 일반적 탐구방법이 이탈리아의 사회이론가 빌프레드 파레토(Vilfredo Pareto)와 프랑스 철학자 앙리 베르그송(Henry Bergson)과 독일 사회학자 막스 베버에 의해 이미 시도되었는데, 이들 모두의 저술들은 하나의 공통 주제에 수렴되는 것처럼 보인다고 지적한다. 과학을 현대적인 것으로 추정하고 종교와 주술은 원시적인 사고형태로 간주하는 대신에, 그들은 이 두 가지 사고형태가 상호보완적 형태, 즉 원시이건 현대이건 모든 인간문화에서 분명히 서로 다르기는 하지만 똑같이 필요한 이해 형태로 보는 것이 가장 적합하다고 주장했다. 어느 사회도 과학 같은 것과(and) 종교 같은 것이 없이는 살아남을 수 없으며, 모든 문화는 과학의 정신 구성(constructs of the mind)과 종교의 '마음 구성'(constructs of the heart)[21] 모두가 항상 필요할 것이다.

　　에반스-프리차드는 이 마지막 견해를 완전히 자신의 입장으로 분명히 천명하지는 않지만, 이것은 하나의 가설로서 추구되어야 하며, 종교에 대한 비교연구에서 더 많은 연구를 통해 그것이 확증되든가 아니면 반증되어야 한다고 주장한다. 그러나 종교에 대한 비교연구는 오늘날까지 유감스럽게도 매우 불충분한 현실이다. 더구나 종교에 대한 비교연구는 엘리트 계층과 지도자들의 생각을 담은 신학적 저술들에 초점을 맞출 것이 아니라, 평범한 사람들과의 대면과 실제로 살아내고 실행되는 바로 그대로의 종교적 신앙에 초점을 맞추어야 한다. 그는 결론에서 이것이 어려운 과제이며, 개인적으로 종교에 헌신하지 않는 학자는 이 과제에서 성과를 얻지 못할 것이라고 지적한다. 종교연구는 다른 연구 분야와 전혀 같지 않기 때문이다. 모든 종교를 거부

---

20) Evans-Pritchard, *Theories of Primitive Religion*, p. 113.
21) Evans-Pritchard, *Theories of Primitive Religion*, p. 115.

하는 학자는 필연적으로 종교를 다른 어떤 것으로 환원시키는 설명을 찾으려 할 것인데, 이처럼 종교를 생물학적, 사회학적 혹은 심리학적인 것으로 환원시키는 이론은 종교를 설명으로 해체시켜버릴 것이다. 반면에 개인적으로 종교를 믿는 사람은 다른 사람의 종교를 포함하여 종교를 훨씬 더 그 내부에서 관찰하고, 또한 종교 그 자체의 관점에서 설명하려고 할 것이다.

분석

에반스-프리차드를 종교 이론가로서 평가하는 하나의 방법은 그의 연구를 거의 정확하게 동시대인인 엘리아데의 연구와 비교하는 것이다. 이 두 사람은 두 세계대전 사이의 시대에 연구를 시작했는데, 당시는 기능주의적 해석이 우세했으며, 유럽문화 전체에서 환원주의적 프로이트 학파와 마르크스의 추종자들이 당대의 가장 영향력 있는 사상가들로 간주되던 때였다. 이 두 사람 모두 이 우세한 입장을 거부하게 되었고, 원시(엘리아데의 말로 '고대의') 사람들의 종교에 대해 훨씬 더 공감하는 접근방법으로 연구에 임했다. 또한 두 사람은 진화론적 사상 속으로 더 이상 빠지지 말아야 한다고 주장하는데, 그것은 인간의 문화 활동들에 대한 연구에서는 쓸모없는 것일 뿐만 아니라, 진화사상은 항상 원시문화는 밑바닥이고 역사의 시작에 있는 반면에, 서양문화는 그 끝이며 정상에 있는 것으로 간주한다고 지적한다. 마지막으로, 두 사람 모두 개인의 종교전통이나 헌신을 통해, 종교에 대한 자연스런 공감을 보인다. 엘리아데는 루마니아의 '우주적' 그리스도교를 믿었고, 에반스-프리차드는 1944년에 가톨릭으로 개종했다.

엘리아데와 에반스-프리차드는 당시의 학문적 태도들에 대해 반대했다는 점에서는 일치하지만, 그 반대 주장을 펼친 방법은 서로 매우 달랐다. 엘리아데는 모든 환원주의를 단호하게 거부하는 것으로 시작해서, 전 지구적인 '종교적 심성'(religious mind), 즉 모든 시대와 장소에서, 아니면 적어도 대부분의 시간과 장소 속에서 볼 수 있는 '종교적 심성'에 대해 전체적으로 설명하려 했다. 그 역시 도서관에 묻혀 연구했던 학자로서, 종교를 가장 잘 이해할 수 있는 방법은 기록된 역사와 신화를 통해서라고 생각했다. 그러나 에반스-프리차드의 방법은 매우 뚜렷하게 달랐다. 그 역시 기능주의를 거부하게 되었는데, 보다 더 극단적인 환원주의 형태에 대해 거부했으며, 그의 연구의 전체 취지는 실제로 그런 환원주의가 필요하지 않다는 것을 보여주려는 것이었다. 결국 원시적인 주술과 종교체계가 그들의 관점에서 나름대로 우리의 경우처럼 합리적이라면, 왜 비합리적인 것을 믿는가를 설명하기 위한 환원주의 이론은 전혀 필요하지 않다. 그는 이 모두에 대해 엘리아데만큼 그렇게 단호하지는 않은데, 특히 종교에 대한 사회학적인 기능주의 방법에 대한 비판에서 그렇다. 사회학적 기능주의 방법이 그의 훈련과 초기 연구에서 강한 영향을 끼쳤기 때문일 것이다. 확실히 그는 사회학적인 모든 결정론에 반대했지만, 이미 우리가 살펴본 것처럼, 그는 프랑스 학파 뒤르켐과 특히 레비-브륄의 장점에 대해 가장 민감하게 그 가치를 인정했다. 게다가 그는 '고대 정신'(archaic mind)을 일종의 세계관으로서, 모든 것을 포용하는 규모의 것으로 주장하려고 하지 않았다. 그가 보기에, 그런 종류의 이론은 "만일 내가 말이라면" 식의 추측의 다른 한 예가 될 뿐이다. 모든 종교를 포괄하는 폭넓고 일반이론을 세우려는 이상적 목표 자체가 반드시 잘못된 것은 아니다. 《누어 족의 종교》 마지막 부분에서 에반스-프리차드는 자신의 저서를 "아프리카의 철학들에 대한 분류"를 확립하려는 단계라고 설명하며, 그것은 종교 전체에 대한 이론을 구성하는 데 필요한 더욱 광범위한 비교에 도움이 될 것이라고 했다.[22] 그러나 이런 과제들을 올바로 수행하려면, 훨씬 더 많은 시간과 인내와 탐구를 필요로 한다. 이런 과제는 엘리아데와 같은 이론가들과 20세기의 이론가들이 생각했던 것처럼 쉽게 할 수 있는 것이 아니고, 또한 그런 학자들과 같은 방법으로 할 수 있는 것도 아니다. 연구하는 대상이 세계종교이거나 원시적인 제례거나 상관없이, 앞으로 실제 연구는 도서관들과 신학 문서들의 범위를 넘어서 이루어져야 한다고 에반스-프리차드는 주장했다. 종교에 대한 타당한 이론은 신부들과 신학자들이 가르치는 대로가 아니라, 보통 사람들에 의해 실천되는 그대로 종교를 설명해야 한다. 바로 거기서 종교의 힘과 놀라운 발랄함의 참된 근원을 궁극적으로 찾을 수 있기 때문이다.

경제학과 비교해 본다면, 에반스-프리차드의 위대한 업적은 종교에 대한 거시적 이론이 아닌 미시적 이론의 지평에 있다. 누어 족의 믿음과 그 실천에 관한 자세한 설명에서, 그는 잔데 족의 주술에 관한 설명처럼, 시간적으로 특정한 시점에서 특정한 부족사회 안의 특정한 사람들에게 종교가 어떻게 '조리가 서는지'(make sense)를 보여줄 수 있었다. 그는 이 종교가 어떻게 지적으로 조리가 있으며, 또한 어떻게 그 자체 내에서 '서로 들어맞는지'를 보여주었다. 그는 또한 종교가 문화적으로 연결되어 있어서, 개인적이며 사회적인 요구 모두를 충족시킨다는 점에서, 누어 족의 생활양식 속에 들어맞는다는 것을 보여주었다. 에반스-프리차드 자신이 《누어 족의 종교》에서 이룬 매우 확고한 미시적인 성취와, 그가 드높이려고 계획했던 웅장한 이론적 풍

---

[22] Evans-Pritchard, *Nuer Religion*, p. 314.

선—그가 저술해 가면서 여기저기 구멍을 낸 풍선—을 비교해 볼 때, 그의 눈에 어떤 종류의 연구가 더 큰 비중을 차지했는가를 쉽게 알 수 있다. 종교의 참된 '과학성'을 반영하는 이론을 어떻게 최선으로 잘 구성할 것인가 하는 문제에서, 그의 연구는 분명한 전환점을 이룬다. 그 이후의 어떤 해석가도 그의 업적을 무시할 수 없게 되었다.

비판

프로이트의 종교이론이 부분적으로 그의 심리학의 강점에 의존하는 것처럼, 에반스-프리차드 이론의 가치는 부분적으로 그의 인류학의 성격과 특성에 의거한다. 앞에서 본 것처럼, 문화에 관한 그의 현지조사와 그 해석의 가치에 대해, 대다수 인류학자들은 매우 높게 평가한다. 어떤 학자들은 그를 가장 훌륭한 민족지학자(ethnographer)로 인정한다. 그에 대한 비판도 있기는 하지만, 가장 중요한 비판들은 그의 연구 중에서 종교적 차원과는 관계가 없는 것처럼 보인다.[23] 그러므로 그것은 생략하고, 특별히 종교에 대한 그의 접근방법을 다루고 있는 다음의 사항들을 살펴보겠다.

1. 다른 이론들에 대한 평가

에반스-프리차드는 아잔데 족과 누어 족의 사고방식에 대해서보다는, 동료 학자들의 이론들에 대해서 훨씬 더 참지 못하는 모습을 보

---

23) 이런 비판들에 대한 논의는 Adam Kuper, *Anthropology and Anthropologists: The Modern British School* (London: Routledge & Kegan Paul, 1983), pp. 88-98을 보라.

여준다. 예를 들어, 누어 족의 희생제사를 논의하면서, 그는 종교의 기원을 경외감이나 엄숙한 경이감과 같은 독특한 감정 속에서 찾는 루돌프 오토와 같은 사상가들을 '부적합하다'(inept)고 비판한다. 누어 족의 집단적 예식들에서 군중들은 온갖 종류의 감정을 드러내는데, 집중, 무관심, 엄숙함, 즐거움 등 여러 감정이다. 그러나 이것을 진술하고서 바로 같은 문맥에서, 그는 또 이 집단적 희생제사들이 전혀 종교적이 아닌 경우에 행해지며, 그런 제사들은 주로 사회적 행사로, 물론 최소한 얼마 동안 심각한 순간을 포함하여 매우 다양한 감정을 예상하게 된다고 지적한다. 한편 그 자신이 더 순수한 종교적 경우라고 설명하는 개인적 희생제사를 논할 때는 그 참가자들의 감정 상태가 상당히 달라 보이는데, 루돌프 오토가 종교적이라고 말하는 감정과 전혀 다를 바 없는 성실함과 엄숙한 성향을 보인다. 그들은 경외심과 엄숙함의 마음가짐, 거의 누미노제라고 할 느낌을 나타내 보인다. 이것은 누어 족의 종교가 루돌프 오토의 이론을 확증한다는 것이 아니라, 다만 에반스-프리차드가 다른 이론가들을 논할 때 때로 성급히 판단한다는 것을 지적하는 것이다. 마찬가지로 그가 자주 쓰는 "만일 내가 말이라면" 식의 오류라는 역설로 다른 이론을 뒤엎는 것도 같은 경우라고 보겠다. 어떤 점에서는 "내가 아무개라면" 하는 식의 방법은 다른 사람의 동기와 행동을 이해하려 할 때 우리가 취할 유일한 방법으로, 범인의 행동을 재구성하려고 할 때 형사가 취하는 방법과 같은 것이다. 에반스-프리차드가 간파하려고 별로 노력하지 않았던 이런 종류의 논증이 안고 있는 진정한 문제는 학자들이 그런 논증 방법을 사용한다는 것이 아니라 어떻게 사용하는가 하는 것으로서, 특별히 확고한 증거에 기초하여, 부족민들의 생각을 치밀하게 재구성하지 않고, "내가 원시인이라면" 식의 방법을 통해 추측하는 경우이다.

2. "원시인의" 정신

에반스-프리차드의 위대한 업적은 종교와 인간사회에 대한 이론가들 모두에게, 원시인들의 정신이 '정상상태'라는 것에 대해 보다 잘 이해하도록 만들었다는 점이다. 그의 연구 관점에서 볼 때, 비(非)서구 세계의 부족민들의 사고방식이 나름대로 조리가 있는 것으로 보이며, 이제는 한때 타일러, 프레이저 등이 생각했던 것처럼 불합리하고 유치한 것이 아니라고 말할 수 있다. 그렇기는 하지만, 정당하게 우리는 에반스-프리차드가 원시인의 정신에 관한 많은 문제를 그가 생각하는 만큼 해결했는지를 물을 수 있다. 예를 들어 아잔데 족의 경우, 마법의 특정한 사항을 분석한 후 그는 "아잔데 족은 그들의 신탁에 관하여 아무런 이론이 없으며 또한 교리의 필요성을 느끼지 않는다."[24]라고 쓴 것은 흥미 있는 일이다. 또는 다른 것과 관련하여, 그는 아잔데 족이 자신들의 일반적인 믿음을 실제 경험에 비추어 검증한다는 생각은 한마디로 그들에게는 생소한 생각이라고 지적했다. 이것을 읽는 독자들의 마음에 자연히 떠오르는 질문은 그것이 왜 생소한 생각인가 하는 질문이다. 왜 아잔데 족은 자신들의 믿음을 검증하지 못하는가? 이 질문에 대한 에반스-프리차드의 답변은 잘 알려져 있다. 그는 주술이 아잔데 족의 생활에서 감히 묻기에는 너무 근본적이며 너무 중요한 것으로서, 우리 문화에서 평범한 많은 사람들이 품고 있는 모순되고 외관상 비논리적인 의견들과 마찬가지의 것이라고 말한다. 요컨대, 그들이나 우리는 누구도 완전히 합리적이거나, 아니면 전적으로 비합리적인 존재일 수가 없는 점에서 똑같다는 것이다. 그러나 여기

---

[24] Evans-Pritchard, *Witchcraft, Oracles, and Magic*, p. 314.

에서 우리는 그 이상의 질문을 묻게 된다. 즉 우리와 그들이 **정확하게** 똑같아 보이지는 않는다는 것인데, 왜냐하면 우리 문화는 매우 분명하게 분할된 문화이기 때문이다. 우리 문화에서 과학자, 철학자, 수학자, 심지어 철학적 신학자 같은 사람들은 세상에 대한 이론적 이해를 강조하고, 반면에 우리 가운데는 그렇지 않은 사람들도 있다. 반대로 잔데 족의 문화는 신기하게도 분할되어 있지 않은 듯하다. 그 문화에서는 이론적 지식을 옹호하고 또한 검증하려는 사람은 **아무도** 없으며, 비판적이고 논리적이며 실험적인 생각을 인정하는 사람도 찾아 볼 수가 없는 것 같기 때문이다. 이런 점에서 그 사회는 다르며, 그 이유를 우리는 매우 알고 싶다. 에반스-프리차드는 이 문제를 실상 추구하지 않았는데, 이 문제는 우리의 문화와 그들의 문화가 지적으로 동등한 입장에 있다는 그의 주장을 방어하는 데 분명히 중요한 것이었다.

3. 이론의 필요성

에반스-프리차드에 대해 우리가 마지막으로 제기하게 되는 불평은 여러 면에서 가장 분명하고 중요한 것이며, 또한 그가 가장 쉽게 자신의 잘못을 시인하는 바로 그 점이다. 그는 실제로 본격적인 종교이론, 혹은 심지어 원시종교 이론을 완성한 것이 아니라 **한** 종교, 즉 누어 족의 종교에 대한 이론만을 다루었으며, 또한 그 이론과 더불어 신중한 학자가 어떻게 연구를 시작해서 언젠가 실제로 좀 더 일반적 이론에 도달하기 위한 몇 가지 제안을 포함하고 있다. 그는 동료 학자들에게, 과거 이론들의 특징이었던 근거 없는 추측들 속으로 또 다시 몰입하기보다는, 작은 규모의 기초 작업에서 출발해서 장차 확고한 일반이론을 세우는 것이 훨씬 바람직하다고 권한다. 이것은 아무도 반박할 수 없는 점이다. 그러면서도 에반스-프리차드 자신은 이것으로 완전히 만족스러운 것이 아님을 인정한다. 《원시종교론》의 마지막 부분에서, 그는 매우 중요한 점을 지적하고 있다.

> 지난 세기 동안에... 진화론적, 심리학적, 사회학적 가설들의 형태로 일반이론들이 시도되었는데, 이런 시도들을 인류학자들이 폐기한 것처럼 보임으로써, 우리의 주제는 공동 목표와 방법론의 상실을 겪게 되었다.[25]

이 지적에 비추어 볼 때, 에반스-프리차드의 약점이 그의 선배들의 약점과 정반대되는 것이 아닌가 생각된다. 그처럼 충분히 증거에 기초를 둔 사람이 단지 제안과 가설에 비슷한 것일지언정 일반화하려고 좀 더 노력했다면, 종교연구에 더 큰 공헌을 하지 않았겠는가? 그 자신이 어쩌면 이처럼 절실한 "공동 목표와 방법론"에 무엇인가 공헌할 수 있지 않았겠는가? 적어도 그가 "종교에 대한 일반이론 구성을 위한 노트" 같은 제목의 책을 썼다면, 분명히 많은 참고가 되었을 것이다.

그러나 그런 노력이 없이도, 특히 지난 반세기 동안 인류학계에서 종교에 대한 사고에 미친 에반스-프리차드의 영향은 지대했다. 우리는 마지막으로, 현대 미국의 해석인류학(interpretive anthropology)의 주창자인 클리퍼드 기어츠를 통해서 그에 버금가는 학설을 찾아보기로 하겠다.

---

25) Evans-Pritchard, *Theories of Primitive Religion*, p. 114.

보다 자세한 연구를 위한 추천 도서들

Beidelman, T. O. *A Bibliography of the Writings of E. E. Evans-Pritchard*, pp. 1-4. London: Tavistock Publications, 1974. 에반스-프리차드 경력에 대해 간략한 전기적 주해를 제공한다. 포괄적인 전기는 없다.

Beidelman, T. O. "Sir Edward Evans-Pritchard, 1902-1973: An Appreciation," *Anthropos* 69 (1974): 553-67. 인류학 분야에서의 에반스-프리차드의 업적과 중요성을 설명.

Douglas, Mary. *Edward Evans-Pritchard*. Modern Masters Series. New York: Viking Press, 1980. 에반스-프리차드 연구에서 크게 영향 받은 유명한 인류학자가 쓴 전기상의 자료와 중요한 평가를 겸한 짧지만 유익한 분석이다.

Evans-Pritchard, E. E. "Fragment of an Autobiography," *New Blackfriars*, January 1973, pp. 35-37. 중년기 가톨릭 개종을 중심으로 한 그의 생애에 대해 저자 자신이 쓴 간략한 기술.

Evans-Pritchard, E. E. *The Nuer: A Description of the Modes of Livelihood and Political Institutions of a Nilotic People*. Oxford, England: Clarendon Press, 1940. (박동성 역, 《누에르족》, 지식을 만드는 지식, 2012).

Evans-Pritchard, E. E. *Nuer Religion*. Oxford, England: Clarendon Press, 1956.

Evans-Pritchard, E. E. *Theories of Primitive Religion*. Oxford, England: Clarendon Press, 1965. (김두진 역, 《원시종교론》, 탐구당, 1985).

Evans-Pritchard, E. E. *Witchcraft, Oracles, and Magic among the Azande*. Oxford, England: Clarendon Press, 1937.

Geertz. Clifford. *Works and Lives: The Anthropologist as Author*.

Stanford, California: Stanford University Press, 1988. 인류학의 위대한 다른 인물에 관한 평론과 함께 에반스-프리차드의 저서와 그의 개인 스타일에 대한 관찰.

Karp, Ivan, and Kent Maynard. "Reading the Nuer," *Current Anthropology* 24, no. 4 (August-October 1983), pp. 481-503. 아프리카 누어 족 가운데서 시행한 에반스-프리차드 연구의 영향에 관한 광범위한 토론. 에반스-프리차드와 그의 논문에 관한 다른 인류학자들의 논평이 포함되어 있다.

Kuper, Adam. *Anthropology and Anthropologists: The Modern British School.* London: Routledge & Kegan Paul, 1983. 현지조사 인류학의 영국 전통에서 에반스-프리차드의 중요한 역할을 검토한 책.

Lienhardt, Geoffrey. "Evans-Pritchard: A Personal View." *Man*, n.s. 9, no. 2 (June 1974), pp. 299-304. 다른 아프리카 부족에 관해 비슷한 현지조사를 한 유명한 동료 인류학자가 쓴 에반스-프리차드의 경력에 대한 논평.

Wilson, Bryan R., ed. *Rationality.* Oxford, England: Basil Blackwell, [1970] 1984. 에반스-프리차드의 아잔데 족 연구로 제기된 합리적 사고와 행위에 대한 같은 문제를 논의한 유명한 철학자들의 논문들.

Winch, Peter. "Understanding a Primitive Society." in *Rationality*, edited by Bryan R. Wilson, pp. 78-111. Oxford, England: Basil Blackwell, [1970] 1984. 에반스-프리차드의 주술과 마법의 분석으로 시작하여, 그가 아잔데 족의 생각과 풍습에 대한 공감이 충분하지 않았다고 주장하며 도전하여 논쟁을 일으킨 유명한 논문.

8장

문화체계로서의 종교

클리퍼드 기어츠

> 문화 분석은 "법칙을 찾으려는 실험과학이 아니라, 의미를 찾으려는 해석적 과학이다."
>
> - Clifford Geertz, *The Interpretation of Culture* [1]

이 책에서 살펴볼 마지막 이론가는 미국의 문화인류학자 클리퍼드 기어츠이다(그는 2006년 10월 30일, 80세로 별세했다 - 옮긴이). 에반스-프리차드가 죽기 전까지 영국 인류학에서 선도적 존재였던 것처럼, 기어츠는 미국의 학자들 중에서 인류학뿐 아니라 모든 사회과학에서 그와 같은 위치를 차지한다고 보는 사람들이 많다. 기어츠는 에반스-프리차드처럼 종교에 예리한 관심을 가졌는데, 이것은 그의 관심을 끈 문화 분석의 많은 주제 가운데 하나에 불과하다. 지난 30여 년에 걸쳐 출판된 수많은 논문들과 저서들을 통해 그가 다룬 주제는 인간의 사회생활의 모든 범위를 망라하여, 농업, 경제, 인류생태학으로부

---

[1] Clifford Geertz, "Thick Description: Toward an Interpretive Theory of Culture," in Geertz. *The Interpretation of Cultures: Selected Essays* (New York: Basic Books, 1973), p. 5.

터 친족관계의 패턴, 사회사, 개발도상국가들의 정치, 그리고 예술, 미학, 문학이론에서 철학, 과학, 기술, 종교에까지 이른다. 학문이 분야별로 전문화된 오늘날에는 '르네상스인'(Renaissance man)이라는 표현을 거의 사용하지 않지만, 기어츠의 두드러지게 광범위한 관심과 탐구를 묘사하는 데는 매우 적절한 표현이다. 그의 주요 관심은 인류학을 비롯한 사회과학들의 연구에서 근본적인 것들(fundamentals)에 대해 심각하게 다시 고려할 것을 강조한 것인데, 이런 재고는 종교를 이해하는 일에 직접 영향을 미치는 것이다. 예리한 통찰력과 상당한 설득력을 통해, 그는 인간의 문화 활동들은 대단히 유별나며 독특하기 때문에, 만일에 우리가 과학자들이 자연세계 속에서 대하는 무엇이든 설명하는 식으로 문화 활동들을 '설명'하려 한다면, 결국 별다른 이득을 얻지 못한다고 주장했다. 우리가 좋아하든 않든 간에, 인간은 원자(atoms)나 곤충과는 다르다. 인간은 복합된 의미의 체계 속에 사는데, 이것을 인류학자들은 '문화'라고 부른다. 그래서 이런 문화 활동들—그 가운데 가장 중요한 것 중의 하나가 분명히 종교다—을 이해하려면, 그 문화 활동들에 적합한 방법을 찾아야만 한다. 바로 그 방법이 '해석'이다. 인간에 대한 문제들에서는, 자연과학자가 벌의 집단이나 어류에 적용하는 "행동들에 대한 설명"(explanations of behaviors) 방법을 포기하고, 대신에 "문화의 해석"(interpretation of cultures)에 착수하는 것이 훨씬 낫다. 따라서 이 표현이 기어츠의 가장 유명한 책의 제목이 된 것은 전혀 놀라운 일이 아니다.

  기어츠는 이 새로운 **방법론**을 모든 인류학과 사회과학에 적용할 것을 제안했지만, 그 자신은 특별히 종교연구에 적용하는 데 앞장섰고, 이 과정에서 종교연구에 새로운 활력을 불어넣었다. 인간의 생활과 사고의 여러 다른 측면들을 이해하기 위해, 체계적인 종교연구가 얼마나 소중한가를 보여주는 데 기어츠보다 크게 공헌한 미국학자는 엘리아데 한 사람을 제외하고는 아마도 없을 것이다. 실제로 이런 해석의 태도, 즉 종교를 믿고 실천하는 사람들의 눈과 생각을 통해 모든 종교를 이해하려고 노력하는 이런 해석의 태도는 베버, 엘리아데와 에반스-프리차드가 이미 착수했던 방법에서 한 걸음 더 발전한 단계를 나타내는 것임은 더 말할 나위도 없다. 이 방법은 종교에 대한 기능주의와 환원주의적 설명에서 떠나, 종교를 독특하게 인간적 차원, 즉 종교에 영감을 불어넣는 생각들, 태도들과 목적들처럼, 종교의 인간적 차원을 존중하는 방향으로 나아가도록 이끈 방법이다.

생애와 경력

클리퍼드 기어츠는 1926년 캘리포니아 주 샌프란시스코에서 태어났다.[2] 고등학교를 마친 후 그는 오하이오 주 안디옥대학에서 1950년 철학 학사학위를 받았고, 인류학을 공부하러 하버드대학교로 갔다. 그때는 이미 현지조사가 영국과 미국의 인류학 훈련에서 기초가 되어 있었고, 기어츠는 아직 대학원생으로서 현지조사에 뛰어들었다. 대학원 2년차에, 그는 아내 힐드레드와 함께 인도네시아 자바 섬에서 2년간 머무르면서, 한 도시의 복잡한 다인종, 다종교 사회를 연구했다. 하버드로 돌아온 기어츠는 1956년에 사회관계학과에서 인류학 전공으로 박사학위를 받았다. 그는 아내와 함께 두 번째 현지조사

---

[2] 물론 기어츠의 해석인류학에 관한 짧은 비판적 논문들은 많이 있지만, 내가 알기로는 그의 생애와 연구에 대한 전기나 본격적인 정밀한 연구는 없다. 그의 경력에 관해 얼마간의 상세한 것은 Adam and Jessica Kuper, eds., *The Social Science Encyclopedia* (London: Routledge & Kegan Paul, 1985)의 "Geertz, Clifford"에서 볼 수 있다.

를 동남아시아 발리 섬에서 착수했다. 자바와 마찬가지로, 발리는 제2차 세계대전 직후에 네덜란드의 식민통치가 끝나고, 1940년대 후반에 설립된 인도네시아공화국의 일부였다. 이슬람교가 지배적 신앙인 자바와는 달리, 발리는 자체의 종교를 갖고 있었는데, 대개 힌두교로부터 온 다채롭고 흥미로운 신앙과 제의들로 구성되어 있었다. 발리와 자바에서 인류학자로서 기어츠의 첫 임무는 민족지학(ethnography)을 연구하는 것으로서, 이 비(非)서구 사회를 자세하게 체계적으로 기술하고, 특히 생활의 서로 다른 측면들이 어떻게 하나의 문화 속에 융합되어 있는가를 밝히는 것이었다. 에반스-프리차드가 누어 족과 아잔데 족 가운데서 수행한 연구를 통해 그의 이론작업의 기초를 마련했던 것처럼, 기어츠는 자바와 발리에서의 연구를 통해 훗날 그의 대부분의 논문과 분석을 위한 기초를 쌓았다. 특히 종교에 관해서, 인도네시아 공동체들과 이처럼 밀접하게 접촉한 것은 그의 가장 독창적인 많은 착상들의 원천과 자극이 되었다. 이런 경험을 통해 그는 일찍부터, 만일 기능주의자들의 주장대로 종교가 항상 그 사회에 의해 형성된다면, 사회가 그 종교에 의해 독특하게 형성된다는 것도 사실이라는 견해를 갖게 만들었다.

 1958년에 발리에서 현지조사를 마친 후, 기어츠는 캘리포니아대학교의 교수로 잠시 있다가 시카고대학교로 옮겨 1960년부터 1970년까지 10년간 가르쳤다. 1960년에 그는 《자바의 종교》(*The Religion of Java*)를 출판했는데, 그가 처음 현지조사를 실시했던 도시에서 본 믿음, 상징, 제의와 풍습에 대한 방대한 설명이다. 이 연구는 에반스-프리차드의 연구 못지않게 자세한 사실들에 주목하고 있지만, 그보다 더 폭넓게 다룰 필요가 있었는데, 그 이유는 아프리카 수단의 아잔데 족과 누어 족의 고립된 사회들보다, 기어츠가 택한 자바 사회는 문화들의 충돌로 인해 상당히 더 복잡했기 때문이다. 자바 문화에서는 이슬람교, 힌두교, 그리고 원주민의 정령숭배 전통 모두가 그 사회체계 안에서 자신의 위치를 주장하고 있었다. 그는 자바의 종교에 관한 연구와 함께 그 지역사회의 다른 측면들에 대한 연구를 추구했다. 《농업의 내향적 정교화》(*Agricultural Involution*, 1963)는 인도네시아의 자연 생태계와 경제를 고찰하고, 탈식민지 시대에서 그 문제와 전망을 평가했다. 같은 해에 출판된 《행상인과 왕자들》(*Peddlers and Princes*)은 자바의 한 도시와 발리의 한 도시의 경제생활을 비교했다. 한편 《인도네시아 한 도시의 사회사》(*The Social History of an Indonesian Town*, 1965)는 기어츠가 현지조사 대부분을 시행한 자바의 모죠쿠토(Modjokuto) 공동체의 이야기로서, 식민통치에서부터 독립된 사회로 바뀌면서 경제, 정치, 사회생활간의 밀접한 관련성을 밝혔다.

에반스-프리차드는 아프리카의 부족사회에서 연구한 것 이외에도 리비아에서 체류하는 동안에 사누시(Sanusi)의 무슬림 사회를 연구했다. 기어츠 역시 흥미롭게도 인도네시아에서 연구한 후에, 현지조사를 더욱 확장하려고 북아프리카 모로코의 이슬람 문화 속에서 연구를 계속했다. 그는 1960년대부터 시작해서 이 지역을 다섯 차례 현지답사 했으며, 동남아시아와는 완전히 다른 세계에서 두 번째로 무슬림 공동체를 관찰할 수 있었다. 그 결과, 그는 《이슬람의 관찰》(*Islam Observed*, 1968)에서 매우 다른 두 문화적 배경 속에서 형성된 하나의 종교인 이슬람교에 대한 비교연구를 할 수 있었다. 이 책을 이 장에서 더 자세히 살펴보기로 하겠다. 나중에 북아프리카에서의 이런 현지조사가 더 진전되어, 기어츠가 다른 저자들과 함께 쓴 《모로코 사회의 의미와 질서》(*Meaning and Order in Moroccan Society*, 1980)로 출판되었다.

1970년에 기어츠는 뉴저지 주 프린스턴대학교의 유명한 "고등학문연구소"에 인류학자로서는 처음으로 교수로 임명되어, 거기서 은퇴하기까지 연구를 계속했다. 한때 아인슈타인이 연구했던 이 기관에 오게 된 이 유례없는 명예는 그의 민족지학 연구가 인정받은 때문이 아니었다. 그만한 수준에 도달하지는 못할 것이지만, 민족지학 연구는 여러 다른 전문가들이 할 수 있었을 것이다. 이 명예가 주어진 것은 1960년대에 그가 민족지학을 연구하던 동안, 현대 인류학에서 가장 중요한 이론적 문제를 다룬 일련의 두드러진 중대한 논문들로 인해 많은 분야의 생각 있는 사람들의 주목을 끌었기 때문이다. 이런 엄밀한 분석적 논의에서, 그는 대개의 과거의 사회과학에 대한 그의 의혹을 개진해서, 많은 사회과학의 목적과 방법이 심각하게 잘못되었다고 주장했다. 이런 연구과정에서 그는 그의 새로운 '해석적'(interpretive) 인류학을 강력히 주장할 수 있었다. 특히 미국에서 기어츠의 이론적 저술들은 다른 인류학자들뿐만 아니라 모든 분야의 학자들과 일반 독자들까지도 관심을 갖고 읽었다. 어떤 저술은 개별적으로 주목을 끌었지만, 대부분의 비판적 논문들은 《문화의 해석》(*The Interpretation of Cultures*, 1973)이라는 제목 아래 수집되어 큰 인상을 남겼고, 더 최근에 출판된 《지방적 지식》(*Local Knowledge*, 1983) 역시 같은 인정을 받았다. 종교에 대한 기어츠의 방법론을 올바르게 판단하려면, 그의 민족지학적 연구와 이론적 연구의 양면을 주목할 필요가 있다.

배경: 미국의 인류학과 사회 이론

   종교 이론가들 중에서 기어츠의 위치를 알기 위해서는, 첫째로 인류학에서의 그의 배경을 주목해야 하는데, 아마도 가장 중요한 사실은 그가 뒤르켐처럼 파리에서나, 에반스-프리차드처럼 옥스퍼드에서가 아니라, 미국의 하버드대학교에서 교육을 받았다는 점일 것이다. 그러므로 문화와 종교 모두에 관한 그의 사상은 두 가지 주된 영향 아래 발전되었는데, 박력이 있고 독립적인 미국의 인류학 전통과 더불어 하버드대학교의 저명한 이론가 탈코트 파슨스(Talcott Parsons) 밑에서 공부하는 동안 접하게 된 사회과학의 관점이다.

20세기에 들어 미국에서는 인류학에서 진정한 전문적 연구방법이 독일 출신 학자 프란츠 보아스(Franz Boas, 1858-1942)와 그보다 젊은 동시대인 알프레드 루이스 크뢰버(Alfred Louis Kroeber, 1876-1960)와 로버트 로위(Robert Lowie, 1883-1957)의 지도 아래 확립되어 있었다. 당시 영국에서는 타일러와 프레이저가 아직도 비교연구 방법에 입각한 포괄적 이론들을 장려하고 있었는데, 미국의 이런 선도적인 학자들은 이미 그 착오를 발견하고 그 방법을 포기했다. 그들은 에반스-프리차드처럼 시대에 앞서서, 현지조사의 가치에 대한 말리노프스키(1844-1942)의 견해에 공감하여, 일반이론은 한 지역사회에 집중하여 수 년 혹은 수십 년간에 걸쳐 완성되는 엄격한 '특정' 민족지학에 근거해야 한다고 주장했다. 미국에서 이들은 아메리카의 몇몇 원주민 부족문화에 자연히 접근할 수 있어서, 그 부족언어를 배우고 그 사회에서 현지조사를 하는 등 유리한 입장에 있었다. 보아스는 캐나다의 태평양 연안에 사는 원주민 부족들에 관해 평생 연구했으며, 크뢰버와 로위는 아메리카 대륙 평원의 원주민 부족들 사이에서 연구했다.

현지조사를 강조한 것과 더불어, 보아스, 크뢰버, 로위는 인류학 연구의 기본 단위로 '문화'를 강조했다. 이들은 현지연구를 통해 사회를 탐구하는 것—여러 유럽학자들이 생각하는 것처럼—만이 아니라,

더욱 광범위한 체계, 즉 사회는 그 체계의 단지 한 부분에 불과한 사고, 풍습, 태도, 상징과 제도라는 광범위한 체계를 연구한다고 주장했다. 이들 미국 학자들은 '사회'(society)라는 용어는 인간 공동체들의 순전히 물질적이고 구조적인 요소들에 지나치게 중점을 둔 용어인 반면에, '문화'(culture)라는 용어는 보다 포괄적이며 적합한 개념으로서, 사회질서 내면과 그 배후에 자리 잡고 있는 숨겨진 태도와 감정까지 탐구하는 용어라고 생각하는 경향이 있었다. 이런 용어상의 차이는 어느 정도까지는 언어상의 차이일 뿐이다. 대체로 유럽 사람들이 사용한 '사회'와 '사회인류학'이라는 말의 뜻은, 미국 인류학자들의 '문화'와 '문화인류학'이 뜻했던 것과 매우 비슷한 것으로 보인다.

크뢰버와 보아스의 유능한 제자 루스 베네딕트(Ruth Benedict)는 그녀 자신의 널리 읽히는 책 《문화의 패턴》(*Patterns of Culture*, 1934)에서, 문화는 심지어 개인의 성격상의 특성을 이해하는 열쇠라고 설명했다. 현지조사를 통해 그녀는 온화하고 자제하는 푸에블로 인디언과, 보다 더 호전적인 피마(Pima) 족과 크와키우틀(Kwakiutl) 족 사이의 기질적 차이를 주목했는데, 그 차이점은 조화를 강조하는 푸에블로 족과 그렇지 않은 부족들의 문화의 근본 성격에서 비롯되는 것임을 밝혀냈다. 이런 견해는 뒤르켐 학파의 이론가들과는 뚜렷이 다른데, 그들이 개인의 심리에 대해 별로 관심을 기울이지 않았던 이유가 개인의 심리는 가족과 씨족의 경우처럼 사회적 사실들에서 구체적이고 객관적인 것이 아니기 때문이었다. 베네딕트는 개인의 심리를 중요시했는데, 왜냐하면 문화가 일종의 '집단의 개성'(group personality)의 패턴으로서, 그 구성원 각자가 마음속에 지니고 있기 때문이다.

학생 때 기어츠는 보아스, 크뢰버, 베네딕트의 중심 사상 대부분을 자연스럽게 자신의 인류학적 관점 속에 흡수했던 것처럼 보인다.

그는 연구 현장을 아메리카대륙의 원주민 사회가 아니라 인도네시아로 택했지만, 곧 그는 상당한 기간 동안 두 지역에서 현지조사를 수행했다. 또한 그는 미국의 '특수연구' 방침에 전적으로 찬성했는데, 이것이 불충분하게 수집된 증거를 통해 세우는 일반이론의 불완전한 과학보다 훨씬 더 낫다고 생각했기 때문이다. 기어츠는 인류학이 무엇보다도 먼저 민족지학이어야 한다는 데 진심으로 동의했다. 인류학의 초점은 특수한 장소와 사람에 맞추어야만 하며, 혹시라도 일반적 결론이 나온다면, 면밀히 연구한 이런 단일 사례에 입각해서 그런 결론이 나와야만 한다. 더 나아가서, 그는 인류학자의 연구 대상은 결국 '사회'가 아니라 '문화'라는 미국의 견해를 택했다. 그는 다른 사람들의 삶을 이해하는 관문은 가족, 친족 패턴, 씨족 구조 등의 사회적 단위나 법적 체제를 검토하는 것만을 통해서가 아니라, 그런 것들 이상으로, 사상, 동기, 활동 등 서로 관련된 전체 패턴인 문화를 탐구할 필요가 있다고 인식했다.

이 마지막 논점에 관해서 우리가 주목해야 할 것은 기어츠가 문화에 대한 더 새로운 강조에 대해 약간 유보적인 태도를 보였으며, 또한 다른 어떤 학파보다도 오히려 프랑스 학파의 사회학적 접근방법에 더욱 공감을 보였다는 점이다. 베네딕트가 주장한 것처럼, 만일에 문화가 일종의 집단적 태도로서, 개인들의 마음속에 옮겨진 공동체의 '개성'(a communal personality)에 불과하다면, 그것에 관해 사회과학자가 연구할 진정으로 객관적인 것이 전혀 없게 된다. 미국인의 견해로는, 개인의 행동은 문화의 표현이며, 문화는 단순히 개인들이 그 안에서 행동을 배우는 방식이라고 정의하는 경향이었다.[3] 이런 순환론법적

---

[3] 이것은 탈코트 파슨스가 했던 비판으로서, 기어츠가 그의 허락을 받고 "After the Revolution: The Fate of Nationalism in the New States," in *Interpretation*, pp.

인 진술이 사실일 수 있겠지만, 그리 많은 것을 밝혀주는 것은 아니다. 문화라는 개념이 과학적 연구에 유용한 길잡이가 되기 위해서는, 푸에블로 족의 '조화 감정'이나 다른 부족의 호전적 태도처럼 파악하기 어려운 심리 상태만이 아니라, 어떤 객관적인 것을 가리키는 것이어야만 한다는 프랑스 학자들의 말이 옳다. 이 어려움을 푸는 데서, 기어츠는 그의 하버드 시절 은사이며 당시 미국의 지도적인 사회학자 가운데 하나였던 탈코트 파슨스의 연구에서 큰 도움을 받았다.

미국의 사회 이론: 파슨스와 베버

그의 영향이 얼마나 직접적이었는지는 알기 어렵지만, 탈코트 파슨스는 기어츠에게 두 방면에서 영향을 준 것 같다. 첫째로, 파슨스 자신은 여러 다른 학자들이 뒤르켐에게서 영향을 받은 것과는 달리, 막스 베버에게서 영향을 받았는데, 베버에 대해서는 우리가 이미 자세히 살펴보았다. 대부분의 전문 사회학자들을 포함하여 많은 미국인들이 베버를 알기 훨씬 전인 1930년대에 이미 파슨스는 그의 책 몇 권, 특히 가장 주목할 《개신교 윤리》(*The Protestant Ethic*)를 번역했으며, 또한 그의 의제에서 주된 주제들을 탐구했다. 그래서 파슨스의 제자들과 독자들은 적어도 '세속적 금욕주의'라는 개념과 그것의 자본주의와의 연관성, 사회학은 합리적 인간 활동에 대한 연구라는 해석, 특히 '이해'(Verstehen)의 방법, 즉 개인의 행동을 형성하는 데서 의미 체계를 강조하는 베버와, 사회구조의 결정적 역할을 강조하는 뒤르켐을 구별하는 데 핵심적으로 중요한 '이해'의 방법에 익숙해 있었다.

파슨스는 기어츠에게 베버의 사상을 전해주는 통로 역할을 한 것

249-50에서 인용하고 있다.

외에도, 루스 베네딕트 같은 인류학자들이 남겨 놓은 문화의 문제를 해결하는 길을 제공했다. 그의 책 중 가장 중요한 《사회적 활동의 구조》(*The Structure of Social Action*, 1934)에서 파슨스는 베버에 기초하여, 모든 인간집단은 세 가지 층으로 된 조직 혹은 세 가지 수준의 조직으로 존재한다는 견해를 발전시켰는데, (1) 개인들의 개성으로서, 이것을 형성하고 지배하는 것은 (2) 사회체제인데, 이것 역시 형성하며 통제하는 것은 (3) 별도의 '문화체계'(cultural system)다. 이 마지막 '문화체계'는 가치들, 상징들, 믿음들의 복잡한 네트워크로서, 개인과 사회 모두와 상호 작용하지만, 분석 작업을 위해서 문화체계는 개인과 사회로부터 분리할 수 있는 것이다. 이런 논제는 많은 사람들에게 돌파구가 되었다. 문화를 집단의 개성으로 본 베네딕트의 생각이 과학적으로 사용하기에는 너무 모호하고 주관적이라면, 파슨스의 개념은 그렇지 않았다. '문화체계'는 객관적인 것으로서, 목표, 동작, 말, 사건 등 모두 의미를 가진 상징들의 집합체인데, 개개인의 마음 밖에 존재하지만, 그러면서도 내적으로 작용해서 태도를 형성하고 행동을 좌우하는 것이다. 한 마디로 말해서, 베버가 문화를 이해하는 방법을 보여주었다면, 파슨스는 문화를 어디서 찾을 수 있는가를 보여주었다. 파슨스에게 문화는 개인의 마음속에 있는 쉽게 파악하기 어려운 감정들 혹은 변할 수 있는 느낌들의 성향만이 아니라, 현실적이며 영구적이며 객관적인 것으로서, 개인의 정서에 영향을 미치지만 개인의 정서와는 별도로 존재하는 것이다. 이처럼 구체적인 상징체계는 그 사회 안의 모든 사람들이 인식하는 것이며, 그 때문에 그 사회 밖에 위치한 인류학자들과 그밖에 다른 사람들도 역시 파악할 수 있는 것이다. 앞으로 보겠지만, 기어츠는 문화를 객관적 상징체계로 보는 이런 생각에 분명히 동조하기 때문에, 어떤 학자들은 그의 방법론을 해석인류학(interpretive anthropology)이라기보다는 오히려 '상징'인류학(symbolic anthropology)이라 부르기도 한다.[4]

해석적 사회과학: 원리와 법칙

베버, 파슨스, 그리고 미국 인류학 전통 모두가 기어츠의 관점을 구성하는 요소들이 되었다. 그가 어떻게 그런 요소들을 조합시켜 해석인류학의 완결된 프로그램으로 만들었는가를 보기 위해, 이제 그의 저서를 중심으로, 특히 그의 경력에서 중요한 20년간인 1960년대와 1970년대에 주로 출판된 이론적 논문들과 그 밖의 저서를 살펴보겠다. 여기서 그 모두를 다룰 수는 없으며, 또 어떤 것은 이론적인 저술이고 어떤 것은 민족지학의 저술이기 때문에, 단계적으로 나누어 보는 것이 좋겠다. 기어츠의 가장 잘 알려진 이론적 논문 두 편을 먼저 보겠는데, 첫째 것은 그의 해석인류학을 개괄적으로 설명한 것이고, 두 번째 것은 해석인류학을 특히 종교와 관련시켜 설명한 것이다. 이것을 살펴본 후에 기어츠가 그의 관점을 실제 종교들에 적용한 방법의 사례들을 보기로 하겠다.

문화와 해석: '중층 기술' 방법

기어츠는 1973년에 논문집 《문화의 해석》을 출판했는데, 그 대부분의 논문들은 1957년 이후 여러 학술지에 처음 실렸던 것들이다. 그 개론으로 기어츠는 새로운 논문을 썼는데, 이 논문이 그의 관점을

---

[4] 한 예로 Sherry Ortner, "Theory in Anthropology since the Sixties," *Comparative Studies in Society and History* 26 (January 1984): 126-66, 특히 128-32를 보라.

보여주는 고전이 되었다. 그는 이 논문에 "중층 기술: 해석적 문화 이론을 향하여"라는 제목을 붙였다. 여기서 그는 첫째로 '문화'라는 용어가 이전의 인류학자들에게는 여러 가지 다른 것을 뜻했지만, 이 용어의 핵심적 특징은 '의미'(meaning) 혹은 '의의'(significance)라는 개념이라고 지적했다. 그는 명백히 막스 베버의 견해를 인용하면서, 사람은 "스스로가 짜낸 의의의 그물망(webs of significance)에 매달려 있는 동물이다"라고 말한다. 그러므로 우리 인류학자들이 해야 할 일, 즉 다른 사람들의 문화를 설명하려고 한다면, 영국 철학자 길버트 라일(Gilbert Ryle)이 말한 '중층 기술'(thick description) 방법을 사용하는 것 이외에는 달리 선택의 여지가 없다. 실제로 무슨 일이 일어나는가 뿐만이 아니라, 그 일어나는 일을 통해서 사람들이 무엇을 **의도하는**가를 기술해야만 한다. 라일은 두 소년의 예를 드는데, 한 소년은 의도하지 않았지만 신경성으로 인해 눈에 경련을 일으키게 되고, 반면에 다른 한 소년은 친구에게 윙크를 한다는 것이다. 순전히 육체적인, 즉 '현상'(thin) 기술로는 이 두 동작을 똑같은 것으로 묘사할 수 있다. 그러나 그 육체적 동작의 **의의**, 즉 의미의 요소를 고려할 때, 두 행동은 완전히 다르다. 하나는 아무 의미가 없고, 다른 하나는 상당한 것을 의미한다. 동작의 의미를 계산에 넣는 '중층' 기술은 윙크가 경련과는 분명히 다르다는 것을 보여준다. 기어츠는 민족지학과 모든 인류학이 항상 중층 기술에 관한 문제인 것을 명백히 이해해야 된다고 말한다. 그 목표는 다만 부족이나 씨족의 구조, 제의의 요소, 혹은 단순한 사실, 이를테면 무슬림들이 라마단 기간에 금식한다는 단순한 사실을 기술하는 것만이 결코 아니다. 인류학의 과제는 의미를 분별하는 것으로, 사람들이 행하는 일 배후의 의도를 밝히고, 그들이 의례와 제도와 믿음에 귀착시키는 총괄적인 의의(overarching significance)를 간파하는 것이다.

'의미'(meaning)라고 할 때, 대부분의 사람들은 개인의 머리 속에 있는 생각으로, 아주 사적인(private) 것이라 생각한다는 것에 주목해야 한다. 그러나 좀 더 생각해 보면, 의미가 반드시 사적인 것은 결코 아니라는 것이 명백해진다. 내가 윙크로써 의도하는 의미를 상대방이 알 수 있게 하는, 두 사람이 함께 공유하는 공적인(public) 것, 즉 의미들의 맥락(a context of meanings)이 없다면, 나는 상대방에게 사적으로 윙크할 수가 없다. 따라서 어느 사회의 문화이거나 바로 이 공유하는 의미의 맥락이라는 것을 이해해야 한다. 기어츠의 말을 빌리면 "문화는 사회적으로 설정된 의미의 구조들로 이루어져 있어서, 그에 따라 사람들은 (윙크와 같은) 신호로써 어떤 음모가 있다는 것을 알리고 또한 그 음모에 가담하든가, 어떤 경우에는 그런 의미의 구조들이 있음으로써, 자신이 모욕당했다고 느끼고 그에 대처한다."[5]는 것이다. 문화는 물리적인 것이 아니지만, 그래도 객관적으로 존재한다. 그러므로 인류학자들이 어느 장소나 시대의 공동체나 사람을 연구할 때는 어느 무엇보다도 문화를 재구성해 보려고 해야 한다.

그러나 마찬가지로 문화가 마치 수학처럼 순전히 독립된 상징의 체제인 것처럼, 단지 의미에 관한 것만이 아님을 주목하는 것이 또한 중요하다. 행동 혹은 활동 역시 관찰해야만 하는데, "그 이유는 행동의 흐름, 더 정확하게는 사회적 활동의 흐름을 통해 문화형태가 세련되게 다듬어지기 때문이다."[6] 이 말은 어떤 경우에는 한 인류학자의 특정 문화에 대한 진술이 언제나 완전히 시종일관하지는 않다는 것을 뜻하기도 한다. 사람들이 때로는 자신들의 문화가 규정하는 의미체계

---

5) Geertz, "Thick Description," p. 12.
6) Geertz, "Thick Description," p. 17.

와 충돌하는 것처럼 보이는 방식들로 행동을 하고, 혹은 더 정확하게는, 문화체계들이 때로는 다양하며 서로 상충하는 패턴들을 제시하여 그 안에서 사람들로 하여금 행동의 진로를 선택하도록 만든다. 이것은 또한 인류학자들이 자신들의 연구대상들이 생각하고 행동하는 것에 대해 자신들의 최선의 해석을 기록함으로써 그 문화를 재구성하는 것 이상을 할 수는 없다는 것을 뜻한다. 해석인류학자에게 문화 분석은 항상 "의미를 추측하고, 그 추측을 평가하고, 해석상의 결론을 내리는"[7] 문제인 것이다.

이제 이 어려운 작업을 미시적으로 작업하지 않고서는 잘 해낼 수가 없다. 해석인류학이 주목하는 것은 "민족지학의 축소형"으로서, 즉 씨족, 부족, 마을처럼 작은 규모의 대상이며, 그 문화체계들은 그 각각의 세부적인 특성들로 묘사되며, 또한 그 전체 속에서 분명히 찾아볼 수 있는 큰 다양성으로 설명될 수 있다. 기어츠에게 이것이 뜻하는 것은 또한 모든 인류에 관한 폭넓고 일반적인 진술은 크게 의심할 여지가 있다는 뜻이다. 그는 과거에 인류학자들이 "내가 연구한 전형적인 중류도시(Middletown, 전통적인 가치관과 도덕관을 지닌 도시 - 옮긴이)가 미국의 축소판이다"라는 식으로 말했다는 것을 지적한다. 그러나 어떤 점에서는 그럴 수가 있지만, 다른 점에서는 십중팔구 그렇지 않다. 그러기에 이런 일반적 진술은 유익할 수도 있지만 오해를 불러일으키기가 쉽다. 또 어떤 사회를 '시범 사례'(test case)로, 이것을 통하여 다른 모든 사회에 대한 어떤 것을 증명할 수 있다고 말하기도 한다.(기어츠가 언급하지는 않지만, 우리가 기억하는 것처럼, 뒤르켐은 오스트레일리아의 토템숭배가 종교에 관한 그의 이론을 증명하는 "결정적

---

7) Geertz. "Thick Description," p. 20.

인 실험"이라고 생각했다). 그러나 여기서도 중요한 조건들의 거의 모두를 통제할 수 없을 때, 어떻게 시범 사례라고 할 수 있겠는가? 우리는 두 개의 실험실 배양에서, 둘 다 동일한 용기에 담아 하나에는 특정한 화학약품을 넣고 다른 하나에는 아무것도 안 넣어 비교할 수 있는 그런 방식으로는, 결코 두 개의 인간문화를 비교할 수가 없다. 그러한 문화적 시범 사례의 조사결과는 "다른 어느 것과 마찬가지로 본질적으로 결론적인 것이 못 된다."[8]라고 기어츠는 말한다.

이런 모든 관점에서 볼 때, 인간의 활동들을 설명하는 데 관심을 가진 사람은, 학자들이 "문화해석의 일반이론"을 목표로 삼았던 시기는 이제 지나갔고, 아마도 영원히 지나갔다는 것을 이해해야만 한다. 불가피한 사실은 문화 분석이 "법칙을 찾는 실험과학이 아니라, 의미를 찾는 해석적 과학"[9]이라는 것이다. 이 말은 문화의 해석이 결코 어떤 일반적 가치가 있는 지혜를 우리에게 전혀 주지 못한다는 것인가? 그렇지는 않은데, 그러나 여기서 우리가 배울 수 있는 것은 아마도 의사가 어떤 증상을 보고서 무슨 병인지를 알아내는 진단과 같은 것이라고 기어츠는 말한다. 인류학은 결코 완전히 예측할 수 없는 것이고, 운동의 법칙이나 분자반응 법칙을 따르는 물리적 과정에만 집중하는 물리학이나 화학분야에서나 가능한 확실성을 결코 제공할 수 없다. 한 아이가 홍역을 치르리라고 의사가 정확히 예측할 수 없는 것과 같이, 인류학자는 한 문화 속에서 무슨 일이 일어나리라고 확신을 가지고 말할 수는 없다. 그러나 진단과 마찬가지로, 하나의 이론은 다른 곳에서 무슨 일이 일어날 것인가를 어느 정도 예상하거나, 여러 면에서 다른 경우들에 적용할 수 있어야 한다. 한 문화를 해석하는 데서

---

8) Geertz, "Thick Description," p. 23.
9) Geertz. "Thick Description," p. 5.

하나의 이론은 어떤 방식으로든 다른 문화들에서 '실험적 적용'의 예가 될 수 있어야 하며, 그런 다음에 더 이용하기 위해 보유하거나 폐기해야 한다. 이와 관련해서 인류학자들에게는 임의로 이용할 수 있는 다양한 일반적 개념들이 있는데 '구조,' '정체성,' '제의,' '순환,' '세계관,' '통합' 등의 용어로 표현되는 추상적 개념들이다. 이런 것들이 이론가로 하여금 하나의 사례를 몇 개 혹은 많은 경우에 응용할 수 있는 개념으로 확대하도록 만든다. 별로 대단한 것 같지 않지만, 실상 그런 개념들은 극히 유용하며, 어쨌든 그런 개념들은 충실한 이론가가 결국 정립하고자 하는 유일한 종류의 일반론적 관점을 구성한다. 야심을 더욱 크게 갖는 것이 신나는 것일 수는 있지만, 그것 역시 옛날의 과오, 즉 인류학을 자처한 엉터리 과학이라는 과오를 되풀이하기 십상이다.

문화 분석과 종교

만일에 해석인류학이 사람들이 자기들의 삶을 이끌어가는 의미들과 가치들의 체계를 찾아내는 것이라면, 어느 문화에서나 종교가 인류학적인 관심을 진지하게 받아야 하는 것은 당연하다. 이것에 대한 기어츠의 확신이 그의 현지조사 결과—첫 연구이며 그의 경력에서 첫 번째 저서—인 《자바의 종교》(1960)에서 분명히 드러났다. 이 책은 미국 인류학의 최고의 전통을 보인 민족지학으로서, 기어츠가 그들의 언어와 문화에 몰두하여 철저히 알게 된 특정한 사람들에 관한 자세한 연구이다. 이 책은 무슬림, 힌두교와 토착인 정령숭배(자바 말로 *abangan*)의 종교전통이 복잡하게 서로 얽힌 것을 자세히 파헤친다. 그리고 종교를 그 나름의 문화적 사실로서 고찰하며, 종교가 단순히 사회적 요구나 경제적 긴장(이것이 분명히 보이기는 하지만)의 표현이라고 보지 않는다. 기어츠는 종교적 상징들, 생각들, 제의들과 풍습들을 통해서, 자바인의 삶의 구석구석에까지 종교의 영향이 미치고 있다는 것을 밝혔다. 그의 연구는 현미경으로 보듯 자세하며, 자바 문화의 특수성과 밀접하게 연결되어 있고, 일반화를 피하려고 조심했으므로, 그가 추천하는 '중층 기술' 인류학의 표본으로 이 책을 이용할 수 있었을 것이다. 그러나 바로 그 이유 때문에, 이 책은 종교에 대한 해석적 접근의 목표에 관한 이론적 성격을 많이 다루지 않는다. 그 대신에 기어츠는 이 문제를 1966년에 발표한 논문 "문화체계로서의 종교"에서 다루었는데, 이 논문은 나중에 《문화의 해석》에 포함되었다. 이 논문은 '중층 기술'과 마찬가지로 유명하여 널리 주목을 끌고 논의되고 있지만, 이해하거나 요약하기 쉬운 논문이 아니다. 그러나 중요하므로, 그 중심적인 생각만이라도 정리할 필요가 있다.

논문 제목이 나타내는 것처럼, 기어츠는 종교의 "문화적인 차원"을 고찰하는 데 관심이 많다는 말로 시작한다. 여기서 그는 또한 자신이 뜻하는 문화가 무엇인가에 대해 매우 분명하고 완벽한 생각을 알려준다. 그는 문화가 상징들 속에 수반되는 '의미들의 패턴,' 혹은 아이디어라고 설명하는데, 이것을 통해 사람들이 자신들의 인생의 지식을 다른 사람들에게 전하며 또한 인생에 대한 그들 자신의 태도들을 표현하는 것이다. 한 문화 속에는, 전해야 할 많은 상이한 태도들과 다양한 형태들의 지식이 있는 것처럼, 그것들을 담을 서로 다른 '문화체계들' 역시 있게 마련이다. 예술이 문화체계가 될 수 있으며, '상식,' 정치적 이념, 그리고 그와 비슷한 성질의 것들도 문화체계가 될 수 있다.

종교가 문화체계라는 것은 무엇을 뜻하는가? 기어츠는 이 질문에

대해 다음과 같이 매우 요약된 한 문장으로 답하고 있다. 종교는,

> (1) 작용하는 상징의 한 체계로서, (2) 사람들 속에 강력하며 널리 영향을 미치며 오래 지속되는 분위기(moods)와 동기들을 확립하는데, (3) 그 방법은 (종교가) 존재의 일반적 질서에 대한 개념들을 형성함으로써, 또한 (4) 이런 개념들에 사실성의 아우라(an aura of factuality)를 덧입힘으로써, (5) 그런 분위기와 동기들이 독특하게 실재적인 (realistic) 것처럼 보이도록 만드는 방법을 통해서다.10)

어느 누구도 이 설명이 간략 명료하며 단순하다고 보지 않는다. 그러나 처음 보기처럼 이해하기 매우 어려운 것은 아니다. 그는 논문의 나머지 부분에서, 이 설명을 번호 순서대로 나누어서(정의와 이론 모두의 역할을 하고 있다) 각각의 요소들을 자세히 설명한다. 처음 것부터 시작해 보자. 기어츠가 말하는 '상징의 체계'란 사람들에게 어떤 관념(idea)을 담아 전하는 모든 것을 뜻하는데, 불교의 기도문 통(prayer wheel), 십자가 처형과 같은 사건, 바르 미츠바(bar mitzvah, 유대교의 성인식 - 옮긴이) 같은 제의, 혹은 연민이나 겸손의 몸짓처럼 단순한 말없는 행위 등이다. 예를 들어, 토라(Torah) 두루마리는 유대인들에게 다른 것들 가운데 특히 하느님의 계시라는 관념을 전달한다. 병실의 성인상(聖人像)은 환자에 대한 신의 보호를 시사한다. 앞에서 본대로, 이런 관념들과 상징들에서 중요한 것은 이것들이 순전히 사적인 것이 아니라는 것이다. 이것은 공적인 것으로서, 마치 컴퓨터 프로그램이 컴퓨터 속에 내장되어 있으면서 동시에 컴퓨터 밖에 존재하는

---

10) "Religion as a Cultural System," in *Interpretation*, p. 90.

것처럼, 우리 자신 밖에 존재하는 것이다. 그 프로그램이 내장되어 있는 물리적 기계에서 분리되어 객관적으로 검토되고 이해될 수 있는 것처럼, 종교적 상징들도 개인의 사사로운 마음속에 들어가 관여하지만 그것을 생각하는 개인의 두뇌에서 분리하여 파악할 수 있다.

두 번째로, 이 상징들이 "사람들 속에 강력하며 널리 영향을 미치며 오래 지속되는 분위기들(moods)과 동기들을 확립한다."는 것은 한마디로, 종교가 사람들에게 무엇을 느끼게 하며, 또한 무엇을 하게 만든다는 뜻이다. 동기들에는 목표가 있고, 목표는 지속적 가치들에 좌우되는데, 그 가치들이란 사람들에게 중요한 것이 무엇이며, 그들이 선하고 옳다고 생각하는 것은 무엇인지를 말한다. 불교의 승려는 미국 중서부의 푸짐한 스테이크 식사를 접할 때, 강한 부정적 동기인 반감을 느낀다. 그에게는 고기를 먹는 것과, 그렇게 많은 양을 먹는 것 모두가 잘못인데, 음식에 집착하는 것은 보다 나은 재생과 궁극적으로 현세의 삶에서 탈출하려는 싸움에서 그를 억압하기 때문이다. 여기서 그의 동기는 스스로가 악을 누르고 선을 택하는 도덕의 문제이다. 예루살렘을 보기 원하는 유대인들과, 메카를 방문하기 원하는 무슬림들은 자신들의 목표, 즉 자신들의 전통에서 신성하게 여기는 공간에 참여하고, 도덕적으로 선한 경험을 얻으려는 목표에 도달하기 위해 해야 할 일들을 준비할 것이다. 한편 분위기(moods)는 별로 정의가 잘 되어 있지 않으며, 또한 분명하게 (의지를 통해서 - 옮긴이) 그 방향이 통제되지도 않는다. 힌두교 순례자가 바라나시에 가고, 그리스도교 순례자가 베들레헴에 갔을 때, 예기치 않게도 영적인 환희의 감정이나 내적 평안을 잠시 경험하게 되고, 이 느낌이 지난 다음에는 다른 분위기로 자연히 바뀌는 경험을 하게 될 것이다.

이런 분위기의 위력은 이런 분위기들이 사소한 것들에서 비롯된 것이 아니라는 사실에서 온다. 그런 분위기들은 종교가 매우 중요한 것에 종사하기 때문에 생기는데, 종교가 "존재의 일반적 질서에 대한 개념"을 형성한다는 것이다. 이 말은 단순히 종교가 세상에 대한 궁극적 설명을 하려고 노력한다는 뜻이다. 종교의 주요 관심은 우리에게 주식과 채권, 운동과 오락, 옷의 유행이나 여흥에 관해 가르쳐주려는 것이 아니다. 종교의 의도는 세상에 대해 그 궁극적인 의미, 질서를 잡아주는 위대한 목적을 제공하려는 것이다. 사람들은 언제 무질서, 세상의 대혼란을 느끼게 되는가를 안다. 사람들이 지적으로 전혀 파악할 수 없는 일을 당할 때, 감정적으로 견딜 수 없는 고통을 당할 때, 혹은 도덕적으로 용납할 수 없는 악에 부닥칠 때다. 이런 순간에 사람들은 현실을 보게 되지만, 그 현실은 당위와 충돌한다.

그렇다면 한편에는 세계에 대한 이해가 있으며, 다른 한편에는 도덕적인 이상들이 이끄는 분위기와 동기들이 있다. 이 두 가지가 함께 종교의 핵심이 된다. 기어츠는 이 두 요소를 단순하게 '세계관'(world view)과 '에토스'(ethos), 즉 개념적 사상과 행동적 경향성이라고 말한다. 더 나아가 그는 종교가 "(4) 이런 개념들에 사실성의 아우라(an aura of factuality)를 덧입힘으로써, (5) 그런 분위기들과 동기들이 독특하게 실재적인(realistic) 것처럼 보이도록 만드는 방법을 통해서다"라고 덧붙인다. 간단히 말해, 이것은 종교가 특별한 지위를 가진 삶의 영역을 차지한다는 것이다. 종교가 다른 문화체계와 구별되는 것은 종교의 상징들이 우리들로 하여금 무엇보다도 사람들에게 가장 중요한 '정말로 실재하는' 것과 접촉시킨다고 주장하는 것이다. 무엇보다도 사람들은 제의들에서 이 강력한 실재에 대한 의식에 사로잡히게 된다. 제의들에서 믿는 사람들의 "분위기와 동기들"은 그들의 세계관과 일치하여 그 둘이 서로를 강력하게 강화시킨다. 나의 세계관은 내가 이렇게 느끼도록 지시하고, 대신에 내 느낌은 내 세계관이 옳은 것이며, 과오가 있을 수 없다고 알려준다. 제의들에서 "에토스와 세계관의 상징적 통합"이 이루어져, 사람들이 하기를 원하는 것과 해야 할 바를 느끼는 그들의 에토스가, 실제 세계에 대한 그들의 상(세계관)과 결합된다.

기어츠는 에토스와 세계관이 조화되는 이 통합의 생생한 예를 인도네시아의 가장 유명한 예식들에서 볼 수 있다고 설명한다. 어떤 정해진 경우에, 발리 사람들은 그들 신화 속의 두 인물인 무서운 마녀 랑다(Rangda)와 익살맞은 괴물 바롱(Barong) 사이의 큰 싸움을 다채롭게 공연한다. 이 둘이 싸울 때, 관중 자신들도 점차로 큰 장관에 참가하여 조연 역을 맡는가 하면, 어떤 이들은 무아지경에 빠지기도 한다. 이런 공연이 진행됨에 따라 발리 사람들에게 이 드라마는 "단지 볼만한 장관일 뿐 아니라 재연해야 하는 제의"[11]인 것이 분명해진다. 그 드라마가 절정에 도달하면 격렬한 감정이 일어나고, 관중의 참여로 인해 전체 장면이 거의 혼란 상태에 빠진다. 이 싸움은 언제나 분명한 승자 없이 끝나지만, 결국 승패는 크게 상관이 없다. 중요한 것은 이 극적인 행사가 그들 문화에서 가장 뚜렷한 쾌활함과 자기과시와 공포가 혼합된 그들의 태도와 감정을 불러일으킨다는 점이다. 이 제의를 관람하고 참여하는 거친 감정에 찬 과정 속에서 또 그 과정을 통해, 사람들은 자신들의 세계관, 즉 항상 악과 선 사이의 모호한 투쟁이라고 보는 자신들의 세계관을 깊이 확인하는 경험을 갖게 된다. 더구나 이 세계관에 일치하는 이런 종교적 분위기와 동기들이 그 예식으로부터 나머지 사회로 이어져서, 다른 문화 속의 삶과는 구별되는 발리 사

---

[11] "Religion as a Cultural System," in *Interpretation*, p. 116.

람들의 모든 삶에 특성을 부여한다.

이 모두에서 우리는 다시 한 번, 문화의 어느 다른 영역에서와 마찬가지로, 종교에서 조급한 일반 결론으로 비약하는 것이 얼마나 현명하지 못한가를 알 수 있다. 발리 종교는 독특하고 특별히 그 자신만의 것이기 때문에, 모든 종교에 해당하는 일반 법칙으로 만들 수 있는 것이 거의 없다―발리 종교와 마찬가지로, 모든 종교전통이 세계관과 에토스를 어떤 방식으로든 결합시킨다는 사실을 제외하고는 거의 없다. 따라서 기어츠는 결론에서, 실용적인 종교연구는 항상 두 가지 단계의 작업을 필요로 한다고 설명한다. 첫째로 종교적 상징들 자체에서 발견되는 의미들을 분석해야 하는데, 이것 자체가 어려운 과제다. 그 다음에는, 보다 어렵고 마찬가지로 중요한 두 번째 단계가 있는데, 상징들이 사회구조와 그 사회 구성원 개인들의 심리 모두에 밀접하게 연결되어 있으므로, 그런 연관성을 주고받고 반송하는 계속되는 신호들의 회선을 더듬어 추적해야 한다. 만일 우리가 한 기둥은 상징이고, 다른 기둥은 사회이며, 세 번째 기둥은 개인의 심리를 대표하는, 세 기둥 사이에 삼각 형태로 이어져 있는 전선(wires)을 생각한다면, 우리는 종교체제 속에 있는 이런 세 중심 모두를 통해서, 또한 그들 사이의 계속적으로 유동하는 영향과 결과의 적절한 이미지를 보게 된다.

종교 해석: 발리 종교의 예

이것이 기어츠가 이론적 측면에서 종교에 접근한 방법이라면, 실제로 각각의 종교에 적용할 때는 어떤 형태로 될 것인가? 발리, 자바와 모로코에 관한 그의 저술에서 들 수 있는 사례들이 충분하지만, 여기서는 단지 두 가지만을 고려하기로 한다. 하나는 현대 발리 종교에 관한 짧은 논문이고, 다른 하나는 기어츠가 인도네시아와 모로코의 무슬림 문화를 비교연구한 것으로, 《이슬람의 관찰》(1968)이라는 제목으로 출판된 것이다.

"현대 발리에서의 '내적 개종'(Internal Conversion)"이라는 논문(1964)은 막스 베버가 제안한 관념으로 시작한다. 베버는 그의 흥미로운 비교연구 중 하나에서 전통적 종교와 합리적인(rationalized) 종교를 구분한다. 그는 서구문명의 진전을 추동한 것으로 폭넓은 합리화 과정의 중요성을 지적했다. 원시인들에게서 특색인 전통적 종교는 주술과 다신교 쪽으로 끌리는 경향이 있다. 이런 '마법에 걸린'(enchanted) 문화에서 자연스런 경향은 어디서나 신을 발견하는 것이다. 어느 바위에나 신령이 있고, 어느 나무에나 귀신이 있으며, 또한 제의들은 흔히 주술의 목적에서 생활의 거의 모든 면을 틀잡아준다. 원시인들은 이 신령 혹은 저 악마를 다루는 데 너무 깊이 사로잡혀 있어서 자신들이 종교 같은 것을 가지고 있다는 것조차 깨닫지 못한 채, 그런 일들은 그저 자신들이 언제나 행하는 일이라고 간주할 뿐이다.

이와는 대조적으로, 합리적인 종교는 세계 대종교들의 핵심에서 찾아볼 수 있다. 전통의 요소들이 항상 포함되기는 하지만, 유대교, 그리스도교, 인도의 브라만과 불교 현자들은 모두 단 하나 혹은 극소수의 우주의 영적인 원리들에 주의를 집중하는데, 그 영적 원리들이란 예언자들의 한 분 하느님, 자연의 도, 브라만, 최고의 영 혹은 열반(Nirvana, 絕對無) 등이다. 한 종류 혹은 다른 종류의 논리로써, 합리적 종교는 그들의 궁극의 존재 혹은 우주적 원리를 삶의 사소한 것들을 초월하도록 드높이는 '추상화'(abstraction) 과정을 실행한다. 이 과정의 결과는 일상생활을 '탈마법화'(disenchanted) 하는 것으로서, 도움이 되는 작은 신들이나 악의가 있는 작은 신들을 벌거벗기고, 또한 그런 신들과 사람들을 연결시키던 사소한 예식들의 주술적 의미를 박탈하는 것이다. 이처럼 수많은 매일의 예식과 마법 대신에, 합리적 종교는 신에 이르는 단 하나의 길을 누구에게나 제시하는데, 그 길은 예를 들어 인도의 현인이 가르치는 것처럼 신비적 경험을 통해서, 혹은 유대교처럼 도덕법에 대한 순종을 요구하는 방법을 통해서다. 전통적 제례들과는 달리, 합리적 종교의 수행자들은 자신들이 무엇을 행하는가를 대체로 의식하고 있고, 자신들이 종교를 가지고 있음을 인식하고 있다. 그들은 세상과 삶 전부를 포괄하는 정연한 교리체계에 자신들이 동의하고 있음을 인식하고 있으며, 또한 그렇게 인식하도록 훈련을 받는다.12)

합리적 종교와 전통적 종교가 서로 다른 또 하나의 중요한 관점은 인생의 큰 문제들을 다루는 방법에 있다. 에반스-프리차드가 잔데 족의 마법에서 설명한 것처럼, 전통적 종교는 생의 의미가 무엇이며, 왜 고통이 있고, 왜 악이 존재하는가 하는 이런 큰 문제를 아주 특별한 구체적인 방법으로 다룬다. 이들은 "왜 사람이 고통을 당하는가?"라고 묻지 않고, "왜 나의 아버지가 아픈가?"라고 묻는다. 이들은 또한 매우 특정한 해답을 찾아서, "아버지는 그의 적이 주술을 써서 아프다"는 것이다. 그러나 합리적인 종교는 이런 의문들을 항상 우주적 규모로 제기하여 전체 세상을 포함시킨다. 고통의 경우에도, 이들은 한 명의 마녀를 지적하지 않고, 세상 속에 죄를 가져온 사탄이나, 도(Tao)의 비관적이고 냉정한 면 때문인 것으로 돌리는데, 한마디로 누구에게나 영향을 미치는 큰 실재들(great realities)에 호소한다.

---

12) 베버의 이론을 기어츠가 요약한 것은 "'Internal Conversion' in Contemporary Bali," in *Interpretation of Cultures*, pp. 171-75에 있으며, 이 논문 전체는 pp. 170-89에 실려 있다.

합리적 종교는 전형적으로 사회적 대변동기, 즉 지역의 주술 관행들과 들판이나 마을에서의 전통적 종교가 더 이상 사람들의 요구를 충족시키지 못하는 심각한 문화적 순간들에 나타났다. 예를 들어, 그리스도교는 고대 지중해 세계에서 그리스-로마 문명의 등장과 확장으로 인해 초래된 사회적 대혼란 가운데 생겨났고, 유교는 고대 중국의 파괴적인 내란들의 혼란 가운데서 나타났다.

기어츠는 이 광범한 개념적 구조의 가치를 인정하고, 이것을 오늘날의 발리에 적용할 수 있다고 말한다. 전통적 종교와 합리적 종교에 관한 베버의 구분을 인식하고 발리 문화에 접근하는 사람은 곧바로 몇 가지 흥미로운 사실을 주목하게 된다. 이름은 힌두교이지만, 발리 종교는 인도 지성인들의 신비주의가 아니라, 마을 사람들의 일상의 다신교와 신화로서, 다시 말하면 베버의 전통적 종교 범주에 속한다. 여기에는 합리적인 신학이 거의 없는데 반하여, 제의들과 또한 가까이 있는 신들에 대한 인식은 어디서나 발견할 수 있다. 여기저기 수천 개의 사원들이 있고, 한 사람이 수십 개 사원에 동시에 속할 수가 있다. 때로는 사람들이 그 사원에서 어느 신을 예배하는지조차 모르지만, 각 신에게 규정된 방식 꼭 그대로 적절한 제의를 드려야 한다고 주장한다. 더욱이 예식들은 사회구조 속에 밀접하게 반영되어 있다. 브라만 계급에 속한 지역 사제들은 특별한 영적 지위로 인해 높은 사회계급을 차지하고, 각자는 그를 신과 관련시켜 생각하는 낮은 계급의 추종자 무리를 '소유'해서 이들을 자기 '의뢰인'(clients)이라 부른다. 또한 발리 섬의 몇 명의 왕자, 왕, 영주들의 중요한 업무의 하나는 때로 몇 백 명의 농민들과 노동자들을 고용해서 많은 노동이 필요한 대규모 종교축제를 베푸는 것이다. 이런 예식들은 상징적으로 모든 사람들에게 사회계급에서의 자신들의 적절한 위치를 상기시켜 주어, 고

귀한 태생은 축제를 주관하고, 천한 태생은 일을 떠맡는다. 결국, 주술종교의 정확한 모습 속에서, 랑다와 바롱의 큰 싸움에서처럼, 죽음 숭배와 마녀는 발리 사람들의 생활 거의 모든 면에 침투해 있다. 오랫동안 그리스도교와 이슬람교와 접촉했는데도 발리 사람들은 이 외부의 신앙 어느 쪽으로의 개종을 전혀 심각하게 고려하지 않았다. 그래서 이들의 전통적 종교는 어느 합리적 세계종교의 영향을 거의 받지 않은 채 수백 년을 살아남을 수 있었다.

그러나 1964년 기어츠가 조사했을 당시, 발리는 극적인 사회변화에 직면해 있었는데, 1949년에 인도네시아 전체가 독립하게 되면서부터 생겨난 변화들이다. 현대 교육, 정치적 자각과 향상된 통신을 통해 외부 세계와 접촉의 통로가 열렸다. 도시와 인구의 성장이 압력을 더하여, 사회적 혼란이 세계에 대한 탈마법화와 주술종교의 종말을 가져왔을 때, 로마제국과 같은 고대 사회에서 일어난 일이 현대 발리에서도 일어날 것으로 예상했던 것처럼 보인다. 사실 자세히 살펴보면, 현대 발리 사람들은 베버가 말한 '내적 개종'의 과정을 시작할 바로 그 순간에 처해서, 그들의 전통적 숭배방식을 점차로 합리적 세계종교의 면모가 엿보이는 형태로 변형시킬 것처럼 보였다. 기어츠는 그의 현지조사 중 어느 날 저녁 장례식에서, 동네 젊은이들 사이에 종교의 의미와 목적에 대해 진지한 철학적인 토의가 일어난 것에 대해 특별한 인상을 기록하고 있다. 전통문화에서는 거의 알려지지 않은 그런 토론은 합리적 종교의 특징인데, 그런 활발한 토론이 발리의 길거리에서 벌어지고 있었다. 전통적 종교에서는 경전, 교리, 종교교육과 조직된 사제제도의 발전은 전례가 없었는데, 이런 것 하나하나가 이제 발리 문화 속으로 들어오는 징후가 보였다. 또한 흥미로운 것은 민주적 정부가 수립되어 귀족과 왕자들이 자신들의 옛 특권이 위협받는 것으로 보고, 사실상 이런 진취적 변화를 적극 후원하여 새롭고 더 분명하며 자의식적인 발리 종교의 선두에 섬으로써 자신들의 위치를 지키려고 했다. 기어츠는 이런 새로운 운동이 최근에 이르러서야 비로소 가장 뚜렷한 합리적 신앙의 상징인 조직화(organization)를 이루었다고 말한다. 인도네시아 정부의 '종교부'를 무슬림이 장악한 것에 반대하여, 발리는 최근 그 자체의 지역적으로 지지받는 순수한 '발리부'를 만들어 브라만 사제들을 임명하고, 전문 성직자 계급을 창설하고 인가하는 직무를 수행했다.

    요약해서 핵심을 말하면, 베버가 세계의 위대한 합리적 종교들의 성장 배후에서 발견한 모든 과정과 변화를, 전후 시대 발리 섬의 증거에서 볼 수 있다고 기어츠는 설명한다. 1964년의 발리는 예수 시대에 로마가, 또한 공자 당시의 중국이 처했던 것과 같은 입장에 서 있는 셈이었다. 그렇다면 마음에 떠오르는 자연스러운 질문은, 발리의 경험에서 이 이상으로 일반적 결론을 끌어낼 수 있을 것인가? 고대 로마를 현대 발리와 혹은 다른 곳에도 연결시키는 특별한 이론이 있는가 하는 것이다. 이런 물음들에 대해 기어츠는 하나도 대답하지 않는다. 미래에 무슨 일이 생길 것인지는 아무도 예상할 수 없음을 그는 인정한다. 이론은 없다고 하지만, 그래도 발리의 사례가 일반 개념을 적용하고 다듬는 일에 더욱 도움이 될 것이라는 전망과 함께, 베버의 개념과 같은 일반 개념을 적용함으로써 분명히 많은 식견을 얻을 수 있다. 결론적으로 기어츠는, "이 독특하고 작은 섬에서 앞으로 수십 년 동안 무엇이 일어나는지 주의 깊게 지켜보면, 이미 발생했던 역사가 우리에게 결코 줄 수 없는 종교변동의 역학이 지닌 구체성과 직접성에 대한 통찰력을 얻을 수 있을 것이다."[13]라고 관측한다.

《이슬람의 관찰》

기어츠의 해석적 접근방법의 두 번째 사례는 두 종류의 이슬람을 비교하는 보다 큰 주제에서 볼 수 있다. 《이슬람의 관찰》(1968)은 그 시작에서부터 자신의 목적이 "종교의 비교 분석을 위한 일반 구조"를 세우고, 이것을 그의 현지조사로 가장 잘 알게 된 전혀 다른 두 나라 인도네시아와 모로코에 존재하는 한 신앙, 즉 이슬람교에 적용하는 것이라고 야심차게 말한다.14) 이 두 문화 모두가 무슬림인 문화인 것과 동시에 현대에 큰 사회변화를 거쳤다고 그는 지적한다. 한 경우는 벼농사 농부들로, 다른 하나는 목부들로 구성된 전통사회가 모두 한 때 서구세력인 네덜란드와 프랑스의 식민지였고, 최근에 와서 인도네시아는 1949년, 모로코는 1956년에 독립하게 되었다. 물론 이 두 나라에서 일어난 사회변화의 중심에 흔히 종교가 자리잡고 있었다.

이슬람의 고전적 유형

모로코가 무슬림 국가로 발전한 것은 약 1050년에서 1450년까지의 중대한 400년 동안인데, 당시는 사막에서 온 호전적인 부족민들과 도시의 과단성 있는 상인들이 모로코 사회를 지배하던 때였다. 이 문화에서 두 중심인물은 무사(warrior) 세력가와 신비가인 무슬림 성인(holy man)으로서, 때로는 무사-성인의 이상적 형태로 결합되기도 했다. 9세기에 훼즈(Fez) 시를 세운 이드리스(Idris) 2세는 모로코의 첫 왕으로서 그런 인물의 전형이었는데, 예언자 마호메트의 직계자손이

---

13) "Internal Conversion," p. 189.
14) Geertz, *Islam Observed* (Chicago: University of Chicago Press, 1968), p. v.

라고 주장한 용맹한 무사이며 개혁가였다. 나중에는 성인들 가운데 너무 독실하여 '도사'(marabouts, 아랍어 *murabit*에서 온 말로 신에게 '묶이다' 혹은 '족쇄로 매이다')라고 알려진 사람들이 추종하는 무리들을 매혹시켜서 나라가 호전적 분파들로 분할되었고, 각 분파는 자기네의 거룩한 지도자에게 열렬히 충성했다. 이와는 대조적으로 인도네시아에서는 이슬람교가 나중에 들어와서 오히려 다른 형태를 취했다. 농경문화로 오랫동안 번영했으며, 풍부한 논밭은 농부, 왕자, 상인들을 똑같이 부양할 수 있었기 때문에, 모로코에서 생존의 열쇠였던 대담함과 담력은 별로 필요하지 않았다. 무엇보다도 높이 존중되는 미덕은 들판에서의 조용한 근면성으로, 이런 근면성은 명상, 영성과 개인의 평정을 강조한 힌두교-불교의 종교적 이상을 통해 오랜 세기 동안 뒷받침된 성격상의 특징이었다. 1300년대에 와서야 이슬람교가 인도네시아 섬들에 미치기 시작해서, 상업의 접촉을 통해 조용히 들어왔는데, 처음에는 관용하는 인도의 형태로서, 이미 존재했던 힌두교, 불교, 정령숭배의 농민 신앙과 혼합되었다. 그리하여 인도네시아의 이슬람교는 융통성 있는 모습으로 발전되어, "적응하며, 흡수력이 있고, 실용적이며, 점진적인" 것으로서, 모로코의 "타협할 줄 모르는 엄격주의"와 "공세적 근본주의"와는 매우 달랐다.[15] 하나는 점진적이고 자유주의적이며 순응적인 것으로 서서히 발전된 반면에, 다른 하나는 완전주의적이며 엄격하고 비타협적인 형태를 이루었다.

    기어츠는 이런 특성, 즉 한 경우에는 준엄하고, 다른 하나에서는 관대한 이런 특수한 종교적 태도들을 각 나라 이슬람의 '고전적 유형'이라고 본다. 둘 다 하느님과의 직접적인 접촉을 통해 종교의 진리를

---

15) Geertz, *Islam Observed*, p. 16.

깨닫기 때문에 '신비주의적'이지만, 여기에 상당한 차이가 있는데, 기어츠는 두 명의 전설적인 종교지도자들의 이야기를 통해 그 차이점을 설명한다. 인도네시아의 성스러운 전설에서 칼리자가(Sunan Kalidjaga)는 이슬람교를 자바 섬에 전래시킨 영웅이다. 최고 카스트에 속하는 통치계급이 나라의 영적 지도자로 인정받던 위대한 힌두교-불교의 '무대통치'(theater state) 시대에, 그는 유력한 왕실 관리의 아들로 태어났다. 왕궁에서는 다채로운 종교예식들이 왕의 정치권력과 종교권위를 과시하기 위해 행해졌다. 그러나 젊은 칼리자가는 종교에 전혀 관심이 없었으며, 어느 날 무슬림 신비가를 만났을 때 그의 귀중한 지팡이와 보석을 훔치려고 했다. 그 성인은 물질적인 것에 대한 그의 어리석은 욕심에 냉소했을 뿐, 갑자기 곁에 있는 벵골 보리수나무를 보석들이 달린 황금 나무로 변화시켰다. 칼리자가는 이 기적과 그 사람이 부에 무관심한 것에 놀라서 자기도 무슬림이 되기를 간청하고, 순종하는 명상의 상태로 한 곳에 수십 년 동안 머물면서 이슬람교의 자기수련을 입증했다! 그래서 그는 꾸란을 읽거나 사원에 가 본 일도 없이 무슬림이 되었다. 그런데 중요하게도 이슬람교를 받아들이고 나서도 칼리자가는 어린 시절의 '무대통치'의 문화를 버리지 않았다. 대신에 그는 마타람에 새 왕궁 도시 건설을 돕고, 거기서 자신의 높은 지위를 이용하여, 한때 옛 힌두교-불교의 목적에 공헌했던 왕궁의 예식들을 이슬람교를 장려하는 데 이용했다.

물론 칼리자가의 전설은 한 사람의 이야기만이 아니라, 이슬람교가 인도네시아에 들어와서 옛 종교들과 융합되고, 무대통치의 문화에 그 자체를 적응한 전체 이슬람의 이야기다. 이런 종교 혼합주의(syncretism) 혹은 융합은 인도네시아에서 매우 전형적인 것이었지만 오래 지속되지는 않았다. 이런 전형적 태도는 현대에 접어들어 무너지기 시작했는데, 이슬람교가 세력이 더욱 강해진 상인들 사이에서 지배적인 신앙이 되고, 또한 같은 시기에 섬을 식민지화한 네덜란드인들이 지배계급을 권력에서 몰아내면서 그렇게 무너지기 시작했다. 유럽인 정복자들의 압력 아래, 초기의 혼합적 종교는 세 가지 서로 다른 전통으로 갈라져서, 오늘날 자바에서 볼 수 있는 힌두교-불교, 이슬람교와 토착적인 정령숭배로 나뉘었다.

자바의 칼리자가와 비슷한 방식으로, 모로코에서 이슬람교의 모습은 1600년대에 살았던 마지막 도사 가운데 한 사람이었던 시디 라쉔 리우시(Sidi Lashen Lyusi)라는 이슬람 성인의 생애에서 가장 잘 찾아볼 수 있다. 다른 사람들처럼 리우시도 자신을 '하느님에 묶인' 사람으로 인식했다. 유랑하는 예언자, 학자, 순례자인 그는 강한 도덕성과 탁월한 지식을 갖춘 사람으로, 모로코 전설에 의하면 군주를 굽어볼 정도의 성인으로 존경받던 인물이다. 위대한 알라위트(Alawite) 왕조의 창시자인 술탄 물레이 이스마일(Mulay Ismail)의 손님으로 초대받았을 때, 그는 궁 안에 있는 모든 접시를 다 부셔서 그 술탄을 모욕했다. 이 은혜를 모르는 행동의 목적은 사실 고결한 것으로, 그 술탄이 노예들에게 지우는 몹시 힘든 노역에 대해 항의하기 위해서였다. 이 일로 인해 술탄은 리우시를 궁에서 몰아내고 나중에 그를 직접 죽이려고 했다. 그러나 술탄이 그 성인의 천막으로 돌격하자 술탄이 탄 말이 불가사의 하게도 땅속으로 빠져 들어가기 시작했다. 즉시 술탄은 자기의 과오를 시인하고 리우시의 요구를 들어주어, 그가 성인이며 예언자의 혈통인 쉐리프(Sherif - 무함마드의 자손)라고 인정하고, 그가 자기의 길을 가도록 허용했다.

이 대결에서 리우시가 성공적으로 보여준 비범한 자질은 바라카(baraka)로서, 일종의 영적인 카리스마였다. 술탄의 말을 멈추게 한 그의 초자연적 힘은 그가 이런 신의 은총을 지녔다는 분명한 증거였다. 더욱이 이슬람교에는 언제나 어떤 이의 신적인 권위를 증명하는 두 번째 길이 있는데, 예언자 무함마드의 혈통이라는 쉐리프로 인정받는 것이다. 리우시가 기적을 행했지만, 그의 거룩함을 증명해준 이 두 번째 증거를 통해서도 술탄으로부터 그 신적인 권위를 인정받아야 했다. 그래서 이 한 명의 성인에게 중심이 되었던 질문으로서, 모로코의 모든 무슬림들이 당면했던 큰 질문을 보게 되는데, 그것은 하느님의 예언자인 것을 어떻게 알 수 있는가 하는 질문이다. 바라카가 단순히 성인 개인의 카리스마와 기적을 일으키는 능력에서 오는가? 아니면 예언자 무함마드의 혈통이어야만 하는가? 혹은 이 둘 모두가 요구되는가? 이 두 가지 원칙 사이의 긴장에서, 기어츠는 역사를 통해 모로코의 이슬람 문화에 활기를 준 중요한 문제의 하나를 이해할 수 있다고 설명한다. 시간이 지나면서 나라를 다스리는 왕족은 예언자의 혈통을 중심 원칙으로 확립했지만, 바라카에 호소하는 것, 즉 카리스마로 드러나는 거룩함과 도덕의 철저함과 기적을 행하는 능력으로 표현되는 바라카에 호소하는 것은 결코 사라지지 않았다. 그것은 여러 성인숭배 속에, 특히 후기 역사에서는 민간인들의 신념 속에 그대로 남아 있었다. 사람들은 술탄이 개인적인 종교적 카리스마와 예언자 무함마드 혈통의 후손이라는 두 가지 특성 모두를 지녀야 한다고 생각하는 경향이었다. 그 결과 술탄이 실세로서 다스리려면 세습성과 영성 모두가 증명되어야 했다.

 그렇다면 인도네시아와 모로코에서 이슬람교의 전형적인 유형은 '신비주의적인' 것으로, 사람들로 하여금 가까이 현존하시는 하느님(immediate presence of God)에 이르게 하려는 것이다. 그러나 이슬람 성인들의 이야기들은 신비주의적 이슬람교이긴 하지만, 그 형태가 얼마나 다른가를 보여준다. 칼리자가의 수동적인 '각성'(illuminationist) 신비주의는 리우시의 공격적인 '도사풍'(maraboutist) 경건과 날카로운 대조를 이룬다. 기어츠 자신의 정의를 빌리면, 인도네시아와 모로코의 종교는, 둘 다 이슬람교이지만, 전혀 다른 "분위기와 동기"를 보여준다. 인도네시아 쪽에는 "내면성, 침착, 인내, 평정, 민감, 심미주의, 엘리트주의, 자기부정에 대한 집착 등이 있고, 모로코 쪽에는 행동주의, 열정, 성급함, 담력, 강인함, 도덕주의, 대중성, 자기주장에 대한 집착이 있다."16)

경전주의의 반란

그 차이가 무엇이건 간에, 이슬람의 인도네시아와 모로코는 최근에 두 가지 중대한 공통문제에 대처해야 했는데, 식민통치와 현대화의 도전 문제가 그것이었다. 이 두 나라에서 식민통치의 중대한 시점은 대략 1820년부터 1920년 사이의 한 세기였다. 양편에서 이 경험은 사람들로 하여금 자신들의 정복자들은 그리스도교인이고 자신들은 무슬림임을 더욱 분명하게 의식하게 했다. 이슬람 종교는 저항, 국가주의, 독립에 대한 소망과 동일시하게 되었으며, 이 과정에서 믿음 자체가 변하기 시작했다. 인도네시아의 각성주의와 모로코의 도사주의라는 전형적인 모형이 아주 옛 것을 회복해야 한다는 강력한 새 운동의 도전을 받게 되었는데, 이것이 '경전주의'(scripturalist) 이슬람이다.

인도네시아의 경우, 이 경전주의자들의 반란은 1800년대 네덜란드의 식민통치가 절정에 달했을 때, 또한 국민감정이 식민세력에 대

---

16) Geertz, *Islam Observed*, p. 54.

해 강력하게 반발하던 때에 구체화됐다. 메카로 순례하는 새로운 기회들을 통해 고무되어, 인도네시아 사람들은 아라비아로부터 더 엄격하고 호전적인 이슬람교를 알게 되었고, 이것을 곧 새로 설립한 학교들에서 가르치게 되었다. 이 산트리(santri, 자바어로 '신앙심이 깊은 학생') 학교들에서는, 보다 더 오래되고 유연한 각성적 이슬람교를 밀어내고, 무함마드와 처음 칼리프들(caliphs, 무함마드의 후계자들 칭호 - 옮긴이)의 본을 따르고, 특히 꾸란의 문자 그대로의 진리에 중심을 둔 '더 순수한' 최초의 전통으로 바꾸었다. 더구나 사원과 시장이 언제나 자연스런 동맹자가 되어, 인도네시아 전역에서 교역 중심지들이 늘어남에 따라, 이처럼 경전에 입각한 새로운 형식의 이슬람교가 빠르게 퍼졌고, 민족주의의 확산과 식민통치에 대한 저항을 일깨워주는 힘이 되었다. 기어츠에 의하면, 흥미롭게도 거의 같은 시기에 경전주의가 모로코에도 등장했다. 살라피(Salafi), 혹은 '의로운 조상들'의 운동으로 알려지고, 알랄 알-파시(Allal Al-fassi) 같은 맹렬하고 열정적인 민족주의자들이 이끈 이 새로운 운동은 1900년에 이르러서 옛 형태의 도사주의 이슬람, 즉 성인들의 이슬람과 공공연히 충돌하게 되었다. 인도네시아에서처럼, 이 새 경전주의자들은 외국 프랑스의 통치와 이전의 전형적인 무슬림 형태에 대해 모두 반대했다.

그러므로 인도네시아에서도 또한 모로코에서도, 경전주의 이슬람은 20세기 중기에 두 나라가 감당했던 국가독립을 위한 투쟁의 배후 세력이었다. 이 투쟁은, 당시 두 국가의 지도자인 모로코의 술탄 무함마드 5세와 인도네시아 수카르노 대통령의 경력에서 추적해볼 수 있다. 무함마드 5세는 모로코의 경전주의 혁명으로 인해 고무된 민족주의 세력을 기반으로 등장했는데, 개인적으로 독실함에도 불구하고 경전주의자들의 원리주의에 대해 불안하게 생각했다. 그는 술탄을 국가의 최고 성인으로 인정하는 옛 형태의 도사주의 이슬람교를 오히려 좋아했다. 1950년대에 프랑스가 몇 가지 인기 없는 조치를 취했을 때, 무함마드 5세는 그들의 꼭두각시가 되기를 거부하고 저항했다. 그는 폐위당해 추방되었지만, 2년 후에 새로 독립한 모로코 국가의 원수로 승리의 귀환을 할 수 있었다. 무슬림들이 보기에 그의 저항과 헌신은 신의 은총에 대한 분명한 증거로, 그는 리우시처럼 영적인 카리스마를 보였고, 높이 평가받는 도사의 이상적 모습인 무사-성인의 자격이 충분했다. 그렇지만 그는 예전의 종교적 이상들과 새로운 탈식민지 시대를 결합시키는 일에서, 경전주의자들의 계속되는 열광적 요구를 제지한 정도뿐이었지, 그 이상 성공한 것으로는 볼 수 없다고 기어츠는 평가한다.

인도네시아의 수카르노 이야기는 불행하게도 1965년에 군사 쿠데타로 끝이 났다. 그러나 1920년대부터 1949년 독립하던 해까지와 그 후 새 국가의 대통령으로서 그가 이끌었던 긴 투쟁 속에서 우리는 모로코에서처럼 종교와 정치에 대한 관심이 혼합되어 있는 것을 볼 수 있다. 국민들의 종교적 다양성에 민감하고, 좌측 공산주의와 우측 이슬람 경전주의 모두에 대해 저항하면서, 그는 모든 정당을 그의 유명한 5대(Pantjasila, Five-Point) 강령으로 통합하려 했는데, 그것은 민족주의, 인본주의, 민주주의, 사회정의와 일신론의 강령이었다. 결국 이것이 실패했을 때, 그는 통합을 위해 마지막 노력을 기울였는데 과거 영웅 칼리자가 시대로 역행하는 듯 했다. 그는 고대 '무대통치'를 현대 형태로 회복시키고자, 세계에서 가장 큰 사원, 거대한 운동 경기장, 국가 기념비를 건축하고, 또한 여러 거창한 국가예식들도 제정했다.

마지막 분석으로, 수카르노와 무함마드 5세는 그들 사회에서의 종교의 힘을 잘 알고 있어서, 국가 목적을 위해 종교를 건설적으로 동력화하려 했다. 중요하게도 이 두 사람 모두가 경전주의 형태보다는 고전적 이슬람 형태가 가장 성공할 희망을 제공한다고 판단했다. 마찬가지로 중요한 것은 아무도 완전히 성공하지 못했다는 것이다. 무함마드 5세가 수카르노보다는 좀 더 성과를 거두었지만, 두 경우 모두에서, 신앙의 옛 형태들이 현대 상황에서 변화되지 않고 살아남을 수는 없었다고 기어츠는 주장한다.

결론: 세계관과 에토스

그렇다면 인도네시아와 모로코에서 발견할 수 있는 이 평행하는 이슬람교 역사의 의의는 무엇인가? 이 질문은 "문화체계로서의 종교"의 핵심을 상기함으로써 해답을 얻을 수 있는데, 종교는 서로를 보강하기 위해 결합되는 세계관과 에토스로 구성된다는 것이다. 무엇이 실재하며, 어떤 신들이 존재하는가 등에 대해 사람들이 가진 믿음들(그들의 세계관)은 도덕적 가치들과 정서(그들의 에토스)를 뒷받침하며, 이것이 그들의 삶을 인도하고, 또한 그럼으로써 믿음을 확증한다. 적어도 1800년에 이르기까지는 이 두 문화에서 세계관과 에토스가 이런 자연스런 방식으로 서로를 뒷받침하여, 사람들의 종교적 욕구를 충족시켰다. 모로코에서는 이슬람의 믿음이 도사주의 에토스를 뒷받침하여 "도덕적 열정을 축하하는 생활방식을 나타냈고," 이런 에토스는 이슬람 교리를 강화시켰다.[17] 한편 인도네시아에서는 같은 균형이 유지된 것으로 보이는데, 이슬람교와 힌두교의 혼합된 세계관이 칼리자가와 같은 인물의 유연한 명상적 신비주의를 뒷받침했고, 그가

---

17) Geertz, *Islam Observed*, p. 98.

보여준 행위와 정서의 숭고한 목표는 그 세계관을 뒷받침했다. 그러나 지난 세기 동안에 이 두 나라에서 민족주의가 나타나고 경전주의의 저항이 생겨나 심각한 도전을 가져왔다. 세계관에 대한 의혹과 에토스에서 변화가 생기자, 사람들로 하여금 세계관과 에토스에 대해 더 이상 확신하지 못하게 만들었고, 또한 그 둘이 흔히 서로 잘 맞지 않는다는 것을 어렴풋이 알게 만들었다.

세계관에서 근본 문제는 이념의 충돌이다. 이 두 나라 모두에서, 산업과 대학과 전문계급 사이에 과학이 파급되자, 세속적인 태도가 스며들었다. 정반대의 극단에서는, 단호한 경전주의자들에 의한 종교의 '이데올로기화'(ideologization)가 진행되었는데, 그들은 꾸란을 모든 다른 지식에서 분리시키거나, 모든 지식이 어떤 방식으로든 이미 꾸란 안에 들어 있다고 주장함으로써, 세속적 태도와 마찬가지로 불안정한 영향을 초래했다. 이처럼 서로 결코 양립할 수 없는 것처럼 보이는 두 가지 신앙적 입장 사이의 충돌로 인해, 한때 안정된 확신만이 있었던 곳에 깊은 혼란의 불신이 초래되었다.

이 두 나라 모두에서, 현대의 발전으로 인해 종교의 에토스 요소에 초래된 영향 역시 엄청나다. 오해를 막기 위해서, 기어츠는 첫째로 특정한 문화 가운데서 종교가 가진 **세력**(force)과 그 영향 **범위**(scope)를 구별해야 한다고 지적한다. 모로코의 무슬림들은 하느님과의 만남을 극히 강렬하고 완전히 모든 것을 불태우게 만드는 경험이라고 간주하면서, 시장, 카페, 혹은 마을 거리에서의 대부분 일상생활은 전혀 비종교적이라고 여겼다. 반면에 인도네시아에서는 어느 종교경험도 모로코에서 높이 평가되는 것처럼 강렬하고 힘이 충만한 것은 아니지만, 신앙심의 범위는 훨씬 폭이 넓다. 삶의 어느 한 측면도 여하간 초자연의 의미가 가미되지 않은 것이 없다. 그러나 이런 차이점에도 불구하고 양국에서 에토스의 감소가 상당히 진행되고 있음이 분명하다. 작고 조용한 방식으로, 양쪽 문화 모두에서 종교적인 분위기와 동기들의 위력이 약화되기 시작했다. 사람들은 아직도 '종교심'의 소유자들이고, 그들의 신성한 상징들을 보유하기 원하지만, 그러나 직접적인 면에서는 덜 종교적이다. 그들은 신들이 가까이에 현존하는 것보다는, 신들이 어떤 방식으로든 현존하면 좋겠다는 오히려 간접적인 느낌에 의해 더 감동을 받는다. 점점 더 그들의 종교는 자신들이 예배한다고 주장하는 그 실재와의 직접적인 만남에서 한 발 물러난 종교가 되어간다고 말할 수 있다.

《이슬람의 관찰》은 기어츠의 종교연구에 대한 접근방법에 관하여 특히 좋은 실례를 보여주는데, 우선 그의 접근방법이 **시도하지 않**는 바로 그 점이 설명해 주는 것이다. 이 책은 이슬람이나 혹은 다른 종교에 관한 특정 논제를 방어하기 위해 뚜렷한 논리적 주장을 펼치지 않는다. 대신에 이 책은 문화체계 속으로의 여행으로서, 그 여행 안내자는 경치에 대한 설명과 이것저것을 서로 비교하는 데 너무나 몰두해서 자신이 가고 있는 길이 도대체 목적지에 도착하겠는지에 대해서는 마음을 쓰지 않는 일종의 탐험 같은 것을 한다. 그가 안내할 때 우리는 세 가지를 주목하게 되는데, 첫째로, 기어츠는 그가 해석하는 각 문화의 특수성에 예리한 관심을 갖고 있다는 것이다. 모로코와 인도네시아는 같은 이슬람 국가이지만, 그가 논의하는 중심 주제는 그들이 보여주는 이슬람교의 두 가지 형태의 풍조와 특성과 조직상의 두드러진 차이점이다.

두 번째로, 종교를 실천하는 사람들에게 무엇이 중요한가 하는 점에서 기어츠는 종교의 의미, 즉 종교의 '중층 기술'을 독특하게 강조한다는 점이다. 모로코와 인도네시아의 이슬람교는 두 곳에서 같은 형식의 신학에 의해 지배되지만, 그러한 공통의 체계 안에서 강조되는 이념들과 소중히 여기는 태도와 감정은 뚜렷할 정도로 다르다. 즉 모로코에서 성인, 도덕적 열정과 체험의 영향을 강조하는 것은, 인도네시아에서 보이는 보다 수동적이고 관대하며 널리 확산된 초자연적 실재에 대한 의식과는 판이하게 다른 의미와 가치의 패턴을 만들어낸다. 그러기에 양국이 무슬림이며, 또한 모두 민족주의와 경전주의라는 동일한 도전을 받으면서 각기 나름의 방법으로 반응했으며, 그 결과 성공의 정도가 다르게 나타났다. 모로코의 무함마드 5세는 새로운 민족주의 시대에 고전적 이슬람의 형식을 보존하는 데 성공했던 반면에, 인도네시아의 수카르노는 그렇지 못했다.

마지막 세 번째로, 기어츠는 특수성들과 차이점들에 매우 주목했지만, 그는 좀 더 일반적인 결론들에 대한 전망을 제시한다. 예를 들어, 기어츠는 그들의 차이가 어떻든 간에, 모로코와 인도네시아 모두에서, 세속주의와 경전주의가 도래함으로써 생긴 의심의 물결을 영원히 역전시킬 수는 없는 것으로 보았다. 그에게는 이것이 두 지역 종교의 유사성으로서, 막스 베버의 범주들처럼, 적어도 한 일반적 원리의 시작으로서 다른 장소와 시대의 종교들에 더 넓게 적용할 수 있는가를 분별하기 위해 다른 경우들에도 '시험해' 볼 수 있는 유사성이다.

분석

종교에 대한 해석자로서의 기어츠의 업적을 가장 잘 평가하려면, 두 가지 점에 주목해야 한다. (1) 이 책에서 살펴본 종교 이론가들 가운데 그의 위치는 어떠한가? (2) 해석인류학의 최근의 대변자로서 그가 대표하는 것은 무엇인가?

1. 기어츠와 다른 이론가들

기어츠의 연구는 막스 베버의 사회학 이론과 에반스-프리차드의 현지조사 분석을 통합하려는 노력으로 보는 것이 가장 적절하다. 그는 기능주의적 환원주의에 대한 그 두 학자의 비판과 또한 엘리아데의 염려에 분명히 동조하여, 환원주의를 종교에 대한 설명으로 뿐만이 아니라 어떤 문화체계에 대한 설명으로 보는 것도 거부했다. 즉 마르크스, 뒤르켐, 프로이트와는 달리, 기어츠는 모든 종교를 은폐된 신경증, 사회적 필요성, 혹은 경제적 투쟁의 산물이라고 하는 일반적 환원론은 다른 거대 이론과 마찬가지로 신빙성을 주장할 수 없으며, 말하자면 전혀 신빙성이 없다고 비판한다. 종교가 전달하는 의미체계를 파악하려는 노력 없이 종교를 설명하는 것은, 컴퓨터 프로그램에 대한 언급 없이, 혹은 단어의 인용 없이 컴퓨터나 책을 설명하려는 것과 다를 바가 없다. 그것은 불가능하다.

기어츠가 환원주의에 대한 그들의 의심에 공감하지만, 그는 또 다른 면에서 의문을 가져, 에반스-프리차드와 엘리아데와 구별된다. 예를 들어, 에반스-프리차드는 현재와 미래에 민족지학자들이 아직 완성해야 할 소규모의 특수 연구들에 입각해서 언젠가는 일반적인 종교 과학을 확립할 수 있을 것이라고 생각했다. 기어츠는 그러한 희망을 추구하는 것은 시간낭비라고 생각했는데, 그런 꿈은 결코 이루어지지 않을 것이기 때문이라는 것이다. 물론 엘리아데의 연구는 에반스-프리차드와 전혀 다르지만, 그 역시 보편적인 것을 발견하려는 희망에 부풀어 있었는데, 엘리아데가 추구했던 보편적인 것은 모든 시대와 장소에서 종교적인 사람들이 공유했던 어떤 영구적 이미지들과 상징들 속에 표현된, 성스러움에 대한 인간의 보편적 반응이었다. 이와는 매우 대조적으로, 기어츠는 자칭 정열적인 특수주의자(particularist)로서, 그에게는 종교의 '보편적 형태들'에 관한 이론은 종교에 대한 '일반 과학' 만큼이나 망상에 불과하다. 그 이유는 그가 이해한 인류학의 본질 때문이다.

2. 해석인류학자

인류학자 기어츠를 평가하기 위해서는 그의 지적인 경력의 두 면을 기억할 필요가 있다. 그는 처음부터 민족지학자이면서 동시에 이론가여서, 한편으로 인도네시아와 모로코의 매우 특수한 문화를 주의 깊게 연구한 학자였고, 다른 한편으로는 혁신적인 개념적 사상가로서 인간의 행동을 어떻게 이해하고 또한 설명할 것인가 하는 광범위한 문제에 관심을 가졌다. 그의 민족지학은, 이 책에서 우리의 주된 관심사는 아니었지만, 널리 찬양을 받고 있다. 일반 독자나 전문 학자들을 막론하고, 발리 종교에 대한 그의 논문들과 또한 다른 저서는 물론, 《자바의 종교》 같은 현지연구들에서 드러난 민감성, 통찰력, 분석 기술, 복잡한 스타일에 감탄한다. 이 저서들은 그의 솜씨의 특징인 독창적 관찰, 창의적 비교, 중대한 주장들, 외관상 사소한 세부 사실들에서 끌어낸 연관성을 보여준다.

이런 높은 수준의 민족지학 그 자체가 흥미롭지만, 기어츠의 경우에는, 그의 민족지학이 간접적으로 그의 해석 이론의 핵심을 뒷받침하기도 한다. 종교 이론가, 인류학자, 사회과학자 뿐만 아니라, 어떤 분야에서나 대부분의 학자들은 한 가지 혹은 몇 가지를 철저히 파악해서, 이를 기초로 좀 더 보편적 주장을 하려고 노력한다. 프로이트의 정신분석은 개별 환자들로부터 시작했고, 시간이 가면서 모든 인간의 인격에 관한 이론에 이르게 되었다. 뒤르켐은 오스트레일리아 토템신앙의 특수 사례로부터 시작해서 모든 사회의 종교에 대한 설명을 내놓았다. 그러나 기어츠의 경우, 특수성과 일반성 사이의 관계는 다르다. 대단히 제한된 방식 외에는, 뒤르켐이나 프로이트와는 달리, 기어츠는 발리나 모로코 종교의 특수성으로부터, 모든 지역 혹은 대부분 다른 지역 종교에 대한 일반적 선언으로 나아가지 않았다. 도리어 그는 자신의 민족지학은, 다른 학자들의 것도 마찬가지로, 일반이론을 만들어 낼 수도 없고, 만들어 내서도 안 된다고까지 말했다. 그의 방법의 요점은 특수성을 축하하는 것이다. 해석적 접근에서는, 인간이 창조한 의미의 두 가지 사례가 결코 하나의 철칙 아래 일치될 수가 없다. 훌륭한 민족지학일수록, 전통적 의미에서 과학이 될 가능성이 더 희박하다고 말할 수 있다. 기어츠는 발리의 제의들과 자바의 축제들을 섬세하고 선명하게 설명해서, 마치 위대한 화가가 초상화에서 이 공작부인 혹은 저 여왕의 모습과 성격을 진정 특유하게 잘 표현하여, 그녀와 같은 이가 지금에도 또 미래에도 결코 없다는 것을 증명하는 것과 같다. 따라서 《자바의 종교》나 《이슬람의 관찰》을 읽은 후에, 우리는 이제 인도네시아와 모로코의 종교를 상당히 안다고 말할 수 있게 된다. 그러나 기어츠는 그런 사실들을 묶어 일종의 일반 관념이나 논제를 제시하려고 애쓰지 않았다. 대신에 그가 제시한 것은 신중한 제안이며, 여기저기에 가능한 연관성과 효과적인 비교 등을 암시했다. 그 이상으로 우리는 진척할 수가 없다. 기어츠의 의견으로는, 그처럼 독특한 문화적 표현들은 함께 묶을 수 없는 것으로서, 적어도 실험 과학자들이 핵분열이나 행성운동의 사실들을 하나의 법칙 아래 함께 묶을 수 없는 것과 같다. 그가 두 번째 논문집 제목에서 표현한 것처럼, 인간의 모든 지식은 '지방적 지식'(local knowledge)이라는 것이다. 이 용어는 적절한 선택으로서, 그가 추구할 수 있다고 생각한 유일한 해석인류학의 적절한 모토였다.

비판

미국의 사회과학 분야에서 기어츠의 위업은 비판의 여지가 없는 것은 아니지만, 분명히 당당한 것이다. 그를 비판하는 사람들에 비해 그를 격찬하는 사람들이 훨씬 많다. 그의 문체가 때로는 비유, 암시와 교묘한 문장구조로 장식되어, 분명하고 뚜렷한 것을 때로는 모호하게 만든다는 문제가 제기되었지만, 이것은 비교적 사소한 문제이다. 좀 더 본질적 수준에서 두 가지 문제에 주목해야 하는데, 하나는 인류학이 과학이라는 데 대한 기어츠의 다소 혼란스런 주장에 관한 것이며, 다른 하나는 해석에 적용하는 그의 원칙들과 실제 사이에 분명한 충돌이 있다는 점이다.

1. 과학으로서의 인류학

기어츠는 자신의 해석인류학 프로그램을 발전시키면서, 자신의 분야가 과학이라는 확신을 포기할 의사가 없다고 주장한다. 그러나 여러 인류학자들이 비판한 것처럼, 실상 그는 그런 확신을 포기한 것처럼 보인다. 예를 들어, 과학에 대한 그의 헌신을 진술한 바로 그 논문 "중층 기술"에서, 그는 솔직하게 자신의 문화 분석이 "법칙을 찾는 실험과학이 아니라, 의미를 찾는 해석적 과학"[18]이라고 선언한다. 이

---

18) Geertz, "Thick Description," p. 5.

것은 좋게 말해서 어리둥절하게 만드는 진술이다. 기어츠의 신랄한 비판자 가운데 하나인 폴 쉔크만(Paul Shankman)은 그것이 단지 말장난에 지나지 않는다고 지적한다.[19] 쉔크만과 그 외 사람들은 만일에 해석인류학이 오로지 '의미'를 찾는 것이고, 그 의미가 무엇이건 간에 찾아낸 그 의미를 설명하기 위해 과학적 이론을 전개시키려 하지 않는다면, 기어츠의 착상은 흥미로운 것이지만, 분명히 과학의 산물은 아니라고 주장한다.[20] 결국 이론적 법칙들이 과학의 실체인 것이다. 그러므로 그가 무엇이라고 말하든 간에, 의미의 해석가인 기어츠는 과학을 실행한 것이 아니라, 적어도 인류학에서 유용한 방법으로서의 과학을 포기한 것이다.

우리가 기어츠의 입장에 대해 살펴본 바로는, 이런 비판이 부분적으로 옳다는 것이 분명하다. 만일에 '과학'이라는 말이 물리학자가 인력의 법칙을 인용하고 또한 생물학자가 세포분열의 법칙을 설명하는 식으로, 인간 행동에 관해 예상되는 엄격한 법칙을 만들어 내는 것을 뜻한다면, 기어츠는 인류학에서 과학의 한계를 선언하고 있는 셈이다. 그러나 그는 이것만이 과학이 취하는 유일한 형태가 아니라는 입

---

[19] Paul Shankman, "Gourmet Anthropology: The Interpretive Menu," *Reviews in Anthropology* 12 (Summer 1985), pp. 241-48을 보라. 더 자세한 비판은 "The Thick and the Thin: On the Interpretive Theoretical Perspective of Clifford Geertz," *Current Anthropology* 25 (June 1984)): pp. 261-79.

[20] 기어츠의 접근이 과학적 이상들로부터 현명치 못한 이탈이라고 주장하는 사람들은 Richard Newbold Adams, "An Interpretation of Geertz," *Reviews in Anthropology* 1, no. 4 (November 1974): 582-88; William Roseberry, "Balinese Cockfights and the Seduction of Anthropology," *Social Research* 49 (Winter 1982): pp. 1013-28, and Robert A. Segal, "Interpreting and Explaining Religion: Geertz and Durkheim," 그리고 "Clifford Geertz and Peter Berger on Religion: Their Differing and Changing Views," in Segal, *Explaining and Interpreting Religion: Essays on the Issues* (New York: Peter Lang, 1992), pp. 77-101, 103-22 이다.

장이다. '과학'이란 말(라틴어 *scientia*에서 온 것)은 단지 체계적으로 얻은 지식의 통일체라는 뜻이다. 역사와 같은 비슷한 연구 분야를 생각해 보자. 역사가는 과학자라는 견해가 있다. 한 문서를 평가할 때, 역사가들은 그 기록연대를 매우 합리적으로 판단하여, 그 연대 이전과 그 이후에는 그 문서가 기록될 수 없었다는 것을 밝힌다. 전쟁이나 의회의 역사를 연구할 때도 역사가들은 매우 비판적으로 연구하여, 서로 다른 사건들과 결정들의 중요성을 비교해서 판단한다. 국가의 성립이나 왕의 몰락을 설명할 때도, 역사가들은 항상 이론을 제시하고, 증거를 통해 그 이론을 검증하며, 필요에 따라 그 이론을 포기하거나 수정한다. 이 모든 절차들은 우리가 말하는 과학으로서, 합리적이고 비판적이며 또한 증거에 입각한 것이다. 인류학에서도 유능한 민족지학자들은 매일 현지조사 연구에서 하는 일이 바로 이와 같은 일이다. 이런 점에서 민족지학자들은 분명히 과학자로서 연구하고 있는 것이다. 비록 그들의 결론이 항상 물리학상의 필연적 법칙이 아니라, 인간상황에 적용되는 개연성(probabilities)의 관점에서 진술되지만 말이다.

두 종류의 과학이 있을 수 있다고 이해하면, 그런 혼동의 일부분은 풀려진다. 그렇다고 해도, 자연과학을 자신의 연구 모델로 삼는 인류학자들은 아직도 의심을 품고 있다. 그들은 해석적 방법의 한층 더 큰 문제는 그 의미를 설명하려는 우리의 동기를 무력하게 만드는 영향이라고 말한다. 해석적 방법에 대한 또 한 명의 비판가 리차드 프랑크(Richard Franke)는 기어츠가 그의 한 논문에서, 1965년에 수카르노 대통령이 실각된 후, 어떻게 수천 명의 발리 농민이 살해당했는가를 기록한 것에 대해 논평한다. 이 잔악행위를 설명하면서, 기어츠는 그 원인을 발리 사람들의 감수성 속의 깊은 모순, 즉 높은 수준의 예술에 대한 사랑과 극도의 잔인성에 대한 음울한 사랑이 결합된 깊은 모순

탓으로 돌린다. 그러나 이 과정에서 기어츠는 전혀 그 진의를 간파하려고 실제로 노력하지 않는다고 프랑크는 지적한다.

> 누가 누구를 학살하며, 누가 이 대학살에서 이득을 보았는가... 외국의 상업적 요소들, 미국의 CIA, 인도네시아의 부유한 군대 장교들과 그들의 거래 협력자들...의 역할의 가능성에 대해 묻는 대신에, 기어츠는 "사람들이 각자 생각하는 나름대로 어떻게 정치를 대했는지를 이해하는 것이 목표"라고 제시한다.[21]

다른 학자들은 사실 이 학살에 이르게 한 감수성이 전혀 발리 사람들만의 독특한 것이 아님을 지적했다. 그 학살은 공산주의자들과 군대 사이의 세력다툼에서 생겨난 것으로서, 아시아의 다른 곳에서도 발생했던 매우 전형적인 투쟁이었다. 때로 기어츠는 사실들을 설명하기보다는 그 의미들을 확대해석하는 경향을 의식했던 것 같다. 그러나 비판자들의 관점에서는, 그의 사고경향이 더욱 완강해질수록 그 자신도 모르게 초기의 신중성을 망각해버린 것처럼 보인다.[22]

2. 종교에 대한 해석

보다 더 구체적으로 종교적인 문제들의 경우, 종교는 항상 세계관

---

21) Richard W. Franke, "More on Geertz' Interpretive Anthropology," *Current Anthropology* 25 (1984): 692-93.
22) Paul Rainbow, "Humanism and Nihilism: The Bracketing of Truth and Seriousness in American Cultural Anthropology," in *Social Science as Moral Inquiry*, ed. Norma Haan et al. (New York: Columbia University Press, 1983), p. 73을 보라.

인 동시에 에토스라고 하는 기어츠의 중심사상을 기억해야 한다. 종교는 세계에 관한 생각과 믿음, 그리고 그러한 생각에 따라 느끼고 행동하려는 성향으로 이루어져 있다. 그 독특한 작용은 이 두 요소들이 각각 서로를 뒷받침하는 데서 온다. 기어츠는 그의 토론들을 통해 이 점을 자주 상기시켜 주는데, 적어도 표면상 왜 그러한 진술이 특별히 새로운 것이거나 신선한 관점으로 고려되어야만 하는지에 대한 이유가 그리 분명치 않다. 그것은 거의 일종의 자명한 이치라고 할 수 있다는 것처럼 보인다. 종교는 서로 관계되는 믿음들과 행동들의 한 묶음(a set) 이외에 다른 무엇일 수가 없다는 것이다. 종교가 그 추종자들에게 세계관의 일부로서 "하느님이 존재한다"고 선언하면서, 한편으로는 하느님이 없는 것처럼 살라고 권하거나, 삶의 모범을 권고하지 않는 종교는 상상할 수 없다. 마찬가지로 "도(Tao)가 인생의 신비를 쥐고 있다"고 가르치면서, 한편으로 사람들에게 도 같은 것이 존재하지 않는 듯 살라고 권하는 고대 중국의 현인을 생각하기 어려운 일이다. 종교는 세계관인 동시에 에토스라는 기어츠의 잘 진술된 관용적 표현이 때로는 명백한 것을 오히려 덮어서 가리는 것처럼 보인다.

이와 똑같은 점에서, 기어츠가 실제로 종교적 행동을 해석하려고 할 때, 종교의 중심이라고 생각하는 두 가지 요소 중 오직 하나만을 자세하고 엄중하게 검토하는 것이 흥미롭다. 즉 그는 행위, 가치, 태도, 심미, 기질과 정서 같은 에토스에 관해서는 상당히 많은 것을 언급하지만, 세계관에 대해서는 별로 언급이 없다. 최근의 비판자 헨리 먼슨(Henry Munson, Jr.)은 명민하게 이 사실을, 발리의 극적인 랑다와 바롱의 투쟁에 관한 공연을 논의하는 데서 주목하고 있다. 기어츠는 발리 사람들의 에토스, 즉 그 전체 공연을 통해 밀려왔다가 밀려나가는 불길한 두려움과 장난스러운 희극의 분위기, 공포와 환희가 겹친 감정 등, 그 에토스를 설득력 있게 장황하게 기록하고 있다.[23] 그러나 그의 설명은 그 이야기가 근거한 원주민의 신화를 거의 다 간과하고 있다. 예를 들어, 관객들이 랑다 마귀는 두려워한다고 했는데, 사람들이 겁내는 것이 정확히 무엇인가? 무섭게 생겨서인가? 그녀가 아이들을 잡아먹는다는 위협 때문인가? 그녀가 상징하는 죽음 자체인가? 아니면 죽음 이후에 올 끔찍한 일인가? 이런 것들 중 하나인가, 아니면 몇 가지 때문인가? 아니면 이 모두 때문인가? 기어츠의 설명으로는 알 수가 없다. 종교란 방정식에서 '세계관' 쪽은 그의 해석이론에서 '에토스'만큼 중요한데도, 실제로 다룰 때는 이상하게 무시되고 있다.

《이슬람의 관찰》에서도 똑같은 것을 볼 수 있다. 인도네시아와 모로코에서 사회 상황과 종교생활 사이의 관계를 매우 밀접하게 조사하면서, 기어츠는 에토스의 측면, 즉 모로코 사람들의 행동주의적인 자기주장과 인도네시아 사람들의 내면적인 자기부정의 태도 사이에 대조적으로 나타나는, 서로 다른 가치관과 감정과 기질 등, 에토스의 차이를 상세히 쓰고 있다. 그러나 이 모든 것 가운데 세계관의 측면, 즉 이슬람의 알라에 대한 믿음, 실천에서의 다섯 기둥, 운명과 최후심판의 교리 등, 이슬람의 세계관에 관해서는 거의 언급이 없다. 그러한 생략은 상당히 많은 질문들을 안겨준다. 즉 세계관에 대해 아무 언급 없이, '기질'이라는 것이 심지어 종교적인 것이라고 어떻게 말할 수 있는가? 왜냐하면 정치 혁명가들은 주로 자기주장을 내세우는 기질인

---

[23] Henry Munson, Jr., "Geertz on Religion: The Theory and Practice," *Religion* 16 (January 1986): 19-25. *Soundings: An Inrterdisciplinary Journal* 71 No. 1 (Spring 1988)에서 매우 유익한 연구들이 수집된 것을 볼 수 있는데, Ralph V. Norman, William G. Doty, Bradd Shore, Robert A. Segal, Stephen Karatheodoris, Ruel W. Tyson, Jr., and Walter B. Gulick 등 전체가 기어츠의 종교에 대한 견해를 포함하여 그와 그의 연구에 대해 다루고 있다.

반면에, 어떤 약물 중독자들은 전혀 내면적이면서도 자기를 주장하는 모습일 수 있기 때문이다. 또한 우리가 알고 싶은 것은 에토스에 그렇게 강한 영향을 미치는 서로 다른 사회 상황이 세계관에도 비슷한 영향을 미치는가 하는 질문이다. 인도네시아 무슬림들은 믿지 않는데, 모로코 무슬림들은 믿는 무엇인가가 있는가? 아니면 하느님과 세계에 대한 이슬람의 기본적 믿음은 똑같은 것인가? 만일 그들이 사실 같다면, 역점을 두어 다루어야 할 심각한 문제는 없지 않는가? 만일 세계관과 에토스가 서로를 반영하고 '강화'한다고 하고, 모로코의 에토스가 인도네시아의 에토스와 뚜렷이 다르다면, 왜 세계관 역시 다르지 않겠는가?

이 모든 질문은 기어츠의 해석적 방법의 기이한 특징(특히 종교의 경우)을 지적하는 것이다. 이론상 그의 방법의 특징은 '의미'를 다루는 방향이며, 이념을 수반하는 사회적 상징들에 유의하는 방향이라고 그는 계속 주장하지만, 매우 놀랍게도 그는 보통 이런 이념들에 무관심한 것처럼 보인다. 실제로 그는 행동과 감정에 더 많은 흥미를 보이는데, 그 감정을 일으키고 구체화하는 데 필요해 보이는 믿음과는 상관없는 감정이다.[24] 그가 이처럼 정서와 에토스에 대해 강조한 것에서 특히 의아한 것은, 그의 미국 인류학의 배경을 기억할 때, 어떤 면에서 문화에 대한 그의 견해가 루스 베네딕트의 이론에서 찾아볼 수 있는 '집단의 개성'이라는 주관적 개념으로 되돌아간 것으로서, 루스 베네딕트의 이론은 그의 은사 파슨스의 영향으로, 그가 거부했던 것처럼 보이던 것이다. 격찬 받는 그의 민족지학 저술들에서도, 세부적인 사실들에 주목했음에도 불구하고, 이슬람이나 발리 신학의 특정한 믿

---

24) Munson, "Geertz on Religion," p. 24.

음들 사이의 내적인 관련성을 추적하는 데 상당히 주저했던 것 같다. 여기서 에반스-프리차드가 누어 족 신학에 대해 신중하게 재구성했던 것과 비교해보면, 기어츠의 연구를 더욱 잘 평가할 수 있다. 우리가 진실로 종교를 그 의미의 관점에서 관찰하고, '집단의 개성' 같은 모호한 개념을 피하기 원한다면, 그런 특정한 믿음들에 주목해서 그 믿음들 사이의 엄밀한 관련성과 극소한 차이점을 추적하는 것이 인류학자의 사명의 중심이 되어야 할 것이다. 그러나 기어츠는 그의 이론적 논문들에서, 그런 과제는 스치고 지나갈 뿐이다.

그러나 이런 질문들은 기어츠에 대한 찬사들, 즉 다른 연구 분야의 많은 관찰자들은 물론 현대 인류학과 광범위한 사회과학계에서 그의 동료들이 그에게 표했던 수많은 개인적 찬사의 광채를 퇴색시킬 것 같지는 않다. 인류학 연구에서 '해석으로의 전환'(interpretive turn)을 확립하고, 또한 종교학자들에게 그 방향을 제시한 데서 그의 성공은 그의 명성을 아주 확실하게 다져 놓았다. 그렇지만 의문점들은 그의 방법에 기대하는 다른 학자들과 미래 이론가들이 그것을 그래도 평가하고 교정하고 개선할 필요가 있음을 암시해 준다.

보다 자세한 연구를 위한 추천 도서들

Asad, Talal. "Anthropological Conceptions of Religion: Reflections on Geertz," *Man*, n.s. 18, no. 2 (June 1983): 237-59. 기어츠에 대한 자유로운 토론으로 몇 군데서 애매하지만, 기어츠의 종교의 본질과 종교적 상징에 대한 가정들에 초점을 맞춘다.

Geertz, Clifford. *Agricultural Involution: The Processes of Ecological Changes in Indonesia.* Los Angeles: University of California Press, 1969. (김형준 역, 《농업의 내향적 정교화》, 일조각, 2012).

Geertz, Clifford. *The Interpretation of Cultures: Selected Essays.* New York: Basic books, 1973. (문옥표 역, 《문화의 해석》, 까치, 1998).

Geertz, Clifford. *Islam Observed.* Chicago: University of Chicago Press, 1968.

Geertz, Clifford. *Local Knowledge: Further Essays in Interpretive Anthropology.* New York: Basic Books, 1983.

Geertz, Clifford. *The Religion of Java.* Glencoe, Illinois: The Free Press, 1960.

"Geertz, Religion, and Culturual System." Special Issues of *Soundings: An Interdisciplinary Journal* 71 no. 1 (Spring 1988). 다른 분야의 7명의 저자가 기어츠의 연구, 방법, 이론과 또한 그의 종교관과 다른 주제에 대해 쓴 논문집.

Kuper, Adam, and Jessica Kuper, eds. *The Social Science Encyclopedia.* London: Routledge and Kegan Paul, 1985. "Geertz, Clifford"라는 제목아래 기어츠의 경력을 간단히 쓰고 있다. 에반스-프리차드의 경우처럼 현재로서는 기어츠의 전반에 걸친 전기나 비판적 연구가 없다.

Munson, Henry, Jr. "Geertz on Religion: The Theory and the Practice." *Religion* 16 (January 1986): 19-25. 깊이 있는 분석으로 그의 해석적 접근의 원칙에서 벗어난 실제 실행에 대한 설득력 있는 비판을 가하고 있다.

Peacock, James L. "The Third Steam: Weber, Parsons, Geertz." *Journal of the Anthropological Society of Oxford* 7 (1981): 122-29. 그의 하버드 은사로부터 막스 베버의 사상과 방법에 이

르기까지 기어츠의 해석인류학의 지적 근거를 추적하고 있다.

Rainbow, Paul, and William Sullivan. *Interpretive Social Science: A Second Look*. Berkeley: University of California Press, 1979. 기어츠가 선두 대변인이 되는 인류학의 움직임을 평가한 다양한 학자들의 논문.

Rice, Kenneth A. *Geertz and Culture*. Ann Arbor, Michigan: University of Michigan Press, 1980. 비록 기어츠의 저서들의 개요와 광범한 인용에 주로 의존하고 있기는 하지만, 기어츠와 그의 프로그램의 전면적 연구 방향의 첫 단계가 된다.

Roseberry, William. "Balinese Cockfights and the Seduction of Anthropology." *Social Research* 49 (Winter 1982): 1013-28. "문화적 유물론" 학파가 취하는 인류학에 대한 반대적 접근의 배경에서 기어츠를 분석하고 있다.

Segal, Robert A. "Interpreting and Explaining Religion: Geertz and Durkheim," and "Cliford Geertz and Peter Berger on Religion: Their Differing and Changing Views." In Robert A. Segal, *Explaining and Interpreting Religion: Essays on the Issue*, pp. 77-122. New York: Peter Lang, 1992. 기어츠에 관한 간결하고 분석적이며 비판적 논문으로, 그의 접근을 다른 주요한 사회이론가들의 것과 비교하여 그의 종교관을 밝히고 있다.

Shankman, Paul. "Gourmet Anthropology: The Interpretive Menu," *Reviews in Anthropology* 12 (Summer 1985): 241-48. 그 분야의 젊은 전문가의 기어츠에 대한 설득력 있는 비판.

Shankman, Paul. "The Thick and the Thin: On the Interpretive Theoretical Perspective of Clifford Geertz," *Current Anthropology* 25 (June 1984): 261-79. 다른 인류학자들의 반응을 포함한, 기어츠의 해석적 접근에 대한 또 하나의 공격적 비판.

9장

결론

이 책을 일종의 공개토론회처럼 되살펴 보는 것이 유익할 것 같다. 초청 강사들은 한마디로 말해서 인상적인 집단이라고 할 수 있다. 각자는 말할 수 있는 공평한 기회를 가졌는데, 발표의 순서도 중요하다. 어떤 강연은 다른 강연을 듣고 난 후에 더욱 이해가 잘 되어서, 우리가 '안락의자' 인류학을 파악해야, 현지조사 인류학의 논점을 알 수 있으며, 또한 타일러와 프레이저가 남긴 질문들을 알아야, 프로이트와 뒤르켐이 제시한 대답들을 이해할 수 있다. 프로이트와 뒤르켐과 마르크스가 촉구했던 환원주의적 기능주의의 성격을 고려할 때 비로소 우리는 베버와 엘리아데와 다른 이들이 그것에서 벗어나게 된 사고방식을 알 수 있다. 그렇다고 해서 순서가 연속을 나타내는 것은 아니다. 이제까지 되돌아본 결과, 순서의 마지막에 살펴본 이론들이 처음의 이론들에서 발견된 모든 문제들을 해결했다고 추정하는 것은 잘못이다. 만일 그렇다면, 클리퍼드 기어츠가 마지막 순서였기 때문에 "논쟁에서 이겼다"고 쉽게 결론내릴 수 있을 것이다. 그가 아직 생존하는 유일한 이론가인 것은 사실이지만(그도 2006년에 세상을 떠났다 - 옮긴이) 그의 사상만이 아직 지속된다는 뜻은 아니다. 이론의 구성은 기하학의 공리처럼, 일종의 초시간적 특성을 지닌다. 그 가치는 계속해서 성찰과 재고를 요청하는 일정한 핵심 질문들을 상기시키는 점에 있다. 그렇다면 이 마지막 상을 두 측면에서 살펴봄으로써 최대의 효과를 얻을 수 있겠다. 첫째는 고전적 이론들을 넘어서서 보다 더 최근의 이론가들이 시도한 새로운 해석의 결과를 살펴보는 것이고, 두 번째는 그 이론가들의 전략들을 비교하고, 그들의 연구결과를 비교할 수 있는 일반적인 질문들을 통해, 이 책에서 살펴본 여덟 명의 이론가들을 비롯해서 모든 이론가들에 대해 최종 평가를 하는 것이다.

최근의 이론적 관심

현재, 종교에 대한 설명과 해석을 위해 가장 노력하는 곳은 연구 중심의 대학들이다. 그 작업은 주로 매우 다양하고 특수화된 연구 프로그램을 추구하는 전문가들이 수행하고 있다. 그렇기는 해도, 그들의 연구는 일정한 해설의 패턴, 혹은 패러다임을 공유한 집단을 중심으로 모여 있다. 지난 세기에 대부분을 지배한 패러다임은 프로이트와 마르크스가 제시한 것이었다. 뒤르켐은 전문 사회학자들 간에 상당한 제자들을 두었다. 막스 베버도 그의 저술을 이용하기 어려운 점에도 불구하고 몇몇 곳에 문하생들이 있었으며, 또한 1960년대를 통해 미국에서의 논의는 미르체아 엘리아데의 제자들의 영향이 컸다. 그러나 지난 세기의 대부분의 기간 동안, 프로이트와 마르크스를 따르는 학자들의 수가 다른 학자들보다 훨씬 많았다. 이들이 주장했고 그 제자들이 다듬어낸 단호한 환원주의적 설명을 다루지 않는 한, 종교에 대한 어떤 이론도 진지하게 다루어질 수가 없을 정도였다. 이런 상황이 변화하기 시작한 것은 1980년대와 1990년대였다. 프로이트와 마르크스의 업적이 모두 심한 도전을 받게 되었는데, 프로이트에 대한 도전은 정신분석학의 개념과 방법론에 대해 의문을 제기한 비판가들을 통해서였으며, 마르크스에 대한 도전은 동부 유럽과 러시아에서 마르크스 사회주의의 억압적 정권에 맞섰던 충격적인 민중반란을 통해서였다.[1]

오늘날에는, 어느 하나의 이론도 반세기 전의 선도적 관점이 끼쳤던 영향에 견줄만한 영향을 끼치지 못한다고 말하는 것이 정확하다. 그 대신에, 이 책에서 우리가 검토한 고전적 이론들에 근거해서 세운 여러 경쟁적인 해석의 패턴들이 존재한다. 이런 패턴들은 이론적인 관심의 중심들로서, 어떤 종류의 설명에 대해 개념상 우선권을 주는 프로그램이나, 혹은 탐구의 경로로서 처음부터 어떤 설명의 유형이 다른 유형에 비해 훨씬 더 설득력이 있다는 것을 알려주는 것이라고 말할 수 있다. 이런 패턴들 가운데 다음 다섯 가지를 주요 패턴, 혹은 우세한 의제로 나눌 수 있는데, 1) 인본주의적, 2) 심리학적, 3) 사회학적, 4) 정치경제학적, 5) 인류학적 패턴이다. 각 경우마다 그 형용사는 그런 포괄적 틀 속에서 연구하는 이들의 탐구를 좌우하는 지도원칙, 혹은 지향(orientation)을 말해준다. 또한 각 경우마다, 현재 진행하는 이런 기획이 '탐구'(inquiry)라기보다는 '작업'(industry)이라는 말이 더 적합할 것 같다. 한 세기 전에 종교를 이론화하려고 시도했던 학자들은 작은 조합을 만들었는데, 막스 뮐러는 그의 논문집에 실제로 《독일 작업장에서의 단편들》(*Chips from a German Workshop*)이라는 제목을 붙였다. 오늘날 영어권의 대학들에서만도 이런 다섯 가지 지향성들 가운데 하나를 선택하여 연구하는 학자는 스스로를 여러 장

---

[1] 마르크스주의의 쇠퇴에 관한 설명은 Lesek Kolakowski, *Main Currents of Marxism: The Breakdown* (Oxford: Oxford University Press, 1981)을 보라.

소에 흩어져 있는 제작시설에 속한 기술진의 한 명이라고 생각하고, 다른 장소에서 작업하면서 최고의 디자인과 조립을 약속하는 보완적인 전문성이나 경쟁적인 방법을 지닌 많은 사람들과 대화할 것이다. 이제부터 우리는 이런 다섯 가지 접근방법을 간단히 요약함으로써 그 복잡성을 정리하고, 또한 어떻게 고전적인 이론들이 현재의 작업에 영향을 미쳤는가를 보여주는 사례들을 주목할 것이다.

인본주의적 오리엔테이션

인본주의적 이론(humanist theory)은 종교 활동이 우선 무엇보다도 인간의 활동으로서, 다른 모든 인간 활동에서처럼 근본적으로 생각과 의도와 감정에 의해 지배되는 것이라고 추정한다. 우리가 인간의 정치적 행동을 설명할 때, 분별 있는 시민들이 정치에 관심을 가질 때 자연스럽게 착안하고 행동하는 정치적 생각들과 목적들의 관점에서 설명한다. 또한 우리가 인간의 예술적인 행동을 설명할 때는, 화가가 그림을 그리고, 소설가가 집필하고, 음악가나 연기자가 공연하는 창조적 생각과 표현 행동의 관점에서 설명한다. 똑같은 방식으로 우리는 종교적 행동을 설명할 때, 종교적 믿음들과 의도들과 열망들에 호소하여 설명한다. 우리가 일상생활 속의 활동들을 설명하는 방식에 가장 가까운 이런 종류의 설명은, 우리가 본대로, 에반스-프리차드와 기어츠만이 아니라, 베버와 엘리아데가 가장 분명하게 밝힌 이론적인 원리들에 입각한 설명이다. 이런 설명은 그 초점을 의식적인 종교적 동기들, 즉 주로 예배, 기도, 제의와 믿음 같은 분명한 종교적 행동의 원인이 되는 의식적인 종교적 동기들에 맞춘다. 우리가 기억하는 대로, 엘리아데는 종교적으로 설명되어야 할 것이 단지 종교만은 아니라고 주장한다. 그에게는 종교적인 생각들과 믿음들과 태도들이 일반적인 인간경험의 중심이기 때문에, 이런 것들은 인간의 다른 활동들을 이해하는 데도 관건이 된다. 최근에 인본주의적인 설명의 탁월한 사례는 엘리아데의 제자인 데이비드 카라스코(David Carrasco)의 연구에서 찾아볼 수 있는데, 그는 콜럼버스 이전의 중남미대륙 원주민의 종교들에 관해 광범위하게 저술했다. 그의 《중앙아메리카의 종교: 우주 비전과 예식 센터》(*Religions of Mesoamerica: Cosmovisions and Ceremonial Centers*, 1990)는 고대 아즈텍 문명과 마야 문명에서, 어떻게 성스러움에 대한 비전(vision of the sacred)이 종교적 관념과 신화들과 제의들 속에 구체화되어 생활의 거의 모든 측면을 이끌고 형성했는가를 보여준다. 우리가 카라스코의 연구와, 인도의 신화들과 제의들, 종교들에 관해 광범위하게 저술한 웬디 도니거(Wendy Doniger)의 연구를 비교해 보면, 그 둘 사이에는 유사성과 차이점이 모두 존재한다. 도니거 역시 인본주의적 설명의 입장을 분명히 하여, 힌두종교와 신화 속에 깊이 새겨진 종교적 동기들, 관념들과 가치들에 호소하지만, 그것들을 탁월한 것으로 특별취급하지는 않는다. 《힌두 신화에서 악의 기원》(*The Origins of Evil in Hindu Mythology*, 1976)과 《함축된 거미: 신화 속의 정치와 신학》(*The Implied Spider: Politics and Theology in Myth*, 1998) 같은 저술에서, 웬디 도니거는 엘리아데보다는 분명히 베버의 학문적 전통을 따르고 있는데, 그녀는 종교적인 관념들과 동기들이 역사적, 사회적, 심리적, 예술적, 정치적, 그리고 다른 요소들과 상호작용하는 인과관계의 망을 발견하기 위해 '도구상자' 접근방법("어떤 도구든 효과가 있는 것")을 이용한다. 이런 연구 패턴은 종교를 설명하거나 종교가 생활의 다른 영역들에 끼치는 영향을 설명하기 위해서, 관념, 가치, 조건, 원인, 환경 등에 관해 자유롭게 취사 선택하고 혼합시켜서 제시하는데, 이런 연구 패턴이 오늘날 너무나 폭넓게 사용되고 있어서 종교에 대한 모든 설명들을 위한 거의 '기본설정'(default setting)으로 간주되고 있다. 따라서 의식적으로 다른 방향을 택하지 않는 대부분의 해석자들은 이런 종류의 혼합적 패러다임을 따르는데, 이 방법에서는 종교에 대한 설명이 비록 그 시작은 일차적으로 종교적 요소들에 호소하는 것으로 시작하지만, 실제 경우에서 필요한 때는 언제나 다른 요소들과 쉽게 혼합시킨다. 이처럼 폭넓게 인본주의적인 방식으로 작업하면서 종교를 설명할 때, 일차적으로 종교적 관념들, 가치들, 실천을 중요하게 취급하는 학자들은 현재 종교를 해석하는 모든 학파들 속에서 찾아볼 수 있다. 대학이나 출판계에서 만날 수 있는 대부분의 종교 관련 저자들은 이론적인 전제들에 대해서 주의를 기울이지 않는다. 그렇다고 해서 그들에게 그런 전제가 없는 것이 아니고, 대개 의식하지 못한 채, 웬디 도니거의 도구상자나 카라스코의 성스러움이라는 포괄적 시각과 같은 원칙들을 갖고 있다.

심리학적 오리엔테이션

인간의 심리와 인격의 문제를 가장 우선적으로 생각하는 종교 이론가들은 프로이트의 유산에 대해 오랫동안 분열되어 있었다. 개척자로서의 그의 중요성은 누구나 인정하지만, 특히 지난 20년 동안 사회심리학자들 대부분은 정신분석학의 방법론에서부터 단호하게 떠나서, 자료수집과 상호관계와 분석 등 '자연과학'(hard science)의 모델로 옮겨갔다. 이런 연구에서는, 프로이트의 이론이 근본적으로 이용가치가 없는 것으로 간주된다.

다른 분야에서 프로이트에 대한 평가는 꽤 엇갈린다. 정신분석 전문가는 자연히 프로이트가 세운 원칙들에 여전히 충실하고, 분명히 어떤 사람들은 종교를 인격적 기능장애에 근거한 환상이라고 보는 애매한 그의 견해에 여전히 동의한다. 그러나 중요한 반대의 경향도 있어 왔다. 정신분석학이 시작될 때부터 프로이트의 동료였던 카를 융(Carl Jung)은 종교에 대해 훨씬 더 적극적 입장을 취했다. 또한 프로이트가 죽은 후 얼마 되지 않아, 고든 알포트(Gordon Allport)의 《개인과 그 종교》(*The Individual and His Religion*, 1951)와 에이브라함 마슬로우(Abraham Maslow)의 《종교, 가치관과 절정 체험》(*Religions, Values, and Peak-Experiences*, 1964) 역시 프로이트에 대한 건설적인 재평가를 추구했다. 알포트는 보편적으로 심리적 신경증에서 비롯된 것으로 볼 수 있는 어떤 종교경험의 형태가 있다고 추정할 필요가 없다고 보았다. 그는 개개인이 다양한 감정과 정서에 이끌려서 삶에 대한 종교적 관점을 형성한다고 했다. 그 종교적 관점이 어떤 형태를 취하든 간에, 인격적인 성숙을 촉진시키는 것은, 그 관점이 외부에서 인격에 강요되기보다는, 자발적인 내적 동의를 통해 그 관점을 '본래적으로' 받아들이는 때라고 보았다. 마슬로우도 이에 동의했는데, 그는 전 인류에 걸쳐 종교적인 감정들은 개인들이 신비한 형태의 절정 체험에 반응할 때 자연스럽게 그 개인들 내면에서 일어나는 것으로 보았다. 이런 경험들이 동일한 정도까지, 그런 경험들이 고취하는 모든 종교의 목표도 동일하며, 그 종교를 규정짓는 특수한 교리들에 상관없이 동일하다고 보았다. 프로이트가 무엇을 주장했던 간에, 그처럼 자연적이며 보편적인 인간적 형태의 종교는 결코 병적인 것일 수가 없고, 오히려 정상적인 것으로 보아야만 한다.

적어도 1980년대 이후, 종교와 정신건강(정신병이 아닌)의 관련성이 심리학 연구의 새로운 초점으로 부각되었다. 이런 연구의 대부분은 데이터에 입각한 '자연과학' 연구들에 집중되었는데, 이 가운데 일부는 사립재단과 정부기관에서 상당한 연구기금을 받기 시작했다. 또 프로이트에 반하여, 이런 연구에서 밝혀진 종교는 정신과 육체의 건강 모두의 협력자로 나타나고 있다. 이런 연구는 오늘날 주로 젊은 심리학자들이 맡아서 진행하는데, 그 대표적 사례 가운데 하나가 《용서: 이론과 연구와 실천》(*Forgiveness: Theory, Research and Practice*, 2000)이다. 이 책은 마이클 맥쿨로(Michael McCullough), 케네스 파저먼트(Kenneth I. Pargament), 칼 토르센(Carl E. Thoresen)이 편집한 책으로서, 종교를 화해의 실행자로 보며, 깨어진 관계를 회복시키는 원천이 된다고 보는 흥미로운 주제를 다룬 최근의 많은 연구들을 집성한 것이다. 이런 이론가들은 프로이트의 환원주의를 정면에서 뒤집어 엎었다고 말할 수 있다. 이들에게 종교는 정신분석만이 치료할 수 있는 질병이 아니라, 정신분석이 제공할 수 없는 치료법 가운데 하나다.

사회학적인 오리엔테이션

사회학적인 오리엔테이션을 갖고 종교를 연구하는 이론가들은 주로 그들 노력의 주요 안내자로 베버보다는 오히려 뒤르켐(혹은 마르크스)에게 의존한다. 우리가 그들 연구의 독특한 요소들을 기억한다면, 이것은 놀라운 일이 아니다. 뒤르켐은 사회학적 해석의 원칙을 따르는 '학파'를 창설하려고 매우 의식적으로 노력했고, 《종교생활의 원초적 형태》에서는 미래의 연구를 위한 일종의 모형까지도 제시했다. 베버 역시 이해(Verstehen)의 방법과 이념형들을 통해, 미래의 모든 연구에서 자연과학과 비슷한 방법으로 적용할 수 있는 일종의 일반이론을 탐색했다. 그러나 우리가 본대로, 문화의 복합성에 대한 그의 의견과 그가 방대한 증거에 통달했던 것, 그리고 각각의 역사적 사례의 독특성에 대한 그의 예리한 평가 때문에, 다른 학자들은 그의 연구를 모델로 삼는 것이 어려웠다. 따라서 인본주의적 오리엔테이션을 가진 이론가들 가운데 몇몇은 베버에게서 이용할 수 있는 개념들과 주제들을 찾아냈지만, 전문적 사회과학자들은 대개가 그렇지 못했다.

뒤르켐의 유산은 밀톤 잉거(Milton Yinger)의 《종교의 과학적 연구》(*Scientific Study of Religion*, 1970)에서 찾아볼 수 있는데, 이 책은 지난 세기 거의 60여 년에 걸쳐 출판된 사회과학 상태에 대한 요약이다. 잉거도 뒤르켐처럼 종교를 기능적으로 정의하면서, 종교가 공동선을 위해 개인의 사적인 열망을 통제한다는 것 등을 주장한다. 잉거는 종교가 시간이 가면서 어떻게 변한다 하더라도, 프로이트와 마르크스가 상정하는 것처럼, 언젠가는 사라진다고 하기에는 너무도 완전히 사회생활 양상에 통합되어 있다는 뒤르켐의 주장에 강력히 찬성한다. 종교는 사회만큼 영원하다. 그러나 역설적으로, 모두 뒤르켐의 전통에서 연구하면서도, 한 명의 최근 이론가와 또 한 명의 현재 이론가 두 명은 매우 다른 주장을 펼쳤다. 브라이언 윌슨(Bryan Wilson)의 《사회학적 관점에서 본 종교》(*Religion in Sociological Perspective*, 1982)와 스티븐 브루스(Steven Bruce)의 《신은 죽었다: 서양의 세속화》(*God Is Dead: Secularization in the West*, 2002)는 현대의 세속화가 종교의 최후 소멸을 초래할 과정이라고 보았다. 이 두 학자는 뒤르켐의 개념적 구별, 즉 통일된 원시 부족들의 '기계적 유대'(mechanical solidarity, 무의식적 결속 - 옮긴이)와, 분할되고 전문화한 현대 사회의 '유기적 유대'(organic solidarity, 조직적 결속 - 옮긴이) 사이의 구별에 의존한다. 이 학자들은 어느 사회에서나 현대화가 진행되면, 종교가 차지할 공간이 더욱 작아져 간다고 주장한다. 즉 서양의 중세시대에는, 교회의 힘이 도덕에서 시작해서 예술, 경제, 정치, 문학, 과학에 이르기까지 사회활동의 모든 영역에 미쳤다. 그러나 현대에는 교회의 힘이 미치는 범위가 점차로 꾸준히 축소되어, 지식의 지배력은 과학에 주어졌고, 정치권력과 사회복지는 국가에 양도되었으며, 예술은 아직까지 나름대로 자유를 누리고 있다. 오늘날의 종교는 기껏해야 사회를 이루는 복잡한 꾸러미 중에서 단지 하나의 구성요소일 뿐이다.

이런 '세속화' 논제는 새로운 것이 아니다. 이것은 피터 버거(Peter Berger)의 책 《거룩한 덮개》(Sacred Canopy, 1967)에서 예측했던 것인데, 이 책은 뒤르켐의 강조점들과 베버의 주장들을 통합시킨 것이다. 버거에게는 사회공동체 안에 사는 사람들이 생각을 정리하여 이것을 외부로 투사하고, 그러면 이런 생각은 자신 밖에서와 사회에서 진실로서 객관화되고, 결국은 다시 내면화하여 미래의 행동과 믿음의 프로그램이 된다는 것이다. 그러나 현대화는 이런 연결성을 파괴하는 경향이 있어서, 외적 믿음의 체계로서의 종교는 그 힘을 상실하기 시작한다. 이 똑같은 주제가 《보이지 않는 종교》(The Invisible Religion, 1967)에서는 전혀 다르게 탐구되었는데, 이 책은 피터 버거의 한때 동료였던 토마스 루크만(Thomas Luckmann)의 저술로, 그는 세속화 논제에 동의하지 않고, 종교의 적응하며 살아남는 힘을 주장했다. 시간이 지나서 결국 피터 버거는 자신의 견해를 바꾸어 최근에는 《세계의 비세속화》(The Desecularization of the World, 1999)에서 세속화 논제에 대한 자신의 비판을 덧붙였다. 이런 토론들이 이처럼 아직도 활발하게 진행되고 있다는 사실―여기서는 결정적이라기보다는 오히려 사례를 들기 위해 인용한 것이지만―은 우리가 아직도 고려해야 할 인류학 이론가들에게 끼친 뒤르켐의 영향과는 별도로, 뒤르켐의 유산이 얼마나 지속적인가를 보여주는 것이다.

정치 경제적 오리엔테이션

사회경제적 조건들에 주로 호소하는 최근과 현재의 이론가들은 카를 마르크스의 긴 그림자 속에서 작업하고 있는데, 종교에 대한 그의 판결, 즉 종교는 사회적 불의에서 생긴 환상으로서 대중을 스스로 소외시키는 아편이라는 환원주의적 판결에 동의하든 아니면 동의하지 않든 간에 상관없이, 그의 긴 그림자 속에서 작업하고 있다. 1989년에 사회주의가 정치적으로 몰락하기까지는, 서양문화에서 그리스도교가 도래하여 고대 그리스와 로마의 이교 문화를 전복시킨 이래로, 공산주의가 사상적으로 또한 사회적으로 최대의 혁명을 초래했다고 말할 수 있었다. 많은 사람들은 마르크스와 엥겔스가 종교적 믿음의 거대한 사기극, 즉 가난한 자들에게 환상을 키워주며 부자들에게는 위안을 주는 거대한 사기극을 폭로했다고 본다. 마르크스주의 사상의 진실성은 이 사상이 이끈 운동이 정치적으로 성공함으로써 더욱 강화되었다. 20세기 대부분을 통해 공산주의가 실제로 '전진하는 중'이라고 단정하는 것은 부당한 것이 아니었다. 왜냐하면 공산주의가 세계의 두 강대국인 러시아와 중국을 장악했고, 아시아에서 확산되고 있었으며, 쿠바에서는 미국에 대한 전진기지를 확보했으며, 심지어는 유럽과 미국에서조차 강력한 사회주의 운동과 정당들이, 비록 그 폭력적 방법은 채택하지 않았지만, 공산주의의 목표를 지지했기 때문이다. 이처럼 마르크스주의 이론은 대부분의 서방국가에서 지성인, 예술인, 언론인, 대학교수들과 정치가들로부터 강력한 지지를 받았다. 물론 소련과 사회주의 국가들에서는 문제가 달랐는데, 스탈린 치하에 곧 환멸이 왔고 그 이후부터는 정치적 환멸이 만성적인 것이 되었다. 그러나 유럽의 동부권 밖에서는 경우가 달랐다. 숙청에 대한 보도나 기근과 살인적 잔악행위들에 대한 소식들조차 신정한 마르크스주의 신봉자들의 신뢰를 흔들어놓지는 못했다. 이런 현실은 오늘날까지, 심지어 1989년의 붕괴 이후에도 여전하다. 현재 마르크스주의 운동의 대표자들은, 과거 사회주의의 범죄들은 실천상의 부정부패였을 뿐이지, 결코 사회주의적 원칙이 잘못된 것은 아니라고 강력하게 주장하며, 그런 범죄들은 공산주의적 이상들의 진실이 아니라, 그런 이상들이 전도된 것으로 일축해버릴 수 있다고 주장한다.

최근에는 마르크스주의 이론의 주요 대변자들이 주로 유럽과 미국과 제3세계의 대학들에 자리잡고 있다. 이들은 우리가 쉽게 생각하는 것처럼, 전문 경제학자들 중에서가 아니라, 역사, 문학, 철학, 종교와 같은 인문학 분야와 정치학, 사회과학 같은 분야, 그리고 인종, 환경, 성별(gender) 연구에 집중하는 분야에서 찾아볼 수 있다. 일반적으로 이들 학자들과 비평가들은 전 지구적 불의(global injustice)를 전제하고 세운 공통된 주장을 다양한 형태로 전개한다. 이들은 적어도 지난 500년간 서양의 산업세계의 부유한 계급들이 자기들의 나라와 세계 각처에서 가난한 자들을 억압하고 착취하며 살아왔다고 주장한다. 또한 종교, 특히 그리스도교는 문화통제의 공범자, 즉 가난한 대중과 힘없는 소수민족에게서 특권적 엘리트들에게 막대한 부를 이전하기 위한 조직적 문화통제의 프로그램에 기꺼이 공범자가 되어왔다고 주장한다.

'탈식민주의 이론'(postcolonial theory)은 흔히 이런 비판적 의심(critical suspicion), 즉 현대 서양의 부유한 제국주의적 문화들에 초점을 맞춘 비판적 의심의 프로그램을 뜻하는 용어 중 하나인데, 대학에서는 여러 명칭으로 사용되고 있다. '문화비판'(cultural criticism), '비판이론'(critical theory), '포스트모더니즘'(postmodernism), '반패권주의'(anti-hegemonism), '위반 담론'(transgressive discourse), '체제전복 담론'(subversive discourse), '이타성'(alterity), '서발턴(subaltern, 하위주체) 연구'라는 용어들이 이런 일반적 비판론과 연관된 연구과제들을 나타낸다. 이런 종류의 마르크스주의 이론이, 20세기 유럽과 미국의 가장 영향력 있는 많은 비판가들, 학자들과 저명한 지식인들을 포함하여, 현대에 이 이론의 계승자들과 전도자들이 중요성을 인정하는 것인데, 그 중에는 허버트 마르쿠제(Herbert Marcuse), 테오도르 아도르노(Theodore Adorno), 안토니오 그람시(Antonio Gramsci), 루이 알튀세(Louis Althusser)와 위르겐 하버마스(Jurgen Habermas)가 있다. 이와 비슷한 주제들이 전후 가장 유명한 지식인들 자크 라깡(Jacques Lacan), 줄리아 크리스테바(Julia Kristeva), 미셸 푸코(Michel Foucalt)와 자크 데리다(Jacques Derrida) 등에게서 되풀이되고 있다. 이런 인물들 가운데서, 가장 심오하지는 않더라도 가장 영향력 있는 사람은 알제리의 민족해방전선에 투신했던 프랑스 의사 프란츠 파농(Frantz Fanon)인데, 그의 책《대지의 저주받은 사람들》(*The Wretched of the Earth*, 1961)은 어떤 면에서 탈식민주의 운동의 성경이며 교리문답집이 되고 있다.

    탈식민주의 이론과 그와 관련된 것에 대한 이론가들은 방대한 범위의 주제들을 다루고 있어서, 그에 관한 문헌들은 방대하다. 여기서 우리가 최선으로 할 수 있는 것은 특별히 종교에 대한 사회정치적 해석에 직접 혹은 간접적으로 관계된 최근의 연구 중 몇 편을 대략 임의로 택해서 살펴보는 것이다. 《탈식민주의 이론에서 본 오리엔탈리즘과 종교: 인도와 "신비의 동양"》(*Orientalism and Religion in Postcolonial Theory: India and "the Mystic East,"* 1999)에서 리처드 킹(Richard King)은 막스 베버가 아시아와 서양종교를 비교하면서 매우 두드러지게 강조했던 '신비주의'라는 범주는 유럽 학자들이 서양 우월주의의 입장에서 인도 종교에 덧씌운 왜곡이라고 주장한다. 《종교의 계보: 그리스도교와 이슬람교에서의 권력의 기율과 이성》(Genealogies of Religion: Discipline and Reasons of Power in Christianity and Islam, 1993)에서 타랄 아사드(Talal Asad)는 종교 자체에 관해 비슷한 의견을 말하는데, 종교라는 개념이 서양 중심의 협소한 개념이며, 또한 무슬림의 동양에 덧씌운 개념이라고 주장한다. 그의 주장은 일찍이 에드워드 사이드(Edward Said)가 《오리엔탈리즘》(Orientalism, 1978)에서 밝힌 주제들을 강조하는데, 이 책은 지난 25년 사이에 출판된 책들 가운데 가장 정치적으로 도발적인 저술 가운데 하나였다. 프랑스의 급진적 이론가들 중에서 아마 가장 유명한 미셸 푸코(Michel Foucault)의 책들은 더욱 폭넓은 영향을 끼쳐왔다. 그는 정확히 말해서 탈식민주의 이론가는 아니지만, 사회에서 권력을 가진 자들이 자기들의 지배를 유지하기 위해 기관들, 언어, 문화, 종교, 심지어 과학까지 조종하는 장치들을 끊임없이 공격적으로 폭로함으로써 비슷한 영향을 미쳤다. 《광기의 역사》(Madness and Civilization: A History of Insanity in The Age of Reason, 1961)와 《감시와 처벌: 감옥의 역사》(Discipline and Punish: The Birth of the Prison, 1975) 같은 저술에서, 그는 탈식민주의 이론이 서양과 그 이외의 모든 사회 사이를 구별하는 사회적 불균형, 즉 권력과 특권에 뿌리박고 있는 사회적 불균형을 서양 사회 속에서도 발견했다고 주장했다. 공개적인 동성연애자로서, 에이즈(AIDS) 전염병에 대한 보도가 다만 약자들을 위협하려는 강자들의 날조에 불과하다고 확신했던 그는, 지배집단이 권력의 한 형태인 지식을 통제함으로써, 어떻게 정신병자, 죄수, 여성과 동성연애자들처럼 힘없는 소수자들을 억압하고 수탈하는가를 폭로하는 데 특히 심혈을 기울였다.

지식이 억압의 수단으로 이용된다는 푸코의 입장은 가야트리 스피박(Gayatri Spivak)의 최근 저서들에서도 비슷하게 반복된다. 《다른 세상에서》(*In Other World: Essays in Cultural Politics*, 1988)와 《포스트식민 이성 비판》(*A Critique of Post-colonial Reason: Toward a History of the Vanishing Present*, 1999) 같은 연구에서, 그는 서양에 대한 관습적 비판에 아시아인과 페미니스트의 비판을 덧붙여서, 여성은 물론 가난한 자들과 버림받은 자들까지 권력에 저항하는 세력 속으로 뭉치게 한다. 페미니스트 이론은 물론 탈식민주의 이론과 같지는 않지만, 스피박의 저술은 페미니스트 문학 역시 어떻게 사회적 약자의 위치에서 나타나는 저항의 주제를 탐구하는가를 보여준다. 《하나님 아버지를 넘어서》(*Beyond God the Father: Toward a Philosophy of Women's Liberation*, 1973)에서 신학자 메리 데일리(Mary Daly)도 마찬가지로, 그리스도교 안의 가부장적인 지배에 대해 강한 불만을 토로한다. 한편 마샤 아일린 히윗(Marsha Aileen Hewitt)의 《비판적 종교 이론: 페미니스트의 분석》(*Critical Theory of Religion: A Feminist Analysis*, 1995)은 서양문화를 넘어서 세계종교들 전체에 대해 비판한다. 지금 여기 소개한 책들은 단순히 정치경제적 패턴을 설명하기 위해 선택한 것으로서, 이런 주제들에 관한 전체 문헌은 여러 학문분야와 전문직에 종사하는 학자들과 비판가들과 독자적인 저술가들에 의해 출판된 수십 권 내지는 수백 권에 달한다.

마지막으로, 여기서 하나의 사례를 통해, 모든 정치경제적 이론이 마르크스주의의 탈식민주의 비판에 포함되는 것은 아니라는 사실을 알 수 있다. 이것은 합리적 선택이론(rational choice theory)으로 알려진 해석 패러다임이다. 현재 마르크스주의 관점에서 많은 선도적인 연구들이 활발하게 전개되는 상황에서는, 이런 선택이론이 단지 하나의 각주에 불과하지만, 이것은 전문 경제학자들 사이에서 시작된 행동이론들에서 비롯되었다는 점이 독특하다. 사실 이것은 비엔나의 자유시장 경제학파에 속하는 마르크스의 큰 적수들의 비판적 연구에서 생겨났다. 시장 이론가들은 경제행동을 가장 잘 이해할 수 있는 방법이 개인들이 자기 자신의 이익을 위해 선택한 합리적 선택의 원칙의 관점이라고 주장한다. 종교에 관해서도 같은 요지로 말할 수 있다. 《종교의 미래》(The Future of Religion, 1985)에서, 로드니 스타크(Rodney Stark)와 필립 베인브릿지(Philip Bainbridge)는 하느님이나 내세를 믿는 결단은, 인간이 그들 삶의 모든 면에서 매일 행하는 비용과 편익(cost-benefit) 계산의 관점에서 설명할 수 있다고 주장한다. 종교적 결단은 그것이 보상을 준다는 근거에서 이루어지는 것으로서, 최후의 보상을 포함하는 그 보상은 다른 희생을 해서라도 얻을 가치가 있다는 것이다. 이 이론에는 프레이저와 타일러의 입장, 즉 종교는 생존하기 위한 실제적 필요성을 중심으로 한다는 입장과 또한 막스 베버의 강조, 즉 인간행동 배후의 개인의 동기들과 이유들을 이해하는(Verstehen) 것을 통해 설명해야 한다는 베버의 강조와 분명한 유사성이 있다. 이처럼 종교를 합리적 선택이라는 관점에서 설명하는 것은 종교심리학 이론가들에게도 상당한 관심을 끌고 있는데, 이들 종교심리학자들은 합리적 선택이 결국에는 정치나 경제적 이해관계보다는 오히려 심리적 문제라고 지적한다.

인류학적 오리엔테이션

빅토리아 시대 시작부터 인류학 연구와 이론은 주로 '원시적' 사람들의 풍습과 문화에 주의를 기울였다. 이런 공동체들은 항상 종교에 깊이 빠져있었기 때문에, 종교는 자연히 또한 필연적으로 토론의 중심이 되었다. 그러나 그 접근방법은, 이 책에서 본대로, 두 종류의 인류학에 따라 서로 달랐는데, 그것은 오래된 빅토리아 시대의 인류학과 새로운 현지조사 인류학이었다. 앞에서 본대로, 빅토리아 시대에 인류학을 처음 개척한 사람들—타일러, 프레이저와 그들 동료들—은 20세기 초에 이르러 광범한 비판에 직면하게 되었다. 이들의 '안락의자' 방법론, 문화적 진화에 대한 확신과 주지주의가 완전히 거부당해서, 그들의 주요 유산이 엉터리 사례들로 제시되어, 잘못된 방법론, 불신당한 원칙, 거짓된 종교적 믿음들이 기이하게 잔존하는 것에 대한 해결책 없는 문제들 등, 엉터리 학문의 본보기로 제시되었다. 이것은 대체로 모두 사실이다. 주술 같은 원시종교가 근본적으로 세상이 어떻게 작용하는가를 더 잘 이해하기 위한 노력에서 생겨났다고 주장하는 빅토리아 시대의 주지주의 자체가 결코 지지할 수 없는 원칙은 아니었다. 주지주의자들은 자신들의 논점을 현지조사 없이 안락의자에 앉아 연구하는 것을 통해 증명할 수 있다고 생각했다는 점과, 인류가 야만시대에서 문명시대로 자동적으로 진화한다고 순진하게 생각했다는 점에서 잘못이었다. 그러나 그런 잘못들과 별도로 생각한다면, 사실상 주지주의는 종교를 설명하는 탁월한 논제가 아니겠는가? 이것이 아프리카 현지조사 인류학자 로빈 호톤(Robin Horton)이 매우 독창적인 그의 논문에서 물은 질문이며, 그에 대해 인상적인 답변을 하고 있다. 25년 이상에 걸쳐 썼으며, 몇 권의 책으로 출판된 논문집 가운데 가장 최근의 것인 《아프리카와 서양에서의 사고패턴》 (*Patterns of Thought in Africa and the West*, 1993)에서 호톤은 그가 말하는 '신 타일러적'(neo-Tylorian) 이론의 가치를 증명하려고 시도한다.

즉 그가 만난 아프리카 사람들 가운데서 실상 종교는 일차적으로 지적인 과제로서, 서양의 과학에서 원자, 분자, 물리 법칙 같은 추상적 개념들이 수행하는 역할처럼, 신들이나 신령들이 거의 똑같은 역할을 수행하는 세상을 이해하려는 노력이라는 것이다. 그는 인상적이고 독창적인 논문에서, 적어도 주지주의 문제에서, 타일러와 프레이저가 결국 그렇게 크게 잘못 생각한 것은 아니라고 주장한다.

이처럼 특별한 주장은, 일종의 고립상태이지만 중요한 반대의견의 대변자로 남아 있는 호톤과는 매우 다른 방향으로, 인류학이 일반적으로 전개되어왔다는 사실을 변경시키지 못한다. 확실히 현대 인류학의 대부분은 두 가지 주된 영향을 받아왔다. 첫째는 지금 거의 신성 불가침의 원칙이 된 현지조사로서, 말리노프스키 같은 선구자들에 의해 그 틀이 잡히고, 에반스-프리차드와 그의 실례에서 영감 받은 이들에 의해 완벽한 기교의 수준에 이른 것이다. 두 번째로 보다 이론적인 영향은 뒤르켐이 착수한 본래의 사회학 설명의 원칙으로서, 《종교생활의 원초적 형태》를 비롯한 책들에서 제시한 방법론이다. 우리가 본대로, 뒤르켐의 핵심 주장은 종교적 관념들과 제의들이 그 밑에 놓여 있는 사회적인 실재를 반영하는 이미지들(mirror images)이라는 것이다. 사회구조와 속박이 개인이 생각하고 행하는 모든 것을 지배하며, 믿음과 가치관, 습관과 예식, 심지어는 모든 인간행동을 결정하는 생각의 범주들까지도 그 틀을 잡아준다는 것이다.

《원시사회의 구조와 기능》(Structure and Function in Primitive Society, 1952)에서 영국 인류학자 래드클리프-브라운은 그가 목격한 원시문화를 이해하기 위해 뒤르켐의 법칙을 처음으로 적용한 학자들 중 하나였다. 구조기능주의(structural functionalism)로 알려진 그의 이론의 기반은 사회의 고정된 구성요소들이 어떻게 사회의 정돈된 기능에 기여하는가를 입증하려는 것이다. 그 중에서도 특히 그는 안다만 섬(Andaman Islands, 미얀마 남서쪽 벵골 만에 있는 인도의 섬들 - 옮긴이)에서 현지조사를 하면서 접하게 된 신화들에 대해 구조적 설명을 제시했다. 래드클리프-브라운의 계보에서 20세기 후반의 선도적 인류학자들은 그들이 접하게 된 부족의 원주민 문화를 설명하기 위해 원칙적으로 기능주의 이론의 어느 형태를 진전시켰다. 《순수성과 위험》(*Purity and Danger*, 1966)에서 메리 더글라스(Mary Douglas)는 원시사회에서 그들이 발전시킨 정교한 분류체계를 검토하여 질서가 가장 중요하다는 것을 강조했다. 식품, 동물, 물체, 타인들, 사람의 몸 자체의 모습 등, 모두가 정결한 것과 불결하게 하는 것, 허용되는 것과 금지된 것을 명시하는 격자(grid) 속에 배치되어 있다. 사람들은 사물들을 바른 곳에 두지 않거나, 매일의 경험에서 진행되는 본래 무질서한 삶의 흐름에 질서를 부여하지 않고서는 사회생활을 영위할 수가 없다. 사회적 격자들은 질서의 필요성에 응하는 공간과 경계선을 제공한다. 에드먼드 리취(Edmund Leach)의 유명한 논문인 "주술적 머리카락"(*Magical Hair*, 1958)과 "희생의 논리"(*The Logic of Sacrifice*, 1985)와 "문화와 의사소통"(*Culture and Communication*, 1976)은 비슷한 관점의 연구로서, 어떻게 분류법이 사회 내에서 중요한 정보를 전달하는 목적에 쓰이는가를 설명한다. 예를 들어, 머리칼의 길이가 흔히 사람의 사회적 종교적 신분의 표시가 되고, 희생제물을 바치는 공통적 제의는 서로 다른 문화적 범주들 사이에 매개 역할을 하여, 사람이 한 역할에서 다른 역할로 옮기는 데 기여한다. 《상징들의 숲: 느뎀부 제의의 측면들》 (*The Forest of Symbols: Aspects of Ndembu Ritual*, 1967)과 《고뇌의 북》 (*The Drums of Affliction*, 1968)에서 빅터 터너(Victor Turner)는 유사한 구조적 접근방법을 택해서, 어떻게 제의들이 공동체의 안정을 위협하는 갈등들을 해소하는 데 핵심적인 역할을 하는가를 보여준다.

이들 영국 인류학자들은 주로 뒤르켐과 래드클리프-브라운이 깔아놓은 궤도를 따라 연구를 수행한 반면, 벨지움의 이론가 클로드 레비-스트로스(Claude Levi-Strauss)는 브라질에 살면서 그 안에서 현지조사를 하는 동안, 사회질서의 문제에 대해 매우 독창적인 접근방법을 발전시켜, 《야생의 사고》(The Savage Mind, 1966)와 《날 것과 익힌 것》(The Raw and the Cooked, 1969) 같은 도발적인 연구들에서 그 방법을 적용했다. 총명하지만 때로는 매우 애매한 그는 부족민들의 신화들과 관습들에 구조언어학을 적용하여, 말이나 생각 혹은 물체들 사이의 관계가 그것의 개별적 의미나 정체성보다 진실로 중요한 것이라고 주장했다. 부족들의 신화에 등장하는 종교적 언어에서, 핵심적인 특색은 흔히 그 이야기의 내용이나 인물이 아니고, 그 중요한 물체들이나 용어들 혹은 인물들 사이의 관계이다. 식품 분류와 같은 다른 사회영역에서처럼, 관계성이 생각의 보편적 범주들에 대한 단서들이다. 레비-스트로스는 자신이 뒤르켐의 "부실한 제자"일 뿐이라고 말하지만, 그의 연구방법이 프랑스 구조주의라는 정체성을 인정받아, 지금도 이런 유형의 이론들 대부분을 가리키는 명칭으로 사용되고 있다. 레비-스트로스의 독창성을 인정하더라도, 아직도 종교적인 것과 사회적인 것을 같은 것으로 보는 뒤르켐의 중심 원리가 현지조사 인류학을 추구하는 현대 이론가들 사이에서 주도적인 영향을 끼치고 있다.

이처럼 구조주의 사회학에 입각한 현지조사가 연구의 주요 방법이었다. 그러나 1990년대에 새로운 전환이 일어났는데, 뒤르켐이나 말리노프스키 시대 이래로, 인류학에서 가장 중요한 방향 수정이 일어났다. 1990년대를 전후해서, 책, 심포지움, 학술논문, 연구 과제와 심지어 일반 잡지들까지도, 진화생물학(evolutionary biology)과 인지과학(cognitive science)의 이론적 모델들에 대한 관심이 높아간다는 것을 추적하기 시작했다. 이처럼 흥미로운 새 전환은 결코 인류학이나 종교에만 국한되지 않았다. 모든 인문과학과 자연과학에 걸쳐, 유전학 연구에서의 혁명적 발전―인간 게놈(human genome)의 완결된 지도를 포함하여―과 다윈의 진화 패러다임의 설명적 위력이 하나로 수렴되어, 설명에서 놀라운 새 가능성을 열어주었다.

이처럼 학문적인 관심이 생물발생론(biogenetic theory)으로 바뀐 것에 주목하는 지식인들의 흥분은 이해할 만하지만, 이것이 전적으로 갑작스런 발전은 아니었다. 이 운동의 초기 대변인은 물론 하버드의 사회생물학자 에드워드 윌슨(E. O. Wilson)이었다. 그의 《인간 본성에 대하여》(*On Human Nature*, 1978)는 인간의 육체적 특징뿐만 아니라 정신활동과 행동 패턴들의 근원을 추적하여, 생존을 위해 자연에 의해 선택된 해부학과 생리학의 특성들에게까지 거슬러 올라가는 연구 프로그램에 대한 전망을 널리 알린 첫 연구들 가운데 하나였는데, 중요하게도 그 저서에는 종교에 관한 한 장(chapter)이 포함되어 있다. 그 뒤를 이어 1990년대 초에 《종교 다시 생각하기: 인지와 문화의 연결》(*Rethinking Religion: Connecting Cognition and Culture*, 1990)에서 토마스 로슨(E. Thomas Lawson)과 로버트 맥컬리(Robert N. McCauley)는 인지과학의 연구결과를 종교이론과 통합시키려는 더욱 협력적인 노력을 하자고 주장했다. 그 후로 인류학자들이 그 가능성을 깨닫게 되면서 이 연구에 더욱 속도가 붙었다. 초기 옹호자 가운데 하나가 스튜어트 거스리(Stewart Guthrie)였다. 그의 저서 《구름 속의 얼굴들: 새로운 종교 이론》(*Faces in the Clouds: A New Theory of Religion*, 1993)은 종교가 인간의 '체계적인 의인주의'(systematic anthropomorphism) 성향, 즉 물체와 사건들을 의인화하려는 충동에서 생긴다고 주장했는데, 이런 성향은 인간이 동물의 조상들과 공유한 것으로서, 적어도 부분적으로는 생존과 자기방어와 연관되어 진화한 두뇌 기능에 뿌리박고 있는 성향이라고 주장했다. 보다 최근에 출판된 파스칼 보이어(Pascal Boyer)의 《설명된 종교: 종교적 사고의 진화론적 기원》 (Religion Explained: The Evolutionary Origins of Religious Thought, 2001)은 진화생물학에 의존하여, 종교적 믿음이란 두뇌 속에서 일반적인 생존 욕구를 위해 의식으로 자연히 진화된 구조로부터 생기는 일종의 개념적 추후 생각(conceptual afterthought)이라고 주장한다. 일까 퓌시애이넨(Ilkka Pyysiainen)은 《종교가 어떻게 작용하는가: 새로운 인지종교학 서설: 인지와 문화 총서 1》(How Religion Works: Toward a New Cognitive Science of Religion: Cognition and Culture 1, 2001)에서 비슷한 주장을 펼치고 있으며, 데이비드 슬론 윌슨(David Sloan Wilson)의 《종교는 진화한다: 진화론과 종교, 그리고 사회의 본성》(Darwin's Cathedral: Evolution, Religion, and the Nature of Society, 2002)은 사회생물학적 이론에 더욱 근접한 관점에서, 인간 공동체가 짐승 무리나 개미 집단의 경우와 마찬가지로, 환경에 매우 잘 적응하는 중요한 유기체라고 주장한다.

이런 저술들 가운데서 공통적 패턴은 분명하다. 즉 유전에 근거한 정신구조와 인간의 기질은, 오랜 세월 동안 자연적 여과과정을 통해 인간의 현재 육체 구조 속으로 다듬어진 것으로서, 인간의 행동과 믿음을 해석하는 열쇠를 쥐고 있다는 것이다. 분명히 이런 이론들은 그 강조점이 사회과학에서부터 자연과학으로 크게 옮겨간 것을 보여주는데, 특별히 유전학과 신경과학의 방침을 따르는 것이다. 철학자들과 신경생물학자들은 이미 정신과 뇌의 관계에 관해 활발한 논쟁을 통해서 이 분야의 일부를 다루고 있었다. 종교의 현상을 다루는 이론가들은 이 토론에 참여하는 것이 적절하다고 생각했으며, 또한 유전학 연구가 더욱 정교하게 발전할수록 이 토론에서 중요한 역할을 할 것이 확실하다. 실상 이미 그런 현상이 나타나기 시작했다. 이 토론에 가장 최근에 등장한 학자 중 하나는 유전학자 딘 해머(Dean Hamer)인데, 그는 《신의 유전자: 믿음의 생물학적 증거》(*The God Gene: How Faith is Hardwired into Our Genes*, 2004)에서 종교적 믿음과 행위의 성향은 특정한 유전자 속의 DNA 변형 코드(a variant coding)에서 찾을 수 있을 것이라고 주장한다. 이런 원리가 시간이 지나도 엄중한 검사에서 인정받을 수 있는가는 분명치 않은데, 그가 발전시키는 입장은 부분적으로 실험적이면서 또한 부분적으로 사변적이며 또한 추론적이다. 그럼에도 불구하고, 이런 이론이 아직 완전히 명백하지는 않더라도, 그 함축성이 참으로 중요하기 때문에 진지하게 탐구할 가치가 있다. 유전자들이 인간의 모든 행위를 결정한다고 생각하는 이론을 확립할 수 있다면, 그것은 프로이트, 뒤르켐과 마르크스에게서 보았던 환원주의적 기능주의 같은 것을 능가할 것이다. 실상 이것은 종교만 생물학적으로 환원시키는 것이 아니라, 같은 결과에서, 심리적, 사회적, 경제적 종교이론까지도, 유전성에 의해 부여된 뇌 속의 특성들의 잔여물인 것으로 생물학적으로 환원시킬 것이다. 덧붙여서, 철저한 유전자 결정론(complete genetic determinism)을 주장하는 이론은 분명히 종교행위만이 아니라 다른 형태의 책임적 행동 역시 어떻게 이해할 수 있는가 하는 문제를 제기한다. 다른 측면에서 볼 때, 만일 종교가 실제로 우리 유전자 속에 코드로 내장되어 있다면, 신의 죽음이라든가 신앙의 종말에 관한 세속화 이론가들의 예언은 매우 시기상조이거나, 아니면 목표가 대단히 빗나간 것으로 나타날 것이다.

마지막 과제: 이론들의 비교와 평가

　이처럼 최근의 종교 해석의 전략들에 대해 간단히 살펴본 것이 말해주는 것은, 우리가 이 책의 각 장에서 살펴본 고전적 이론들은 단순히 폐기된 사상들로서 박물관에 진열된 골동품 이상의 것들이라는 점이다. 현재의 이론적 오리엔테이션의 거의 모든 영역에서 또한 그 배후에서 우리가 찾아볼 수 있는 것은, 한 세기보다 더 이전에 제기되었던 질문들, 그리고 현재까지 다양한 형태로 존속하는 집요한 질문들이 어렴풋이 때로는 토론의 중심을 차지하고 있다는 점이다. 마치 배심원이 법정에서 결정하는 것처럼, 이 결론에서 우리가 각 이론가들에 대해서 '옳다' 혹은 '그르다' 하는 판단을 내릴 수 있다면 편리할 것이다. 만일 어떤 것은 받아들이고, 다른 것은 거부하는 것으로 문제를 끝낸다면, 문제는 크게 단순해질 것이다. 그러나 설명과 해석의 문제에서는 결코 그럴 수가 없다. 무조건의 판단은 큰 대가를 치르게 마련이다. 우리가 이 책에서 살펴본 대부분의 고전적 해석들에 대해 실험과학의 검증, 즉 하나의 반대되는 사실을 발견할 경우 그 이론에 대한 반증으로 간주되는 실험과학의 가장 일반적인 검증을 적용할 경우에, 그 고전적 해석들의 대부분은 실패라고 단언할 수 있다는 사실을 잠시 생각해보자. 우리가 이제까지 살펴본 거의 모든 경우에서, 즉 프로이트의 심리학적 환원주의로부터, 환원할 수 없는 엘리아데의 성스러움에 대한 주장까지 거의 모든 경우에서, 어디에서든 그 이론과 모순되고 심지어 가장 정교하게 만든 일반론까지 파괴하는 증거―하나의 믿음이나 환경이나 관습의 증거―를 발견하는 것은 어렵지 않다. 그 이론과 확실히 반대되는 사례 하나만 찾으면, 그 이론은 실패라고 판단할 수 있다는 점이다.

물론 이런 식으로 판단하는 것의 문제는 그 과정에서 실제로 중요한 것을 파악할 수 있는 모든 기회를 잃게 된다는 점이다. 설명을 추구하는 모든 사람들이 이해하는 것처럼, 이론의 가치는 그것이 옳다거나 그르다는 단순한 사실을 훨씬 넘어선다. 모두가 이미 알고 있는 것을 다시 진술하는 것뿐인 '옳은' 설명보다 훨씬 더 중요한 것은 하나의 주제를 관찰하는 전혀 새로운 방법을 발견하거나, 새로운 조사방법의 돌파구를 열어준 '잘못된' 설명이다. 게다가 이제 모두에게 명백해진 것처럼, 대부분의 종교 이론가들이 다룬 문제들은 너무나 복잡해서, 어느 이론이건 간에, 그 전체 윤곽에 대해 명백한 찬성과 반대를 표하기가 매우 어렵다. 따라서 훨씬 더 가능성이 있는 것은, 한 해석의 어떤 부분은 거부되고, 그 주장의 일부는 문제시되지만, 다른 요소들은 인정받고, 수정되거나 유용하게 다른 견해들의 관점과 수렴되는 것이다. 대체로 여기서 고려한 거의 모든 이론가들(아마도 에반스-프리차드만 제외한)의 가장 중요한 논제는 그 범위가 너무도 넓어서, 그 전체 윤곽에서 수락하거나 거부할 수가 없다.

분명한 사실은 우리가 종교에 대한 이론들의 문법을 파악하고 또한 그 이론들의 구문을 정확히 해석하려면, 몇 가지 종류의 질문들을 물어야 할 필요가 있다는 사실이다. 그 원칙에서, 다섯 개의 질문을 물을 수 있는데, 이론가들에게 집단적으로 물어, 그들의 차이점들과 일치점들을 찾아볼 수 있을 것이다. 1) **그 이론은 종교라는 주제를 어떻게 정의하는가?** 어떤 종교 관념에서 시작하는가? 2) **어떤 유형의 이론인가?** 설명들은 서로 다른 종류일 수가 있으므로, 그 이론가는 어느 종류의 설명을 제시하며, 그 이유는 무엇인가? 3) **그 이론의 범위는 어떠한가?** 인간의 종교행위의 어느 만큼을 설명한다고 주장하는가? 모두인가? 아니면 일부인가? 그 면에서 그 이론이 실제로 주장하는 만큼 실행하는가? 4) 그 이론은 어떤 증거에 호소하는가? 그 이론이 단지 몇 개의 사실들과 관념들과 풍습들을 깊이 파고들어 조사하려고 하는가? 아니면 많은 것을 포괄하기 위해 광범위하게 논하는가? 증거의 범위가 그 이론의 범위를 뒷받침할 만큼 충분히 광범위한가? 5) 이론가 개인의 믿음 (혹은 불신)과 그가 개진하려고 선택한 설명 사이의 관계는 어떠한가? 우리가 고전적 이론가들에게 이런 질문들에 대해 응답하도록 초대하면, 그들의 질문들과 대답들 모두가 현대의 이론가들과 관련되어 있다는 점이 즉시 명백해질 것이다.

이론과 정의

종교는 흔히 너무 개인적이고 파악하기 어려우며 다양해서 정의를 허용치 않으며, 사람에 따라서 거의 무엇이든 뜻할 수 있다고 말한다. 이런 생각은 우리가 이 책에서 살펴본 이론가들의 견해는 아니다. 이제까지 살펴본 것처럼, 그들은 종교를 설명하는 데서 서로 뚜렷하게 의견이 다르지만, 종교를 정의하는 문제에서는 생각보다 그리 다르지 않다. 자세히 살펴보면, 그 이론가들 모두는 종교가 신적인 존재나 영적인 존재들이라는 초자연의 영역과 어떤 방식으로든 관련되어 있는 믿음과 행위로 구성되어 있다는 견해에 결국 귀착한다. 이것은 입증할 가치가 있는 점이다.

타일러와 프레이저는 모두 종교를 아주 솔직하게 초자연론자의 관점에서 정의하며, 엘리아데 역시 성스러움이라는 개념, 즉 신들, 선조들과 기적을 행하는 영웅들의 영역인 성스러움이라는 개념으로 정의한다. 타일러는 그의 유명한 최소 정의에서 "영적 존재들에 대한 믿음"[2)]이라고 가장 단순하게 표현한다. 반면에 뒤르켐은 초자연의 개념을 분명히 거부하기 때문에, 처음에는 전혀 다른 견해를 취하는 것 같이 보인다. 대신에 그는 종교가 성(聖)과 관련된 것이라고 정의하고, 더 나아가 성을 사회적인 것과 동일시한다.3) 그에게는 사회가 신적인 것으로서 예배되는 것이다. 그럼에도 불구하고 그의 견해는 그가 인정하는 것 이상으로 사실상 다른 사람들의 견해와 더욱 가까운데, 왜냐하면 《종교생활의 원초적 형태》의 전체 논점이, 그것에 찬동하는 사람들이 보기에는, 종교가 실재의 영역과 관련된 믿음들(그의 말로는 '표상')과 행동들로 구성되어 있다는 전제에 의존하기 때문이며, 이런 실재의 영역이란 비록 그 신자들 스스로는 그렇다고 생각하지 않지만, 자연에 대한 현대 개념을 가진 우리들로서는 분명히 초자연적이라고 부를 실재의 영역이기 때문이다. 뒤르켐은 오스트레일리아의 원시인들을 연구할 때, 그들의 거래관습이나 경작기술을 논하지 않고, 초자연적인 것을 지시하는 믿음과 예식들, 신들이 요구하는 의례들과 조상들의 영에 대한 이야기들에서 시작한다. 비록 그의 연구가 그와 같은 의례들과 믿음들에서 시작하지만 거기에서 끝나는 것은 아니라고 주장한 점에서, 물론 그는 엘리아데와 같은 이론가와는 다르다. 그의 목적은 일단 그 문제를 탐구하고 나서, 오스트레일리아의 토템숭배가 결과적으로는 그들 자신의 씨족에 대한 관심인 것을 증명하려는 것이었다. 그러나 그가 최소한 타일러, 프레이저와 엘리아데가 출발했던 초자연이라는 관념에서 똑같이 자신의 연구를 시작하지 않고서는 이런 결론에 도달할 수가 없었다.

---

2) *Primitive Culture: Researches into the Development of Mythology, Philosophy, Religion, Language, Art, and Custom*, 2 vols., 4th ed., rev. (London: John Murray [1871] 1903), 1: 424.

3) *The Elementary Forms of Religious Life: A Study in Religious Sociology*, tr. Joseph Ward Swain (London: George Allen & Unwin, Ltd., 1915), pp. 24-29, 47.

종교에 대한 정의 문제에 관한 프로이트와 마르크스의 견해는 특히 해설할 필요가 별로 없다. 둘 다 인습적 정의에 사실상 만족하여, 이들은 종교를 신들에 대한 믿음, 특히 유대-그리스도교 전통의 유일신 하느님 아버지에 대한 믿음으로 보았는데, 그런 반면 뒤르켐처럼 그들은 이것이 단지 표면적 차원의 종교라고 주장했다. 그런 겉모습 밑에는 인간의 강박신경증이 자리잡고 있거나, 믿음이라는 아편을 요구하는 경제적 불공평의 고통이 깔려 있다는 것이다.

베버, 에반스-프리차드와 기어츠도, 비록 '초자연'이라는 용어에 대해 모두 문제점을 갖고 있지만, 역시 인습적 정의를 따르는 것으로 볼 수 있다. 에반스-프리차드는 오히려 '신비적'이라는 말을 선호하는데, 그가 탐구한 부족사회들은 현대 서양 문화와는 달리 자연세계와 초자연세계 간의 명백한 대립개념이 없기 때문이다.[4] 그렇지만 그는 누어 족의 종교와 아잔데 족의 마법 모두가 그 최우선의 관심은 언제나 일상생활의 배후에 있으며 또한 그 일상생활을 넘어 있는 이 신비한 영역과의 올바른 관계를 조성하는 것임을 분명히 했다. 누어 족들은 그들 자신과 평화를 느끼고 사회 안에서 마음 편할 수 있기에 앞서, 신들 앞에서 깨끗한 양심을 가져야 한다고 깊이 느끼고, 한편 아잔데 족은 문제를 일으키는 마법의 근원을 항상 찾아내야만 한다.

이들의 공통적 계보를 볼 때 우리가 예상할 수 있는 것처럼, 베버와 기어츠의 입장은 비슷하다. 종교에 대한 베버의 정의는 광대하여, 주술적인 것과 구원에 대한 관심 모두를 포함하는 초자연에 대한 믿음의 체계를 포괄하고, 유교와 같은 비구원적(nonsalvationist) 윤리체

---

4) *Witchcraft, Oracles and Magic among the Azande* (Oxford: Clarendon Press, 1937) pp. 80-83을 보라. '신비적 개념'(mystical notions)에 관한 그의 정의는 p. 12를 보라.

계까지도 배제하지 않는다. 기어츠에 관해서는, 종교를 문화체계로 정의하는 그의 유명한 정의 속에는 '초자연'이라는 말이 나오지 않는 것이 사실인데, 이 정의에서 그는 "존재의 일반적 질서에 대한 개념"[5]을 뜻하는 '상징들의 체계'라는 추상적 용어로 말하고 있다. 그의 중요한 관심은 사람들이 두려워하거나 사랑하는 초자연적 존재들에 있는 것이 아니고, 종교인의 에토스, 즉 "분위기들과 동기들"에 있다. 그러나 그가 자바, 발리, 모로코의 민족지학에서 보여주는 종교에 대한 실제 설명들에서 보면, 그가 기술하는 종교의 근본 특징은 그들의 세계관, 다시 말해서 이슬람의 알라, 천사들과 악마들과, 발리와 자바의 전통적인 제례들의 신령들, 신들과 악마들이거나 간에, 그들이 믿는 초자연적인 존재들에 대한 정서적 및 사회적 반응들 속에 들어 있음이 분명하다.

그러므로 우리가 검토한 이론가들이 여러 가지 문제들에 대해서는 비록 의견이 서로 다르지만, 종교에 대한 정의에서는 대체로 그렇지 않다. 비록 어떤 학자들은 다른 학자들에 비해 그렇게 직설적으로 정의하지는 않지만, 적어도 처음에는 모두가 종교를 영적 혹은 초자연적인 존재들과 연결되는 믿음들과 실천들 속에서 찾는 경향이 있다. 심지어 뒤르켐, 에반스-프리차드, 기어츠의 경우에서도 (각기 유보적인 것이 있기는 하지만), 그 차이점들은 주로 전문용어와 강조점의 문제이지, 그 내용에서 차이가 나는 것은 아니라는 사실이 드러난다. 종교를 정의하는 문제에서, 여덟 명의 이론가들 모두가, 대체로 말해서, 공통적인 기반 위에 서 있다고 말할 수 있다.

---

5) Geertz, "Religion as a Cultural System," in *The Interpretation of Cultures* (New York: Basic Books, 1973), p. 90.

이론의 유형들

이처럼 이론가들이 종교에 대해 정의한 것에서부터 종교에 대해 설명하는 것을 살펴보기 시작하면, 앞에서 이미 수없이 확인할 수 있었던 것처럼, 의견의 일치가 즉시 사라져버린다. 물론 종교에 대한 설명은 그 성격상 서로 다른 형태들로 나타나며, 그 자체의 상황들이 곧 혼란의 근원이 된다. 똑같은 사실, 사건, 혹은 행동이 흔히 다양한 방식으로 설명될 수 있어서, 어느 것은 쉽게 다른 것으로 착각될 수 있다. 에반스-프리차드는 《원시종교론》에서, 1800년대 후기에 종교과학의 처음 대변자들이 그들의 연구를 '기원'에 대한 탐구라고 소개했을 때, 그들은 그 용어의 의미에 대해 항상 분명히 파악했던 것은 아니었다고 지적한다.6) 우리가 언젠가 종교의 기원을 발견할 수 있다고 가정하더라도, 종교의 **역사적** 혹은 **역사 이전의** 기원과 그 **심리학적** 혹은 **사회학적** 기원은 서로 별개의 것이다. 첫 번째 것은 문명의 초기(아니면 최초기)에 속한 어느 특정 사건들 속에서 찾을 수 있을 것이지만, 두 번째 것은 시대와 장소를 막론하고 인간의 삶의 특정한 조건들 속에 근원을 두고 있는 것이다. 하나는 과거의 사건이고, 다른 하나는 시간을 초월하는 모든 인간 생존의 상황 혹은 특징을 말한다.

종교의 기원을 역사적 관점에서 탐구하는 것은 특별히 막스 뮐러, 타일러, 프레이저, 프로이트와 심지어 어느 정도는 뒤르켐에 의해 수행되었다. 이런 탐구는 인간의 사회적 진화론과 밀접하게 연결되어 있으며, 또한 종교가 프로이트가 말하는 '첫 아버지의 살인'과 같이 인간의 과거 속에 깊이 숨겨 있는 사건들로부터 시작된 오랜 과정의 결

---

6) E. E. Evans-Pritchard, *Theories of Primitive Religion* (Oxford: Clarendon Press, 1965), pp. 101-102.

과라고 주장한다. 종교는 문명 전체의 발전과 협력하여, 서서히 복잡성이 계속 증가하는 단계들을 거쳐, 오늘날 우리가 알고 있는 믿음과 실천의 단계로 발전했다는 것이다. 이런 진화론적 이론들은 자연히 원시인들에 대하여 예리한 관심을 갖는데, 그들이 가장 초기이며 가장 단순하고 순수한 형태의 문명과 종교를 보여준다고 생각하기 때문이다. 진화론자의 진부한 비유의 말로, 원시인들은 종교라는 참나무를 자라나게 한 도토리를 보여준다고 한다. 더구나 거의 예외 없이 원시적 종교형태는 현대적 형태에 비해 열등한 것으로 간주되었다. 즉 '조잡한,' '유치한,' '야만적인,' '미개한' 등의 표현은 타일러와 프레이저 같은 이론가들이 즐겨 사용했던 단어들이다.

우리가 몇몇 경우에서 본 것처럼, 한때 유행하던 사회적 진화론은 결국 모든 면에서 거부당하게 되었다. 그 주된 문제는 현대의 탐구자들 가운데 아무도 알 수 있을 것으로 전혀 기대하지 못하는 것들에 대한 지식을 주장했다는 것이다. 결국, 인간의 종교와 사회생활의 '최초의 형태들'은 우리가 단지 추측할 수밖에 없는 주제이며, 또한 추측할 수 있는 기술도 별로 없는 주제일 따름이다.[7] 이런 역사적 진화론의 실패와 더불어, 20세기 이론은 거의 전적으로 '기원'이라는 말의 다른 의미로 그 방향을 바꾸었다. 이제 종교는 인간이 존재한 모든 시기와 장소에서 볼 수 있는 영구적인 심리적 필요성 혹은 사회적 상황에서 궁극적으로 그 기원을 찾을 수 있다는 것이다. 그러나 이것이 모두는 아니다. 우리가 자주 앞에서 본대로, 이 두 번째 범주 내에서도, 프로이트, 뒤르켐, 마르크스에서 보는 순전히 기능주의적이며 또한 환원주의적인 설명과, 베버, 엘리아데, 에반스-프리차드, 그리고 (그의 독

---

7) Evans-Pritchard, *Theories of Primitive Religion*, p. 101.

특한 방식으로) 기어츠 등의 반환원주의적(anti-reductionist) 입장을 구별해야 한다. 환원주의적 접근방법의 동기는 분명하다. 현대의 과학 세계에서 종교는 합리적 형태의 믿음 혹은 정상적인 행동 유형으로 간주될 수 없기 때문에, 도대체 왜 종교가 아직도 존속하는가를 설명하기 위해서는, 잠재의식이나 비합리적인 어떤 것에 호소해야만 하기 때문이다. 프로이트에게는 그 '어떤 것'이 강박신경증이고, 마르크스에게는 경제적 불의, 그리고 뒤르켐에게는 개인에 대한 사회의 강압적 요구이다.

환원주의에 대한 반대자들은 그런 이론들이 심각한 오해에 기초했다고 주장한다. 베버는 이론가가 의미체계를 믿든지 안 믿든지에 상관없이 의미체계는 절대로 필요한 것으로서, 그것이 행동을 위한 개념적 틀을 만들어내는 인간의 본성 안에 있다고 주장했다. 엘리아데와 에반스-프리차드는 베버에 동의하면서, 종교 자체의 관점에서 볼 때 종교가 비합리적이거나 비정상적인 것이 아니므로, 잠재의식, 사회적 혹은 경제적-물질적인 요소들에 호소해서 해명을 시도할 필요가 없다고 주장했다. 에반스-프리차드는 외부인에게는 불합리해 보일지언정, (부족민들의 믿음을 포함하여) 종교적 믿음들은 일관성이 있고 질서 있는 체계를 이루며, 미개하지도 않고 조잡하지도 않으며, 단지 현대의 비종교적 사회들의 기초가 되는 체계들과 다를 뿐이라고 주장했다. 엘리아데는 환원주의에 대해 한층 더 도전하여, 종교의 특징적 사고방식인 고대의(archaic) 사고 양태가 사실은, 무질서와 악과 고통의 세상에서, 우주적 질서와 의미에 대한 인간의 깊은 갈망에 보다 충분히 응답하기 때문에, 현대의 비종교적인 태도보다 더 의미가 있으며, 그래서 더 '정상적'이라고 주장했다. 기어츠도 같은 입장으로, 각 문화의 특수한 자아 규정적 특성의 진가를 인정하는 해석인류학 관점에서, 그는 종교적인 사회들의 기초가 되는 일관성과 정상성은 우리 자신의 반(半)종교적이며 과학적인 문화 질서의 일관성과 정상성과 똑같다고 주장했다.

모든 것을 고려해 볼 때, 이런 반(反)환원주의적 입장은 20세기를 거치면서 점차로 강해졌다고 할 수 있는데, 물론 프로이트와 마르크스의 업적이 오히려 갑자기 극단적으로 추락했기 때문이기도 했다. 이런 변화를 더욱 촉진시킨 것은 로빈 호톤(Robin Horton)이 타일러의 주지주의 이론을 회복시켰기 때문이다. 앞에서 본대로, 이 견해에서는 우리가 외부인으로서 신들이나 영들에 대한 부족사회의 믿음을 잘못된 것이라고 여길 수 있지만, 그러나 그런 믿음은 그들의 문화 속에서 나름대로 조리 있는 과학적 설명을 추구하려는 동기에서 비롯된 것으로서, 우리의 문화 속에서 그런 설명을 추구하는 것과 똑같은 동기에서 비롯된다는 것이다.8) 클리퍼드 기어츠 역시 우연히 똑같은 결론에 도달했다. 그는 종교가 순전한 지적인 활동 이상의 것이며 또한 여러 정서적이며 사회적인 필요를 채워준다고 생각하지만, 그가 인도네시아에서 만난 사람들은 자신들의 신들에게 호소함으로써, 달리 이해할 수 없는 사건들을 단순히 설명했다고 보고했다.9) 물론 환원주

---

8) 호톤은 잘 알려진 글들에서 자신의 견해를 요약하고 있다. "The Kalabari World View: An Outline and Interpretation," *Africa* 32 (1962): 210-40; "Ritual Man in Africa," *Africa* 34 (1964): 85-104; "Neo-Tylorianism: Sound Sense or Sinister Prejudice?" *Man*, n.s. 3 (1968): 625-34. 그의 최신 저서는 *Patterns of Thought in Africa and the West: Selected Theoretical Papers in Magic, Religion, and Science* (Cambridge: Cambridge University Press, 1993)이다.

9) "Religion as Cultural System," in *Interpretation of Cultures*, p. 101을 보라. 여기서 그는 "확실히 나는 예상했던 것보다 훨씬 강하게 나의 조사에서 충격을 받았는데, 그것은 정령숭배적 경향을 강하게 지닌 나의 정보 제공자들이 마치 진정한 타일러주의자와 같이 행동하는 것을 보았기 때문이다. 그들은 현상들을 '설명하는' 데 끊임없이 그들의 신앙을 이용하는 것으로 보였다. 혹은 보다

와 반환원주의 이론 간의 논쟁과, 비합리주의와 주지주의 간의 논쟁은 지금까지도 그대로 계속되고 있다.

오늘날 사회과학의 경향이 환원주의적 이론들로부터 조용히 떠나고 있다고 말한다면, 그런 판단은 이제 10년 전에는 거의 생각지도 못했던, 적어도 한 가지 수정이 필요하다. 이제 인지과학과 진화이론에서 형성되기 시작한 이론들이 분명히 이 분야에 다시 환원주의를 도입하고 있는데, 이 환원주의는 사회과학이 아닌 자연과학의 공리로서 도입되고 있다. 이런 연구가 앞으로 정확히 어떤 경로를 선택하게 될 것인지를 판단하기에는 아직 너무 이르며 지금 형성과정에 있기 때문에 확실히 지켜볼 필요가 있다.

이론들의 범위

우리가 이 책을 통해 살펴본 것처럼, 우리의 이론가들 모두가 어느 정도까지는 일반적인 종교의 문제, 즉 '개괄적으로' 본 종교 문제에 대해 다루지만, 그 다루는 방법은 매우 다르다. 타일러와 프레이저는 그들의 선배 막스 뮐러처럼, 종교가 처음 나타나서 인간의 오랜 역사를 통해 발전한 전체 역사를 설명할 수 있다고 생각했다. 오늘날 우리에게는 이것이 놀랍도록 비현실적인 목표로 생각되는데, 그들로서는 사회적 진화의 원칙 속에서 자신들이 원하던 모든 지침을 발견했던 것이다. 타일러는 원시인들의 영의 숭배, 그리스와 로마인들의 다신교, '더 높은 수준'의 종교인 유일신교를 모두 문명의 계단들로 설명할 수 있어서, 그것들 모두가 인류가 더욱 합리적 형태의 종교로 향상한

정확하게 말한다면, 용인된 사물의 준거틀 속에서 현상이 설명 가능하다고 자기 자신들에게 확인시키려는 것처럼 보였다"고 쓰고 있다.

것을 표시한다. 그의 견해로 가장 합리적인 것은 완전히 무종교를 선택하는 것이었다. 한편 프레이저의 접근방법은 시초의 단계로서 주술을 포함시키는데, 본질적으로 타일러와 똑같은 거대한 지구적 패턴을 따랐다.

    타일러와 프레이저만이 아니라, 세 명의 환원주의자들인 프로이트, 뒤르켐, 마르크스도 각자 매우 다른 관점에서, 같은 종류의 일반적인 야심을 보여주었다. 이들 세 사람이 종교를 설명할 때 역시 모든 종교를 설명하려는 것이었다. 또한 이들은 한 종교체제를 일종의 패러다임의 경우로 가리켰는데, 수많은 다른 '중요성이 덜한 것'이나 나중 형태들의 최상의 사례가 되는 것이다. 프로이트에게 인간의 보편적 강박신경증의 중심 개념은 하느님을 아버지로 믿는 유대-그리스도교의 믿음이었다. 뒤르켐 역시 다른 모든 종교들의 패러다임으로 볼 수 있는 단일 종교에 초점을 맞추었다. 그는 원형적인 사례로서, 종교들 중 최초이고 가장 단순한 오스트레일리아 원주민의 토템숭배를 택했는데, 이것이 다른 모든 종교들의 기원을 찾을 수 있는 '원초적 형태'를 드러내는 것으로 보았다. 그의 견해로는, 그 자신의 연구결과가 오스트레일리아뿐 아니라 어디서나 우리가 발견하게 되는 종교에 적용된다는 것이었다. 마르크스에게는 자본주의 사회 속에서의 인민의 아편이 그리스도교의 천국에 대한 소망으로서, 거기서 하느님은 현세에서 고난 받는 모든 가난하고 무고한 자들을 보상한다는 것이었다.

    베버와 엘리아데는 환원주의 방침에 대해 반대하는 것에서뿐만 아니라, 종교를 다소 포괄적이며 비교적인 방식으로 설명하려는 결심에서도 뜻을 같이 했다. 두 학자 모두 세계 종교의 전체 범위를 자신들의 주제로 다루었지만, 그들의 강조는 명백히 달라서, 베버는 거대한 세계적 체계들을 강조했던 반면에, 엘리아데는 고대종교들을 강조했다. 두 학자 모두 자신들의 연구과제에서 진화론과 빅토리아 시대 인류학의 비교방법을 피했지만, 공교롭게도 이들의 연구 규모는 타일러와 프레이저의 전 세계적인 광대함에 못지않게 대단했다. 베버는 아시아의 종교들과 서양 종교들 간에, 금욕주의와 신비주의 사이에, 그리고 전체 문명의 경제윤리들 가운데서, 사실에 입각하면서도 포괄적인 비교를 할 수 있다고 확신했다. 한편 엘리아데는 자신의 증거를 인간 문명의 어느 시기거나 어느 현장에서든 수집했으며, 또한 상징과 신화의 보편적 패턴을 찾기 위해, 힌두교의 요가와 아시아의 샤머니즘에 관한 저술들에서 시작해서 오스트레일리아의 원주민 문화와 유럽 농민의 '우주적 그리스도교 신앙'은 물론, 고대나 현대, 동양이나 서양, 단순하건 복잡하건 간에, 서로 다른 많은 시대, 장소와 사람들의 문서들과 의례들도 자유롭게 활용했다. 그의 목표 역시 진정으로 전 지구적인 것이었다.

이처럼 베버와 엘리아데의 보편주의적인 야심이 없었다면 그들이 결코 신뢰하지 않았을 환원주의자들과 함께 그 야심에서 서로 만나게 할 것이다. 그러나 분명히 반(反)환원주의 입장에서 베버와 엘리아데가 목표로 삼았던 것은 그들의 두 동료인 에반스-프리차드와 기어츠의 목표와는 다르다. 이 두 이론가 에반스-프리차드와 기어츠는 모두 우리가 앞에서 살펴본 것처럼, '모든' 종교에 대한 것이라는 식으로 보편성을 주장하고 싶어 하는 어느 이론에 대해서나 심각한 의심을 가졌다. 그들의 입장에서 볼 때, 베버, 그리고 특히 엘리아데의 전 세계적 종교에 대해 설명하겠다는 야심은 난처하게도 타일러와 프레이저의 옛 방식에 가까운 것이었다. 적어도 베버는 방법론에서 철저했으며, 또한 그는 비교에서 그의 이념형들의 역할에 대해 의식적으로 주목했다. 엘리아데가 프레이저와 유사한 것은 더욱 난처하게 만든다.

그가 말한 대로, 종교는 "그 자체의 관점에서" 설명되어야 한다는 것이 사실이겠지만, 하나의 원시인 촌락에서 몇 년을 생활한 현지 인류학자들은 엘리아데가 택한 방법, 즉 서로 다른 문화들의 상징과 신화와 제의들 사이에, 결국은 표피적 유사성 같은 것을 발견하기 위해 전 세계에 걸쳐, 또한 역사 전체에 걸쳐 조사하는 그런 방법에 주춤하게 된다. 확실히 대부분의 시대와 많은 장소의 사람들이 공유하는 특정한 상징적 주제들, 즉 달의 주기와 관련된 재생과 같은 주제가 있지만, 그 특성을 정확히 이해하기 위해서는 그런 것도 그들 자신의 문화와 전통들의 모체 안에서 깊이 있게 탐구되어야 하기 때문이다. 우리는 마치 관광객인 양 여기 잠깐 멈추어 서서 하나의 신화를 수집하고, 저기서는 하나의 상징을 주워 모으는 식으로 계속 옮겨 다니면서 사회들을 두루 답사할 수는 없다. 또한 우리는 프로이트, 뒤르켐, 마르크스처럼, 하나의 전통에 집중해서 그 전통의 경우에 관한 것이 다른 전통들에도 연장해서 적용될 것이라고 추정할 수도 없다. 에반스-프리차드와 기어츠에게는, 종교학자의 초점이 인류학자의 초점과 마찬가지로, 특수한 경우들에 집중되어야만 하는데, 그 단순한 이유는 신화, 믿음, 제의, 가치는 언제나 뿌리박혀 있으며, 사회조직 안의 다른 요소들과 단단히 묶여 있는 것들이기 때문이다.

이론들과 증거

설명과 그것을 입증하는 방법은 완전히 별개의 것이다. 증거를 찾는 그들의 접근방법의 관점에서 여덟 명의 이론가 모두를 살펴볼 때, 확실히 분명한 차이를 쉽게 찾아볼 수 있다. 진실로 전 지구적인 종교이론은 전 지구적인 증거의 나열이 필요하다고 믿기 때문에, 타일러,

프레이저, 베버, 엘리아데 모두가 가능한 한 가장 광범위하게 정보를 수집하려는 큰 결심을 갖고 연구에 착수했다. 이런 접근방법의 강점은 이론과 증거 사이에 완전한 적합성을 찾으려는 정직한 시도에 있다. 모든 종교에 대한 것이라고 주장하려면, 모든 종교(아니면 가능한 거의 모든 종교)로부터 증거를 제시하는 것이 당연하다고 생각한다. 그렇지만 그것의 불리한 입장은 명백하다. 이런 기획은 어떤 문서나 전통에 대한 우리의 이해가 다른 것들보다 낫다든가, 언어의 장애와 번역의 한계, 그리고 증거보다는 오히려 추리로 채워지는 공백이 있을 것 등을 인정하지 않고서는 추구하기가 사실상 불가능한 기획이기 때문이다. 게다가, 전 지구적인 조사는 그 정의상 적어도 일부의 논증에서, 사실들과 관습들 혹은 관념들을 그것을 창출한 본래의 문화적 상황에서부터 끌어내서 논증해야만 한다. 그러나 그렇게 할 때, 왜곡과 오해의 위험성은 매우 심각해진다.

　종교에 대한 프로이트와 마르크스의 주장이 어느 정도는 타일러, 프레이저, 베버나 엘리아데가 시도한 만큼이나 세계적이지만, 증거로 인한 이런 어려움을 프로이트와 마르크스는 오히려 교묘하게 피해갔다. 프로이트와 마르크스는 자료 때문에 세계를 탐색해야 할 필요를 느끼지 않았는데, 이유는 그들이 보다 나은 것, 즉 한 문화나 그 다음 문화에서 나타나는 특정한 형태의 종교와 상관없이, 어느 곳에서나 종교를 발생시키는 인간 내의 근본적 심리과정을 발견했다고 생각했기 때문이다. 프로이트에 의하면, 모든 의례와 믿음의 출처를, 모든 인간 성격의 특징인 오이디푸스 콤플렉스의 긴장과 신경증에서 직접 밝혀낼 수 있으므로, 세계 각지에서 사실들을 수집할 필요가 없는 것이다. 우리가 모든 종교를 발생시키는 원칙을 알고 있다면, 그 원칙을 뒷받침하는 세부적 사실들을 찾는 것 이외에는, 인류학과 비교종교학의 그 많은 모든 수고들을 할 필요가 없다는 것이다. 마르크스도 마찬가지로, 뉴기니의 부족 종교들이나 유럽의 그리스도교를 조사하는 것이 아무런 차이를 가져다주지 못한다는 것이다. 그는 특수한 사실들의 밑에서, 어디서나 계급투쟁이라는 근본적 역학을 발견할 수 있다고 확신했는데, 그 계급투쟁의 역학은 가난한 자들에게 다른 더 좋은 세상에 대한 희망을 주는 한편, 신들을 만들어내어 그들의 도덕법에 따라 부자들의 이익을 보호하는 역학이었다.

물론 프로이트와 마르크스의 종교 이론에서 문제가 되는 것은, 어떻게 모든 종교가 소원의 성취 혹은 계급투쟁에서 생겨나는가를 **보여주어야** 하는 것으로서, 이것을 단지 당연한 것으로 추정할 수는 없다는 점이다. 세계 곳곳에서 종교들은 그 형태와 내용에서 매우 엄청나게 다르기 때문에, 예를 들어 중국의 민속종교나 오스트레일리아의 토템숭배가 어떻게 유대-그리스도교의 유일신을 초래한 똑같은 심리적이며 사회적인 힘들에 의해 만들어졌는가를 보여주는 것이 프로이트와 마르크스의 책임이었다. 이것은 성취할 수 없는 과제는 아니다. 예를 들어 힌두교의 카스트 제도와 환생의 교리는 마치 마르크스주의의 분석을 요청하는 것 같아 보인다. 프로이트와 마르크스는 반드시 다수의 경우들을 증거로 제시할 필요성을 느끼지 않았으며, 그들의 이론을 주로 유대-그리스도교의 유일신론에 적용하고, 그 경우에서의 판결이 다른 모든 종교들에도 통용될 것으로 만족했다. 그러나 그런 전략은 연관된 다른 경우들에 대한 성실한 고찰을 대신할 수는 없다. 분명히 프로이트와 마르크스는 뚜렷한 초점을 주로 하나의 서양 유일신 종교에만 맞추었기 때문에, 그들이 검토하려 했던 증거의 범위를 넓히려는 노력이 없는 한, 그들의 설명은 제한적일 수밖에 없다. 보편성의 주장은 대체로 편협한 논점들에 결코 의존할 수가 없다. 증거의 범위는 그 증거를 통해 입증하려는 이론의 범위를 뒷받침하기에 충분해야만 한다.

나머지 세 명의 이론가들인 뒤르켐, 에반스-프리차드와 기어츠는 이론과 증거의 문제가 해결될 수 있는 것은 오직 어떤 형태의 타협으로만 가능하다고 생각했다. 이들은 타일러과 프레이저와 그리고 베버와 엘리아데의 포괄적인 접근방법을 받아들일 수 없고, 반면에 프로이트와 마르크스가 유일하게 서양에만 초점을 맞춘 것은 너무 편협하다고 보았다. 진리는 그 사이 어디에선가 찾아야 한다고 말한다. 이 점에서 뒤르켐의 해결책이 비록 프로이트와 마르크스의 것과 다르기는 하지만 그래도 그들의 해결책과 다소 비슷하다. 뒤르켐 역시 모든 종교를 발생시키는 메커니즘을 발견했다고 생각했는데, 심리나 계급투쟁에서가 아니라, 사회의 필요성 속에서 찾았다. 그는 또한 그의 시험 케이스로 다룬 한 원시종교 전통에 대한 설명을 통해 이 메커니즘을 설명할 수 있다고 생각했는데, 그 시험 케이스는 그 자신의 말로 "세계적으로 타당한" "하나의 균형 잡힌 실험"[10]이다. 그러나 그가 택한 종교는 유대-그리스도교의 일신론이 아니라, 모든 종교의 '원초적 형태'를 더 잘 보여준다는 이유로 오스트레일리아의 원시 토템숭배를 택했다. 그러나 우리가 뒤르켐을 논의한 장에서 살펴 본대로, 그의 비판가들은 오스트레일리아의 씨족 제례는, 다른 어느 종교를 별도로 고찰할 때보다 더 나은 일반이론의 기초를 제공하지 못한다고 지적했다. 그러므로 여기서도 뒤르켐은 비록 프로이트나 마르크스보다 그의 연구 절차에서 보다 과학적이도록 시도했지만, 그 역시 똑같은 문제에 봉착했는데, 그것은 그의 (오스트레일리아) 증거의 특수한 성격 자

---

10) Durkheim, *Elementary Forms*, p. 415.

체가 그의 이론이 보편적이라는 주장을 뒷받침하기에는 불충분한 것이었다는 점이다.

뒤르켐의 경우를 보면, 우리는 왜 에반스-프리차드와 기어츠 같은 이론가들이 종교의 본질에 관한 일반적 주장을 하는 것에서 단호하게 멀리 떠나기로 작정했던 이유를 알 수 있다. 문제는 증거에 있는 것으로, 이들의 견해로는 어떤 방식으로든 좀 더 일반적 진술을 시도하기에 앞서, 개별적 사례들에서 그 증거를 끈기 있게 검토해야만 한다는 것이다. 이 문제와 관련하여, 에반스-프리차드는 미래에 어느 때인가는, 학자들이 현재 되어진 연구를 토대로 하여 근거가 충분한 일반적 해석을 할 수 있으리라는 소망을 피력했다. 매우 조심스럽게, 그는 《누어 족의 종교》 결론에서, 자신이 수단에서 수행한 치밀한 연구가 장차 아프리카의 체계들을 전체적으로 검토하는 비교연구에 도달하게 될 작은 첫걸음일 뿐이라고 말했다.[11] 그는 자신의 연구에서부터, 해석가들이 다른 대륙들과 문화들을 포용하는 한층 더 광범위한 이론으로 진척시킬 것을 격려하는 것으로 보이는데, 이런 모든 작업은 훨씬 미래에 일어날 것이 틀림없다.

이와는 대조적으로, 기어츠는 훨씬 회의적이다. 이미 우리가 살펴본바와 같이, 그가 취한 입장은 인류학에서도 또한 종교에서도 모든 일반이론의 종말을 선포하는 지경에 이르게 했다. 그는 초기 이론가들—타일러와 프레이저부터 베버, 엘리아데와 환원주의자들에 이르기까지—의 결함은, (에반스-프리차드가 지적한 것처럼) 그 목표를 달성하는 방법이나 태도에 있지 않고, 그 목표 자체에 있다고 생각했다. 그의 주장은 증거가, 우리가 인류학 연구에서 발견하는 것처럼,

---

11) E. E. Evans-Pritchard, *Nuer Religion* (Oxford: Clarendon Press, 1956), p. 314.

종교나 문화에 대한 과학적 일반화의 주장을 전혀 허용하지 않으며, 아마도 결코 허용하지 않을 것이라는 것이다. 세계 곳곳에 있는 사회들의 깊고 뚜렷한 특수성을 볼 때, 종교처럼 그렇게 문화와 직결된 것에 대한 일반이론이라는 생각 자체를 문제 삼지 않을 수 없다. 따라서 기어츠는 우리가 문화나 혹은 세계문학에 대한 일반이론을 창출할 수 없는 것처럼, 종교에 대한 일반적 설명의 틀을 만들 수 없다고 말한다. 우리가 전개할 수 있는 것은, 그의 가장 중요한 책제목이 말하는 것처럼, **문화들**(복수형)에 대한 해석이고, 우리가 창출할 수 없는 것은 **문화**(단수형)에 대한 어떤 포괄적 이론이다. 그리고 문화에 대해서 사실인 것은 종교에 대해서도 마찬가지로 사실이다. 우리는 개별적인 제례, 신조, 그리고 정서 상태까지도 조사하고 해석할 수 있지만, **종교** 일반에 대한 어떤 포괄적 이론에 도달할 수는 없다. 우리 증거의 범위는 그러한 이론의 범위를 뒷받침하기에는 항상 불충분하기 때문이다.

이처럼 종교의 일반이론에 대해 에반스-프리차드가 신중함을 보이고 또한 기어츠가 포기한 것은 그들의 선배들과 경쟁자들이 가졌던 훨씬 큰 야심들에 비추어볼 때, 훨씬 더 두드러진다. 그들만이 아니라 종교이론에 대한 최근 토론의 추세에서는, 거의 모든 종류의 일반론에 대해 대체로 회의가 더욱 심해졌고 더욱 주저하게 되었다. 현재 이론가들은 최근에 진화생물학과 유전학에 호소하는 것 이외에는, '과학'이라는 용어가 종교연구 분야에서 더 이상 사용될 수 있는지에 대해서조차 크게 의심하고 있는 실정이다.[12]

---

12) 이런 문제들에 대한 논평은 Robert Segal, *Explaining and Interpreting Religion: Essays on the Issues*, Toronto Studies in Religion, vol. 16 (New York: Peter Lang, 1992)의 논문들을 보라. 또한 Robert Segal과 Donald Wiebe가 그들의 논문에서 교환한 논쟁은 "Axioms and Dogmas in the Study of Religion," *Journal of the American Academy of Religion* 57 (Fall 1989): 591-605와 나의 응답에 대해서는

이론들과 개인의 믿음

이 책에서 살펴본 사상가들은 전혀 초연한 학자들이 아니었다. 즉 그들 스스로나 자기 시대에 직접 이해관계가 없는 주제에 관해 저술한 학자들이 아니었다. 각자는 하나의 인간으로서, 자기 학설에 덧붙여 종교에 대한 일정한 개인 신념도 갖고 있었다. 그런 개인의 신념과 그들이 제시한 설명 사이의 관계는 미묘하고 복잡한 문제로, 우리가 여기서 완전하게 밝히기는 어렵다. 그러나 이 얽히고 불확실한 문제에 대해 다음 몇 가지 설명이 도움이 될 것이다.

첫째로, 이 책에서 처음에 지적한 점을 상기해야 할 것은 여기서 우리가 살펴본 이론들 모두가 애당초 종교 활동에 대한 초자연적인 설명을 제외했기 때문에, 종교적 믿음에 대해 어떤 방식으로든 도전했다는 점이다. 경건한 그리스도인은 자기의 신앙을 하느님의 선물로 설명하며, 무슬림은 예언자 무함마드의 능력이 알라로부터 직접 영감을 받은 것으로 설명한다. 이와는 대조적으로, 종교 이론가들은 '자연적 원인들' 혹은 '비특권적 설명들'(nonprivileged accounts)에만 호소한다. 이런 식의 접근방법의 차이가 반드시 충돌을 일으키지는 않는다. 독실한 신자였던 막스 뮐러는 종교에 대한 자연적인 설명과 초자연적인 설명이 충돌하게 될 이유가 없다고 보았고, 그의 견해로는 이 둘이 훌륭하게 하나로 수렴할 수가 있는 것이다.[13] 그러나 타일러와 프레

"Axioms without Dogmas: The Case for a Humanistic Account of Religion," *Journal of the American Academy of Religion* 59, no. 4 (Winter 1991): 703-709를 보라. 또한 나의 "Explaining, Endorsing, and Reducing Religion: Some Clarifications," in *Religion and Reductionism*, eds. Thomas Indinopoulos and Edward Yonan (Leiden: E. J. Brill, 1994): 183-97과 이 책의 다른 논문들도 함께 보라.

13) 위의 서론, pp. 19-20; 제1장, pp. 54-55를 보라.

이저의 견해는 달랐는데, 이들은 우리가 지금까지 살펴본 여러 이론적 순서에 대해 많은 조건을 붙인 이들이다. 이 두 사람은 반(反)종교적 합리주의자로서, 신과 신령들에 대한 믿음이 세상의 운행을 설명하는 자연스럽지만 잘못된 방향에서 생겨난다고 우리가 일단 시인하면, 초자연적인 종교 설명은 그 목적을 잃게 된다고 선언하는 것에 상당한 기쁨을 맛보았던 이들이다. 이들의 주장은, 무함마드가 알라신에게서 계시를 받았다고 주장했다는 사실은 아무도 의심할 필요가 없지만, 그가 사실상 그렇게 영감을 받았다는 것은 합리적인 사람이라면 아무도 받아들을 수 없는 주장이라는 것이다. 따라서 타일러와 프레이저에게 종교는, 자연적 원인들에 대하여 비교적 무지한 상태에 살던 그런 시대에 적합한 사고 형태로서, 문명이 높은 단계로 발전했고, 과학의 방법이 모두에게 알려진 지금에는 그러한 미숙한 사건 설명은 더 이상 필요가 없다는 것이다.

비교종교 연구를 위해 타일러와 프레이저가 찾아낸 확실히 반(反)종교적인 태도는 우리가 살펴본 세 명의 핵심적인 환원주의자들—프로이트, 마르크스, 뒤르켐—의 더욱 더 과격한 공격의 길을 열어주었다. 타일러와 프레이저처럼, 그들 역시 개인적으로 종교를 거부했고 또한 종교를 옛날 무지의 시대로부터 남겨진 유물로 치부했다. 그러나 이들은 그런 종교들이 도대체 어떻게 아직까지 살아남았는지를 설명하기 위해, 한 단계 더 나아가서, 종교의 기원을 비합리적인 원인들 혹은 잠재의식의 요인들, 다시 말해서 개인의 신경증, 사회질서 속의 경제적 불의, 혹은 공동체의 이해관계를 이상화한 것에서 찾아냈다. 종교가 도저히 정상적이며 또한 합리적인 것일 수가 없기 때문에, 종교가 살아남은 것에 대한 이런 기능주의적이며 또한 환원주의적인 설명만이 가능했던 것이다. 이런 점에서 무신론은 자연히 환원주의를

수반하는 것으로 보인다.14)

그렇다 하더라도, 이런 환원주의들 모두가 정확히 똑같은 것은 아니다. 우리가 검토한 세 가지 환원주의 이론들에는 한 가지 중요한 차이점이 있다. 프로이트와 마르크스는 종교가 잘못된 것일 뿐 아니라, (그들의 도덕과 정상의 기준에 의하면) 하나의 질병이기도 하다. 종교는 불건전하고 역기능적인 일종의 질병으로서 사람들이 반드시 치료받도록 해야 하는 것이다. 그러나 뒤르켐은 이 문제를 다르게 보았다. 그는 프로이트나 마르크스만큼 무신론자였지만, 그의 관점에서 종교는 조금도 비정상적이거나 역기능적이 아닌 것이, 종교 없이는 사회가 기능할 수 없기 때문이다. 실제로 언제가 어느 사회에서 종교가 사라지게 된다면, 종교를 대체할 다른 버금가는 믿음들과 관념들의 체계가 필요할 것이다. 이처럼 뒤르켐은 비록 환원주의자였지만, 건설적인 사회적 기능의 관점에서 종교를 보다 긍정적으로 이해했다는 점에서 그의 태도는 프로이트와 마르크스의 냉소적 태도와는 구별되어야 한다. 뒤르켐의 견해는 보다 신중하고 편견이 없다는 점에서 베버, 엘리아데, 에반스-프리차드와 기어츠의 반(反)환원주의와 (약간은) 분명한 유사성을 지닌다.

종교적 믿음에 공감을 표시하는 엘리아데와 에반스-프리차드가 환원주의에 대한 반대 입장을 취한 이유는 이해하기 어렵지 않다. 환원주의적인 설명은, 심지어 뒤르켐이 발전시킨 덜 전투적인 반종교적 형태까지도, 믿음이 정상적인 자세라는 점에 대해 너무나 근본적으로 반대하는 경향이어서, 신자들이 불쾌함 없이 그런 반대를 감수하기는 어려운 일이다. 신앙의 눈으로 볼 때, 환원주의는 종교에 대해 매우

---

14) 이것에 관해서는 Robert A. Segal, "In Defense of Reductionism," *Journal of the American Academy of Religion* 51, no. 1 (March 1983): 97-124를 보라.

낯선 형태의 설명처럼 보인다. 그러나 신자들 모두가 적어도 엄격한 종류의 환원주의를 반대한다고 해서, 오직 신자들만이 환원주의에 반대하는 것은 아닌데, 오늘날 종교 이론가들은 때로 그런 것처럼 잘못 추측하기도 한다.[15]

이 점에서 베버와 기어츠는 교훈적인 본보기를 보여준다. 베버는 자신을 "종교적으로 비음악적"(religiously unmusical)이라고 묘사했다. 기어츠는 자신의 자세를 불가지론(agnostic)으로 표현했는데, 그는 개인적인 종교적 헌신이 없었다. 그러나 종교에 대한 그들의 설명에서 두 사람 모두 환원주의 이론들을 엘리아데와 에반스-프리차드 못지않게 신랄하게 반대했다. 베버와 기어츠가 환원주의에 반대한 것은 분명히 환원주의자들이 그들 자신의 개인적 신념에 어떤 도전을 했기 때문이 아니라, 그들의 견해로 그런 환원주의 이론들은 종교현상을 충분히 설명하지 못한다는 단순한 이유에서 반대했던 것이다. 그들이 판단하기에, 모든 형태의 믿음을, 하나의 상황이나 과정에 호소해서 설명하는 것은, 그것이 프로이트의 개인 신경증이건 마르크스의 계급투쟁이건 간에, 종교의 엄청나게 다양한 형태들에 대해서, 또는 우리가 세상에서 실제로 대하는 종교의 진정한 본질에 대해서, 전혀 정당한 평가를 하지 못하는 것이다. 계급투쟁 같은 상황이 몇몇 종교들의 어떤 측면들을 설명할 수는 있겠지만, 그 종교들 속에서 일어나는 모든 것을 완전하게 설명할 수는 없다.

그렇다면 종교이론들의 배후에서, 개인적 헌신이 현대 종교이론들을 발전시키는 데 적어도 강한 동기유발의 역할을 한 것이 분명하다. 프로이트와 마르크스처럼 종교에 대해 개인적 반감을 가진 입장

---

[15] 나의 "Reductionism and Belief," *Journal of Religion* 66, no. 1 (January 1986): 18-36을 보라.

에서 저술한 사람들에게는, 공격적인 환원주의가 오히려 당연하고 옳은 것처럼 보이며, 반면에 엘리아데처럼 종교적인 관점에 동조하는 사람들에게는 그런 공격이 오히려 미혹된 것이고 잘못된 것일 수밖에 없다.

과거와 현재의 이론들

종교에 대한 개인의 헌신이 분명히 종교에 대한 이론 작업에 큰 역할을 했다고 해서, 우리가 살펴본 이론가들 어느 누구의 영향이 그의 믿음을 공유하는 이들에게만 국한되었다고 생각하는 것은 잘못이다. 물론 종교이론들은 그 저자들과 청중들의 믿음(혹은 불신)에 의해 영향을 받지만, 그 이론의 구상이나 최종결과가 그 둘에 의해서만 전적으로 결정되는 것은 아니다. 비록 타일러와 프레이저가 반(反)그리스도교적 불가지론자들이었지만, 여러 신앙을 가진 독자들이 그들의 특정한 관점, 즉 적어도 그들의 진화론적 주지주의 관점에 끌렸는데, 당시 그런 관점은 문명 안에서 종교의 역할에 대해 매우 설득력 있는 설명을 제공했기 때문이다. 오늘날 독자는 오히려 신(新)타일러 이론에 끌리는데, 똑같은 이유로, 이 이론이 정보를 주고, 설명해주거나 설득시키는 힘이 있기 때문이다.

환원주의의 주요 대변인들의 경우에도 어느 정도 비슷한 판단을 적용할 수 있다. 프로이트와 마르크스는 전투적인 무신론자들이었지만, 그 이론들이 끼친 영향—아마도 20세기 중엽 후 절정에 이르렀다—은 정신분석가, 공산당원들, 학문적인 불가지론자들의 좁은 범위를 훨씬 넘어 확대되었다. 그 이유는 분명했다. 앞에서 살펴본 것처럼, 프로이트와 마르크스의 이론들은 기능주의적 설명에서 특히 공격적인 형태로서, 이들은 종교를 개인의 인격장애나 계급투쟁의 역학으로 환원함으로써, 종교를 충분히 설명한다고 주장했다. 오늘날 또는 과거에 사려 깊은 관찰자는 거의 아무도 이런 본격적인 환원주의 형태의 견해를 받아들이지 않았지만, 그러나 많은 사람들이 그들의 주장을 대단히 유용하다고 판단했던 이유는 그 주장을 전체적인 관점에서 본 것이 아니라 부분적으로 보았기 때문이다. 종교에 대한 완전한 설명이라고 주장한 환원주의자들로서의 프로이트와 마르크스는 모두 대체로 불신을 받아왔다. 그러나 좀 더 제한된 기능주의자로서, 인격의 본질과 사회적 투쟁의 역학에 대한 그들의 날카로운 부분적 통찰력은 종교 경험의 숨겨진 차원들을 밝혀주었다는 점에서, 그들의 영향력은 지대했다. 마르크스의 영향력은 정치제도들 속에서 약해졌을지 모르지만, 마르크스주의의 주제들은 탈식민주의 이론의 활발하고 다양한 형태들 어디에서나 나타나고 있는 것이 분명하다.

뒤르켐이 구성한 환원주의 경우에 대해서는 우리가 더 많은 논의를 덧붙일 수 있다. 당시만이 아니라 오늘날에도, 그가 《종교생활의 원초적 형태》에서 주장한 것처럼, 모든 종교가 오스트레일리아의 토템신앙에서 유래되었다는 대단히 상상적인 설명을 받아들인 사람들은 거의 없었다. 그러나 우리가 방금 지적한 것처럼, 그가 보여준 종교적인 것과 사회적인 것 사이의 밀접하고, 외관상 뗄 수 없는 것처럼 보이는 연관성은, 20세기에 아마도 가장 효과적인 해석원칙을 산출했다. 21세기에 접어들어서까지 대부분의 사회학 이론과 거의 모든 인류학 연구가 뒤르켐의 모델을 자신들의 근본적인 준거점으로 삼았다. 프로이트와 마르크스의 영향은 상승했다가 하락한 반면에, 뒤르켐의 영향은 조용히 지속되었고 더욱 확대되었다. 한편 베버는 그런 영향력을 발휘할 수 없었는데, 부분적인 이유로는 그의 학식이 너무 방대하고, 그의 이론구성이 독특한 역사적 상황과 사건들에 너무 직결되어 있어서, 모든 것을 포괄하는 이론적 '공식'이 없었다는 점 때문에 (뒤르켐의 경우와는 달리) 제자들에게 그 '공식'을 쉽게 물려주거나 아니면 다른 대안을 찾도록 도전하게 만들지 못했기 때문이다.

흥미롭게도, 엘리아데가 후대 이론가들에게 끼친 영향은 뒤르켐의 영향과 가장 비슷하다. 엘리아데가 고대의 사고양태와 성스러움을 가장 우선시하는 것에 대해 강조한 것은 그 자체로 큰 장점이 있지만, 그는 계속되는 토론에서 그의 영향력을 크게 증가시킨 것은 큰 대학에 있으면서 비록 정확히 학파를 구성하지는 않았지만, 그의 일반적 관점에 대체로 공감하는 젊은 학자들을 불러 모았기 때문이다. 더구나 자신의 종교적 공감을 드러내지 않았기 때문에, 그의 강한 반(反)환원주의적 자세가 (루돌프 오토의 경우와는 반대로) 전혀 개인의 종교적 믿음과 뚜렷이 연결되지 않았다. 만일에 그랬더라면 비판가들은 그의 반(反)환원주의적 자세를 독자적 이론가의 자세라기보다는 신학적인 신앙고백의 자세라고 쉽게 무시했을 것이다. 오늘날 특정 종교에 속하지 않은 학자들조차 순전히 이론적 근거에서 엘리아데의 반(反)환원주의적 자세에 끌리는데, 이들은 개인적인 믿음과는 완전히 별도로 그런 자세가 종교를 설명하는 더 좋은 방법이라고 주장한다.

엘리아데와 환원주의에 관한 새로운 논문들이 앞으로 발표될 것은 의심의 여지가 없다. 그러나 현재까지는 그 논쟁에서 양편이 새로운 이중적 도전으로 인해 그들의 논쟁이 다소 빛을 잃게 되었는데, 그 이중적 도전은 처음에 현지조사 인류학이, 후에는 진화생물학이 제기한 도전이다. 인류학이 묻는 질문은 종교에 대한 어떤 일반이론, 즉 일차적으로 인본주의적 법칙들에 호소하거나 아니면 사회과학의 법칙들에 호소하는 일반이론이 여전히 과학이라는 일반화된 지식(그래서 보편적으로 적용할 수 있는 지식)이라고 주장할 수 있는가 하는 질문이다. 우리가 살펴 본대로, 현지연구의 더 이상 부정할 수 없는 결과로 인해, 한편에서 베버와 엘리아데가 착안했고, 다른 한편에서는 그들의 반대자인 프로이트, 뒤르켐, 마르크스가 착안했던, 거대하며 야심적이며 전부를 포괄적으로 설명하려는 도식들이 이제는 마침내 확실히 그 종말에 도달했는가를 묻게 되었다. 그런 거대한 설명 도식들이 비록 초기에는 아무리 설득력이 있었다 할지라도, 보편주의적 이론들은 이제 거의 모든 입장의 비판자들에게서 비난을 받고 있으며, 어떤 경우에는 피상적이고, 어떤 경우에는 사변적이며 입증할 수 없으며, 또 다른 경우에는 모호하고 자의적이며 주관적이라고 치부되고 있다.

이렇듯 현재의 회의적인 분위기에서, 장래의 가능성은 분명히 모든 종교를 설명하려는 일반이론에 있지 않다는 결론을 회피하기 어렵다. 미래에 가장 유용한 종류의 이론은 하나의 특수한 종교에서 끌어낸 것으로서 (모두에게는 아니겠지만) 그래도 상당수의 다른 종교들에 적용할 수 있는 특수한 사고와 연관성, 혹은 특별한 경우를 위한 좁게 만든 원칙들의 형태로 나타날 것이다. 에반스-프리차드는 이런 맥락에서 이중으로 중요하다. 그는 일반이론들에 대해 보다 강력한 비판서를 출판했을 뿐만 아니라, 아잔데 족과 누어 족에 관한 그 자신의 연구를 통해, 종교의 본고장이며 표현인 전체 문화를 가까이에서 치밀하고 상세하게 연구한 것에 기초했을 때, 종교에 대한 설명이 얼마나 깊이 있고 또한 풍요한 설명인가를 보여주는 데 성공했기 때문이다. 실례를 통한 이와 비슷한 주장을 기어츠의 책에서도 볼 수 있다. 발리와 자바와 모로코에서 수행한 그의 다채롭고 상세한 민족지학적 종교연구는 모든 종교 이론가들을 난처한 딜레마에 빠지게 했는데, 그것은 과학의 첫 번째 임무—정밀하고 정확하며 특수한 정보를 얻는 임무—를 너무나 철저히 수행하여, 두 번째 임무—사례들 사이의 유사성에 근거해서 일반화된 이론을 세우는 임무—를 달성하기가 거의 불가능하게 되면 어떻게 될 것인가 하는 것이다. 이 딜레마를 타개할 효과적인 돌파구를 찾기까지는, 사회과학적 일반이론이 빠르게 복귀할 것 같지는 않다.

이처럼 집중적인 특수연구들을 강조한다고 해서, 종교현상에 대한 좀 더 일반적인 진술을 전혀 할 수 없다는 뜻은 아니다. 연관성을 찾아보고 유사성을 찾거나 서로 비교할 틀을 만드는 것은 언제나 유용하지만, 솔직히 말해서, 이것은 과학의 절차라기보다는 오히려 더 인문학 연구와 관련된 연구형태이며 습관이다. 그리고 이런 방법들은 일부 관찰자들이 항상 예상했던 것, 즉 종교에 관한 미래의 이론적인 탐구는 사회과학의 일반화 목표보다는 인문학의 특수성과 역사적인 초점에 맞추어 진행할 필요가 있다는 것으로서, 사회과학의 일반화 목표를 이상으로 삼는 것은 종교에 대한 이론적 탐구를 위해 영감을 주는 것으로 남아 있을 것이라고 예상했던 것을 시사한다. 이것은 인본주의적 탐구가 과학적인 탐구보다 더 낫다고 생각해서가 아니라, 특별히 매우 다양하고 변화되는 자료의 성격에 더 적합하다는 단순한 이유 때문인데, 여기서 제도, 믿음, 행동 등을 다루는 그 자료는 인간의 매우 복잡한 사고들과 선택들—부분적으로는 자유이며 또한 부분적으로는 조건 지워진—에 밀접하게 매어 있기 때문이다. 1800년대 후반에 새로 등장한 인류학의 흥미로운 결실들이 빅토리아 시대 사람들의 상상력을 처음 사로잡았을 때, 위대한 법률 역사가 메이트랜드(F. W. Maitland)가 재미있는 예언을 했다. 그는 인류학이 장차 역사가 되든가, 아니면 무가치한 것이 될 것이라고 했다. 한 세기를 훨씬 넘어서, 그의 말은 종교연구에 대해 신비한 예언처럼 적용되는 것 같다. 메이트랜드 시대에는 과학이 아니라 역사가 인문학 탐구를 상징하는 것이었고, 당시의 인류학 이론은 오늘날 종교이론에 필적하는 위치를 차지하고 있었다. 물론 그가 주장한 것은 훗날 인류학이 역사에 도달하지 못하는 단순한 불가능성 때문에, 인간 활동에 대한 사회과학의 일반이론을 세우려는 이상 전체가 시들어버리면, 그 시도는 한 번 더 인본주의적 해석방법과 수단에 맡겨지게 될 것이라는 말이었다. 그는 그 자신의 시대뿐 아니라 우리의 시대에 관해서도 정확하게 보았다고 말할 수 있다. 만일에 사회과학이 스스로 추구하는 일반화된 과학적 지식을 실제로 찾아낼 수 없다면, 종교연구는 인본주의 방침을 따를 필요가 있거나, 아니면 다른 방편을 찾지 않는 한 전혀 무의미한 것이 될 것이다.

    여기 세 번째 선택이 있는데, 물론 이것은 메이트랜드가 상상도 못했을 것이지만, 아마도 그의 동시대인 찰스 다윈(Charles Darwin)은 상상했을 수도 있는 선택이다. 지금 유전학, 신경과학, 진화생물학 분야에서 연구하는 활발한 선구자들이 어떤 성과를 발견해서, 뇌의 어떤 보편적 구조나 일반적 화학작용에 근거해서 종교성에 대한 설명에 착수한다면, 그때는 소위 믿음생물학(biology of belief)이라는 것에 입각한 참다운 일반이론이 다시 근거가 있는 전망이 될 것이다. 그럴 경우에는 우리 딜레마가 해결을 볼 것이며, 또한 이 책은 새롭고 전혀 다른 마지막 장이 필요하게 될 것이다.

보다 자세한 연구를 위한 추천 도서들

Allport, Gordon. *The Individual and His Religion*. New York: Macmillan Co., 1951.

Asad, Talal. *Genealogies of Religion: Discipline and Reasons of Power in Christianity and Islam*. Baltimore, Maryland: Johns Hopkins University Press, 1993.

Berger. Peter. *The Desecularization of the World*. Grand Rapids, Michigan: Wm B. Eerdmans Publishing Co., 1999. (김덕영 외 역, 《세속화냐 탈세속화냐》, 대한기독교서회, 2002).

Berger, Peter. *The Sacred Canopy*. Garden City, New York: Doubleday, 1967. (이양구 역, 《종교와 사회》, 종로서적, 1981)

Boyer, Pascal. *Religion Explained: The Evolutionary Origins of Religious Thought*. New York: Basic Books, 2001.

Bruce, Steven. *God is Dead: Secularizaton in the West*. Oxford, England: Blackwell Publishers, 2002.

Carrasco, David. *Religions Mesoamerica: Cosmovisions and Ceremonial Centers*. San Francisco: Harper & Row, 1990.

Daly, Mary. *Beyond God the Father: Toward a Philosophy of Women's Liberation*. Boston: Beacon Press, 1973. (황혜숙 역, 《하나님 아버지를 넘어서》, 이화여대출판부, 1996).

Doniger, Wendy. *The Implied Spider: Politics and Theology in Myth*. New York: Columbia University Press, 1998.

Doniger, Wendy. *The Origins of Evil in Hindu Mythology*. Berkeley: University of California Press, 1976.

Douglas, Mary. *Purity and Danger*. London: Routledge & Kegan Paul, 1966. (유제분·이훈상 역, 《순수와 위험》, 현대미학사, 1997).

Fanon, Frantz. *The Wretched of the Earth*. New York: Grove Press, [1961] 1963. (박종열 역, 《대지의 저주받은 자들》, 광민사, 1979).

Foucault, Michel. *Discipline and Punish: The Birth of the Prison*. Translated by Alan Sheridan. New York: Pantheon Books, [1975] 1978. (오생근 역, 《감시와 처벌》, 나남, 2003).

Foucault, Michel. *Madness and Civilization: A History of Insanity in the Age of Reason*. English Translation. New York: Pantheon Books, [1961] 1965. (이규현 역, 《광기의 역사》, 나남, 2010).

Guthrie, Steward. *Faces in the Clouds: A New Theory of Religion*. New York: Oxford University Press, 1993.

Hamer, Dean. *The God Gene: How Faith is Hardwired into Our Genes*. New York: Doubleday, 2004. (신용협 역, 《신의 유전자》, 씨앗을뿌리는사람, 2011).

Hewitt, Marsha Aileen. *Critical Theory of Religion: A Feminist Analysis*. Minneapolis, Minnesota: Augsburg Fortress Publishers, 1995.

Horton, Robin. *Patterns of Thought in Africa and the West*. Cambridge: Cambridge University Press, 1993.

King, Richard. *Orientalism and Religion in Postcolonial Theory: India and "The Mystic East."* London: Routledge, 1999.

Lawson, E. Thomas, and Robert N. McCauley. *Rethinking Religion: Connecting Cognition and Culture*. Cambridge: Cambridge University Press, 1990.

Leach, Edmund. *Culture and Communication: The Logic by which Symbols are Connected*. Cambridge: Cambridge University Press, 1976.

Levi-Strauss, Calude. *The Raw and the Cooked: Mythologiques,* volume 1. New York: Harper & Row Publishers, [1964] 1969. (임봉길 역, 《신화학 1: 날 것과 익힌 것》, 한길사, 2005).

Levi-Strauss, Claude. *The Savage Mind.* Chicago: University of Chicago Press, [1962] 1966. (안정남 역, 《야생의 사고》, 한길사, 1996).

Luckmann, Thomas. *The Invisible Religion: The Problem of Religion in Modern Society.* New York: Macmillan Publishing Company, 1967. (이원규 역, 《보이지 않는 종교》, 기독교문사, 1982).

Maslow, Abraham. *Religions, Values, and Peak-Experiences.* Harmondsworth, Middlesex, England: Penguin Books, 1964.

McCullough, Michael E., Kenneth I. Pargament, and Carl E. Thoresen, eds. *Forgiveness: Theory, Research and Practice.* New York: Guilford Press, 2000.

Pyysainnen, Ilkka. *How Religion Works: Toward a New Cognitive Science of Religion: Cognition and Culture.* Leiden, the Netherlands: Brill Academic Publishers, 2001.

Radcliffe-Brown, A. R. *Structure and Function in Primitive Society.* New York: Free Press, 1952. (김용환 역, 《원시사회의 구조와 기능》, 종로서적, 1980).

Said, Edward. *Orientalism.* New York: Pantheon Books, 1978. (박홍규 역, 《오리엔탈리즘》, 교보문고, 1996).

Spivak, Gayatri. *A Critique of Post-Colonial Reason: Toward a History of the Vanishing Present.* Cambridge: Harvard University Press, 1999. (태혜숙·박미선 역, 《포스트식민 이성 비판》, 갈무리, 2005).

Spivak, Gayatri. *In Other Worlds: Essays in Cultural Politics.* London: Routledge, 1988. (태혜숙 역, 《다른 세상에서》, 여이

연, 2003).

Stark, Rodeny and Philip Bainbridge. *The Future of Religion: Secularization, Revival and Cult Formation*. Berkeley: University of California Press, 1985.

Turner, Victor. *The Drums of Affliction*. Oxford: The Clarendon Press, 1968.

Turner, Victor. *The Forest of Symbols: Aspects of Ndembu Ritual*. Ithaca, New York: Cornell University Press, 1967.

Wilson, Bryan. *Religion in Sociological Perspective*. New York: Oxford University Press, 1982.

Wilson, David Sloan. *Darwin's Cathedral: Evolution, Religion. and the Nature of Society*. Chicago: University of Chicago Press, 2002. (이철우 역, 《종교는 진화한다》, 아카넷, 2004).

Wilson, E. O. *On Human Nature*. Cambridge: Harvard University Press, 1978. (이한음 역, 《인간 본성에 대하여》, 사이언스 북스, 2000).

Yinger, J. Milton. *The Scientific Study of Religion*. New York: Macmillan Publishing Company, 1970.

역자 소개

조병련은 서울 산업대학 원예학과 조교수로 《화훼원예》를 저술했고, 도미하여 원예 분야에 종사했으며, 은퇴 후 현재 *Flower Stories for Children*을 집필 중이다.

전중현은 보스턴대학교 대학원에서 사회윤리로 박사학위를 받은 후 한인 교회와 미국인 교회에서 목회했고, 은퇴하여 라스베가스에 거주하면서, 《생활 속의 믿음》(대한기독교교육협회, 2009)을 출판했고, 현재 《인생 안내 삶의 추구》를 집필 중이다.